제2판

초중급자를 위한

NX8.5 모델링 실무

우혁제, 박진기 공저

B.C.Info

PREFACE

••• 최근 청년실업문제, 구직자 및 구인자의 미스매치, 노동 가능 인력수의 감소 등의 사회적 이슈가 대두됨에 따라 산업 현장의 요구를 반영한 실용기술교육의 중요성이 나날이 커지고 있다. 이러한 관점에서 볼 때 모든 산업의 기반이라 할 수 있는 CAD/CAM 분야의 교육에 있어서도 이론 중심의 교육보다는 이론을 바탕으로 한 실용기술 획득이 매우 중요하다 할 수 있다. 실용기술의 획득을 위해서는 산업전반에서 보편화되어 활용되고 있는 소프트웨어를 선정하여 그의 활용능력을 함께 높이는 노력이 필요한데, 본 교재는 이를 위해 여러 CAD/CAM 소트웨어 중 SIMENSE의 NX를 통해 이를 학습할 수 있는 기초자료를 제공하고자 집필하게 되었다.

••• 기존 교재의 경우 CAD/CAM에 대한 기본이해 없이 주로 소프트웨어의 사용법에만 포커스가 되어 있고 이론을 학습하기 위해서는 별도의 교재를 가지고 따로 공부해야 하는 번거로움이 있다. 따라서 본 교재에서는 먼저 가장 기초적인 CAD/CAM이론에 대한 설명 부분을 포함하였고, NX를 처음 시작하는 초보자부터 중견 설계자가 참고할 수 있도록 기본적인 솔리드 생성부터 자유곡면 모델링, 어셈블리 및 도면화 과정까지 설계에 필요한 전반적인 절차 및 기능에 대해 상세히 설명하였다. 실무적인 기술을 익히기 위해 NX를 공부하고자 하는 경우 NX활용기술만을 익히게 될 경우, 모델링 능력은 배양할 수 있으나 설계 자동화, 수요자 요구 반영 모듈 개발 등의 보다 수준 높은 기술을 수행하기에는 부족하게 된다. 따라서 보다 향상된 기술을 보유한 엔지니어로 성장하기 위해서는 CAD/CAM 관련 이론도 함께 학습할 것을 권장한다. 본 교재는 이러한 점을 고려하여 CAD/CAM이론과 함께 NX 활용방법을 익히고자 하는 학습자를 대상으로 작성되었다. 학부수준의 학생이 NX를 통하여 처음 CAD/CAM을 접하게 될 때 본 교재가 매우 유용할 것으로 생각되며, 설계 전문가가 되기에 필요한 기초 자료로 활용될 수 있기를 희망하고 본 교재 또한 점차 업그레이드가 되어 향후 보다 나은 내용을 제공할 수 있길 기대한다.

••• 마지막으로 본 교재 발간을 위해 힘써주신 모든 분들과 여러모로 도움을 주신 복두출판사 사장님 및 담당자분께 감사의 말씀을 전한다.

저자 일동

CONTENTS

1 CAD/CAM의 이해

2 NX 시작하기

3 좌표계(Coordinate Systems)

4 Datums

5 스케치(Sketch)

13 Synchronous Modeling

14 Drafting

• 부록

1

CAD/CAM의 이해

01 CAD/CAM 시스템의 발달

CAD는 Computer Aided Design의 첫 글자들을 따서 파생된 약어로 컴퓨터를 활용한 설계라는 뜻이며, CAM은 Computer Aided Manufacturing의 첫 글자로 구성되어 컴퓨터를 활용한 제조 기술을 의미한다. 이를 함께 붙여 CAD/CAM이라는 기술적 학문 분야를 지칭하는 용어로 널리 사용되고 있는데 이는 기존 제조산업에 있어서 가장 기본이라 할 수 있는 설계와 제조를 컴퓨터를 활용하여 보다 더 쉽고 정확하고 빠르게 수행한다는 포괄적 의미를 담고 있다. CAD/CAM기술이 처음 출현하였을 때는 컴퓨터의 성능이 매우 부족하였고, 소프트웨어 개발 기술 또한 높지 않아 간단한 2차원 도면 표현에 포커스가 되어 있었지만 최근 눈부신 속도로 발달하게 된 컴퓨터 하드웨어 및 소프트웨어 기술로 인해 3차원 모델 생성은 물론, 공학적 해석, 제품수명관리, 웹기반 협업설계 등 매우 넓은 분야에서 활용되고 있다.

CAD/CAM 시스템의 발달 역사를 살펴보면 컴퓨터 및 그래픽스의 발달과 함께 이루어져 왔음을 알 수 있는데 19세기 후반에 컴퓨터와 제로그래피(xerography)가 등장하면서 현재와 같은 체제를 갖추게 되었다. 지난 50년간 네번에 걸친 주요한 단계를 거치게 되었는데 1950년대 MIT의 주도로 음극선관(CRT)를 이용한 간단한 그림 표현, 수치제어(NC) 개념 구현, 광전판 개념의 스케치 구현 등 대화식 컴퓨터 그래픽스의 기초 발전이 이루어져왔고, 1960년대에 들어 Ivan Sutherland의 스캐치패드 발표를 시작으로 많은 연구자들이 컴퓨터 그래픽스를 위한 중요한 연구들을 수행하게 되었으며 CAD라는 용어도 1960년대 중반에 사용되기 시작하였다. 1964년 제너럴 모터스에서 DAC-1 시스템을 발표하였고, 1965년에는 록히드 항공에서 CADAM, 벨 전화 연구소에서 GRAPHIC 1 원격 디스플레이 시스템을 발표하면서 눈부신 발전이 이루어지게 되었다. 1970년대에는 1960년대의 발전을 토대로 여러 분야에서 컴퓨터 그래픽스의 중요성 및 활용성이 관심을 받게 되며 다양한 강연 및 강좌가 이루어졌다 할 수 있다. 대표적인 예로 지금까지도 이어지고 있는 SIGGRAPH 학술회의가 1974년에 Colorado Bouder에서 최초로 시작되기도 하였으며, NCGA(전국 컴퓨터 그래픽스 협회)가 결성되어 산업 전분야에 걸쳐 발전되기 시작하였다. 하지만 이때에는 컴퓨터 성능이 최근과 같이 발달되지 않아 대부분 느린 16비트의 컴퓨터가 주종을 이루고 있어 대형 컴퓨터를 중심으로 제한된 형상의 와이어 프레임 모델을 지원하였고 약간의 곡면 모델링을 지원하였으며, 1970년대 후반에 들어서야 단순한 제도 기능에서 벗어난 CAD/CAM기술 개발이 시작되었다.

1980년대에는 컴퓨터 하드웨어의 눈부신 발전이 계속 이루어져왔고, 이에 발맞추어 3차원 형상 설계 및 공학적 응용을 제공할 수 있도록 CAD/CAM관련 활발한 연구가 시작되었다. 새로운 곡면형상 표현방법이 진화되어 발달되었는데 Coons, Bezier, Gordon 등에 기초한 자유형상 곡면 표현 뿐 아니라 B-Spline 곡면 등에 대한 수학적 모델이 정립된 시기도 하다. 이러한 3차원 형상 모델링 이론 및 구현을 토대로 솔리드 모델링 이론에 대한 정립이 이루어졌는데 이를 토대로 현재까지 다양한 솔리드 모델링 시스템이 계속 진화하고 있으며, 그 응용 분야 또한 NC 가공, 유한요소 해석, 질량 계산 등의 응용기법들이 또한 발전되었고 점차적으로 로봇, 자동화, 해석, 시뮬레이션, 사출 성형 설계 및 해석 등으로 그 응용분야가 매우 넓어지고 있다 할 수 있다.

1990년대에는 설계 제조 기술의 통합된 솔루션 구축이 보다 활발하게 이루어졌고, 산업 전반에 걸쳐 CAD/CAM 시스템의 활용성이 매우 높아지게 된다. 특히 컴퓨터 연산 반도체, 그래픽 가속기 등의 하드웨어 기술이 눈부시게 발전되어 CAD/CAM 응용분야에 관한 연구가 활발히 이루어졌으며, 1990년대 후반에 와서는 기존 NC 가공기술 외에 쾌속조형(Rapid Prototyping) 및 전산 역설계(Reverse Engineering)관련 신속한 제품개발(Rapid Product development) 기술들에 대한 연구가 매우 활발히 이루어진 시기라 할 수 있다. 혹자는 1990년대에 이르러 CAD/CAM기술 완성되었다고 표현하기도 한다.

2000년대에 들어와서는 지금까지 눈부신 발전을 거듭해온 기존 CAD/CAM 기술을 넘어 모바일 디바이스에의 접합, 3D 그래픽 디바이스의 발전, 실감 모델링 기술 실현, 임베디드 디바이스 개발 등 새로운 학제융합 분야로의 응용을 위해 많은 연구가들이 새로운 도전을 계속하고 있다.

주요 CAD/CAM 발전사

- 1959년: MIT 설계자와 컴퓨터간의 인터액션을 통한 설계 제안
- 1963년: MIT Sketchpad 발표(D.T.Ross, S.A. Coons, I.E. Sutherland)
- 1964년: GM(General motors), IBM의 DAC-I(Design augmented by computer) 자동차 전면 유리 설계용 대화형 도형처리 소프트웨어 발표
- 1967년: 록히드사 CADAM, Applicon사 AGS, Computer vision사 CADDS
- 1973년: 종합 패키지 소프트웨어 ADAM 시스템 발표
- 1980년대: DB를 활용한 설계에서 가공까지 가능한 CAD/CAM시스템 개발 곡면 형상 표현 기법 정립
- 1990년대: 자동화 시스템으로의 발전, 쾌속 조형 기술 발달
- 2000년대: 임베디드, 나노, IT 등의 융복합 기술로 진화 중

02 CAD/CAM 시스템의 구성

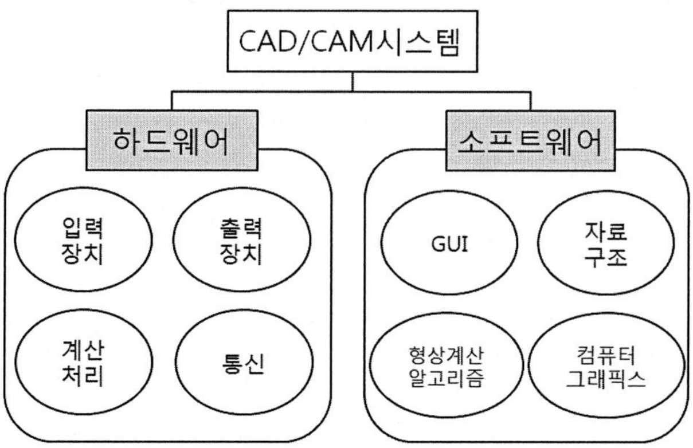

▲ CAD/CAM 시스템 구성

CAD/CAM 시스템은 설계공정과 제조공정을 위한 일종의 컴퓨터 자동화 보조 도구라고 정의할 수 있는데 이의 구현을 위해 디스플레이, 입출력, 주요연산을 위한 하드웨어 장치들과 실제로 작업 구동을 수행하는 소프트웨어로 나뉠 수 있다. 일반적으로 CAD 설계자라고 이야기를 하면 대부분 소프트웨어 측면이 보다 강하다 할 수 있으며, CAD 소프트웨어 구성을 위해서는 크게 컴퓨터 그래픽스, 형상 모델링, 프로그래밍 기술의 조합으로 구성된다고 할 수 있다. 따라서 CAD 설계자가 갖추어야 할 기술로는 처음에는 모델링 스킬 등의 기초 능력도 필요하나 보다 더 많은 응용분야로의 발전을 위해서는 컴퓨터 그래픽스, 형상 모델링, 프로그래밍 기술들을 함께 갖추어야 한다 할 수 있다.

CAD 소프트웨어와 유사하게 CAM 소프트웨어는 이러한 CAD 툴을 기본으로 하고, 이에 추가적으로 가공장비와 커뮤니케이션 할 수 있는 모듈과 제조에 필요한 가공데이터 생성 등의 기술들이 필요하다.

본 서적은 주로 NX라는 도구를 활용한 설계기술 학습에 포커스가 되어 있지만 이러한 백그라운드를 가지고 향후 보다 더 나은 설계 엔지니어가 되기 위해서는 추가적인 학습이 필요하다.

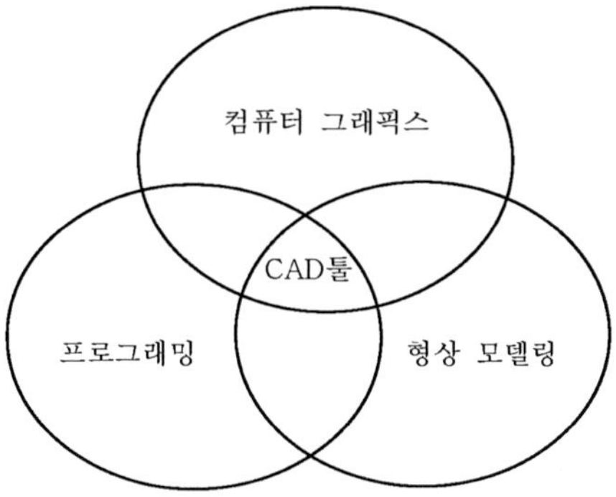

▲ CAD 소프트웨어 구성요소

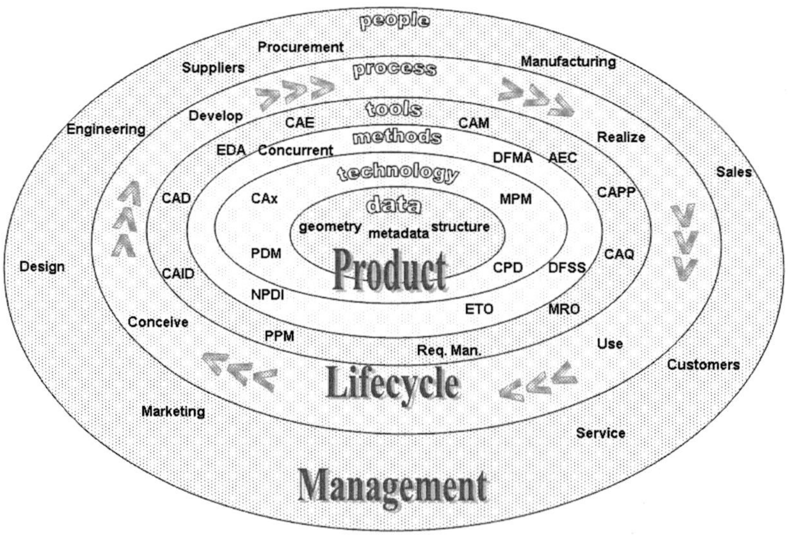

▲ PLM 구성요소(출처: wikipedia 백과사전)

03 CAD/CAM 시스템의 활용

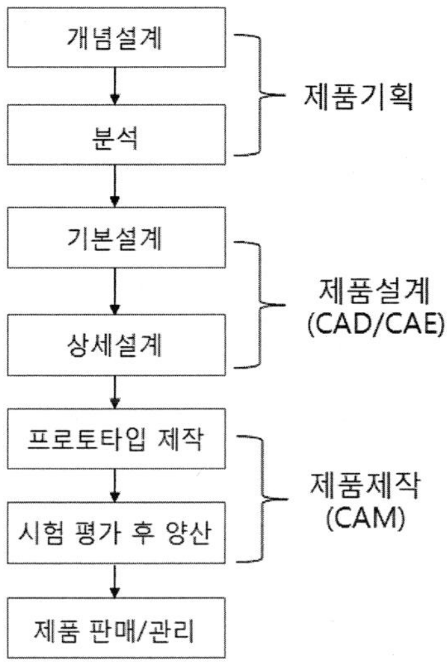

CAD/CAM 시스템은 기획단계에서 설계, 해석, 양산까지 제품 제조에 있어 전범위에 활용될 수 있다. 제품 기획단계에서는 최근 특히 강조되고 있는 제품 외형 디자인의 컨셉을 정하는 것부터 제조시에도 문제가 없도록 최종 설계를 하기 위해 CAD/CAM 소프트웨어가 활용될 수 있다. 단순한 컨셉 디자인을 벗어난 공학적인 의미를 부여할 수 있고, 초기 디자인은 CAE해석, 시뮬레이션, 목업 테스트 등을 통해 점차 기본설계 및 상세설계로 발전하게 된다. 최종 제품의 설계가 된 후에도 제품의 양산성 향상 및 성능 향상을 위해 빈번한 시험 결과를 반영한 설계 수정이 이루어지게 되는데 최근에는 PLM(Product life cycle) 시스템과 맞물려서 제품 수명 주기까지 관리하며 생산할 수 있는 툴로서 활용되고 있다.

위의 CAD/CAM 차트에 표시되어 있는 CAD/CAM 시스템에서의 활용단계를 살펴보면 다음과 같다.

- 개념설계: 스케치, 초기 설계에 필요한 계산, 요구되는 성능 반영, 등
- 분석: 제조환경에 적합한 공학적 설계 개념 반영(Design for Manufacturing)
- 기본설계: 개념설계를 발전시킨 초기 설계, 기기 또는 부품의 치수크기, 구조설계, 배치설계 등을 수행
- 상세설계: 조립설계, 컴퓨터시뮬레이션을 통한 최적설계, 중량, 부피계산, 상세도 및 배치도 설계 등 수행
- 프로토타입 제작: 쾌속조형, 고속가공기 등을 통한 프로토타입(prototype) 제작, 설계검증, 어셈블리 시험, 등 수행
- 시험 평가 후 양산: 초기금형(soft tool)을 통한 개발 샘플 확보, 제품에 필요한 여러 성능평가 시험, 최종 설계 확정, 양산금형(hard tool) 제작을 통한 양산 및 조립 등 수행
- 최종 제품 판매 및 관리: 수요처로의 제품 공급, 홍보, 마케팅, 품질관리, 고객관리 수행

엔진 실린더 3차원 모델링 및 동적 시뮬레이션 ▶

04 CAD/CAM 관련 주요 용어

1. 일반 종합 용어

- CAE(Computer aided Engineering) : 컴퓨터를 이용한 공학적 계산 등의 시뮬레이션 및 해석, 최적설계 등에 활용
- CAPP(Computer aided Process Planning): 컴퓨터를 이용하여 일련의 제조 공정에 대한 기획
- CAT(Computer aided Test): 컴퓨터를 활용한 테스트
- FEM/FEA(Finite Element Method/Analysis): 유한요소를 이용한 컴퓨터 해석 기법
- RE(Reverse Engineering): 측정 등을 통해 실제 존재하는 제품의 형상 정보 등을 추출하여 설계, 제조 등에 활용하는 기술
- RP(Rapid Prototoyping): 한 층 한 층씩 단면 데이터를 쌓아 전체 형상 프로토타입을 만드는 제조기술
- RT(Raid Tooling): RP기술을 활용한 금형제작 기술
- RPD(Rapid Product Development): RE, RP 등을 활용한 쾌속 제품 개발
- CIM(Computer Integrated Manufacturing): CAD/CAM보다 더 큰 범위까지 포함한 컴퓨터를 이용한 제조 자동화 기술
- IMS(Intelligent Manufacturing Systems): CIM과 유사, 지능형 생산 시스템
- FMS(Flexiable Manufacturing Systems): CIM과 유사, 유연 제조 시스템
- FA(Factory Automation): 공장 자동화

2. 형상 모델링 관련 용어

- 와이어프레임(Wire frame): 꼭지점, 선으로만 표현된 모델, data 구성이 단순하여 모델 표현이 쉬우나 은선제거, 단면도작성, 물리적 계산 등이 불가능함
- 서피스 모델(Surface model): 곡선으로 경계가 되어 두께가 0인 면으로 구성된 모델로 복잡한 형상 표현이 가능함
- 솔리드 모델(Solid model): 면들이 모여 경계를 이루고, 닫힌 공간을 확보함으로써 내부가 모두 채워진 모델, 은선제거, 간섭체크, 부피계산, 불리안 연산, 관성 모멘트 계산 등이 모두 가능하여 주로 사용됨

  (cf) water−tight model: 물을 부어 외부로 새어나가지 못하는 닫힌 공간으로 구성된 모델
- B−rep 모델(Boundary represenation model): 꼭지점, 모서리, 면 등으로 경계 표현 방식으로 오일러 공식이 만족되는 모델

- CSG Tree(Construtive Solid Geometry Tree): 불리언 연산(더하기, 빼기, 교차)을 통해 세부 형상들의 조합된 히스토리 구조
- 파라메트릭 모델링(Parametric modeling): 형상을 정의하는데 필요한 치수 등을 매개변수화(prarmetrize)하여 입력을 받고 수학적 정의에 따라 에 따라 표현되는 방식, 파라미터 값을 수정하여 모델 변형을 쉽게 할 수 있음
- 동기식 모델링(Syncronous modeling): 기존의 히스토리 및 파라메트릭 방식을 벗어나 모델 형상을 위주로 자유롭게 모델을 수정하는 방식
- 폴리곤 모델(Ploygon model): 다각형면들로 구성된 모델을 의미, 주로 제조용 모델 보다 컴퓨터 그래픽 모델로 활용됨

3. 그래픽 관련 용어

- Depth Cueing: 3차원 그래픽 영상에서 원근에 대한 거리의 관계를 깊이(depth)라고 표현한다. 멀리 있는 선을 흐리게 또는 얇게 표현하는 기법을 통해 깊이를 표현하는 방법을 의미
- Depth Clipping: 멀리 있는 것을 시야에서 안보이도록 삭제(clipping)하는 기법을 의미
- Flat shading: 3차원 모델의 각 면의 법선 벡터(normal)과 광원과의 각도가 작을수록 더욱 밝게 되는 원리로 각 면마다 음영을 적용하는 기법, 연산속도는 빠르나 현실감이 떨어지는 단점이 있음
- Gouraud Shading: 또 다른 쉐이딩 기법으로 꼭지점과 공유하는 이웃 면들의 법선 벡터를 통해 꼭지점의 법선 벡터를 계산하고 이 꼭지점의 빛의 세기를 선형 보간하여 각 다각형의 음영을 생성하는 기법임
- Phong Shading: 구로드 쉐이딩의 빛의 세기대신 각 꼭지점의 법선 벡터를 보간하여 다각형의 음영을 계산하는 방법으로 보다 더 현실감 있고 부드러운 음영을 생성할 수 있음
- Aliasing: 픽셀의 데이터가 0과 1의 흰색과 검정색으로 표현될 때 그 중간 회색 데이터를 표현할 수 없는 것을 의미, 단차가 있는 형태의 이미지로 나타남
- Anti–aliasing: 픽셀 그리드에 단계별 회색을 넣어 단차가 있는 aliasing 현상을 완화시키는 것을 의미함
- Reflectance map: 곡면에 일정의 패턴 또는 빛을 비추고 반사되는 정도를 맵 형태로 보여주는 것. 곡면의 굴곡점, 연속성 등을 검사할 때 활용될 수 있음

05 형상 모델의 표현

1. 모델표현 방식

CAD/CAM분야에서의 모델이란 컴퓨터를 이용하여 개발자 및 작업자간의 형상, 공차, 제조방법 등과 관련하여 상호 의사소통을 할 수 있도록 지오메트리(geometry) 요소(entities)를 활용하여 표현하는 것을 의미한다.

모델 표현방식은 크게 기준 좌표축을 어떻게 가져가는가에 따라 차수로 나뉠 수 있는데 CAD/CAM 분야에서는 크게 2차원, 2.5차원, 3차원으로 구분할 수 있으며, 형상 표현 구조 및 요소에 따라 와이어 프레임 모델, 곡면 모델, 솔리드 모델로 구분되며 이를 모두 형상 모델링 또는 기하 모델링이라 부를 수 있다.

2. 형상 표현을 위한 차원(Dimension)

컴퓨터 상에서 도형 또는 형상을 표현하기 위해서는 표현에 필요한 기본 공간의 정의가 먼저 선행되어야 한다. 경우에 따라서는 도화지와 같은 평면이 표현에 필요한 기본 공간이 될 수 있고, 보다 실제 생활 상에서 인간이 인지하는 것과 유사한 형상 표현을 위해 평면의 개념에 깊이를 더하여 확장된 체적을 기본 공간으로 사용할 수 있다. 따라서, 컴퓨터를 이용하여 형상을 표현하기 위해서는 먼저 어느 정도의 수준에서 표현이 필요한지 작업 공간 정의가 필요한데 이는 차원(Dimension)과 관련 있으며 원점과 형상 표현에 필요한 최소단위의 기준 축, 즉 데이텀 축의 설정으로 정의될 수 있다. 또한 차원 정의를 위해 원점을 지나고 각 수직관계를 성립하는 최소의 데이텀 축의 개수를 차원수라 한다. 즉, 3차원 공간의 정의를 위해서는 원점과 이를 지나고 수직관계를 이루는 3개의 최소 단위 기준 축이 필요하다 할 수 있고, 2차원의 경우 2개, 1차원의 경우 최소 단위 기준 축 1개, n차원의 경우 n개의 기준 축이 필요하다 할 수 있다. 이러한 기준 축은 표현된 형상요소의 위치를 표현하는데 사용된다.

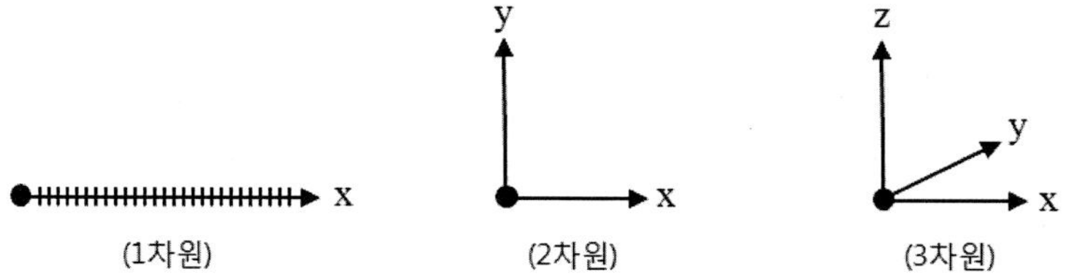

▲ 차원에 따른 기준 좌표계

(1) 2차원 및 2.5차원

1차원은 일반적으로 쉽게 표현하면 선분에 해당되며, 2차원은 평면에 해당되는 공간을 의미한다. 어떤 형상이 2차원 공간상에서 생성되었다는 이야기는 평면 상에서 가로(x)－세로(y)축을 기준으로 작성되었다는 것을 의미하며, 전통적으로 실제 제조산업 분야에서는 3차원 모델을 2차원화하여 삼각법 등을 통해 정면도, 평면도, 측면도 등의 2차원 도면으로 상호 의사소통 해왔다. 하지만 최근에는 컴퓨터, CAD소프트웨어 등과 같은 정보기술이 발달됨에 따라 산업분야에서 직접 3차원 모델로 직접 의사소통이 가능할 수 있는 방법들이 많이 개발되고 있다.

2.5차원 모델이라 함은 2차원 평면에 3차원 모델 형상이 표현될 수 있도록 회전, 투상 등에 의해 모델화 한 것을 의미하며 실제 완전한 3차원 모델의 데이터 구조를 갖고 있지는 못하지만, 2차원에서 얻을 수 없는 3차원 형상 데이터 정보를 얻을 수 있다. 언듯 보기에는 3차원 형상처럼 보이지만 2.5차원 모델을 회전시켰을 때 완벽한 데이터를 표현하지 못하게 되어 3차원 모델과는 다름을 쉽게 구분할 수 있다.

(2) 3차원

실제 우리가 시각적으로 인지하는 형상들은 3차원 물체라 할 수 있다. 마치 우리가 보는 형상처럼 표현될 수 있도록 3개의 기본 축을 설정하여 표현한 형상을 3차원 모델이라 부른다. 컴퓨터의 모니터는 사실 평면에 해당되는 구조이지만 컴퓨터 그래픽스의 표현 기술을 활용하여 x, y, z의 3가지 축을 설정하고 마우스 등으로 트래킹을 할 수 있도록 구현하여 원하는 방향으로 회전 및 이동을 하여 그 때 위치마다의 3차원 뷰를 업데이트함에 따라 사용자는 3차원 형상이 모니터 안에 들어가 있는 것과 같은 시각적 효과를 얻게 되어 실질적인 3차원 모델의 표현이 가능하다. 3차원 모델의 경우 3개의 기본 축을 기준으로 표현되게 되며 모델 구조에 따라 아래와 같이 모델을 구분할 수 있다.

- 와이어 프레임 모델(Wire frame model)
- 곡면 모델(Surface model)
- 솔리드 모델(Solid model)

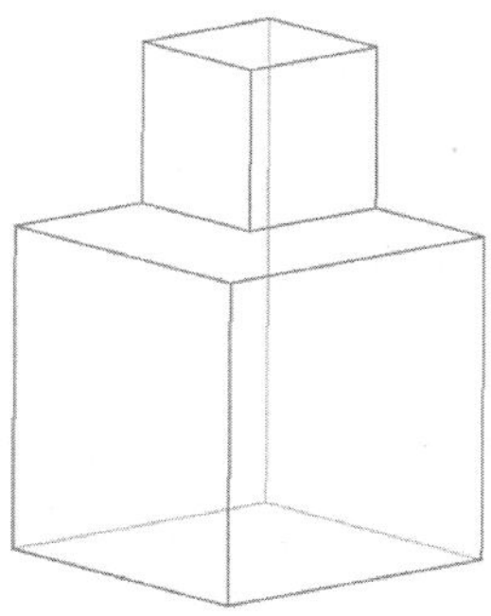

▲ 와이어프레임 모델 예

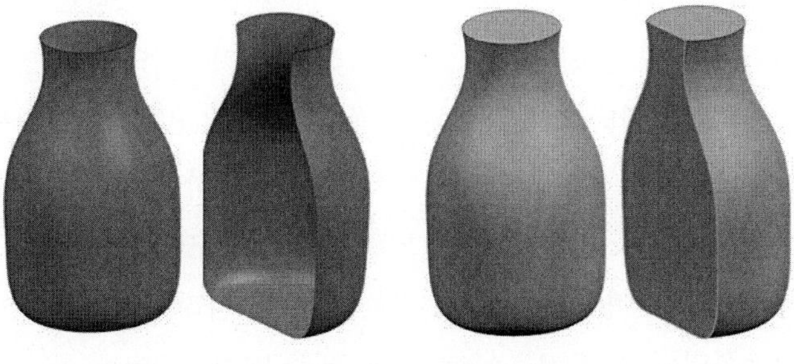

▲ 곡면모델 예 솔리드모델 예

3. 형상 모델 표현 방식

(1) 와이어 프레임 모델(Wire frame model)

와이어 프레임 모델은 우리말로 철사 형상 모델 쯤으로 해석할 수 있다. 즉, 철사를 구부리고 펴서 어떤 형상을 표현한 것과 같이 실제적인 면적과 채워지는 체적이 존재하지 않고 형상의 골격에 해당되는 모서리만 표현한 모델이라고 이해할 수 있다. 이러한 와이어 프레임 모델은 과거에는 곡면 등의 표현이 어려워 피치 못하고 와이어 프레임 형태의 모델이 사용되어 왔지만 최근에는 곡면, 솔리드 모델 생성이 가능해짐에 따라 실제 사용되지 않지만, 일반적인 CAD 소프트웨어에서 솔리드 모델이 생성된 경우에도 면을 감추고 단지 모서리만 표현되게 할 수 있는 뷰 표현 방식 중 하나로 와이어 프레임 모델과 같은 형태로 볼 수 있도록 구현되어 있다(NX의 경우: wireframe mode).

와이어 프레임 모델의 경우 다음과 같은 특징을 갖는다.

- 간단한 데이터 구성으로 메모리 사용이 적다.
- 계산 처리 속도가 빠르다.
- 모델 작성이 직관적이고 쉽다.
- 3면 투시도 작성이 쉽다.
- 골격만 표현하여 한번에 전체 형상을 알아볼 수 있다.
- 은선 제거가 어렵다.
- 단면도 생성이 어렵다.
- 형상에 대한 물리적 성질의 계산이 불가능하다.
- 내부에 대한 정보가 없다.
- 해석, 테스트, 시뮬레이션 등에서 활용하기에 제한이 따른다.

(2) 곡면 모델(Surface model)

곡면 모델은 와이어 프레임 모델에서 더 나아가 서로 연결된 모서리들이 경계를 이루어 정의되는 각 영역을 평면과 같은 면을 연장하고 구부려서 채워 형상을 표현한 모델을 말한다. 이는 크게 외부와 내부가 구분되지 않고 곡면연결성이 끊어진 경계곡선이 명확한 열린 곡면 모델과 곡면들이 모두 연결되어 외부와 내부가 구분되는 닫힌 곡면 모델로 나뉠 수 있다. 닫힌 곡면 모델의 경우 내부는 채워지지 않은 빈 공간으로 존재하게 된다. 이러한 곡면 모델의 경우 와이어 프레임 모델과 달리 곡면의 법선 벡터간의 계산들을 통해 보이지 않는 모서리들을 구분할 수 있으며, 면들의 형상 정보를 통해 NC가공, 금형 설계 등 활용이 가능하다.

기본적으로 이러한 곡면 모델은 매개변수(Parameter) 상으로 1차원인 곡선을 2차원으로 확장하여 생성하게 되며, 표현하고자 하는 형상에 따라 룰드 곡면(Ruled surface), 베지어 곡면(Bezier surface), 비스플라인 곡면(B−spline surface), 넙스(NURBS: Non−uniform rational B−spline Surface) 생성 기법을 사용할 수 있다. 이러한 곡선과 곡면 표현 방법을 이해하기 위해서는 기존 CAD/CAM 관련 이론 책들을 통해 학습하기 바란다.

NX의 경우 대다수의 곡면형태를 모두 포함할 수 있는 넙스 곡면을 기반으로 하고 있고, 사용자가 쉽게 생성할 수 있도록 룰드 곡면, 단면 곡선들을 로프팅하여 연결하는 곡선을 통한 곡면(through curves), 곡선 네트를 피팅하는 메쉬를 통한 곡면(through curve mesh)과 같은 기능들을 제공한다.

곡면 모델에 대한 특징을 요약하면 다음과 같다.

- 은선 제거가 가능하다.
- 자유형상(Free form) 같은 복잡한 형상을 표현할 수 있다.
- 단면도 생성 작업이 가능하다.
- 면과 면간의 연결, 교차 등을 수행할 수 있다.
- NC 가공 경로를 계산 할 수 있다.
- 질량 등과 같은 물리적 특성을 계산하기 곤란하다.
- 시뮬레이션 등을 수행하기에 한계가 있다.

(3) 솔리드 모델(Solid model)

솔리드 모델은 곡면 모델에서 보다 발전된 형태의 모델로 모든 곡면 패치들이 상호 연결되어 생성된 닫힌 공간 체적에 임의의 재료로 가득 채워진 형상을 표현한 모델이다. 따라서 솔리드 모델을 통해 질량, 관성 모멘트, 무게중심의 계산, 유한요소 해석, 동작 시뮬레이션 등과 같은 공학적 응용이 가능하게 되었다. 순수 솔리드 모델의 경우 공간과 위치의 관계를 설명하는 위상학적으로는 다양체(manifold)에 해당된다. 다양체 모델이란 모델 상의 어느 점이 이와 근접한 이웃 영역과의 연결성이 전 모델에 걸쳐 동질한(homeomorphic) 형태의 모델로 구성되어 있음을 의미한다. 즉, 평면상의 사각형은 디스크 형상과 동질한 형상이라 할 수 있으며, 교차되는 부분 없이 모델의 어느 점에서나 국부적 디스크 형상으로 이루어지어 졌다면 다양체 모델(2−manifold)에 해당되게 된다. 이와 달리 이러한 조건이 성립되지 않고 디스크 형상이 아닌 다른 형상 부분이 존재하게 되는 경우 비다양체 모델이라 일컫게 되는데, 비다양체 모델의 예로 한 모서리 상에 3개 이상의 면이 연결되어 존재하거나 면들이 만나는 꼭지점에 다른 모서리가 또 존재하게 되는 경우 등을 들 수 있다. 다음 그림은 비다양체(non−manifold) 형상에 해당되는 예를 보여주고 있다.

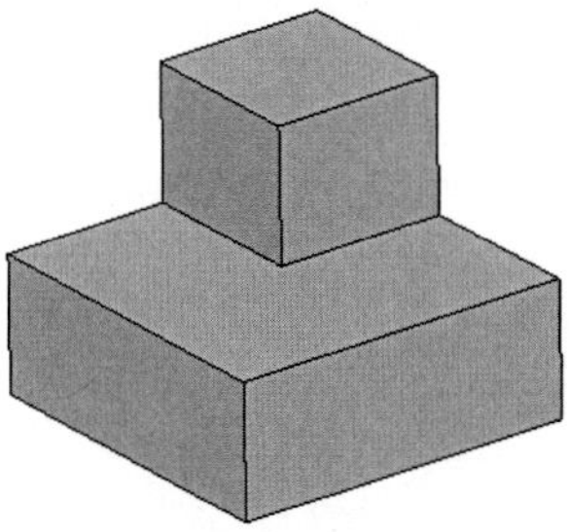

▲ 다양체 예

▲ 비다양체 예

다양체의 경우 모델 전체 범위에 걸쳐 그 차원에 해당되는 동일성이 유지되기 때문에 위상적 규칙성을 적용할 수 있으며 예외적인 사항의 고려 없이 기하요소 간의 연산을 손쉽게 수행할 수 있다. 동일한 차원의 다양체 모델의 경우 꼭지점, 모서리, 면 개수으로 정의되는 오일러식이 항상 일정한 값을 갖게 된다. 이를 오일러 특성이라 하며 동일한 오일러 값을 갖는 형상은 위상적으로 같다고 이야기 할 수 있다.

• 오일러 방정식

$$V - E + F = 2 - 2g \qquad \text{(식 1)}$$

여기서, V : 꼭지점 개수 E : 모서리 개수 F : 면 개수 g : 통과 홀(genus) 개수

한 예로 사면체의 경계면은 구와 동질이라 할 수 있다. 따라서 사면체의 경우 또한 육면체(cube)의 경계면과도 동질이라고 할 수 있는데 사면체의 경우 $V=4$, $E=6$, $F=4$, $g=0$가 되며, 육면체의 경우 $V=8$, $E=12$, $F=6$, $g=0$으로 오일러 식에 대입을 하면 $4-6+4=8-12+6=2$로 서로 동질한 모델임을 알 수 있다. 아래 그림은 또 다른 예로 오면체와 육면체의 예를 비교하고 있다.

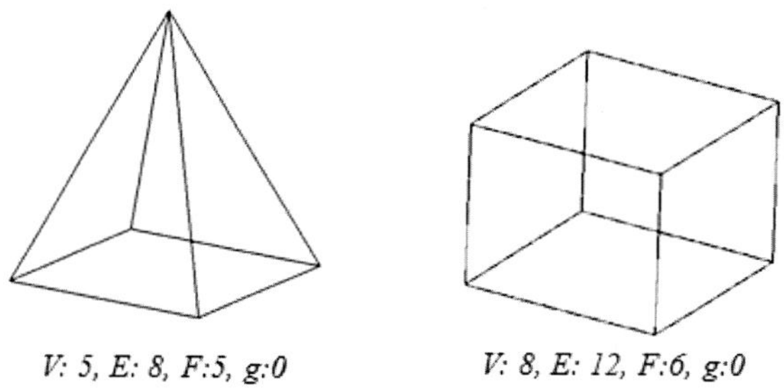

▲ 오면체 및 육면체의 오일러 특성

솔리드 모델의 특성은 다음과 같이 요약될 수 있다.

• 모델의 은선, 단면 등의 표현이 용이하다.
• 재료가 결정되면 그에 따른 체적, 질량, 관성모멘트 등을 계산할 수 있다.
• 불리안 연산(Boolean operation)을 통하여 보다 복잡한 형상표현이 가능하다
• 유한요소(FEM: Finite Element Methods) 해석을 위한 자동 메쉬 분할이 가능하다.
• 이동 회전 등을 통해 정확한 형상 파악이 가능하다.
• 데이터 처리가 많아진다.
• 복잡한 형상의 경우 메모리 소비가 크다. 등

실제 일반적인 CAD 소프트웨어상에서 솔리드 모델을 구현하기 위한 방법으로 다음과 같은 방식들이 활용되고 있다.

• 경계표현(B−rep: Boundary representation) 방식
• CSG(Constructive solid geometry) 방식
• Hybrid 방식

06 솔리드 모델의 표현

1. B-rep 방식

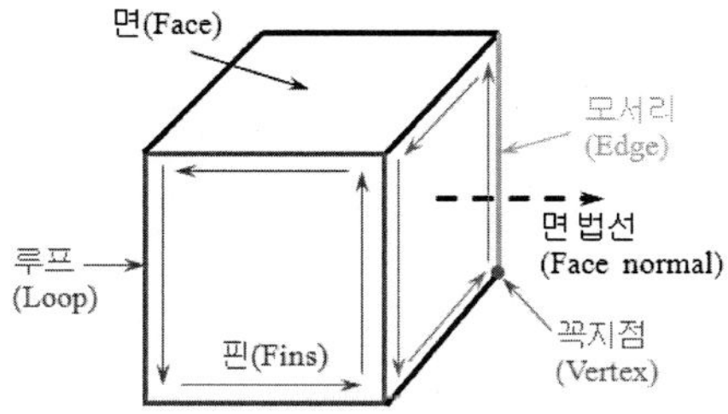

▲ 솔리드 모델의 구성요소

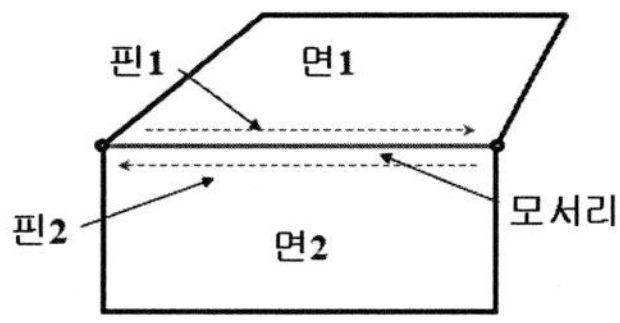

▲ 핀과 모서리와의 관계

경계표현(Boundary representation) 방식은 형상을 구성하고 있는 꼭지점, 모서리, 면들간의 위상학적 연결구조를 가지고 그에 해당되는 형상 요소로 표현하는 방식을 말한다. 즉, 3차원 솔리드 모델을 구성하기 위해 각 꼭지점들이 어떻게 연결되어 모서리가 되고 모서리는 어떻게 또한 연결되어 면을 구성하며 면들은 어떻게 연결되어 체적을 구성하는지에 해당되는 연결성이 정의되게 되며 각각의 꼭지점, 모서리, 면들이 실제 그래픽상에서 어떤 형상과 위치를 갖고 있는지에 대한 정보를 더하여 우리가 볼 수 있는 최종 3차원 모델이 표현되는 방법이다. 따라서 B-rep 방식의 자료 구조는 아래 그림과 같이 표현될 수 있으며 이 자료 구조를 통해 비다양체 모델도 지원될 수 있다.

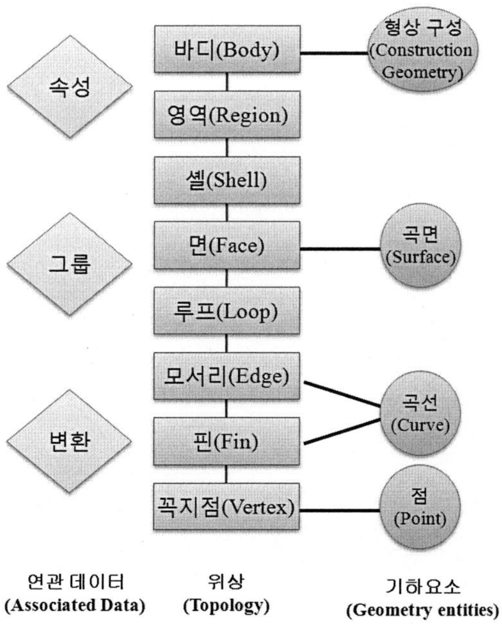

▲ B-rep 표현에 의한 데이터 구조

위상요소	설 명
꼭지점 (Vertex)	꼭지점은 공간상의 한 점으로 표현된다. 모든 꼭지점은 하나의 점으로 구성되며, 솔리드 모델에서 가장 최소 단위에 해당된다.
모서리 (Edge)	솔리드 모델 내에서의 모서리는 꼭지점을 경계로 하여 연결된 곡선을 의미한다. 모서리의 경계는 0, 1, 또는 2개의 꼭지점으로 구성된다.
핀 (Fin)	핀은 모서리의 방향성이 부여되어 사용되는 것으로 루프를 구성하는 요소가 된다. 이를 통해 반-모서리(half-edge) 구조가 생성될 수 있다. * 반-모서리 구조: 각 모서리는 이웃하는 두 면의 경계를 정의하기 위해 사용되야 하므로 하나의 모서리로 보이지만 각 두 면들을 정의하기 위해 두 개로 나누어 저장된다. 이를 반-모서리 구조라 한다.
루프 (Loop)	루프는 핀들이 시작점과 끝점이 방향성을 갖고 연결되어 면의 경계를 이루는 요소를 의미한다. 루프는 방향성이 부여된 링 형태를 이루는 개별 핀들과 꼭지점들로 구성된다.
면 (Face)	면은 곡면 상에 경계를 갖는 부분 요소를 의미하며 곡면의 경계는 루프들의 집합으로 구성된다. 일반적으로 1개 이상의 루프로 면들이 정의되나 구면과 같은 형상은 별다른 루프 없이 구성될 수도 있다.

2. CSG(Constructive Solid Geometry) 방식

간단한 형상들간의 합, 차, 교차 등 불리안 연산 및 간단한 공간변환을 통해 보다 복잡한 솔리드 형상을 생성할 수 있는데 이러한 표현 기법을 CSG(constructive solid geometry) 방식이라 한다. CSG 방식은 가지가 두 개인 이진 트리(binary tree) 구조로 표현될 수 있는데 이때 잎들에 해당되는 노드(leaf node)는 단순한 모델들에 해당되며, 가지 노드(branch node)는 이들간의 연산으로 정리될 수 있다. 결국, 이러한 CSG 기법을 통해 단순 형상 모델간의 불리안 연산을 통해 경계를 갱신하며 얻게 됨으로써 결국 보다 다양한 경계표현(B-rep) 모델을 얻을 수 있게 된다. 대부분 CAD 소프트웨어의 경우 이러한 CSG 표현 방식에 의해 단순한 형상에서부터 점차 복잡해진 형상을 생성하게 되며, 이 모든 형상은 앞 절에서 설명한 경계 표현(B-rep) 방식으로 표현되게 될 수 있다.

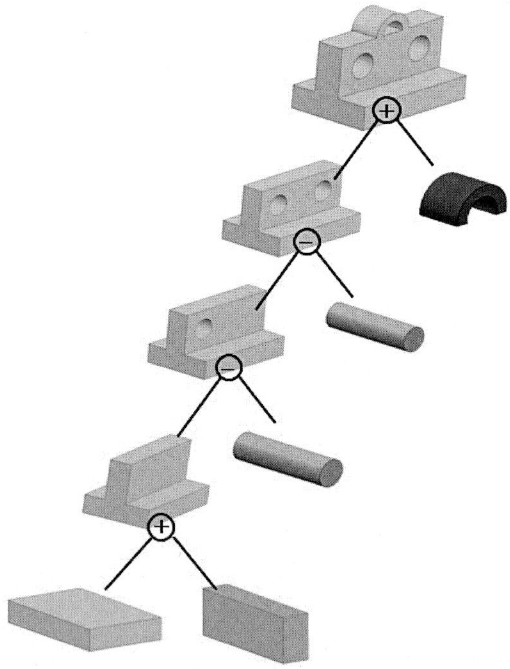

▲ CSG(Constrictive solid geometry) 트리 구조

07 곡선/곡면의 표현

1. 곡선/곡면 표현방식 및 주요 용어

(1) 명시적(Explicit) 표현

$y=f(x)$ 형태의 표현으로 닫힌 곡선이나 여러 값을 갖는 곡선 표현이 어려움

(2) 암시적(implicit) 표현

$f(x, y)=0$ 형태로 곡선 상에 존재하는 점을 직접 계산하기에 어려움

(3) 매개변수(parametric) 표현

명시적 표현 및 암시적 표현의 경우 기준 축에 의존하여 표현되는 방식이다. 하지만 파라메트릭 표현 방식의 경우 평면 곡선의 경우 $x(t)=f_1(t)$, $y(t)=f_2(t)$로 기준 축과 독립적으로 표현될 수 있으며 일반적으로 [0, 1] 구간으로 파라메트릭 공간으로 계산될 수 있다. CAD 형상 모델링을 위해서는 컴퓨터 상에서 프로그램밍에 용이한 이 매개변수 표현 방식이 가장 널리 사용된다.

(예) 3차원 공간상에 직선은 $x=a+lt$, $y=b+mt$, $z=c+nt$라고 표현되며, t의 구간이 [0, 1]에 대해 곡선은 $P(0)=(a, b, c)$에서 $P(1)=((a+l), (b+m), (c+n))$으로 변화되며 표현될 수 있다. P_0와 P_1이 주어졌을 때 이를 연결하는 일반적인 직선의 방정식은 $P(t)=(1-t)P_0+tP_1$으로 정의될 수 있다.

(5) 연속성

연속성이란 쉽게 표현하면 곡선(또는 곡면)들이 연결될 때 서로 접하는 부위에서 상호 어느 정도의 부드러운 연속성을 갖고 연결이 되는가를 표현하는 것이라 할 수 있다. 이 연속성은 크게 형상 연속성(Geometry continuity)과 파라메트릭(Parametric continuity) 연속성으로 나눌 수 있다. 형상 연속성에 해당되는 것은 G^k 기호로 표기되며, 파라메트릭 연속성은 C^k로 표현한다. 이때 k는 연속성의 등급을 의미하는데 $k=0$인 경우는 이어지는 두 곡선이 기울기나 곡률이 유지되지 않고 단지 만나기만 한 경우를 의미한다. $k=1$인 경우, 형상 연속성은 매개변수에 대해 독립적으로 두 곡선의 접점에서 서로 연속적으로 기울기인 접선(tangent) 방향을 유지하며 접하게 되는 것을 의미 하지만 파라메트릭 연속성과 달리 양 곡선 접점에서의 미분값이 꼭 동일한 것을 의미하지는 않는다. 즉, 곡선 $P(t)$의 파라미터 t에 대한 미분값을 $Pt(t)=dP(t)/dt=(dx(t)/dt, dy(t)/dt, dz(t)/dt)$라 했을 때 점 $P(t)$에서 만나는 두 곡선 $P_1(t)$, $P_2(t)$가 $P_1{}^t=\alpha P_2{}^t$(여기서 α는 상수)가 만족하면 서로 기울기가 일치되어 G^1 연속성을 만족한다고 할 수 있고, $P_1{}^t=P_2{}^t$가 성립되면 동일 미분값을 갖게 되어 C^1 연속성이 만족한다고 할 수 있다. 마찬가지로 보다 확장하여 $P_1{}^{tt}=\alpha P_2{}^{tt}$가 만족하면 곡률이

이어지는 G^2 연속(curvature continuity), $P_1{}^{tt} = P_2{}^{tt}$인 경우는 C^2 연속이 된다. NX에서도 곡선 및 곡면 생성시 이러한 연결되는 형상 간에 연속성 정도를 설정할 수 있는데, 주로 직관적인 G^k 형상 조건이 주로 적용되고 있다.

2. 주요 곡선의 종류 및 특징

사용자가 원하는 자유 형상을 표현하기 위해 많은 연구가들로부터 다양한 수학적 곡선식들이 발전되며 개발되었다. 곡선의 경우는 하나의 매개변수를 사용하는 반면, 곡면의 경우는 곡선을 확장하여 두 개의 매개변수로 표현되며 곡선의 기본 특성을 모두 포함하여 구성된다. 따라서 곡선에 대한 원리를 제대로 이해하면 곡면의 경우는 이를 한 차원 높여 쉽게 이해할 수 있다. 따라서 본 교재에서는 CAD 모델링에 필요한 기본 곡선들에 대해서만 가장 기초적인 이해를 돕고자 한다.

(1) Hermite 스플라인 곡선

- 주어진 차수의 Hermite 다항식으로 표현되며 곡선 표현의 가장 기초라 할 수 있으며 3차원 스플라인인 경우 아래 식과 같이 정의되고 매개변수 t가 0과 1에서의 $P(t)$값과 $P'(t)$값이 사용자에 의해 주어지게 되면 계수 ai 값을 얻음으로써 최종 곡선이 표현될 수 있다.

$$P(t) = \sum_{t=0}^{a} a_i\, t^i \ (0 \le t \le 1)$$

$$P(t) = a_3 t^3 + a_2 t^2 + a_1 t^1 + a_0$$

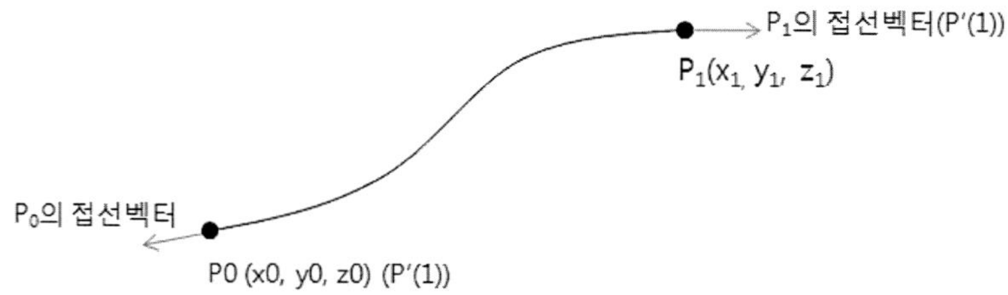

▲ Hermite 곡선

- 양 끝점 두 개와 끝 점에서의 각 기울기들로 계산되어 곡선이 표현됨
- 곡선의 미분값을 이용해서 좀더 편리하게 곡선을 정의한다.
- 곡선의 형상변화를 기하 계수의 변화로부터 직관적으로 예측할 수 있다.
- 접선 벡터들의 방향은 일정한 채 그 크기들이 변할 때, 곡선의 형상이 어떻게 바뀌는지를 알 수 있다.
- 파라메터 값을 포함하여, 각 점과 생성될 곡선 모양을 직관적으로 연계시키기 힘들고, 또한 지나야 할 점이 많아지면 곡선의 차수가 높아진다.

- 곡선이 지나야할 점들의 위치가 하나만 바뀌어도 곡선 모양 전체가 영향을 받는 전역 변형(global modification)이 생긴다.

(2) Bezier 곡선

- 곡선을 생성하기 위해 조정점 다각형들을 통해 근사화되어 표현된다.
- 조정점들을 이용하여 곡선 조작이 가능하다.
- 곡선식은 조정점의 개수보다 1이 적은 차수의 다항식으로 되어 있다.
- 조정점이 증가되면 곡선의 차수가 높아지고, 이에 따라 곡선에 진동이 생긴다.
- 곡선 전체가 조정점에 의해 생성된 볼록포(convex hull) 내부에 위치한다.
- 곡선은 시작 및 끝 조정점을 통과한다.
- 중간 조정점들은 곡선을 자신 방향을 당기는 역할을 한다.
- 첫 두 조정점과 마지막 두 조정점을 각각 잇는 직선에 접한다.
- 한 개의 조정점의 움직임이 곡선 전 구간에 영향을 미친다.
- Bezier 곡선은 아래 식으로 정의 되는데 이때 P_i는 조정점에 해당되며, $B_{i,n}(u)$는 Bernstein 다항식 이라 불린다.

$$P(u) = \sum_{i=0}^{n} P_i B_{i,n}(u)$$

$$B_{i,n}(u) = {}_nC_i u^i (1-u)^{n-i} = \frac{n!}{i!(n-1)!} u^i (1-u)^{n-i} = \binom{n}{i} u^i (1-u)^{n-i}$$

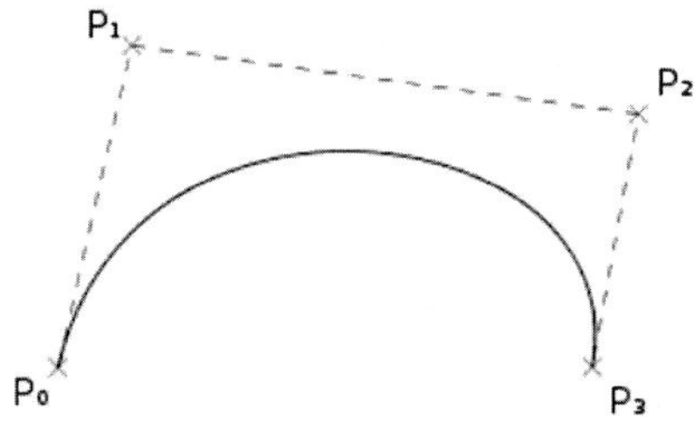

▲3차 Bezier 곡선

(3) B-spline 곡선

- Bezier 곡선과 마찬가지로 조정점(control point)들로부터 표현되며, Bezier 곡선을 일반화한 방법으로 아래 식과 같이 정의된다.

$$P(t) = \sum_{i=0}^{n} N_{i,k}(t) V_i$$

여기서 V_i는 조정점을 의미하고, $N_{i,k}$는 $(k-1)$차의 블랜딩 함수를 의미하며 아래와 같이 재귀적으로 계산될 수 있다.

$$N_{i,k}(t) = \begin{cases} 1 & \text{if } t_i \le t \le t_{i+1} \\ 0 & \text{otherwise} \end{cases}$$

$$N_{i,k}(t) = \frac{(t - t_i)}{(t_{i+k-1} - t_1)} N_{i,k-1}(t) = \frac{(t_{i+k} - t)}{(t_{i+k} - t_{i+1})} N_{i+1,k-1}(t)$$

이때 t_i는 절점벡터에 해당되고, k는 곡선식의 오더, $d = (K-1)$은 곡선의 차수를 의미하게 된다.

- 곡선 차수에 따라 여러 세그먼트로 나누어지고, 세그먼트에 따라 파라미터 상에서 영역이 나눠어지는데 이를 놋(Knot) 또는 절점이라 하며 아래와 같은 식을 만족한다.

절점의 개수$(m+1)$=조정점의 갯수$(n+1)$+오더(k) 즉, $m = n+k$

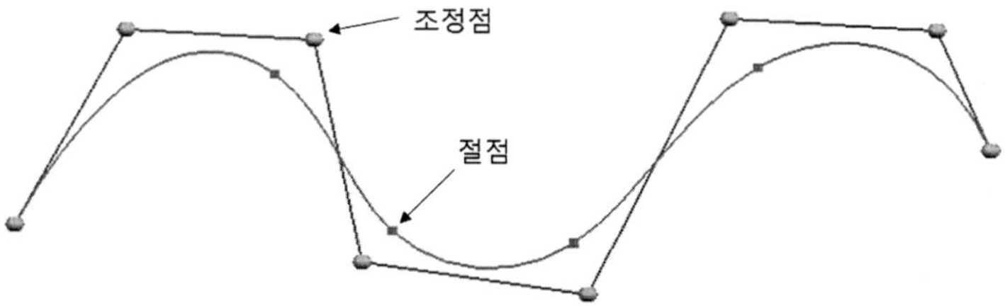

▲ B-spline 곡선의 예(k=4, d=3, n=7, m=11)

- 절점을 기준으로 세그먼트로 나뉘어져 표현되므로 한 개의 조정점 위치를 변경시켜도 국부 인근 몇 개의 세그먼트에만 영향을 주고 전체 형상에는 영향을 주지 못한다. 즉, 전역 변형이 일어나지 않는다.
- 절점의 분포에 따라 주기적 B-spline과 비주기적 B-spline으로 구분될 수 있는데 절점 영역의 처음과 끝에서 각각 오더 k 숫자만큼 절점 0, 1이 반복될 경우 이를 비주기적 B-spline이라 하며 일반적인 곡선 표현식으로 다양한 형상을 표현할 수 있다.
- 비주기적 B-spline에서 내부절점이 존재하지 않은 경우 Bezier 곡선과 동일한 곡선이 된는데 그 예로 아래 그림 중 $k = 4$인 경우에 조정점 개수는 4개이므로 절점 8개가 시작점과 끝점에서 4개씩 양분되므로 내부 절점이 존재하지 않게 되고 이 경우 Bezier 곡선과 동일하다 할 수 있다.

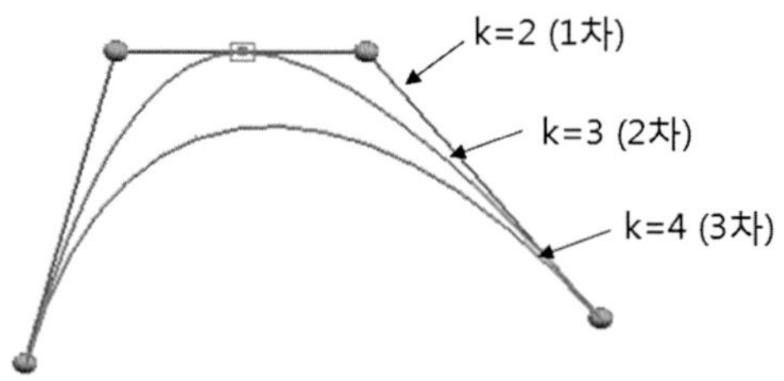

▲ 차수에 따른 비주기적 B-spline 곡선 비교

- 내부절점들이 동일 간격만큼 떨어져 있을 때 균일/주기적 B−spline이라 하며, 블랜딩 함수의 형상이 모두 동일하고 k=2인 경우만 직선형태로 나타내므로 이때를 제외하고 다른 경우는 처음과 끝점의 조정점을 지나지 않게 된다.
- B−spline 식의 차수에 따라 곡선 형상이 변화된다.
- 곡선식의 차수는 조정 점의 개수와 관계없이 연속성에 따라 결정된다.

(참고) B−spline 곡선을 아래 사이트에서 간단히 웹 상에서 테스트 할 수 있다.

http://jsxgraph.uni−bayreuth.de/wiki/index.php/B−splines

(4) NURB(Non−uniform Rational B−spline) 곡선

- B−spline식에 일정에 가중치를 두어 곡선의 변형을 보다 자유롭게 만든 형식으로 가장 발달된 방식이다.
- NURB 곡선으로 모든 Bezier 곡선과 B−spline 곡선을 모두 표현할 수 있다.
- 원이나 타원과 같은 2차 곡선(원뿔곡선)의 표현도 가능하다.
- B−spline 곡선에 조정점들에 대한 가중치에 따라 곡선을 미세하게 변형할 수 있도록 아래와 같은 형태로 수식이 보강되었다.

$$C(u) = \sum_{i=1}^{k} \frac{N_{i,n} w_i}{\sum_{j=1}^{k} N_{j,n} w_j} P_i$$

$$C(u) = \sum_{i=1}^{k} R_{i,n} P_i, \quad R_{i,n} = \frac{N_{i,n} w_i}{\sum_{j=1}^{k} N_{j,n} w_j}$$

여기서 P_i는 조정점을 의미하며, w_i는 해당 조정점에 대한 가중치 값을 의미한다.

- 절점들의 간격이 불균일하며, 비주기적 B−spline과 유사하게 양 끝점을 통과한다.
- 공간상 NURB곡선을 평면에 원근 투형시킨 곡선은 평면상 투영된 조정점으로 생성된 NURB곡선과 일치한다.(투영 불변성)

위와 같이 다양한 형태의 식들을 활용하여 주어진 점들을 근사화하는 곡선들을 표현할 수 있으며, 모두 매개변수 표현 방식으로 컴퓨터 상에서 구현되기 매우 용이하여 CAD/CAM, 컴퓨터 그래픽스 분야에 널리 활용되고 있다. NX의 경우도 NURB기반으로 개발되었고, 곡선의 식들을 모두 동일 개념으로 두 축의 파라미터 상으로 확장하면 곡면 표현 식들로 유도될 수 있다. NURB 곡면(Surface)의 경우 간단히 NURBS(Non−uniform Rational B−spline Surface)라 부른다.

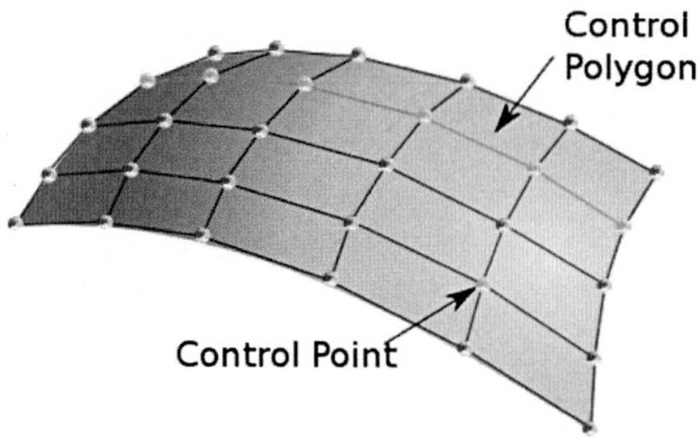

▲ NURBS 표현을 위한 조정점과 조정다각형(출처: 인터넷 wikipedia 사전)

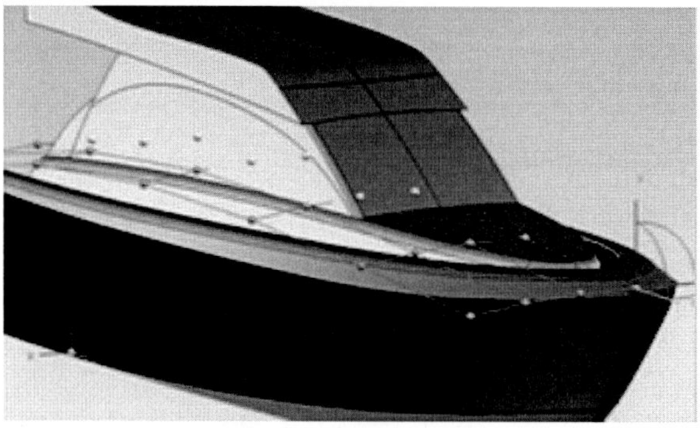

▲ NURBS를 활용한 모터요트 디자인(출처: 인터넷 wikipedia 사전)

User Interface 및 File 메뉴를 습득한다.

NX8.5

2

NX 시작하기

01 NX8.5 시작하기

NX8.5를 시작하기 위해서는 시작－프로그램－UGS NX8.5－NX8.5를 선택하거나 바탕화면에서 바로 가기 아이콘을 NX 8.5 더블 클릭 한다.

아래 그림은 NX Program를 처음 구동 시켰을 때의 화면이다.

작업자는 현재 상태에서 새 파일을 생성하거나 이미 생성되어 있는 파일을 열어 작업을 할 수 있다.

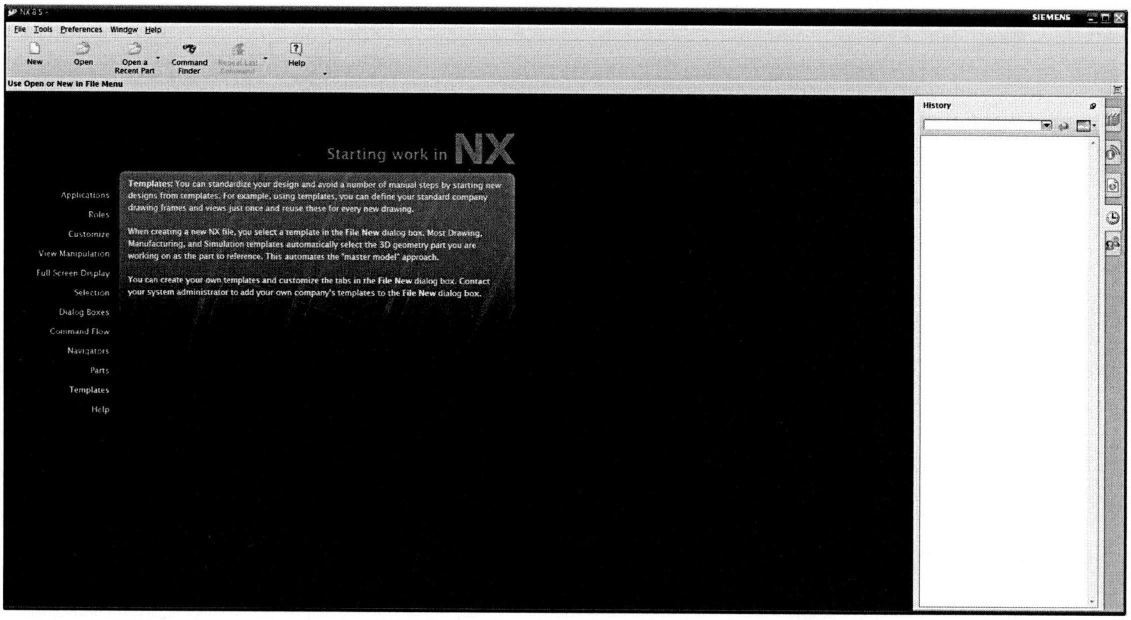

02 Gateway

NX8.5는 여러 가지 Application으로 나누어져 있어 사용목적에 따라 적용할 수 있다.

Gateway는 모든 Application을 사용하는데 있어서 선결 Application이라 할 수 있으며 NEW (Ctrl+N)를 선택하여 새로운 Part 파일을 생성하거나, Open(Ctrl+O)을 선택하여 기존 Part 파일을 Open 할 수 있다. 또한 Part 내의 Object를 생성 및 수정하기 위해서는 Gateway에서 작업하는 게 아니라, 거기에 해당하는 Application(Modeling, Assembly, …)을 구동하여 작업을 해야 한다.

다음 그림은 Gateway 상태이다. 현 상태에서 Start → Modeling, Drafting... 등의 Application으로 갈 수 있다.

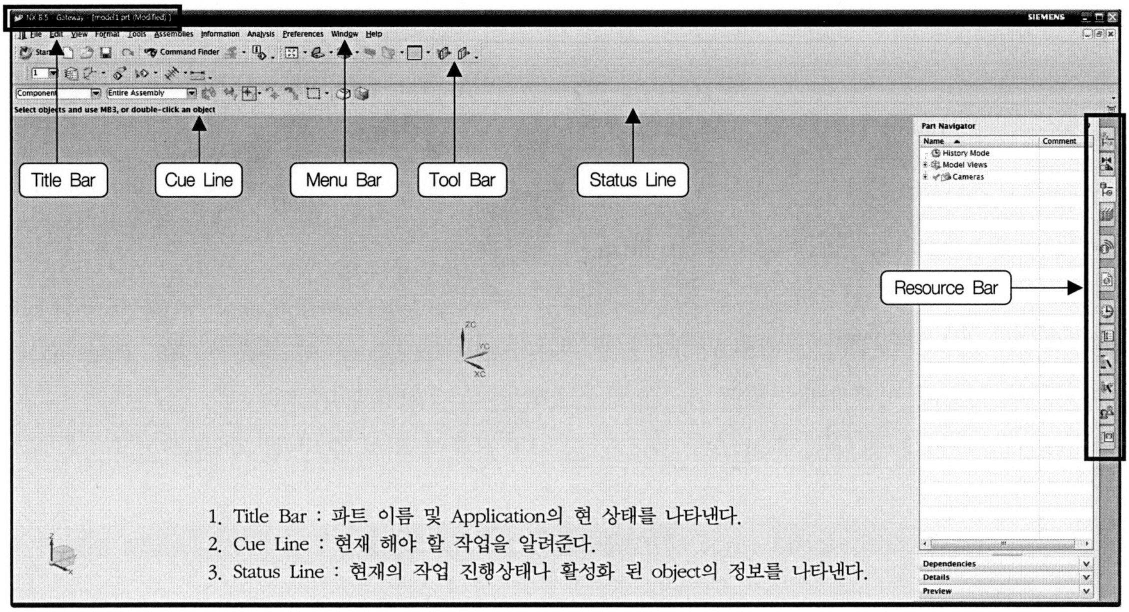

1. Title Bar : 파트 이름 및 Application의 현 상태를 나타낸다.
2. Cue Line : 현재 해야 할 작업을 알려준다.
3. Status Line : 현재의 작업 진행상태나 활성화 된 object의 정보를 나타낸다.

03 Open

File－Open

기존 Part 파일을 열 때 사용한다.

File Menu에서 Open을 선택하면 아래와 같이 Windows Dialog가 나타나며, 원하는 파일을 찾아 선택한 후 OK 한다. 우측의 Preview Option을 선택하면 형상을 미리 확인할 수 있다.

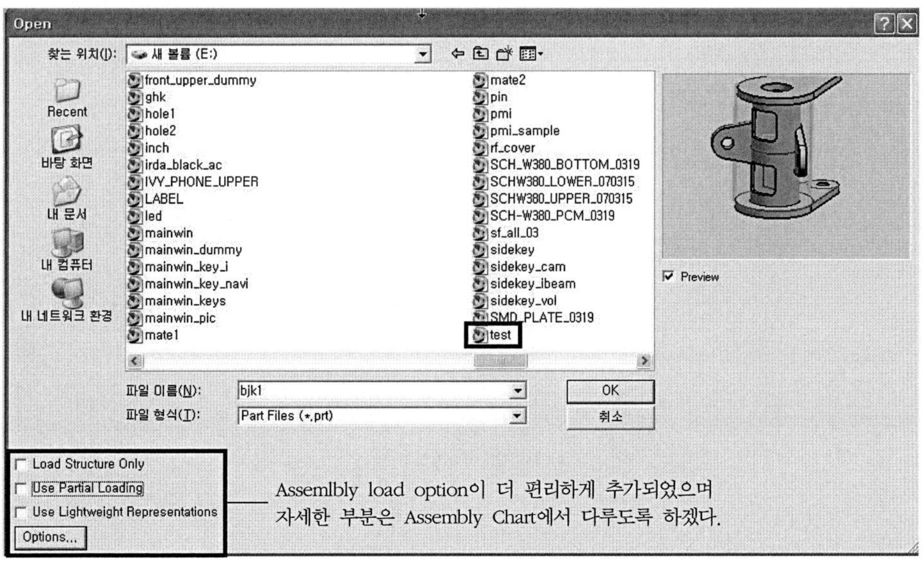

04 New

File – New

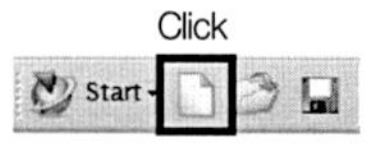

새로운 Part 파일을 생성하는 기능으로 이름과 단위를 정의하며 한번 작성된 후 단위는 변하지 않으므로 파일 생성시 주의한다.

아래의 창에서 알 수 있듯이 새로운 파일을 생성할 경우에는 Template를 이용할 수 있고 Template에서 선택한 파트의 모든 오브젝트를 가져오게 된다. 또한 Application의 종류에 따른 Template를 선택 할 수 있으며 적용시에는 해당 Application으로 바로 들어가게 된다.

• UGII \ Template에 원본 Template part가 있으며 필요에 의해 수정 할 수 있다.

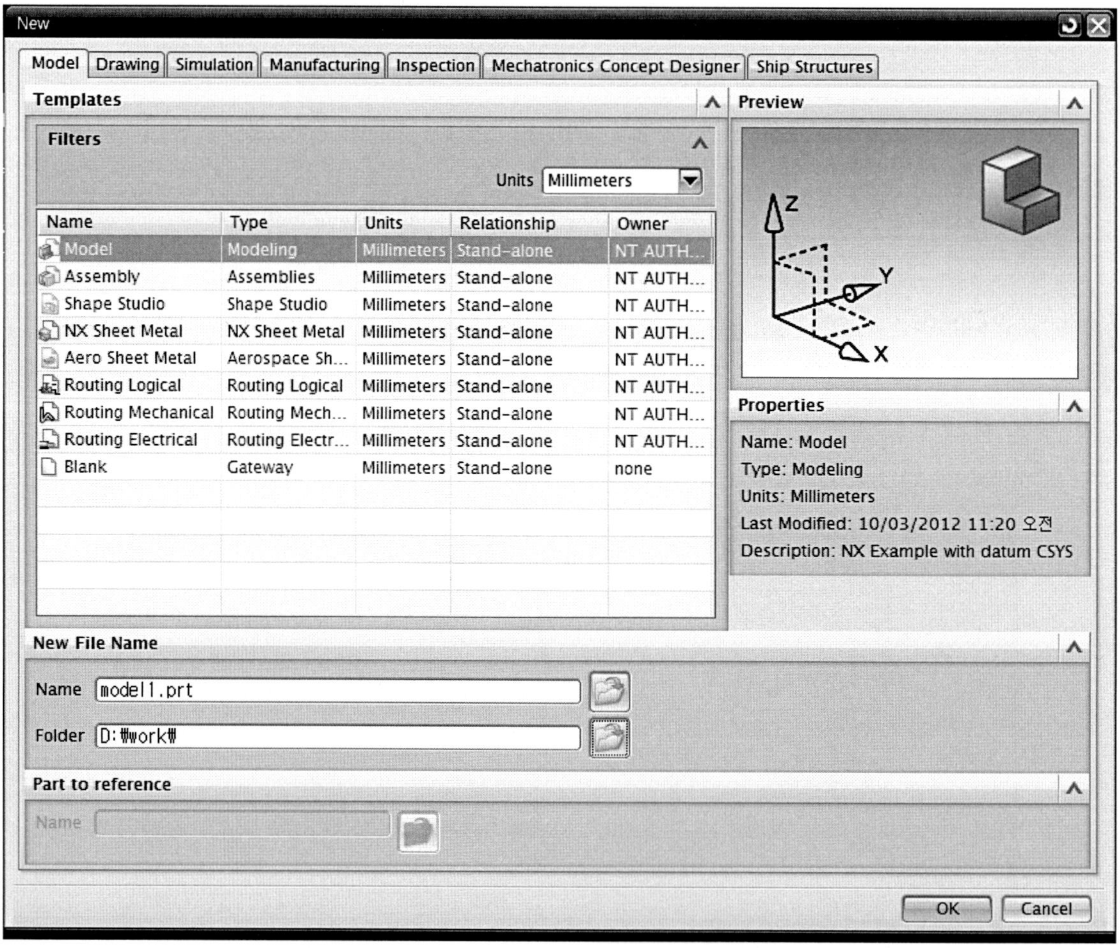

▲ Part Template

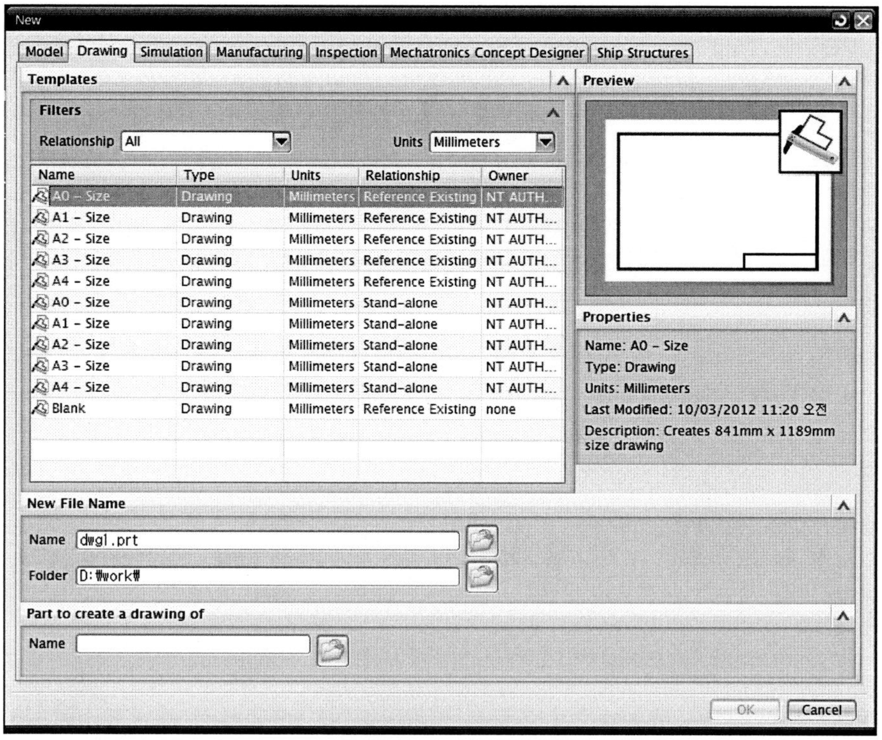

▲ Drawing Template

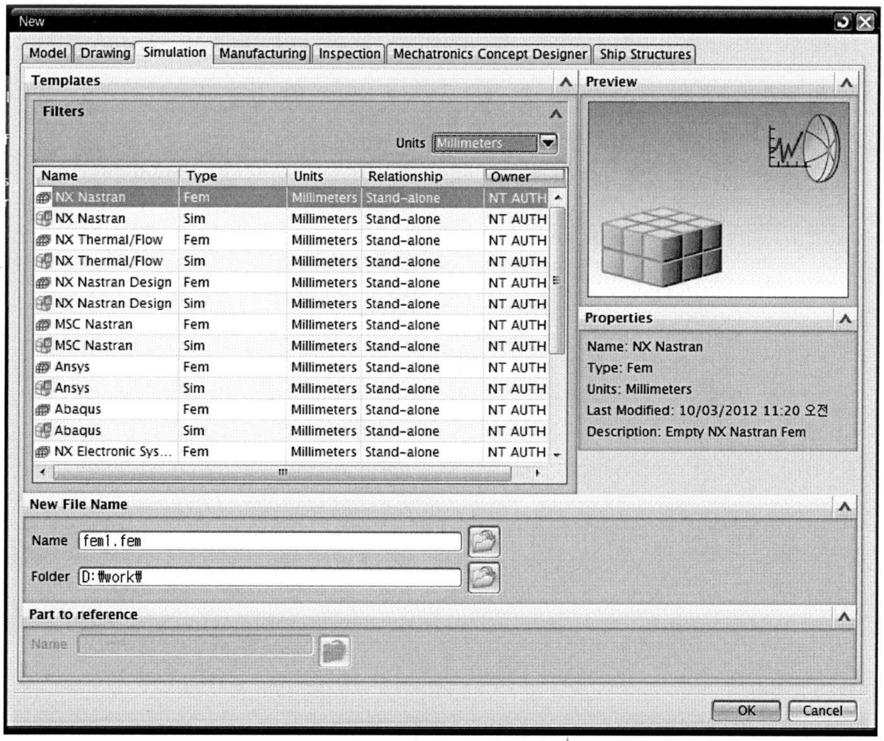

▲ Simulation Template

05 Save

File – Save

사용자가 Data를 저장할 때 사용한다.

저장할 때 여러 개의 NX 파일이 열려있을 경우 사용자가 원하는 파일만 따로 저장을 할 수도 있다.

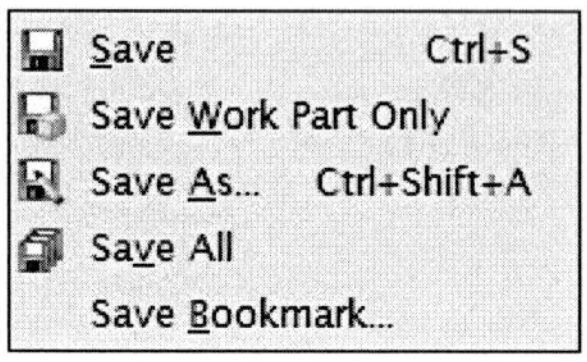

- Save → 작업한 파일을 저장
- Save Work Part Only → Assembly Part에서 현재 Work Part 상태의 파일만 저장
- Save As → 다른 이름으로 저장
- Save All → 현재 열려있는 모든 파일을 저장
- Save Book mark → Assembly Part에서 현재의 작업환경 상태를 저장

NX 파일명은 기본 영문만 적용되지만 한글은 환경변수 일 때는 가능 하고,특수기호는 사용할 수 없다.

파일명의 최대 입력 철자 수는 파일이 저장되어 있는 경로의 이름을 포함하여 128개 이고 .Prt 확장자를 빼면 입력 수는 기호 포함 124개 이다.(개수가 넘어가면 파일이 생성되지 않음)

변수이름(UGII_UDF8_MODE) 변수 값(1) 을 넣어야 읽을 수 있음.

(예) D:\ug−data\nx−ex\Feature\Extrude\extrude.prt

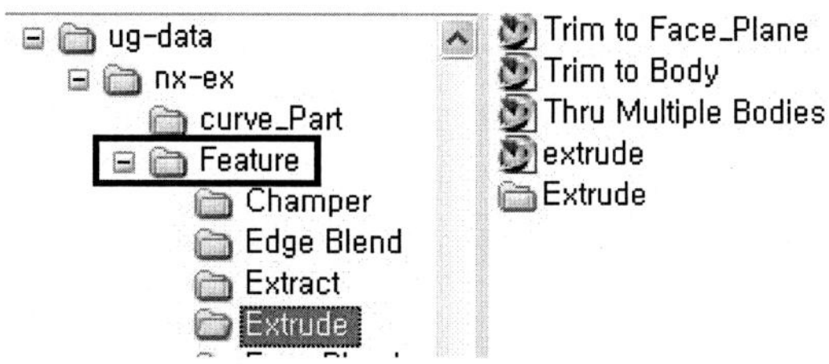

이러한 경우 현재 33개의 이름상태이고 확장자를 포함한 수는 37개가 됨을 알 수 있다.

06 Close

File → Close

열려있는 파일을 종료할 때 사용하며, 사용자가 선택적으로 파일을 종료할 수 있다.

Close를 해도 NX Session은 그대로 구동된다.

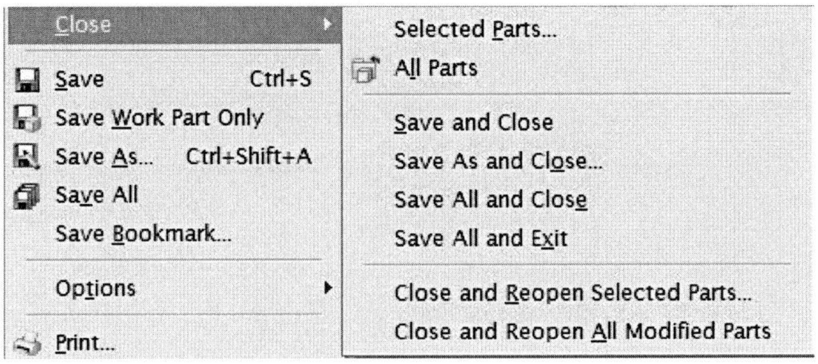

- Selected Parts → 선택한 파일을 종료
- All Parts → 모든 파일을 종료
- Save and Close → 현재 파일을 저장하고 종료
- Save As and Close → 현재 파일을 다른 이름으로 저장하고 종료
- Save All and Close → 열려있는 모든 파일을 저장하고 종료
- Save All and Exit → 열려있는 모든 파일을 저장하고 NX를 종료

07 Exit

File → Exit

NX Session을 빠져 나오는 명령이다.

Part가 여전히 열려있고 Save 없이 수정되어져 있으면, 아래와 같은 Warning Message가 표시된다.

위의 경고 Message가 뜨면 Save가 안된 것이므로 Yes or No를 사용자가 판단하여 선택한다.

08 기타 File Menu

Options

파일을 로드 또는 저장하는 옵션이다.

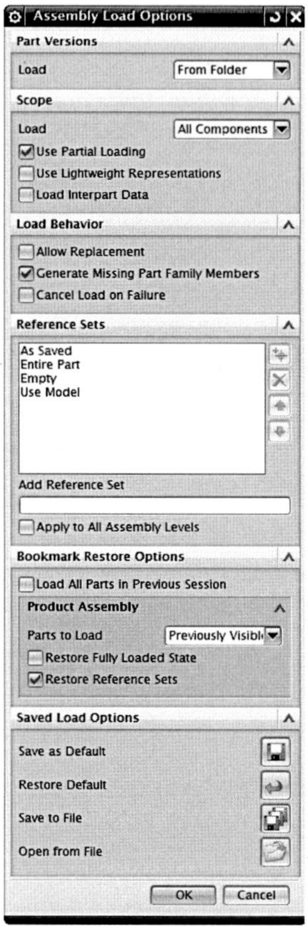

Save data for fast rollback and edit: Part를 저장 시 Feature의 Extra 정보를 저장하여 작업 시 Update 속도를 올릴 수 있다.

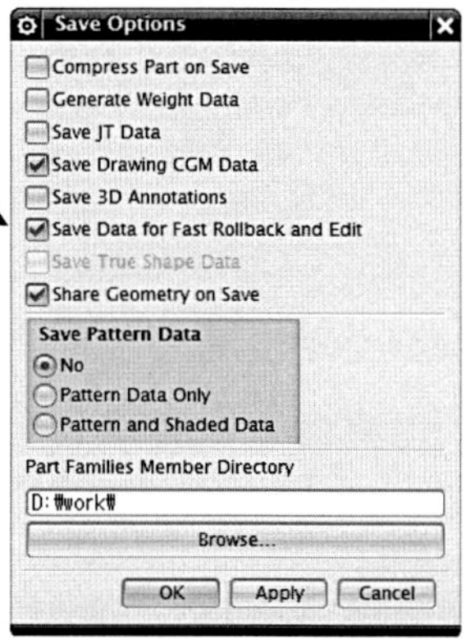

Print

현재 화면을 프린터로 출력할 때 사용한다.

Plot

Generic Plot Data File을 만들어 Plotting 한다.

Import

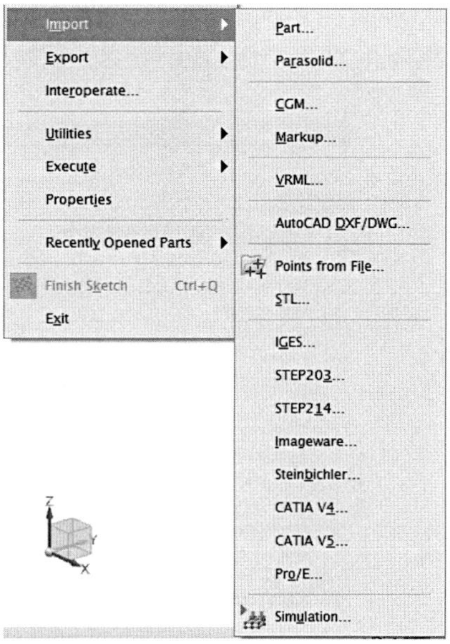

STEP, IGES, PARASOLID, DXF … 등의 다른 형식의 파일을 현재 파일로 불러온다.

Export

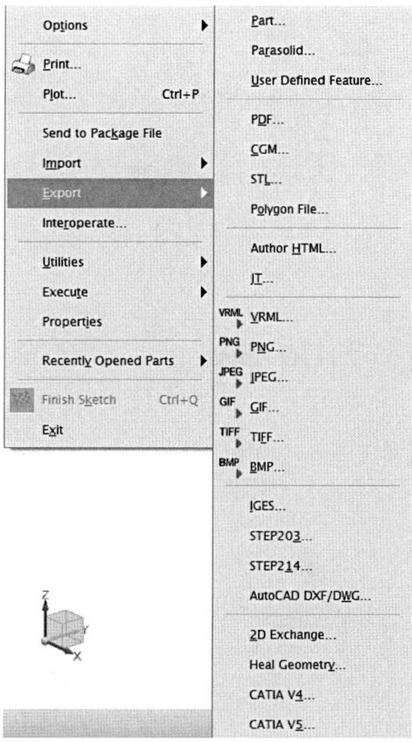

STEP, IGES, PARASOLID, DXF … 등의 다른 형식의 외부 파일로 내보낸다.

▌Utilities → Customer Defaults

NX의 모든 Application의 사용자 작업환경을 설정하는 명령이다.

사용자가 환경설정을 바꾸면 모든 File에서 똑같이 적용하여 사용할 수 있으며, Manage Current Settings 아이콘을 이용하여 filename.dpv로 Import, Export하여 다른 System에서 똑 같은 환경으로 작업 할 수 있다.(환경 설정 후엔 NX를 재구동해야 적용됨)

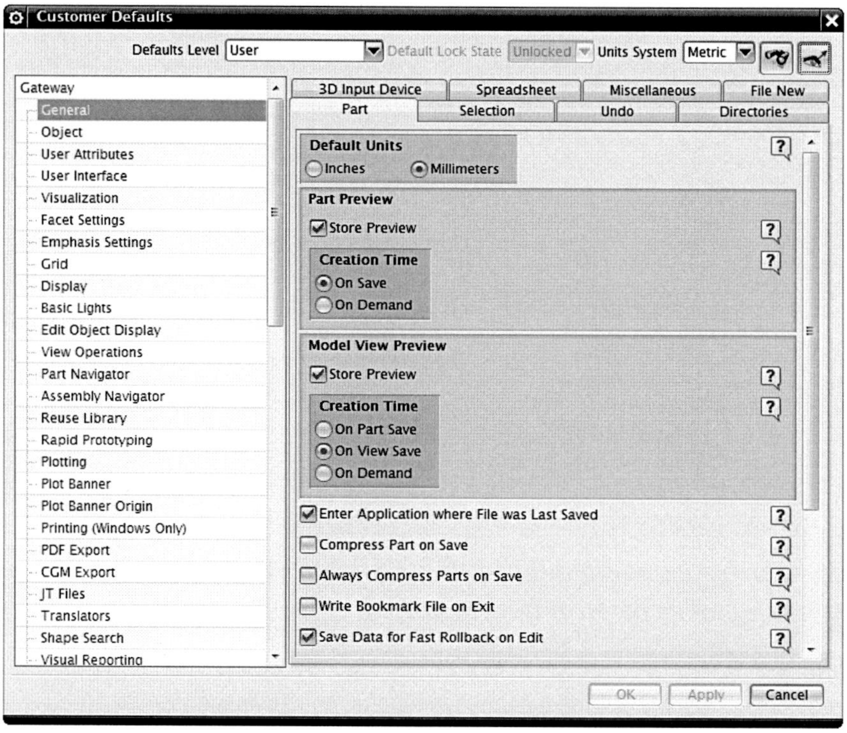

09 Title Bar

현재 Open 되어있는 파일의 Version–Application–File Name이 나타난다.

10 Menu Bar

NX에서 제공하는 메뉴를 보여준다.

- File → 파일을 Open 하거나 Close 및 Print 등 NX의 기본 설정을 할 수 있는 Menu이다.
- Edit → 개체들을 수정할 수 있는 기능들이 있는 Menu이다.
- View → 화면상태를 설정하는 기능들이 있는 Menu이다.
- Insert → 해당 Application의 작업 기능들이 있는 Menu이다.
- Format → Layer나 WCS의 기능들이 있는 Menu이다.
- Tools → 수식에 대한 내용이나 Part Navigator및 Update의 기능들이 있는 Menu이다.
- Assemblies → 여러 개의 파일(부품)들을 조립하는 Assembly의 작업 기능이 있는 Menu이다.(기능을 사용하기 위해서는 Start → Assemblies가 체크되어 있어야 함)
- Information → Object의 정보를 확인 할 수 있는 Menu 이다.
- Analysis → Data의 측정이나 특성들을 파악 할 수 있는 Menu이다.
- Preferences → Temporary작업 환경을 설정하는 Menu이며, 값을 변경하면 Windows에 있는 모든 파일에 적용된다.(NX를 Off하고 다시 구동하면 Customer Defaults로 다시 환경이 설정됨)
- Window → 작업중인 화면의 배열이나 열려있는 다른 파일들을 확인 할 수 있다.
- Help → 도움말과 NX의 QRM관련 정보를 볼 수 있다.

11 Resource Bar

작업 중인 파일에 대한 내용을 확인 하거나 수정 등을 할 수 있는 Menu Bar이다.
크게 세 가지로 구분되어 진다.

Navigators

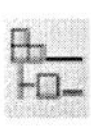 Assembly Navigator: 조립된 파트의 상태를 나타낸다.

 Part Navigator: 작업되는 파트의 정보를 나타낸다.

Integrated Browser Windows

 Internet Explorer: 인터넷에서 해당 정보를 나타낸다.

HD3D Tools

 HD3D visual: Assembly에서 Group별 특성 별로 Visual를 나타낸다.

Palettes

History: 현재까지 작업된 파일을 요일 및 주 단위로 보여준다.

System Materials: Part에 사용할 수 있는 재료를 나타낸다.

Manufacturing Wizards: 제조(업)에 관련된 정보를 나타낸다.

Roles : 아이콘배열 기능의 역할을 나타낸다.

Menu Bar → Preference → User Interface에서 Resource Bar의 위치를 왼쪽, 오른쪽으로 변경할 수 있다.

12 Toolbars

Tools → Customize

- Toolbars: 체크된 Toolbar 만이 가시화 된다.
  Text Below Icon을 체크하면 아이콘에 Text가 같이 나온다.

- Commands: Full－Down 메뉴에서 Toolbar의 아이콘을 선택 후 드래그로 추가하거나 또는 아이콘의 자리를 이동 시킬 수 있다.

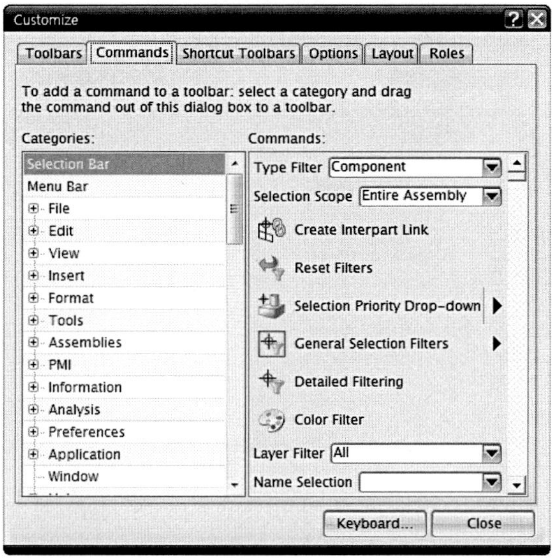

- Shortcut Toolbars: 개체 별 명령이나 모든 객체 단축키에 추가하거나 모든 특징 현상에 추가하는 Option
- Options: 메뉴를 표시하는 방법과 Toolbar 및 Menu 아이콘의 크기를 조정하는 Option이다.
  Always Show Full Menus: 항상 Menu를 모두 보이게 한다.
  Show Full Menus After a Short Delay: Always Show Full Menus 옵션이 사용되지 않은 상태에서만 설정 할 수 있으며 Full Down 메뉴의 펼침을 자동으로 할 수 있는 옵션이다.
  일반적으로 Always Show Full Menus 옵션을 ON 상태로 사용한다.

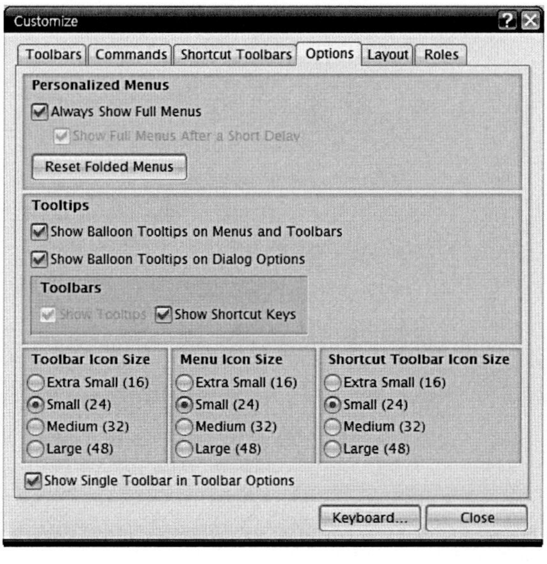

- Layout: Toolbar 설정환경을 저장할 수 있으며 Cue Line, Status Line의 위치를 제어할 수 있다.

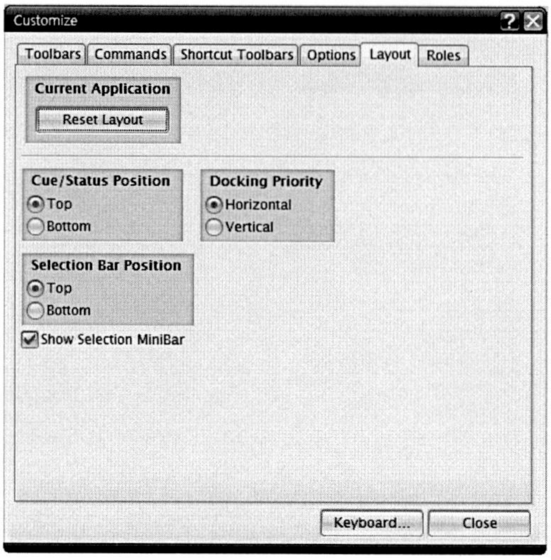

- Roles: 화면에 구성되어 있는 아이콘 배열 및 Full Down Menu의 설정 상태를 생성하거나, 읽어 들일 때 사용한다.

13 View & Camera

모델 화면 표시를 위해 카메라를 설정하는 기능을 제공한다.

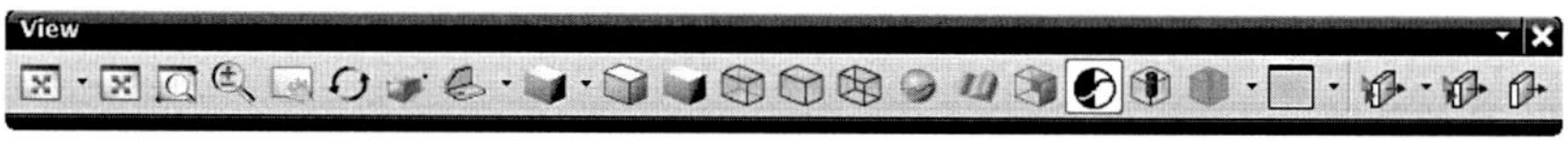

Operation Rendering Style Orient View

Refresh	Refresh : 작업 후 남아있는 잔상을 제거
Fit	Fit : 화면에 보여지는 대상을 화면에 꽉 차게 맞춤
Zoom	Zoom : Window로 지정한 부분을 확대
Zoom In/Out	Zoom In/Out : 확대/축소
Rotate	Rotate : 임의의 위치를 기준으로 view를 회전
Pan	Pan : 상하좌우로 이동
Shaded with Edges	Shaded with Edges : 면에 색상을 입히고, Edge를 선으로 표시함
Shaded	Shaded : 면에 색상을 입힘
Wireframe with Dim Edges	Wireframe with Dim Edges : Hidden 선을 희미하게 Wireframe을 표시
Wireframe with Hidden Edges	Wireframe with Hidden Edges : Hidden 선을 보이지 않게 Wireframe을 표시
Static Wireframe	Static Wireframe : 모든 Wireframe을 뚜렷하게 표시
Studio	Studio : Shape studio에서 사용

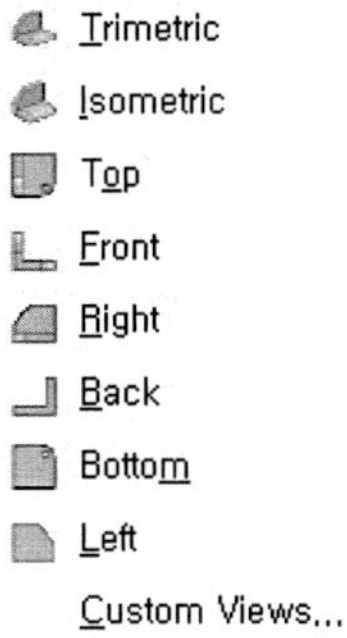

View의 위치를 제어

View → Visualization → Create Animation

Camera에 의해 Setting된 View 형태로 전환 할 수 있다.

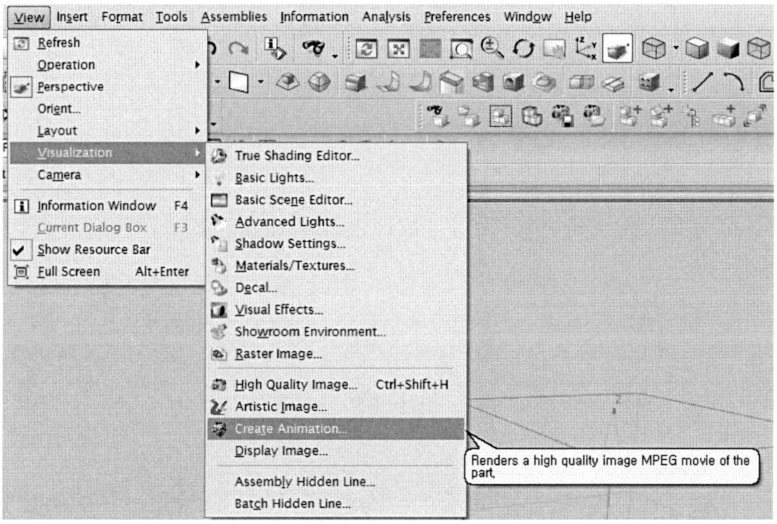

▲ 메뉴에서 시작

View → Camera → New

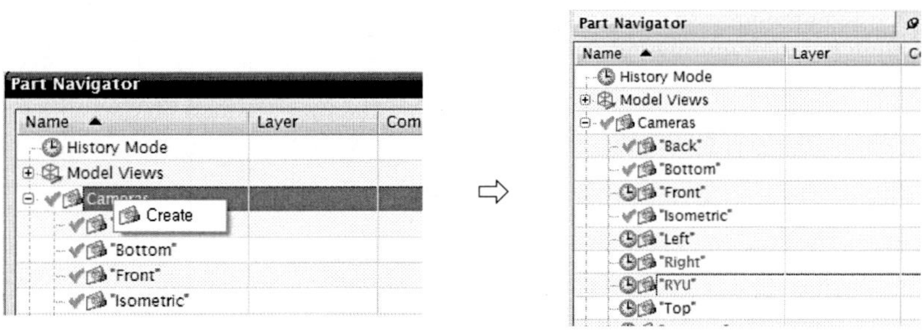

▲ Part Navigator에서 생성

- 먼저 UGII_USE_CAMERA=1을 변수로 Setting을 한다.
- View orientation, Zoom, Perspective등의 View 상태를 camera기능으로 저장할 수 있다.

- Part navigator에서 Camera view로 전환하여 view 상태를 자세하게 제어 할 수 있다.
- 여러 개의 Camera를 저장하고 필요에 의해 전환합니다.

아래와 같이 나타나는 Camera설정 창에서 타입과 이름 외에 자세한 제어가 가능하며 Target과 Camera의 위치를 제어하여 조정하고 작업창의 우측상단에는 미리 보기 기능이 지원된다.

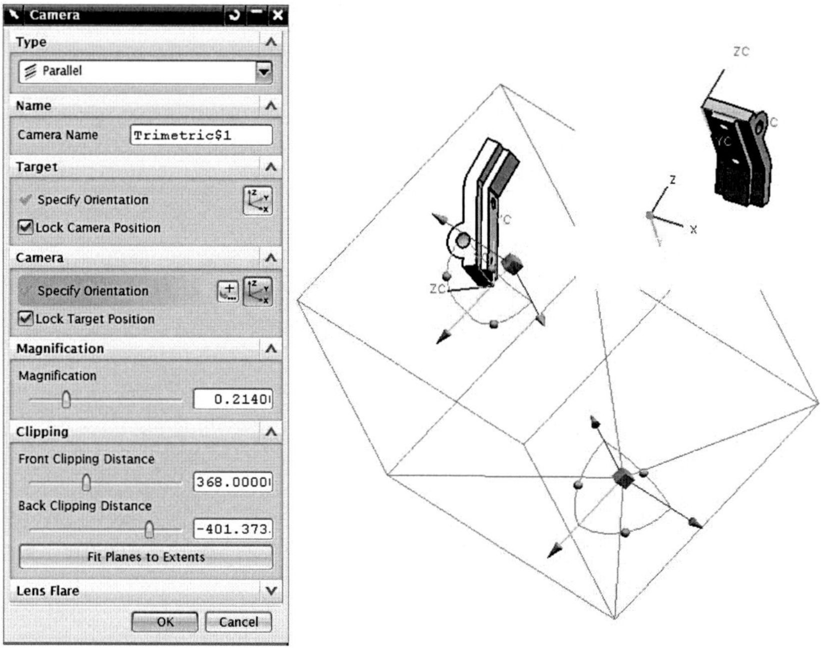

14 Mouse 기능 사용방법

- 마우스 버튼(MB)를 활용한 컨트롤

MB1=Object를 선택

Shift + MB1=선택된 Object를 취소

MB2=Enter(OK)

MB2를 누른 상태=화면 회전(Rotate)

MB2를 길게 누른 상태=위치 Point에서 화면 회전

Shift+MB2=화면 이동(Pan)=MB2+MB3

Ctrl+MB2=화면 확대 및 축소=Scroll 버튼 회전

빈 화면에서 MB3=Pop−up menu

빈 화면에서 MB3를 길게 누른 상태=Display 설정

Feature 위에서 MB3=Object 편집

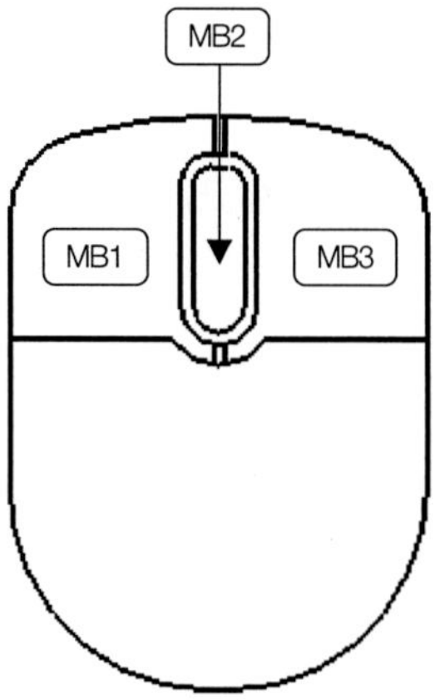

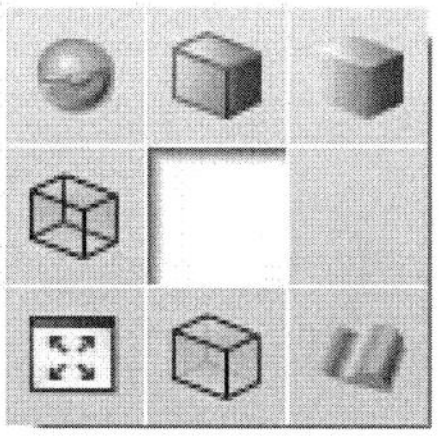

▲ 작업공간에서 MB3 선택

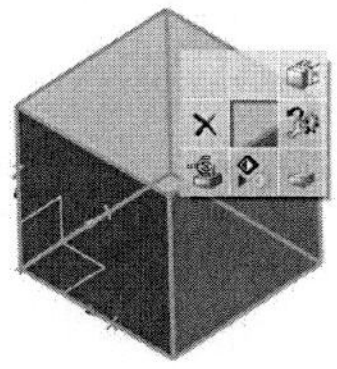

▲ Feature 위에서 MB3 선택

빈 작업공간 상에서 MB3 버튼을 누르면 아래와 같이 Pop Up 창이 나타난다.

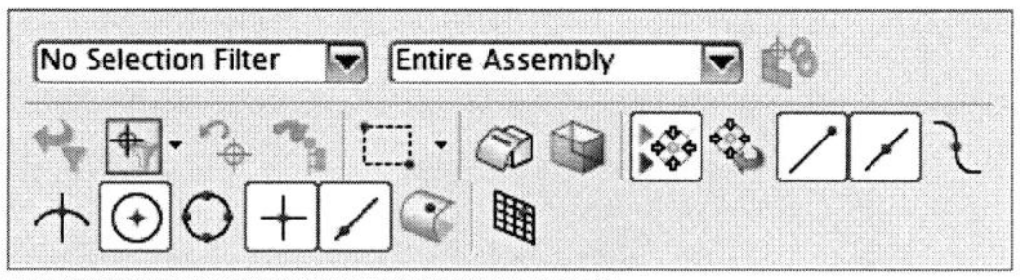

- Update Display → Display 상태를 update시킴
- Restore → 하나의 작업을 수행하기 전의 View로 돌아감(확대, 이동, 회전)
- Rendering Style → Part에 음영 효과를 나타낸다.
- Orient View → 지정한 View로 표시
- Replace View → 지정한 View를 Work View로 대체
- Set Rotate Reference → 회전의 기준을 Snap Point나 Filter를 이용하여 회전 점이나 축을 선택 지정하여서 손쉽게 view를 회전
- Undo → 작업한 전 단계로 되돌림

* NX5.0 version에서부터는 I-DEAS의 Dynamic Viewing 기능을 사용할 수 있다.

방법은 내 컴퓨터-속성-고급-환경변수에서 변수 명을 UGII_FKEY_DYNAMICS로 하고 값을 1로 두고 OK한다.

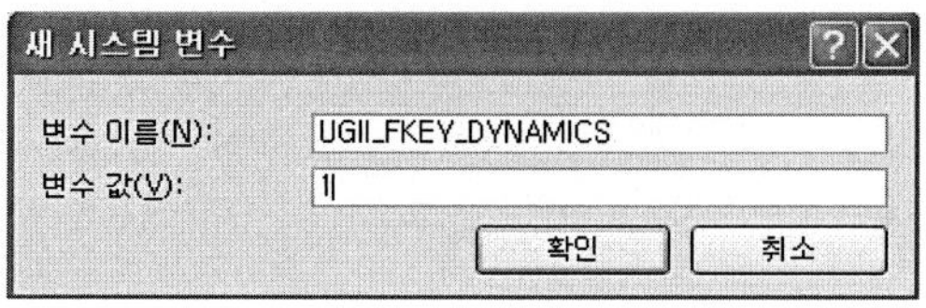

NX 8.5를 다시 실행하게 되면 I-DEAS 프로그램과 동일하게 F1, F2, F3, F4를 사용할 수 있게 된다.

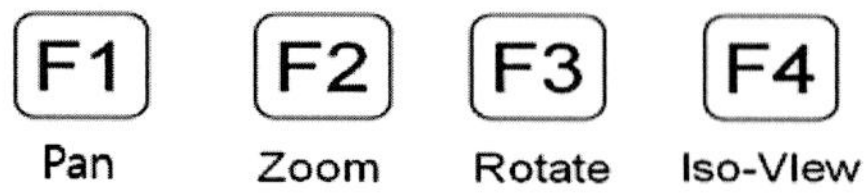

▌View Traid의 사용

View의 왼쪽하단에 Absolute coordinate system의 형태를 Triad로 표시하며

View의 Orientation 상태를 확인하고 현재의 view 상태에서 축을 선택하여 회전하여 볼 수 있는 기능이다.

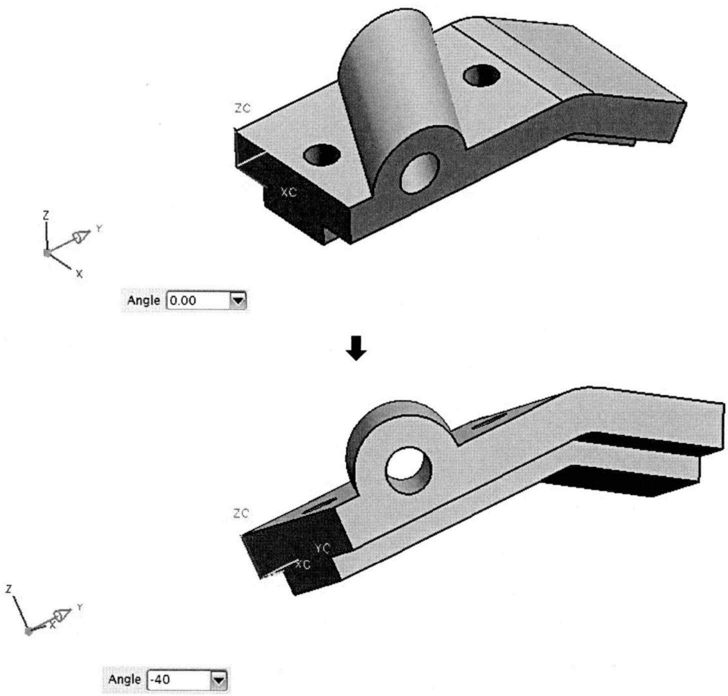

Angle을 기입하거나 MB2를 눌러 원하는 만큼 회전시켜 볼 수도 있다.

15 Layer

Part를 체계화하는데 사용되어 진다.

Layer는 Object를 저장하는 눈에 보이지 않는 용기라고 생각하면 된다.

Layer는 모든 Object가 반드시 갖는 시스템 정의의 속성이다.(Object는 반드시 Layer에 속함을 의미)

NX는 256개의 Layer로 구성되어 있으며, 이 중에 하나는 항상 Work Layer이다.

모든 Layer는 아래의 네 가지 Status 분류 중 하나로 지정되어진다.

- Work
- Selectable(on)
- Visible Only
- Invisible(off)

Work Layer는 Object가 생성되어 지는 Layer 이며, 항상 Selectable 하고 Visible 하다.

새로운 파일을 생성하면 Layer 1번이 Default Work Layer이다.

Work Layer가 바뀌면 그 전의 Work Layer는 자동으로 Selectable로 되고, 다른 Status로 지정할 수도 있다.

하나의 Layer 안에 Object의 수는 무제한이다.

사용자가 생성되는 Object를 임의의 Layer에 지정하고, Layer Status를 마음대로 지정하여 사용할 수 있으나, 회사의 Layer 사용 표준을 정하여 사용하는 것을 추천한다.

Format → Layer Settings [Ctrl+L]

Layer의 Status를 지정할 때 사용한다.

Layer/Status 리스트영역에서 원하는 Layer를 선택하고, 리스트 아래의 네 가지 옵션 중 하나를 선택한다.(Selectable, Make Work, Invisible, Visible Only)

> Layer 위에서 더블클릭 하면 Selectable/Invisible을 토글로 지정할 수 있다.(Work Layer는 안됨)

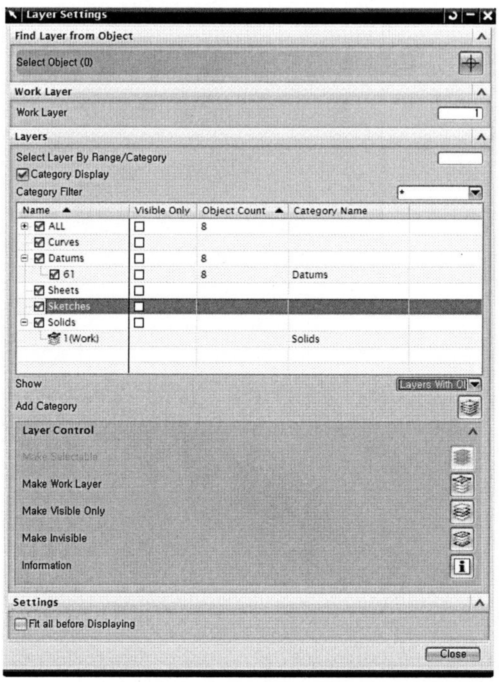

- Work Layer : Object가 생성되는 현재 작업 Layer
- Selectable : 선택된 Layer의 Object가 화면상에 보이며 작업이 가능
- Make work : 선택된 Layer를 Work Layer로 설정해 줌
- Invisible : 선택된 Layer를 화면 상에서 보이지 않게 함
- Visible only : 선택된 Layer가 화면 상에는 보이나 작업은 안됨

- Show Layer의 표시 상태를 제어
  All Layer : 전체 Layer를 보여줌
  Layer with Object : Object가 있는 Layer 만 표기
  All Selectable Layers : Selectable 상태로 설정된 Layer 만 표기
  All Visible layer : 모든 Visible Layers를 보여줌

- Add Category : 새로운 Category 추가

- Object Count : Object 의 개수를 표기
- Category Names : Category Name을 표기
- Fit all Before Displaying : Selectable 상태의 Layer를 선택하고 적용 시 Object들을 화면에 Fit 시킴
- Information : Layer 정보를 표기

01 Category 입력란에 사용할 이름을 입력한다.

02 Create/Edit Icon을 클릭한다.

Category를 생성 및 수정한다. 생성된 Category를 삭제하고 이름을 변경 할 수 있다.

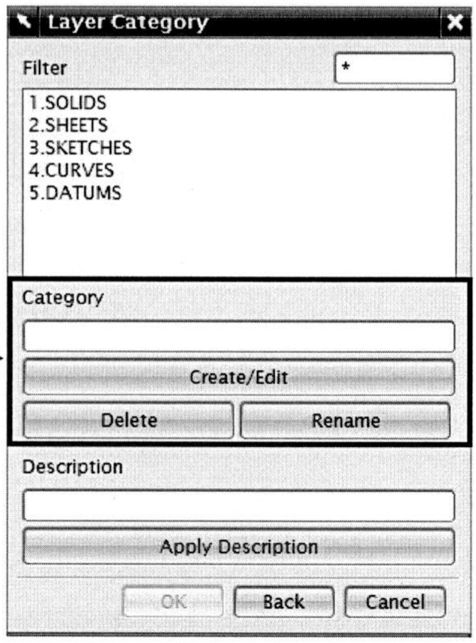

03 그림과 같이 Layer Category를 원하는 layer에 지정하거나 추가할 수 있다.

04 설정이 완료되면 OK 버튼을 누른다.

해당 Category에서 사용할 Layer의 번호를 선택한 후 창의 아래에 있는 Add 버튼을 클릭한다. Include라고 표기됨을 확인할 수 있다.

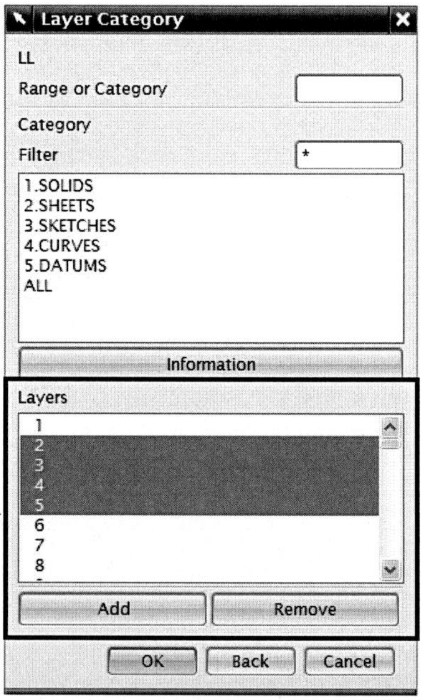

Format → Move to Layer

Object를 지정하는 Layer로 이동할 때 사용한다.

01 Move to Layer 기능을 실행한다.

02 이동 시킬 Object를 선택한다.

03 다음과 같은 선택창이 나타나며 layer를 변경하고자 하는 객체를 선택 후 OK 버튼을 선택한다.

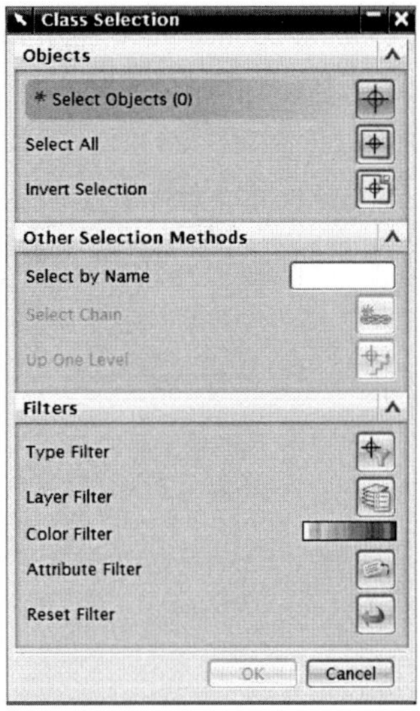

04 Layer 번호를 선택하거나, Destination Layer or Category에 Layer 번호를 입력하고 OK 버튼을 클릭한다.

번호를 지정하고 OK를 눌러 완료하면 Object가 사라지는 것은 해당 Layer가 Invisible 상태이기 때문이다.
Layer Settings에서 해당 Layer를 Selectable을 하면 화면상에 표시된다.

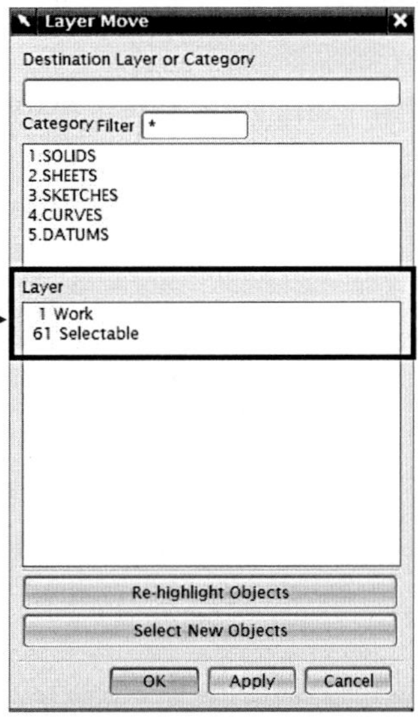

05 Layer Settings 기능을 실행하여 확인한다.

Format → Copy to Layer

임의의 Object를 사용자가 지정하고자 하는 Layer로 복사할 때 사용한다. Geometry만 복사되고, History는 복사되지 않는다.

01 Copy to Layer 기능을 실행한다.

02 복사할 Object를 선택한다.

03 다음과 같은 Class Selection(선택창)이 나타나며 layer를 변경하고자 하는 객체를 선택 후 OK 버튼을 선택한다.

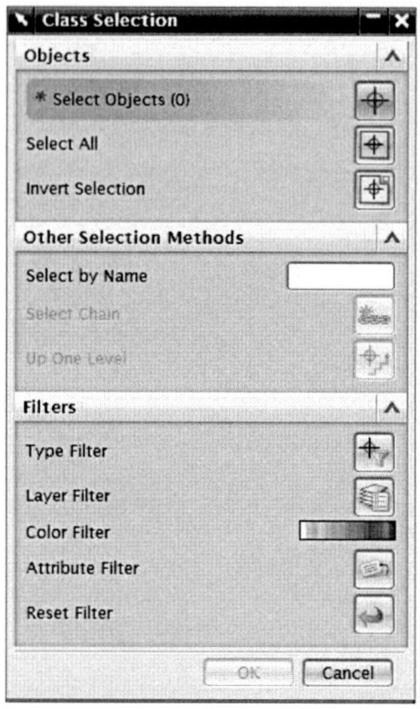

04 Layer 번호를 선택하거나, Destination Layer or Category 입력란에 번호를 입력하고 OK 버튼을 클릭한다.

숫자 3을 입력

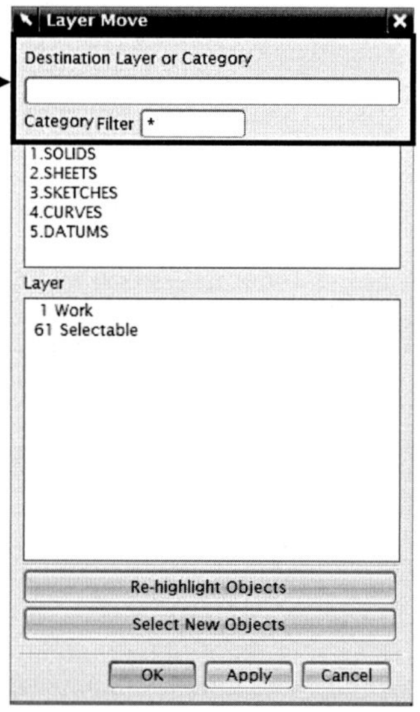

05 Layer Settings 기능을 실행하여 확인한다.

▌Format → Visible In View [Ctrl+Shift+V]

Layer의 Status와 무관하게 Work View에서 Layer를 Visible/Invisible 할 수 있다.

01 Visible In View 기능을 실행한다.
02 OK 버튼을 클릭한다.(현재 TFR-TRI가 Work View임)

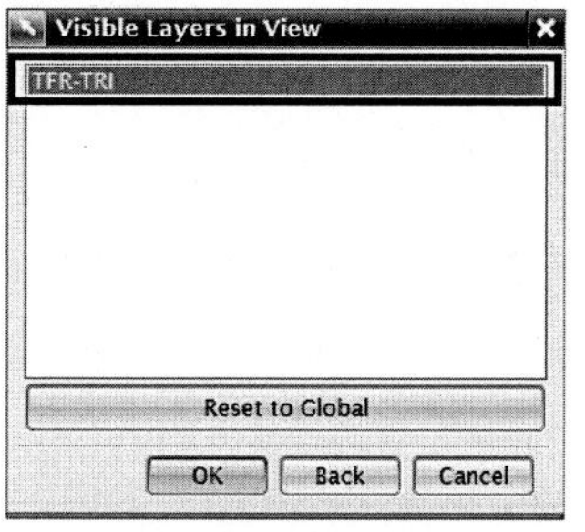

03 Layer를 선택하고 Visible/Invisible을 선택하고 OK or Apply를 클릭한다.
04 View → Operation → Save나 Save As로 View를 저장한다.

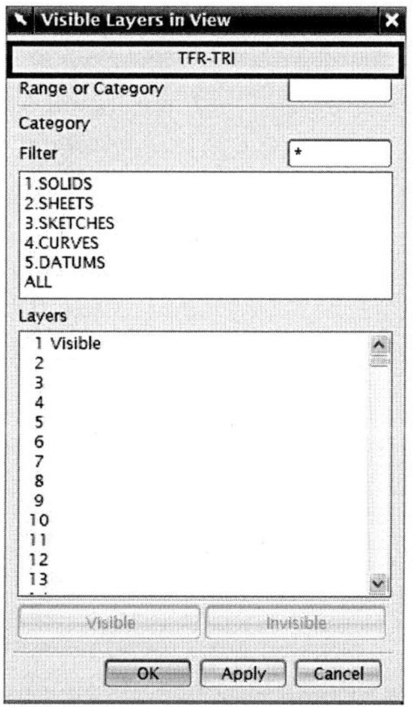

16 Show and Hide

▌Edit → Show and Hide

화면 상의 Object 들을 선택하여 일시적으로 Hide 또는 Show 할 때 사용한다.

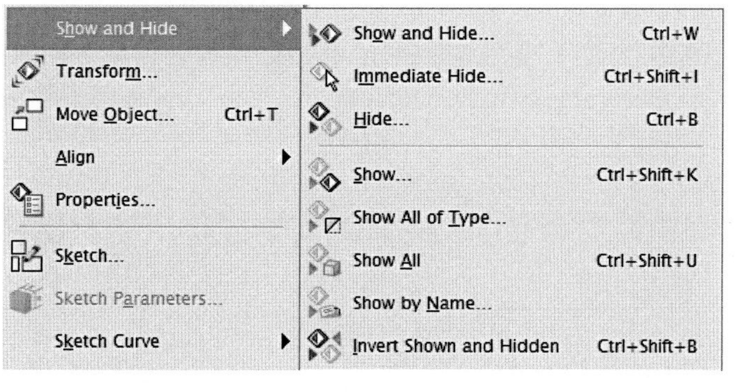

- Hide : 선택한 Object를 화면에서 숨김(Ctrl+b)
- Invert Shown and Hidden : Hide된 Object 들을 화면에 보여주고, 화면에 보이는 Object를 숨김 (Ctrl+Shift+b)
- Immediate Hide : 선택한 Object 즉시 숨김(Ctrl+Shift+i)
- Show : Hide된 Object 중 선택한 Object를 화면에 보여줌(Ctrl+Shift+k)
- Show All of Type : Hide된 Object를 Type별로 선택하여 화면에 보여줌
- Show All : Hide된 모든 Object를 화면에 보여줌(Ctrl+Shift+u)
- Show by Name : Hide된 Object를 이름으로 선택하여 화면에 보여줌
- Show and Hide : Show and Hide 창이 나타나면서 Geometry, Body, Sketch, Datums 등의 타입 별로 보여지고 안보여지고의 제어를 +, −를 선택하여 쉽게 할 수 있다.(Ctrl+W)

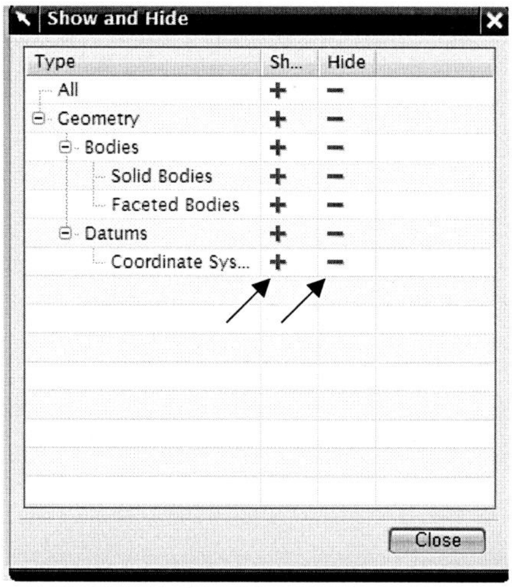

17 Selection

화면 상에 있는 다양한 속성의 Object 들을 선택하는 방법이다.
아이콘 명령을 실행하면 거기에 맞는 Selection 방법을 대부분 자동으로 화면에 띄워 준다.
Selection Intent의 위치는 고정되어 있으며 선택할 Object의 종류에 따라 유동적으로 메뉴가 보여진다.

Selection Intent

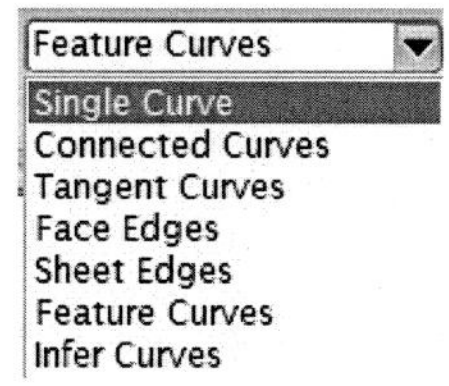

돌출(Extrude), 회전(Revolve), … 등을 이용하여 Feature를 생성할 때 필요한 Section String의 Curve 및 Edge를 선택할 때 사용된다.

Stop at Intersection : Section String을 선택할 때 교차되는 부분에서 Stop하는 명령이다.

Follow Fillet : Section String을 선택할 때 모서리 부에서 Fillet Curve를 자동으로 선택하는 명령이다.

Chain within Feature : 선택한 Curve의 Feature에 속한 것만 선택 되는 명령이다.

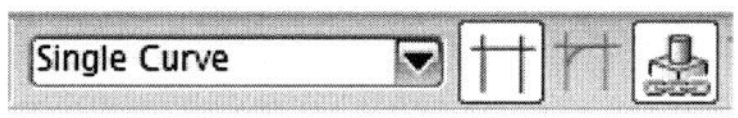

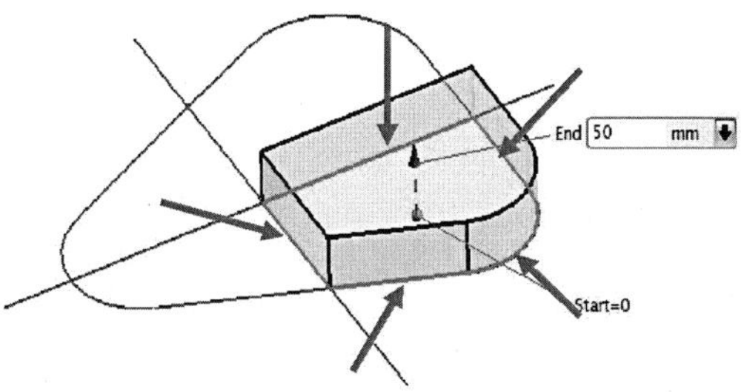

▲ 화살표를 따라 선택

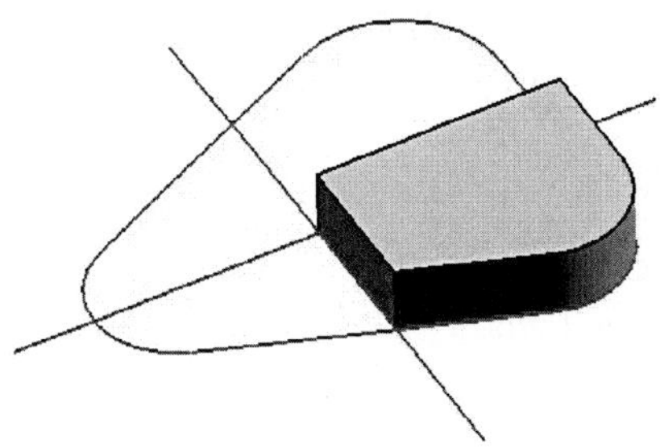

▲ 결과 형상

Class Selection : Filter Methods를 이용하여 Type, Layer, Attribute 등의 원하는 유형을 선택하여 Object를 선택하는 방법이다.

Filter의 사용으로 사용자가 보다 쉬운 방법으로 객체를 선택할 수 있다.

• Type Filter: Object의 Type을 지정(Defaults는 모든 Type으로 지정되어 있음)

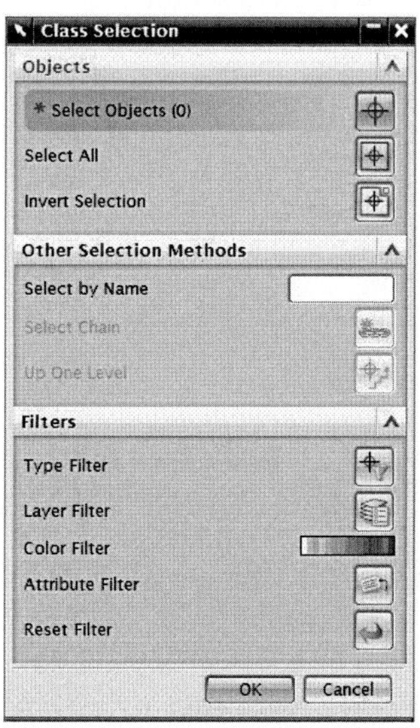

Type Filter 선택

⇨

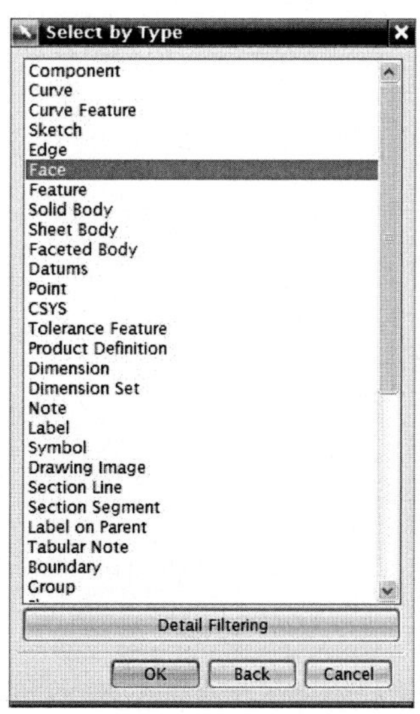

• Layer Filter: Layer를 지정

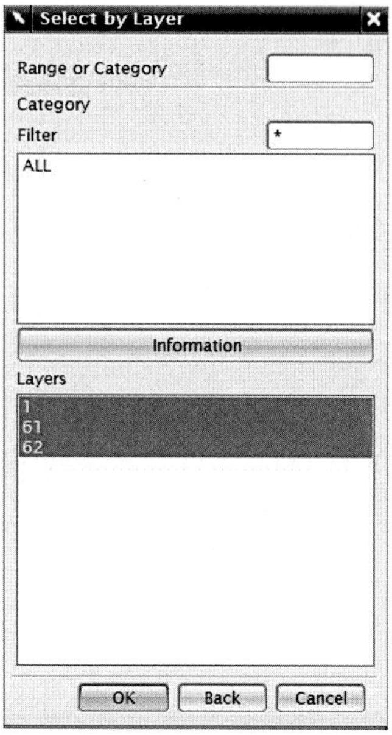

• Color Filter: 칼라를 지정

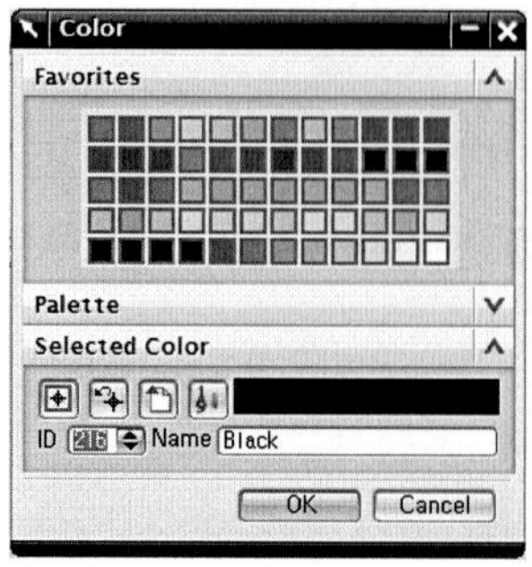

• Attribute Filter : 속성을 지정

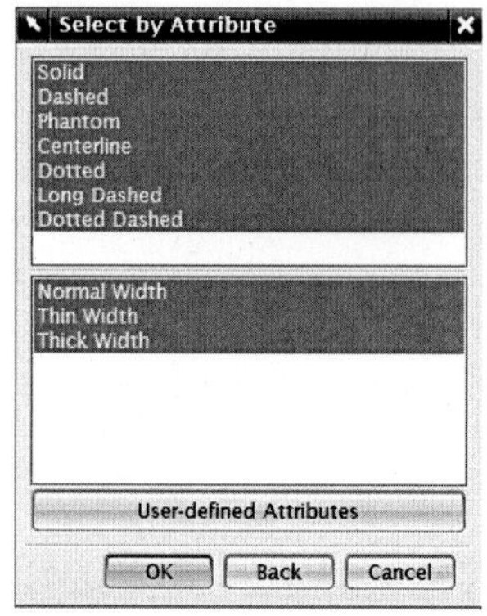

• Reset Filter : 초기화시킴
• Select all : 지정된 Filter에 해당하는 모든 Object를 선택
• Invert Selection : 화면에 선택되어 있는 Object는 해제하고, 선택되지 않은 모든 Object를 선택

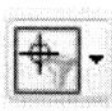 General Selection Filters : Selection Type Filter와 Selection Scope로 나뉜다.

• Selection Type Filter : Class Selection의 Type Filter Methods와 같다.
• Selection Scope : Assembly에서 선택 범위를 모든 Part 혹은 Work Part로 지정할 때 사용한다.

▌Preferences → Selection → Multi selection group → Lasso

Lasso를 사용함으로써 좀더 세밀한 선택이 가능하다.

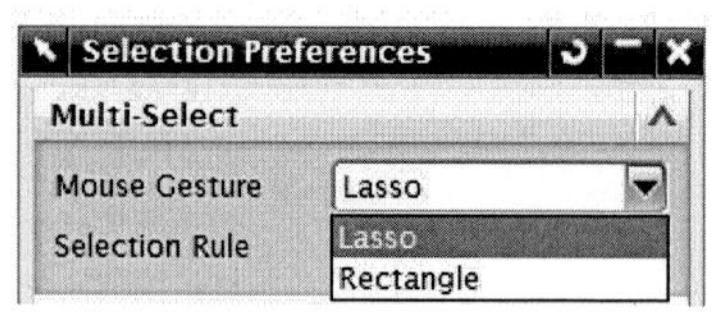

MB1버튼을 누른 상태로 아래와 같이 드래그 한다.

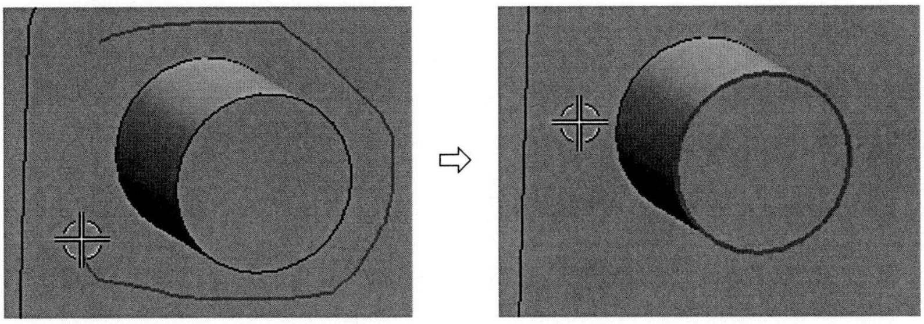

Selection Intent를 각 작업 상태에 따라 기본 Rule을 초기 룰로써 Setting 할 수 있습니다.

File → Utility → Customer Defaults → Sketcher → Selection Intent Rules

File → Utility → Customer Defaults → Modeling → Selection Intent Rules

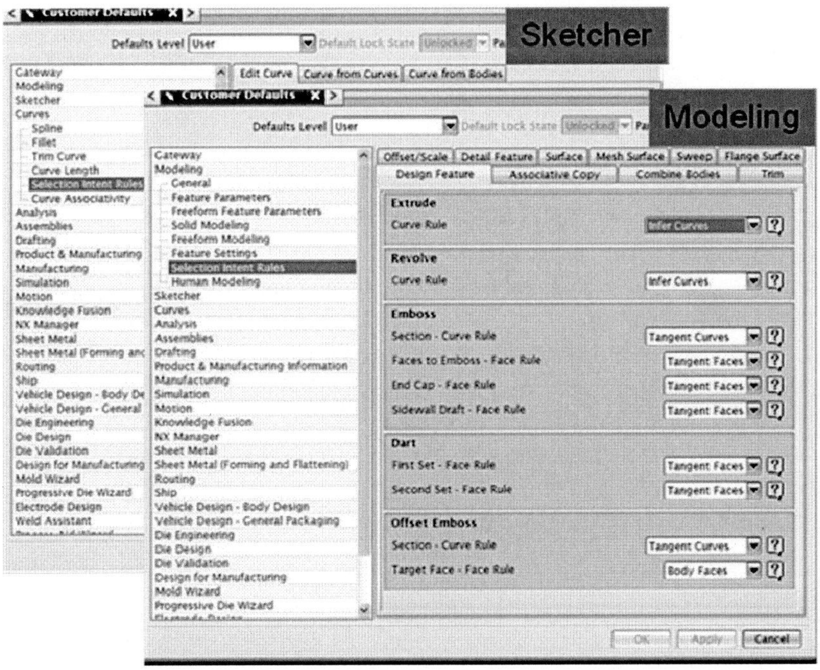

작업자는 해당 Function에 맞춰 정의된 초기 룰을 사용함으로 Selection Intent의 수정 시간을 줄일 수 있으며 이는 Modeling, Sketcher, Analysis, Curve 등에서 모두 사용 가능하다.

18 Object Display

Edit → Object Display

선택한 Object의 Display 속성을 변경하는 기능이다.

Layer, Color, Line Type 및 굵기, 투명도, 면의 Grid 개수 등을 조정할 수 있다.

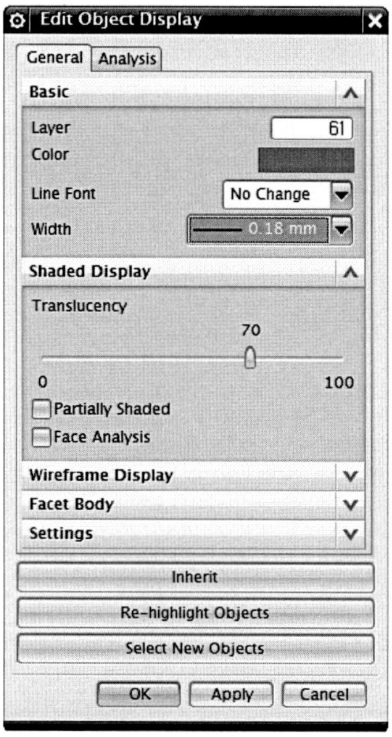

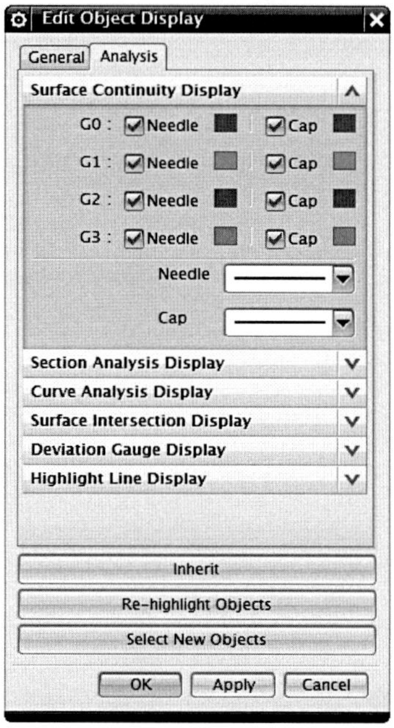

- Layer : 선택한 Object의 Layer를 변경
- Color : 선택한 Object의 색상을 변경
- Line Font : Line Font Type을 변경
- Width : Line의 굵기를 변경
- Grid Count : 선택한 Face에 대한 u, v 방향 개수를 변경
- Transluency : 선택한 Object의 투명도를 변경
  (0~100% 중 드래그 하여 적정하게 조절한다.)
- Partially Shaded : 부분적으로 Shade를 조절
- Inherit : 선택하는 Object의 속성을 그대로 받음
- Select New Object : 새로운 Object를 선택

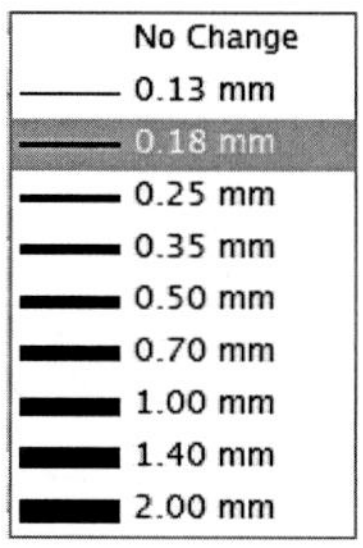

▲ Line의 굵기

19 Dialog Box Snapping 명령 실행창의 사용법

NX에서는 다이얼로그 레일을 더 이상 사용할 수 없습니다.
이제 다음 위치로 다이얼로그를 스냅 할 수 있습니다.

- 그래픽 윈도우의 수평 및 수직 경계
- 리소스 바의 수직 경계

예를 들어, 다이얼로그를 그래픽 윈도우의 수평 경계로 스냅 하려면 다이얼로그 제목 표시줄을 그래픽 윈도우 상단 쪽으로 끌어 아래와 같이 이동시킵니다. 다이알 로그가 제자리에 스냅 됩니다.

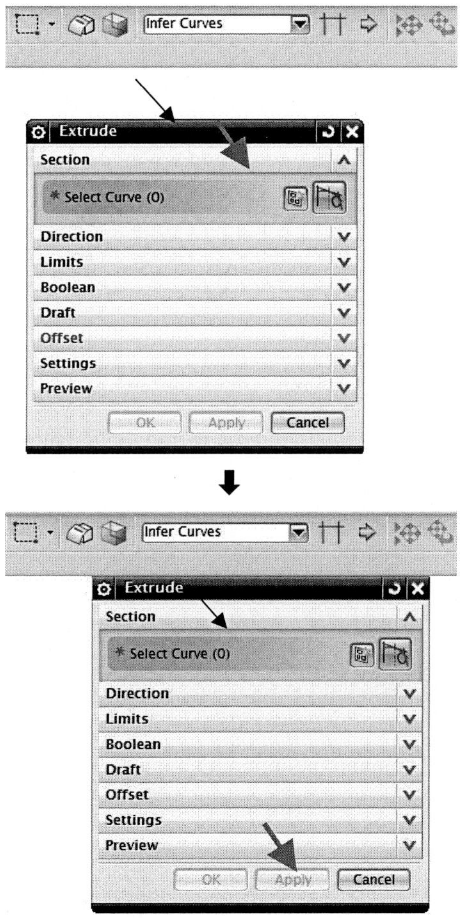

좌표계의 개념 및 설정 방법을 이해한다.

NX8.5

3

좌표계(Coordinate Systems)

01 절대 좌표계 ACS(Absolute Coordinate Systems)

ACS는 움직일 수 없으며, 모델 공간 내에서 방향과 원점을 정의 한다.

ACS는 다른 Objects, Solid Models, Parts와 심지어는 MCAD/CAE 시스템 사이에 방향과 위치를 연관 시키는데 사용한다.

하나의 Part 내에서 절대좌표가 X=1, Y=1, Z=1에 위치한 Object는 다른 Part 내에서도 똑 같은 절대위치 이다.

02 작업 좌표계 WCS(Work Coordinate Systems)

ACS가 움직일 수 없기 때문에, 다른 위치에서 Geometry 작도를 용이하게 하는데 사용되어 지는 좌표계가 WCS 이다.

WCS는 모델 공간 내 어디에서나 수동으로 위치 및 방향을 변경할 수 있으며, 선택되지 않는 Entity 이다.

Feature는 Geometry에 연관된 모델에 추가되어 지기 때문에, NX에서 모델링 Operation을 할 때 대부분은 WCS의 수동 조작을 요구하지 않는다.

그러나 어떤 Function은 명령을 실행할 때 WCS의 위치와 방향에 영향을 받는다.

아래의 Function 들을 사용할 때에는 WCS의 위치나 방향을 고려해야만 한다.

- Primitive Feature를 생성할 때(특히 Block의 경우)
- Sketch 생성 시 평면을 정의할 때
- Fixed Datum Plane 혹은 Fixed Datum Axis 를 생성할 때
- Rectangular Instance Array를 생성할 때

03 WCS의 조작

Utility 툴바 혹은 메뉴바의 Format → WCS 에서 WCS 옵션을 사용할 수 있다.

일반적으로 WCS를 조작하는데 있어서, Origin, Dynamics(Move), Rotate 및 Orinent의 네 가지 옵션이 유용하며, Dynamics 및 Orient를 많이 활용한다.

Format → WCS → Dynamics

마우스로 WCS가 Hightlight 될 때 더블 클릭하거나 명령어를 선택하여 사용할 수 있다.

화면 내의 Origin, Axis, Rotation 핸들을 Drag하거나, 거리 및 각도 값을 입력하여 WCS의 위치 및 회전을 동적으로 조절하는 기능이다.

Format → WCS → Origin

Origin Point를 선택하거나, 좌표를 입력하여 WCS의 Origin 위치를 변경할 수 있다.

축을 변경할 수는 없다.

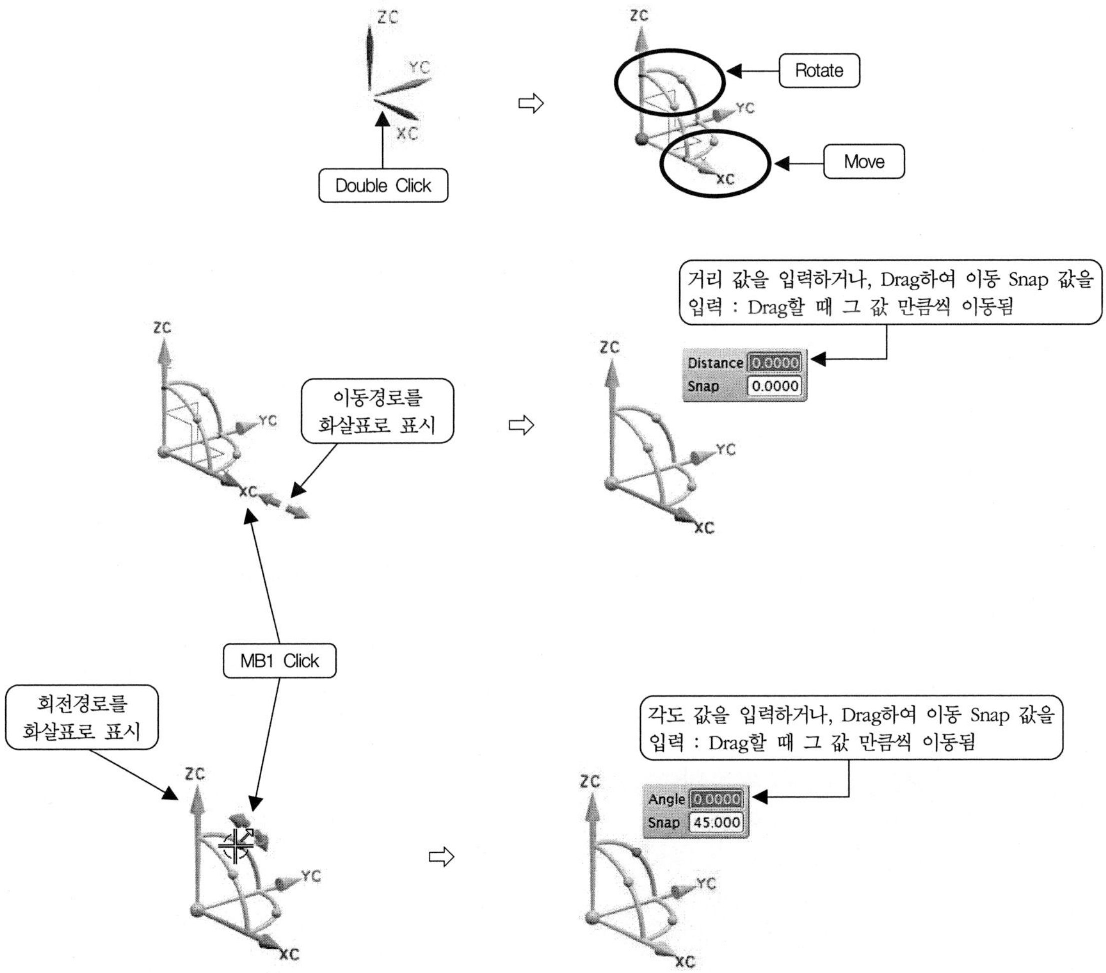

▌Format → WCS → Rotate

WCS를 기본축을 중심으로 회전할 수 있는 기능이다.

회전방향 축을 먼저 지정하고, 회전각도를 입력하여 WCS를 정의한다.

z축 방향을 기준으로 90° 회전시

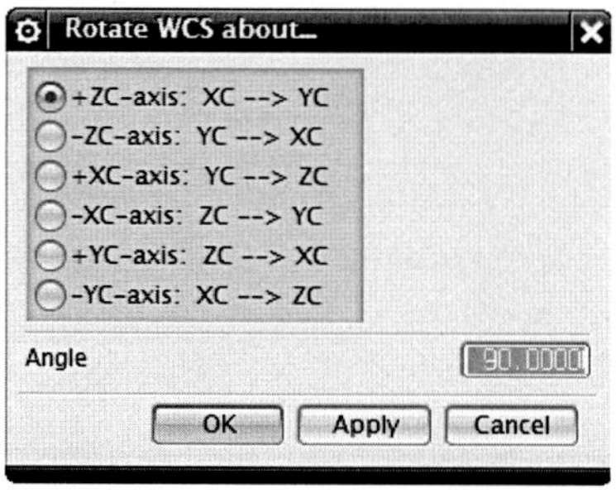

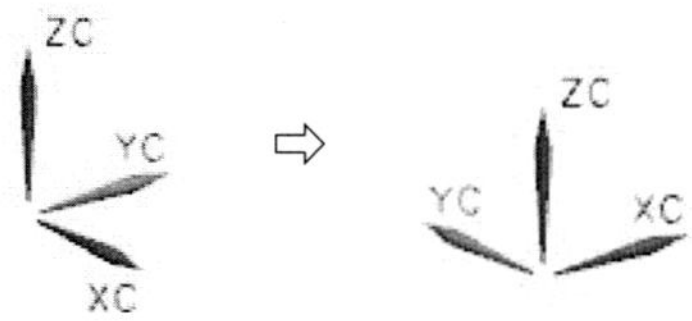

단, Apply후 OK하고 끝내면 명령이 중복되므로 반드시 Cancel로 끝내야 한다.

▌Format → WCS → Orient

WCS를 다양한 옵션을 이용하여 이동 및 회전하는 기능이다.

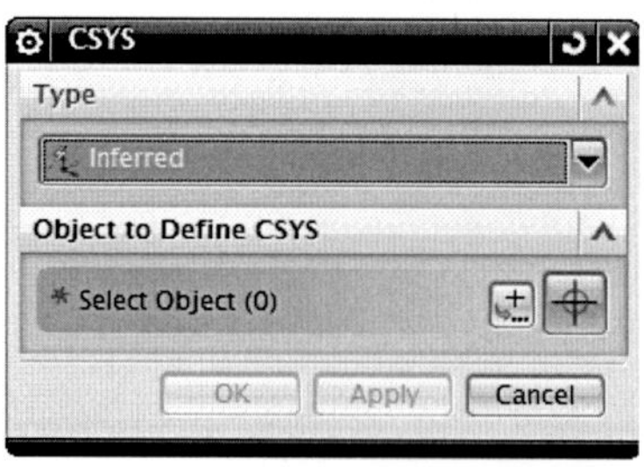

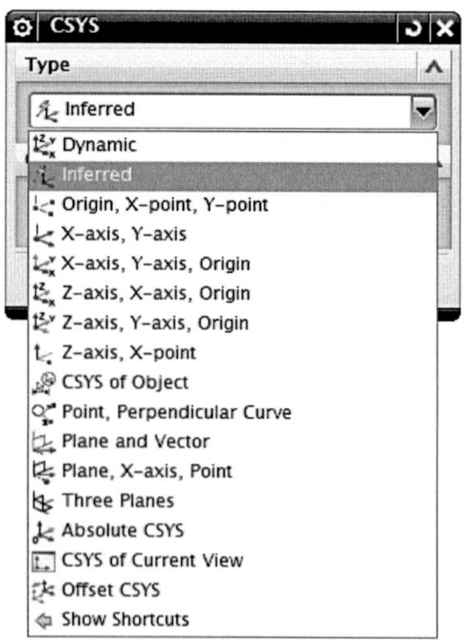

Inferred : 면, 모서리, 점, 선분 등을 선택하여 XC−YC평면으로 정의

Origin, X−point, Y−point : 기준점과 X점, Y점을 선택하여 XC−YC 평면을 정의한다.

X−Axis, Y−Axis : X축, Y축을 선택하여 XC−YC 평면을 정의한다.

X−Axis, Y−Axis Origin : X축, Y축 원점을 정의하여 XC−YC 평면을 정의한다.

Z−Axis, Y−Axis Origin : X축, Y축 원점을 정의하여 XC−YC 평면을 정의한다.

Z−Axis, X−Point : Z축과 X점을 정의하여 XC−YC평면을 정의한다.

Z−Axis, X−Axis Origin : X축, Y축 원점을 정의하여 XC−YC 평면을 정의한다.

Point, Perpendicular Curve : 곡선, 모서리 등에 수직한 WCS 평면을 정의한다.

CSYS of Object : 객체를 선택하여 WCS 평면을 정의한다.

Plane and Vector : 객체의 면을 선택하고 방향을 지정, 면에 수직한 WCS 평면을 정의한다.

Three Planes : 세 개의 면을 선택하여 세 면에 수직한 방향으로 WCS 평면을 정의한다.

Absolute CSYS : 절대좌표계의 원점으로 WCS를 정의한다.(많이 사용 됨.)

CSYS of Current View : 화면에 보여지는 뷰를 WCS의 XC−YC평면으로 정의한다.

Offset CSYS : 현재 좌표계에서 X, Y, Z 좌표 및 Angle값을 입력하여 WCS를 정의한다.

Format → WCS → Change XC Direction

WCS에서 XC좌표 축 변경 시에 사용하는 기능이다.

WCS의 Origin Point와 선택된 Point를 XC 축으로 바꿔 준다.

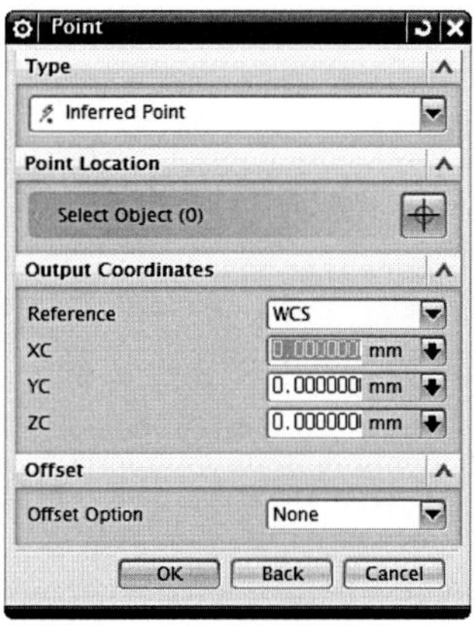

▲ 현재 WCS 상태

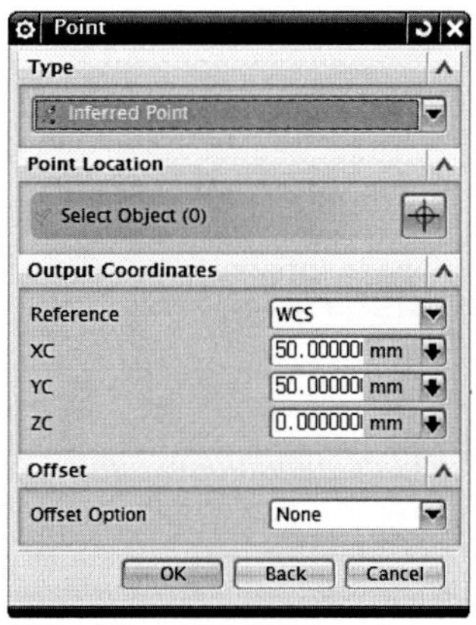

▲ 좌표값 50,50,0을 입력시 WCS

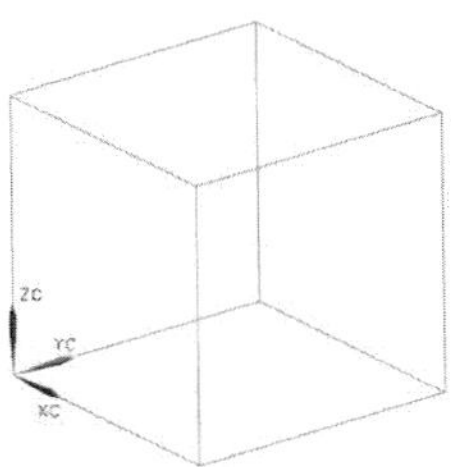

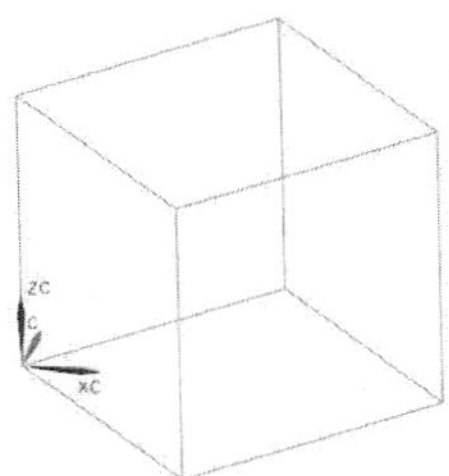

▌Format → WCS → Change YC Direction

WCS에서 YC좌표 축 변경 시에 사용하는 기능이다.

WCS의 Origin Point와 선택된 Point를 YC 축으로 바꿔 준다.

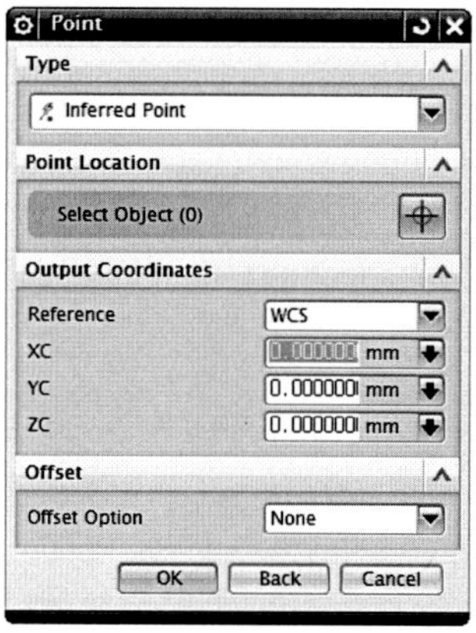

▲ 현재 WCS

⇨

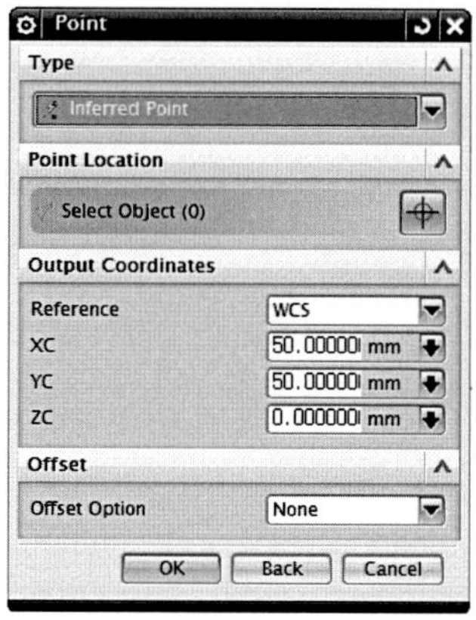

▲ 좌표 값 50, 50, 0을 입력 시 WCS

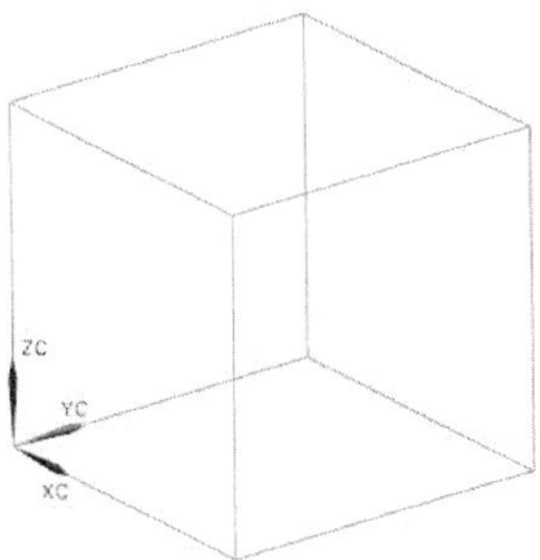

⇨

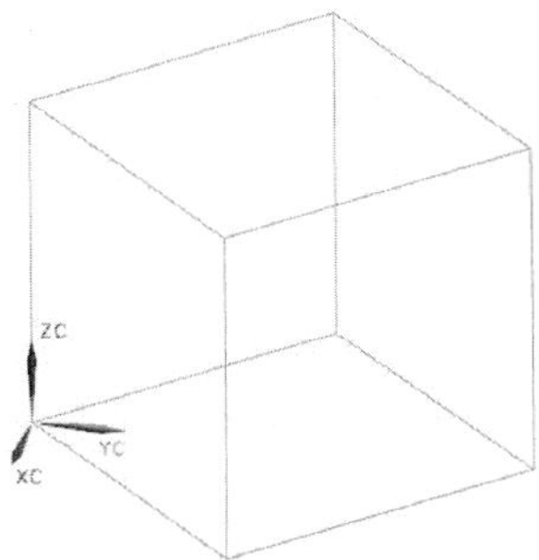

▌Format → WCS → Display

WCS를 화면에 표시하거나, 숨기는 기능이다.

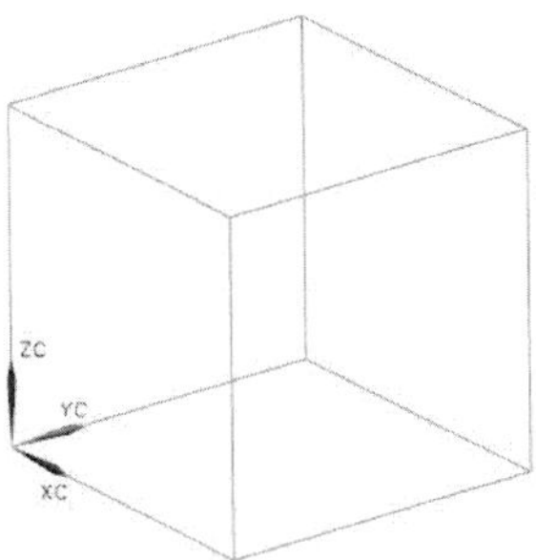

▲ ON

⇨

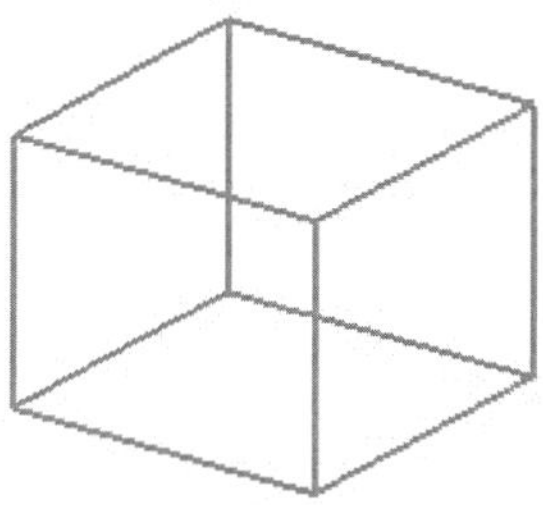

▲ OFF

Format → WCS → Save

화면에 표시된 WCS를 저장하는 기능이다.

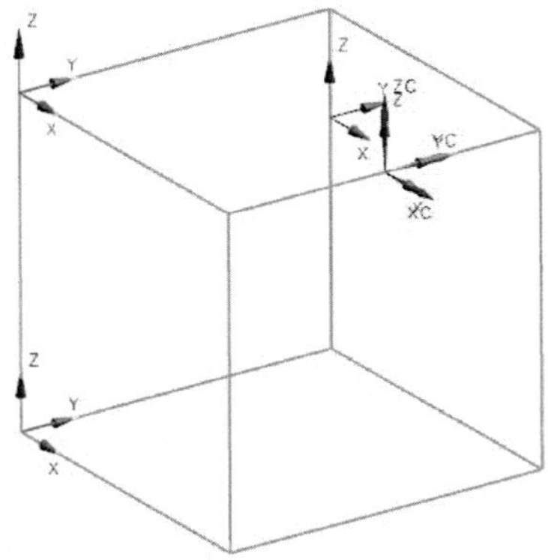

Format → WCS → Orient → Offset from csys

저장된 WCS를 다시 사용하기 위해서는 Inffered , Offset from CSYS를 선택해서 명령을 아래와 같이 저장한 WCS를 선택하여 WCS를 재정의하여 쓸 수 있다.

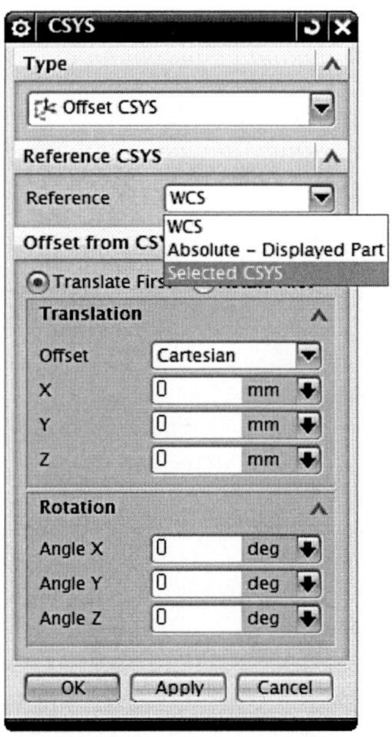

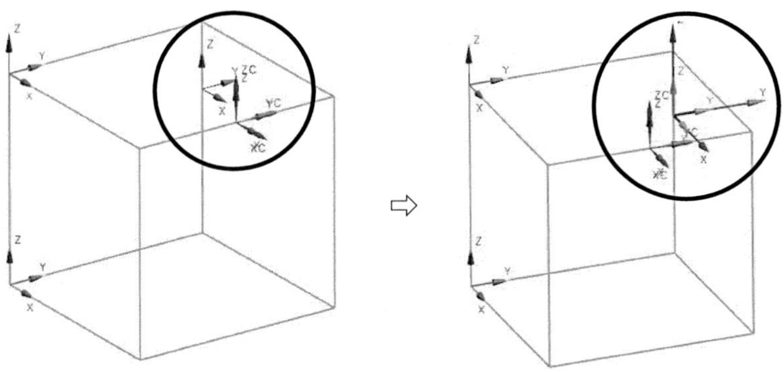

Datum CSYS, Plane, Axis의 개념 및 생성 방법을 습득한다.

NX8.5

4

Datums

01 Insert → Datum/Point → Datum Plane

공간 상의 원하는 위치에 여러 가지 옵션을 사용하여 참조 평면을 생성하는 기능이다.
아래와 같은 경우에 사용되어 진다.

- Sketch Plane을 정의할 때
- Form Feature 생성에 필요한 배치 면으로 지정할 때(hole, slot, pad, boss, pocket …)
- Positioning Features의 Target Edge로 지정할 때
- 수평 혹은 수직 Reference로 지정할 때
- Mirror Body 혹은 Mirror Feature를 사용할 때 Mirror Plane으로 지정할 때
- Extrude와 Revolve Feature를 생성시 Start 혹은 End Limits를 정의할 때
- Body를 Trim 할 때
- Assembly에서 Positioning 구속을 정의할 때
- Relative Datum Axis를 정의할 때

Relative Datum Planes

Curve, Face, Edge, Point, 다른 Datum과 같은 다른 Object에 참조되어 생성되는 Datum Plane 이다.

Fixed Datum Planes

다른 Object에 구속이나 참조되지 않는 Datum Plane이다.

WCS(작업좌표계)나 ACS(절대좌표계)의 평면을 선택하여 생성하거나, Datum Plane dialog 창에서 Associative 옵션을 끄고 생성한 Datum Plane은 Fixed Datum Plane이다.

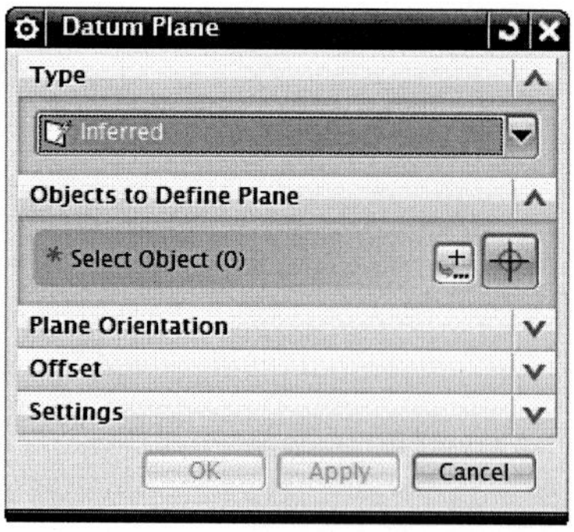

⇨

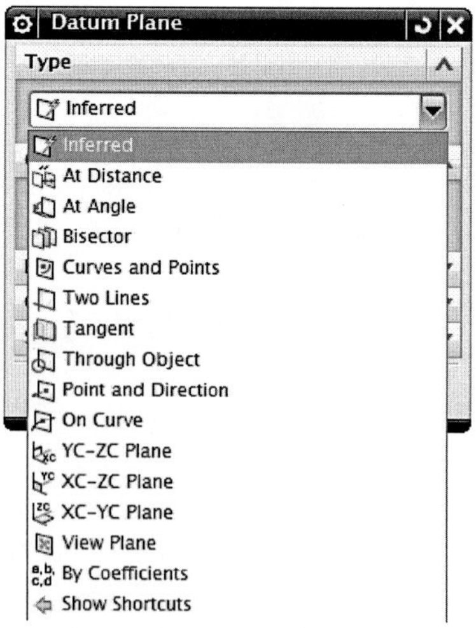

Inferred

평면 또는 Datum 평면 또는 Edge를 선택함에 따라 해당 선택을 기반으로 한 Datum Plan의 미리 보기가 구속 조건을 통해 자동으로 표시됨(모든 Datum Plane의 기능 통합 아이콘)

Mouse로 면 선택한 경우

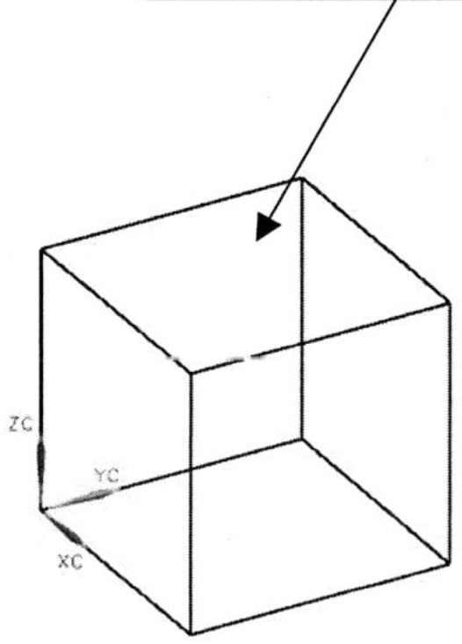

⇨

Offset 값 이용 시 면에 평행하게 띄워짐

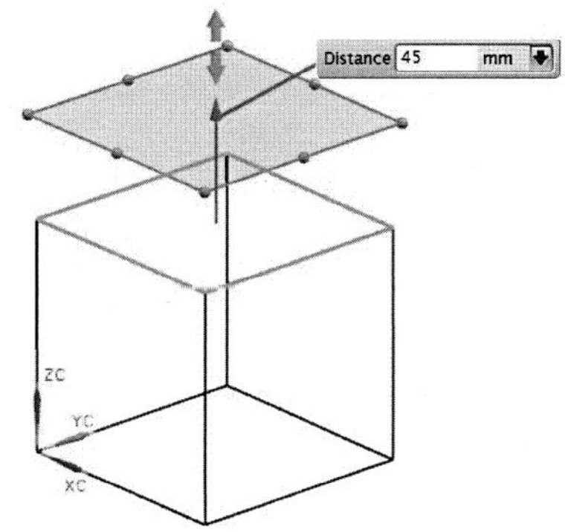

Mouse로 Centerline 선택한 경우

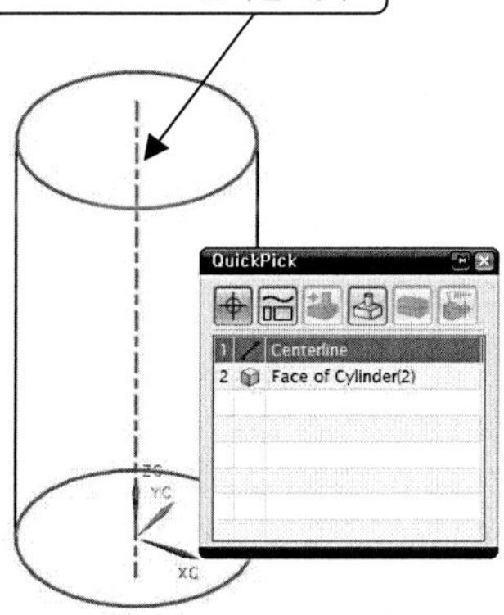

⇨

Centerline에 Datum Plane을 설정

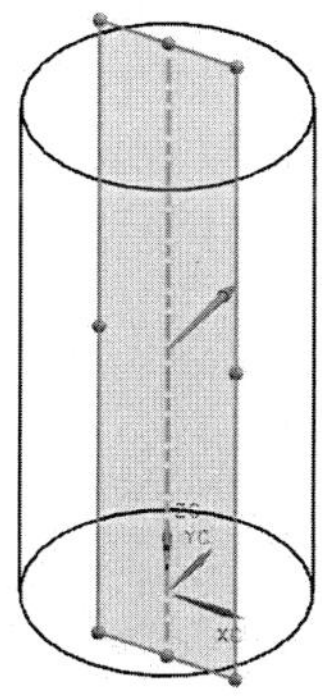

Mouse로 원통면 선택한 경우

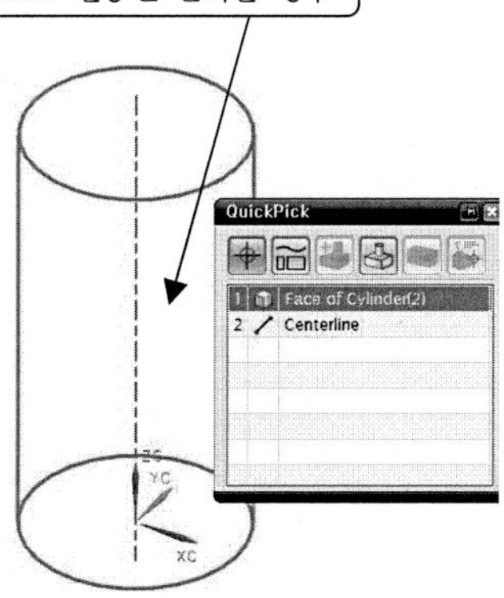

⇨

원통면에 Datum Plane 생성

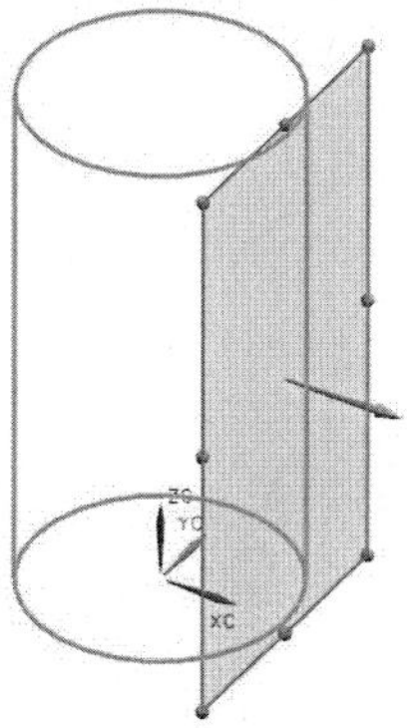

Point and Direction

점과 벡터 방향을 정의하여 Datum Plane을 정의한다.(곡선, 모서리 또는 평면 위의 점과 임의의 점을 통해 생성시키는 기능이다.)

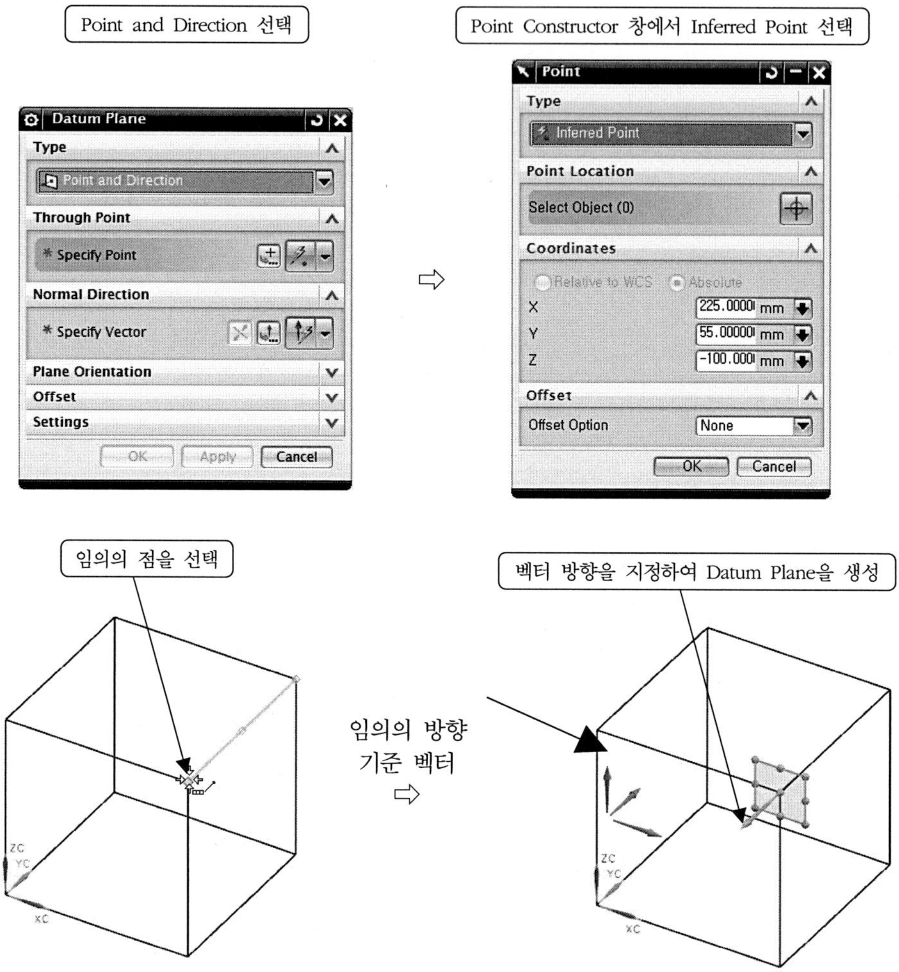

On Curve

임의의 곡선, 점 객체에 Tangency한 Datum Plane을 정의하며 곡선 길이에 거리 값으로 정의

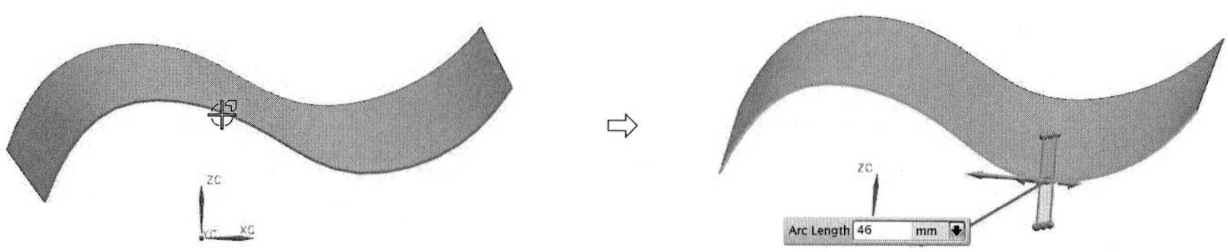

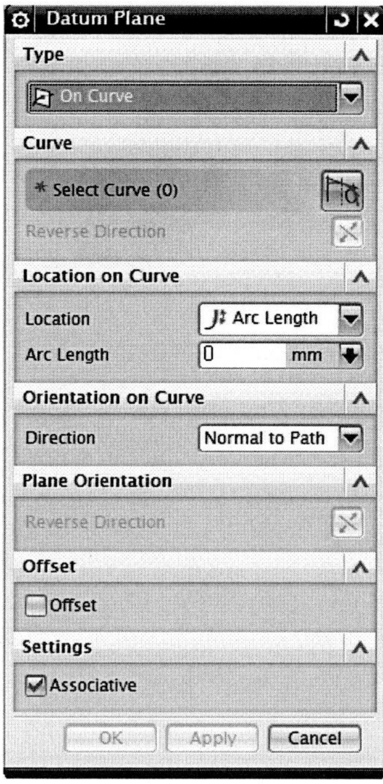

Datum Plane의 시작위치와 끝 위치를 바꾸어 주는 기능

접선, 법선, 종 법선을 이루는 Datum Plane을 정의

Vector의 방향 또는 역방향을 지정

생성한 위치에서 Datum Plane을 아래와 같이 offset 시킴

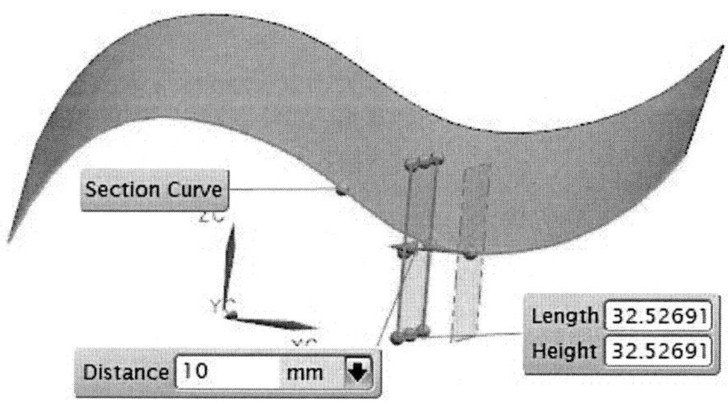

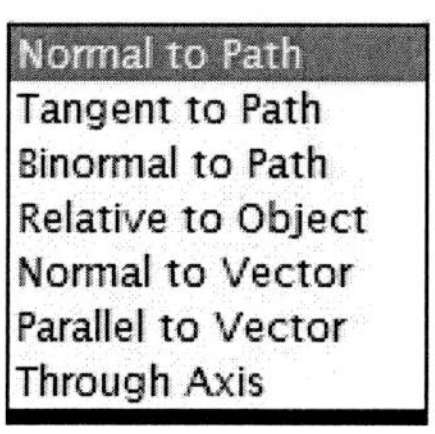

⇨

경로에 Normal 하게 Datum 위치를 잡음
경로에 Tangent 하게 Datum 위치를 잡음
경로에 종법선으로 Datum 위치를 잡음
Vector에 Normal하게 Datum 위치를 잡음
Vector에 평행하게 Datum 위치를 잡음
축을 기준으로 Datum이 회전하여 위치를 잡음

다른 타입을 확인하기 위하여 아래와 같이 창을 열어본다.

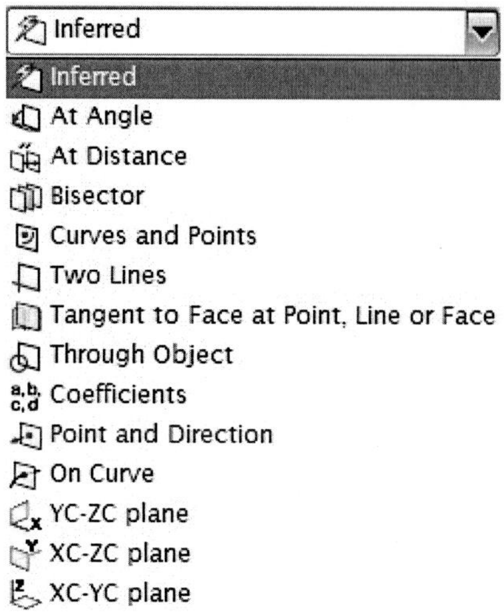

At Angle

선택한 면과 Edge를 선택하여 각도 값을 입력하여 Datum Plane을 정의한다.

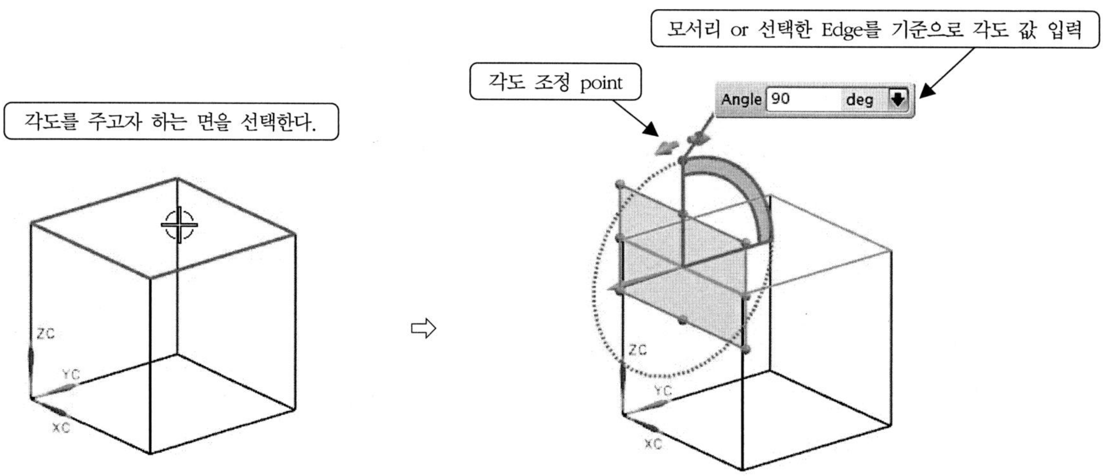

At Distance

선택한 면과 평행하고 입력한 값만큼 떨어진 Datum Plane을 정의한다.(Inferred Plane 보기 참조)

- 거리값 : 20mm
- 생성될 면의 개수 : 3

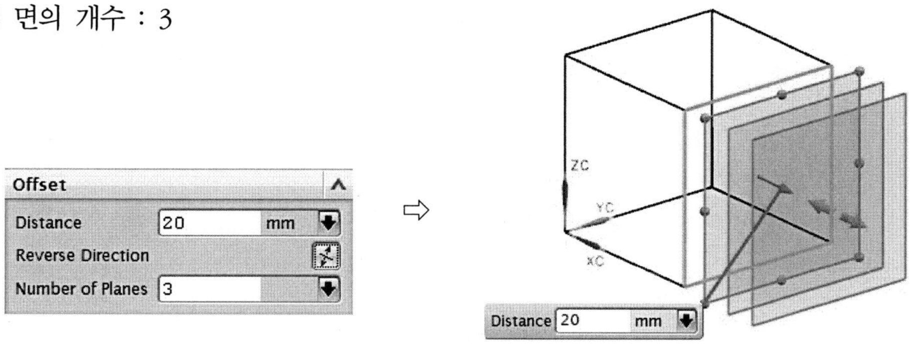

Bisector

두 면이나 Datum Plane을 선택하여 중간 위치의 Datum Plane을 정의하거나 중간 각도의 위치에 Datum Plane을 생성한다.

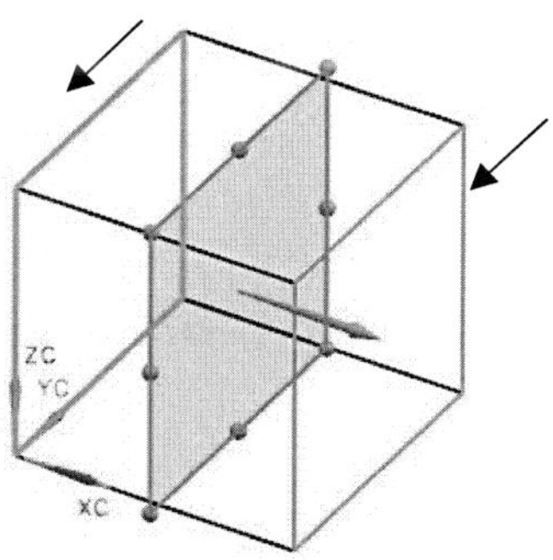

▲ 평행인 두 면을 선택

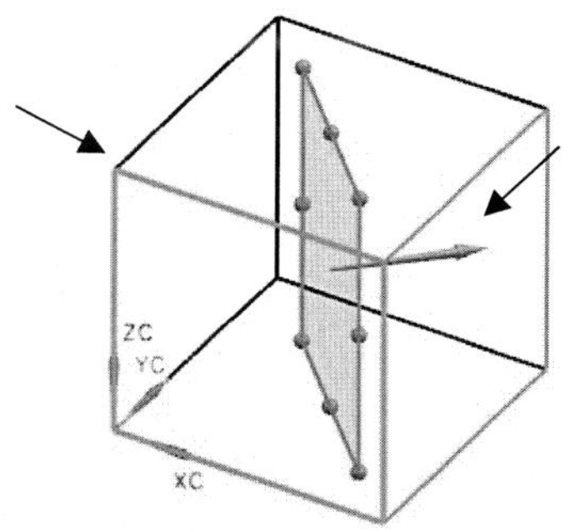

▲ 각도를 가지는 두 면을 선택

Through Object

Object를 기준으로 Datum Plane을 정의한다.

Curves and Points

커브나 점을 기준으로 Datum Plane을 정의한다.

Snap Point를 이용, 화살표의 세 점을 선택 시

세 점을 지나는 Datum Plane 생성

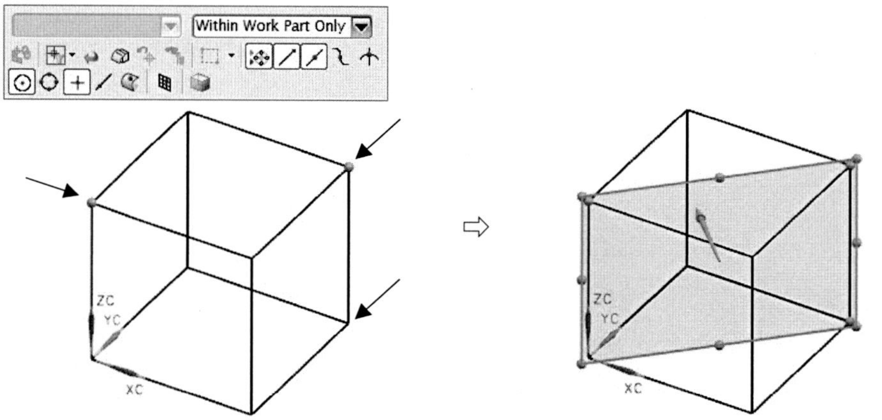

Two Lines

두 개의 선을 기준으로 한 Datum Plane을 정의한다.

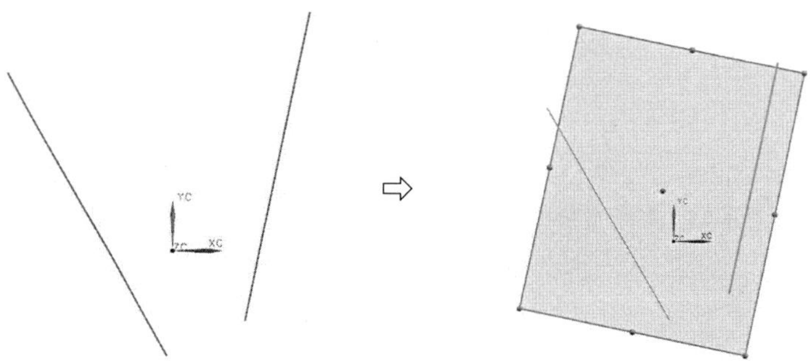

Tangent to Face at Point, Line or Face

Tangent한 두 면이나 면과 선 또는 Point를 선택 Datum Plane을 정의한다.

Cylinder의 Surface를 선택

두 면에 접하는 Datum Plane을 생성

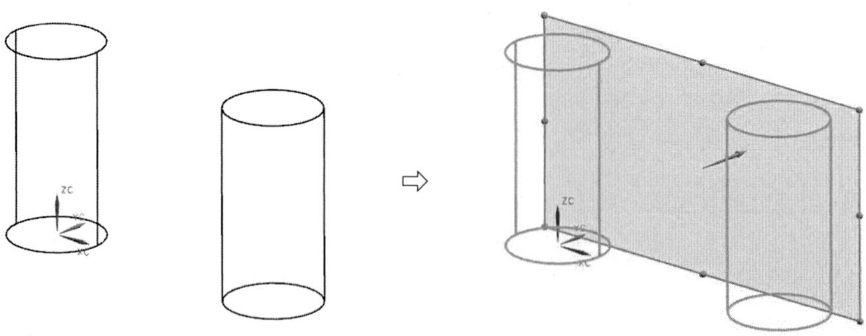

02 Insert → Datum/Point → Datum Axis

공간 상의 원하는 위치에 여러 가지 옵션을 사용하여 참조 축을 생성하는 기능이다.
아래와 같은 경우에 사용되어진다.

- Revolve Feature의 회전 축
- Circular Array의 회전 축
- Relative Datum Plane를 정의할 때
- 방향을 지정하는 Reference로 지정할 때
- Positioning Features의 Target으로 지정할 때

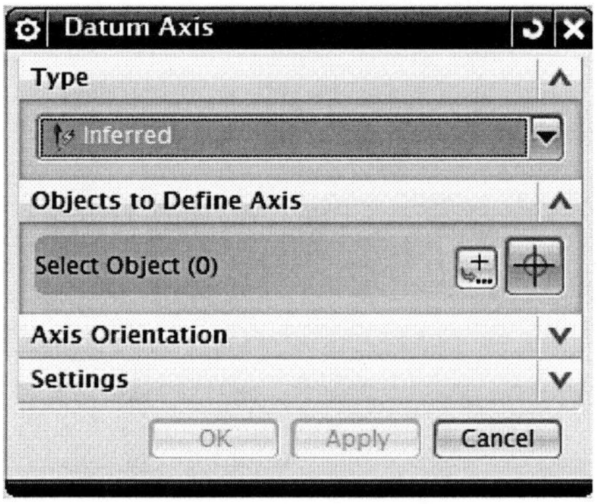

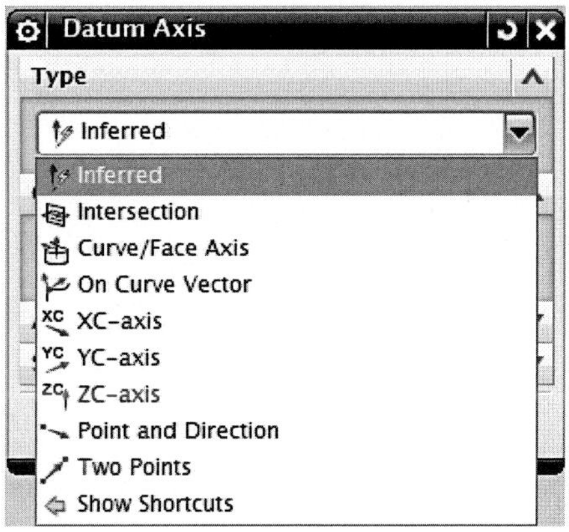

Inferred	벡터로 사용할 직선형상의 Edge나 Curve 등을 선택하거나 사용자가 원하는 방향의 시작점과 끝점을 선택하는 방법 등으로 벡터를 생성할 수 있다.
Intersection	교차하는 두 개의 평면을 선택하여 교차하는 Curve의 방향으로 벡터를 설정한다.
Curve/Face Axis	직선형상의 Edge나 Curve 등을 선택하거나 원통면을 선택하여 원통면의 중심축 방향의 벡터를 생성한다.
On Curve Vector	Curve의 위에 Tangent한 방향으로 Arc length의 위치를 기준으로 하는 벡터를 생성한다.
XC-Axis	X축 방향의 벡터를 생성한다.
YC-Axis	Y축 방향의 벡터를 생성한다.
ZC-Axis	Z축 방향의 벡터를 생성한다.
Point and Direction	임의의 점을 시작으로 하여 사용자가 원하는 방향을 정의 하여 벡터를 생성한다.
Two Points	시작점과 끝점을 선택하여 벡터를 생성한다.

03 Insert → Datum/Point → Datum CSYS

Datum CSYS는 3개의 평면, 3개의 축, 하나의 Coordinate System, 하나의 원점으로 구성되며, 이러한 연관된 Object들이 하나의 Set으로 제공된다.

Datum CSYS는 Part Navigator에서 Single Feature로 표시되지만 Assembly에서 Component의 위치 정의, 스케치에서 구속정의 및 다른 Feature의 생성을 하기 위해 평면, 축, 포인트를 개별적으로 선택하여 사용할 수 있다.

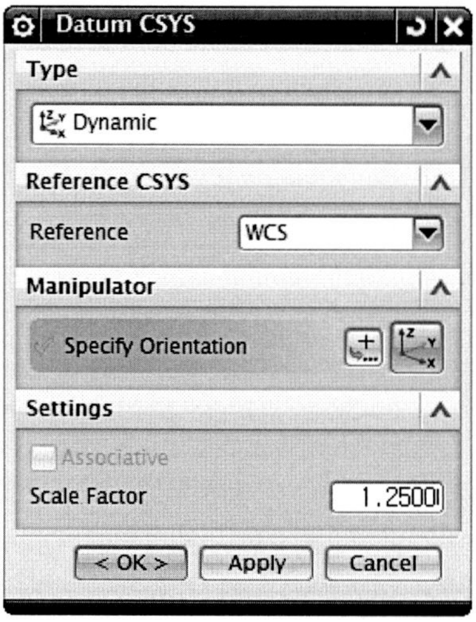

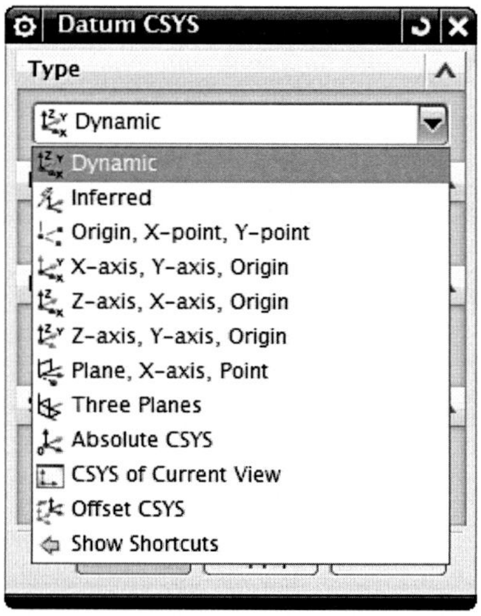

Dynamic	절대좌표를 기준으로 Dynamic 좌표이동 방식으로 위치를 정의한다.
Inferred	임의의 사용자가 원하는 지점에 생성시킬 수 있다.
Origin, X-Point, Y-Point	원점과 X방향의 점, Y방향의 점을 설정하여 위치를 정의한다.
Three Planes	3개의 평면을 선택하여 위치를 정의한다.
X-Axis, Y-Axis, Origin	X축 방향과 Y축 방향으로의 Curve나 Edge 등을 이용한 방향 정의와 원점을 지정하여 위치를 선정한다.
Absolute CSYS	절대좌표의 위치에 정의한다.
CSYS of Current View	현재 보이는 view의 방향으로 정의한다.
Offset CSYS	이미 생성되어진 CSYS를 기준으로 X, Y, Z 방향으로 이동 또는 X, Y, Z 축방향으로 회전되어진 임의의 위치에 생성한다.

Insert → Datum/Point → [+] Point

Associative, Non Associative Point를 Snap Point를 이용하여 생성하는 기능이다

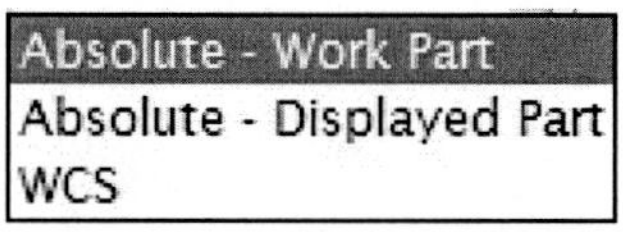

⇨

Work part 절대좌표기준
Display part 절대좌표기준
작업 좌표계 기준

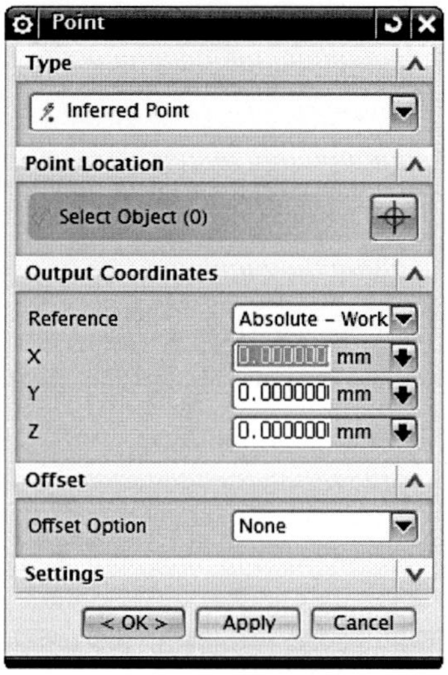

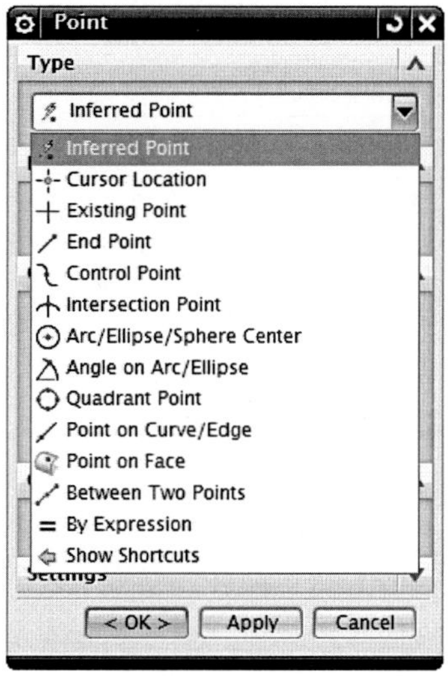

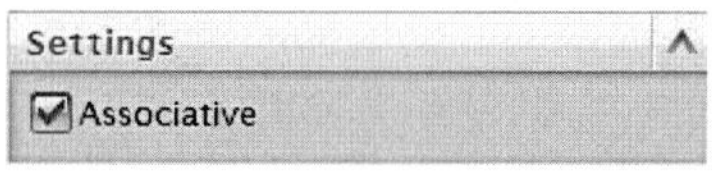

Associative Point와 Non Associative Point의 설정은 Settings 에서 정의할 수 있다.

생성될 point의 위치는 아래와 같이 Snap Point를 이용하여 원하는 지점에 Point를 지정할 수 있다.

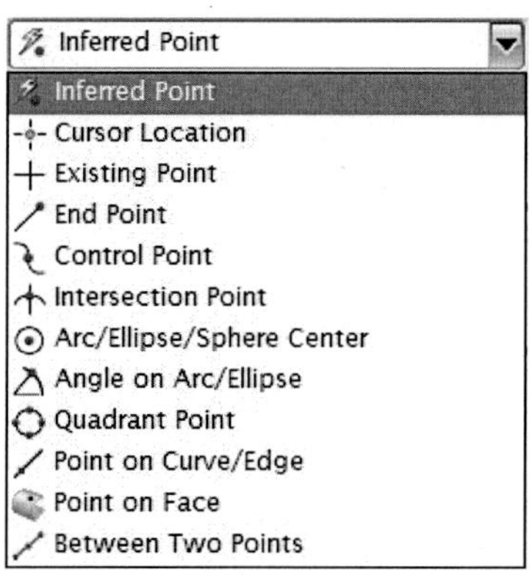

▌Insert → Datum/Point → Point Set

Curve, Spline, Face를 이용하여 Point Set을 생성하는 기능이다.

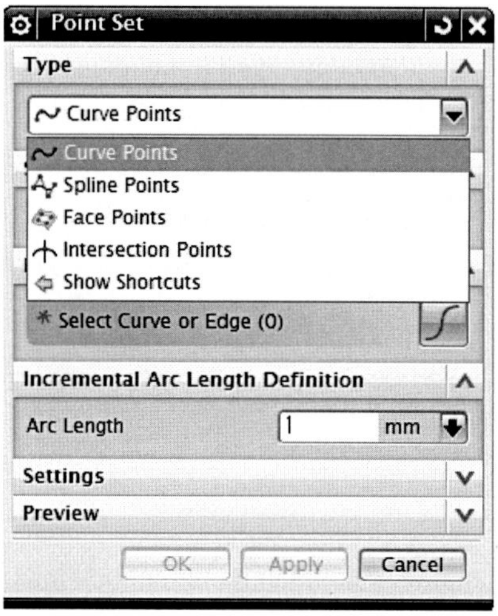

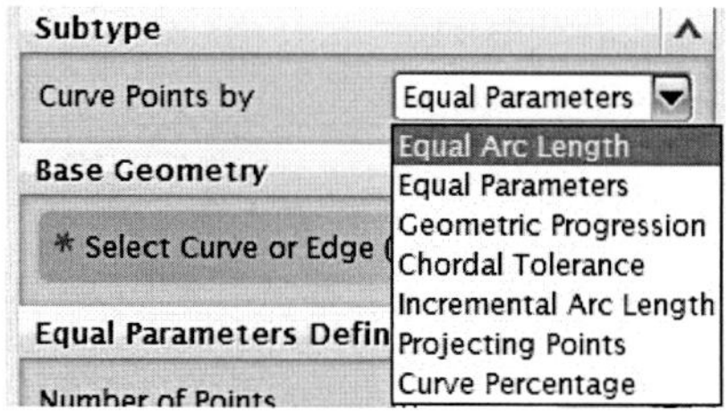

- Equal Arc Length : 곡선의 경로를 따라 동일한 거리로 점 세트의 간격을 지정해서 생성
- Equal parameters : 곡선의 특성 또는 매개변수에 따라 점 세트의 간격을 지정, 경우에 따라서 타이트한 곡선은 좁은 간격, 직선에 가까운 곡선 단면에는 넓은 간격이 생김
- Geometric Progression : 지오메트리 비율에 따라 점세트의 간격을 지정해서 생성
- Chordal Tolerance : 활줄 공차에 따라 점 세트의 간격을 지정해서 생성. 곡선 시작점부터 곡선 끝 점까지 점이 생성됨
- Incremental Arc Length : 점 사이의 경로 길이를 입력함. 원호 길이 거리는 선택한 곡선의 길이보다 작거나 같고 0보다 커야 함. 곡선을 선택하면 전체 원호 길이가 표시됨
- Projecting Points : 선택한 점을 지정된 곡선에 투영하고 해당 위치에 점을 생성
- Curve Percentage : 지정한 백분율을 나타내는 거리에서 각 곡선 위에 점을 생성

Sketch의 개념과 기능들을 습득한다.

NX8.5

5

스케치(Sketch)

01 Sketch로 들어가기

Sketch로 들어가는 방법은 먼저 Modeling 영역으로 들어가야 한다. Modeling 영역에서 Sketch는 두 가지 방식으로 쓸 수 있다. Insert → Sketch의 방법은 새로운 방식으로 Direct Sketch로 바로 Modelng 상태에서 쓰며, Sketch in Task Environment는 예전에 쓰던 Sketch 방식으로 쓰는 기능이다.

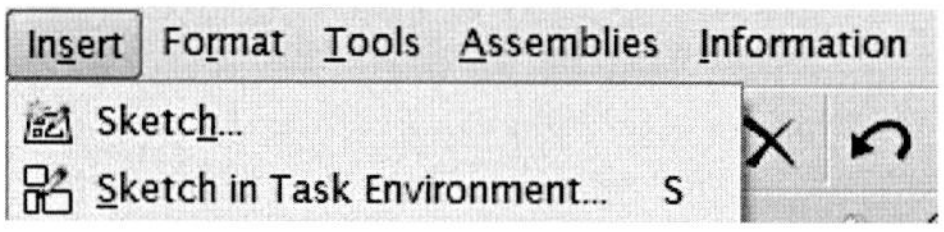

▲ Menu bar

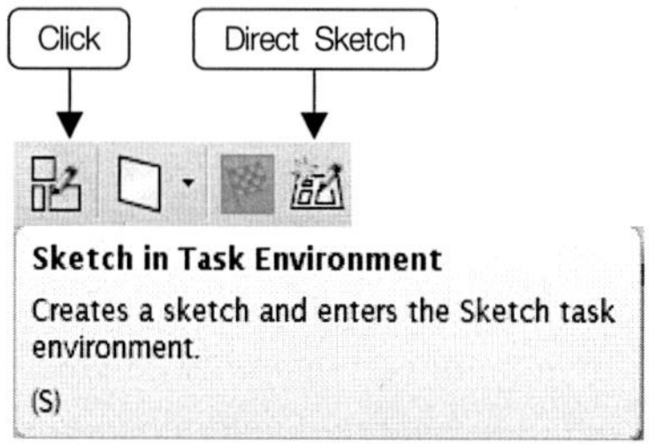

▲ Icon Toolbar

Sketch in Task Environment를 선택하면 Icon Interface가 밑의 그림과 같이 변경된다.

Direct Sketch를 선택하면 Icon Interface는 Modeling 상태로 그대로 사용이 된다.

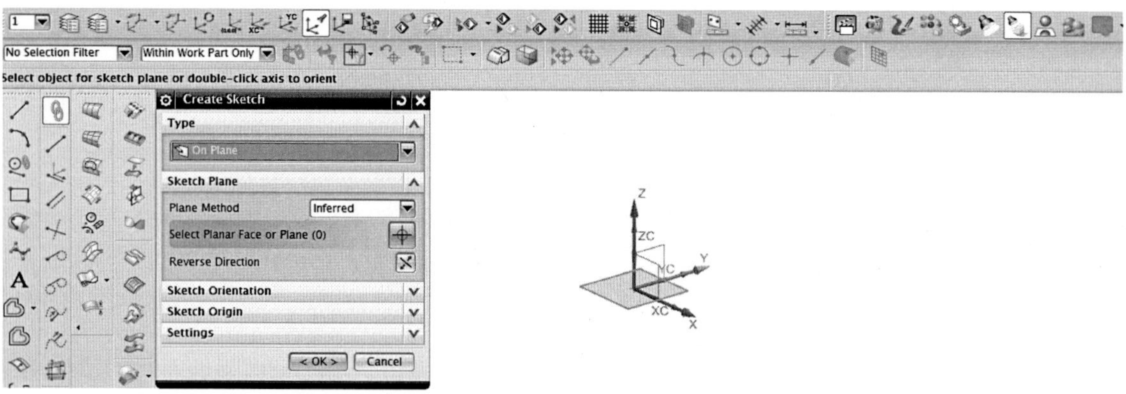

▲ Sketcher의 Icon 배열상태

Drop Down List창이 활성 되는데 Sketch 영역의 이름을 사용자가 부여하는 곳이다.

▲ Sketch Drop Down List

Sketch Name이 결정되면 작업해야 할 Sketch 면을 설정한다. 처음에 나타나는 기본 Datum Plane을 기준으로 XC축 방향과 YC축 방향의 평면이 정의 되어있다.

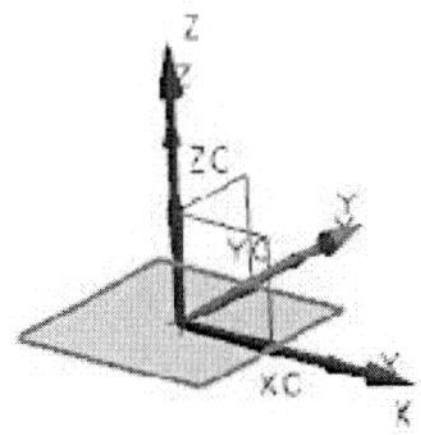

▲ Sketch Datum Plane

스케치 면을 생성하기 위한 창이 나타나며 타입과 평면 옵션을 사용하여 스케치 면을 정의한다.

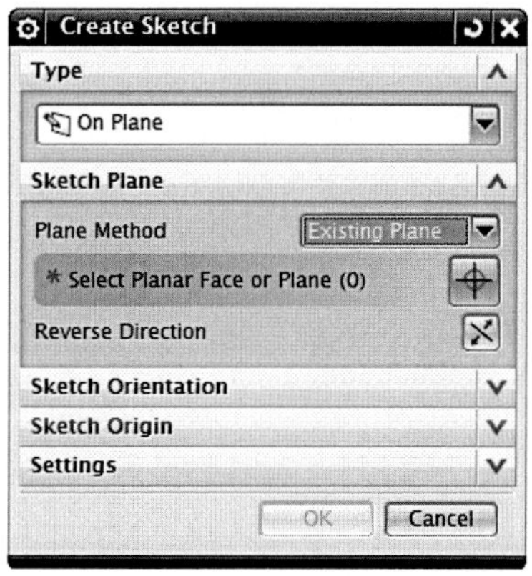

스케치 면을 생성하는 타입은 평면에 작업하는 방법과 임의의 curve 등을 path로 정의하여 작업하는 방법이 있다. On path 상태에서는 다음과 같은 창이 나타난다.

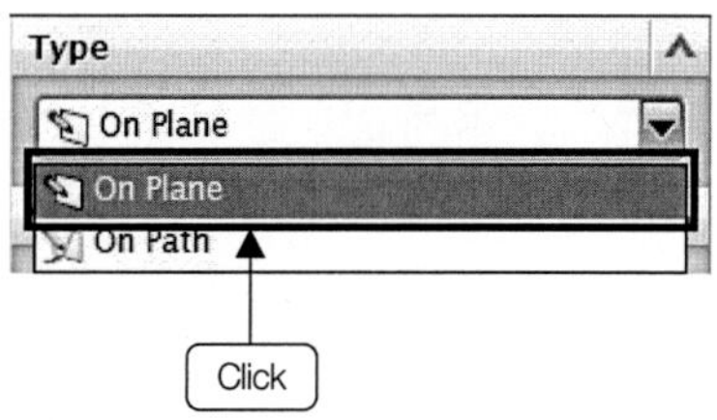

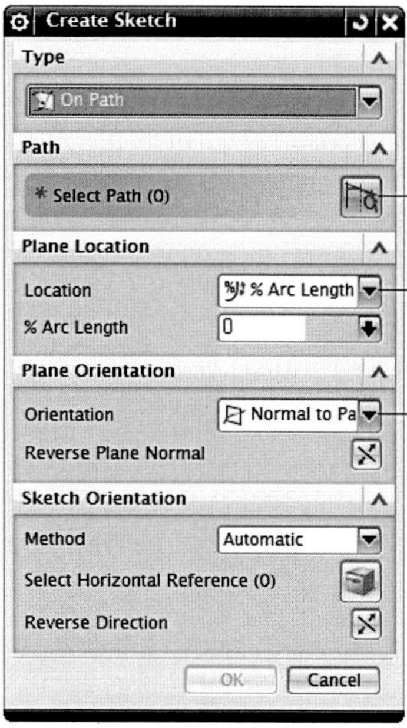

Path로 사용할 curve 등의 형상을 선택한다.

평면의 위치를 전체 path의 %로, path의 길이로, point를 정의하는 방법 등으로 위치를 제어할 수 있다.

평면의 정렬방향을 아래와 같이 정의할 수 있다.

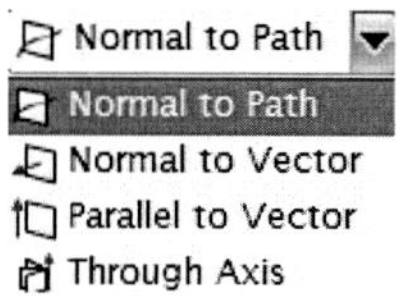

스케치 면을 정의하는 옵션으로 네가지 타입을 제공한다.

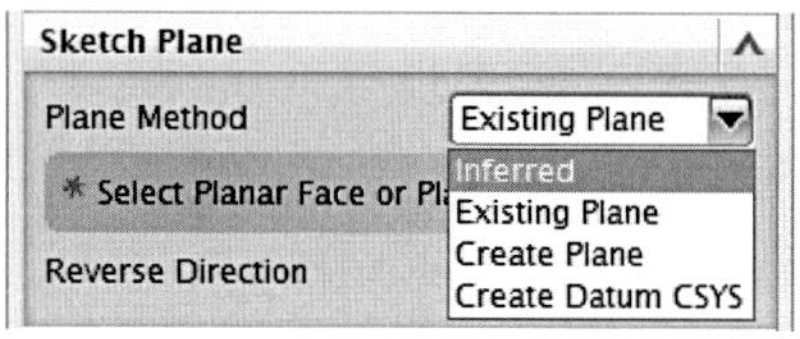

- Inferred : 환경 조건이 맞으면 아래 조건들을 다 사용할 수 있음
- Existing Plane : 스케치 면으로 사용할 평면을 선택하여 스케치 면으로 사용
- Create Plane : 평면을 생성하며 생성한 면을 스케치 면으로 사용
- Create Darum CSYS : Datum CSYS를 생성하면서 XY 평면을 스케치 면으로 사용

환경 설정을 완료하면 화면이 View 방향으로 이동하면서 작업 설정 환경이 완료된다.(Preference → Sketch에서 Session Setting의 Change View Orientation의 체크를 끄면 원래 View 상태로 있음)

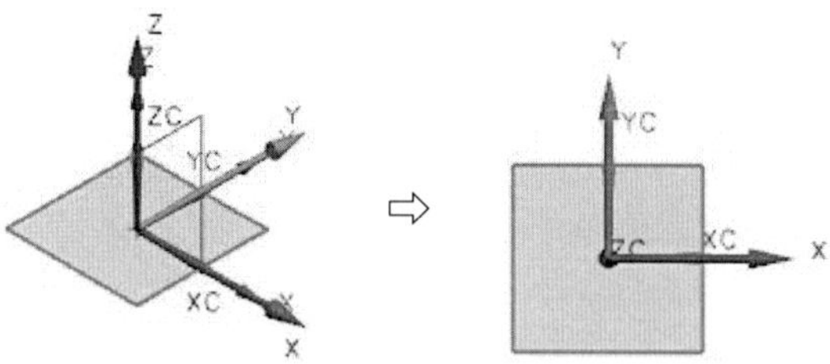

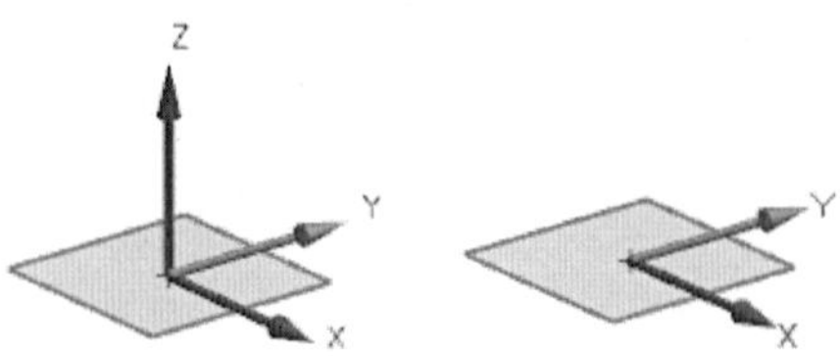

NX 8.0　　NX 8.5

스케치하는 동안 화면표시를 단순화하기 위해 내부 데이텀 좌표계에 더 이상 스케치 평면 법선이 표시되지 않는다.

스케치 내부 데이텀 좌표계는 생성된 데이텀 좌표계와 같지만 스케치가 활성 상태인 경우 스케치 법선이 더 이상 표시되지 않는다.(Sketch task environment 또는 스케치가 활성 상태여야 함)

02 Sketch의 Part Navigator

Sketch의 설정을 완료하면 NX화면 우측에 있는 Part Navigator 목록에 Sketch면이 추가된다.

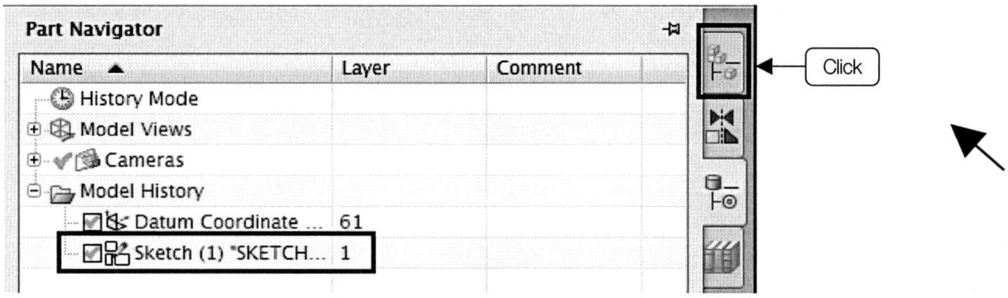

▲ Part Navigator

이제 스케치 에 다음과 같이 고유한 이름이 사용됨

- 스케치 수평 축
- 스케치 수직 축
- 스케치 원점(연관 원점 옵션이 선택된 상태로 생성된 스케치의 경우)
- 스케치 좌표계의 점(연관 원점 옵션이 선택되지 않은 상태로 생성된 스케치의 경우)

이러한 고유한 이름은 스케치를 동일한 위치에 있을 수 있는 다른 데이텀 좌표계와 구분한다.

다른 데이텀 좌표계의 맨 위에 개체에 대한 구속조건 또는 스케치 곡선을 생성할 때 이제 Quick Pick 다이얼로그를 사용하여 원하는 개체를 아래와 같이 쉽게 선택할 수 있다.

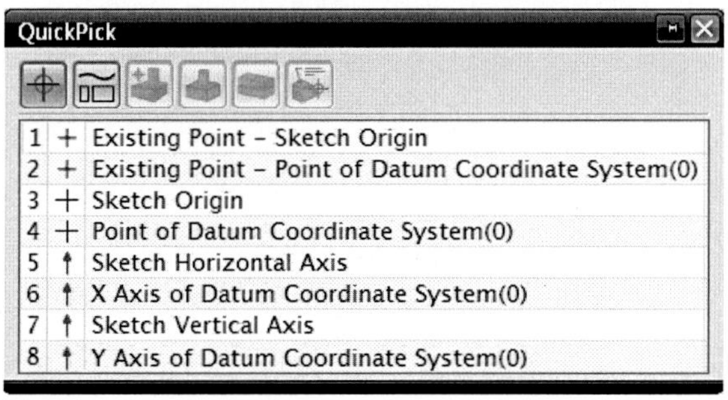

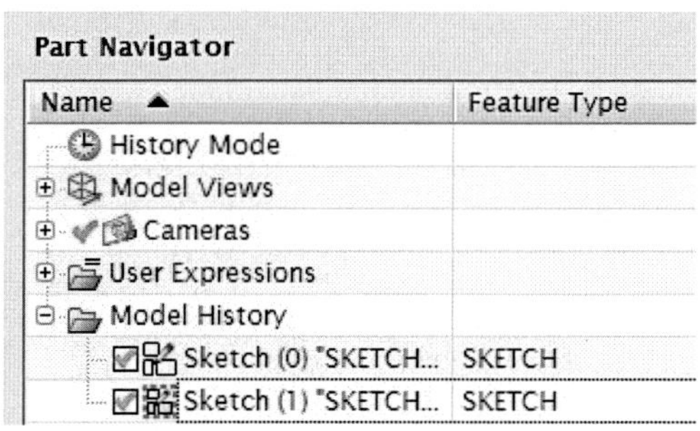

NX7.5 Version부터는 Sketch 부문이 활성화되는 표시가 강조가 되어서 나타남

04 Sketch의 Snap Point

점을 선택하는 여러 가지 Option 기능이다.

Sketch 뿐만 아니라 거의 대부분의 명령 아이콘에서 점을 선택할 때 사용되어진다.

▲ Snap Point

Enable snap point : snap point의 사용을 가능하게 하거나 사용하지 않도록 하는 아이콘이다. 이때 우측에 나열된 Icon이 선택되어 있어야 사용이 가능하며 상황에 맞추어 필요한 snap option을 활용할 수 있다.

Clear snap point : 모든 snap point의 Option을 해제시키는 기능이다.

Snap Point option icon 설명

- End Point : Curve의 끝점을 인식한다.
- Mid Point : Curve의 중간점을 인식한다.
- Control Point : Curve의 Control Point를 인식한다.
- Intersection Point : Curve의 교차점을 인식한다.
- Arc Center : 원이나 호의 중심점을 인식한다.
- Quadrant Point : 원이나 호의 사분점을 인식한다.
- Existing Point : 생성된 Point를 인식한다.
- Point on Curve : Curve 위의 임의 위치를 인식한다.
- Point on Surface : Surface 위의 임의 위치를 인식한다.

04 Profile

▌Insert → Profile(Z)(Direct Sketch도 다른 환경이지만 똑 같은 기능의 명령어 사용)

Sketch에서 Curve를 그릴 때 많이 사용하며, 직선과 원호를 연속으로 생성 할 수 있는 기능이다.

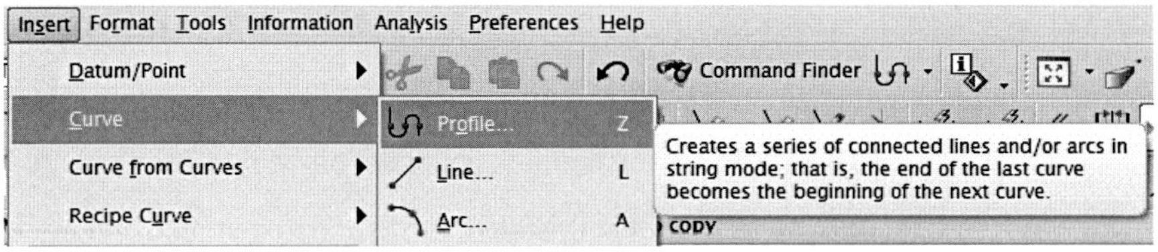

▲ Menu Bar

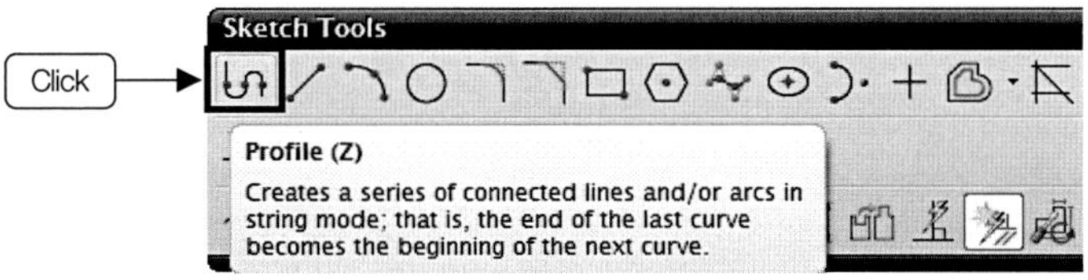

▲ Icon Toolbar

Profile Icon을 실행하면 생성 Type Icon이 활성 된다. 이 Option으로 직선과 원호를 연결하여 그릴 수 있다.

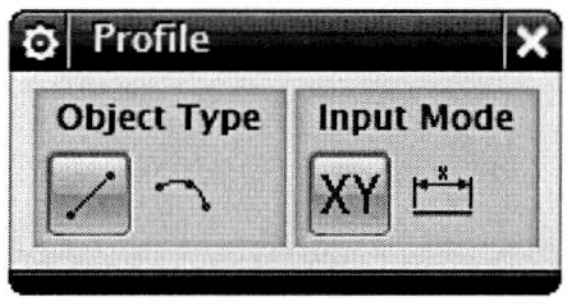

▲ Profile Option

Input mode에서는 Coordinate Mode와 Parameter Mode의 두 가지 mode를 지정하여 사용할 수 있다.

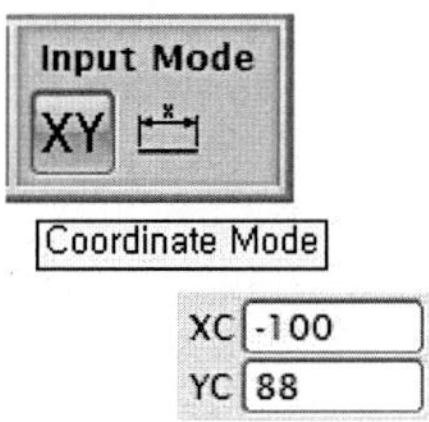

▲ Coordinate Mode

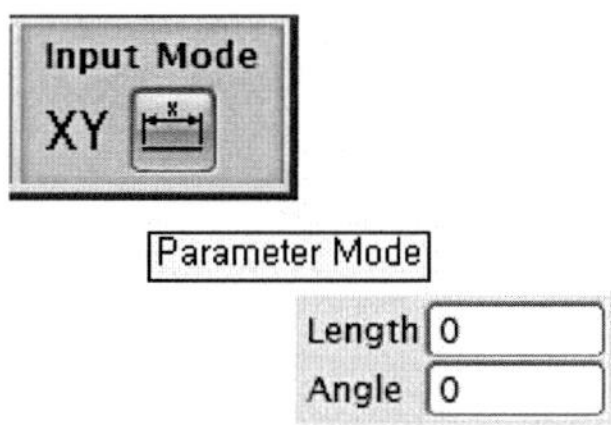

▲ Parameter Mode

XY Coordinate Mode : X, Y의 좌표 값을 입력하여 점을 선택한다.(스케치 면의 원점 기준)

Parameter Mode : line 생성시 거리와 각도를 입력하여 점을 선택한다.

Curve Option의 기능은 Curve를 그리기 전에 선택하여야 하고 Coordinate Mode와 Parameter Mode는 Profile 기능뿐만 아니라 Curve의 생성 Icon 기능에는 모두 같은 방법으로 적용된다.

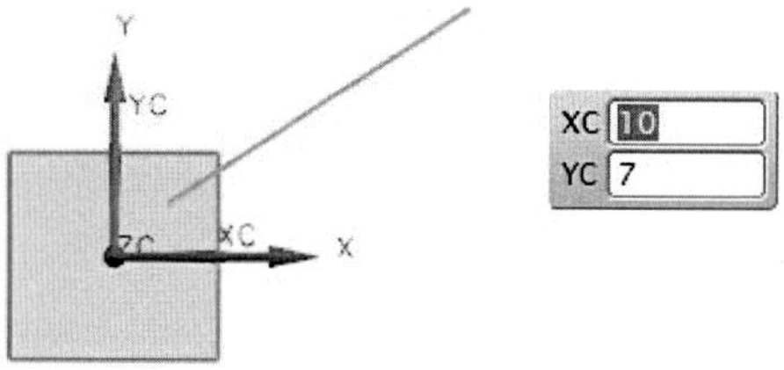

▲ Coordinate Mode

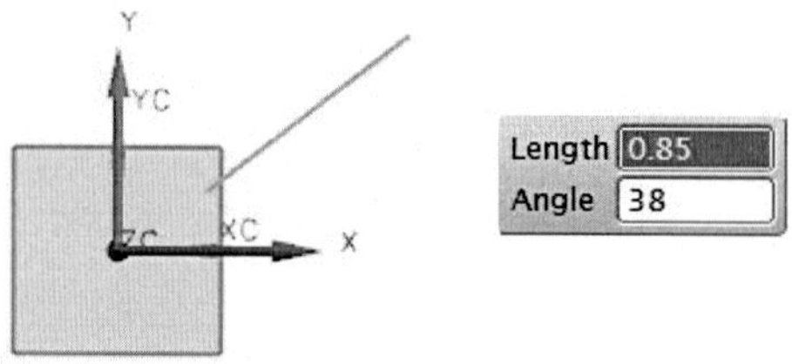

▲ Parameter Mode

아래의 그림은 Profile을 실행하여 그린 방법이다.

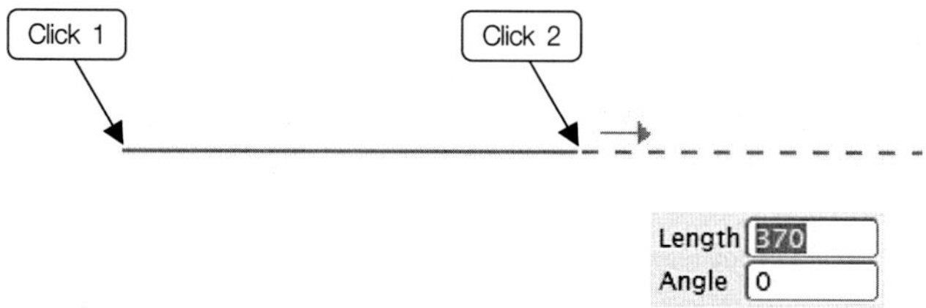

선택한 상태에서 누르고 있으면 아래와 같이 나타나며 이때 오른쪽 하단 방향으로 드래그 한다.

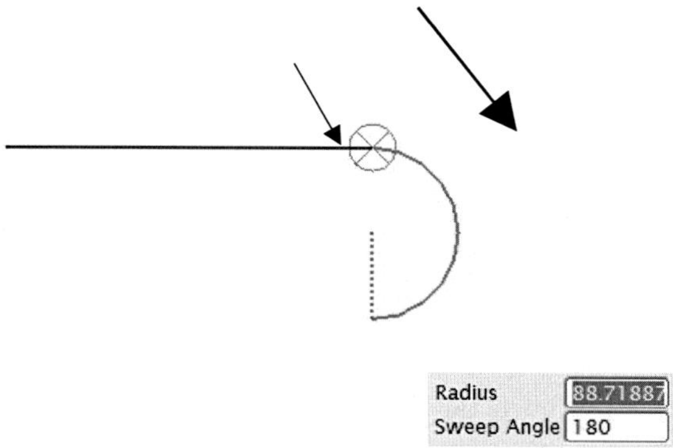

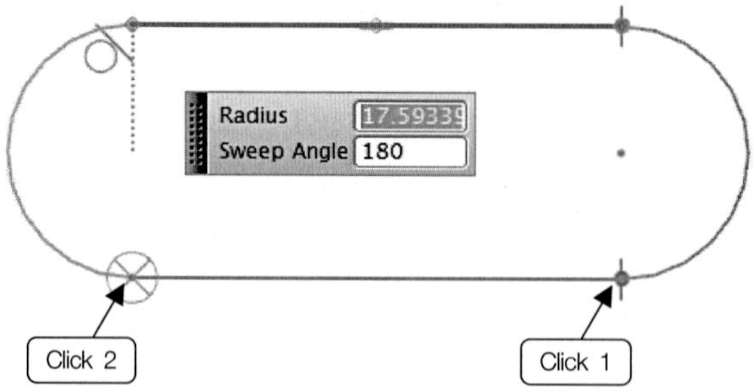

선택한 상태에서 누르고 있으면 아래와 같이 나타나며 이때 왼쪽 상단 방향으로 드래그하여 시작점과 일치시킨다.

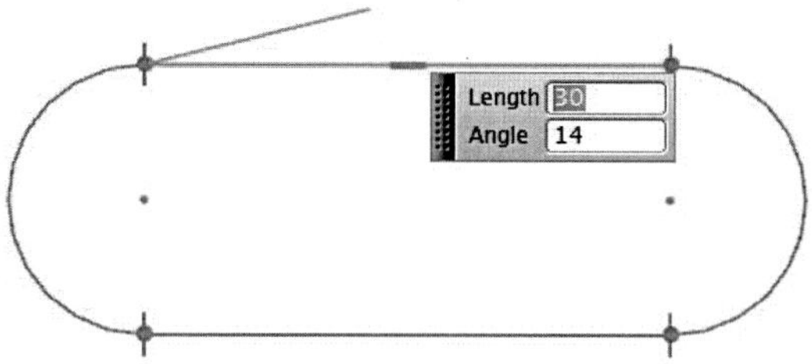

완료된 형상을 확인할 수 있다.(Line이나 Arc 명령을 따로 사용하지 않고 연이은 스케치 작업을 할 수 있다.)

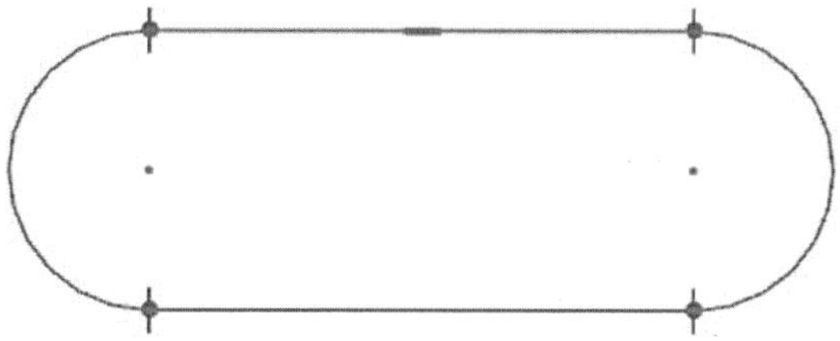

Circle-X 중심점을 기준으로 시작해서 원호의 생성 방향으로 마우스를 Drag 하여 생성하면 자연스럽게 Arc 형상의 Curve가 생성되며 사용자는 Line이나 Arc를 교체하며 손쉽게 사용할 수 있다.

05 Line

▌Insert → Line

직선 Curve를 그릴 때 사용하며 두 Point를 설정하여 직선을 생성한다.

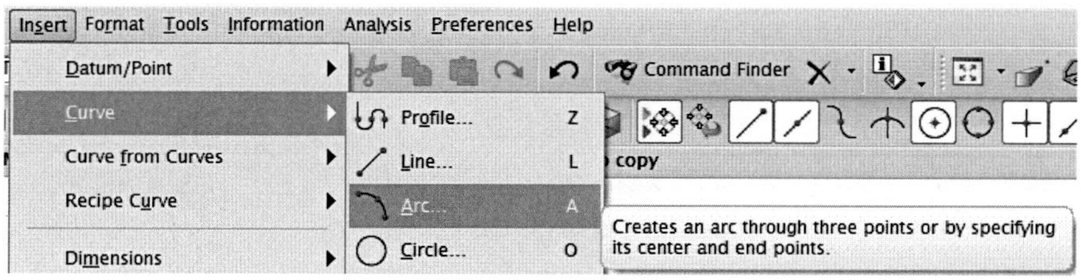

▲ Menu Bar

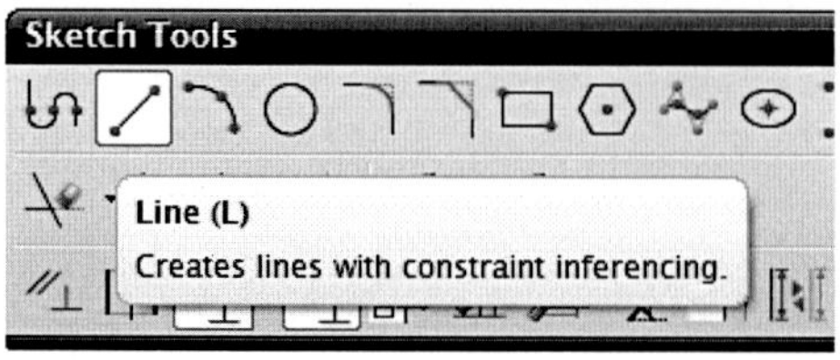

▲ Icon Toolbar

Option은 Coordinate Mode와 Parameter Mode 두 가지 방법 중 선택하여 사용한다.

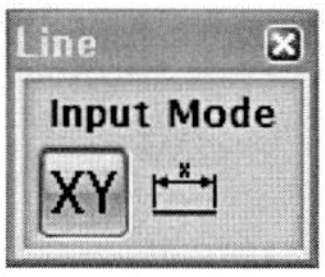

▲ Line Option

아래의 그림은 Line을 실행하여 그리는 과정이다.

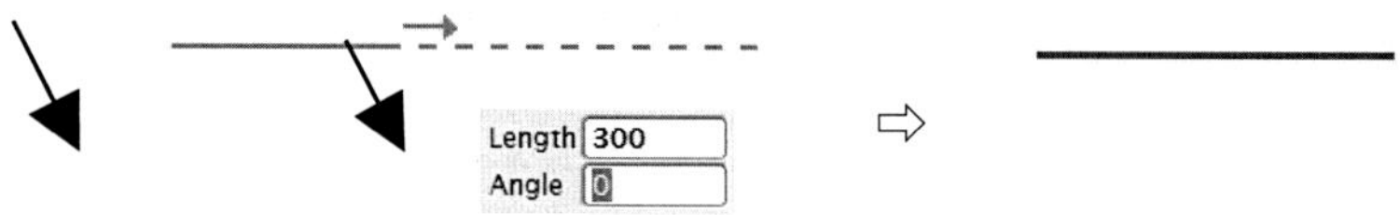

06 Arc

▌Insert → Arc(A)

일반적인 원호의 Curve를 그리는 기능이다. 3개의 Point를 지나는 원호와 중심 Point를 기준으로 2개의 Point를 지나는 원호를 그릴 수 있다.

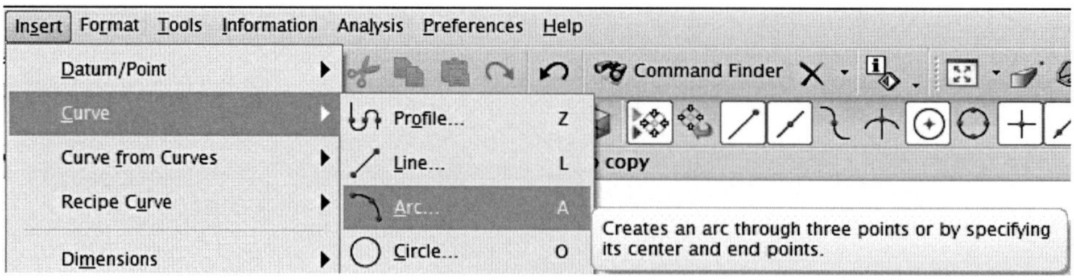

▲ Menu Bar

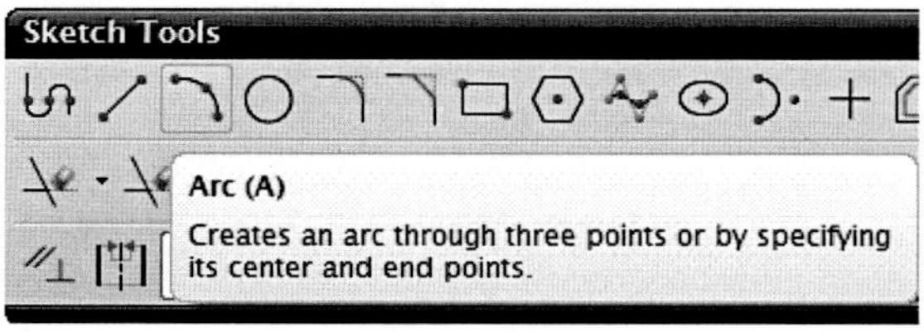

▲ Icon Toolbar

Arc Icon을 실행하면 생성 Type Icon이 활성 된다. 이 Option으로 원하는 Type으로 Curve를 그릴 수 있다.

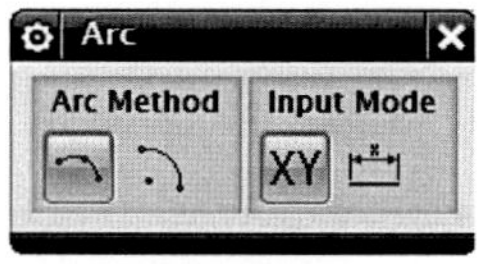

▲ Arc Option

Arc by 3 Point : 3개의 Point를 지나는 원호를 생성한다.

Arc by center and endpoints : 중심점을 기준으로 시계반대방향의 시작지점과 끝 지점을 지나는 원호를 생성한다.

밑의 그림은 Arc를 실행하여 그린 방법이다. 아래와 같이 두 가지 방법으로 생성 할 수 있다.

▲ Arc by 3 point

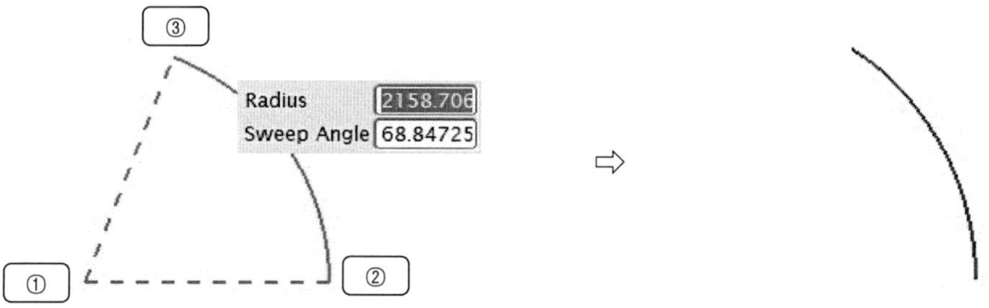

▲ Arc by center and endpoint

07 Circle

Insert → Circle

원의 Curve를 그리는 기능으로 3개의 Point를 지나는 원과 중심 Point를 기준으로 원의 크기를 입력하여 생성할 수 있다.

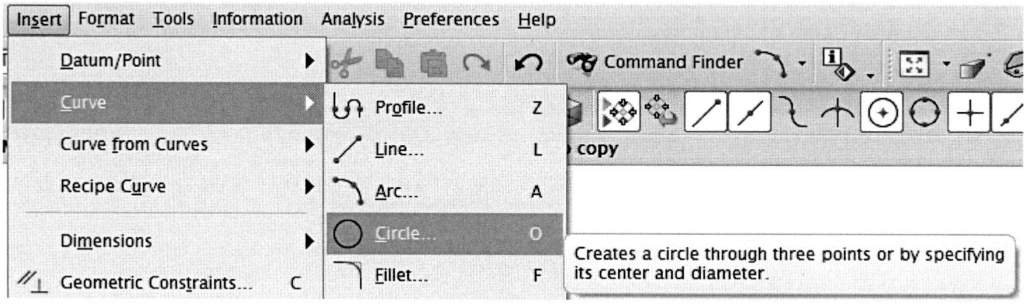

▲ Menu Bar

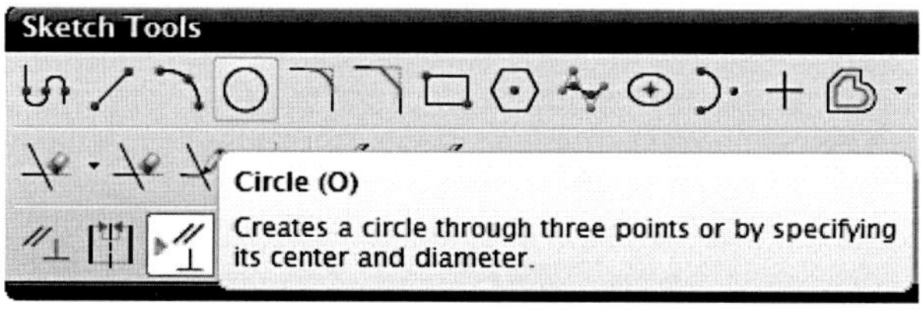

▲ Icon Toolbar

Circle Icon을 실행하면 생성 Type Icon이 활성 된다. 이 Option으로 원하는 Type으로 Curve를 그릴 수 있다.

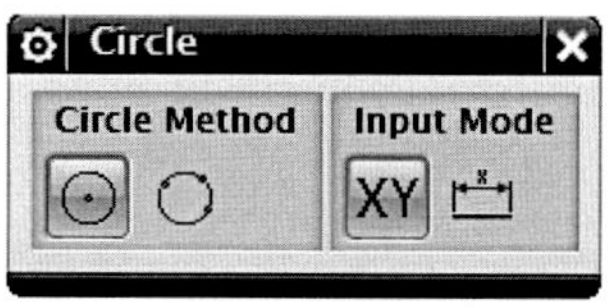

▲ Circle Option

Circle by center and diameter : 중심점을 기준으로 두 번째 위치를 선택 하거나 지름 값으로 원을 형성한다.

Circle by 3 Points : 3개의 Point를 지나는 원을 생성한다.

아래의 그림은 Circle을 실행하여 그린 방법이다. 아래와 같이 두 가지 방법으로 원을 생성한다.

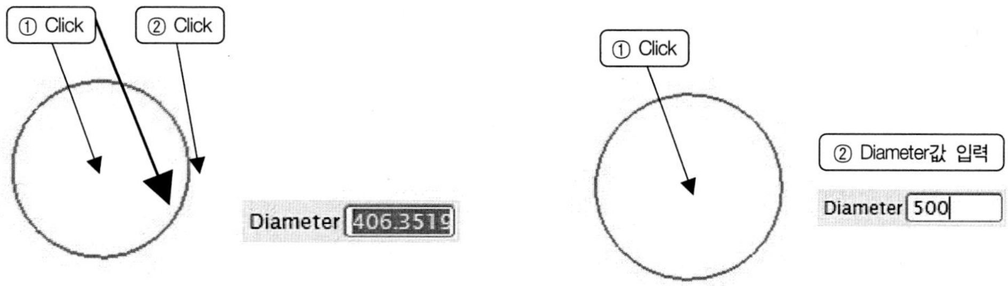

▲ Circle by center and diameter

▲ Circle by 3 Point

08 Derived Lines

Insert → Derived Lines

하나의 직선을 Offset하거나 두 직선의 이등분선이나 이등분각의 Line을 생성한다.

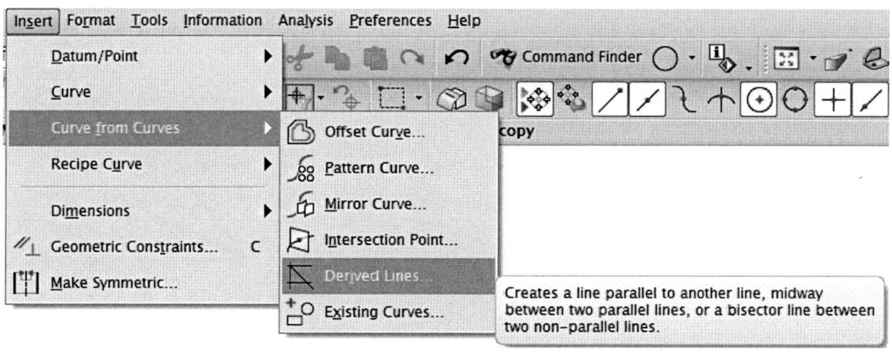

▲ Menu Bar

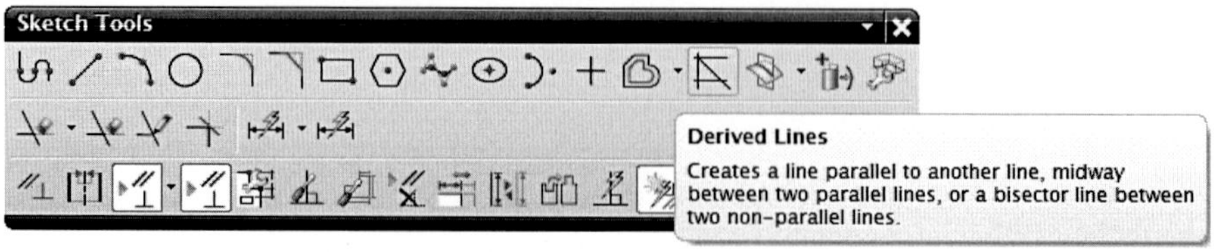

▲ Icon Toolbar

아래의 그림은 Derived Lines 기능을 이용하여 Line을 생성하는 3가지 방법이다.

Reference Line으로 사용할 Line을 선택하고 상하 또는 좌우로 움직이면 offset 값을 바로 넣을 수 있으며 임의의 위치에서 클릭하여 위치를 지정할 수도 있다.

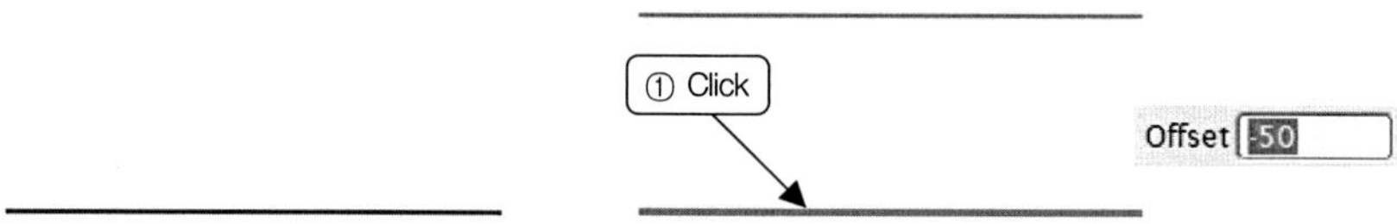

▲ Offset

MB2 버튼을 눌러 기능을 종료할 때까지 계속 적용하여 사용할 수 있다.

평행한 두 개의 line을 차례로 선택하여 이등분선을 생성한다.

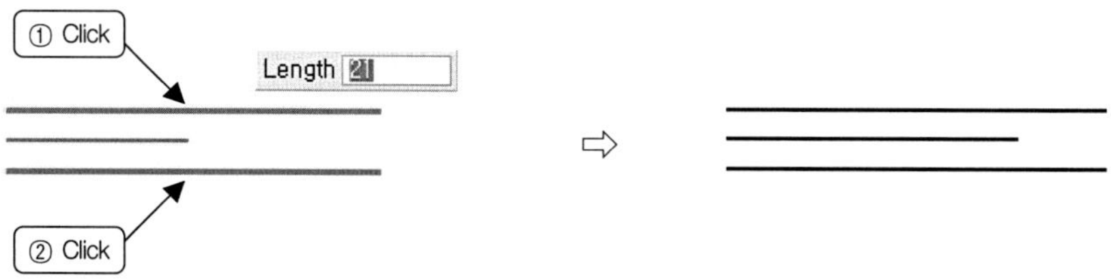

▲ 이등분선

임의의 각도값을 가지는 두 갱의 line을 차례로 선택하여 이등각을 이루는 line을 생성한다.

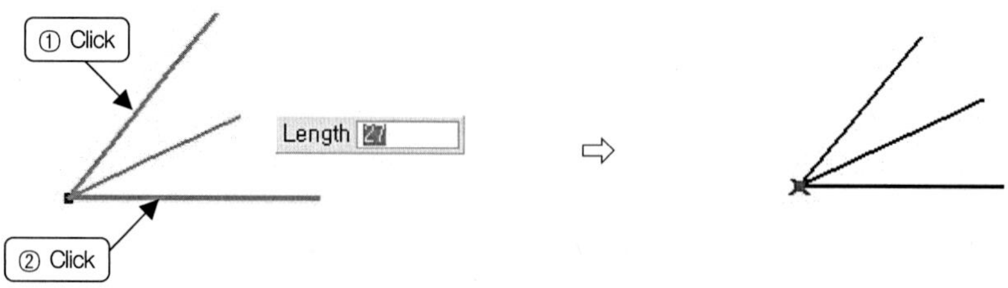

▲ 이등각선

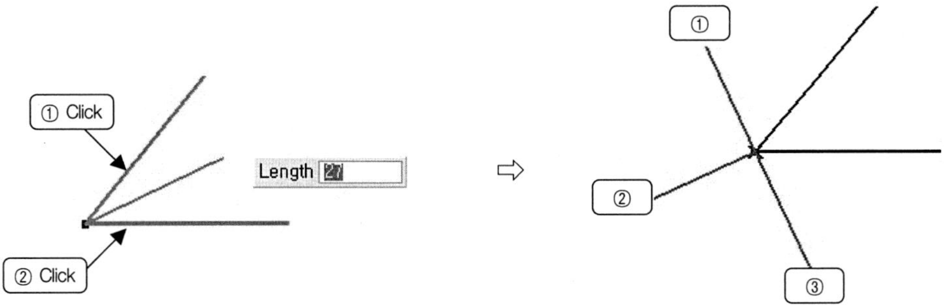

▲ 이등각선의 반대방향 line과 그에 수직하는 line을 생성

09 Quick Trim

▌Edit → Quick Trim

교차되는 지점을 기준으로 원하는 부분의 Curve를 선택하여 잘라내거나 단일 Curve를 지울 때 사용한다. 또한 MB1 버튼을 누른 상태로 드래그하여 잘라내기도 한다.(Pen Trim 기능)

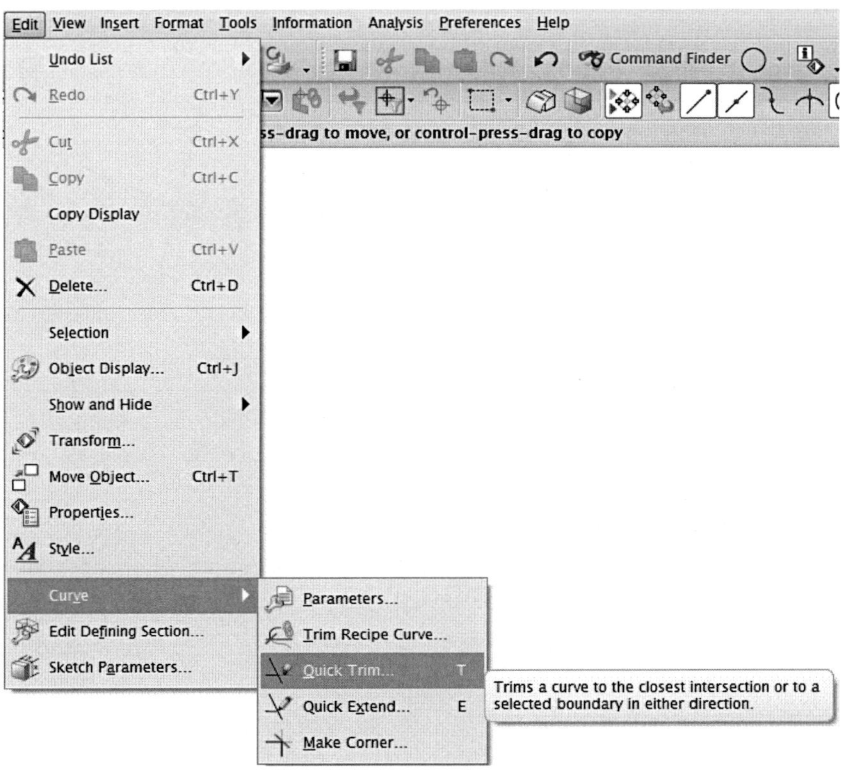

▲ Menu Bar

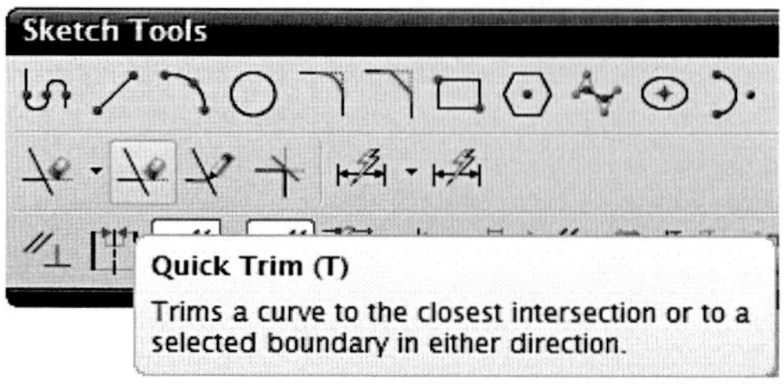

▲ Icon Toolbar

아래의 그림은 Quick Trims 기능을 사용하여 하나의 Curve를 선택하는 방법과 Pen Trim을 이용한 방법으로 실행한 그림이다.

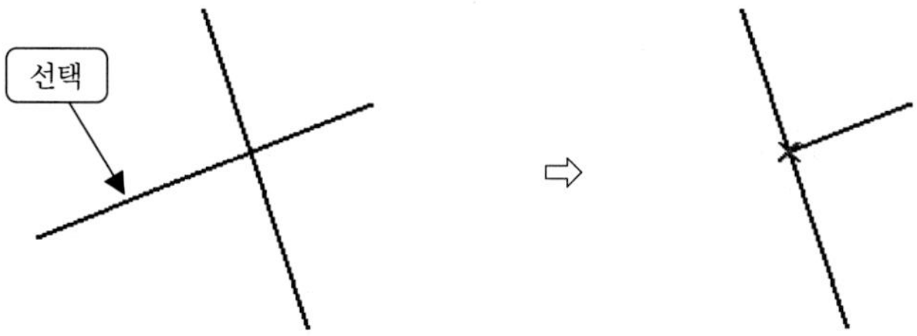

▲ Quick Trim

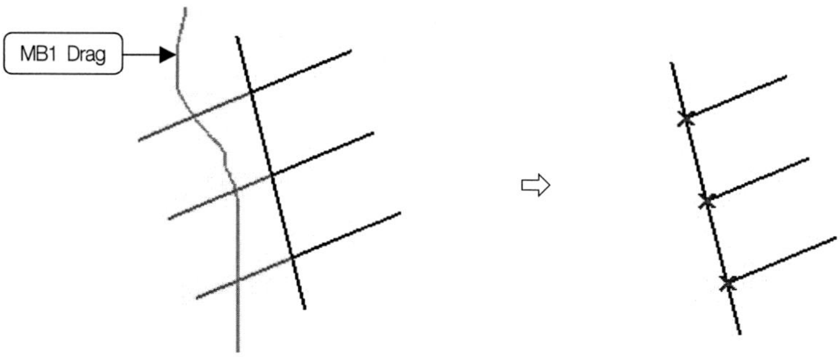

▲ Pen Trim

Quick trim 창에서는 Boundary curve 와 Trim 하기 위한 Curve를 선택해 줄 수 있다.

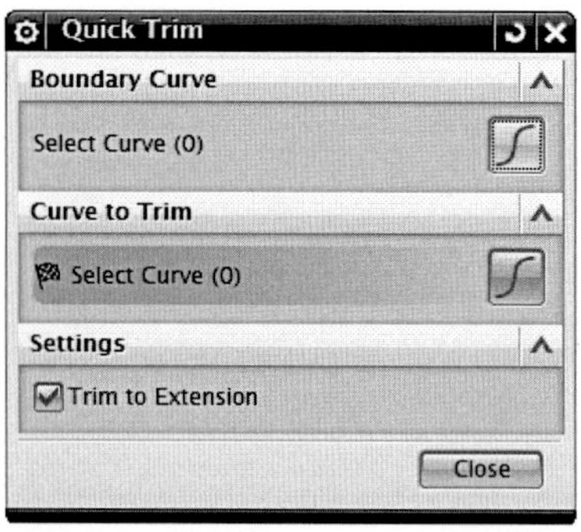

Curve들이 무수히 교차하는 경우 원하는 Curve까지 한번에 Trim 할 때에는 Boundary Curve를 지정해 주고 선택한 Boundary를 기준으로 잘라낼 Curve를 선택한다.

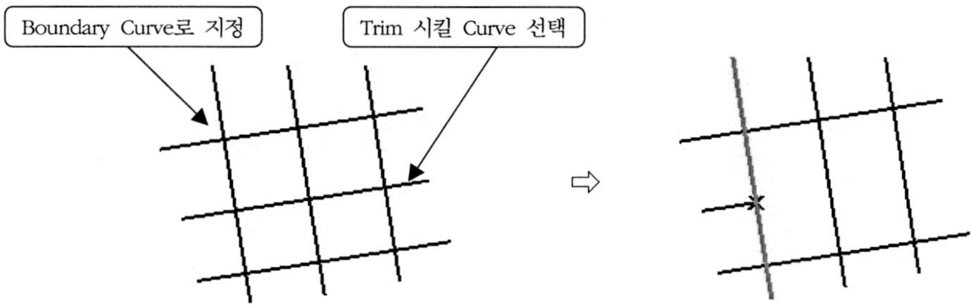

▲ Ctrl Key+Trim

10 Quick Extend

Edit → Quick Extend

Curve를 원하는 경계(curve)까지 연장할 때 사용한다. 연장하고자 하는 Curve에 마우스를 위치시키면 연장되는 방향으로 경계(Curve)가 있을 시 자동으로 연장이 되는 것을 보여주고 MB1을 클릭하면 연장이 된다.

이 기능도 Pen Extend를 이용하여 여러 개의 Curve를 한번에 연장할 수 있다.

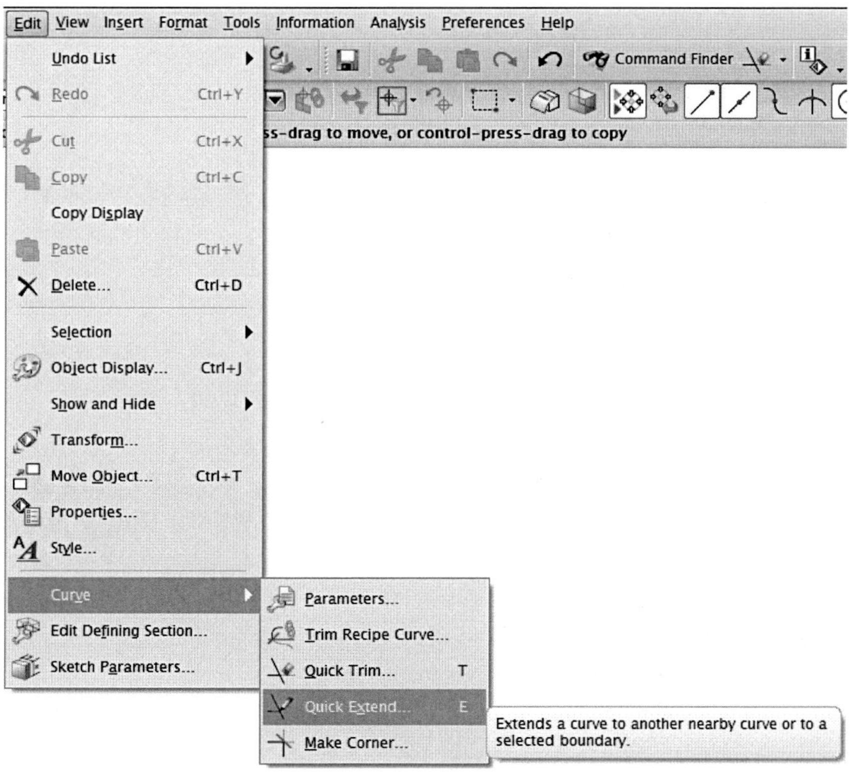

▲ Menu Bar

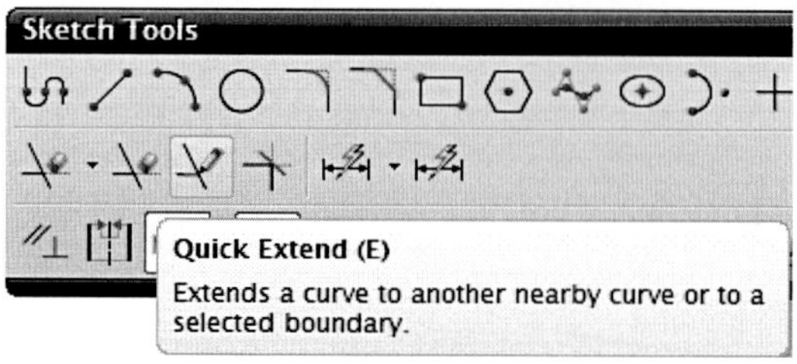

▲ Icon Toolbar

아래의 그림은 Quick Extend 기능을 사용하여 하나의 Curve를 선택하는 방법과 Pen Extend를 이용한 방법으로 실행한 그림이다.

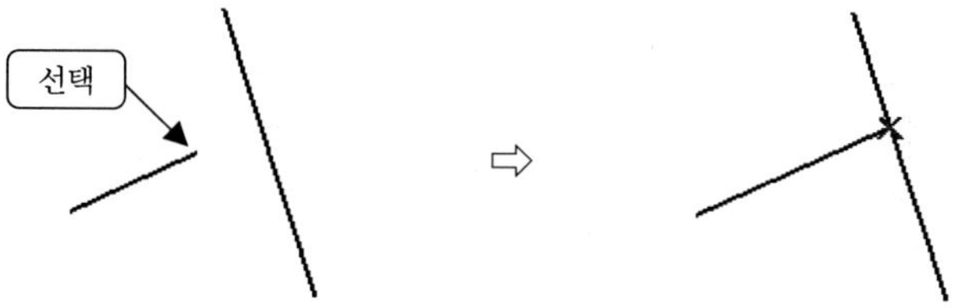

▲ Quick Extend

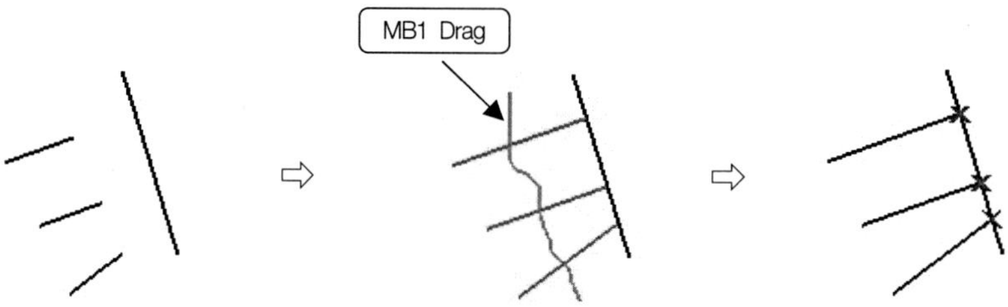

▲ Pen Extend

Quick Extend 창에서는 Boundary curve와 Extend하기 위한 Curve를 선택해 줄 수 있다.

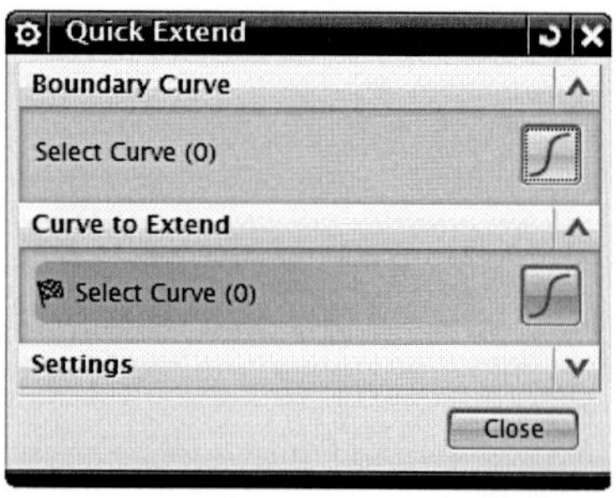

사용자가 원하는 경계를 Boundary Curve로 지정해 주고 선택한 Boundary를 기준으로 연장시킬 Curve를 선택한다.

가상의 Trim 또는 Extend된 후의 교차지점까지 Trim 혹은 Extend를 합니다. 그리고 Inferred Constraint이 켜져 있으면 Coincident constraint을 넣어 주며 Preview를 지원 한다.

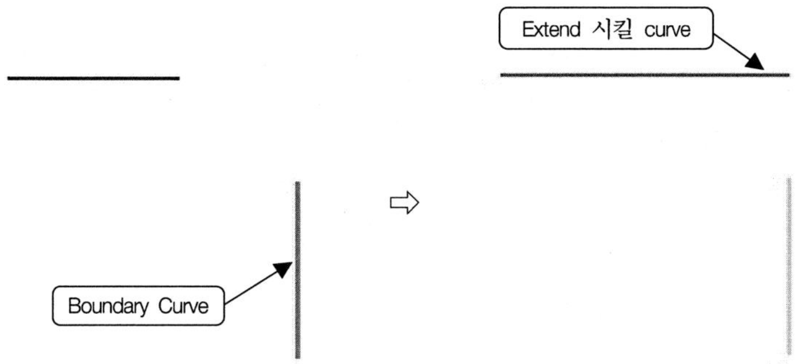

11 Make Corner

▌Edit → Make Corner

두 개의 curve를 선택하여 자동으로 교차되는 위치를 찾아 코너를 만들어 주는 기능으로 Trim/Extend 기능이 자동으로 수행되며 생성시키기 전에도 Preview 기능으로 미리 보기를 할 수 있다.

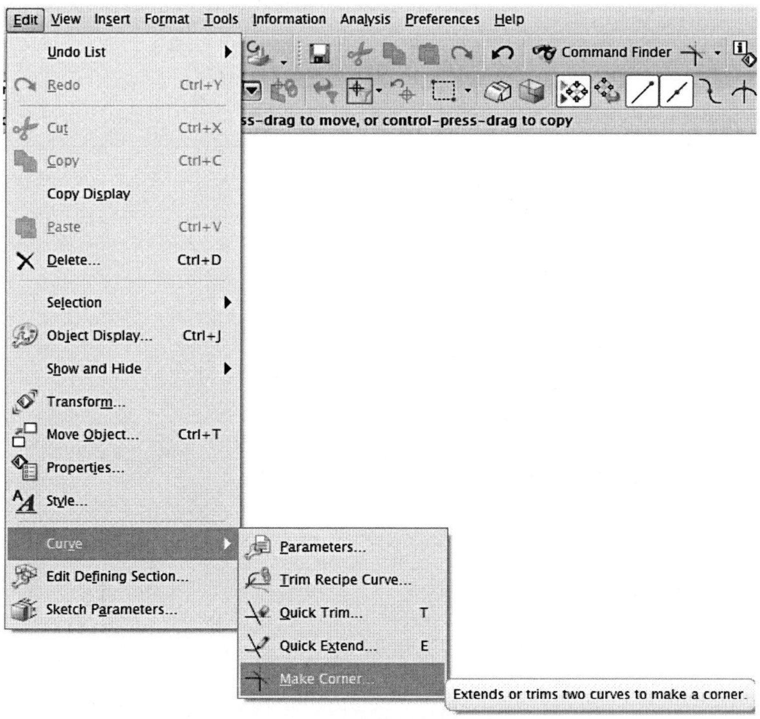

▲ Menu Bar

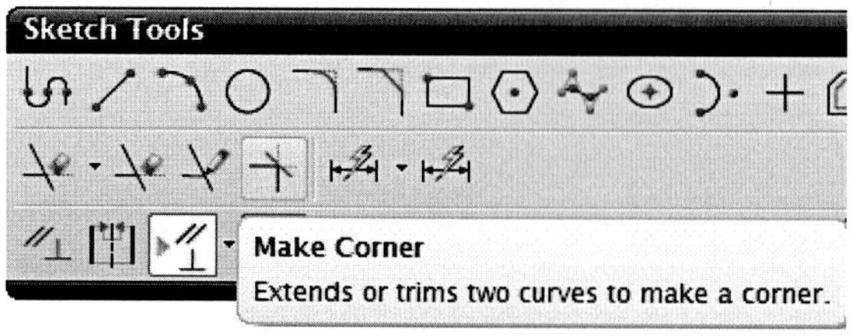

▲ Icon Toolbar

Make Corner 기능을 실행하면 아래와 같은 창이 나타나며 corner로 만들기 위한 line을 차례로 선택한다.

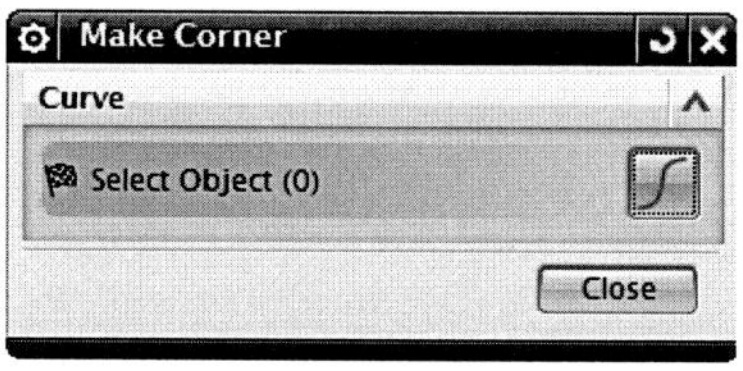

■ 예 1

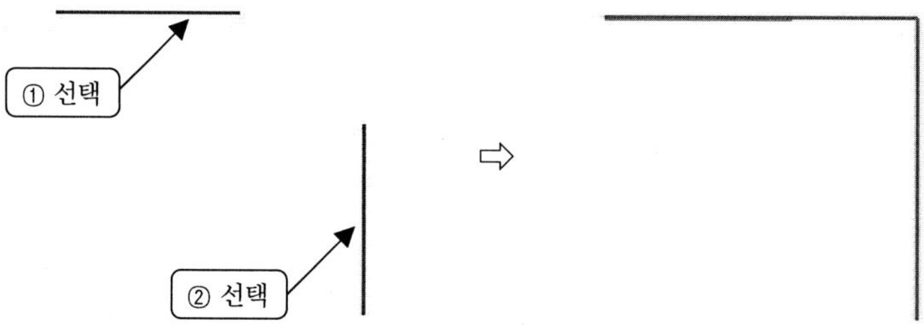

■ 예 2

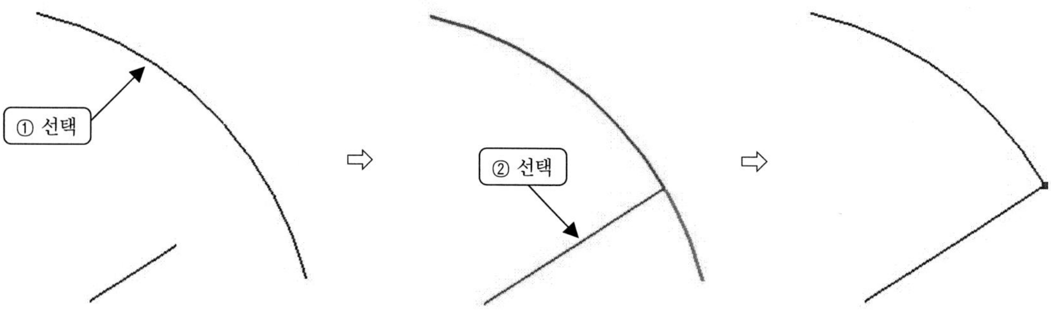

12 Fillet

▌Insert →  Fillet(F)

교차되어 있거나 각을 이루고 있는 모서리부분의 Curve에 Tangent한 Round 형상을 생성한다. Curve가 서로 떨어져 있어도 자동으로 연장하여 Round 형상을 생성할 수 있다.

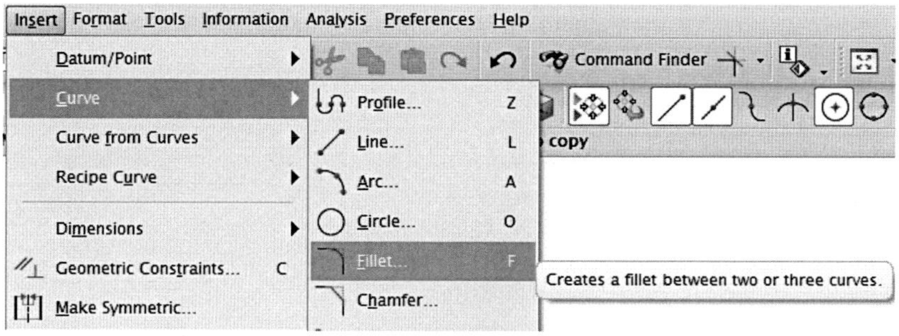

▲ Menu Bar

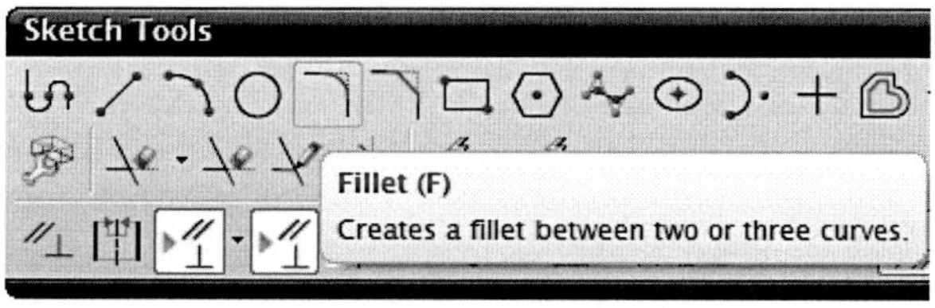

▲ Icon Toolbar

Fillet은 기본적으로 추가하는 기능이지만 Option을 이용하여 Curve를 Trim하면서 생성할 수 있다. Fillet의 방법으로 Trim과 Untrim을 선택할 수 있으며 명령어를 실행하기 전에 선택하여 적용한다.

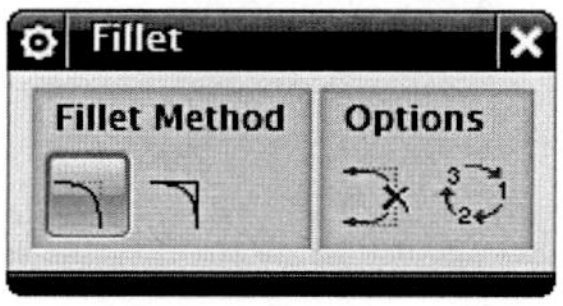

▲ Fillet Method and Option

 Delete Third Curve : 3개의 Curve에 Fillet을 생성할 때 Untrim 방법에서는 3번째 선택된 Curve를 삭제하며 Trim의 방법에서는 지정한 3개의 Curve가 모두 삭제된다.

 Crate Alternate Fillet : 생성된 Fillet의 방향을 변경하여 선택할 수 있다.

아래의 그림은 Fillet 기능의 Option을 이용한 방법으로 실행한 그림이다.

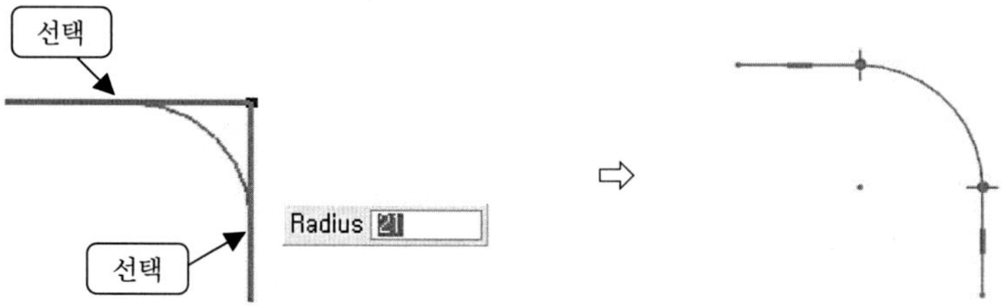

▲ Trim Inputs

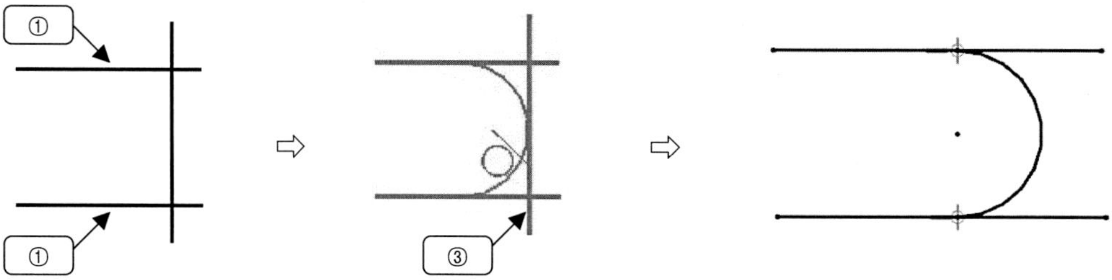

▲ Delete Third Curve

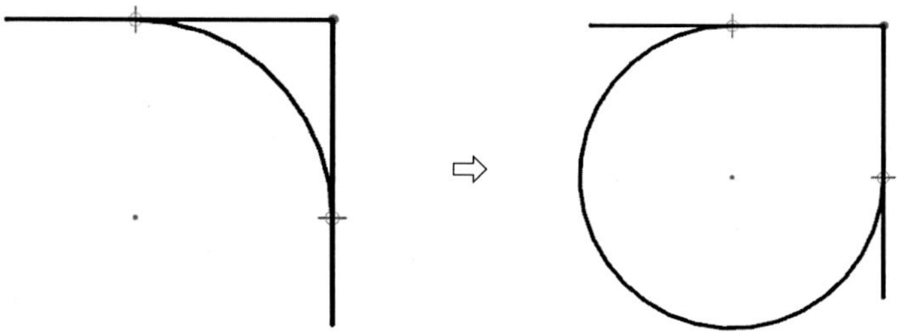

▲ Crate Alternate Fillet

Fillet 기능도 Pen 기능이 사용되므로 Round를 추가할 Curve를 MB1로 Drag하여 선택할 수 있다.

13 Chamfer

▌Insert → Chamfer

교차되어 있거나 각을 이루고 있는 모서리부분의 Curve를 나누는 경사진 코너를 생성한다. Curve가 서로 떨어져 있어도 자동으로 연장하여 경사진 코너 형상을 생성할 수 있다.

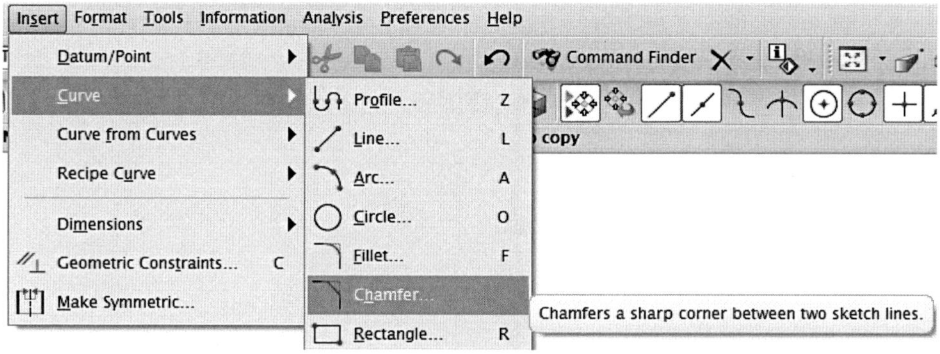

▲ Menu Bar

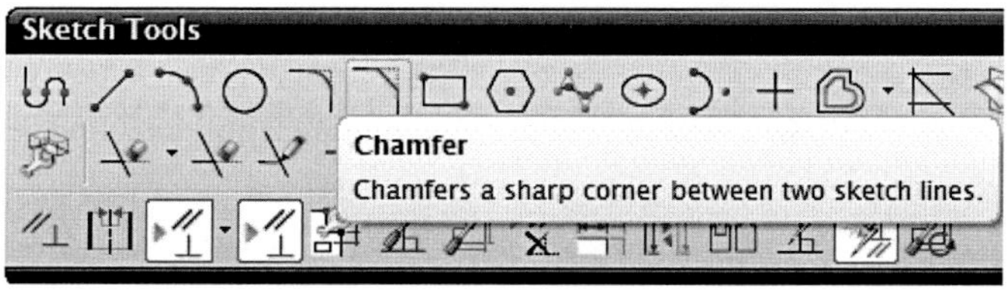

▲ Icon Toolbar

Chamfer는 기본적으로 추가하는 기능이지만 Option을 이용하여 Curve를 Trim하면서 생성할 수 있다. Chamfer의 Trim 방법으로 Trim input Curves 선택할 수 있으며 명령어를 실행하기 전에 선택하여 적용한다.

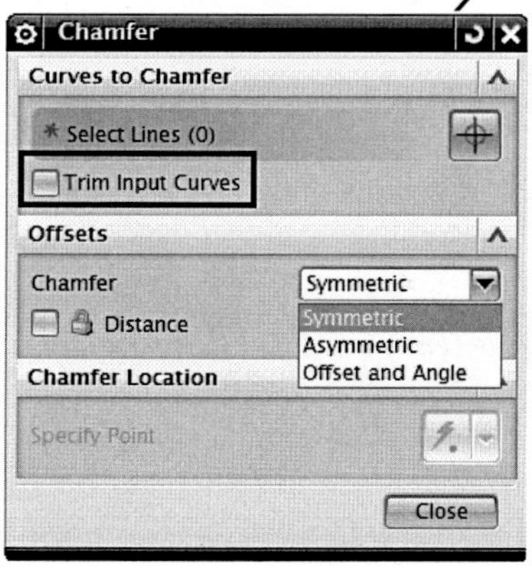

- Symmetric : 같은 거리 값으로 선분을 나누며 경사진 코너 생성
- Asymmetric : 서로 다른 거리값으로 선분을 나누며 경사진 코너 생성
- Offset and Angle : 거리와 각도로 선분을 나누며 경사진 코너 생성

거리 값을 입력하였을 때 고정 값을 유지함

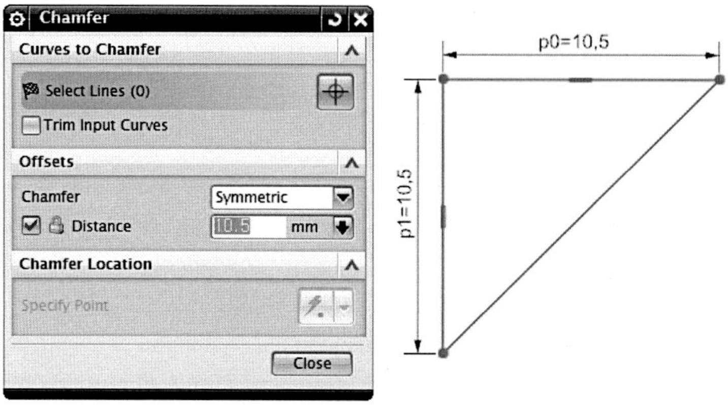

▲ Symmetric

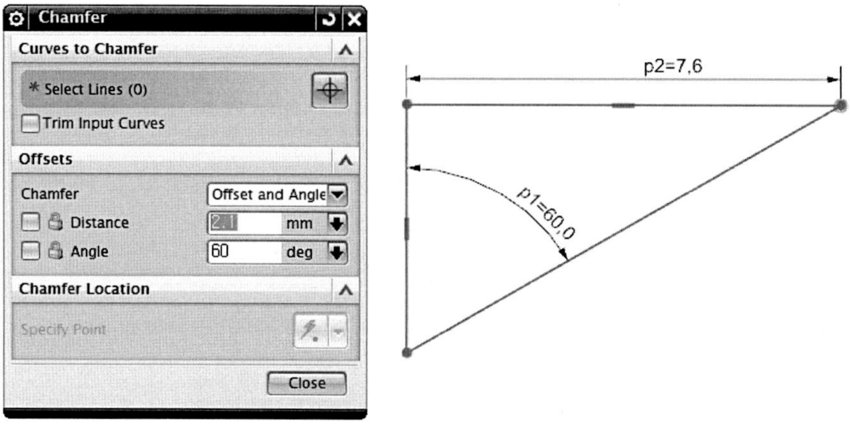

▲ Asymmetric

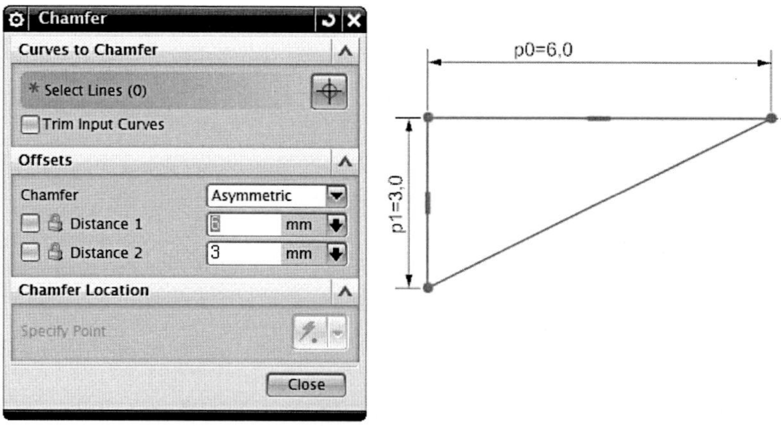

▲ Offset and Angle

14 Rectangle

▌Insert →  Rectangle(R)

XC축 방향과 YC축 방향의 사각형 및 각도가 있는 사각형을 만들 때 사용한다.

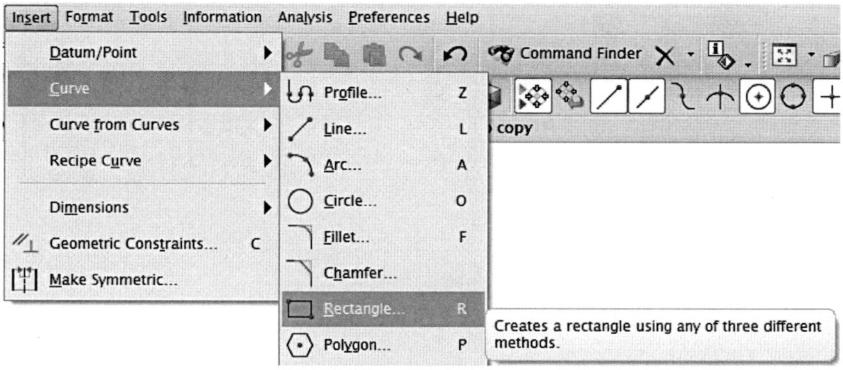

▲ Menu Bar

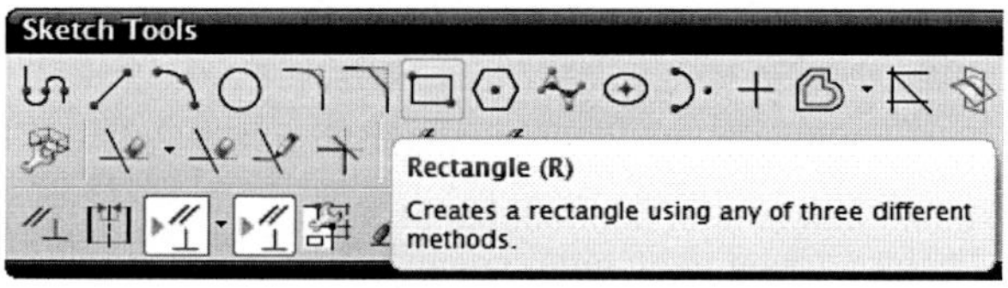

▲ Icon Toolbar

Rectangle Icon을 실행하면 2개의 Point나 3개의 Point를 이용하여 생성할 수 있는 Option이 활성된다.

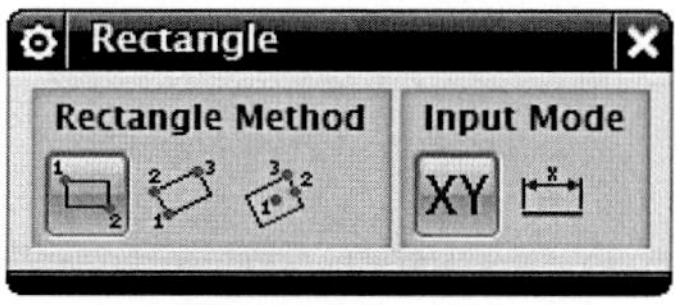

▲ Rectangle Option

 By 2 Points : 2개의 Point를 이용하거나 X, Y의 거리 값으로 사각형을 그린다.

 By 3 Points : 3개의 Point를 이용하거나 X, Y의 거리 값으로 사각형을 그린다.

 From Center : 사각형의 Center Point를 선택한 후 두 번째 Point(사각형 너비), 세 번째 Point(사각형 높이)를 선택하여 생성한다.

사각형의 기본 생성방향은 Sketch 면의 X축, Y축 방향이므로 Parameter Option으로 선택하고 작업해야 각도를 가진 사각형을 생성할 수 있다.

아래의 그림은 Rectangle 기능의 Option을 이용한 방법으로 실행한 그림이다.

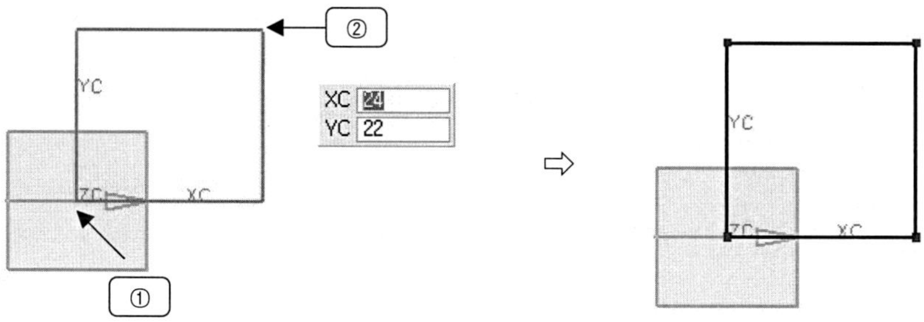

▲ By 2 Points

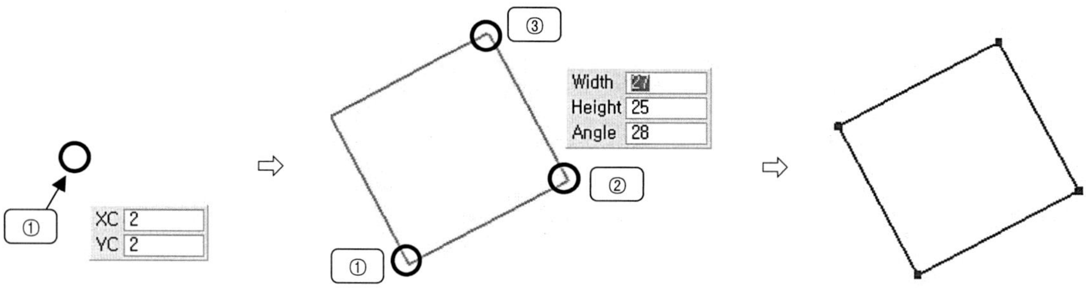

▲ By 3 Points

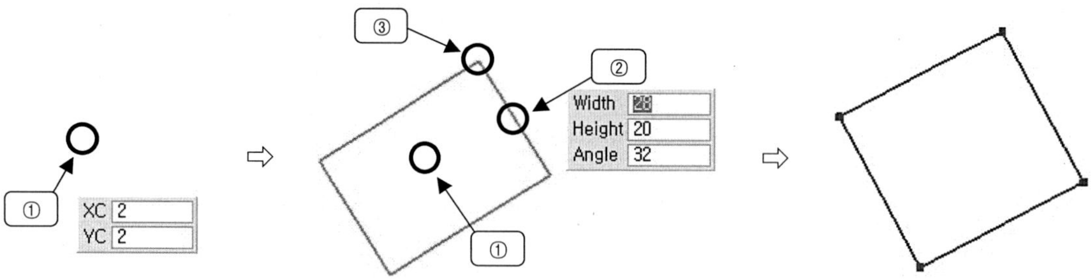

▲ From Center

15 Polygon

▌Insert → Polygon

XC축 방향과 YC축 방향의 평행한 면에 다각형을 만들 때 사용

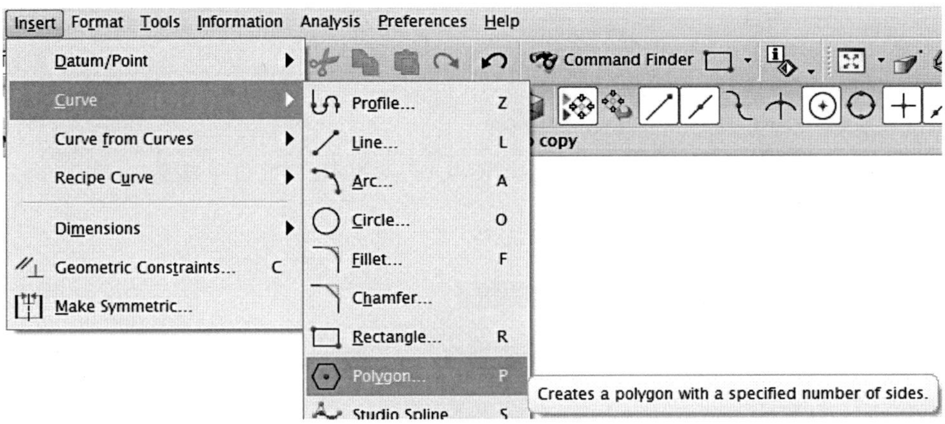

▲ Menu Bar

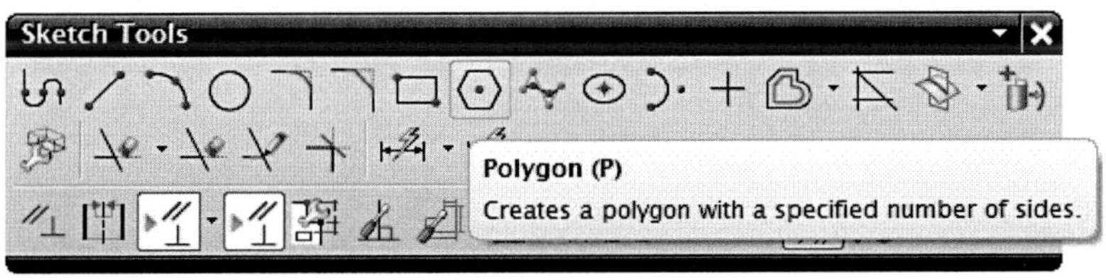

▲ Icon Toolbar

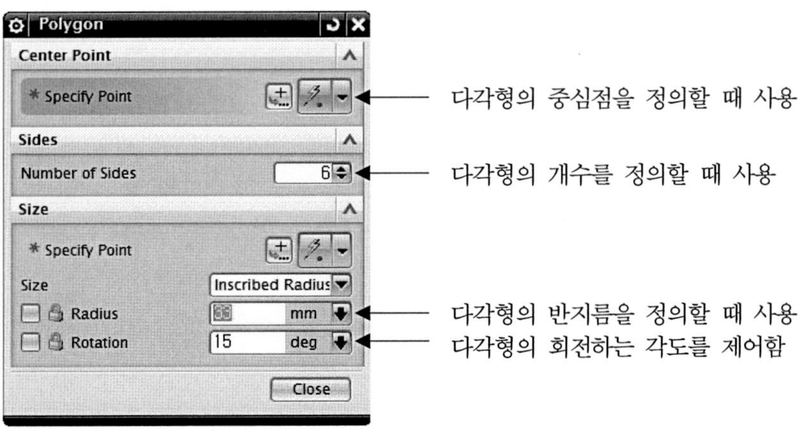

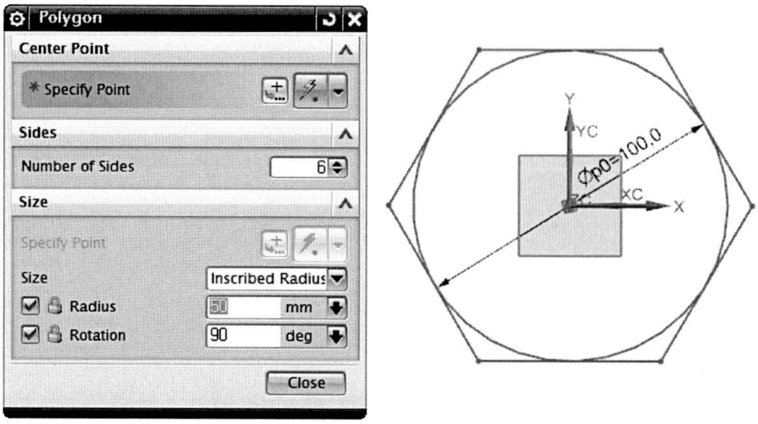

▲ 내접원의 반경을 입력하여 다각형의 크기와 각도를 제어 할 수 있음

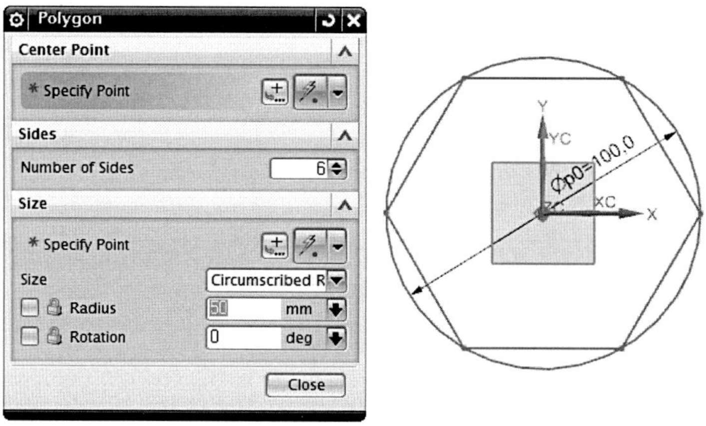

▲ 외접원의 반경을 입력하여 다각형의 크기와 각도를 제어할 수 있음

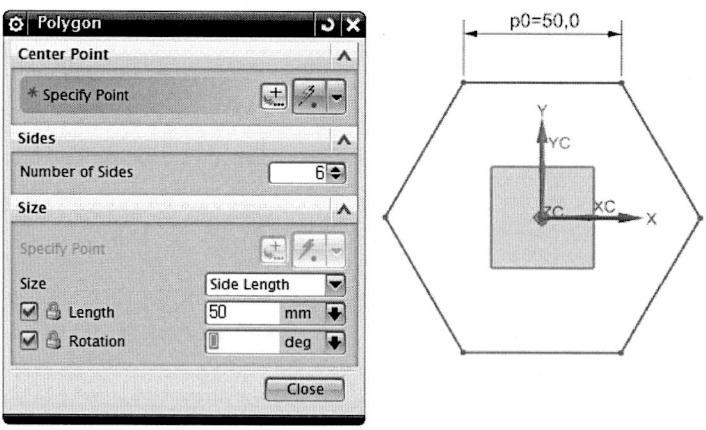

▲ 반 변의 길이를 지정하여 다각형의 크기와 각도를 제어할 수 있음

16 Studio Spline

▌Insert → Studio Spline

생성된 Point나 Curve의 끝 Point를 이용하여 자유곡선을 생성하거나 Modeling의 Spline 기능과 동일하고 사용방법은 더 편리하다.

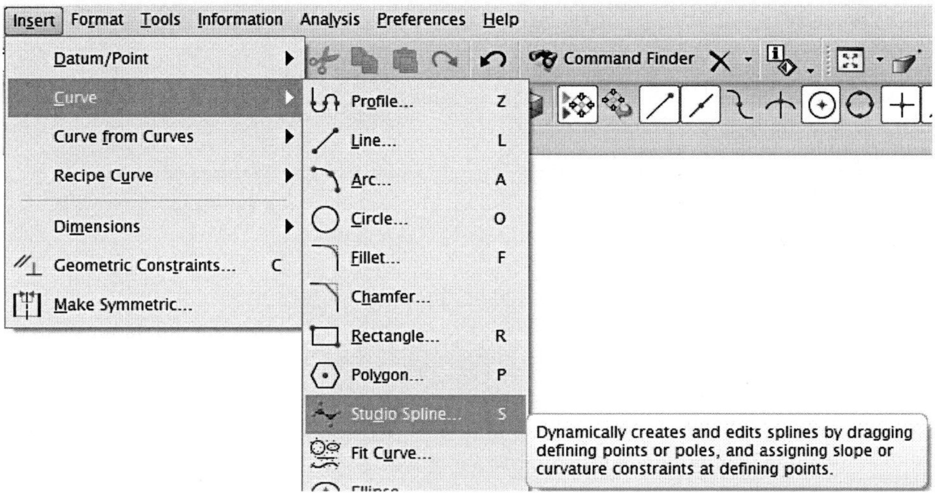

▲ Menu Bar

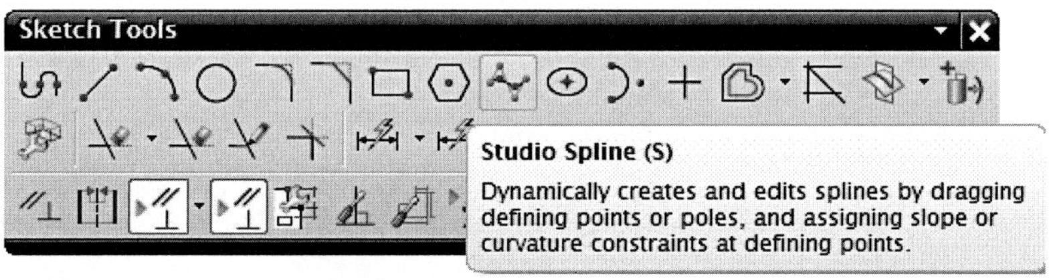

▲ Icon Toolbar

Studio Spline에서 입력할 수 있는 차수(Degree)는 최대 24까지 할 수 있다.

자유곡선의 생성 방법과 차수(Degree) 및 여러 가지 옵션을 조정하여 작업해야 한다.

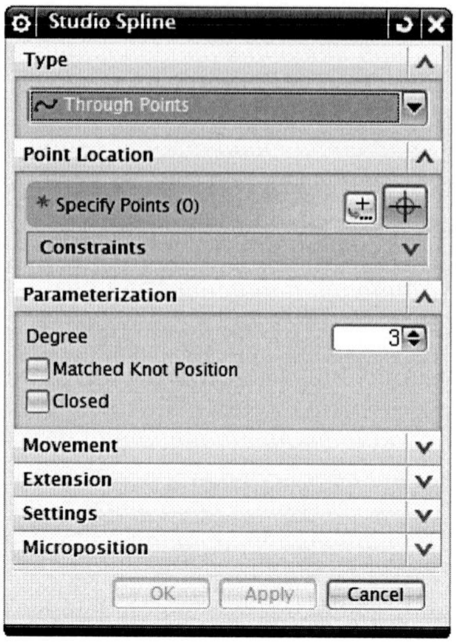

▲ Through Point

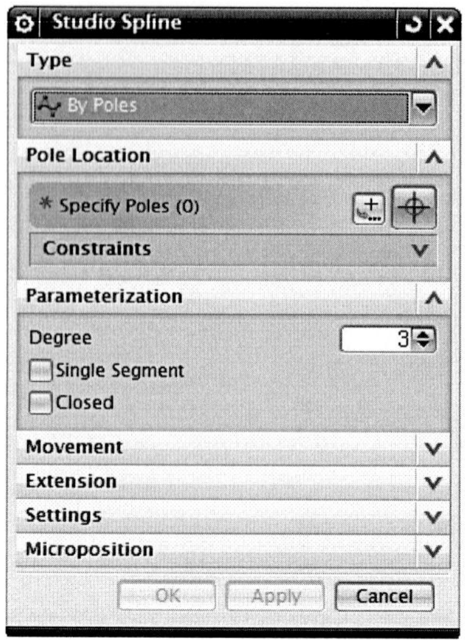

▲ By Poles

 Through Points : 선택한 Point를 지나는 자유곡선을 생성한다.

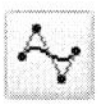 By Poles : 선택한 Point와 Point상의 중간지점을 지나는 자유곡선을 생성한다.

- Single Segment : 단일 구분으로 지정한다.
- Matched Knot Position : 선택된 Point 위치에 지정할 수 있고 노트의 위치를 배치한다.
- Closed : Point의 시작점 과 끝점을 연결하여 닫는다.
- Constraints : 만나는 점이나 개체에서 G1, G2, G3의 연속성을 줄 수 있다.

■ Degree와 Poles의 관계

▲ 1 Degree, 2 Poles

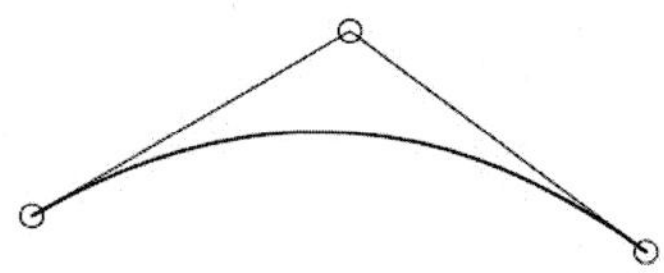

▲ 2 Degree, 3 Poles

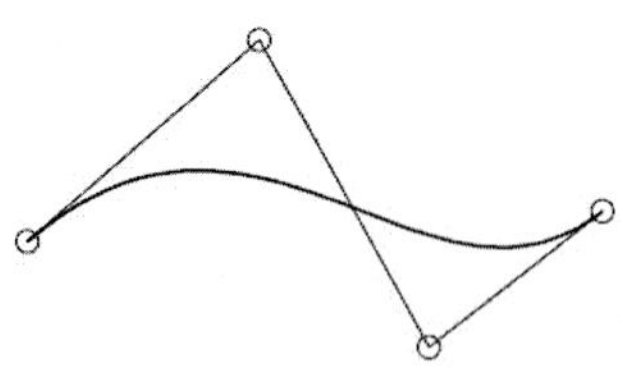

▲ 3 Degree, 4 Poles

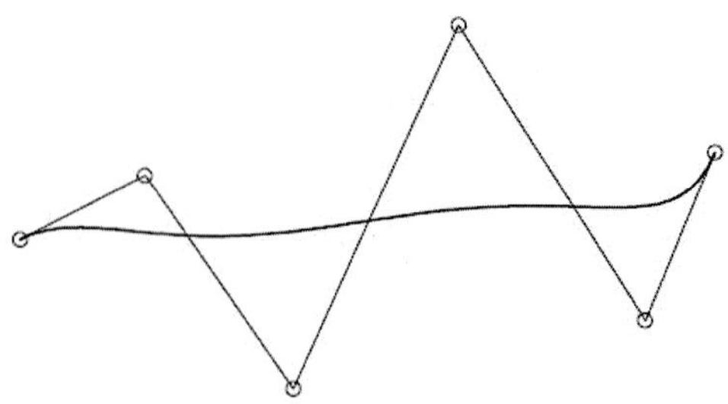

▲ 5 Degree, 6 Poles

아래의 그림은 Studio Spline의 Option을 이용한 방법으로 실행한 그림이다.

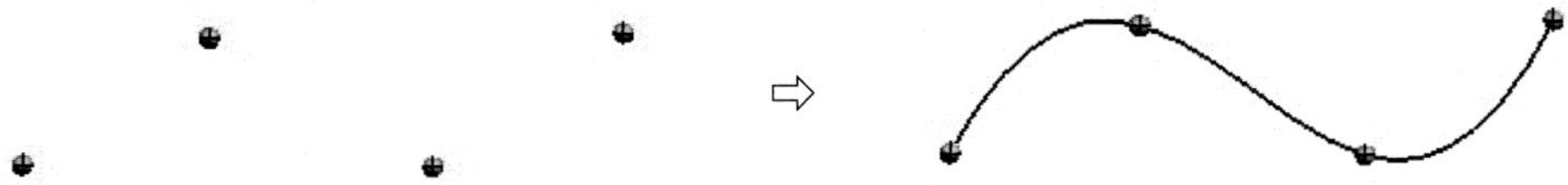

▲ Through Points

▲ By Poles

17 Fit Spline

▌Insert → Fit Curve

생성된 Spline의 정도를 섬세하기 바꾸거나 수정할 때 또는 선, 원, 타원을 포인트로 맞추어 사용할 때 Curve나 Face, Faceted Body, Point 등의 선택 가능한 개체를 선택하여 변경한다.

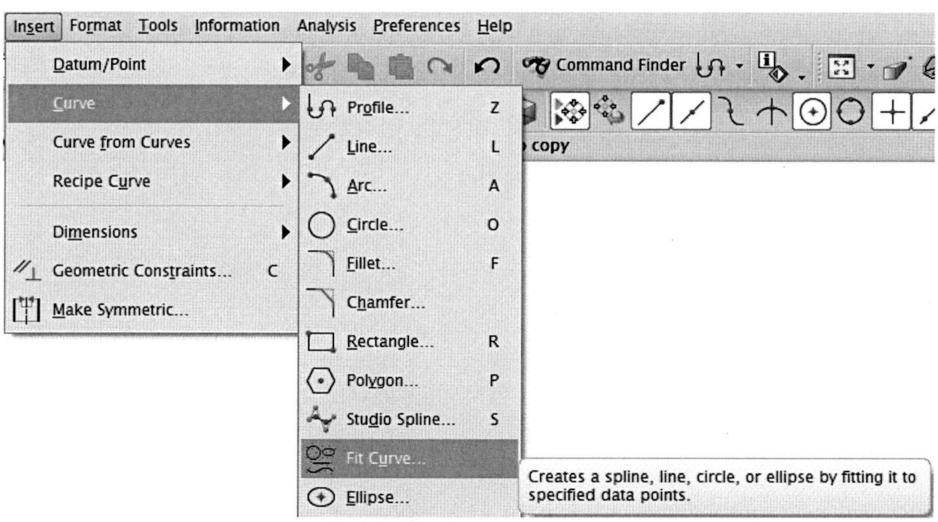

▲ Menu Bar

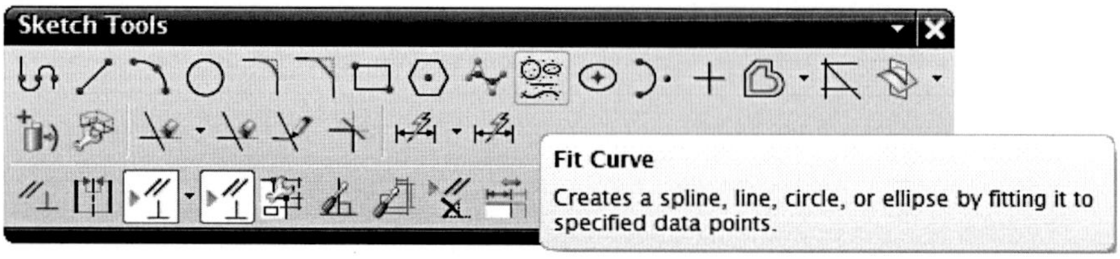

▲ Icon Toolbar

Fit Curve Icon을 실행하면 Fit의 Type(유형)과 Selection Steps(선택단계)을 변경하여 적용할 수 있다.

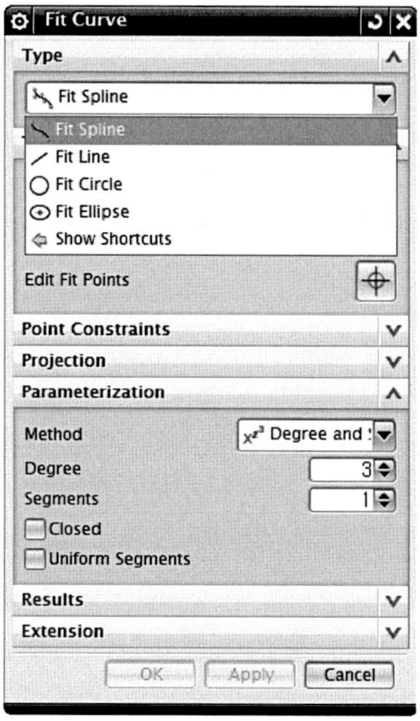

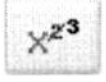 Degrees and Segments : 차수와 구분(조각)으로 변경한다.

 Degrees and Tolerance : 차수와 공차 값으로 변경한다.

 Template Curve : 템플릿 곡선으로 생성한다.

Selection Steps

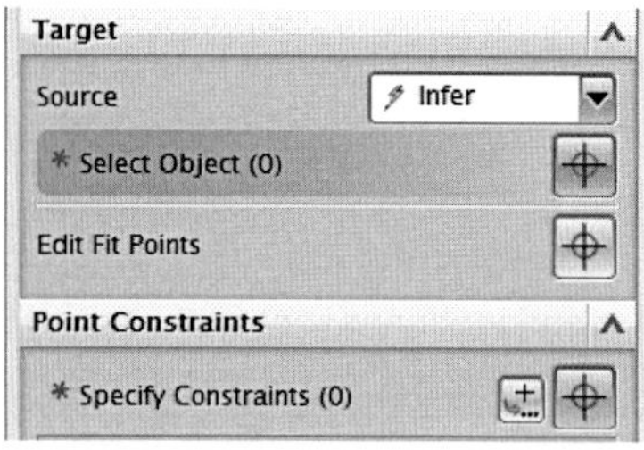

선택 방법을 결정하여 개체를 선택한다.

Point에 구속조건을 줄 수 있다.

아래의 그림은 Fit Spline 기능의 Type을 나타낸 그림이다.

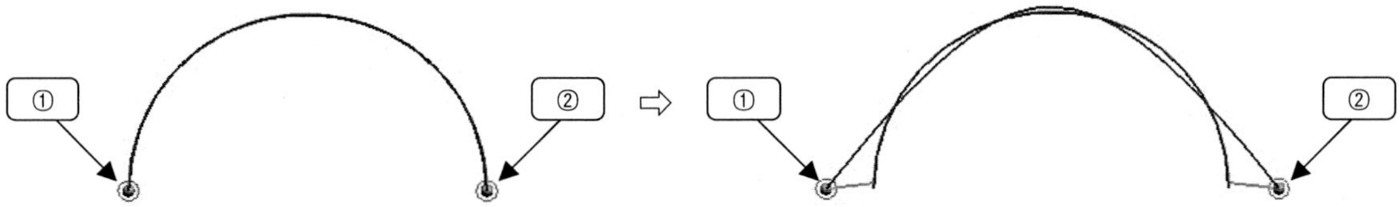

▲ Degrees and Segments

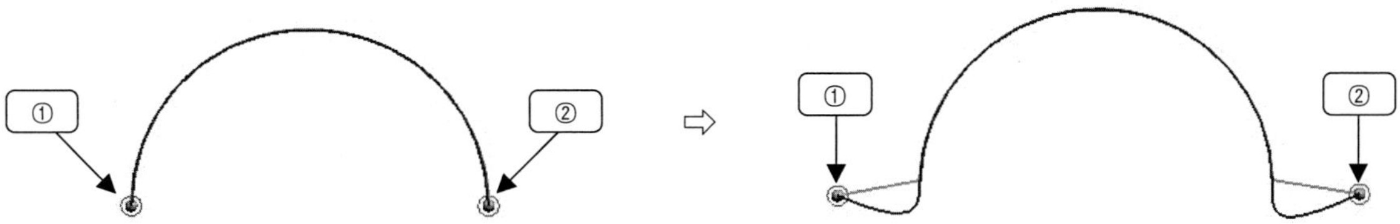

▲ Degrees and Tolerance

18 Point

▌Insert → ＋ Point

작업화면에 점을 생성한다. Sketch 영역과 Modeling 영역에서의 작업방법은 동일하다.

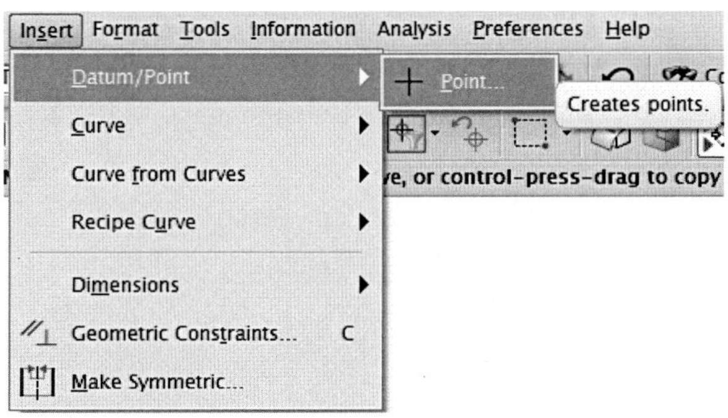

▲ Menu Bar

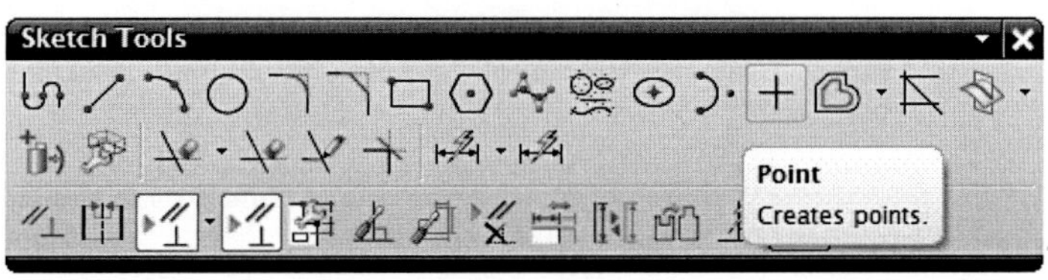

▲ Icon Toolbar

Point Icon을 선택하면 Sub Icon Panel이 활성 된다.

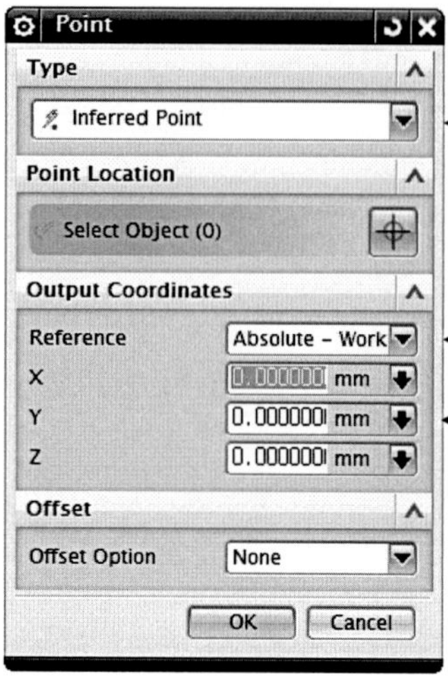

- Inferred Point : Point를 생성할 때 위치의 선정 Option이다. 일반적인 Snap Point 기능이라고 생각하면 된다.

- WCS : 작업좌표 기준
- Absolute : 절대좌표 기준

- XC, YC, ZC의 좌표 값을 입력하여 생성할 수 있다.

▲ Point Constructor

19 Ellipse

▌Insert → Ellipse

타원형의 Curve를 생성한다.

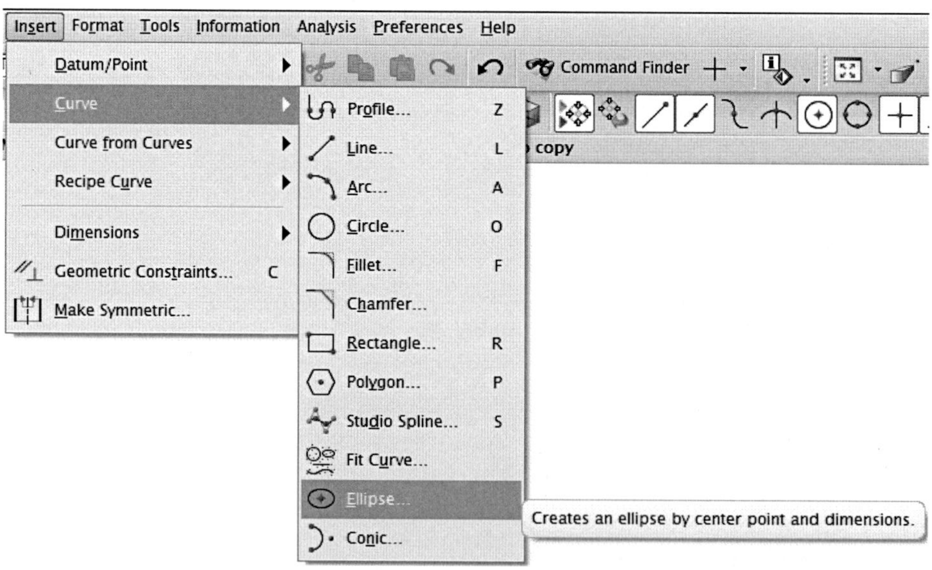

▲ Menu Bar

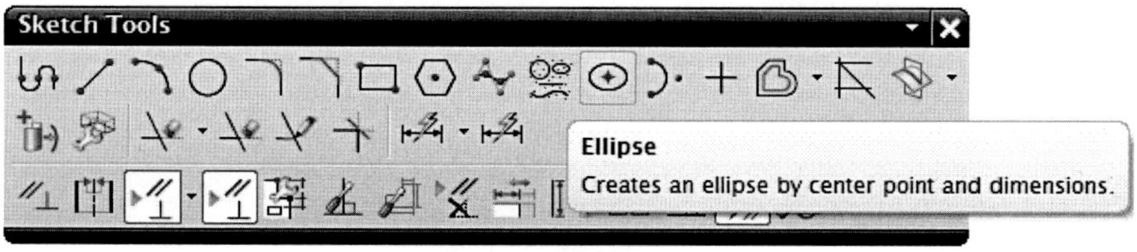

▲ Icon Toolbar

Ellipse Icon을 선택하여 아래와 같이 중심점을 정하고, 장반경과 단반경값을 정의하면서 필요에 의해 각도값을 정하면 보다 쉽게 타원을 정의 할 수 있다.

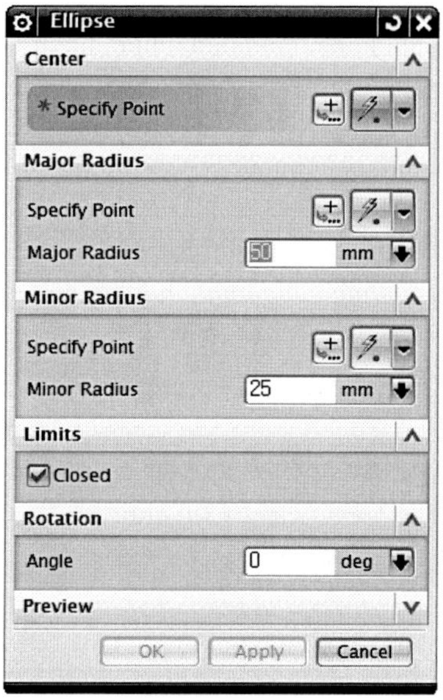

▲ Ellipse option

중심점을 선택하고 장반경과 단반경을 선택하면 아래와 같이 타원을 정의할 수 있다.

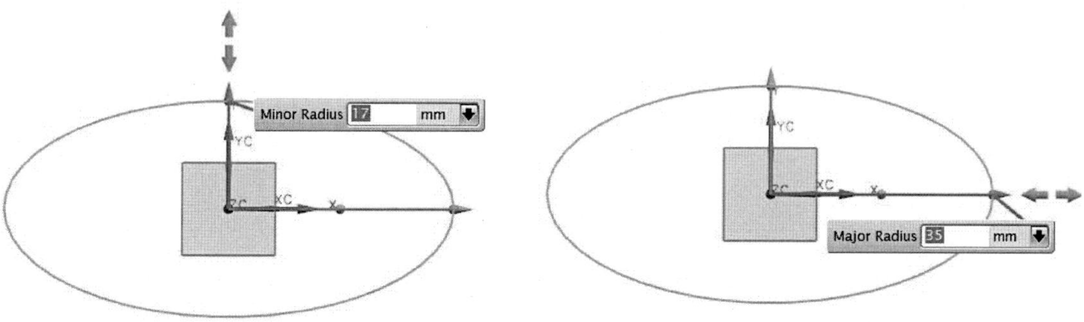

아래와 같이 회전 값을 정의하면 원하는 각도 만큼 타원의 회전 제어를 할 수 있다.

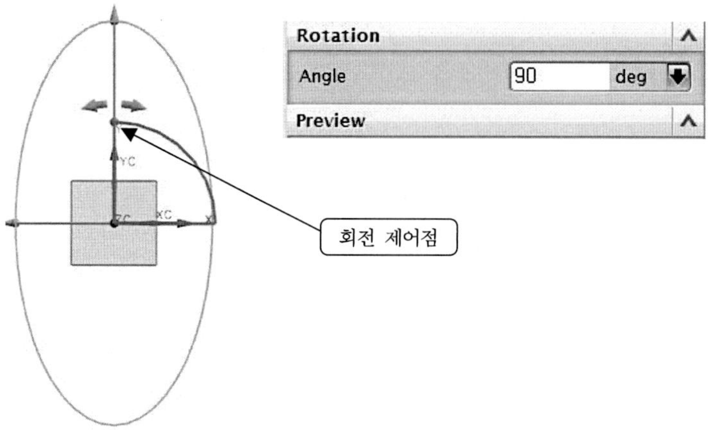

20 Dimensions

▌Insert → Dimensions

Sketch의 작업은 정확한 치수를 가지고 생성하지 않아도 설계하려는 형상과 유사하게 구성 후 Dimension Constraints(치수 구속) 및 Geometric Constraints(기하학적 구속) 을 이용하여 적용할 수 있다. 또한 수정이 편리하고 스케치의 치수가 변경될 시에 스케치에 의하여 생성된 feature도 update 할 수 있다.

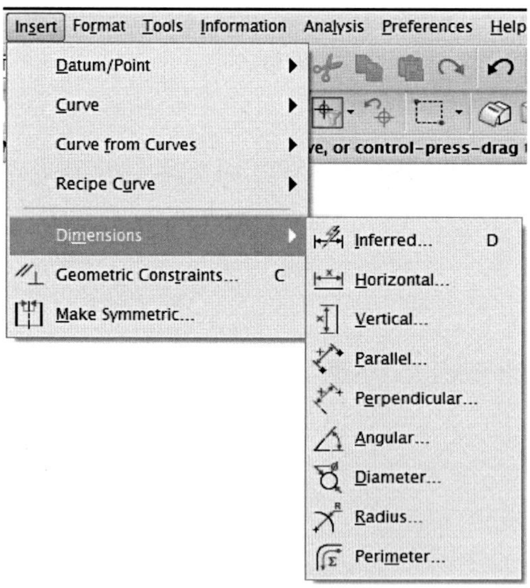

▲ Dimensions Menu bar

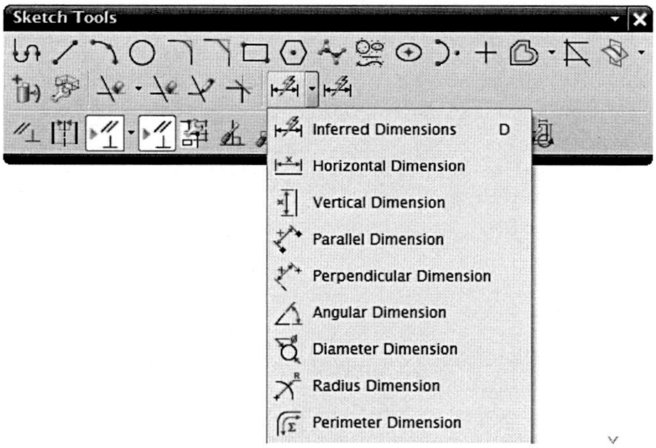

▲ Dimensions Tool bar

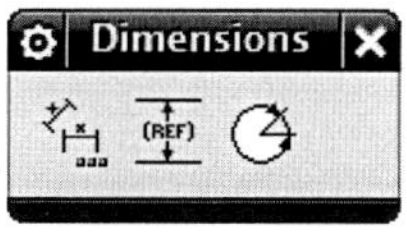

▲ Dimensions Option

Dimensions의 기능은 모두 선택 Option이 같다. Dialog에서 기본 설정을 변경할 수 있고 Reference(참조 치수)로 변경을 할 수도 있다.

 Sketch Dimensions Dialog : 치수의 기본 설정을 변경하거나 생성한다.

 Crate Reference Dimension : 선택한 치수를 참조 치수로 변경하거나 생성한다.

 Crate Alternate Angle : 다른 각도로 대체 되어 생성된다.

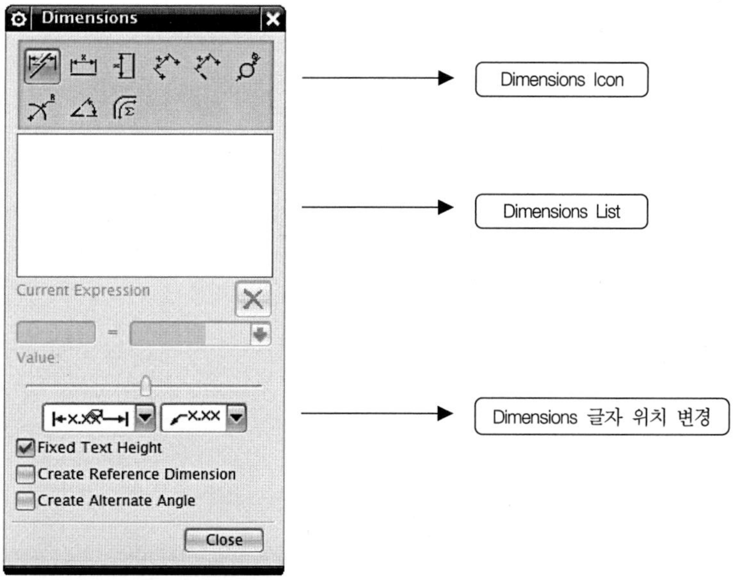

▲ Sketch Dimensions Dialog

참조 치수는 일반 치수와 색상으로 구분한다.

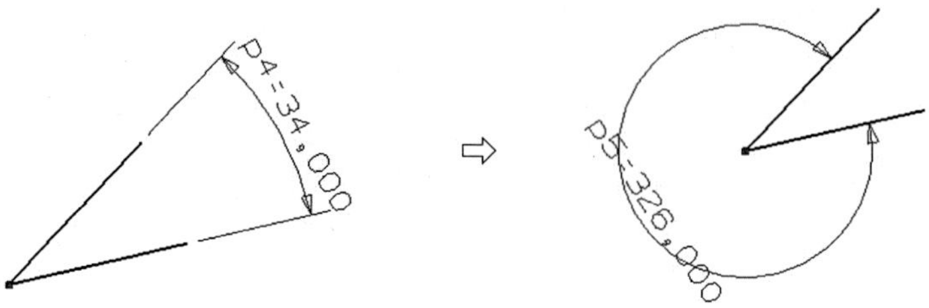

▲ Crate Alternate Angle

Inferred Dimensions : 치수 생성시 Curve의 특성에 따라 자동으로 수행되고 치수와 관련 있는 구속조건 기능을 모두 포함하고 있다.(명령어를 실행중인 경우 curve들의 자유도를 볼 수 있다.)

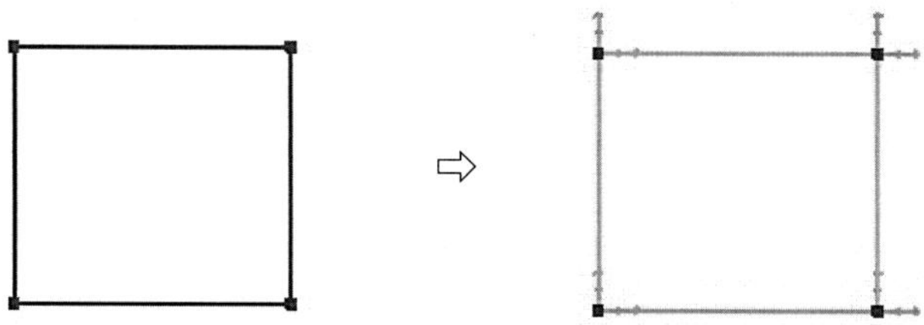

Horizontal : 수평의 치수를 기입한다.

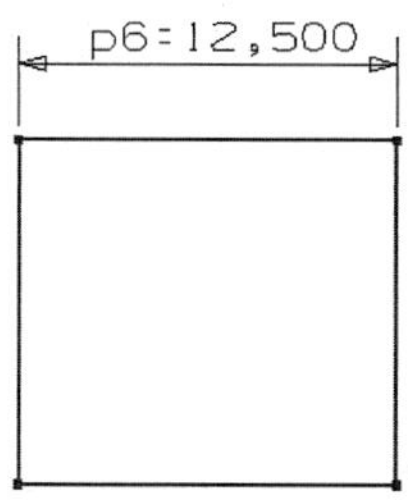

Vertical : 수직의 치수를 기입한다.

Parallel : 평행의 치수를 기입한다.

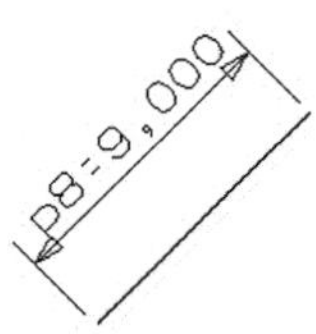

Perpendicular : 직각의 치수를 기입한다.

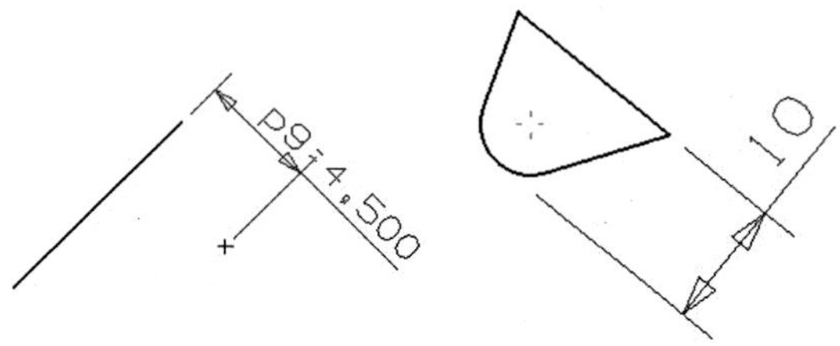

Angular : 각도의 치수를 기입한다.

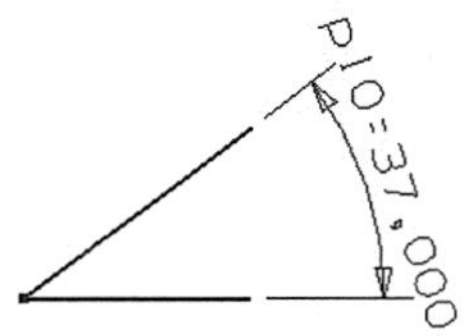

Diameter : 지름의 치수를 기입한다.

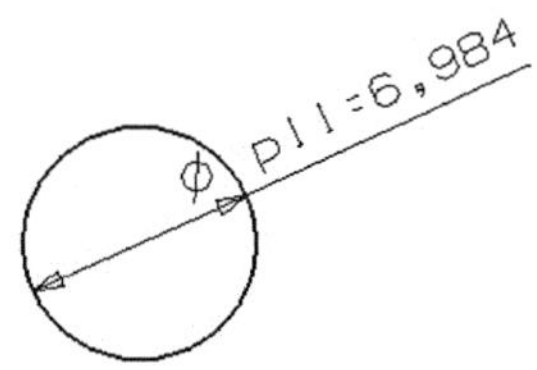

Radius : 반지름 치수를 기입한다.

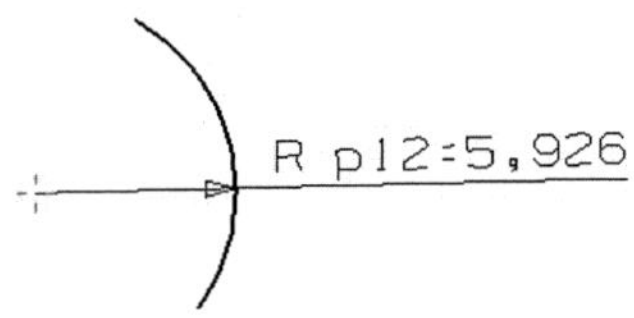

Perimeter : 둘레의 치수를 계산한다.

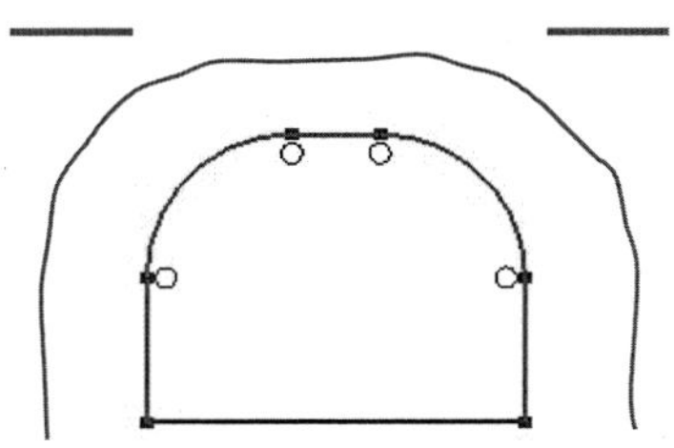

⇨

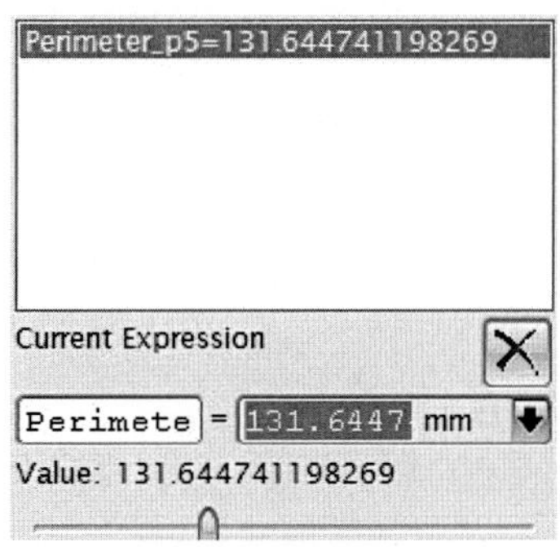

Sketch 영역 화면에 표시되는 것이 아니고 Dialog에 표시됨을 볼 수 있다.

21 Constraints(Insert)

Insert → Geometric Constraints(C)

화면에 생성된 Curve의 자유도 및 구속조건들을 보여준다. 한번 지정하면 계속 활성 되기 때문에 눈으로 확인하면서 작업할 수 있다.

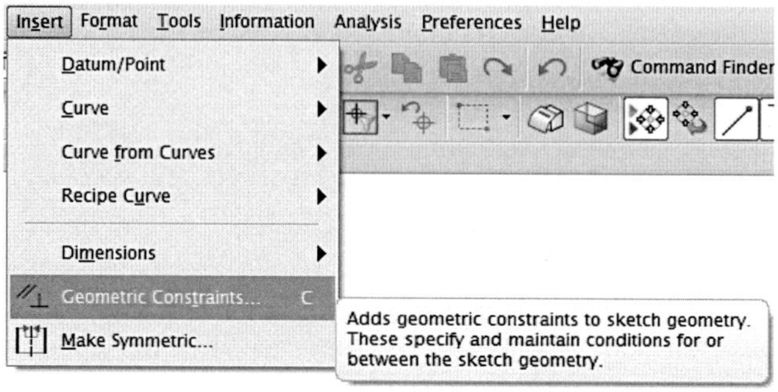

▲ Menu bar

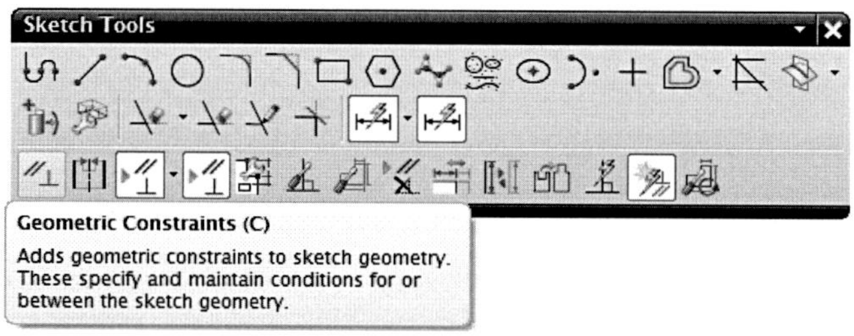

▲ Icon Toolbar

구속조건은 치수 생성시 Curve의 Color가 변경되어 보여진다. Curve 및 구속조건의 생성 Color는 Sketch Preferences에서 확인할 수 있다. Preferences → Sketch → Color로 들어가면 확인할 수 있다.

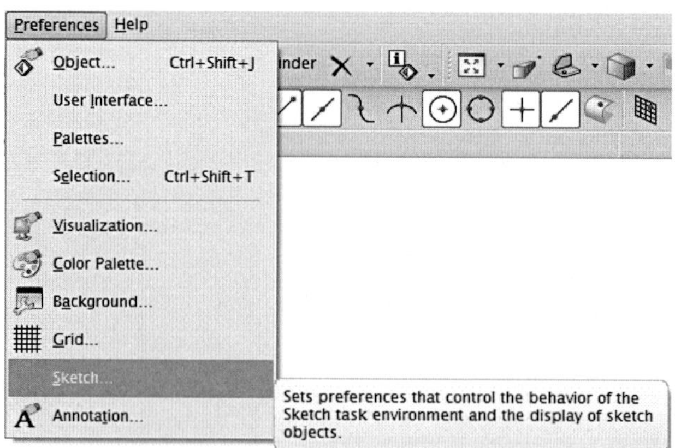

▲ Menu bar

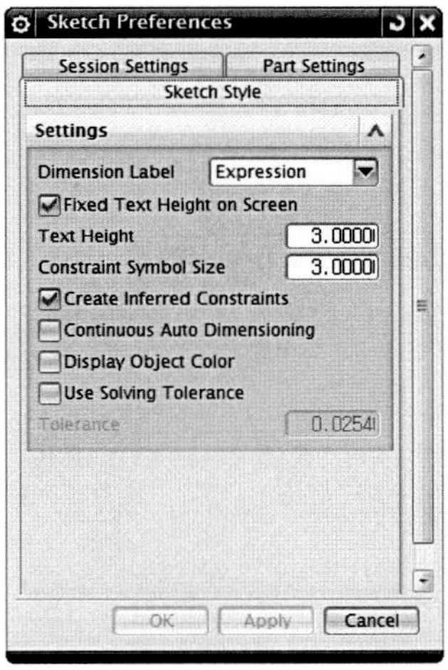

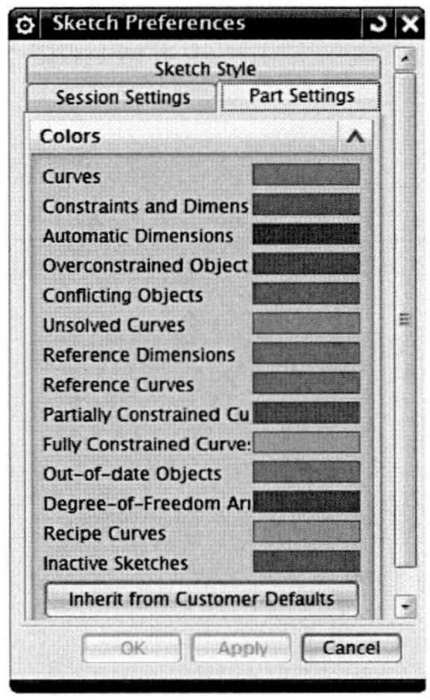

22 Constraints(Tools)

▌Tools → Constraints

Sketch 평면에 생성하는 모든 Curve에 지오메트릭 규칙을 지정하여 자동으로 구속조건을 부여하거나 추가 또는 수정할 수 있는 기능이다.

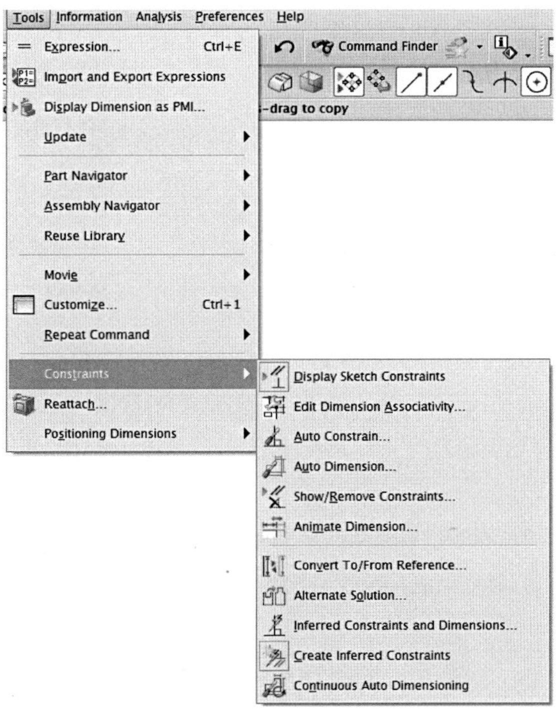

▲ Menu bar

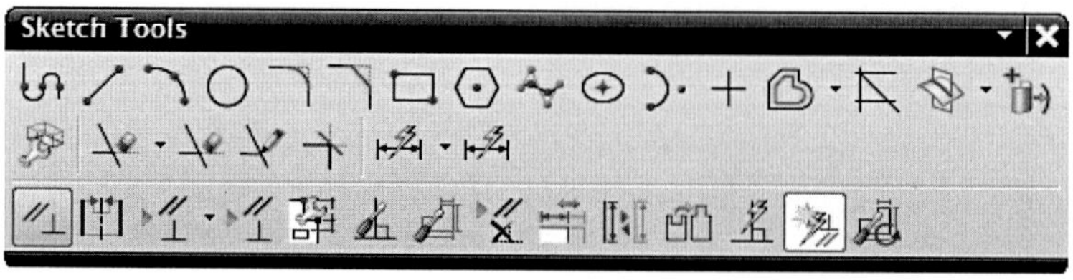

▲ Icon Toolbar

Make Symmetric : Sketch 평면에 생성한 Curve를 중심선을 기준으로 서로 다른 두 Curve를 대칭관계 및 구속관계를 부여한다.(Line, Arc, Circle 종류만 가능)

Automatic Constraints : Sketch 평면에 생성한 Curve들에게 자동으로 구속조건을 부여한다. (단, inferred constraints Icon 이 ON 되어있어야만 자동구속 부여가 된다.)

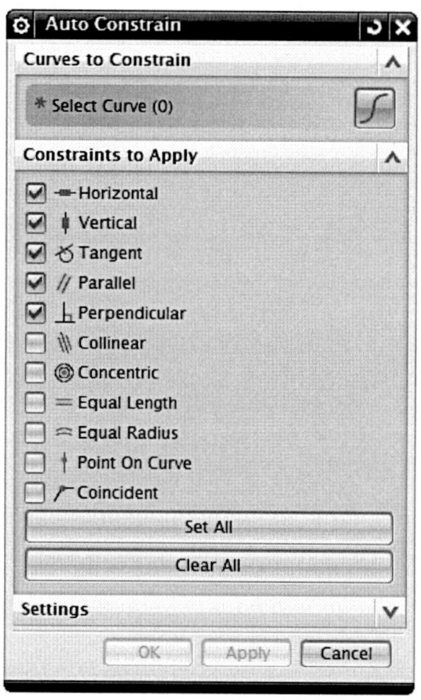

→ 수평

→ 수직

→ 접합

→ 평행

→ 직각

→ 동일 중심점

→ 동일 직선상

→ 동일 길이

→ 동일 반지름

→ Curve상 위의 점

→ 동일점

Show All Constraints : 모든 구속조건을 구속조건 심볼과 함께 화면에 표시한다.

Show no Constraints : 모든 구속조건을 화면에 나타나지 않도록 한다.

Show/Remove Constraints : 구속조건을 List로 표시하거나 삭제하는 대화 창이 활성 된다. 구속 정보를 확인할 때는 Curve를 선택하면 연관이 있는 모든 구속조건들이 표시된다.

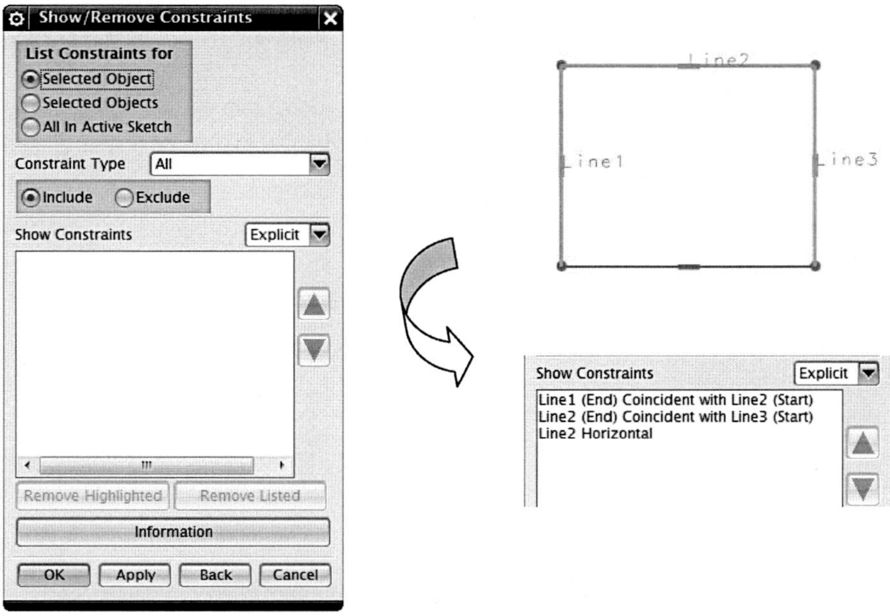

Auto Dimension : 선택한 Curve에 자동으로 치수를 부여한다.

Animate Dimension : 선택한 치수에 일정 범위를 지정하여 움직임을 확인할 때 사용한다.

Convert to/From Reference : Curve를 참조선/기본선으로 변경한다.

Alternate Solution : 구속조건을 부여시 사용자가 의도한 방향으로 나오지 않을 경우 치수를 선택하거나 Curve를 선택하여 적용된 방향을 변경할 수 있다.

Infer Constraint Settings : Curve를 생성 할 때 예상되는 구속조건의 종류를 제어하여 변경할 수 있다.

Create Inferred Constraints : Curve를 생성 할 때 예상되는 구속조건을 자동으로 설정한다.

Continuous Auto Dimension : Curve를 구성하는 동안 연속적으로 치수를 부여 할 수 있다.(Full Constraints 부여함)

23 Make Symmetric

Sketch에서 Centerline을 기준, 양쪽의 두 개의 점이나 선을 기준으로 자동구속을 부여한다.

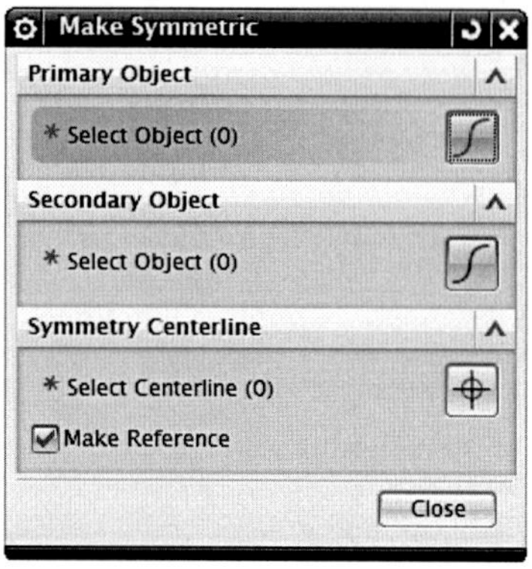

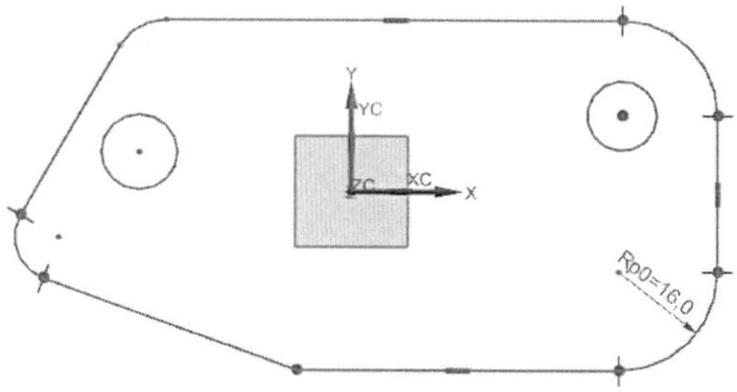

Primary Object는 대칭할 Target을 선택한다. Secondary Object는 변환될 Curve를 선택하면 된다.

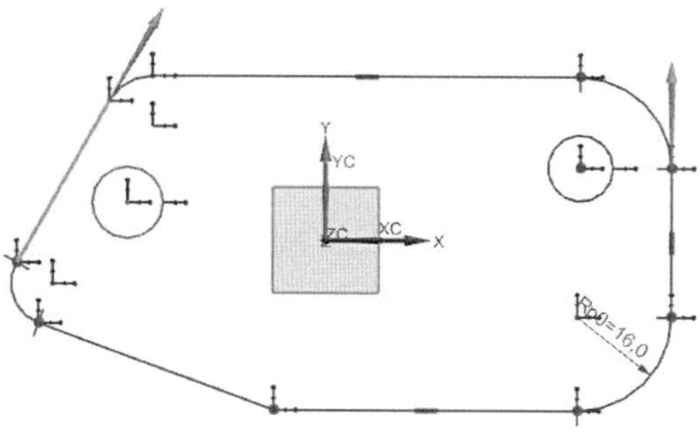

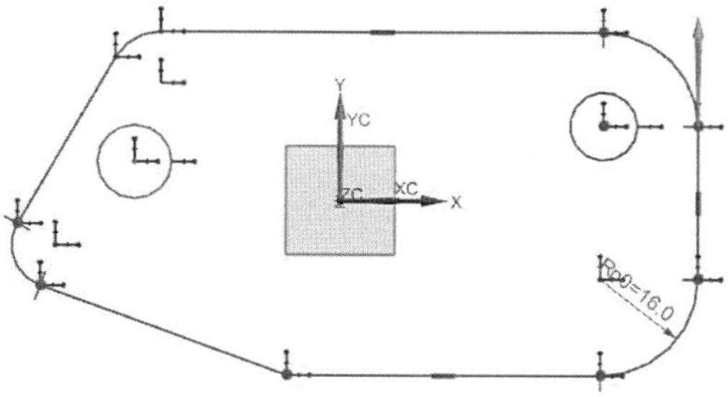

그리고 Centerline으로 쓸 Y축을 선택하면 [그림 1]과 같이 변경된다.

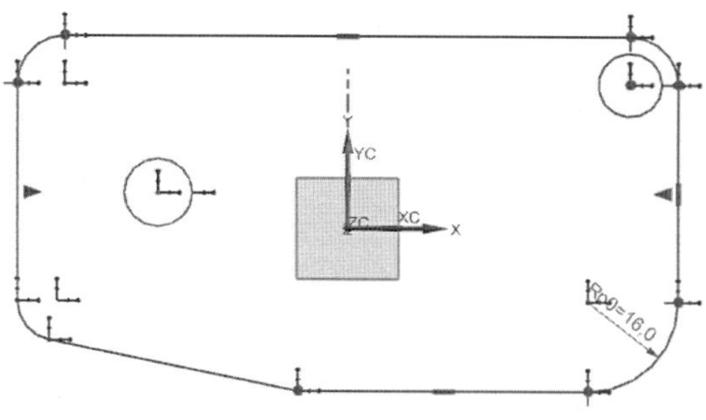

▲ 그림 1

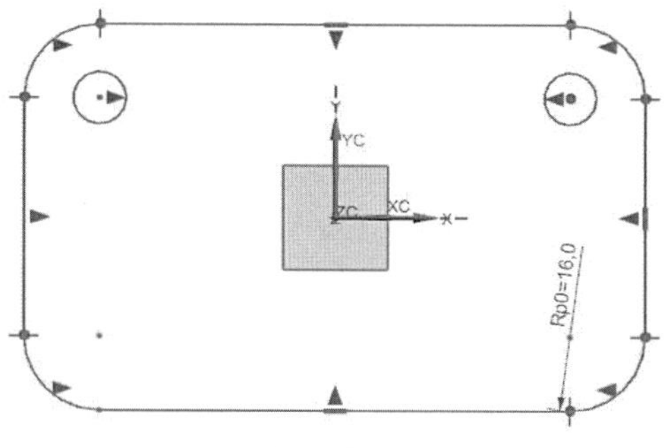

▲ 최종 대칭 결과물

비 대칭형인 curve를 위에 그림과 같이 Y축을 기준으로 대칭형 Curve로 변화시켜 구속관계를 유지시킨다.

24 Auto Dimensions

선택한 Object에 조건부 순서에 의해 자동으로 치수를 부여할 수 있도록 한다.

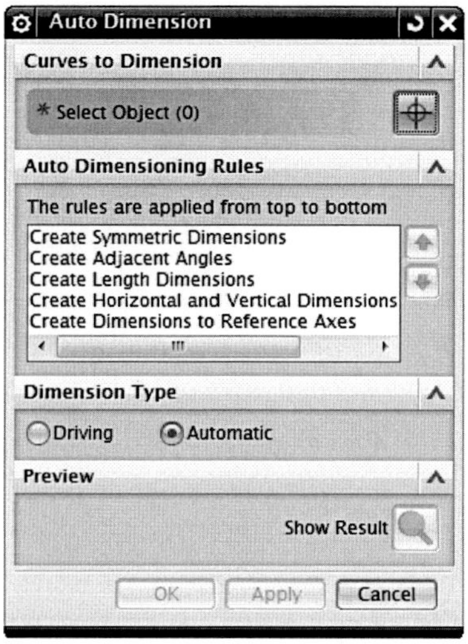

- Auto Dimensioning Rules : 최상위로 올라온 치수가 가장 먼저 부여되며 아래로 내려가면서 순차적으로 치수 부여됨
- Dimension Type
  Driving : Expression에 등록되며, 실질적 Parameter를 가짐
  Automatic : Dimensioning Rules의 순서로 선택적 적용

▲ Reference Dimension 기능 가짐

25 Mirror

▌Insert → Mirror

사용자가 원하는 Curve를 대칭 복사할 때 사용한다.

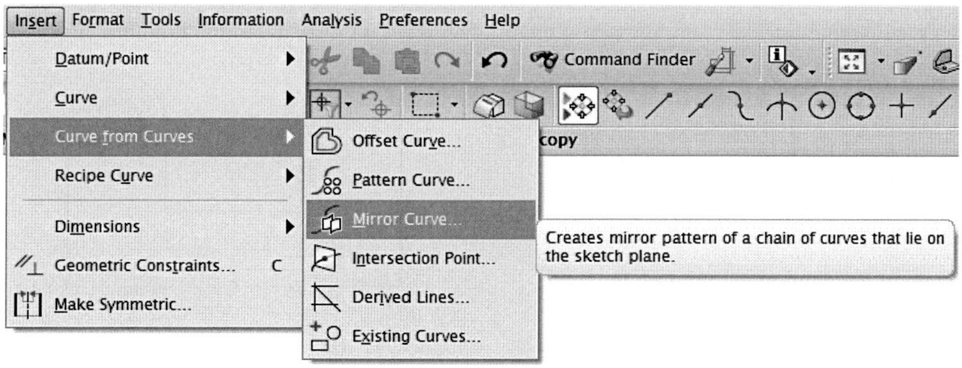

▲ Menu bar

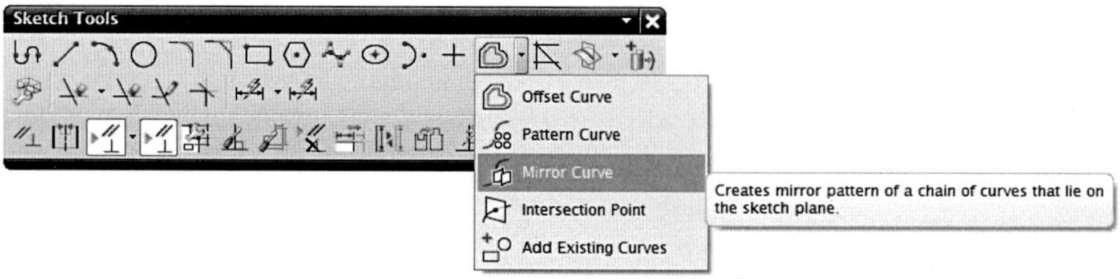

▲ Icon Toolbar

Mirror Icon을 선택하면 Mirror Curve 창이 활성된다.

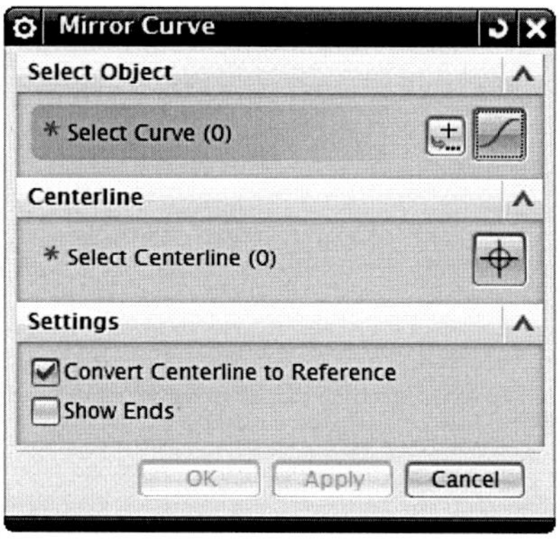

 Mirror Centerline : 대칭 복사를 하기 위한 중심선을 지정한다.

 Mirror Geometry : 대칭 복사를 하기 위한 대상을 지정한다.

Icon이 활성 되면 대칭 복사할 중심선을 선택하고 MB2를 누른다. Selection Step이 Mirror Geometry로 바뀌면 대칭 복사 대상을 선택한다. 선택이 완료되면 MB2를 누르면 대칭 복사가 완료되고 계속 해당 기능을 사용할 수 있다.

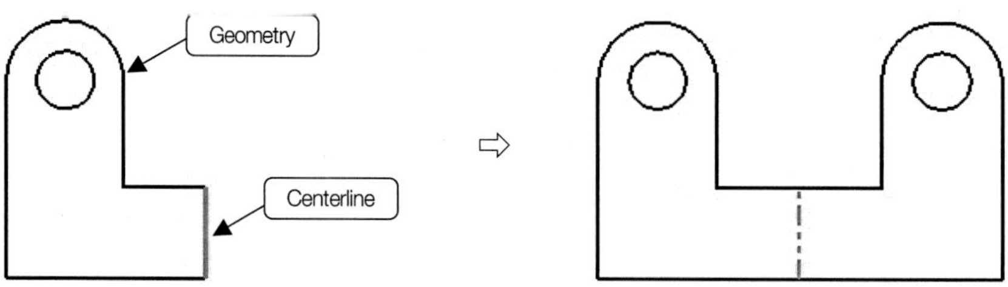

중심선은 Mirror 완료 시 자동으로 Reference Line으로 변경된다.

26 Offset Curve

▌Insert → Offset Curve

사용자가 원하는 Curve와 연관성 유, 무를 가지고 거리를 띄울 때 사용한다.

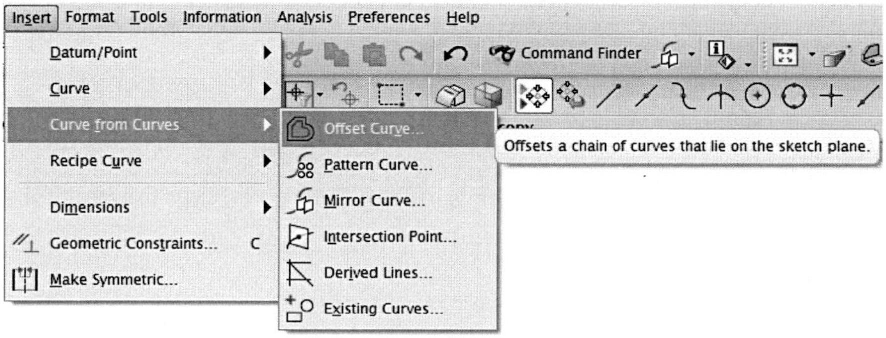

▲ Menu bar

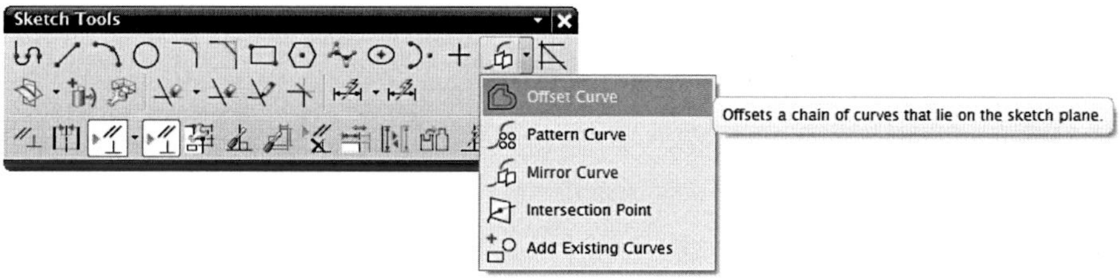

▲ Icon Toolbar

Icon을 선택하면 Offset Curve Icon 창이 활성된다.

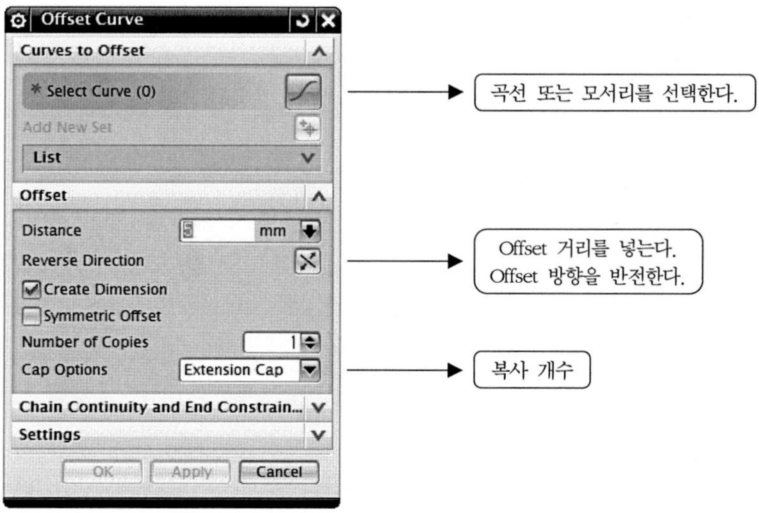

Offset을 실행시킬 Curve를 선택한다. 선택 시 띄우는 방향이 화살표로 보여진다. 띄울 방향이 맞으면 Curve를 계속 선택하여 나가고 반대방향이면 Reverse Direction을 선택하여 전환한다. Curve 선택이 모두 되면 Distance 값을 입력하고 OK 버튼을 선택하여 기능을 완료한다.

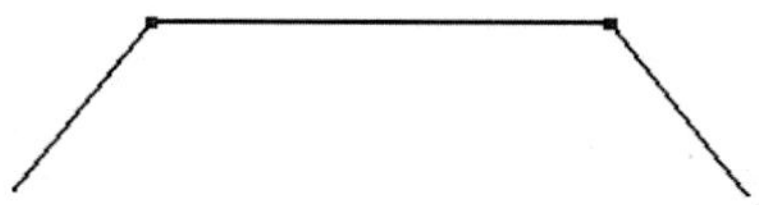

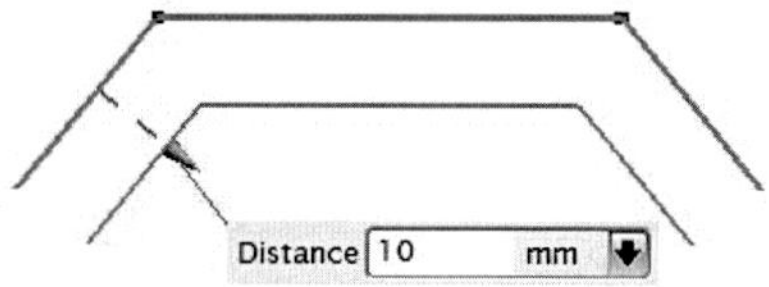

Curve의 Chain, Projected Curve, 현재 assembly의 curve/edge 등을 Offset할 수 있으며 Offset Constraint을 넣어 주므로 원본 수정 시 따라 수정 되며 필요에 따라 Non−Constraint화 할 수 있다. 또한 생성된 offset curve는 dimension을 수정하여 parametric한 제어가 가능하다.

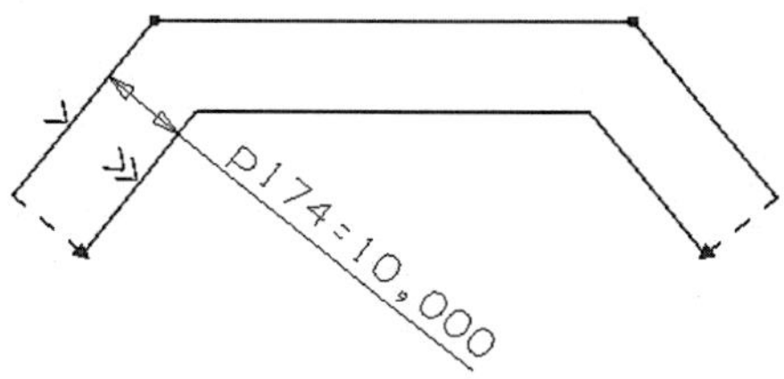

27 Pattern Curve

Insert → Pattern Curve

Sketch 평면상에서 Curve나 Point를 가지고 Array하는 기능이다.

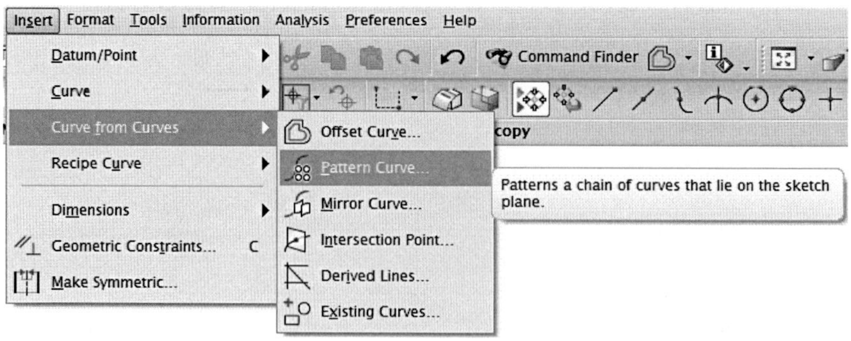

▲ Menu bar

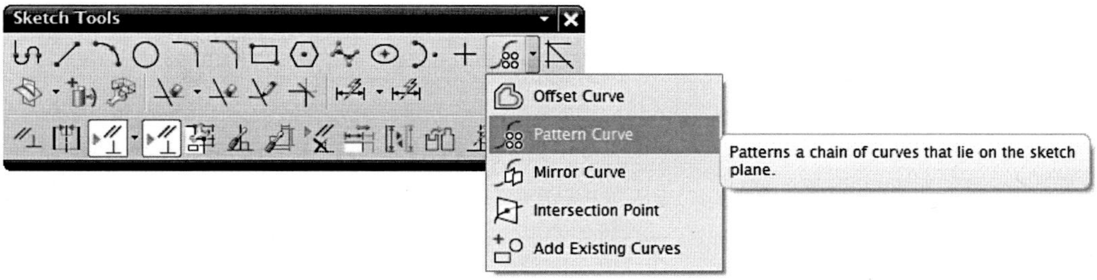

▲ Icon Toolbar

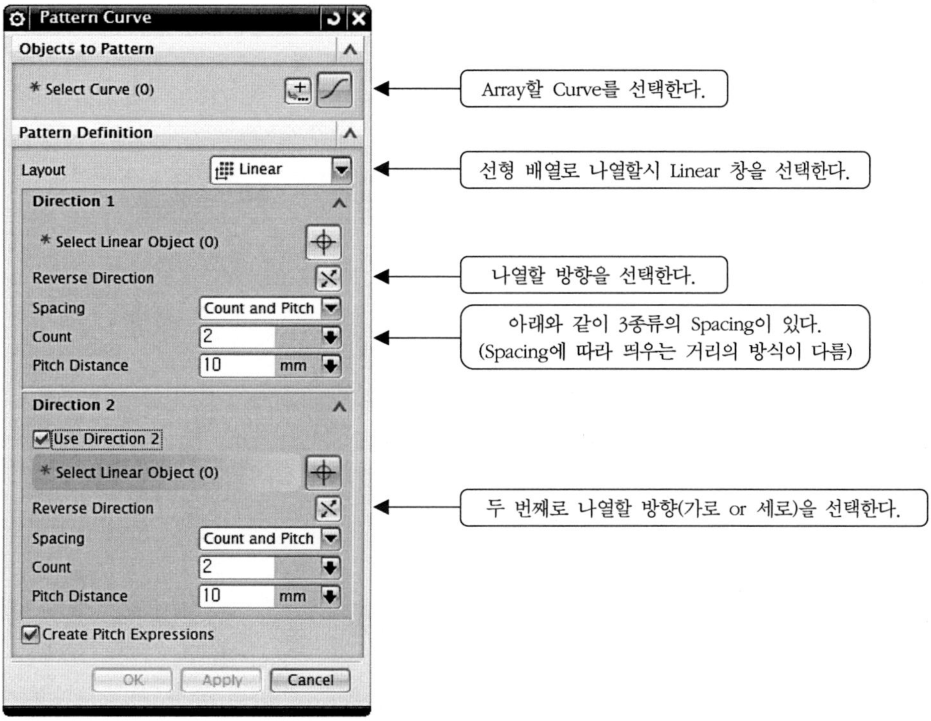

▲ Linear Pattern

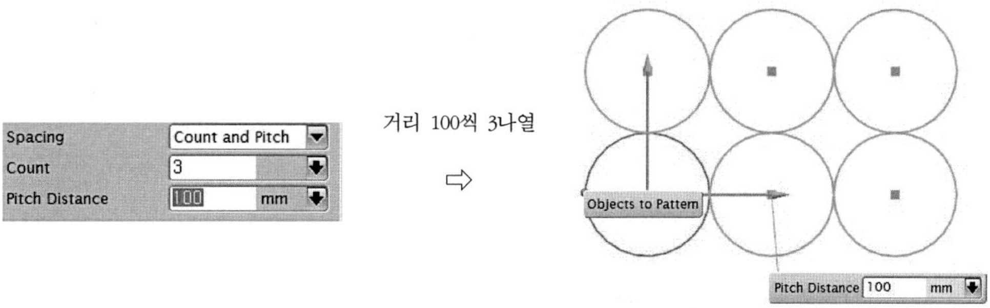

▲ Count and Pitch

거리 100안에 3개 나열

⇨

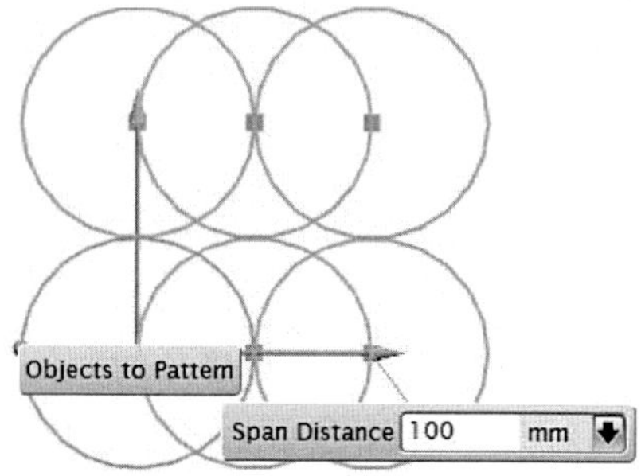

▲ Count and Span

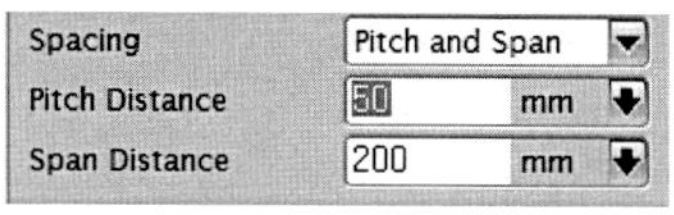

거리 200안에 50씩
띄어서 나열

⇨

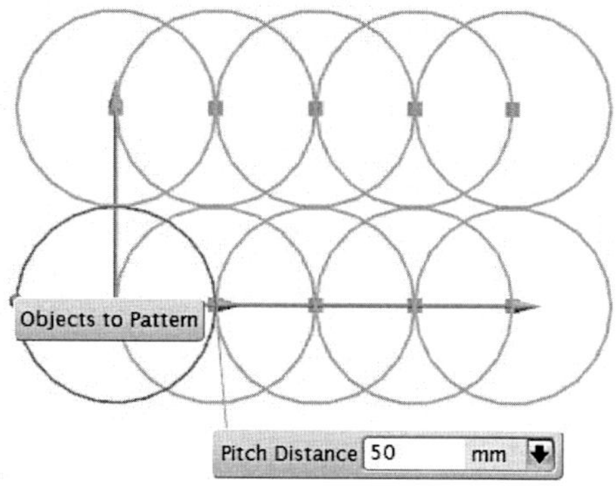

▲ Pitch and Span

위에 그림과 같이 option을 조절해서 3가지 방식으로 선형배열을 Sketch상에서 구현할 수 있다.

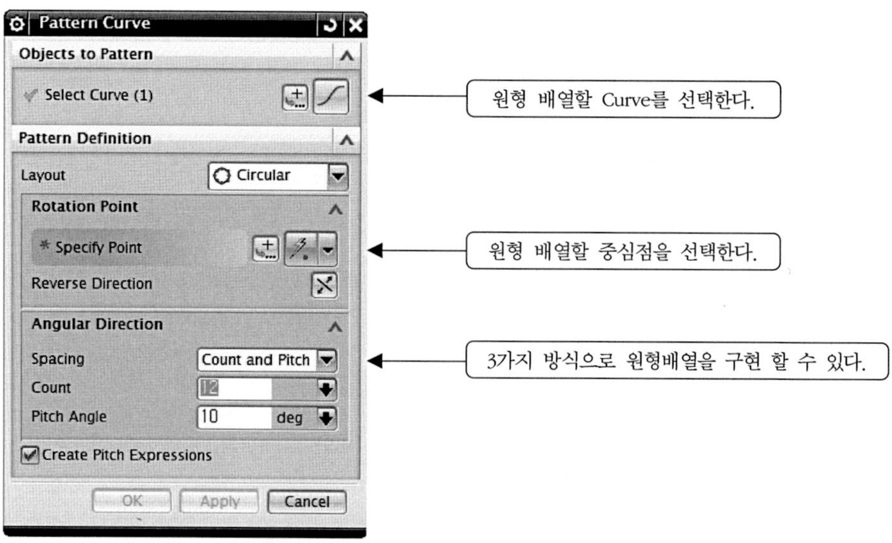

▲ Circular Pattern

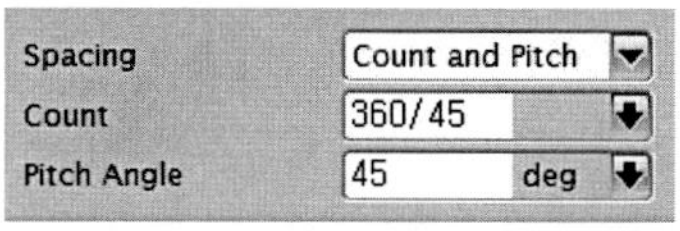

45° 씩 8개 배열

⇨

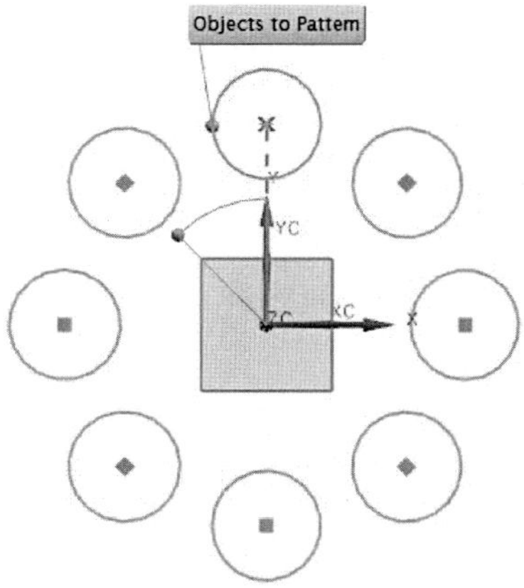

▲ Count and Pitch

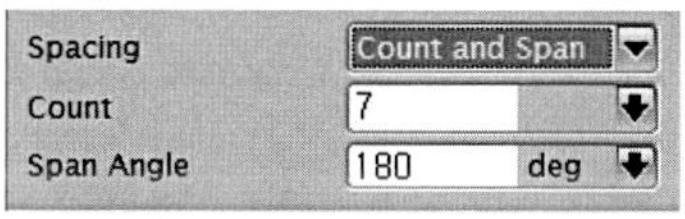

180° 안에 7개 배열

⇨

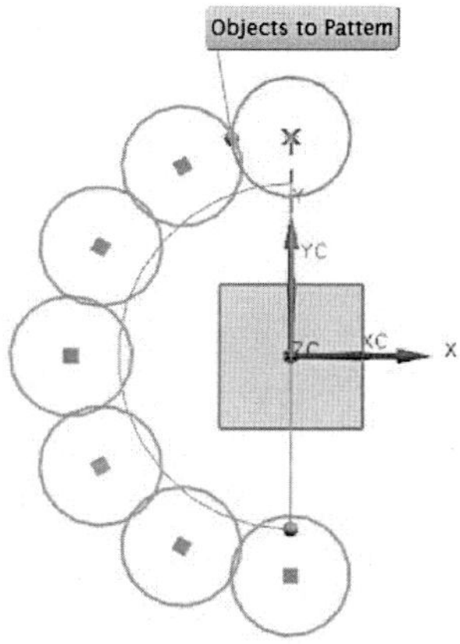

▲ Count and Span

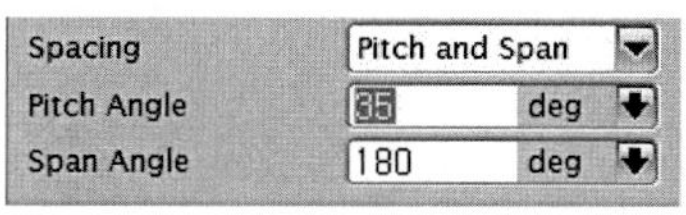

180° 안에 35° 씩 배열

⇨

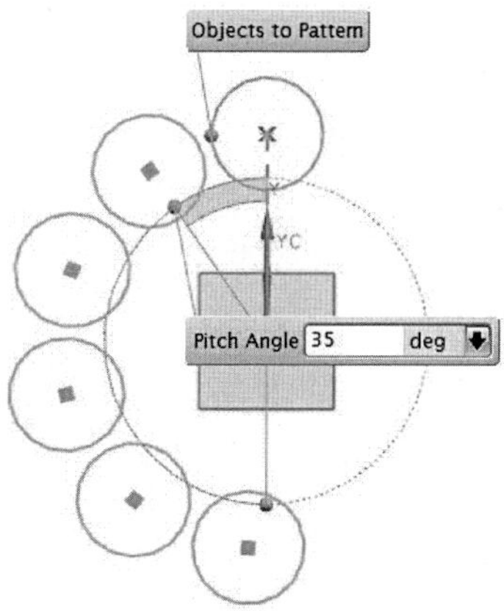

▲ Pitch and Span

위와 같이 3가지 방식으로 원형 배열을 할 수 있다.

28 Intersection Point

▌Insert → Intersection Point

스케치 평면과 curve의 교차지점에 Point를 생성하는 기능이다.

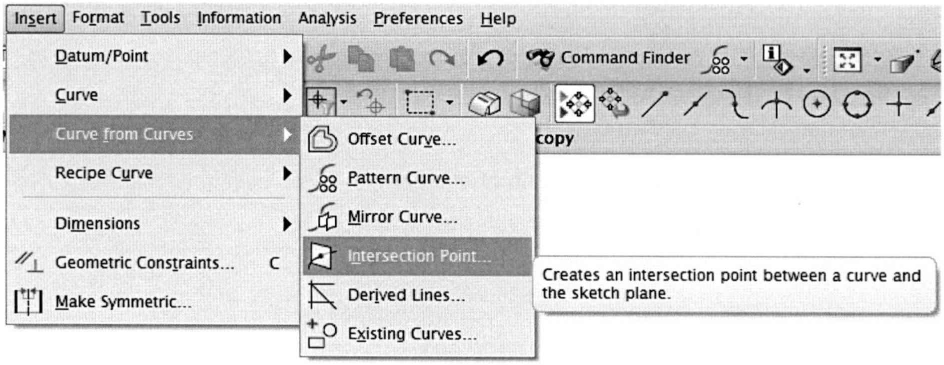

▲ Menu bar

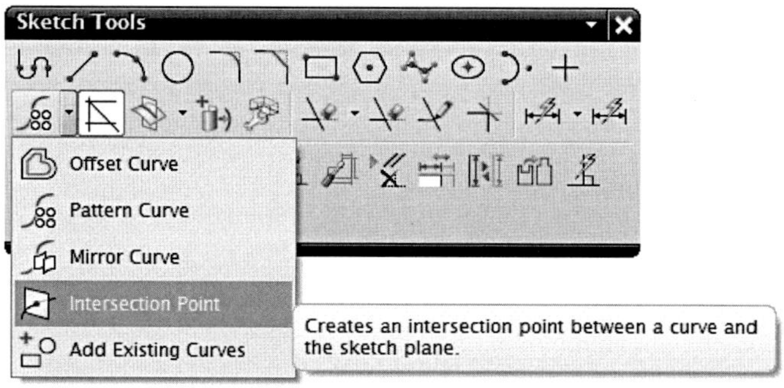

▲ Icon Toolbar

아래와 같이 Intersection Point 창이 나타나며 스케치 평면과 교차할 curve를 선택한다.

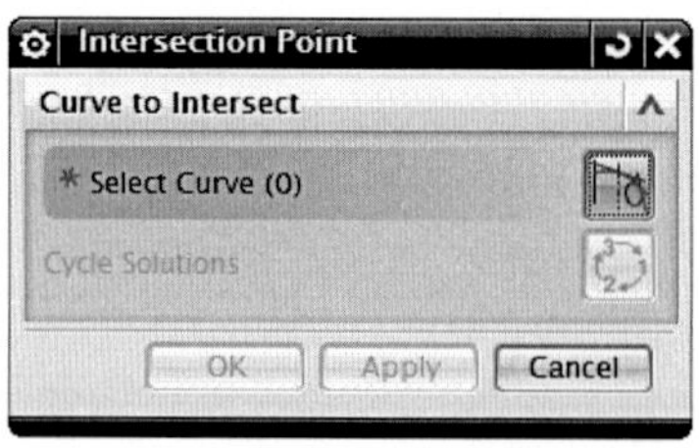

▲ 스케치면=zx평면

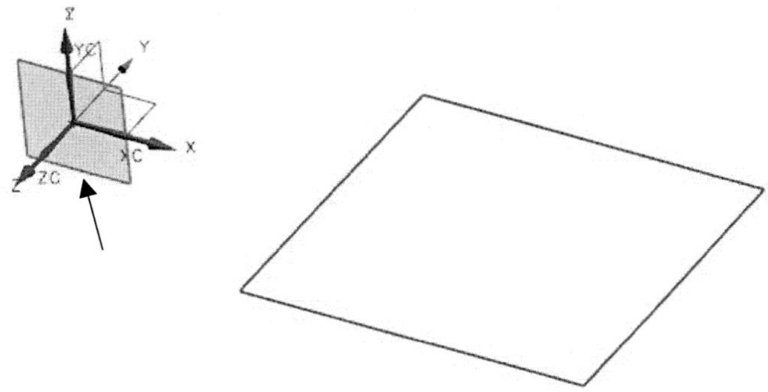

Sketch 면과 교차시킬 Curve를 선택 Point를 생성한다.

생성되는 교차점은 한 번에 하나씩 선택해서 생성 할 수 있다. 다중 선택 안 됨

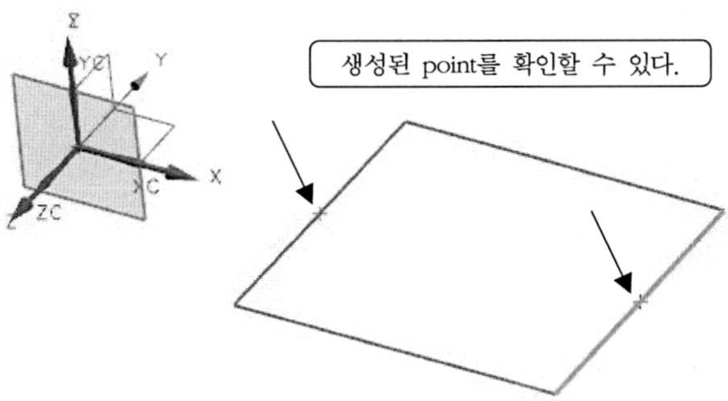

29 Existing Curves

▌Insert → Existing Curves

Modeling에서 생성한 Curve를 Sketch 환경에서 작업할 수 있도록 Sketch curves 속성으로 변경한다.

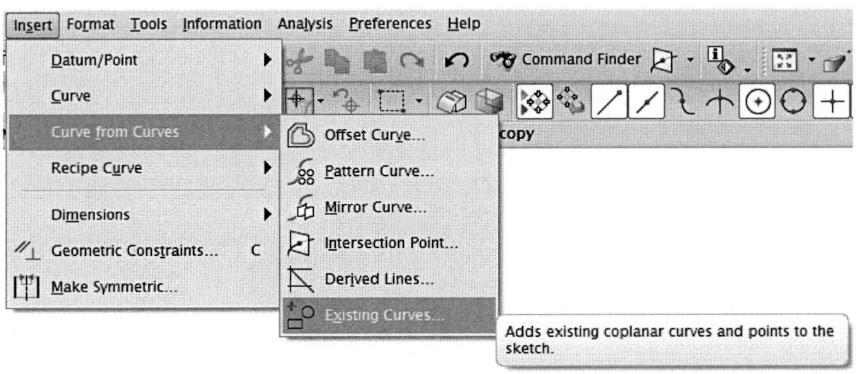

▲ Menu bar

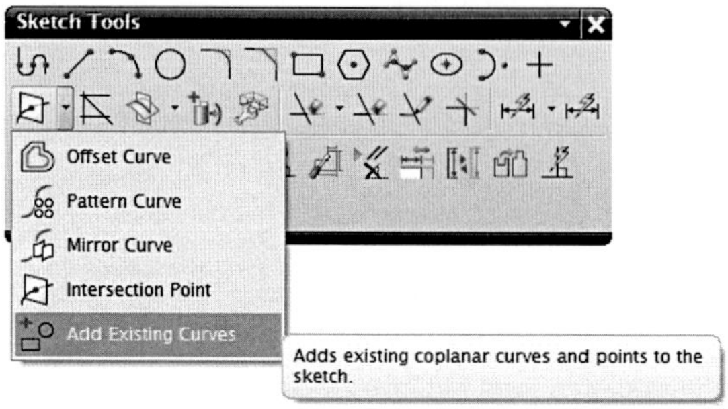

▲ Icon Toolbar

Sketch 작업 화면 창의 Modeling에서 이미 생성 되어져 있는 Curve를 모두 선택하고 OK 하면 일반 Curve를 Sketch Curve로 전환 해준다.

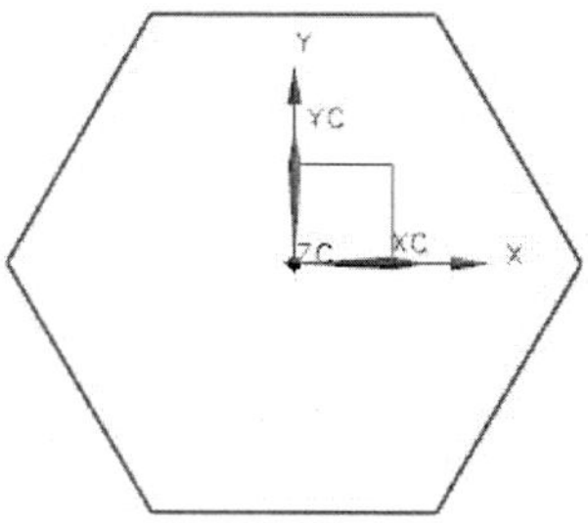

▲ 3차원에서 그린 다각형

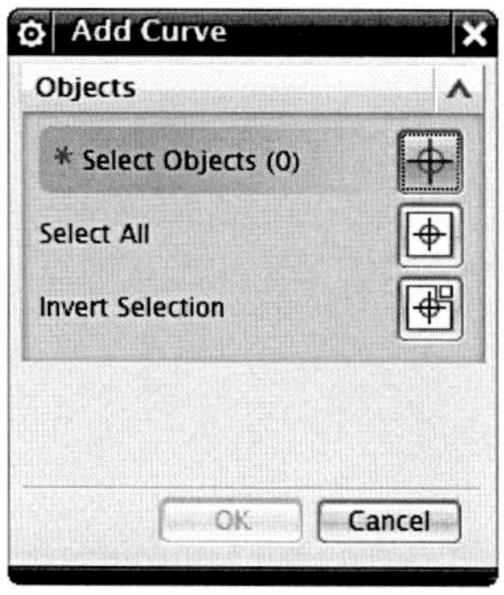

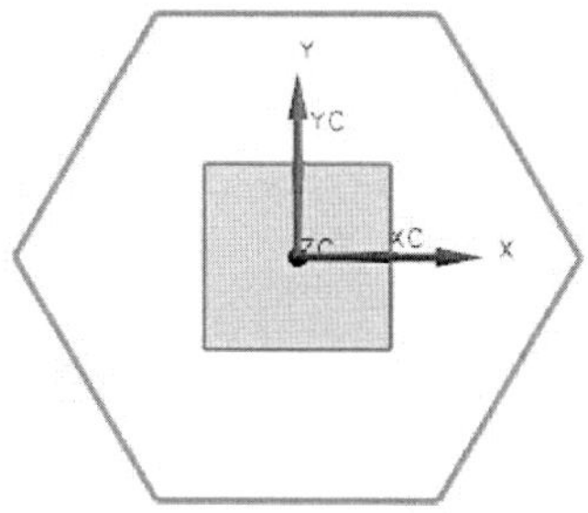

▲ 현재 Sketch면 Curve로 전환

30 Intersection Curve

Insert → Recipe Curve → Intersection Curve

선택한 면과 Sketch Plane이 교차하는 curve를 생성할 수 있다.

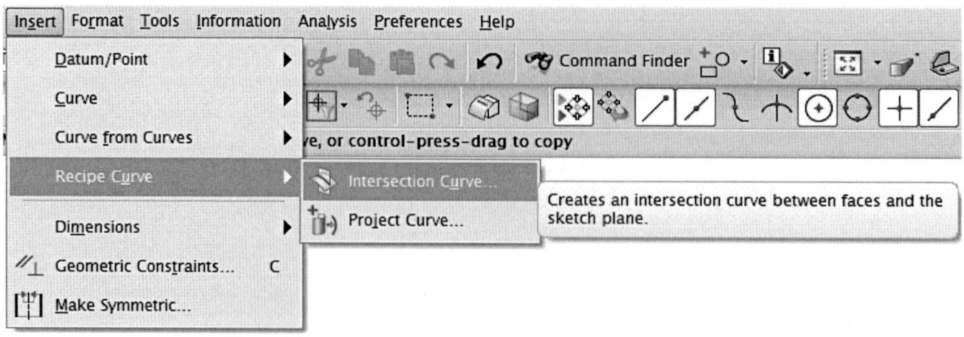

▲ Menu bar

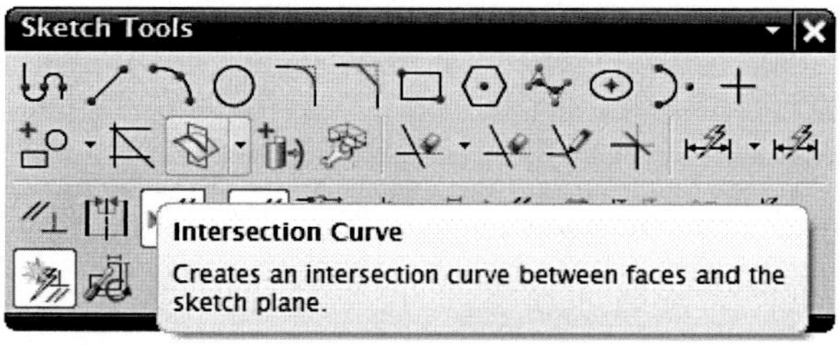

▲ Icon Toolbar

아래와 같이 Intersection Curve 창이 나타나며 스케치면과 교차될 면을 선택한다.

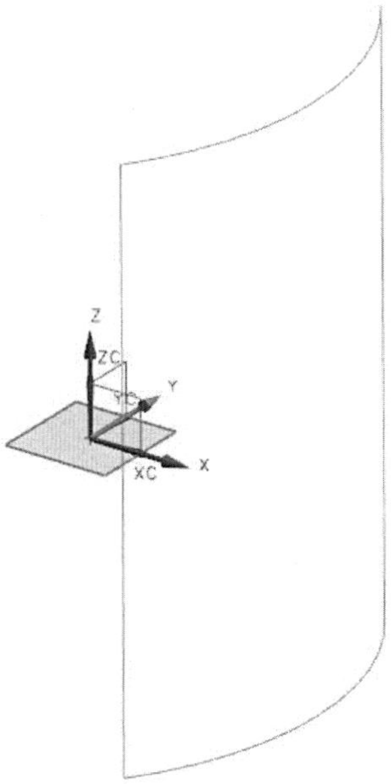

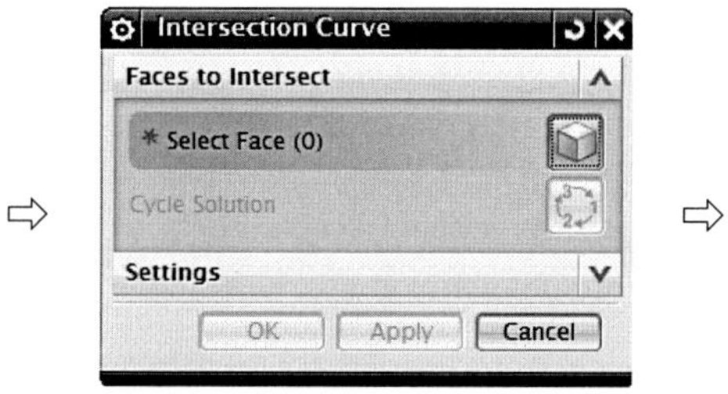

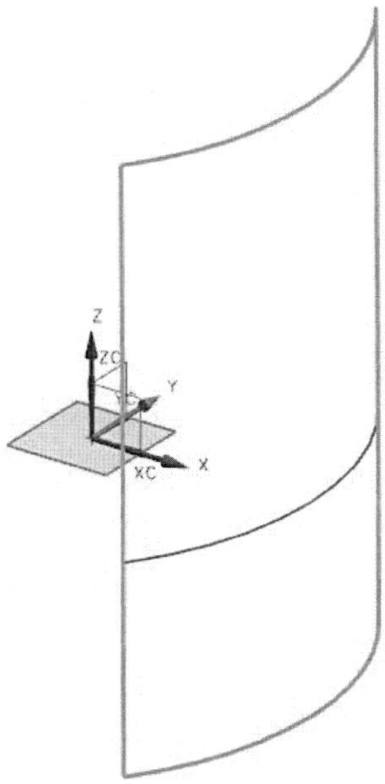

▲ 스케치면=XY평면

▲ 교차시킬 면을 선택

31 Project

Insert → Recipe Curve → Project

Curve나 점, Solid Body나 Sheet Body의 Edge 및 Vertex를 Sketch 평면으로 투영하는 기능이다.

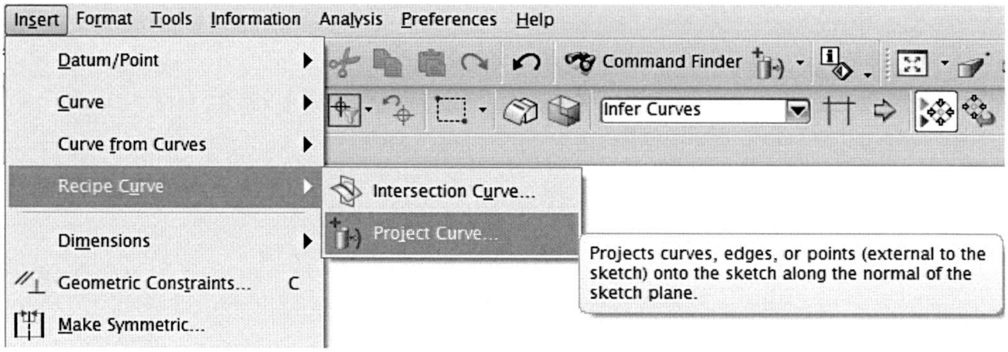

▲ Menu bar

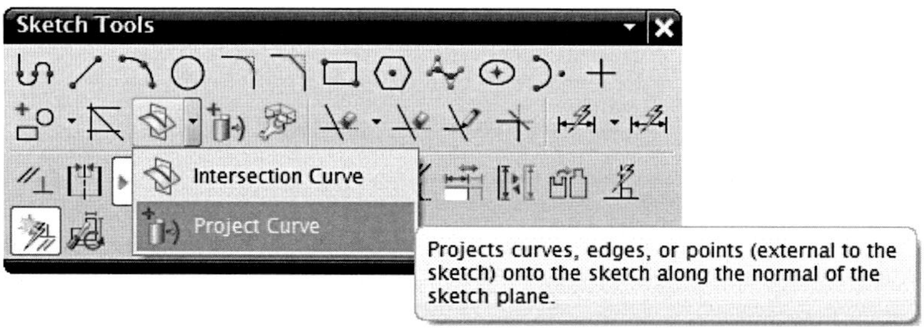

▲ Icon Toolbar

Project Curve 창이 나타나며 스케치 평면에 투영시키기 위한 point 또는 curve를 선택한다.

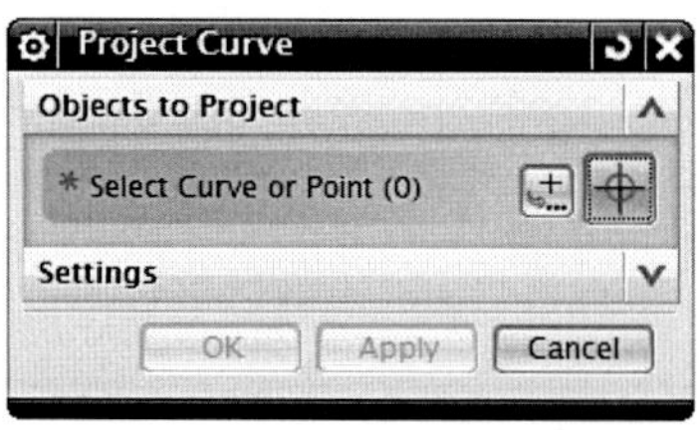

아래와 같이 Setting 분분을 열어 3가지 타입으로 투영되는 Curve를 생성할 수 있다.

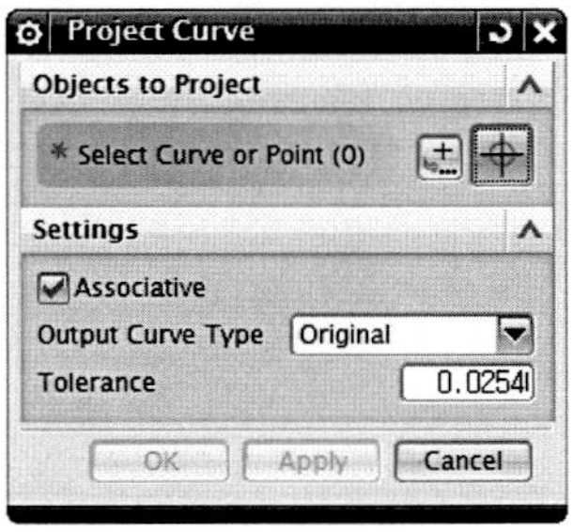

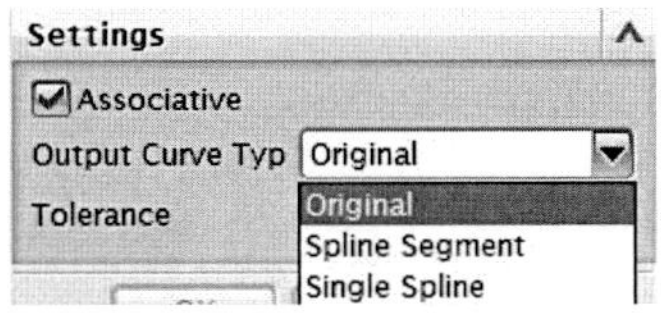

- Original : Object의 속성을 그대로 유지하여 투영한다.
- Spline Segment : Object를 분할 된 Spline으로 투영한다.
- Single Spline : Object를 하나의 Spline으로 투영한다.
- Associative : 연관성을 부여하여 투영한다.

> 연관성이 부여되면 원본 data의 수정 시 자동으로 변경된다.

아래의 그림은 일반적인 Project의 사용방법을 그림으로 나타낸 것이다.

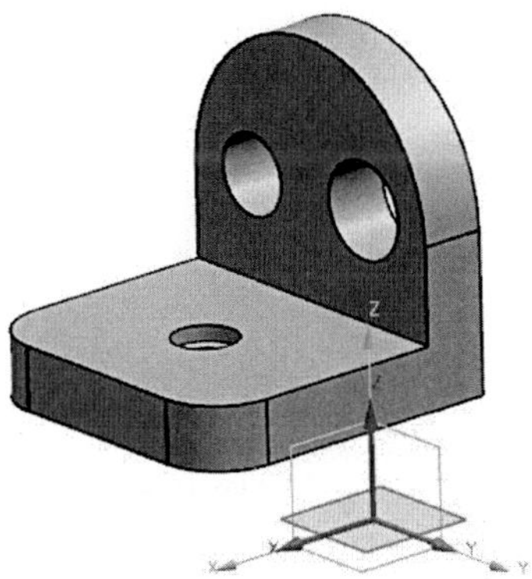

▲ 스케치면=XY평면

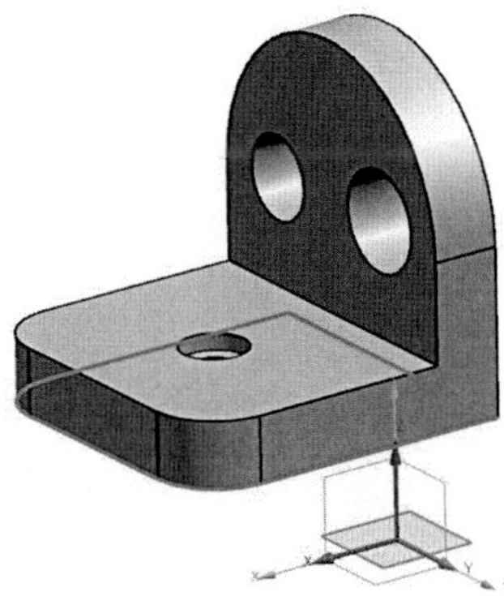

▲ 투영하기 위한 curve를 선택

이때 Selection intent 옵션을 Tangent Curve 옵션으로 변경하고 선택한다.

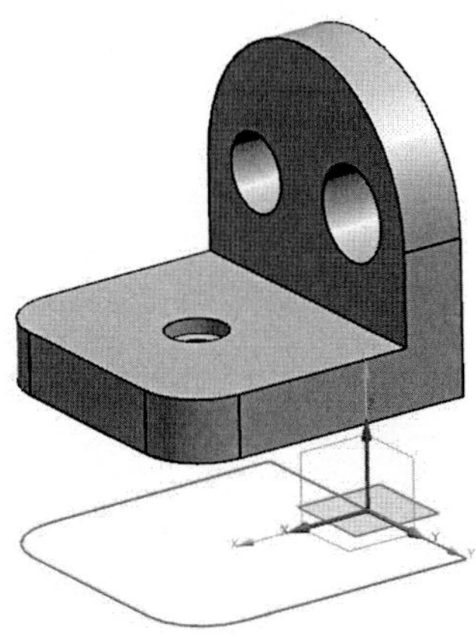

아래와 같이 스케치 평면(XY평면)에 선택한 Edge가 투영됨을 볼 수 있다.

32 Edit Defining Section

Edit → Edit Defining Section

Solid Body나 Sheet Body의 data가 있을 경우 해당 data의 Sketch Section 정의를 편집 변경할 수 있다. 변경 후 Update를 하면 data가 변경된다.

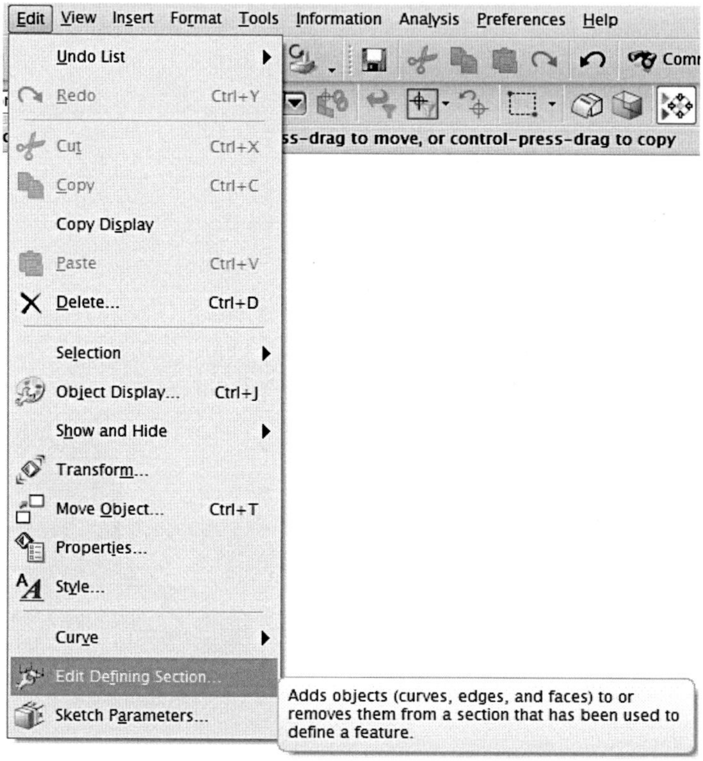

▲ Menu bar

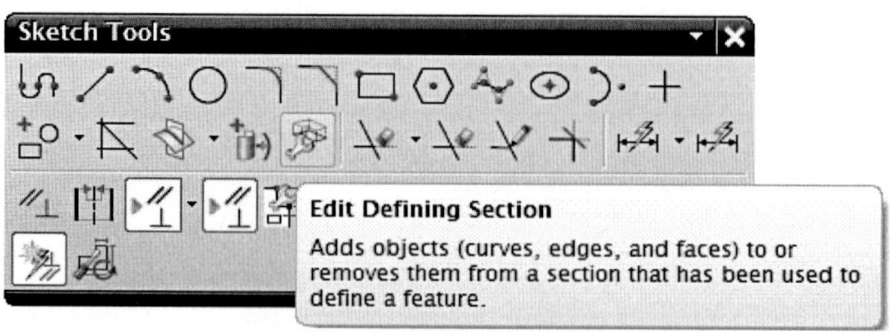

▲ Icon Toolbar

5-EX1 번 File Open

Section을 변경할 Modeling의 Sketch 영역으로 들어간 후 Edit Defining Section 기능을 실행한다. 기능을 실행하면 Modeling의 data Penal 창이 활성화 되고 Section을 재정의 하는 창이 나타난다.

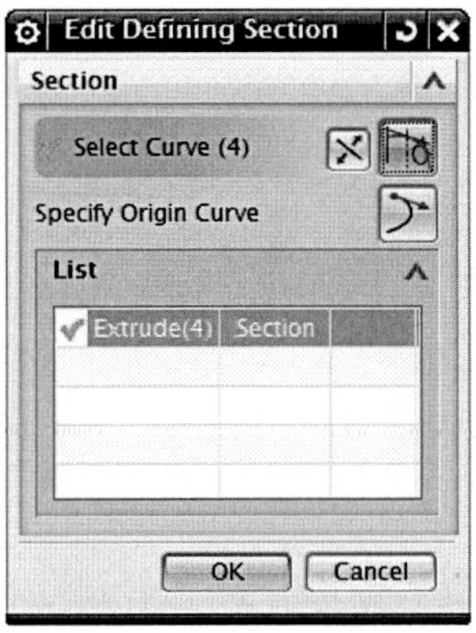

Sketch의 Curve를 재정의 하므로 Filter에서 Curve로 설정을 바꾸는 것이 편리하다.
창이 활성화 되면 수정해야 할 Sketch Curve를 재정의 한다.
Section의 취소는 Shift key를 누른 상태에서 클릭하면 선택된 것이 취소된다.

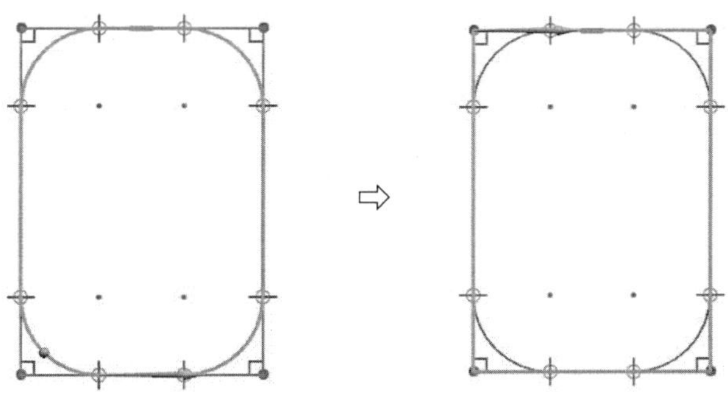

OK 버튼을 누르고 다시 Penal 창이 나타나면 cancel 버튼을 누르고 Sketch 영역을 빠져나간다.
재정의한 형상으로 sketch curve가 인식되어 반영됨을 알 수 있다.

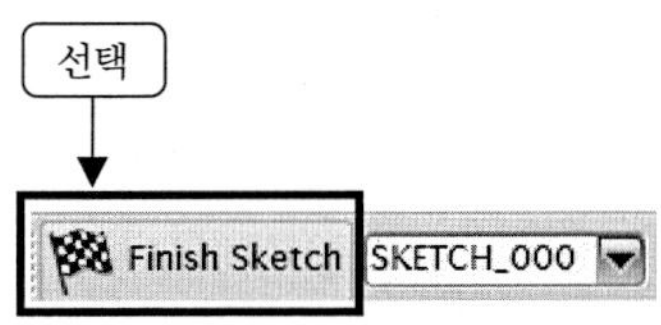

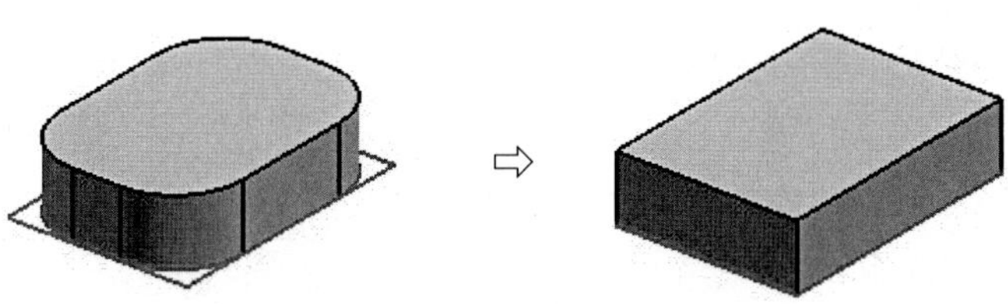

Sketch Activity

01 Create−1.prt 파일을 Open

02 Start−Modeling 선택

03 Insert → Sketch 선택

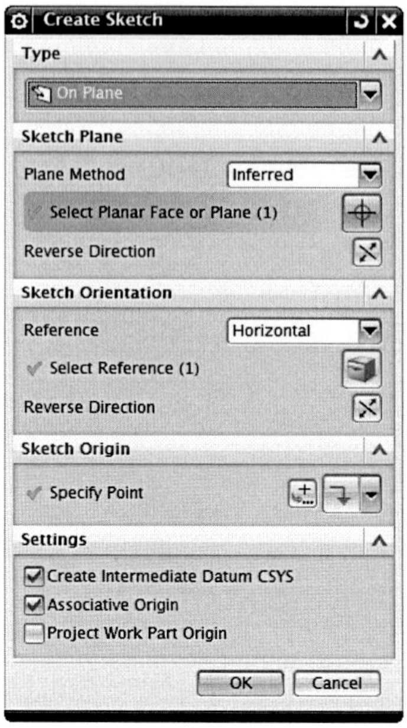

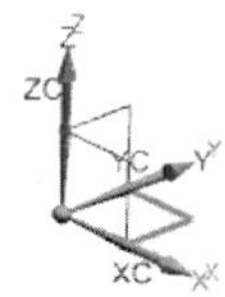

04 OK 한다.

05 Edit → Object Display을 사용하여 Datum Plane과 Datum Axes의 Layer를 61번으로 이동시킨다.

06 Create Inferred Constraints option 을 활성화 시킨다.(Continuous Auto Dimensioning은 은 비활성화 시킴)

07 Profile options 상태에서 Line icon 이 활성화 되어 있음을 확인한다.

08 XC=8, YC=20의 위치에서 MB1 클릭

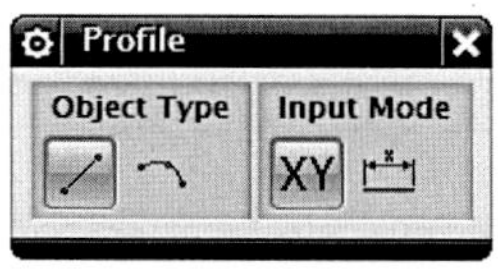

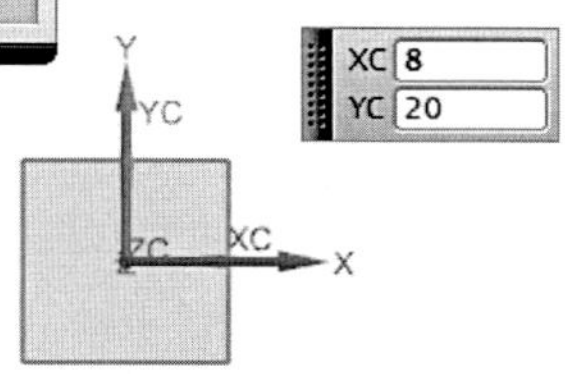

09 아래의 그림과 같이 길이 70, 각도 20 위치에서 클릭(값 이동은 Tab key로 이동함)
[Arc로 이어 그리기 위해 MB1을 누른 상태로 잠시 기다린다.]

4방향성을 가지는 표시부분이므로 방향성을 얻고자 하는 부분으로 영역을 설정하면 된다.

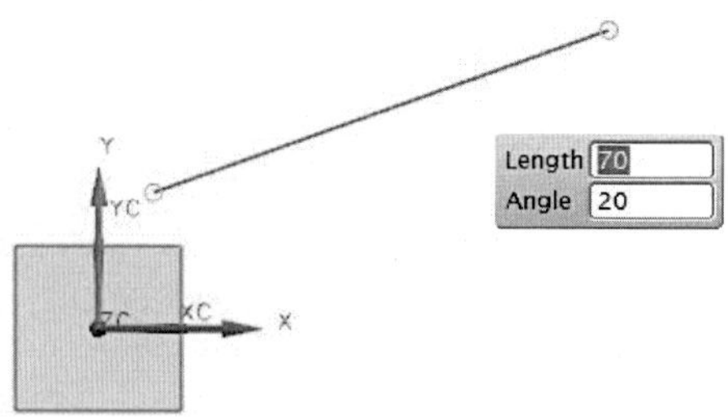

10 우측 아래 방향으로 마우스를 위치시키고 값을 입력하면 Tangent 한 구속과 함께 Arc를 생성한다.

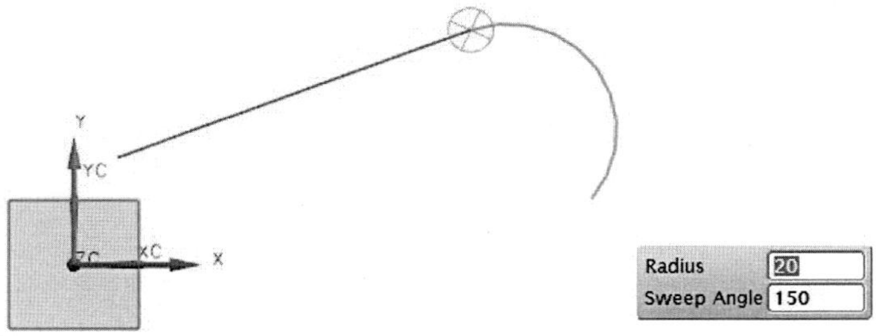

11 이어 주어진 값을 입력하고 Tangent 한 Line을 생성한다.

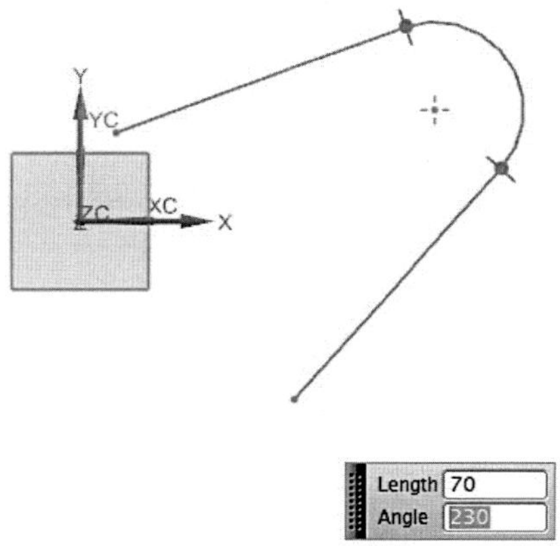

12 다시 한번 MB1을 누른 상태로 아래와 같이 Sketch를 완성하고 경우에 따라 Tangent 구속을 부여한다.

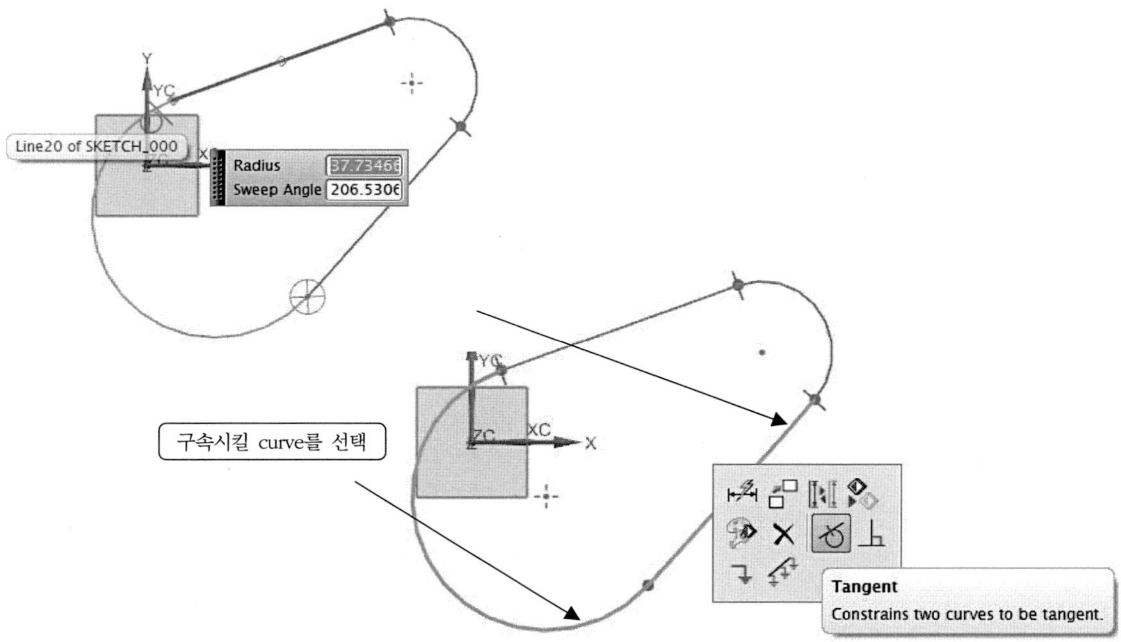

13 Sketch Curve Toolbar에서 Circle icon을 선택

14 Circle by Center and Diameter icon ⊙이 활성화 상태이다.

15 아래와 같이 그린다.(30mm Circle)

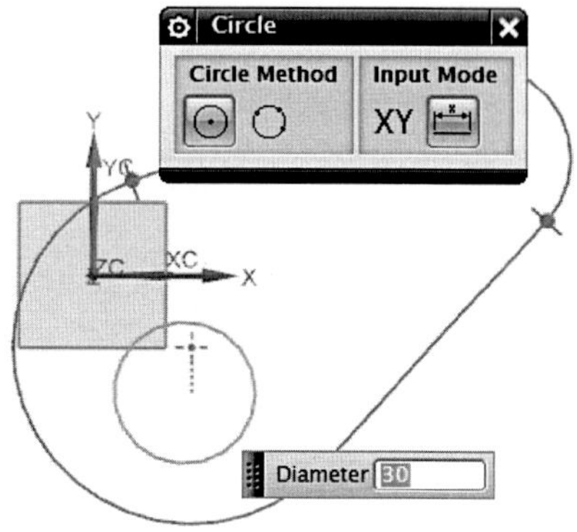

같은 방법으로 하나의 원을 추가하여 그린다.(20mm Circle)

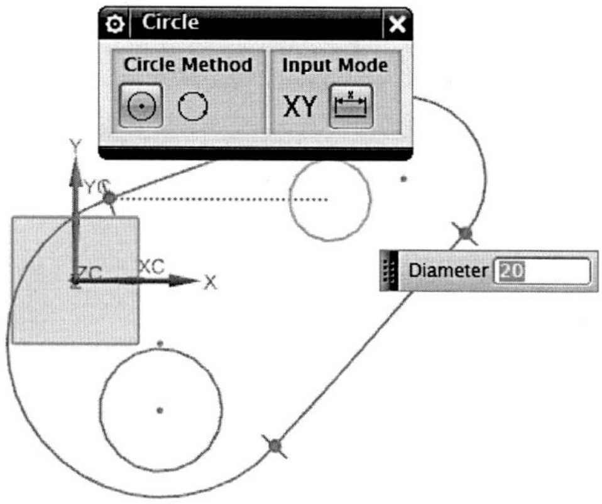

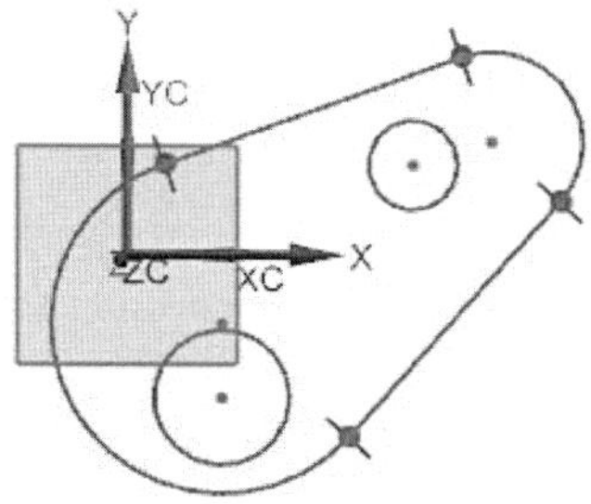

16 Finish Sketch icon 을 선택

17 1 Layer가 Work Layer 임을 확인

18 Sketch curve가 활성화 되도록 마우스를 올려놓고 MB3를 누르고 있으면 아래와 같은 아이콘들이 나타난다.

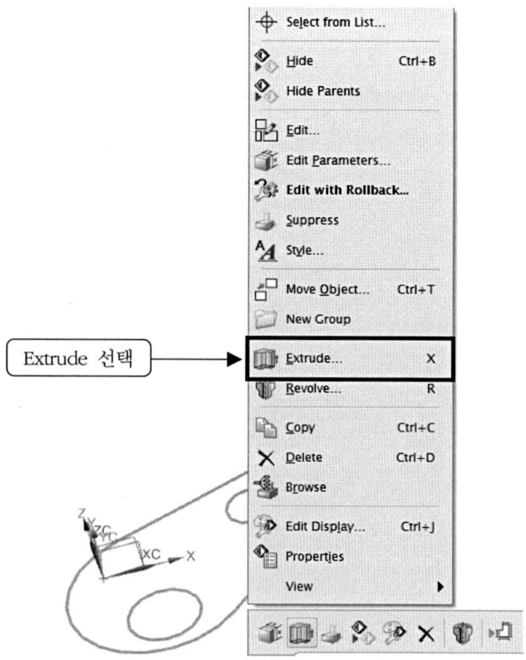

19 Extrude를 선택한다.

20 Start value 값을 −20.0 넣는다.

21 End value 값을 30.0 넣는다.

22 OK 한다.

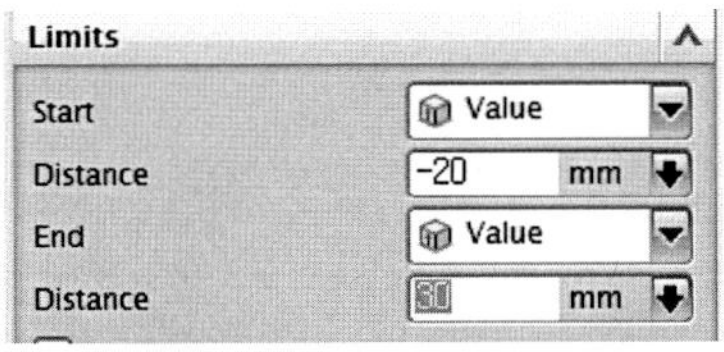

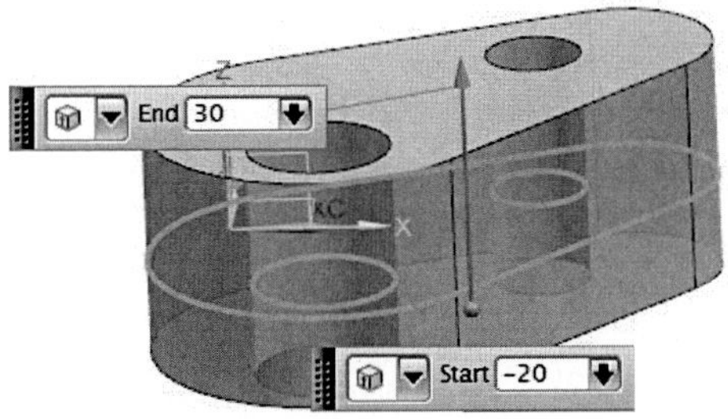

23 Part Navigator  를 선택

24 History node를 확장시켜Extrude node를 선택

25 Extrude node 위에 커서를 위치시켜 활성화 시키고 MB3 를 선택

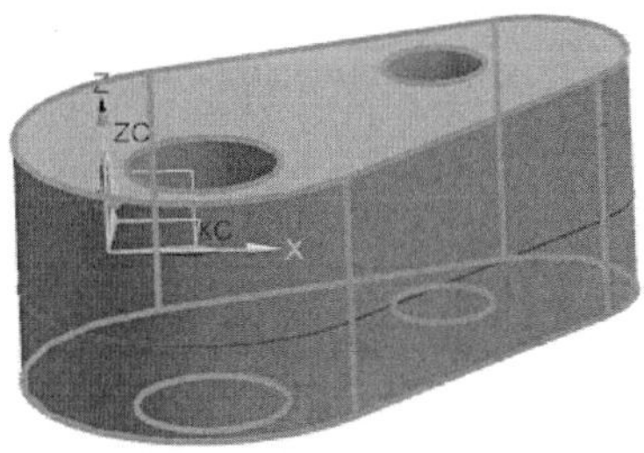

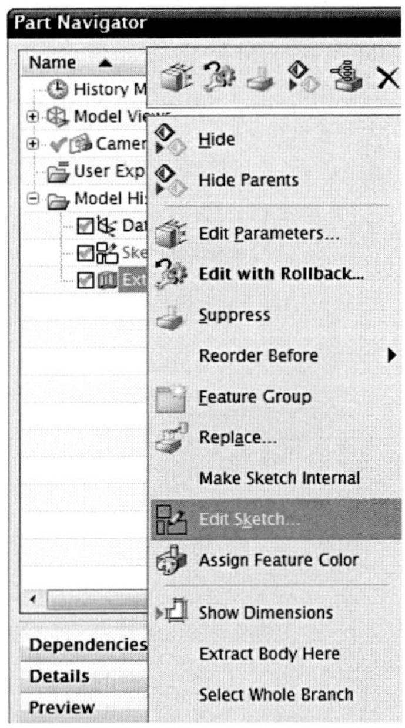

26 EditSketch 선택하면 아래와 같이 Sketch Mode로 들어가며 정보창이 나타난다.

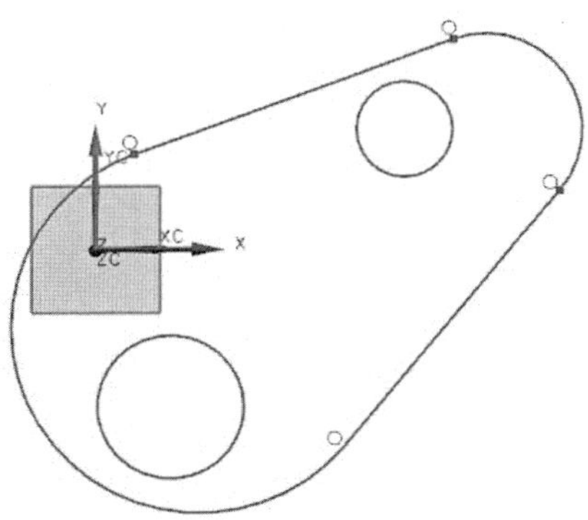

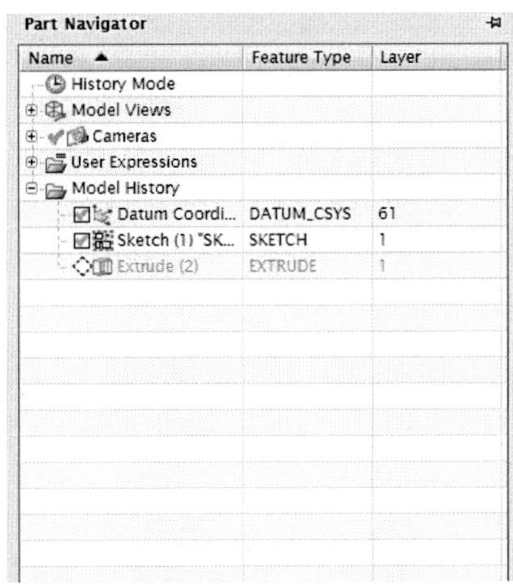

27 Constraints icon 을 선택

28 Concentric icon 을 선택

29 다음과 같이 두 선분을 구속 순서에 맞추어 형상 내부의 두 원의 동심을 맞춘다.

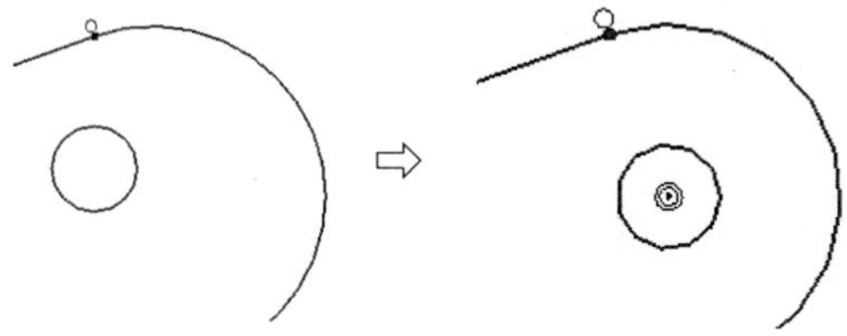

30 나머지 원도 아래와 같이 Constrain을 부여한다.

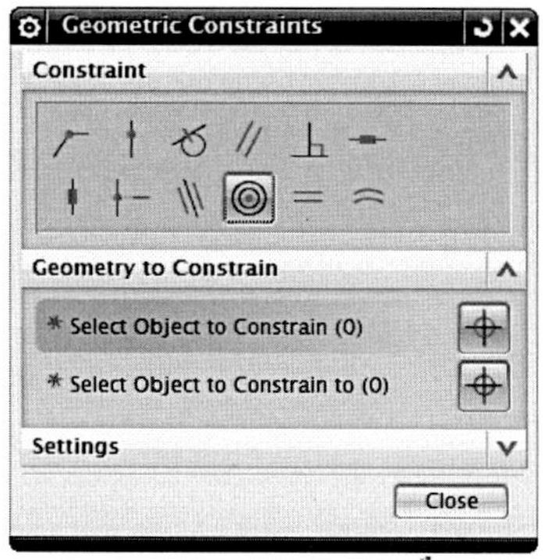

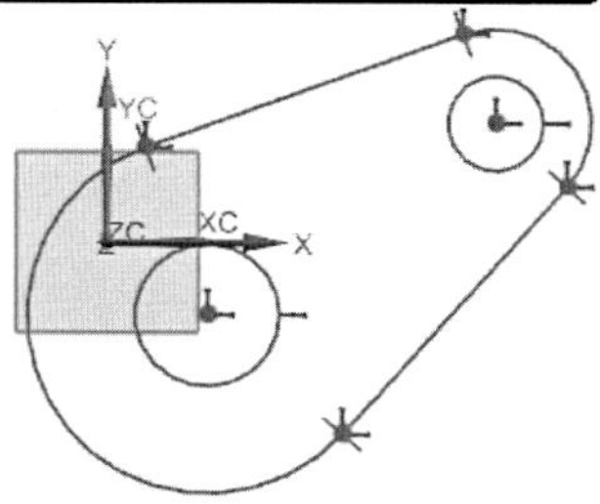

31 Constraints icon 을 클릭하여 명령을 Cancel 시킴

32 Finish Sketch icon 을 선택

33 Extrude dialog에서 OK

34 만들어진 형상을 확인

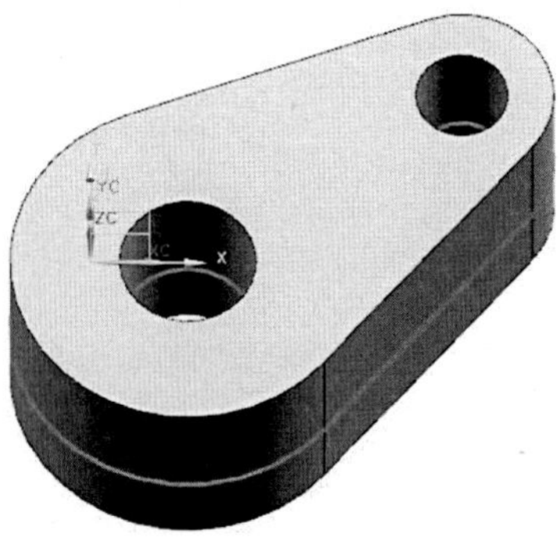

35 Extrude 창 내의 Edit Sketch Section 을 선택

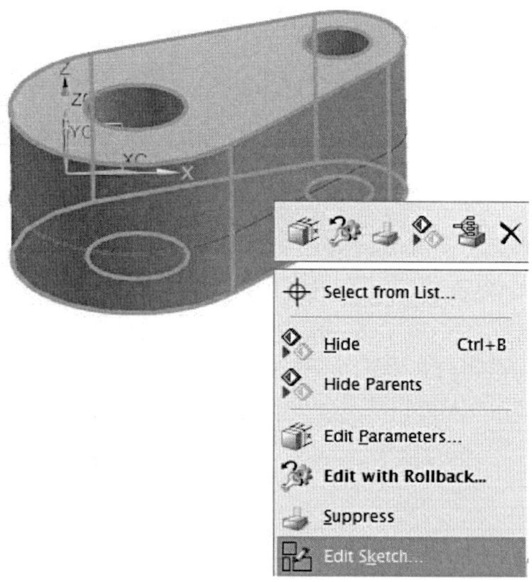

36 Sketch Mode로 들어감

37 Arc icon 을 선택

38 Arc by 3 Points 아이콘이 on 상태임을 확인

39 아래쪽 직선커브의 왼쪽을 start, 오른쪽을 end로 한다.

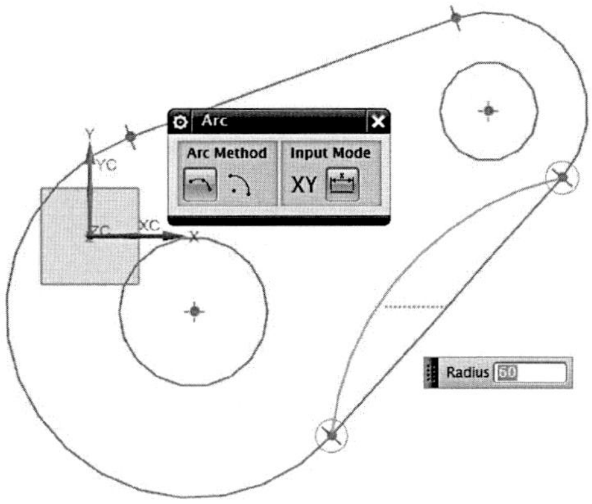

40 Radius를 60으로 한다.

41 Edit Defining Section 을 선택

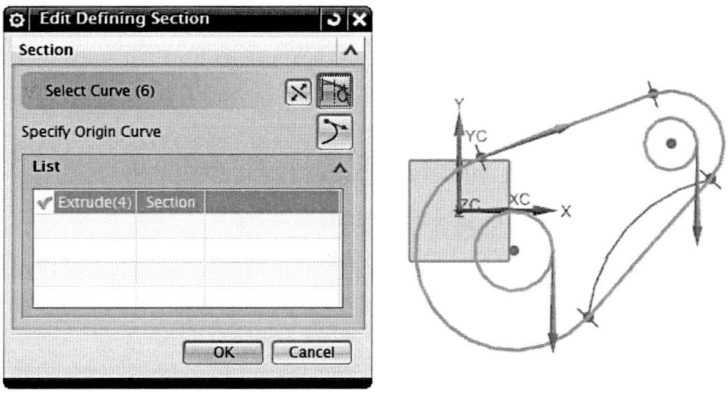

42 Selection Intent 창에서 Single curve 선택과 Stop at intersection 창 선택

43 새로 생성된 Arc를 선택

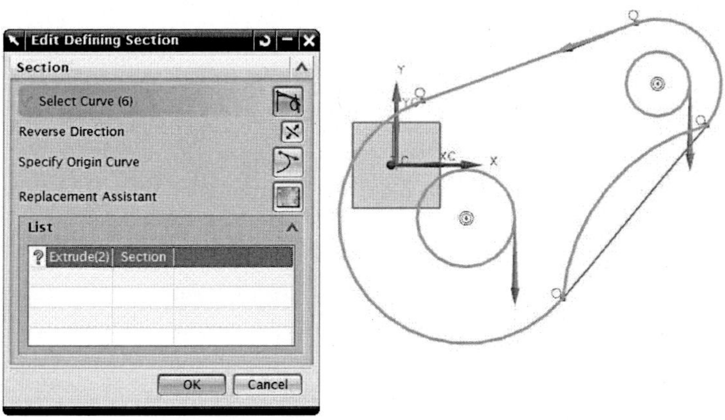

▲ OK이 선택 후

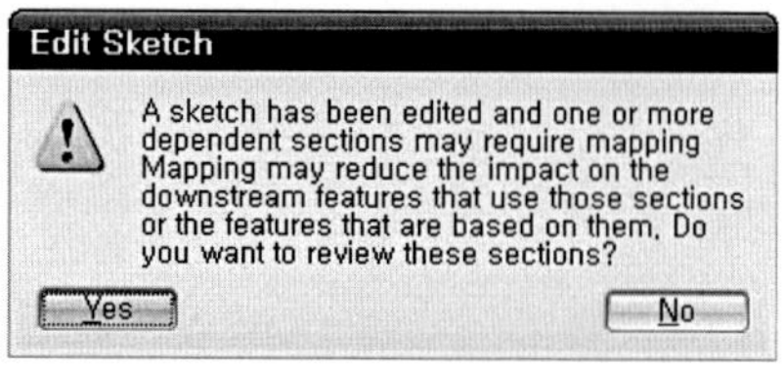

▲ 이런 메세지가 뜨면 Mapping을 하지 않으면 No 선택하면 됨

44 Finish Sketch를 선택

45 형상을 확인

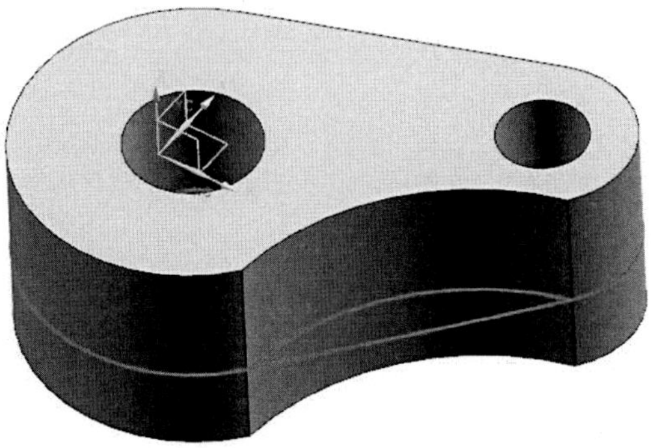

46 다시 Edit Sketch Mode 을 선택

47 Delete를 선택하여 필요 없는 Line을 삭제

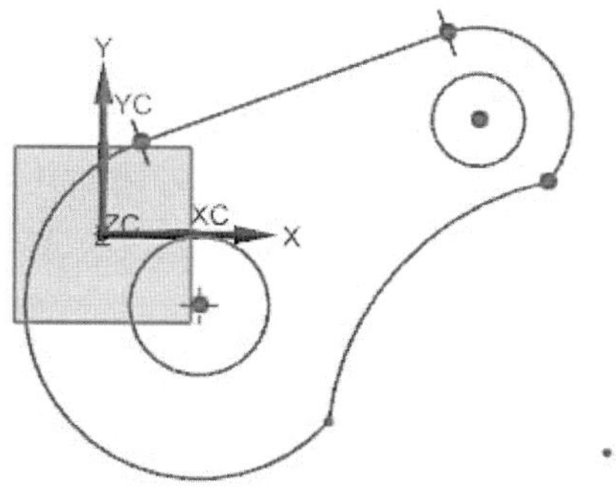

48 Constraints icon 을 선택

49 생성된 Arc와 만나는 Arc에 Tangent icon 을 선택하여 구속을 준다.(점과 점이 혹 떨어질시 Coincident 를 사용하여 구속을 줌)

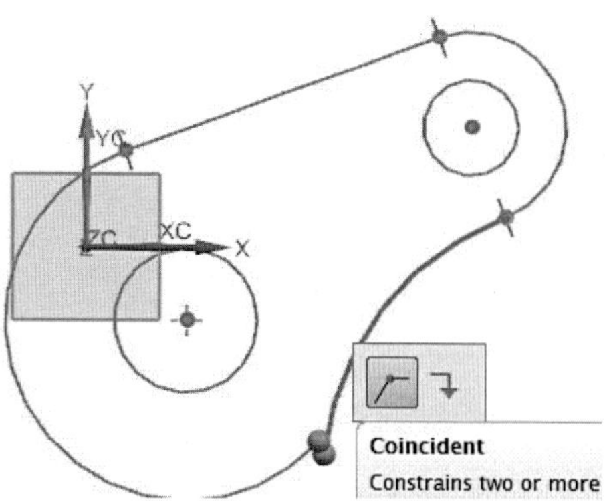

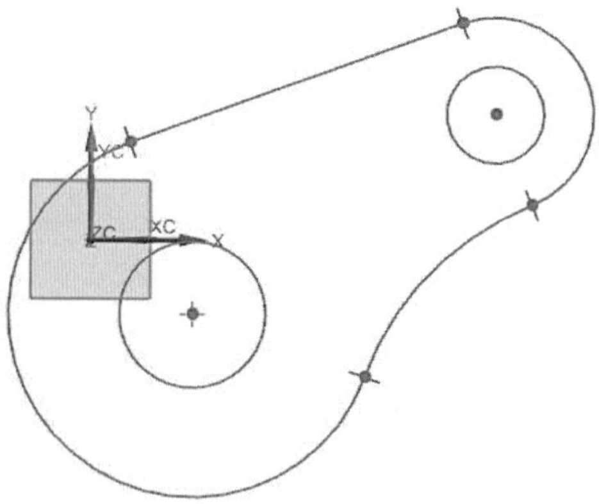

50 Finish Sketch icon 을 선택하여 형상을 확인

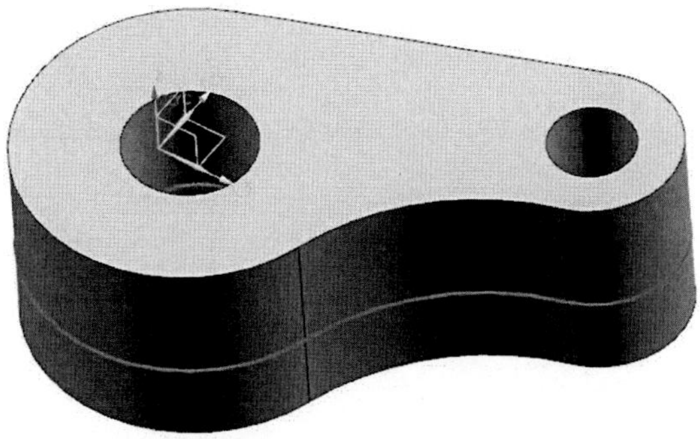

51 다시 Edit Sketch Mode 을 선택

52 원 사이에 직선을 그리고 아래와 같이 수평한 직선도 하나 더 그린다.

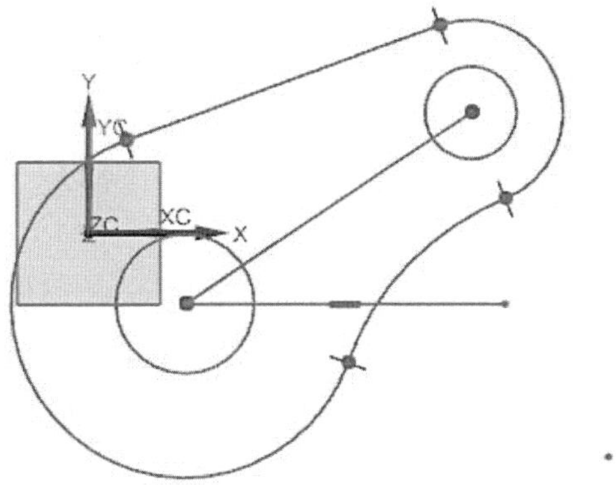

53 Convert To/From Reference를 눌러 그려진 두 개의 직선을 선택

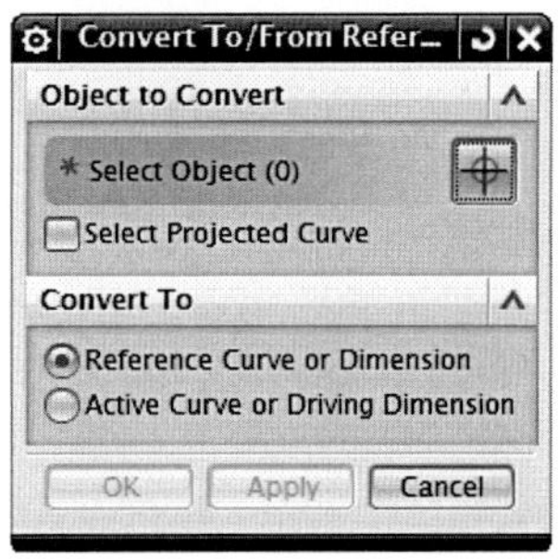

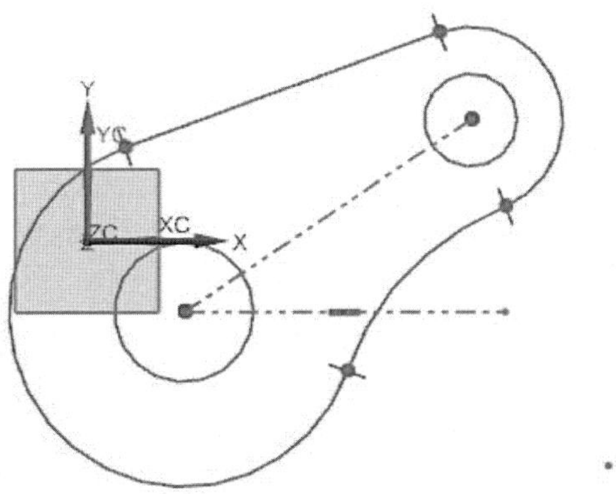

54 Inferred Dimensions 을 선택

55 아래와 같이 치수를 넣는다.

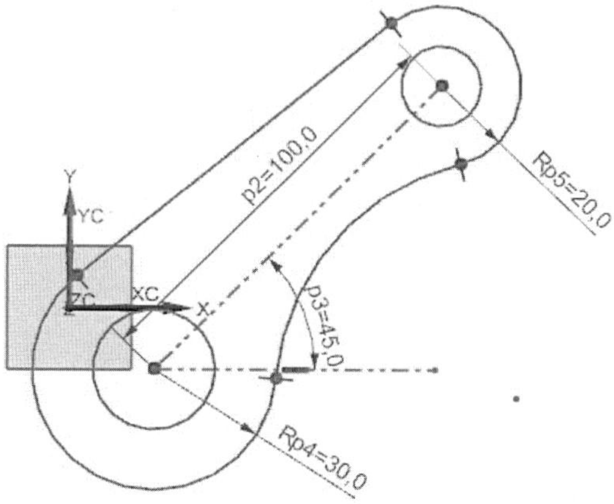

56 Finish Sketch를 선택

57 형상을 확인

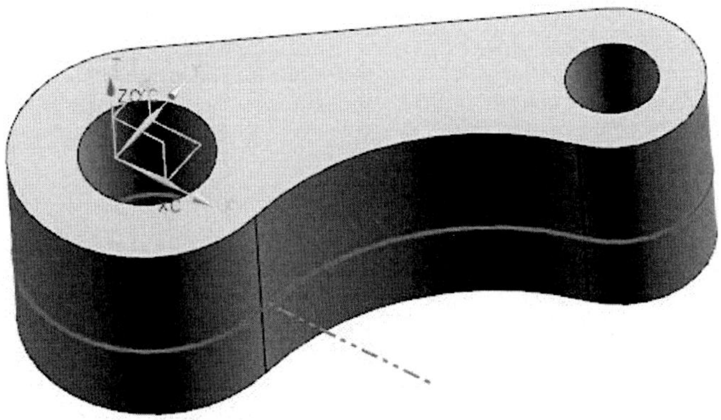

▲ 위와 같이 변형된 제품을 볼 수가 있음

Extrude와 Revolve의 개념을 이해한다.

NX8.5

6

기본형상생성(Basic Features)

01 Extrude

▌Insert → Design Feature → Extrude (x)

작업이 된 Sketch의 Curve나 Edge, Face를 이용하여 사용자가 지정한 방향으로 Solid Body나 Sheet Body를 생성하는 기능이다.

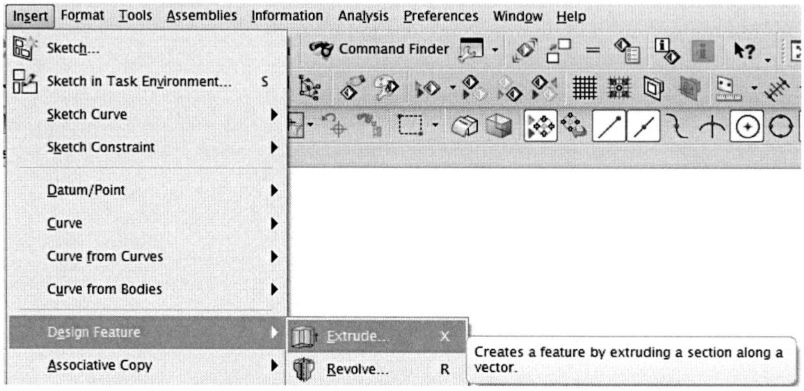

▲ Menu bar

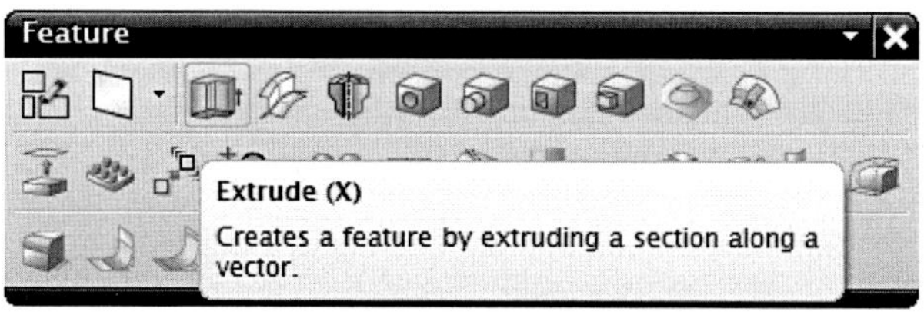

▲ Icon Toolbar

Extrude Icon을 실행하면 Extrude 기능 창이 활성 되고 개체를 선택하는 Selection Intent 창이 활성화 된다.

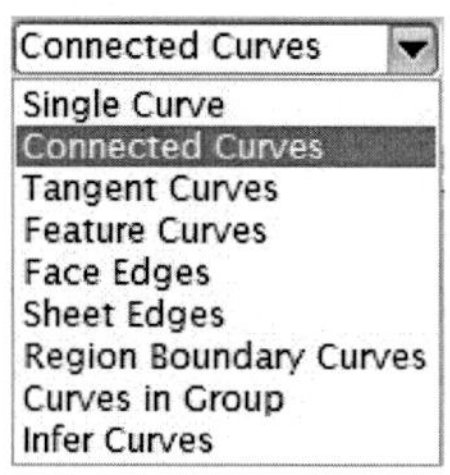

다음의 그림으로 옵션의 내용을 살펴보도록 한다.

• Single Curve
그림과 같이 단일 Curve 선택

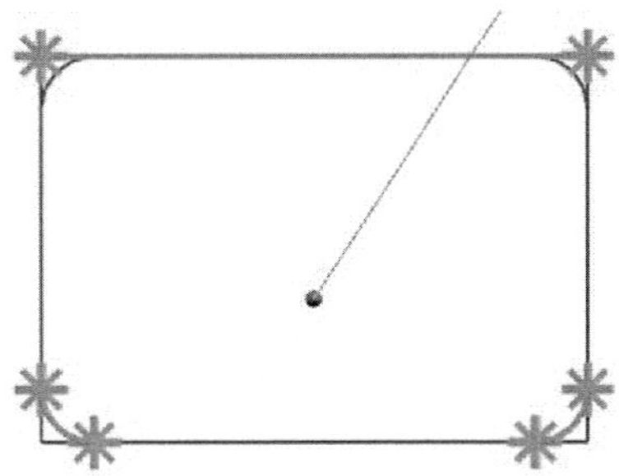

• Connected Curves
그림과 같이 연속 Curve 선택

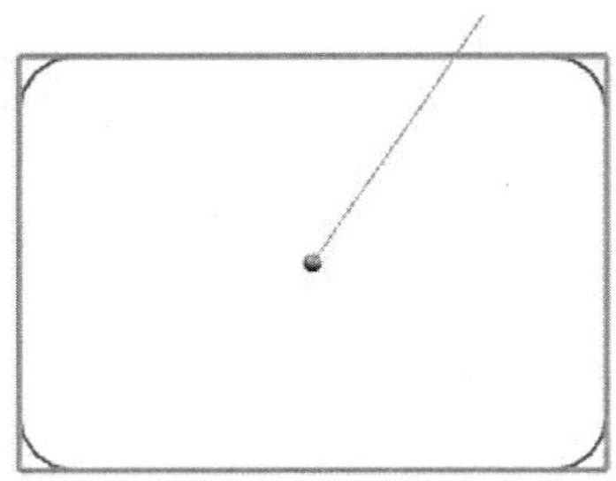

• Tangent Curves
그림과 같이 Tangent한 Curve 선택

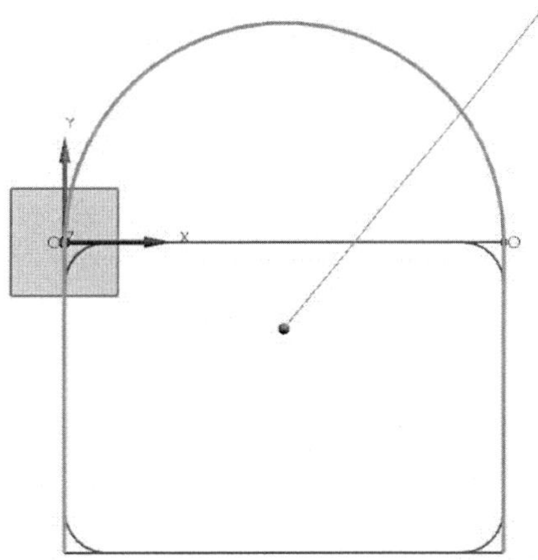

• Feature Curves
그림과 같이 Feature Curve의 영역을 전부 선택
(Sheet와 Solid 동시 생성됨)

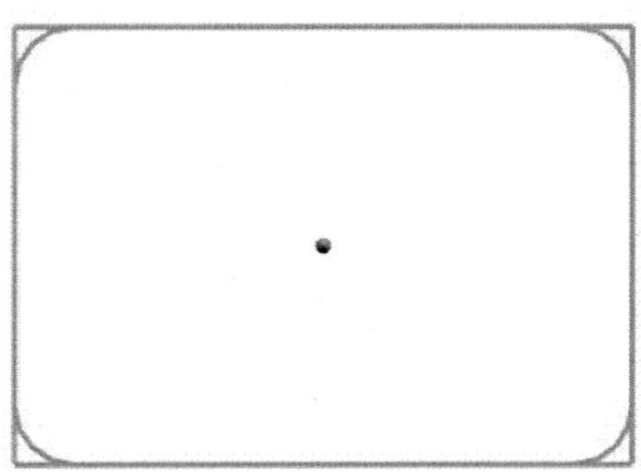

• Face edges

그림과 같이 Feature의 Face 부분의 영역을 선택하여 Feature를 생성함

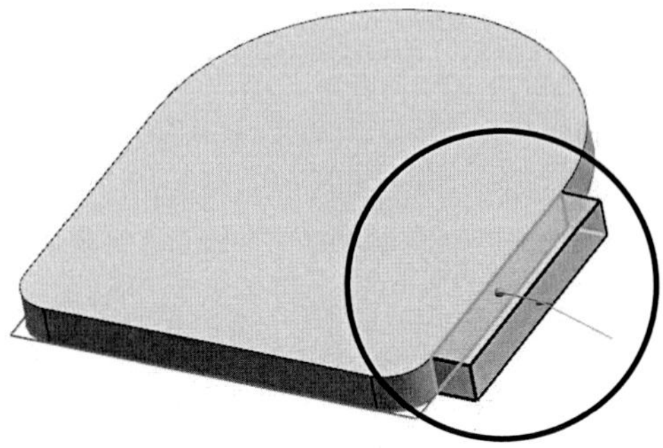

• Sheet Edges

그림과 같이 Sheet의 Edge 부분의 영역을 선택하여 Feature를 생성함(solid화시킴)

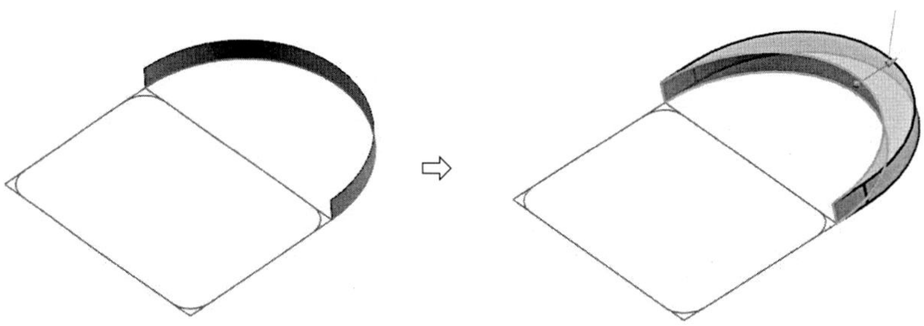

• Region Boundary Curves

그림과 같이 개별영역의 boundary 부분을 선택하여 Feature를 생성함

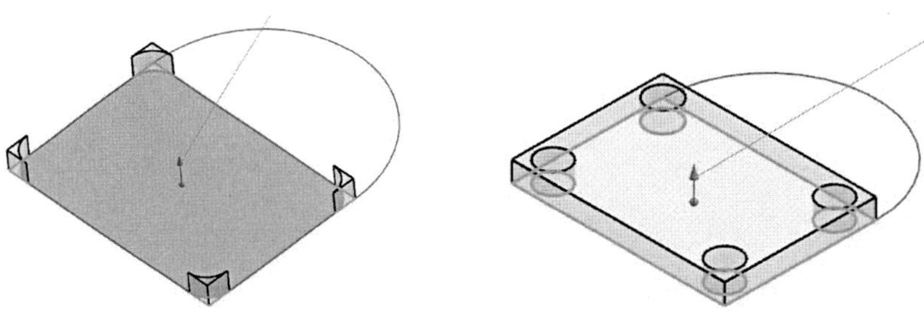

• Curves in Group

그림과 같이 Group으로 만들어진 Curves들을 한번에 선택하여 Feature를 생성함

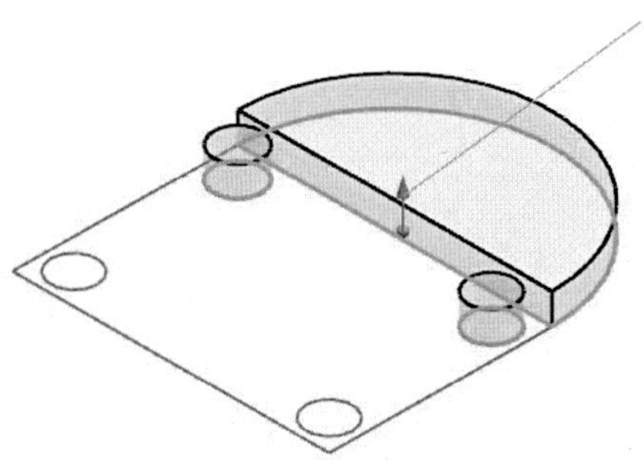

• Infer Curves

그림과 같이 Sketch 영역의 전체 Curves를 선택하여 Feature를 생성함

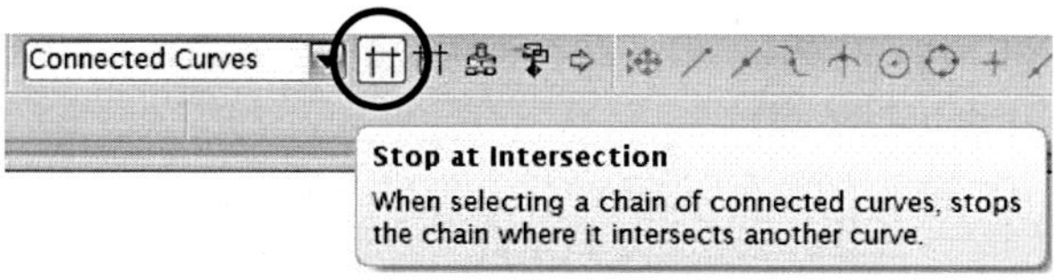

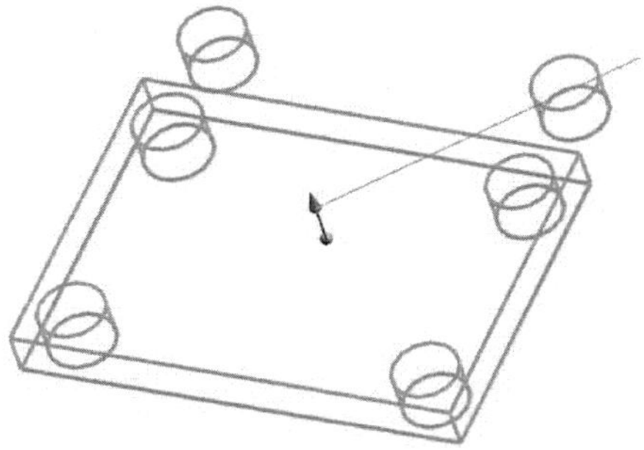

• Stop At Intersection

그림과 같이 Curves를 선택할 때 다른 Curve와의 교차점에서 멈추게 하는 기능

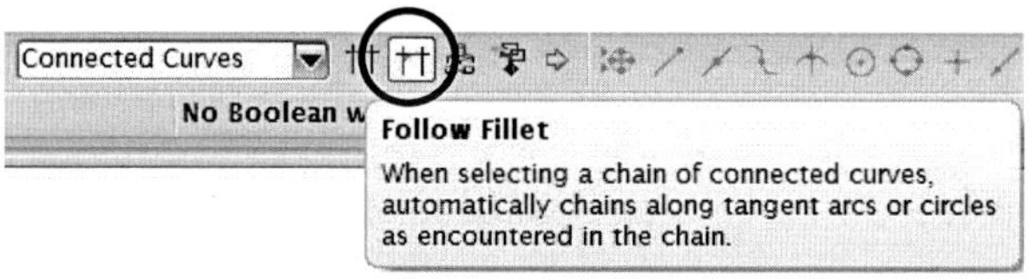

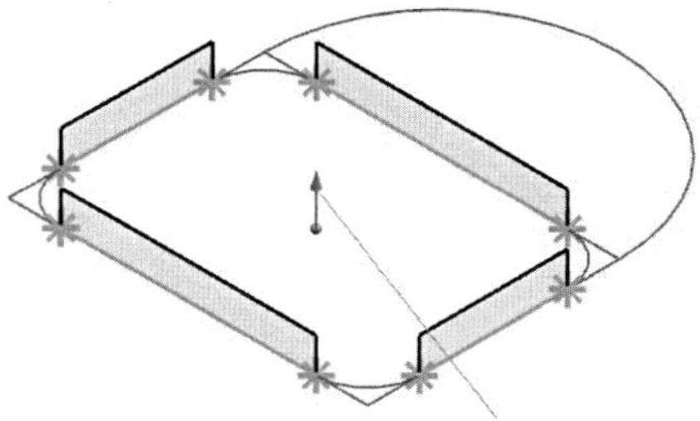

• Follow Fillet

그림과 같이 연속 Curves를 선택할 때 Fillet 구간을 자동적으로 인식하여 선택 할 수 있는 기능

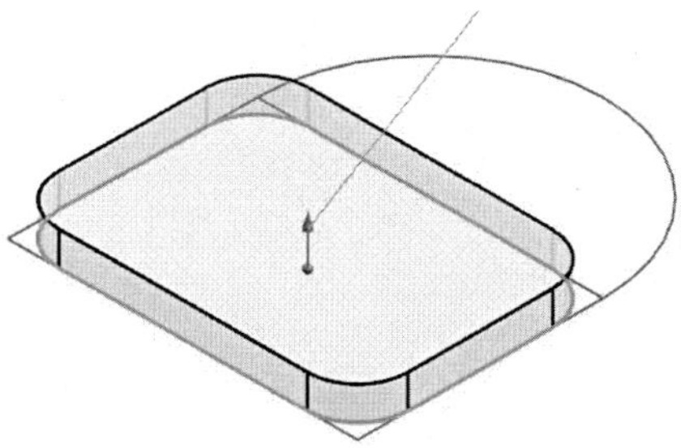

• Chain within Feature

그림과 같이 연속 Curves를 선택할 때 Stop at intersection이 on되어 있어도, 같은 Sketch 환경에서 만들어져 Curve만 인식하게 하는 기능

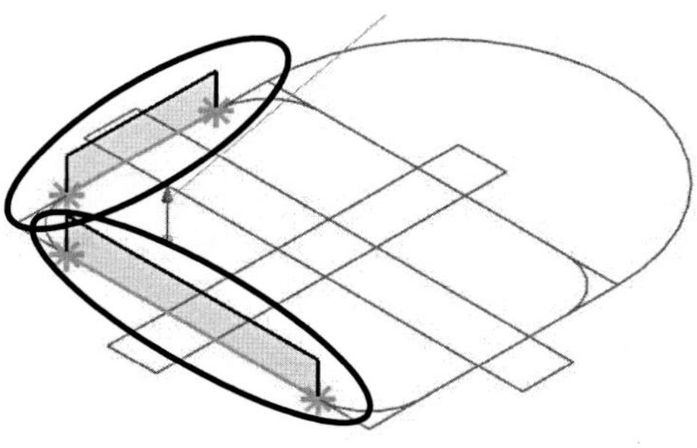

Path Selection :

연속적으로 Curve를 선택하는 경우 교차점에서 경로가 여러가지일 때 임의의 원하는 경로를 선택할 수 있게 해주는 기능의 Option(보여주는 그림과 같이 선택하는 순서에 의해 경로가 바뀜)

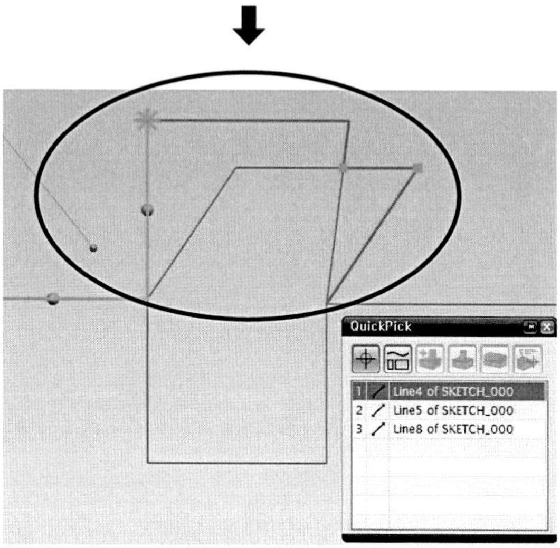

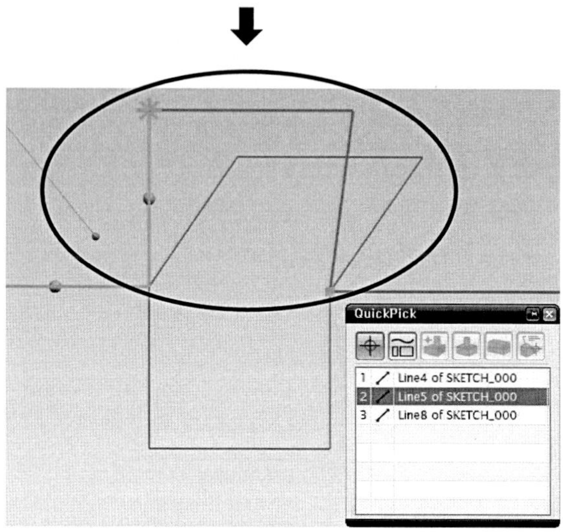

아래와 같이 Extrude 형상의 기본적인 부분에서 자세하게 내용을 살펴보도록 한다.

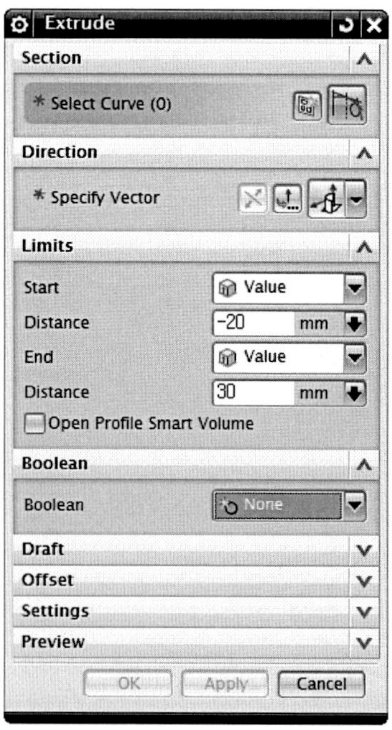

Select Curve
→ 개체를 선택한다.

Sketch Section
→ Sketch 환경에서 Curve 작업으로 생성한다.

Direction
→ 생성 방향을 지정한다.

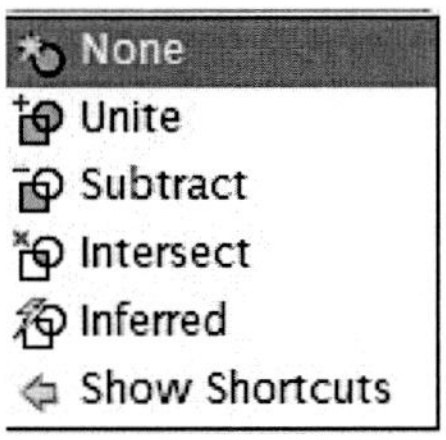

- None : 새로운 Solid Body를 생성한다.
- Unite : 하나의 Body와 하나 또는 여러 개의 다른 Body를 하나의 Body로 합집합을 한다.
- Subtract : Target이 되는 Body에서 Tool body를 지정하여 차집합을 한다.
- Intersect : Target이 되는 Body에서 Tool body를 지정하여 교집합을 한다.
- Inferred : 임의의 상황에 따라 Unite, Subtract가 결정된다.

Limits 는 돌출 되는 양을 정의하는 곳으로 Start와 End의 설정 Option은 Curve가 선택된 상태에서 활성화 된다.

- Value : 시작점과 끝의 위치를 수치로 입력하여 생성된다.

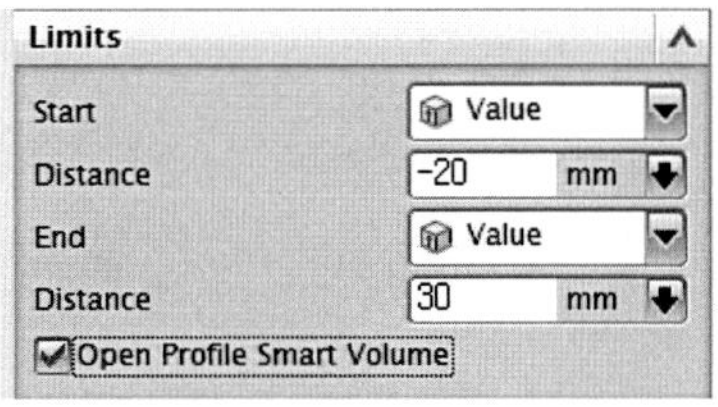

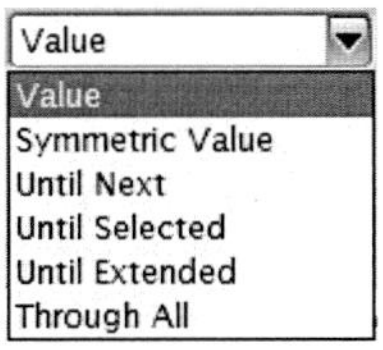

- Open Profile Smart Volume
  열린 파트로도 Volume을 만들어 Cut, Join, Intersect가 가능하다.

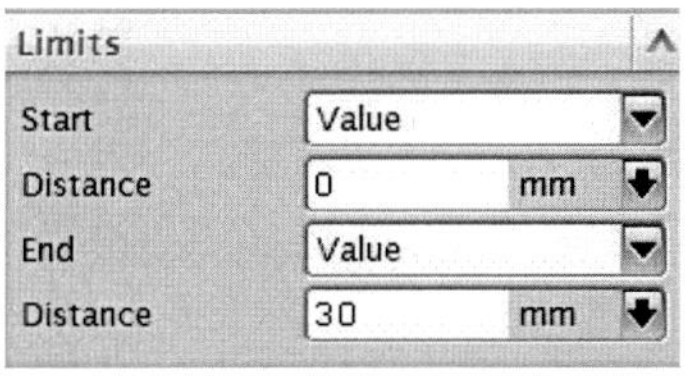

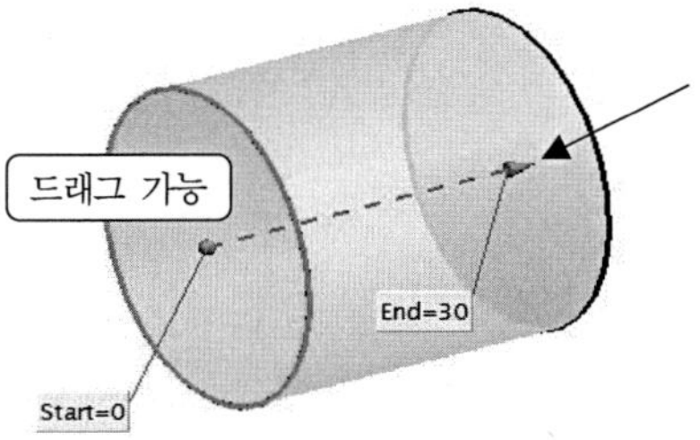

- Symmetric Value
  Start limit의 거리와 End limit의 거리가 같은 치수, 양방향으로 생성된다.

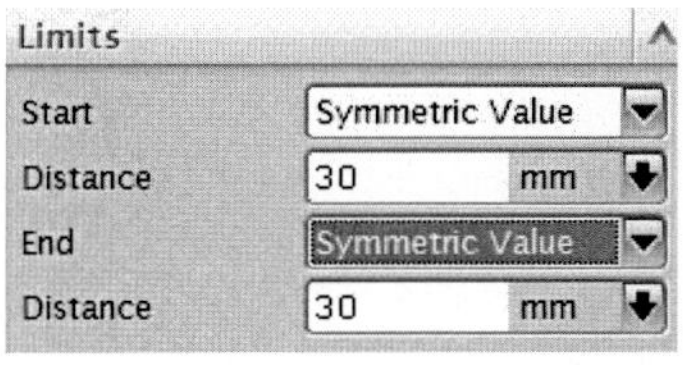

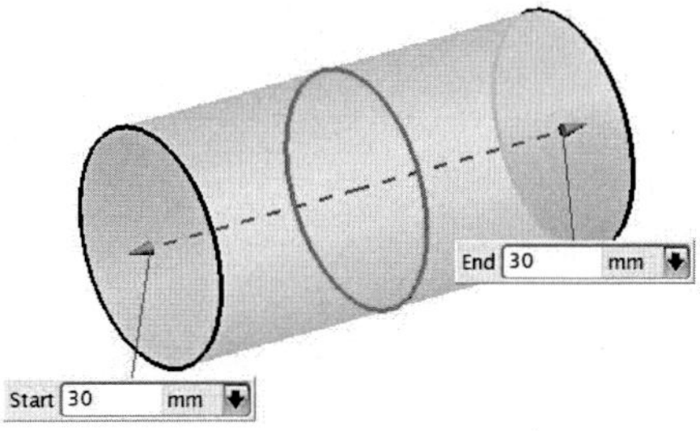

- Until Next

  돌출방향으로 가장 가까운 Body의 면까지 생성된다.

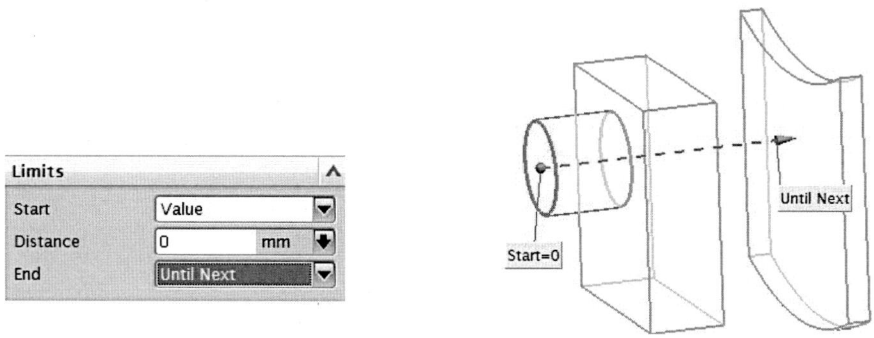

- Until Selected

  Datum Plane, 임의의 Face, Solid Body의 일부 면 등을 선택하여 선택한 면까지 생성한다.

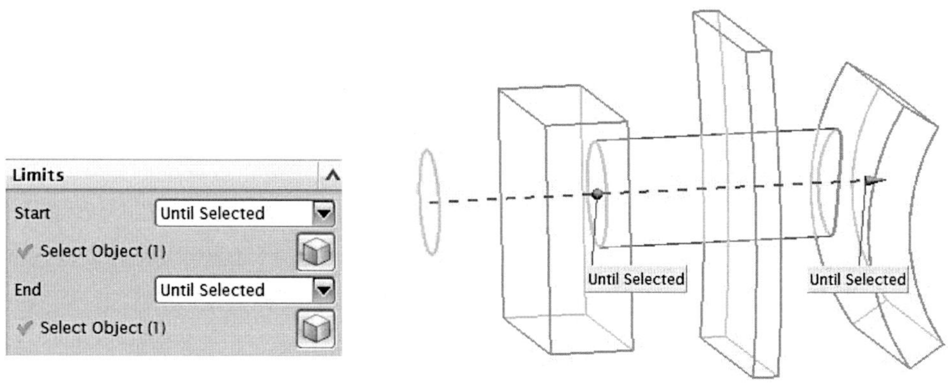

- Until Extended

  선택한 면을 연장하여 돌출되는 형상을 Trim한 결과와 같은 형상을 생성한다.

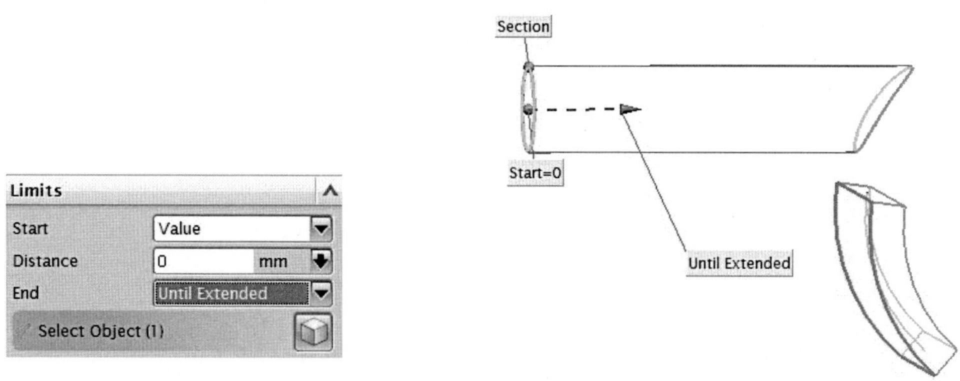

• Through All

돌출방향으로 선택 가능한 모든 Face, Body 등을 모두 관통하는 형상으로 생성

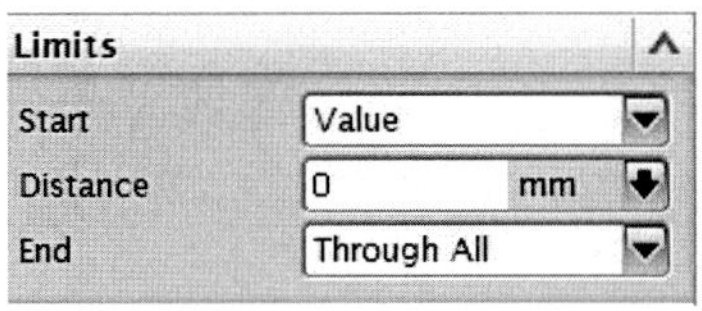

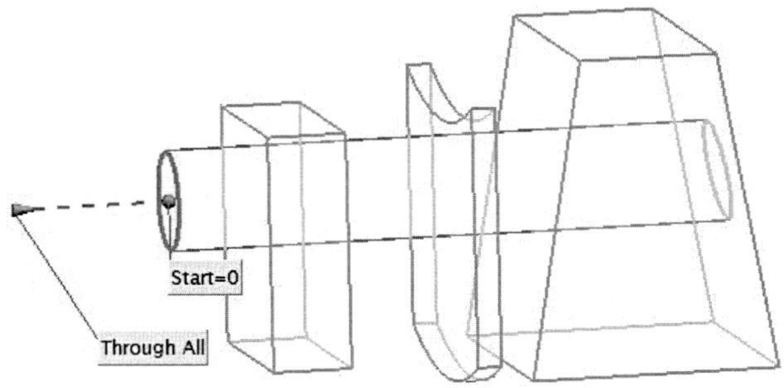

• Offset

Curve를 기준으로 좌우 두께를 설정하여 돌출한다.

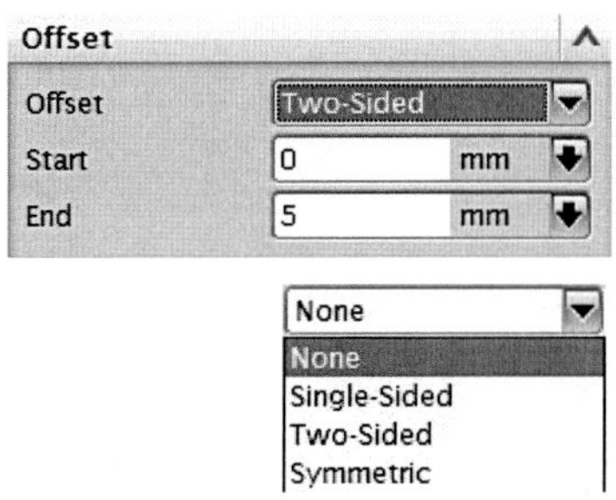

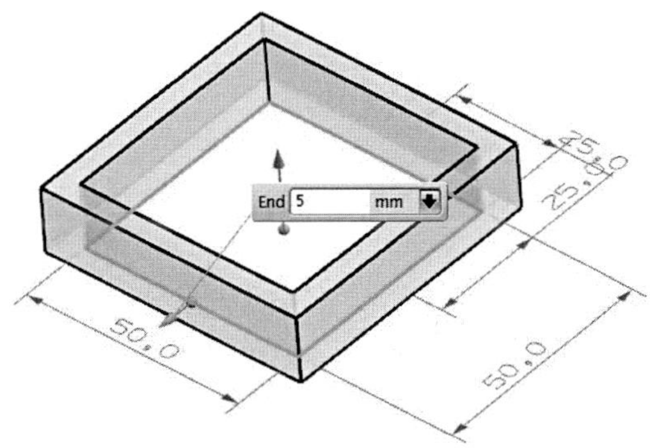

• Draft

돌출되는 방향으로 구배를 적용하여 돌출한다.

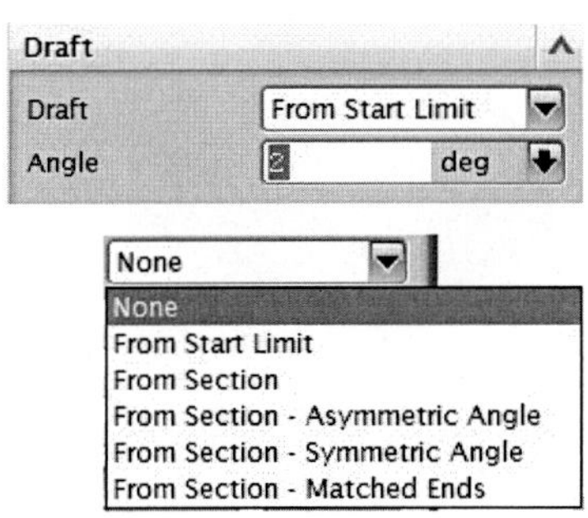

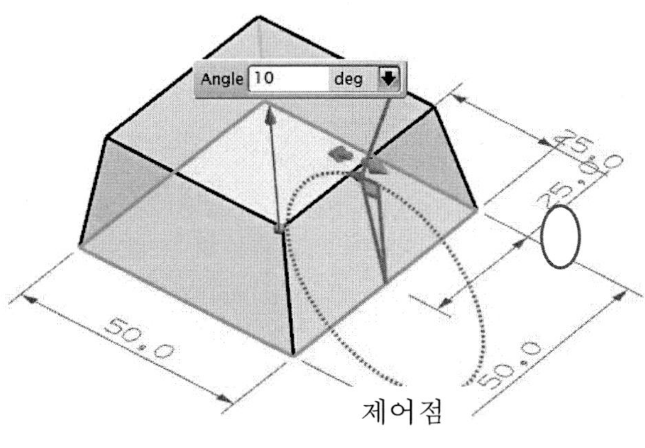

Draft angle을 Drag하여 조정 하거나 원하는 면에 개별적으로 각도를 줄 수도 있다.

이 때 옵션으로 Draft 를 From Section으로 두고 Angle 옵션을 Multiple로 하면 List가 나타나면 원하는 면에 개별적으로 각도를 기입한다.(아래 그림 참조)

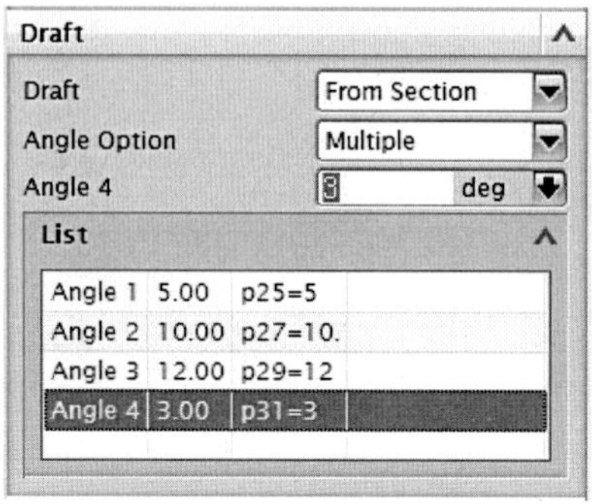

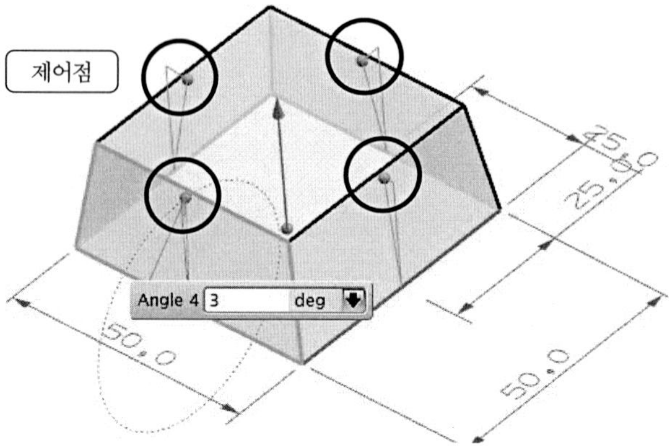

Activity 1

01 Extrude Icon을 선택한다.(Length 100, width 50 먼저 Sketch를 한다.)

02 돌출시킬 Curve를 선택한다.

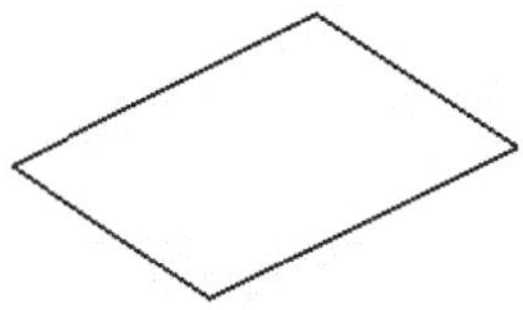

03 End 기입란에 돌출 양을 25 입력한다.

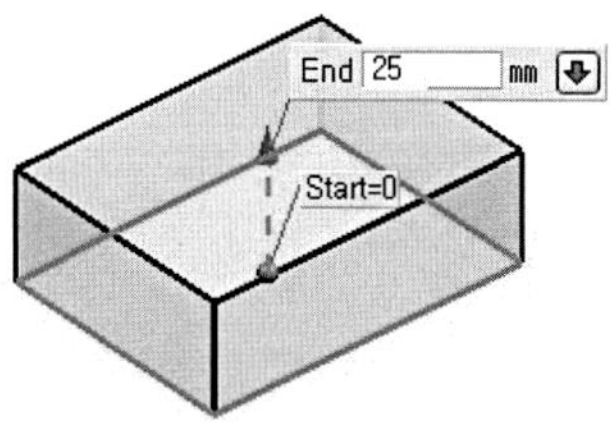

04 [OK] 눌러 완료한다.

아래의 그림은 Extrude 사용 시 나타나는 Graphics Handles의 세부 사항이다.

01 End Limits : 끝 한계점으로 원하는 부분까지 마우스로 끌어 정의할 수 있다.

02 Start Limits : 시작 한계점으로 마우스로 끌어 원하는 부분에서 시작할 수 있다.

03 Draft Angle : 원하는 부분까지 마우스를 끌어 구배 정도를 정의할 수 있다.

04 Profile String : 돌출하기 위해 선택한 Curve에 단면 지오메트리가 표시 된다.

05 End Offset : 선택한 특징 형상의 끝에 Offset 끝을 정의한다.

06 Start Offset : 선택한 특징형상의 시작에 Offset 시작을 정의한다.

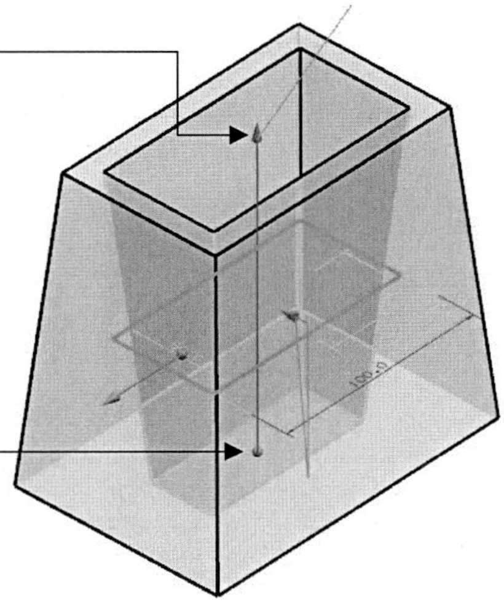

Curve의 선택 시 교차 되어 있는 Curve는 Selection Intent에서 선택 Option을 Stop at Intersection으로 정의해야 선택할 수 있다.

단, NX7.5부터는 File → Utilitiies → Customer Defaults → Modeling → General → Miscellaneous tab → Allow Self-intersecting Section in Extrude Feature를 ON한 상태에서는 Self-intersection을 아래와 같이 사용할 수 있다.

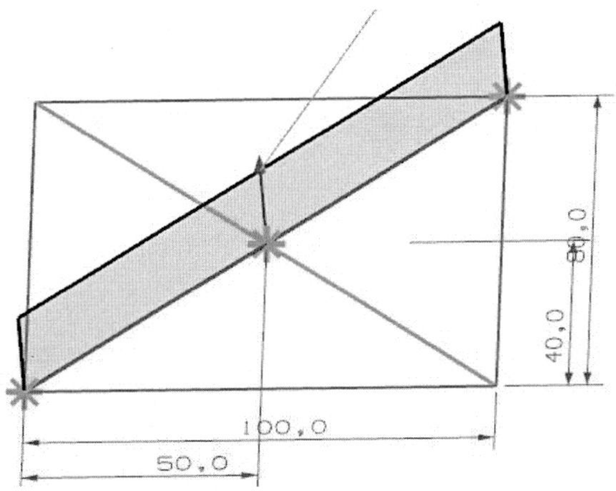

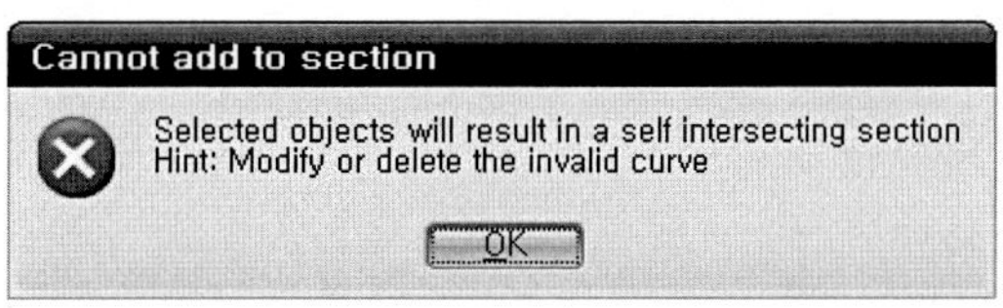

▲ Allow Self-intersecting Section in Extrude Feature를 ON한 상태

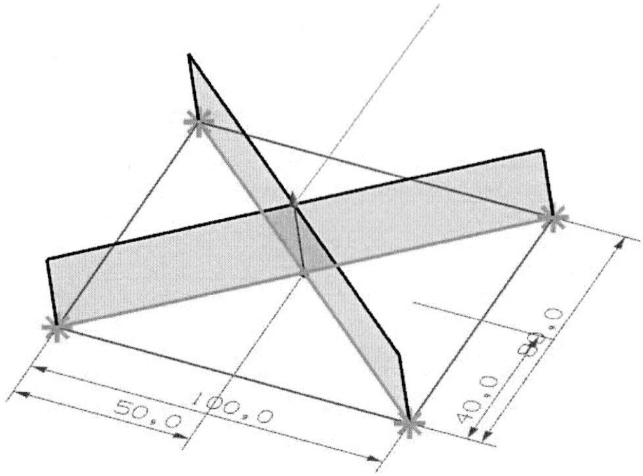

Setting 옵션을 열어 생성되는 형상을 solid 또는 sheet로 지정할 수 있다.

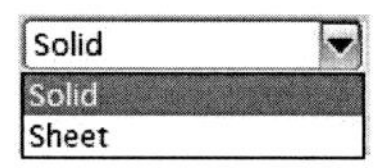

Solid 설정 ⇨

Sheet 설정 ⇨

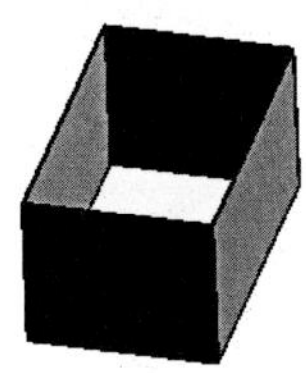

Activity 2

01 Extrude−1 파일을 open

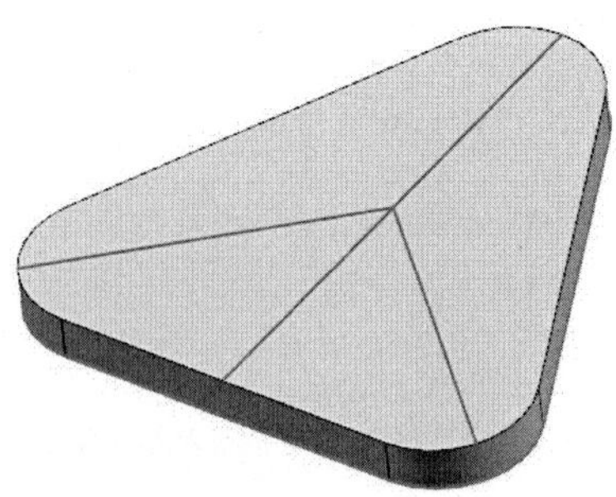

02 Insert → Design feature → Extrude 선택

03 위와 같이 값을 입력하고

04 Boolean option을 unite 상태로

05 Start의 값을 0, End 10으로 한다.

06 Draft 값을 From Section으로 입력하고, Single로 구배는 10°를 입력한다.
07 Offset option을 on 한다.
08 Symmetric 값을 2로 입력한다.
09 Apply를 선택

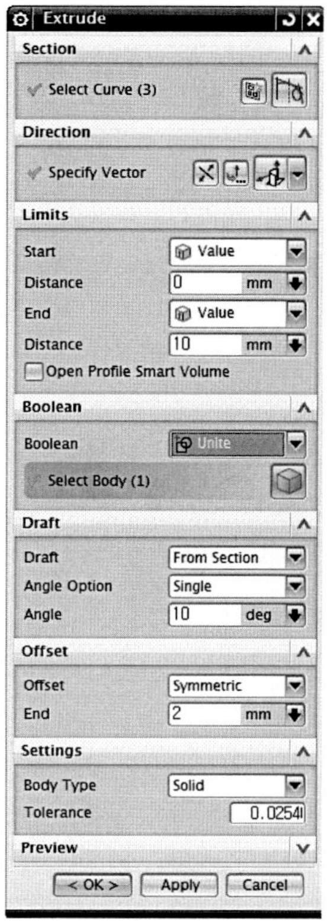

10 작업 창을 Fit 시킨다.
11 Extrude 아이콘 실행

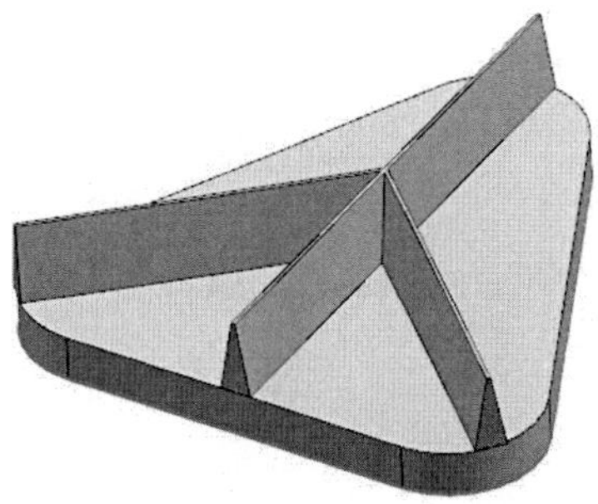

12 Selection intend의 방법을 Region Boundary Curve로 바꾼다.

13 다음과 같이 Rib의 Boundary 외곽 edge를 자동으로 선택됨

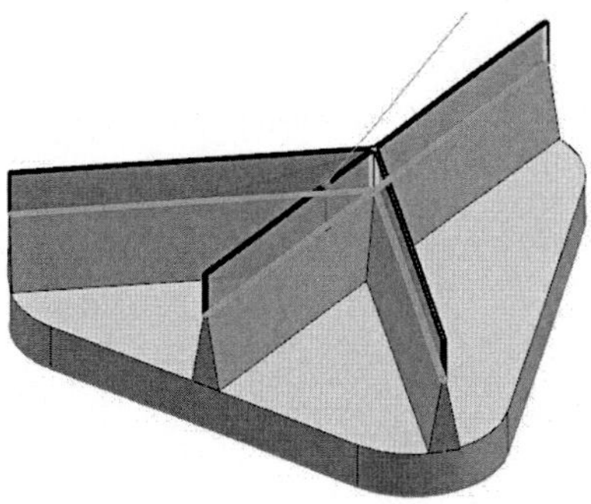

14 Boolean option은 unite 상태로 한다.
15 Start의 값을 2, End 값을 10으로 한다.
16 End(offset) 값을 0.5로 한다.

17 Apply 선택

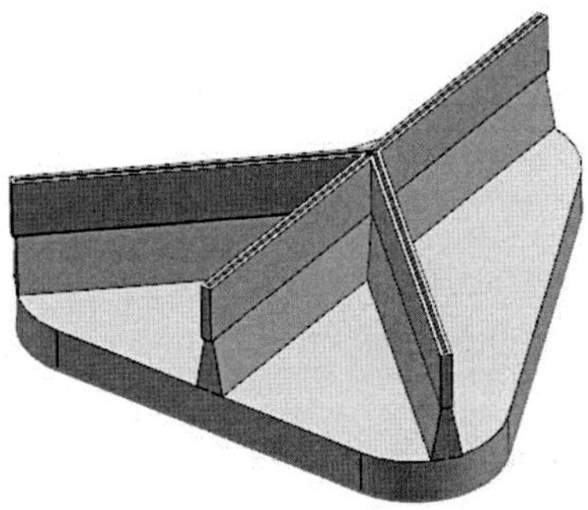

Activity 3

01 Selection intend의 방법을 Face Edges로 바꾼다.

02 제품의 윗면 4군데의 Face를 선택해서 값을 아래와 같이 입력한다.

03 −zc 방향을 향하도록 Reverse Direction으로 조절한다.

04 End 값에 3로 한다.

05 Boolean option은 Subtract 상태로 한다.
06 OK 한다.
07 Close All Part 한다.

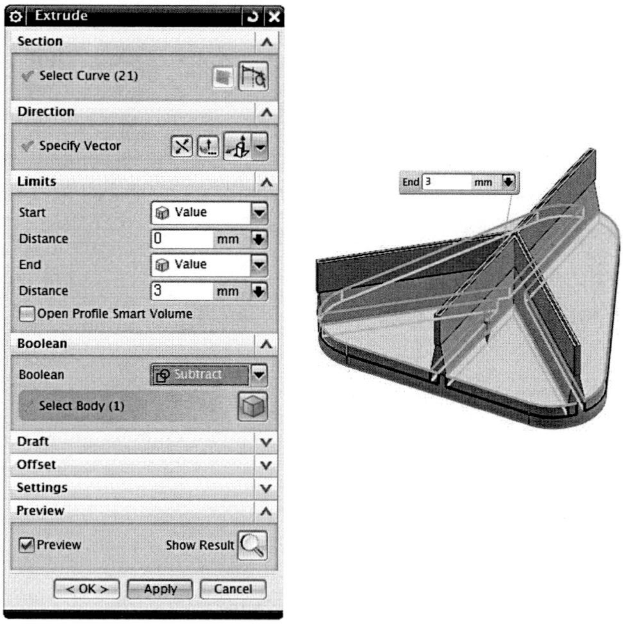

02 Revolve

Insert → Design Feature → Revolve(R)

작업이 된 Sketch의 Curve나 Edge, Face를 이용하여 사용자가 지정한 개체를 축을 따라 회전하여 Solid Body나 Sheet Body를 생성하는 기능이다.

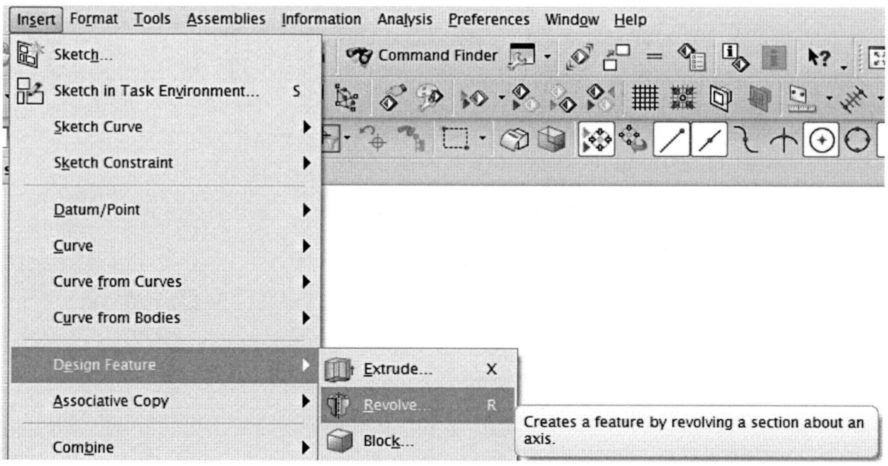

▲ Menu bar

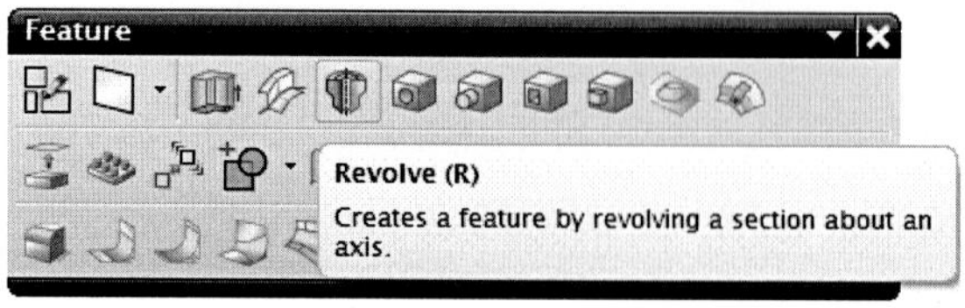

▲ Icon Toolbar

Revolve Icon을 실행하면 Revolve생성 창이 나타나고 Selection Intent 옵션이 활성화 된다. Option은 Extrude와 대부분 동일하며 Angular Limits에서 값을 입력하는 부분만 다르다.

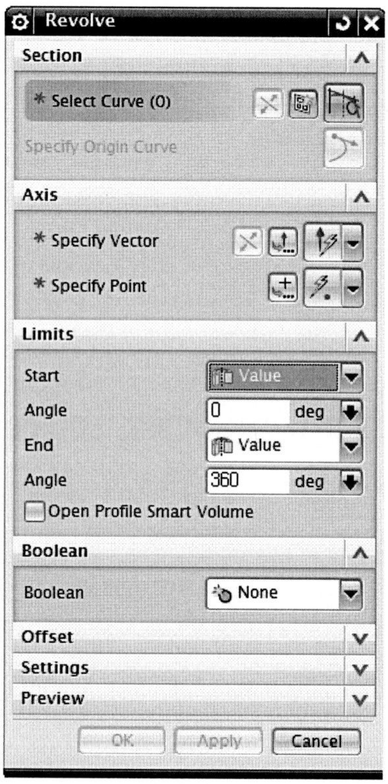

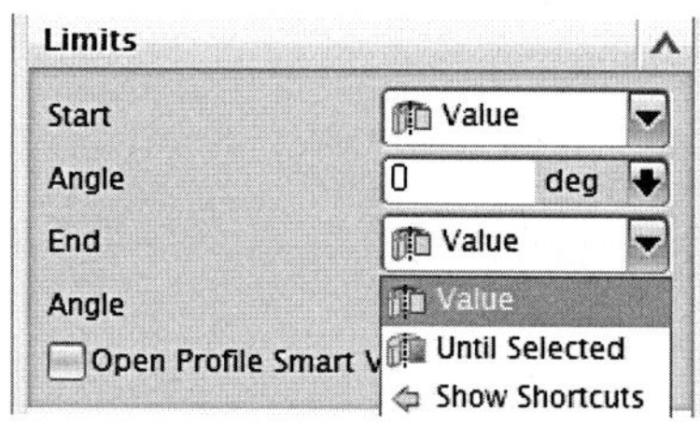

기준이 될 축과 생성될 기준 위치를 점으로 설정

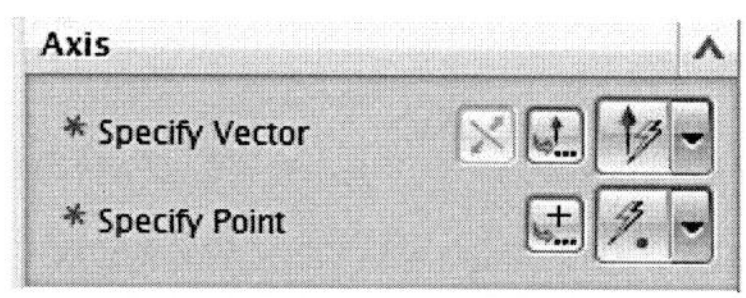

다음의 내용은 Revolve 기능을 사용방법이다.

01 Revolve Icon을 선택한다.

02 회전시킬 Curve를 선택한다.(Curve 선택 시 회전 시켜야 할 Curve와 중심선이 교차하면 Selection Intent에서 Option을 설정한 후 선택하여야 한다.)

03 End 기입란에 회전 양을 입력한 후 MB2를 누른다.(한 바퀴 회전 = 360)

04 회전 할 중심선을 선택한다.

05 [OK] 눌러 완료한다.

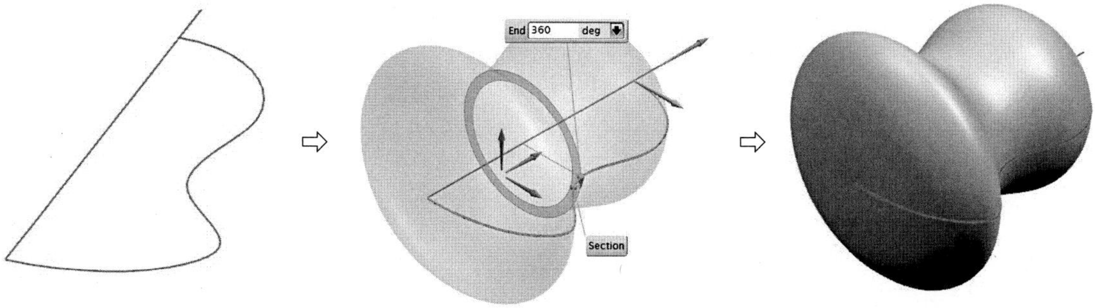

Revolve도 Extrude와 마찬가지로 Offset을 이용 시 선택한 Curve를 기준으로 좌우 두께를 가진 Solid Body나 Sheet Body를 생성한다.

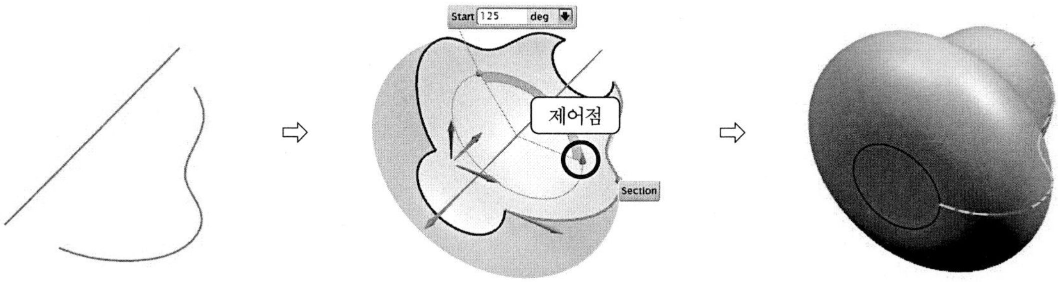

▲ Offset 이용 시 Angle=125[Sheet], 360[Solid]

Setting 옵션을 열어 생성되는 형상을 solid 또는 sheet로 지정할 수 있다.

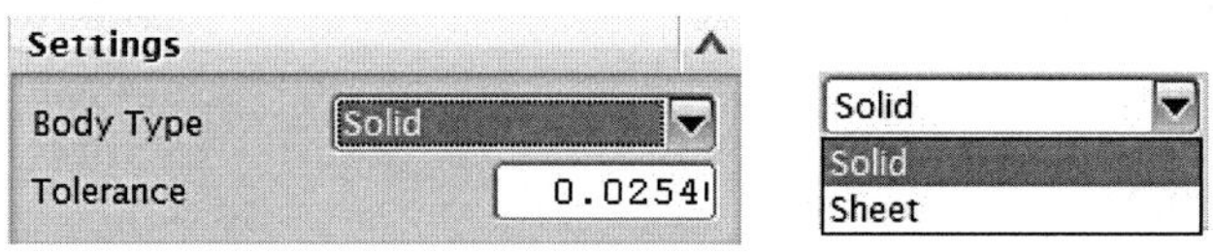

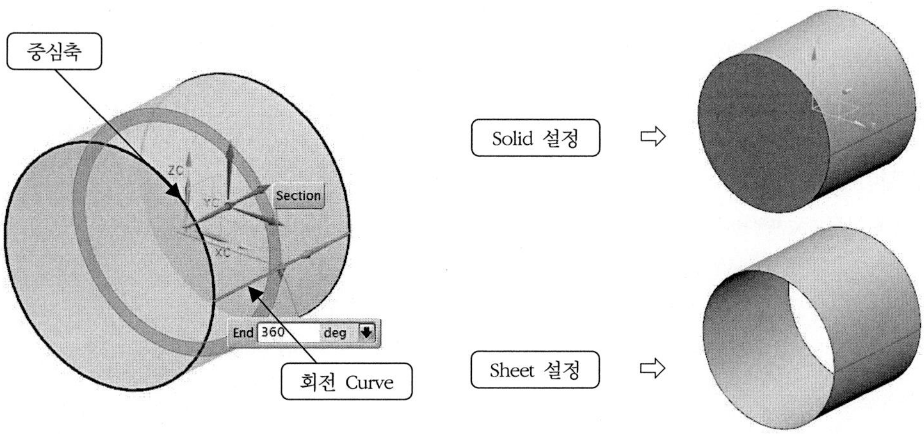

Activity 4

01 Revolve_ex 파일을 Open

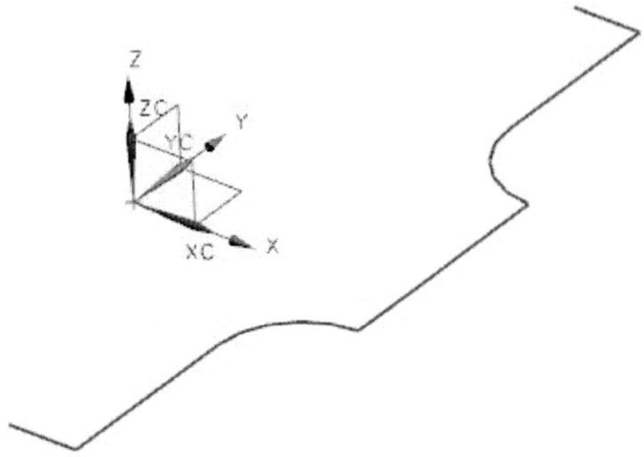

02 Modeling Application을 시작

03 Sketch curve의 위에 커브를 위치시키고 MB3
→ Revolve 선택

04 Start=0, End=360을 넣는다.

05 MB2를 선택

06 OK 한다.

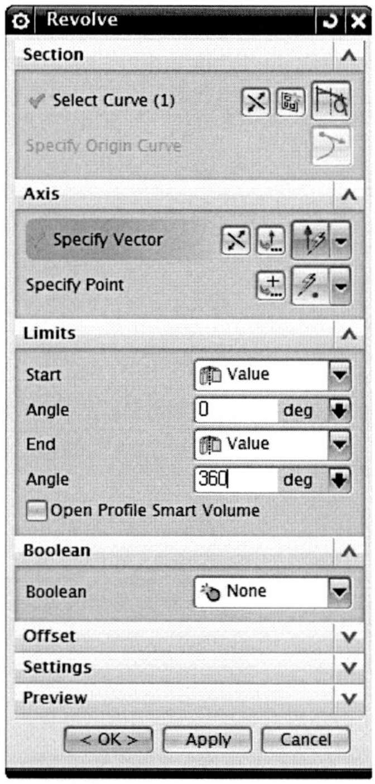

07 Undo를 선택

08 다시 Revolve 명령을 실행

09 Offset을 on 상태로 한다.

10 아래와 같이 Start(limit)=0, End(limit)=180,
Start(Offset) =0 , End(Offset)=5를 넣는다.

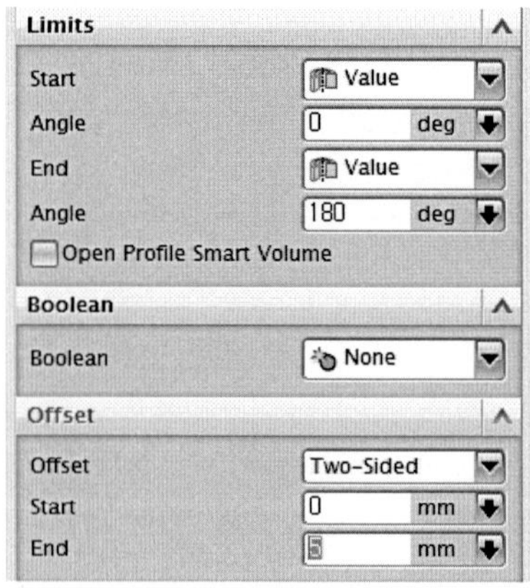

11 사용할 벡터로 화면상에 보이는 Datume Axis를 선택

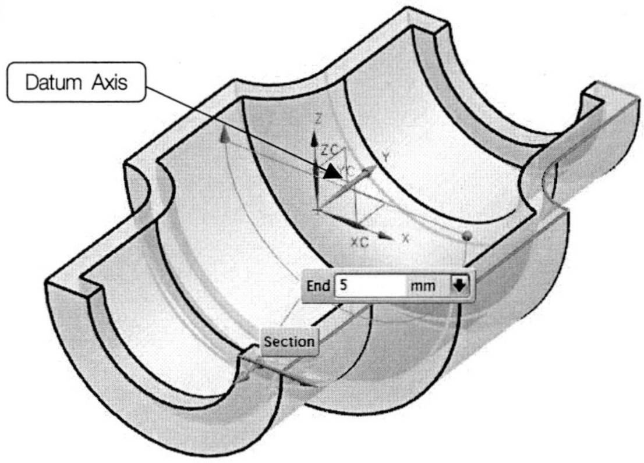

12 OK 한다.

13 다시 Revolve 명령을 실행

14 Selection Intend 방법을 Face Edges로 한다.

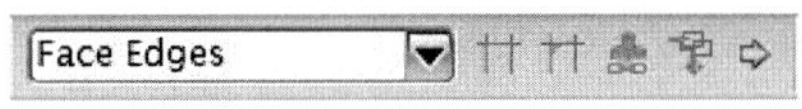

15 그림과 같이 측면을 선택

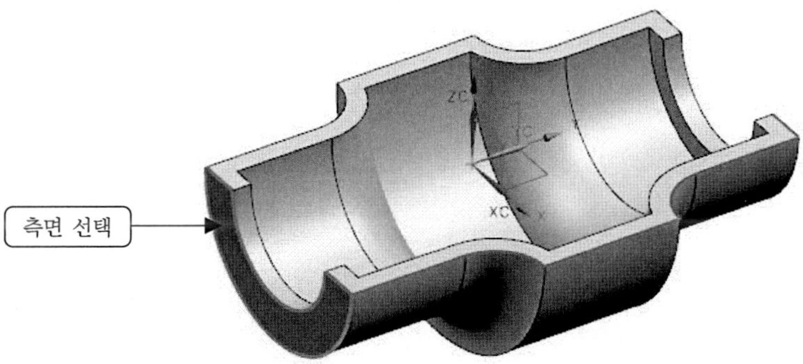

16 Start angle=0, End angle=90을 써 넣는다.

17 Vector 설정을 위하여 Two point를 눌러 그림과 같은 순서로 선택한다.

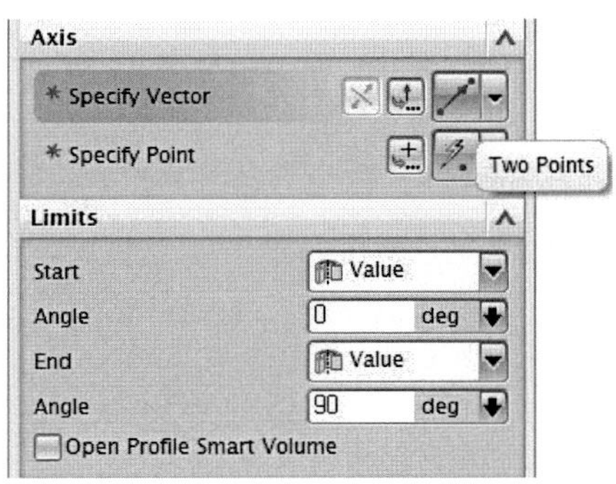

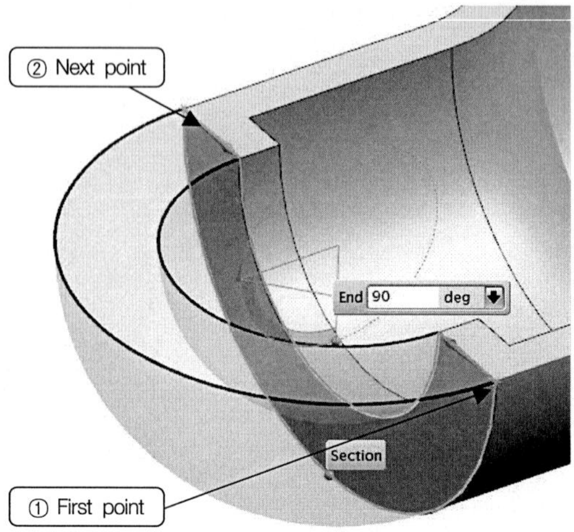

18 OK 한다.

19 새로 생성된 형상을 기존의 Body와 Unite Option 설정한다.

20 OK 한다.

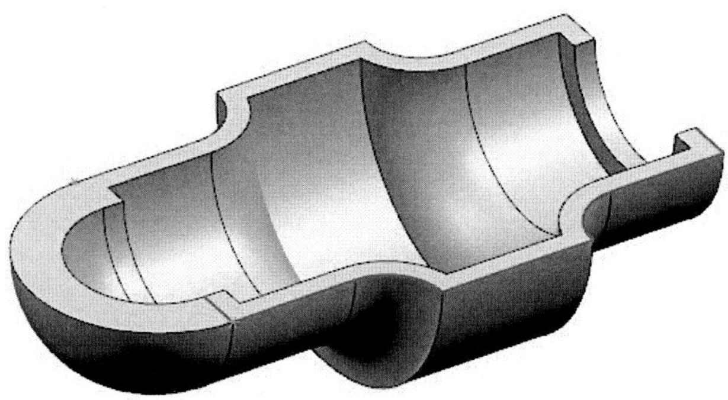

Positional Form feature의 개념을 이해한다.

NX8.5

7

폼 피처(Form Feature)

01 Hole

Insert → Design Feature → Hole

다섯 가지 Type의 Hole을 만들 수 있으며 평면에서만 가능하다.

- General Hole : 일반적인 hole
- Drill Size Hole : Drill로 Hole를 뚫을 때 사용
- Screw Clearance Hole : Screw 머리 Hole 뚫을 때 사용
- Threaded Hole : 나사 Hole을 뚫을 때

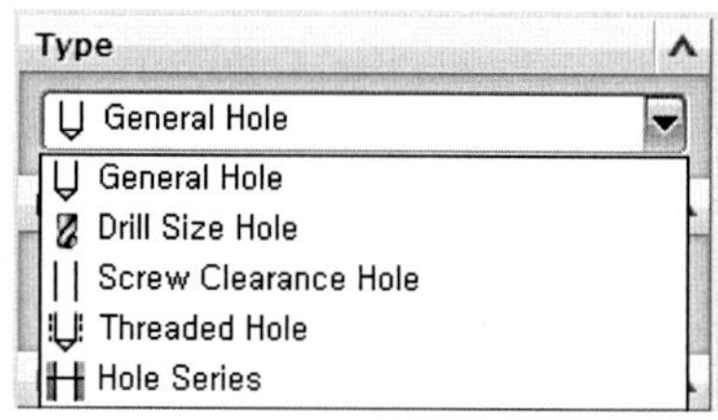

General Hole

01 Hole Type 선택
02 Hole이 생성될 평면을 선택한다.
03 Hole의 위치구속을 준다.
04 지름, 깊이값 등의 원하는 parameter를 기입하고 Apply하거나 관통될 맞은편 면을 선택한다.

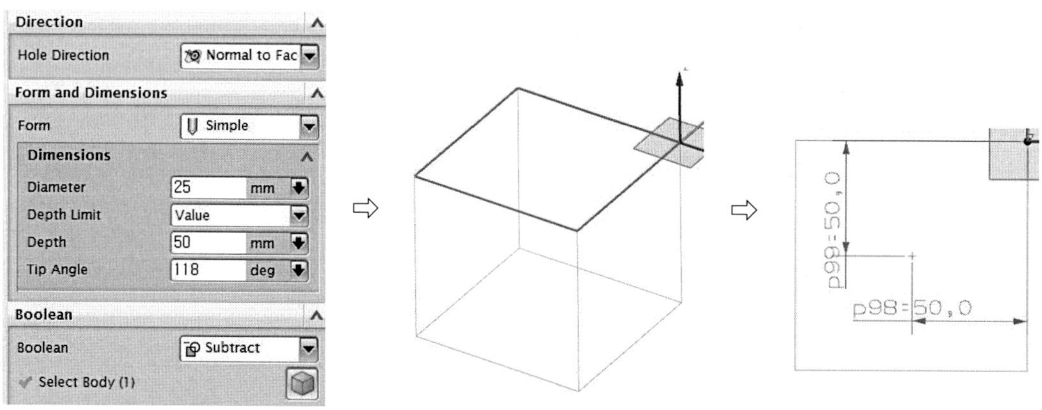

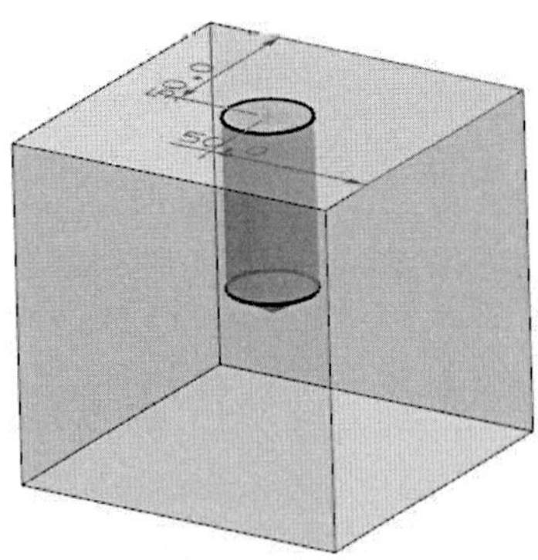

• Simple 형상

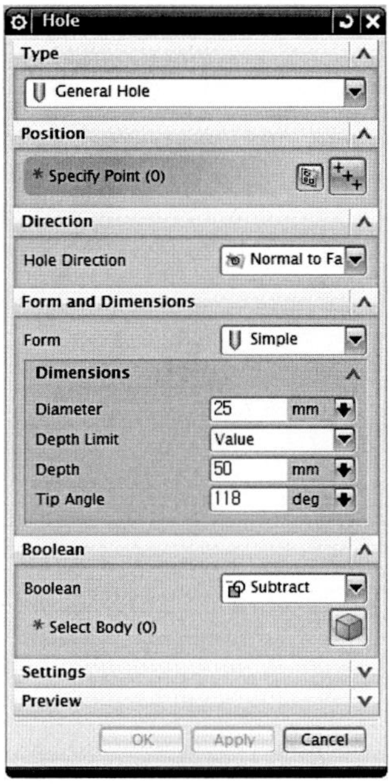

← Position hole 위치

← Direction Hole의 vecter 방향

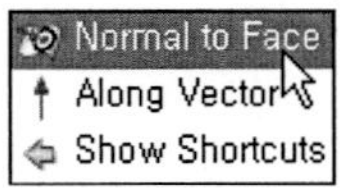

← Form and dimensions

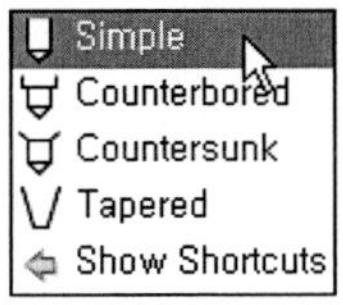

Diameter : Hole의 지름
Depth : Hole의 깊이
Tip Angle : Tip 각도

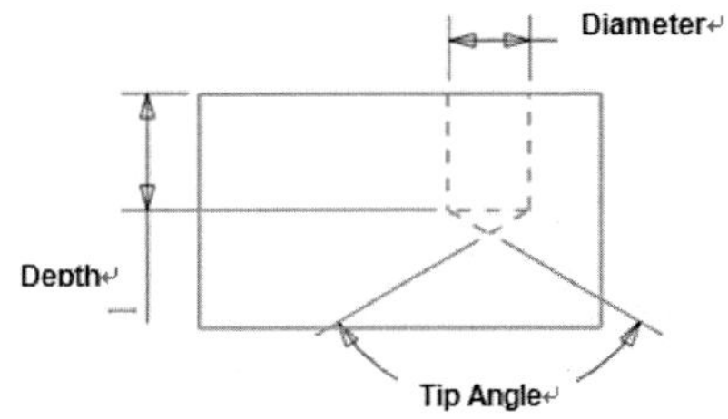

• Counterbored 형상

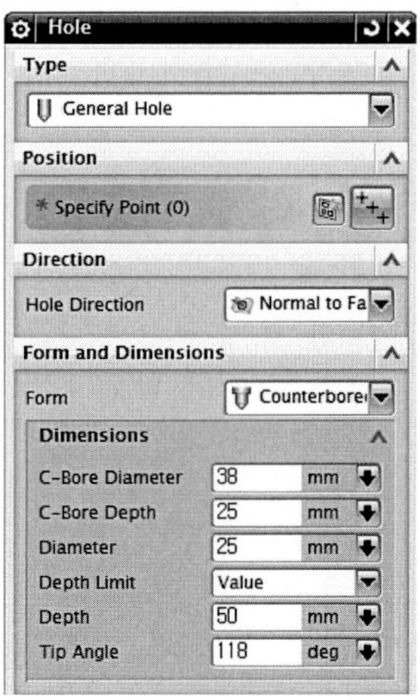

C−Bore Diameter : C−Bore 지름
C−Bore Depth : C−Bore 깊이
Hole Diameter : Hole의 지름
Hole Depth : Hole의 깊이
Tip Angle : Tip 각도(드릴의 표준 선단각 : 118°)

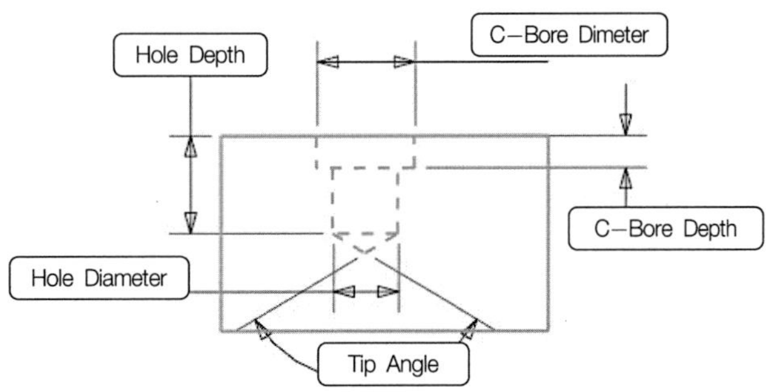

• Countersink 형상

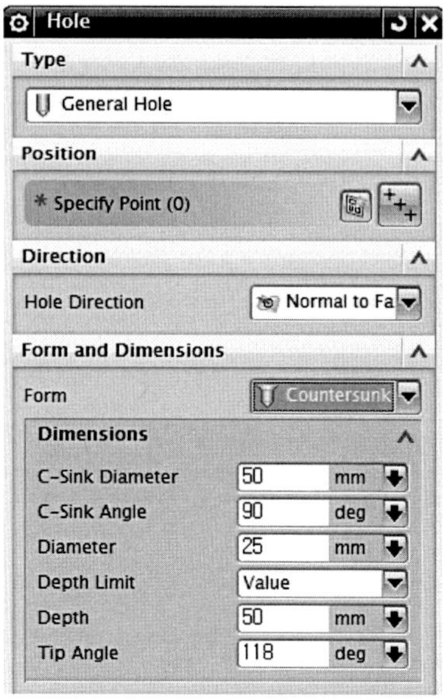

C−Sink Diameter : C−Sink 지름
C−Sink Angle : C−Sink 각도
Hole Diameter : Hole의 지름
Hole Depth : Hole의 깊이
Tip Angle : Tip 각도 (기본 : 118°)

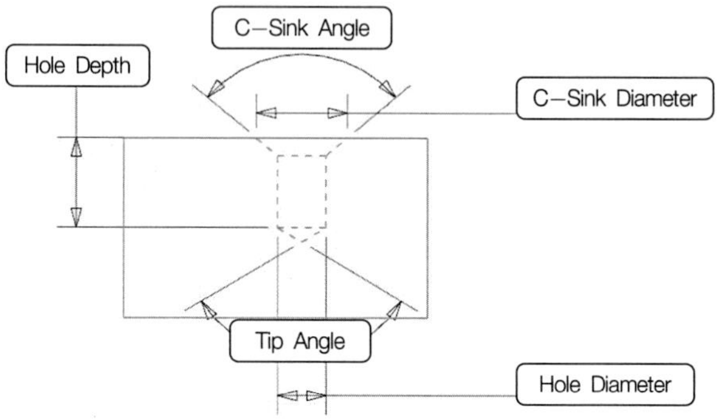

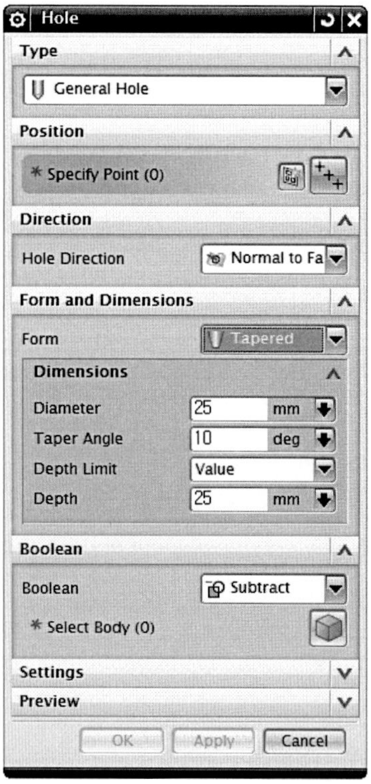

Diameter : Hole 지름
Angel : 구배 각도
Depth : Hole의 깊이

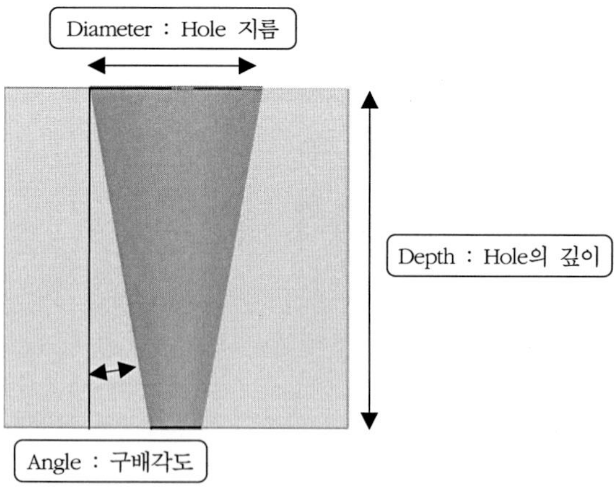

Drill Size Hole

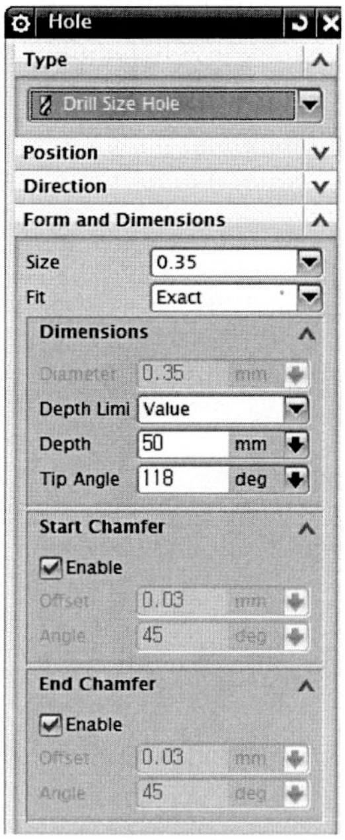

- Form and Dimensions
  Size : Drill Size
  Fit : Drill의 규격 Size
- Depth : Drill의 깊이

Screw Clearance Hole

Screw 나사를 체결하기 위한 Hole

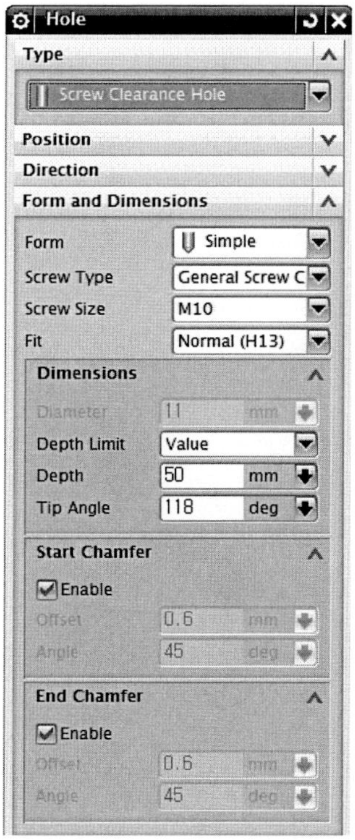

Form

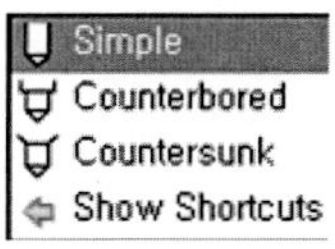

Threaded Hole

나사선을 만들기 위한 Hole

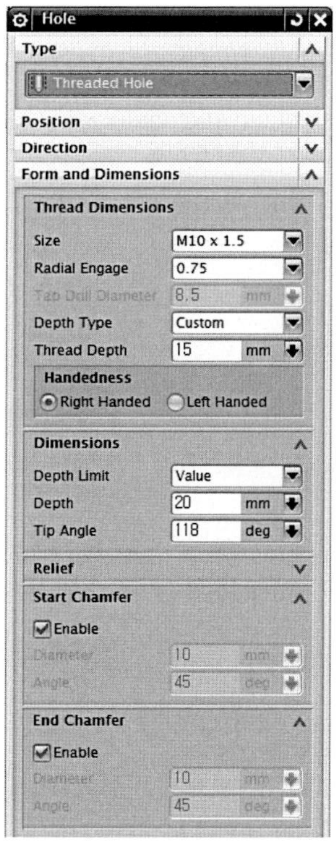

02 Boss

Insert → Design Feature → Boss

평면에 원기둥 형상의 Boss를 생성한다.

01 Boss 선택
02 Boss가 생성될 평면을 선택한다.
03 Boss 위치 할 Position 지정한다.
04 Ok

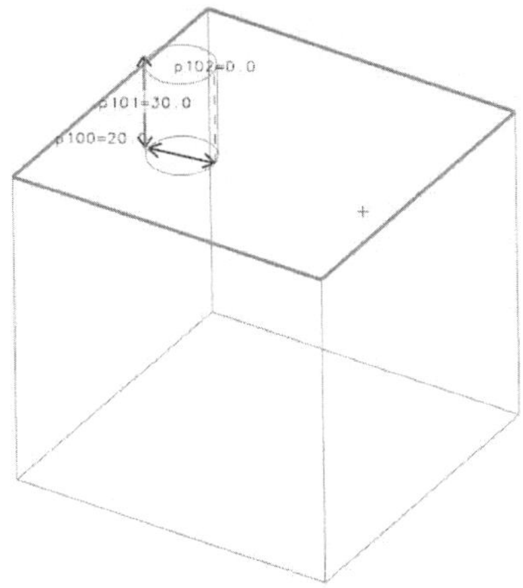

- Positioning

  Hole의 위치를 지정해 준다.

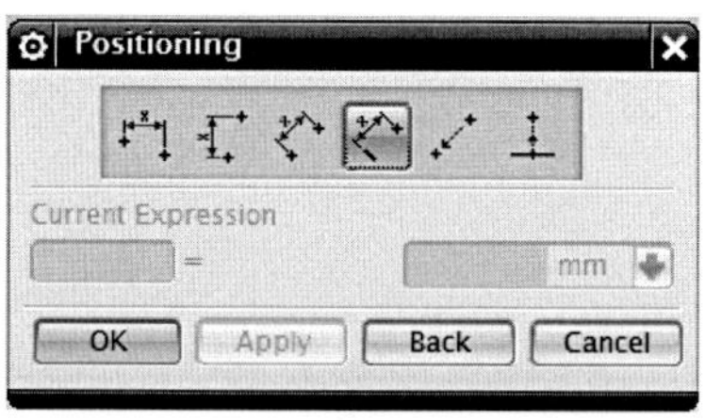

Holizontal : 가로거리

Vertical : 세로거리

Parallel : 평행거리

Perpendicular : 수직(가장 많이 사용하며 X방향, Y방향으로 쓰일 Edge를 선택하고 수치를 기입)

Point onto Point : 점에서 점까지 거리

Point onto Line : 점에서 선까지 거리

Positioning methods

- Holizontal

Block01.prt 파일을 Open 하고 Insert → Design feature → Boss 선택

01 Boss가 생성될 평면을 선택(Dia=10)

02 Positioning−Horizontal 선택

03 가로방향 선택

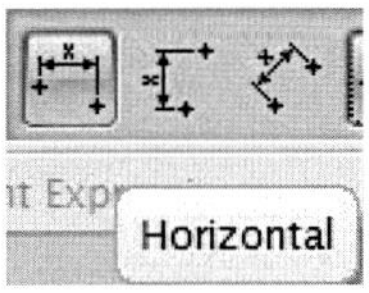

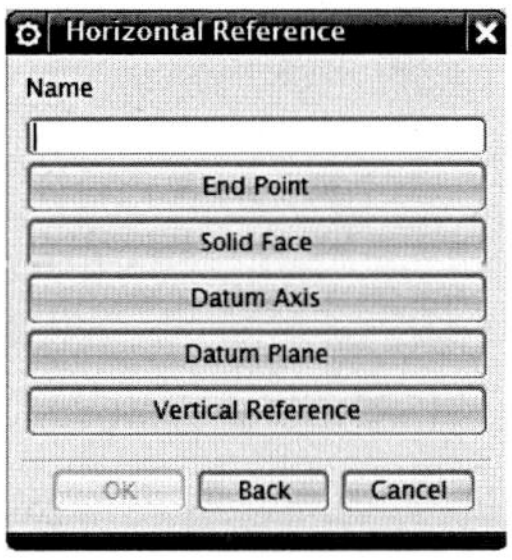

Horizontal Reference(수평참조) 선택

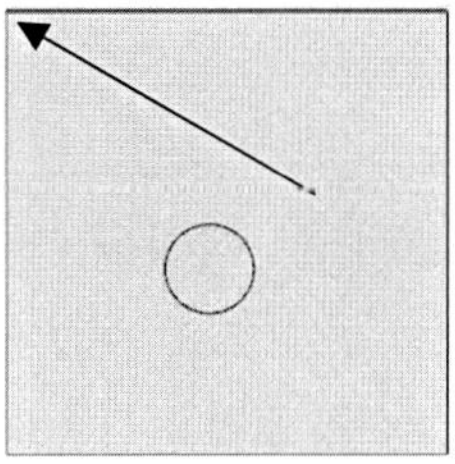

04 Target 선택

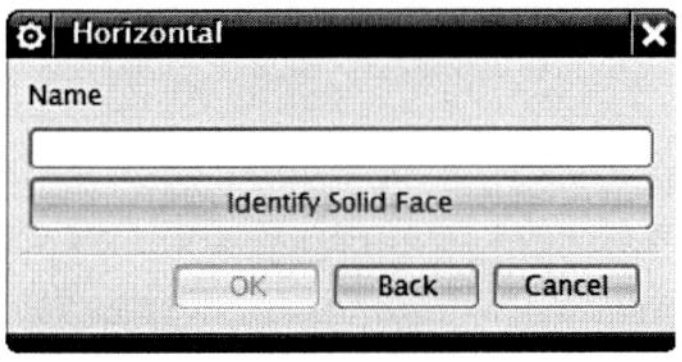

05 세로 Edge 선택 후 수치기입

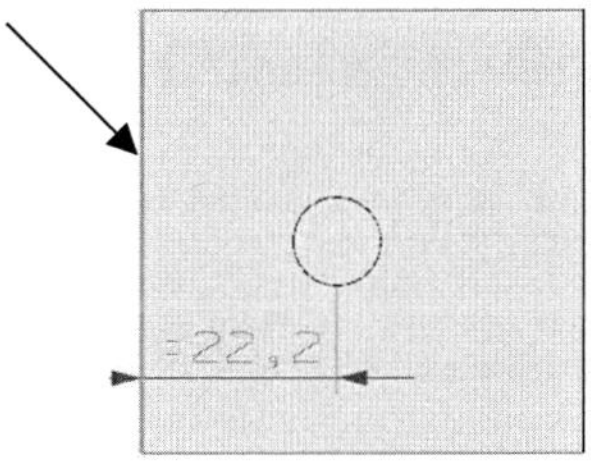

06 OK 또는 Apply

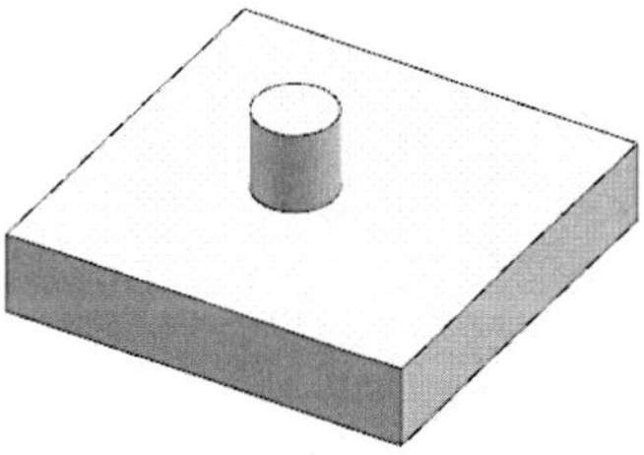

- Vertical

Block01.prt 파일을 Open 하고 Insert → Design feature → Boss 선택

01 Boss가 생성될 평면을 선택(Dia=10)

02 Positioning−Vertical 선택

03 가로방향 선택

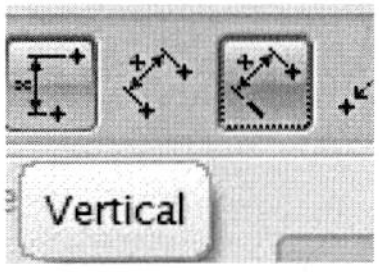

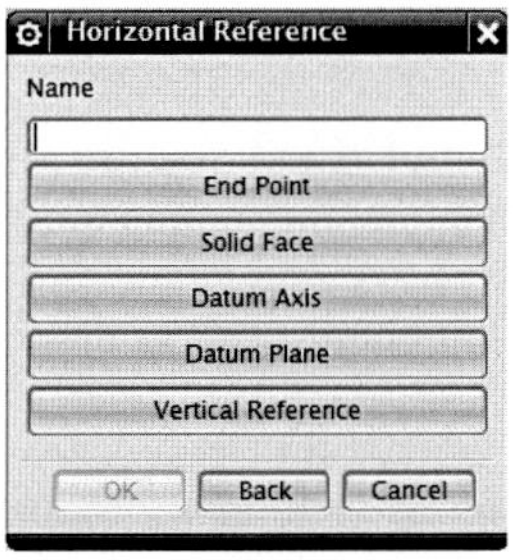

Horizontal Reference(수평참조) 선택

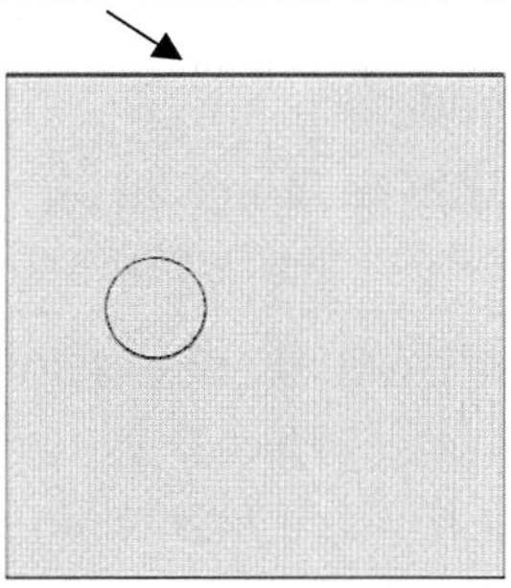

04 Target 선택

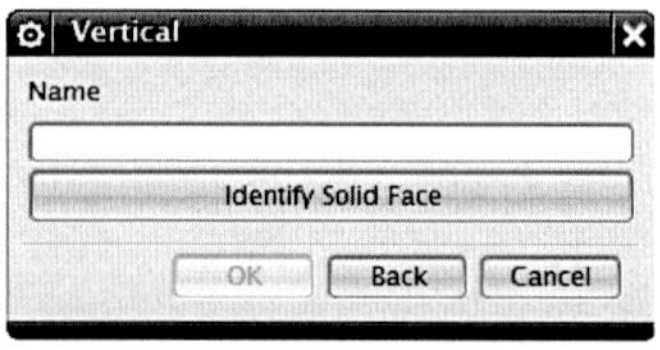

05 가로 Edge선택 후 수치기입

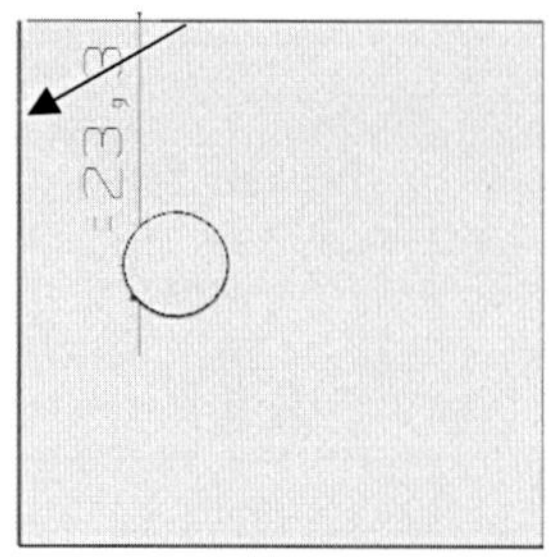

06 OK 또는 Apply

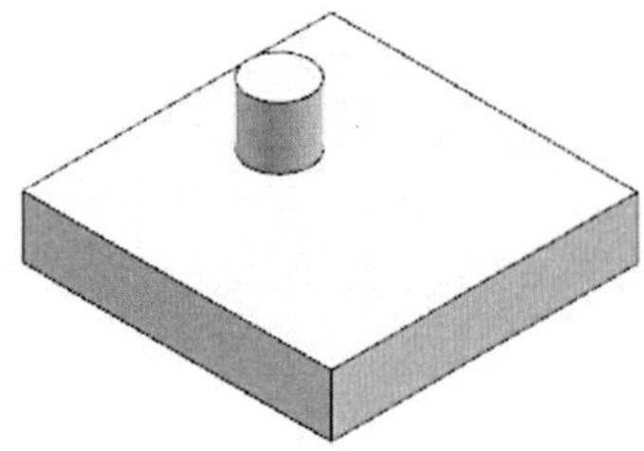

- Parallel

  Cylinder01.prt 파일을 Open 하고 Insert → Design feature → Boss선택

01 Boss가 생성될 평면을 선택(Dia=10)

02 Positioning–Parallel을 선택

03 원통형상의 Edge를 선택

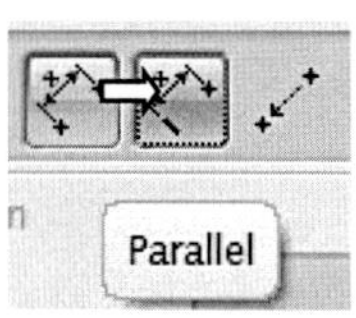

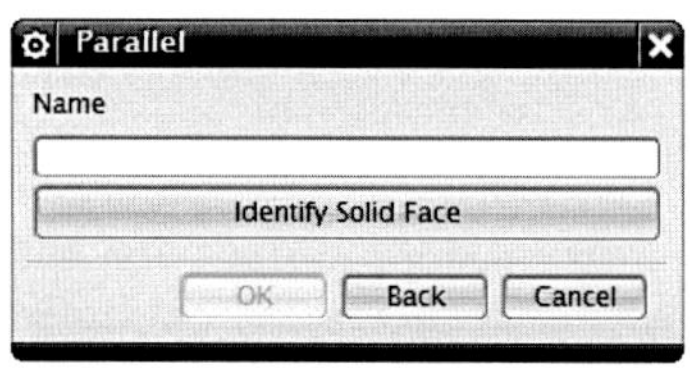

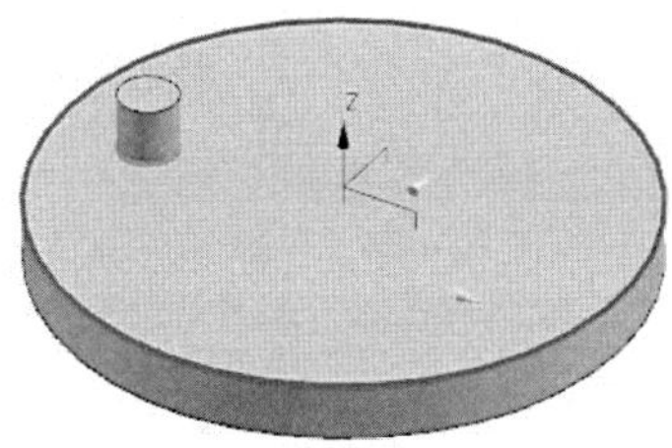

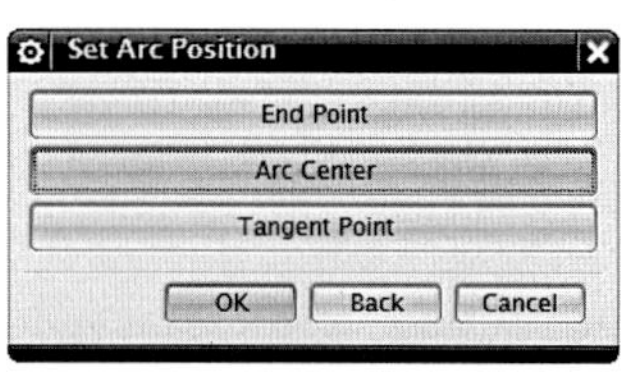

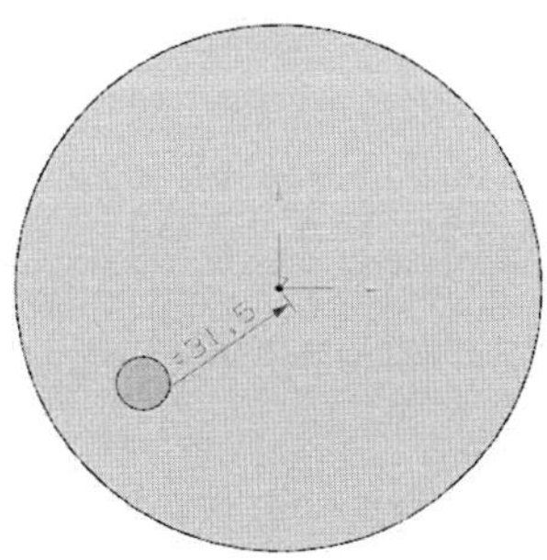

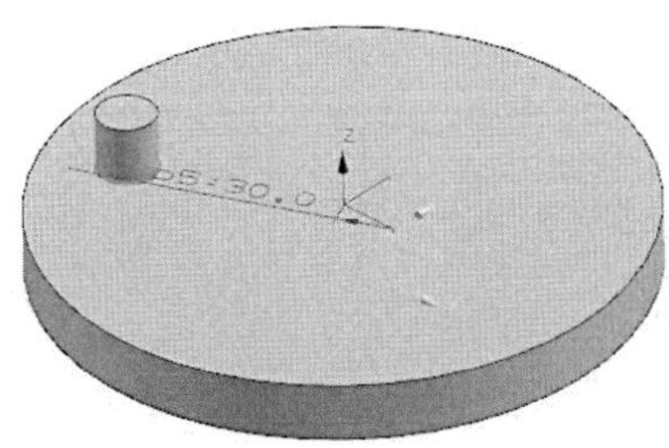

- Perpendicular

  Block02.prt 파일을 Open 하고 Insert → Design feature → Boss 선택

01 Boss가 생성될 평면을 선택(dia=10)

02 Positioning–Perpendicular 선택

03 치수를 주고자 할 Edge 선택

04 관계식을 주고자 할 다른 Edge 선택

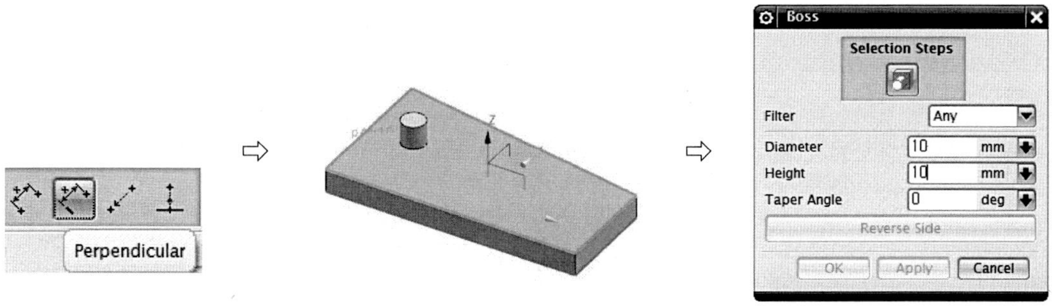

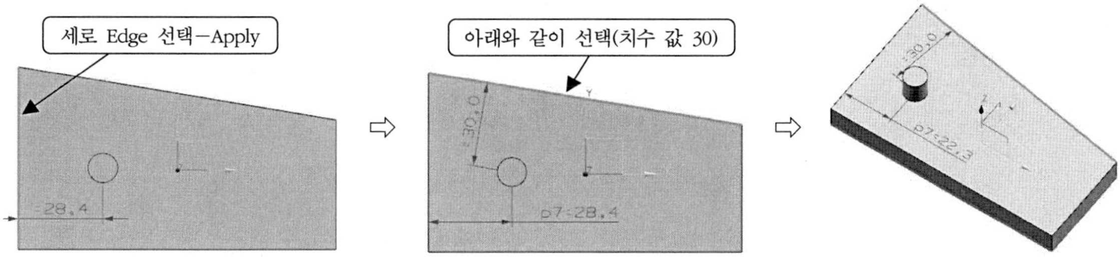

• Point onto Point

Cylinder01.prt 파일을 Open하고 Insert → Design feature → Boss 선택

01 Boss가 생성될 평면을 선택

02 Point onto Point 선택

03 원통형상의 Edge를 선택

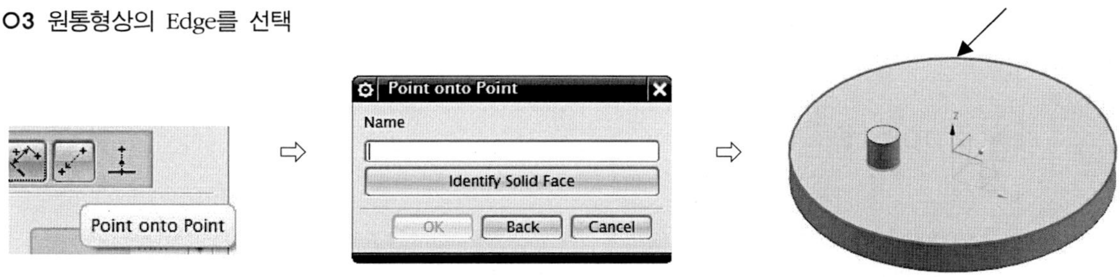

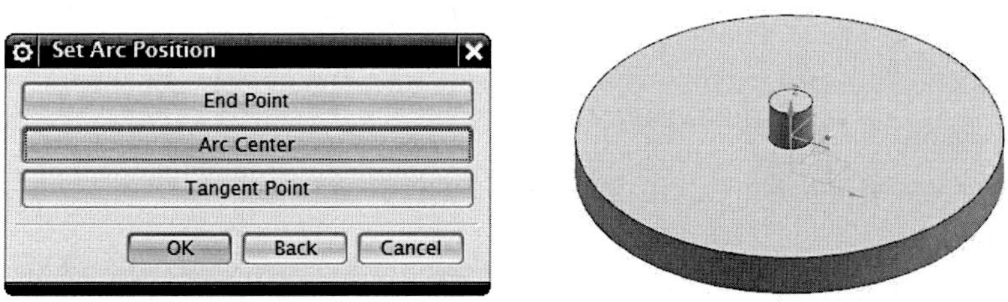

• Point onto Line

Cylinder02.prt 파일을 Open 하고 Insert → Design feature → Boss 선택

01 Boss가 생성될 평면을 선택
02 Point onto Line 선택
03 아래와 같이 선택

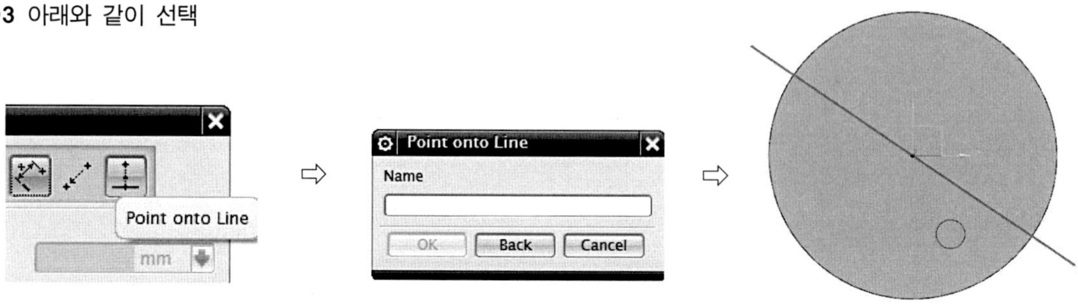

04 아래와 같이 치수가 "0"이 생성됨

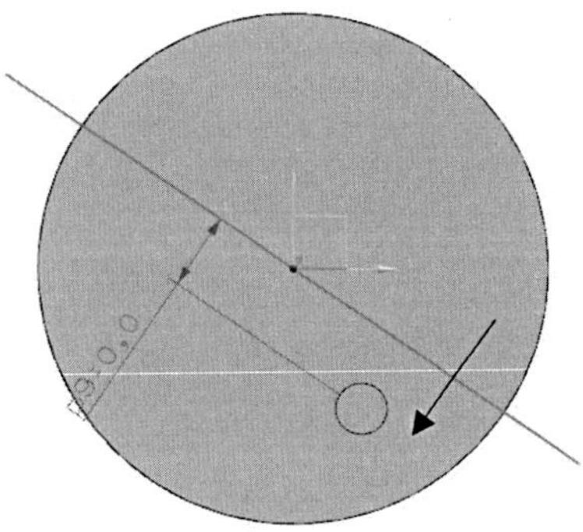

05 OK 또는 Apply

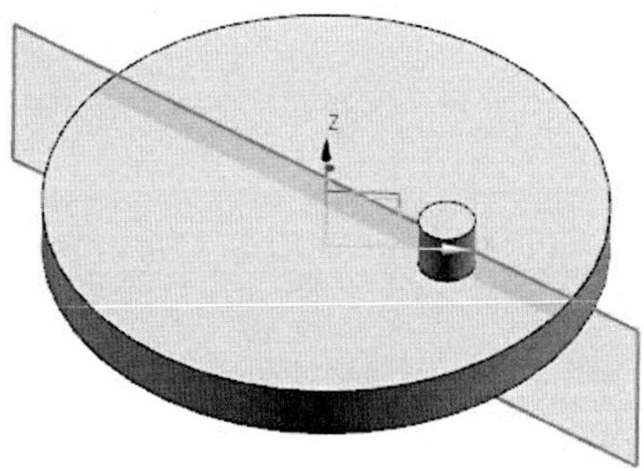

03 Pocket

▌Insert → Design Feature → Pocket

Pocket 명령을 실행시키면 세가지 타입으로 만들 수 있다.

01 Pocket 선택한다.
02 Pocket Type 선택한다.
03 Pocket 이 위치할 Face를 선택한다.
04 Parameter 입력한다.
05 Position 지정한다.
06 Ok

• Cylindrical pocket

원기둥 형상의 Pocket

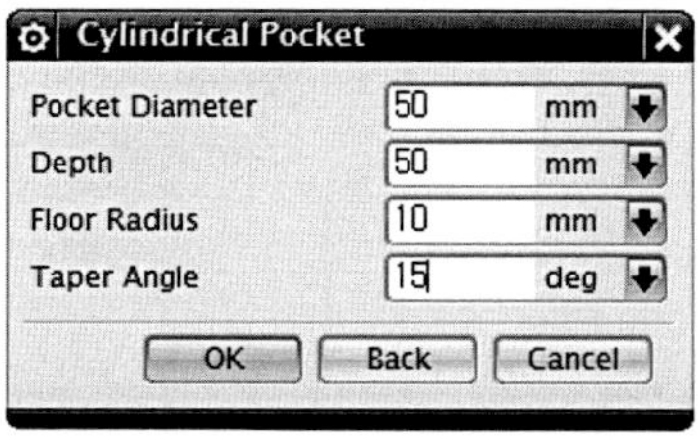

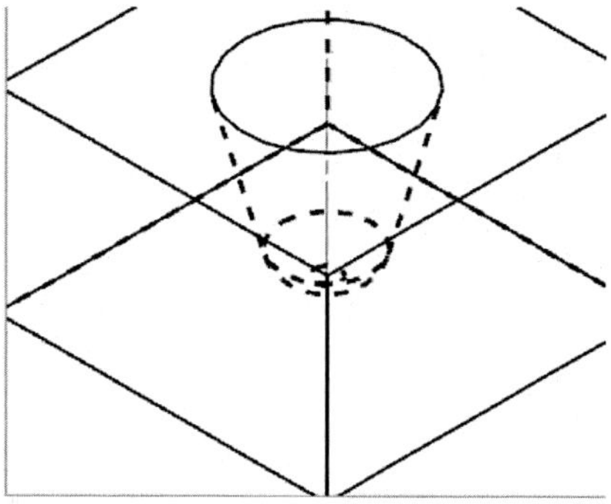

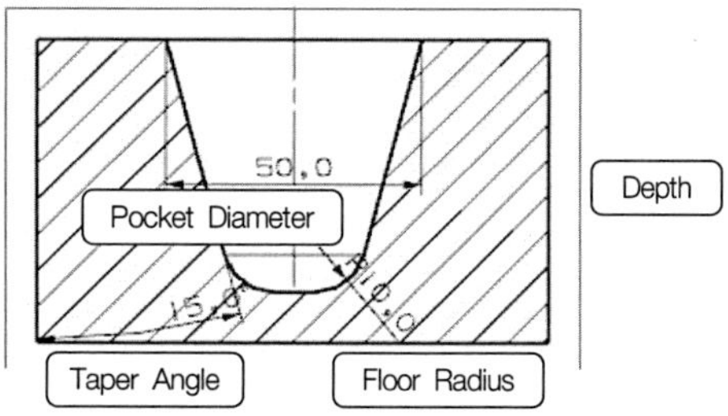

• Rectangular pocket : 사각형상의 Pocket

기존의 positioning 방법과 다르게 수평참조 창이 나타나게 된다.

> Horizontal Reference(수평참조) : 수평을 참조할 객체를 선택하며 주로 Edge나 Face를 선택한다. 알아 두어야 할 점은 이때 처음 선택하는 방향이 Length 값이 되고, 이에 수직하는 방향은 자동으로 Width 값으로 된다.

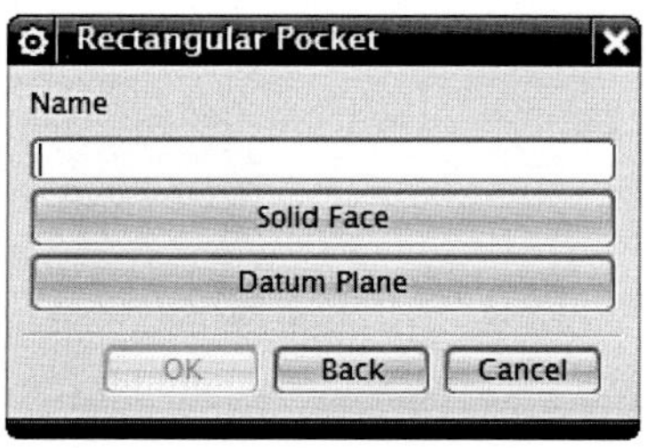

⇨

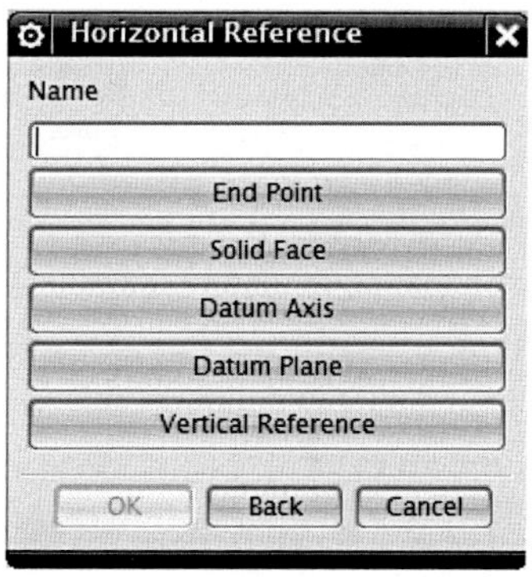

아래의 창에 생성될 Rectangular Pocket의 Parameter값을 기입한다.

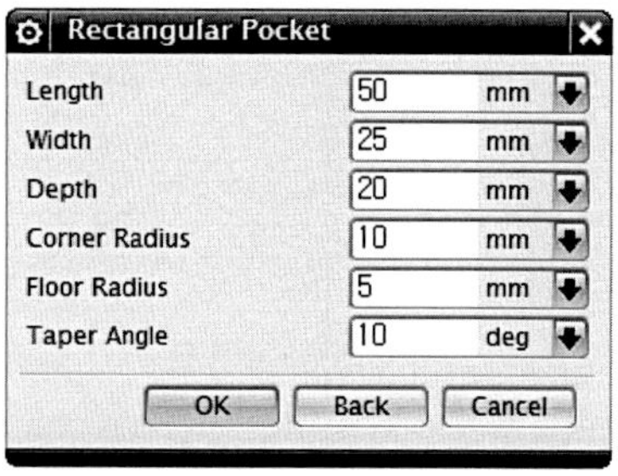

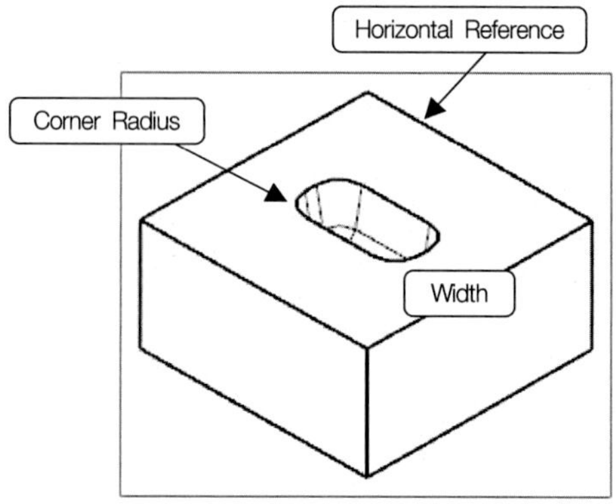

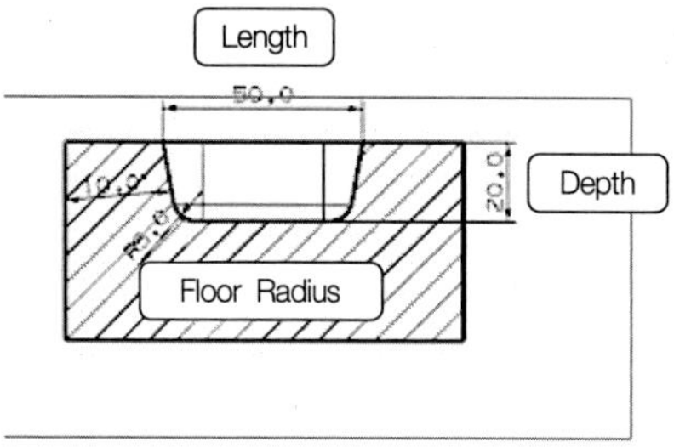

- Length : Pocket의 길이
- Width : Pocket의 폭
- Depth : Poket의 깊이
- Corner Radius : Pocket 모서리의 R값
- Floor Radius : Pocket 바닥의 R값
- Taper Angle : Pocket 측면의 구배

Project

- Rectangular Pocket

  Pocket01.prt 파일을 Open 한다.

01 Insert－Pocket 실행－Rectangular 선택
02 block의 상면을 선택
03 수평참조를 위한 면 또는 Edge를 선택

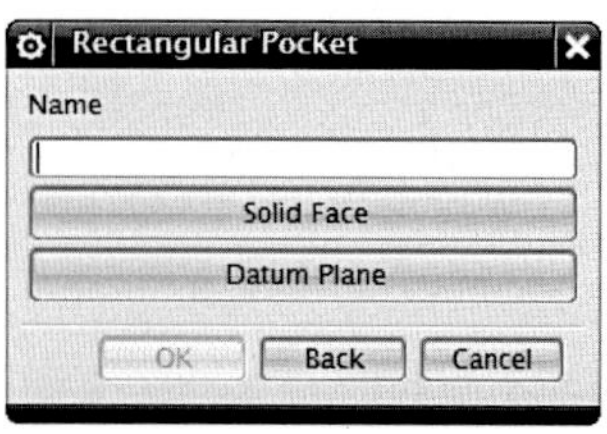

⇨

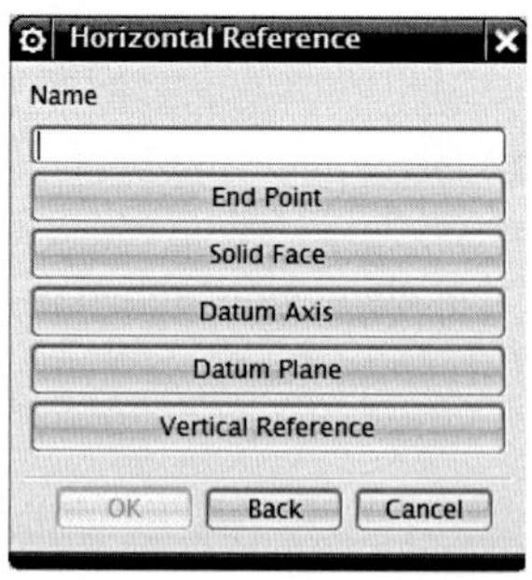

⇨

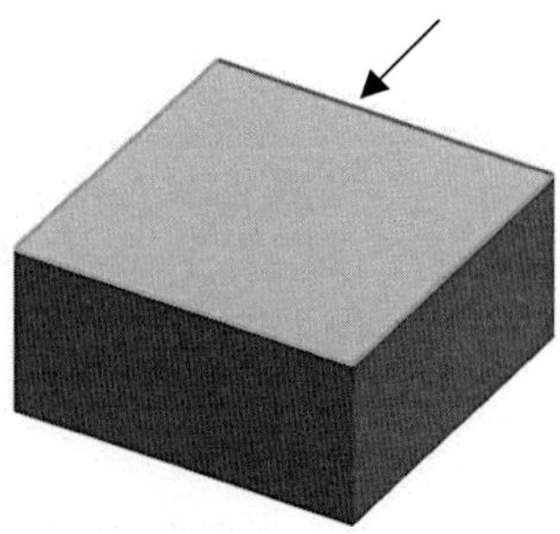

03 그림과 같이 수치를 기입한다.

04 Perpendicular를 선택한다.

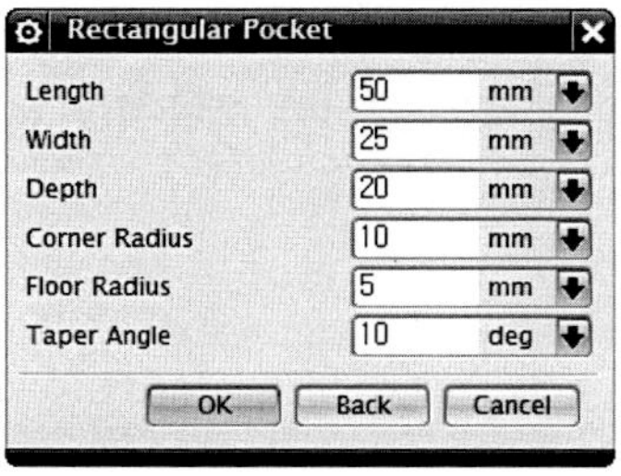

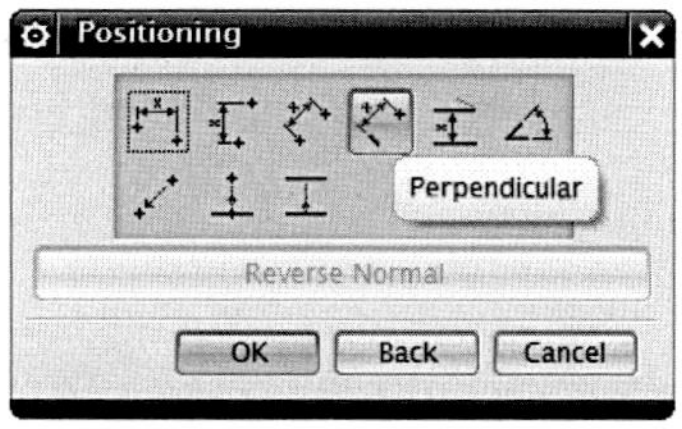

05 수평참조 Line(Edge, line) 선택 후 Center line 선택(값 "30" 입력)

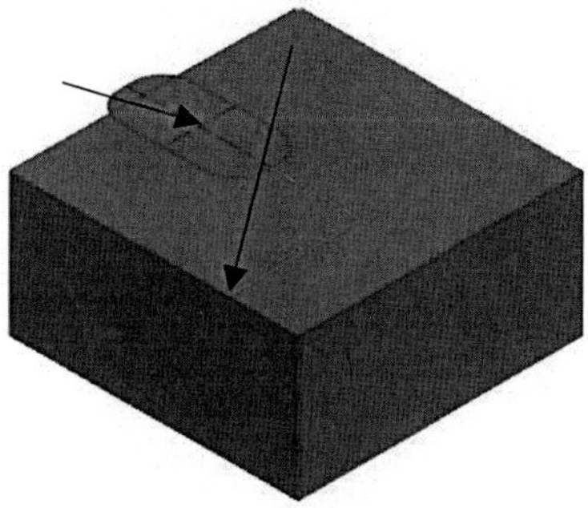

06 수직참조 Line(Edge, line) 선택 후 Pocket이 생성될 바깥쪽 Edge 선택(값 "20" 입력)

07 OK 또는 Apply

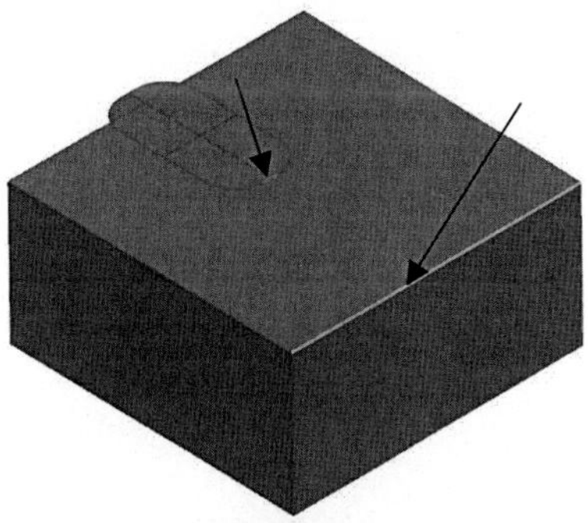

> 위치 구속을 하는 동안 Center Line과 Edge가 모두 사용 가능하다.

• General Pocket

임의의 Outline을 만족시키고 원하는 깊이와 바닥면의 형상을 지정하여 Pocket 형상을 만들 수 있다.

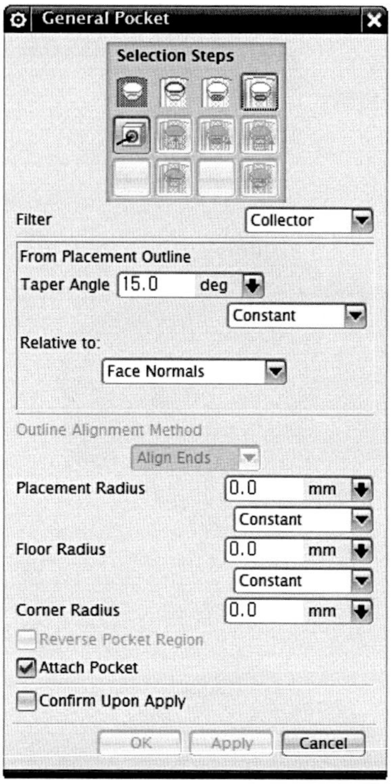

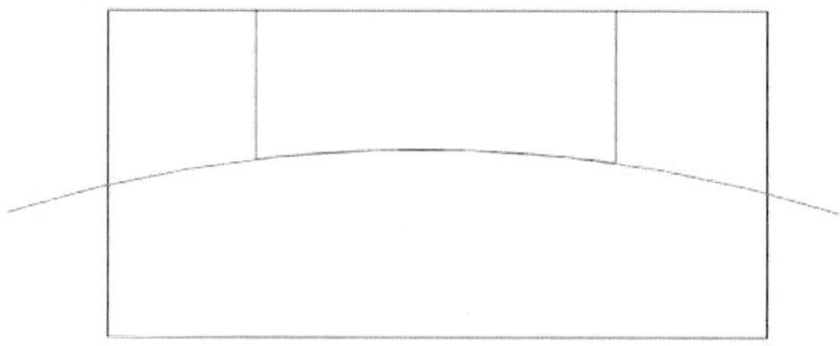

Placement face : Pocket이 생성될 면을 지정한다.

Placement Outline : Pocket 형상이 될 Outline(Curve)을 지정한다.

Floor face : Pocket의 바닥면을 정의 할 수 있다.

Floor Outline : Pocket 바닥면의 Outline을 정의한다.

Target Body : Cut의 Target을 정의한다.

- Placement Radius : Pocket이 생성될 면의 Edge에 R값을 준다.
- Floor Radius : Pocket 바닥면의 R값을 정의 한다.
- Corner Radius : 코너에 R값을 준다.
- Taper Angle : Pocket 측면의 구배

Activity

- General Pocket

  pocket.prt 파일을 open한다.

01 Insert → Design Feature → Pocket → General 선택
02 Placement face 선택
03 Placement Outline 선택
04 Floor face 선택 Angle=5, 모든 R값=0
05 Floor Outline 선택.
06 Target body 선택
07 OK 또는 Apply(오른쪽 그림 참조)

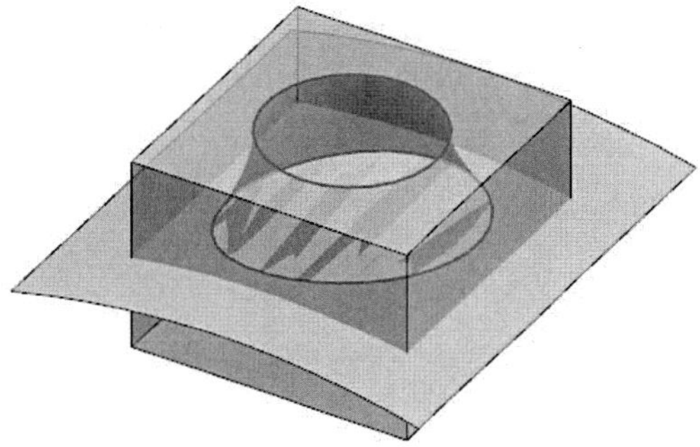

▲ General pocket

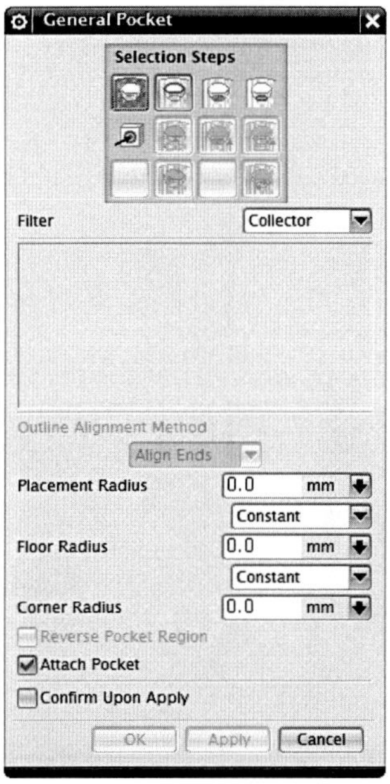

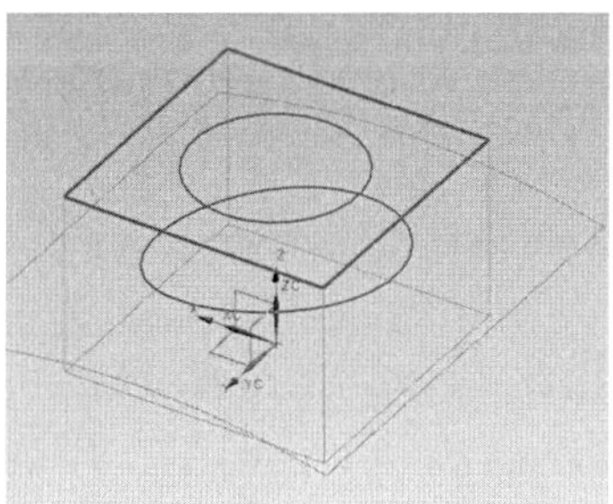

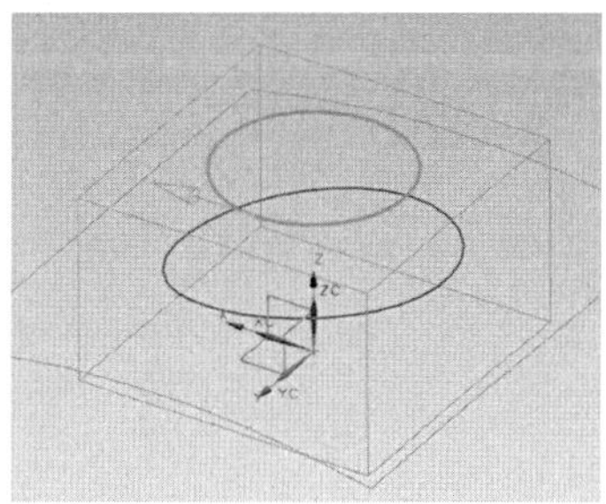

2개의 Out Line 방향성이 일치해야 함

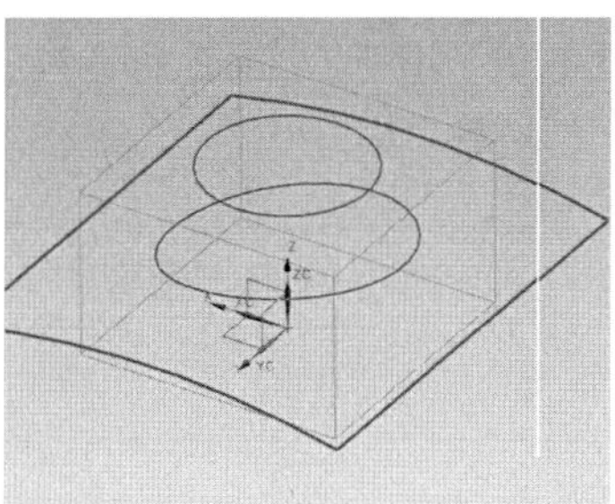

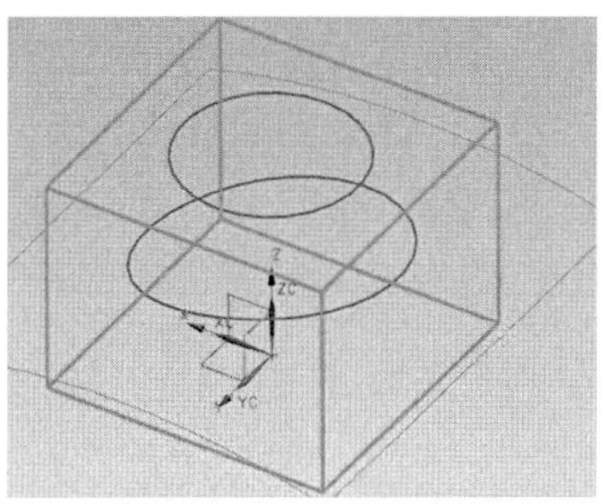

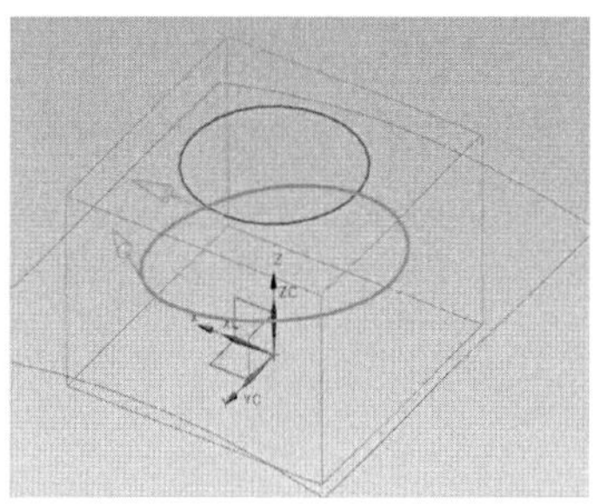

04 Emboss

Insert → Design Feature → Emboss

Emboss 형상을 생성시킨다.

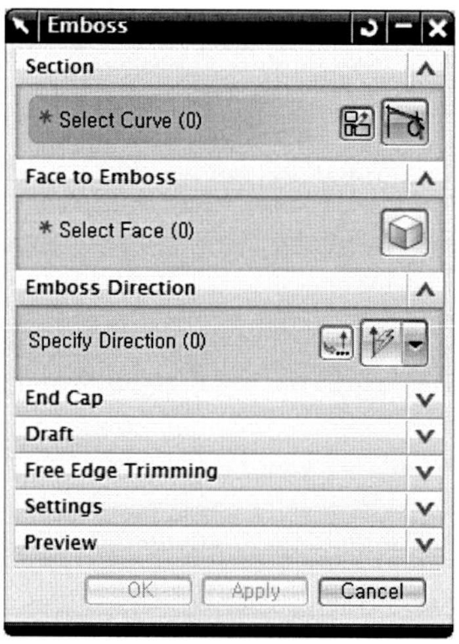

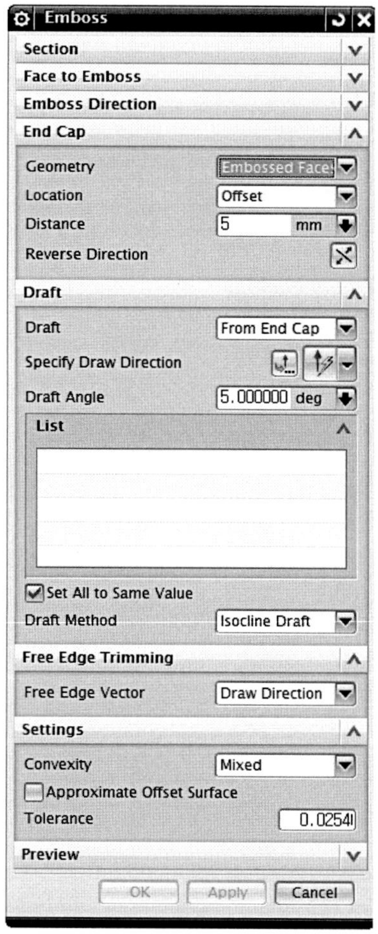

- Section : Sketch를 생성하기 위한 평면을 선택하거나 이미 생성된 section을 정의한다.
- Face to Emboss : Emboss 하기 위한 면을 선택한다.
- Emboss Direction : Emboss가 생성되는 방향 벡터를 정의한다.
- End Cap : End Cap 옵션을 사용할 수 있다
- Draft : 사용자가 원하는 방향을 기준으로 한 구배를 넣는다.
- Free Edge Trimming
- Setting

End Cap Option에서 Cap Geometry를 Target Face로 두고 아래와 같이 차례대로 Face를 선택할 때마다 형상이 변경됨을 확인할 수 있다.

좌측의 면부터 차례대로 클릭하여 미리 보기 한다.

emboss.prt 파일을 open 한다.

01 Select Section 에서 스케치 커브를 선택, mb2 클릭(각도와 End Cap제어를 할 수 있다.)

02 Emboss를 주고자 할 면 선택(Plane of Section 선택 시)

03 Section을 기준으로 Emboss가 생성된다.

04 Endcap Option 별로 형상의 정리

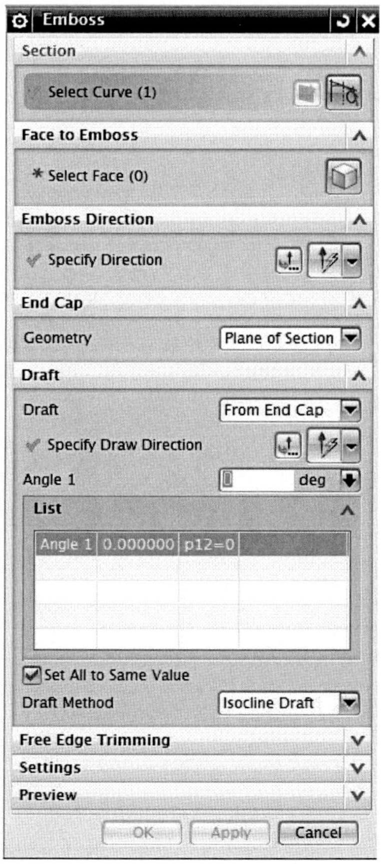

⇨

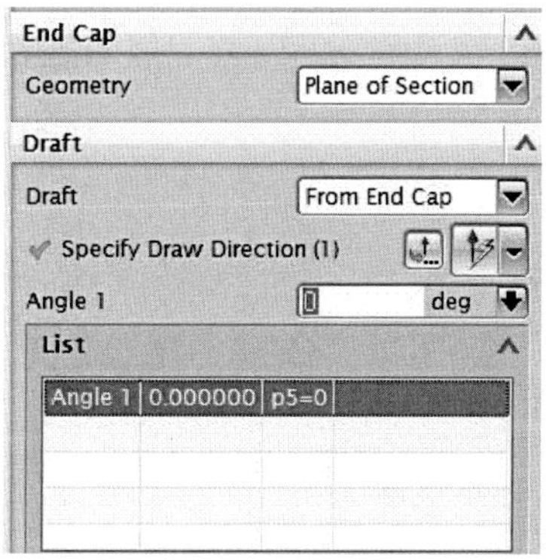

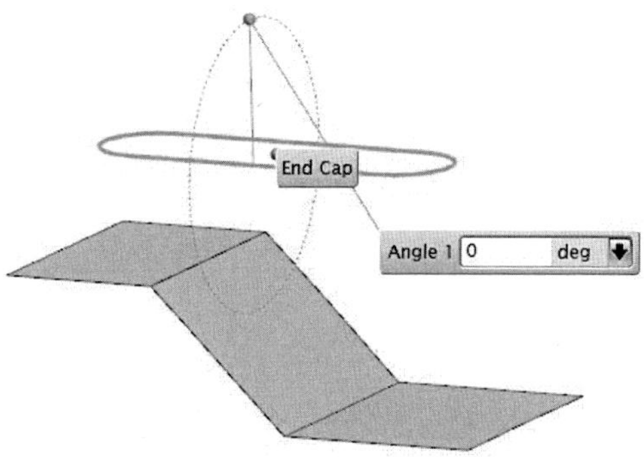

⇨

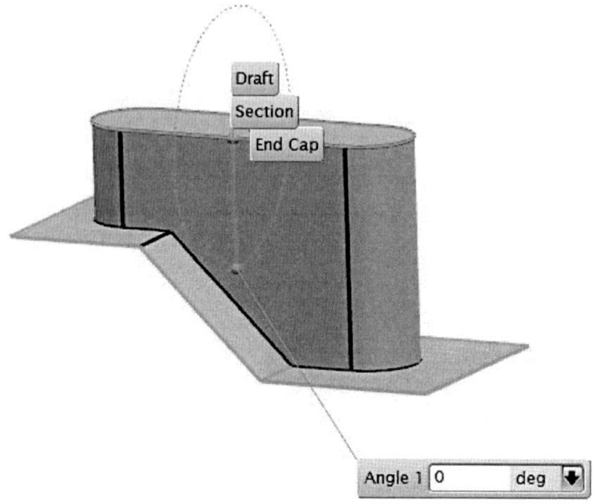

O5 Embossed Faces 선택 시(선택된 면을 기준으로 offset으로 Emboss 가능)

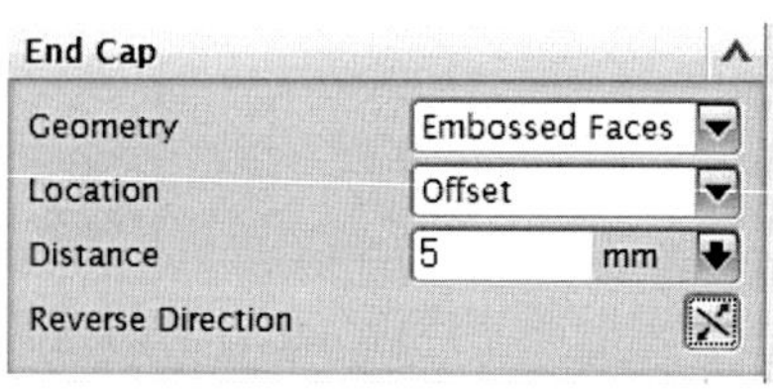

⇨

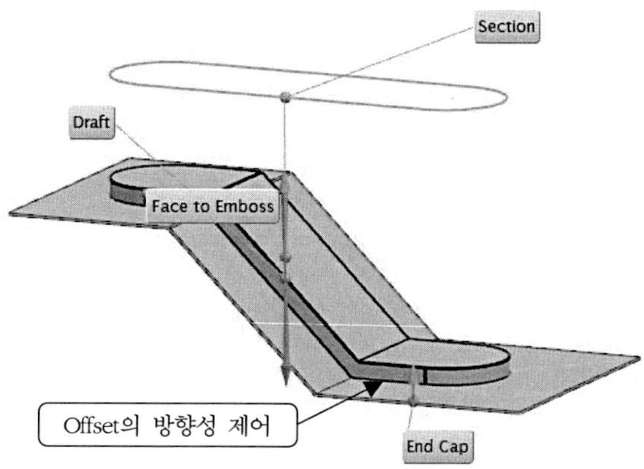

O6 Datum Plane을 이용한 Emboss 이용(선택된 면에서 Datum Plane까지 Emboss 면이 생성)
(EX) In Place인 경우

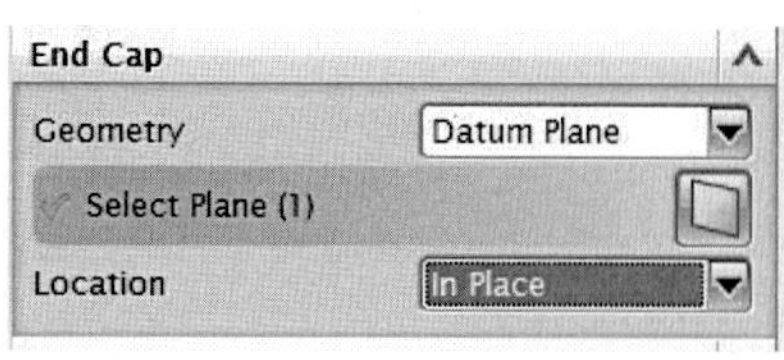

⇨

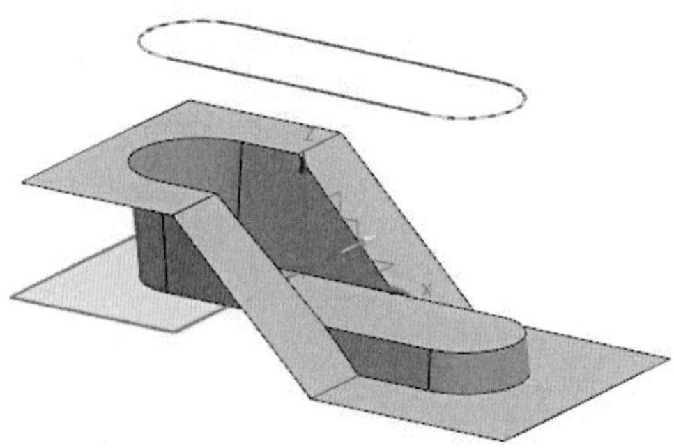

07 Datum Plane을 이용한 Emboss 이용(offset 이용 시, Datum Plane 면에서 Offset으로 면 생성)

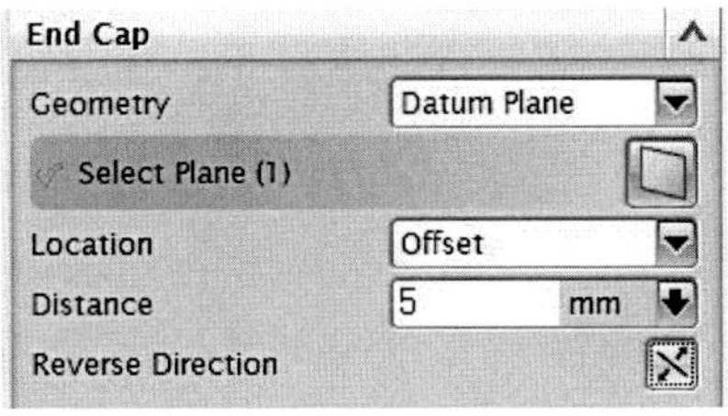

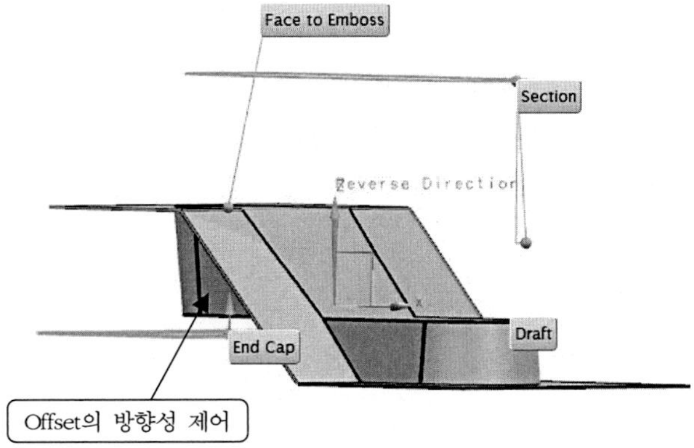

08 Surface Plane을 이용한 Emboss 이용(in place, Offset 위와 같은 규칙)

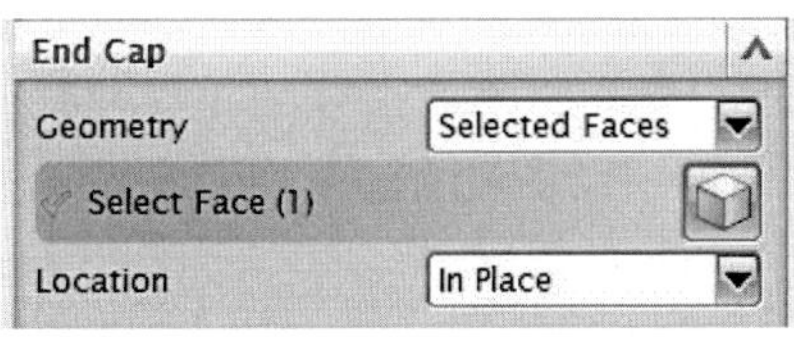

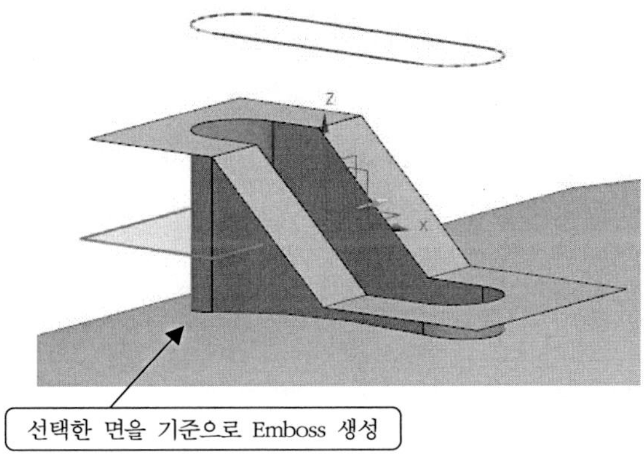

05 Offset Emboss

▌Insert → Design Feature → Offset Emboss

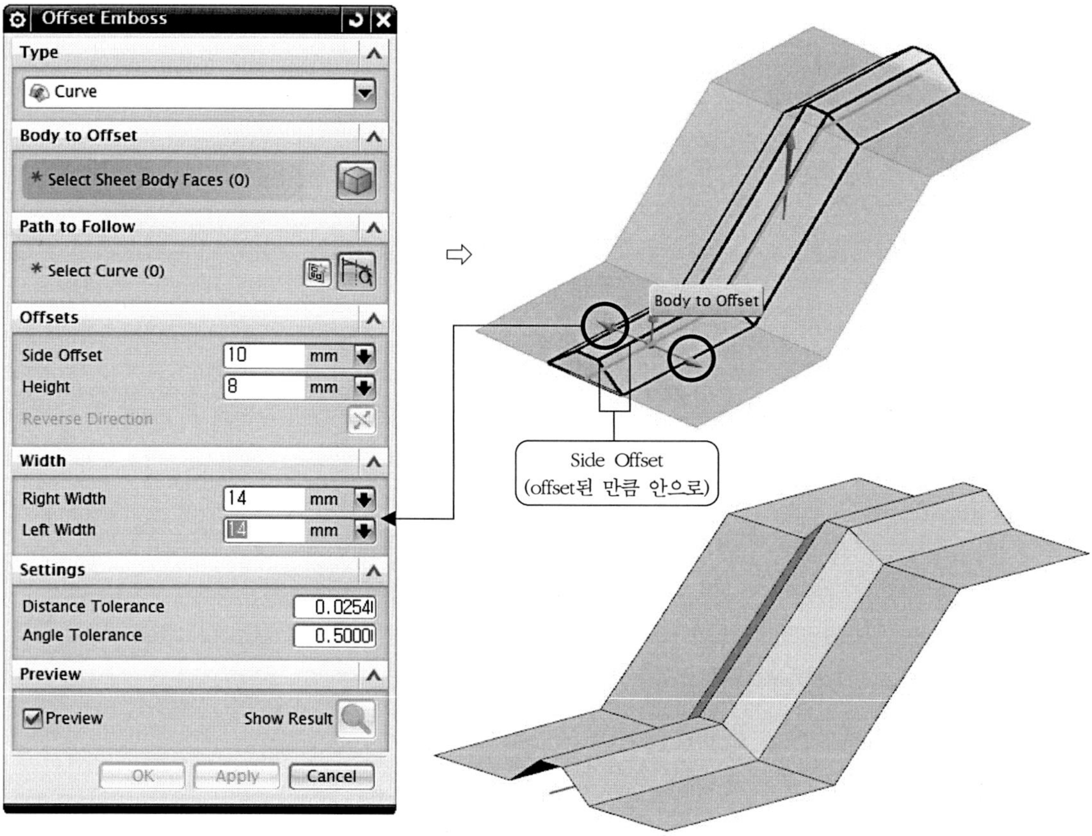

06 Slot

▌Insert → Design Feature → Slot

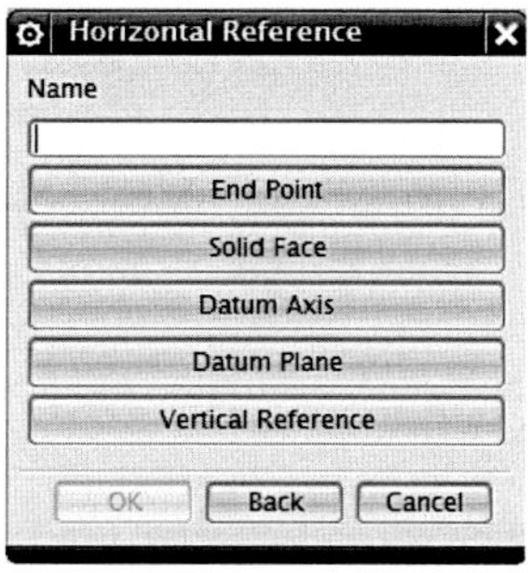

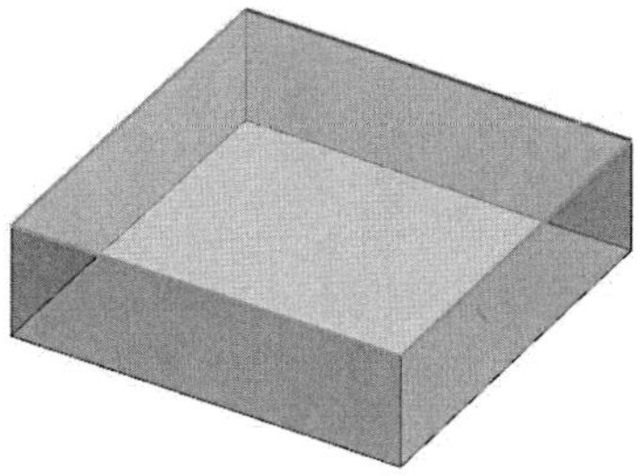

Slot에서 공통적으로 같이 쓰이는 명령

• Rectangular Slot

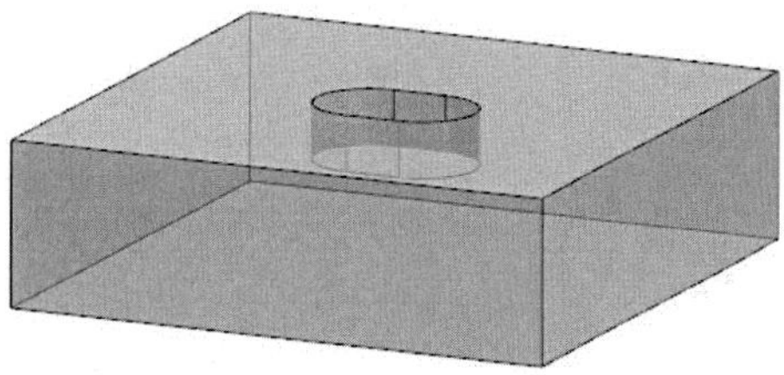

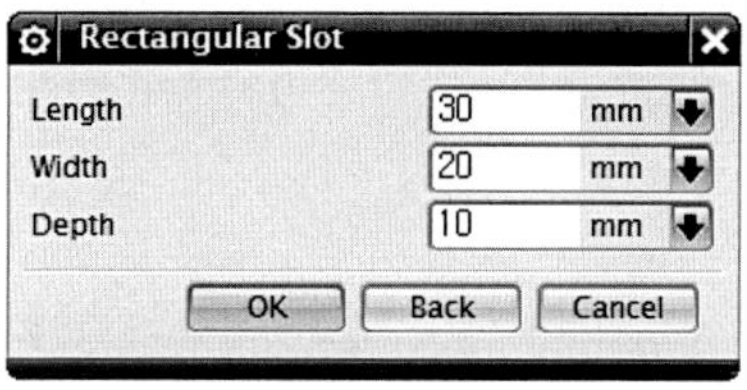

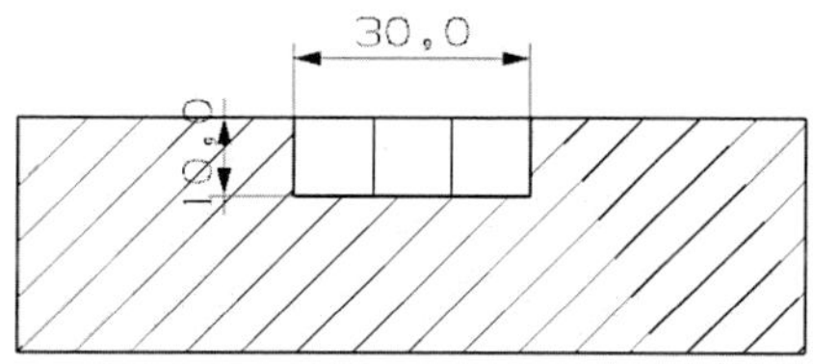

• Ball−End Slot

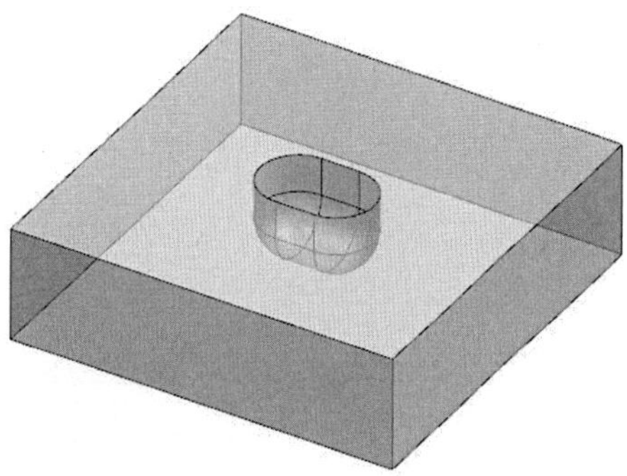

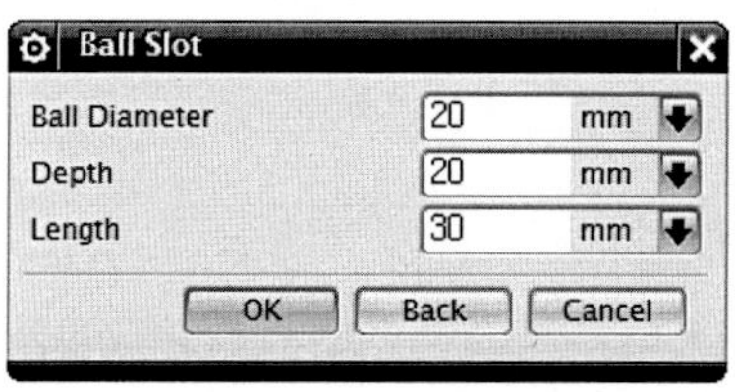

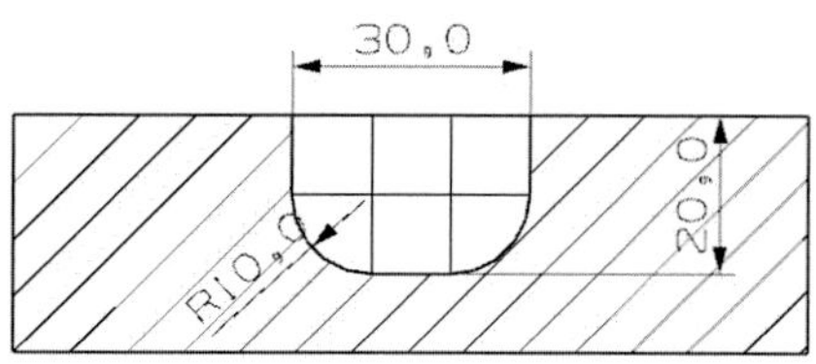

• U−Slot

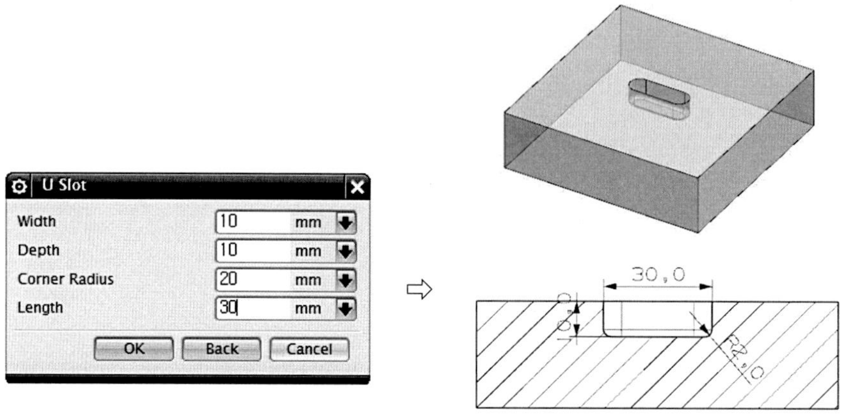

• T−Slot

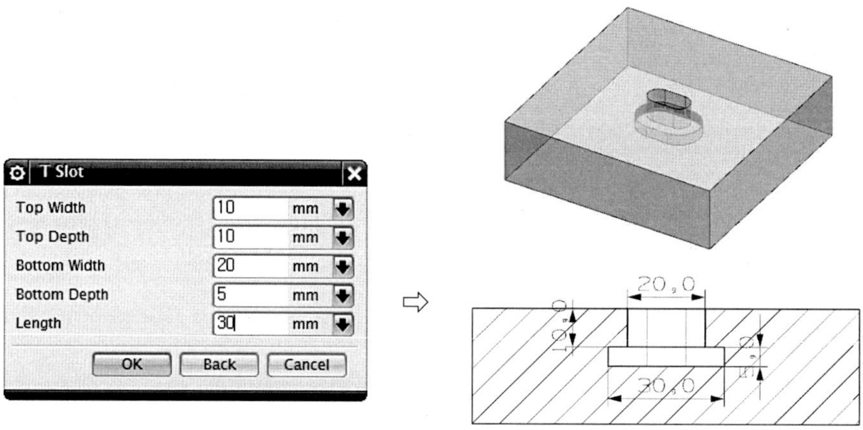

• Dove−Tail Slot

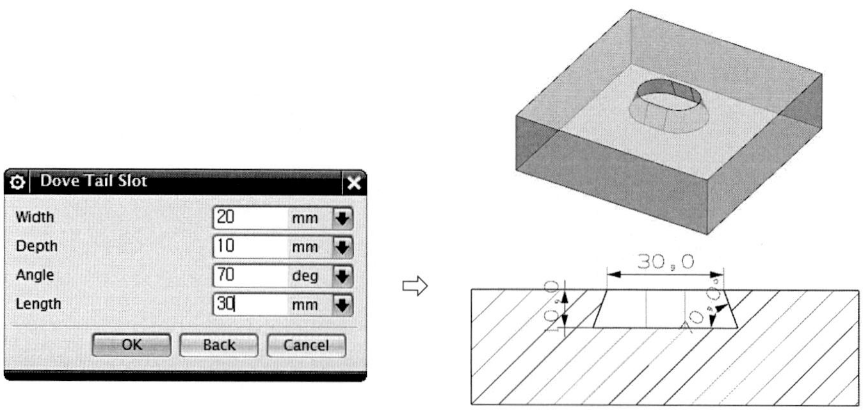

Expression의 개념, Measure 및 PartNavigator 활용 방법을 습득한다.

NX8.5

8

수식화(Expressions)

01 Expressions(수식)

▌Tools → Expressions

수식을 사용하여 Part의 Parametric 한 제어가 가능하며 Part 내에서 생성되어진 Feature 들 간의 Relationship을 제어할 수 있다.

또한 모든 Expression은 각각의 Name, Formula, Value 등을 가진다.

Tools → Expression을 선택하면 다음과 같이 수식 제어 창이 나타난다.

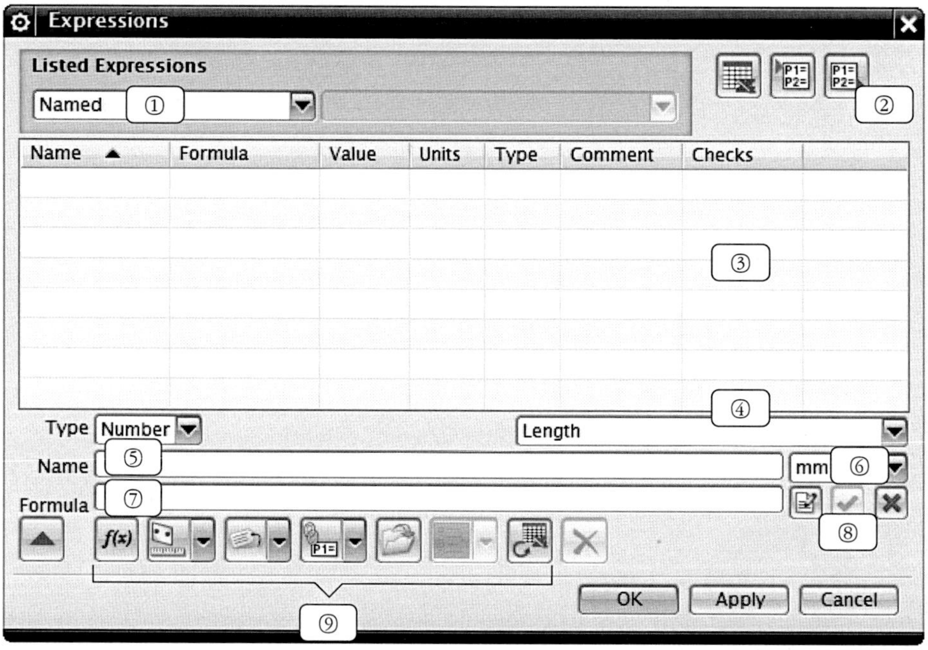

① Filter 시키는 방법에 따라 아래의 Table에 나타나게 된다.
② Spreadsheet를 Edit, Import, Export 할 수 있다.
③ Expression names, Formulas, Values, Units, Comments 등이 나타나는 Table
④ Dimensionality
⑤ 원하는 수식을 Table에서 선택하면 Name이 나타나고 새로 생성하기 위한 Name을 입력하기도 한다.
⑥ Units(단위계) 설정
⑦ 원하는 수식을 Table에서 선택하면 Formula가 나타나고 새로 생성하기 위한 Formula을 입력하기도 한다.
⑧ Accept/Reject Edit : 수정되거나 생성된 Expression을 받아들인다./수정내용을 거부
⑨ f(x) Functions : 함수 사용

Measurements : 거리, 길이, 각도, 단면적 등의 수치를 측정하여 사용

Reference part attribute : 파트 또는 개체 속성을 참조하는 데 사용할 수 있는 속성 수식을 생성할 수 있습니다. 나중에 파트 또는 개체 속성을 수정하면 수식이 자동으로 업데이트 된다.

P1= Create singe inter part Expression : 파트 간 참조를 생성할 수 있다.

 Open Referenced Parts : Load 된 Part를 선택한다.

 Refresh Values from External Spreadsheet : Spreadsheet의 값을 Refresh 한다.

 Delete Expression : 선택한 Expression을 삭제한다.

- Type

  Number : 숫자로 사용

  String : 객체를 선택하여 사용

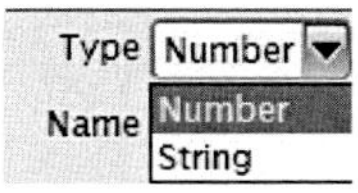

Expressions은 Parametric Design을 가능하게 하는 Powerful Tools라고 할 수 있다.

또한 Assembly 내에서 Parts 들이나, 한 Part 내에서 Feature들 사이의 Relationships을 제어할 수 있다.

예를 들어 Bracket의 Thickness가 Length의 길이 값이 변함에 따라서 자동으로 변화 하게 할 수 있으며 개별적인 Part의 Expression을 변경함으로써 유사한 기하학적 형상의 새로운 Part를 쉽게 생성할 수 있다.

아래와 같은 수식을 사용하여 제어 할 수 있다.

산술제어		수식을 사용한 예
+	더하기	p5+p3
−	빼기	p5−p3
*	곱하기	p5 * p3 2 * pi() * r
/	나누기	p5/p3
%	백분율	p5%p3
·	지수	p5·2
=	동일	p5=3.5

조건부의 수식

IF ELSE 문을 사용함으로써 특정한 상태로 정의하게 된다.

수식을 사용한 예
if(width 〈 = 2)(0.5 * width) else(2)
if(rad 〈 + 1.5)(2 * length) else(B)
if(rad 〈 + 3)(3 * length) else(C)

Relational과 Boolean Operators

Relation and Boolean Operators			
>	Greater Than	!=	Not Equal
<	Less Than	!	Negate
>=	Greater Than or Equal	& or &&	Logical AND
<=	Less Than or Equal	| or ||	Logical OR
==	Equal		

조작 순서

Precedence and Associativity	
Operators	Associativity
^	Right to Left
−(change sign)	
* / %	Left to Right
+ −	
> < >= <=	
== !=	
&&	
||	
=	Right to Left

Activity

Expression_1 파일을 open 한다.

(아래의 Expressions을 사전에 아래와 같이 관계식 변환)

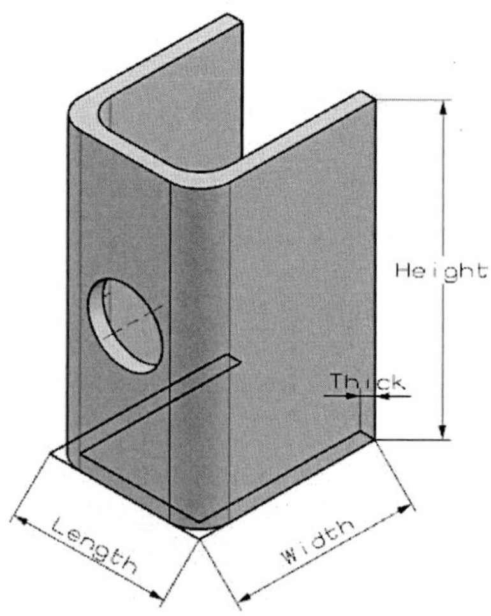

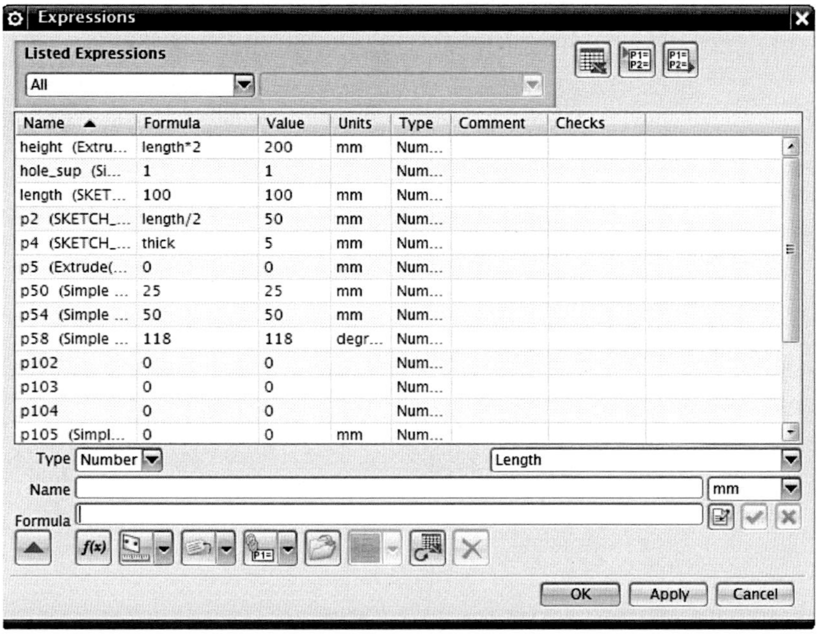

01 Tools → Expression을 선택

02 List에서 length를 선택

03 Formula를 100으로 바꾸고 Enter

04 OK 한다.

05 화면을 Fit 시킨다.

06 Preferences → Sketch 선택

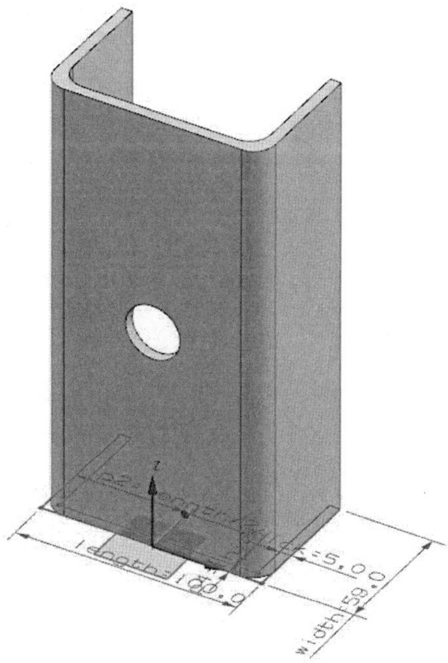

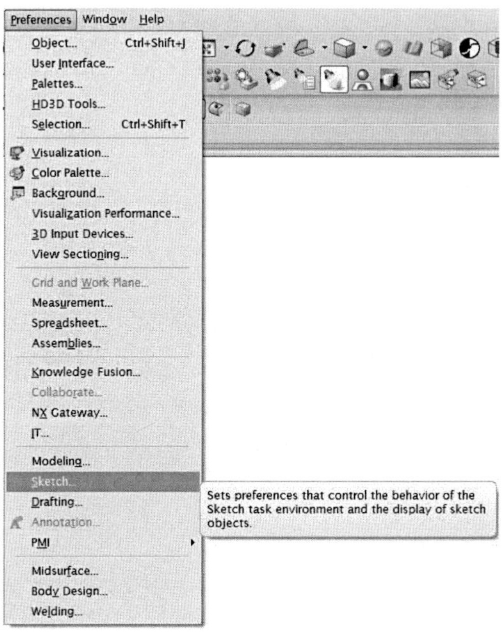

07 Dimension Label을 value로 바꿈

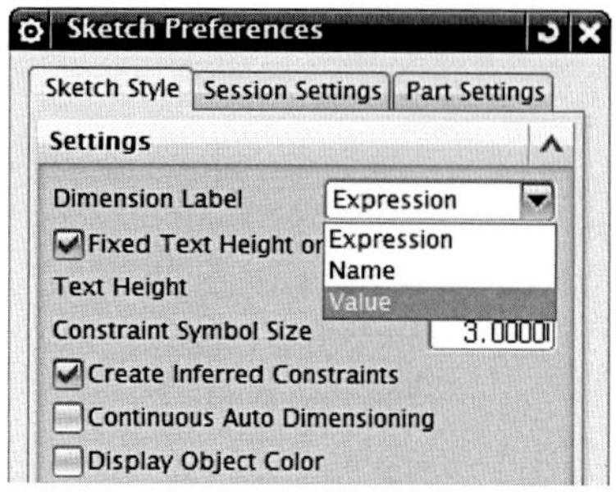

08 Edit → Feature → Suppress by Expression 선택

09 Create for each를 선택

10 Simple Hole을 선택

11 OK

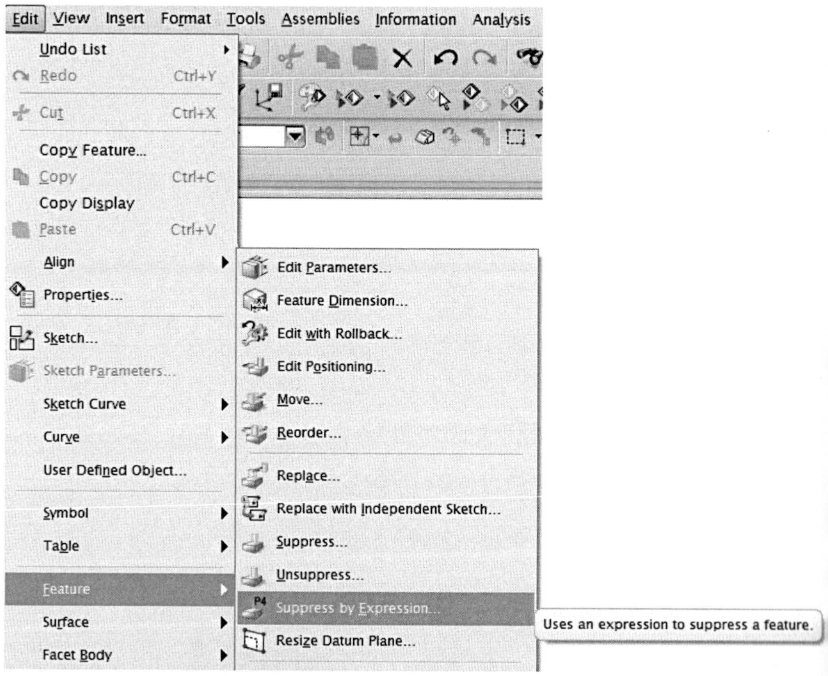

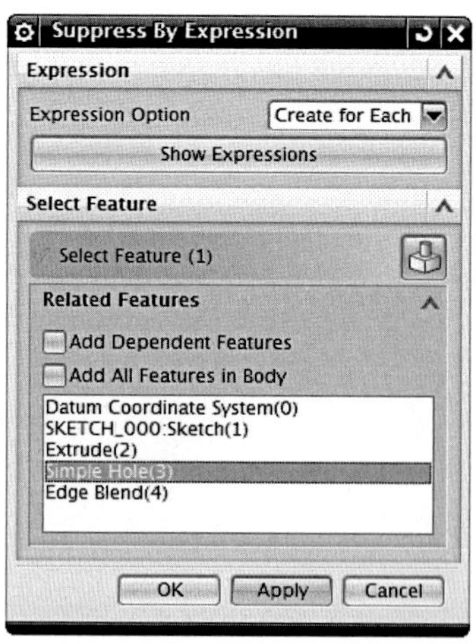

12 Tools → Expression

13 List를 Filter by Name로 하고 p*라고 써넣는다.(p로 시작하는 파일 모두)

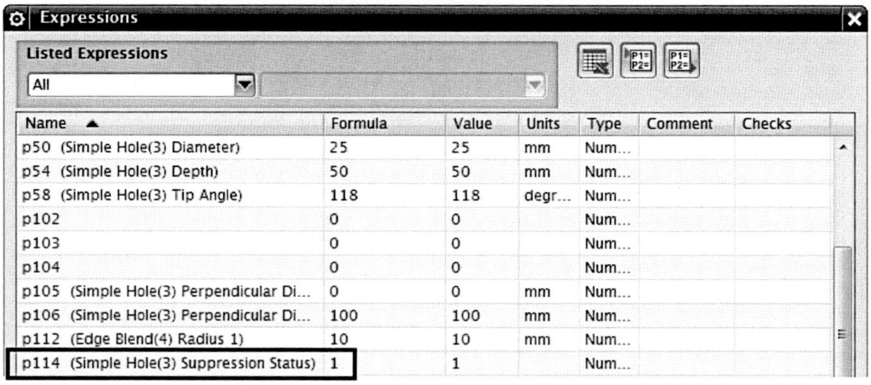

Expressions

Listed Expressions

All

Name ▲	Formula	Value	Units	Type	Comment	Checks
p50 (Simple Hole(3) Diameter)	25	25	mm	Num...		
p54 (Simple Hole(3) Depth)	50	50	mm	Num...		
p58 (Simple Hole(3) Tip Angle)	118	118	degr...	Num...		
p102	0	0		Num...		
p103	0	0		Num...		
p104	0	0		Num...		
p105 (Simple Hole(3) Perpendicular Di...	0	0	mm	Num...		
p106 (Simple Hole(3) Perpendicular Di...	100	100	mm	Num...		
p112 (Edge Blend(4) Radius 1)	10	10	mm	Num...		
p114 (Simple Hole(3) Suppression Status)	1	1		Num...		

14 List에 나타난 Suppress된 Expression을 선택한다.

15 hole_sup로 name을 바꾸고, hole의 높이는 hole_height 로 바꾼다.

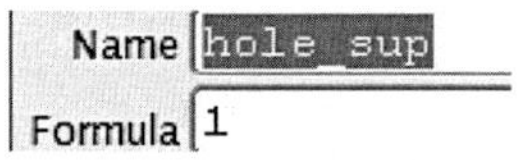

16 formula를 if(height<100)(0)else(1)로 바꾸고 Enter

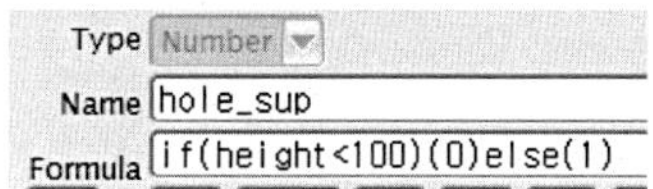

17 아래와 같이 length를 45으로 바꾸면, height가 100보다 작으므로 Suppress가 된다.

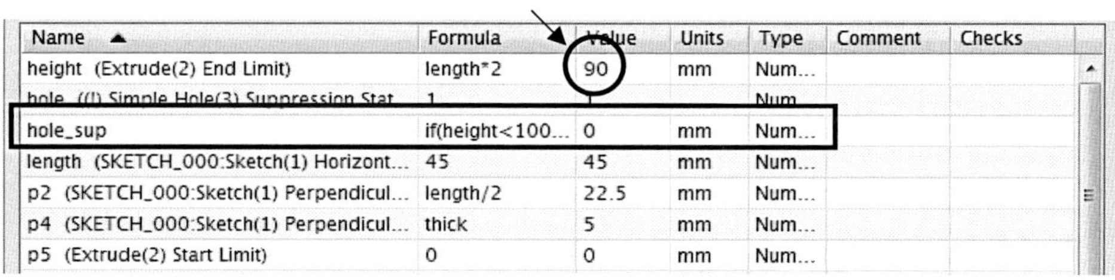

Name ▲	Formula	Value	Units	Type	Comment	Checks
height (Extrude(2) End Limit)	length*2	90	mm	Num...		
hole ((!) Simple Hole(3) Suppression Stat	1			Num...		
hole_sup	if(height<100...	0	mm	Num...		
length (SKETCH_000:Sketch(1) Horizont...	45	45	mm	Num...		
p2 (SKETCH_000:Sketch(1) Perpendicul...	length/2	22.5	mm	Num...		
p4 (SKETCH_000:Sketch(1) Perpendicul...	thick	5	mm	Num...		
p5 (Extrude(2) Start Limit)	0	0	mm	Num...		

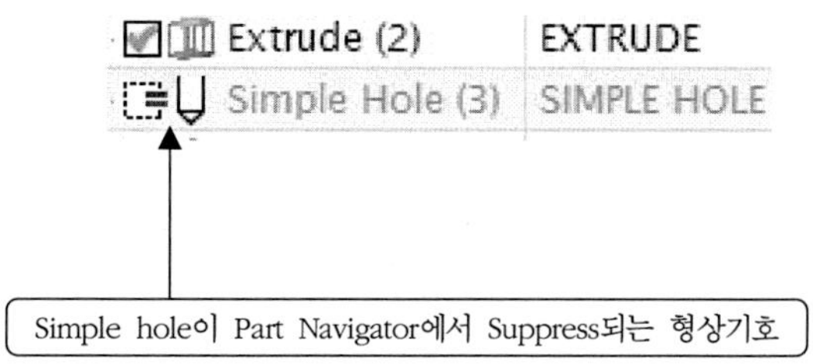

18 아래와 같이 Length를 80로 바꾸면, height가 100보다 크므로 Unsuppress가 된다.

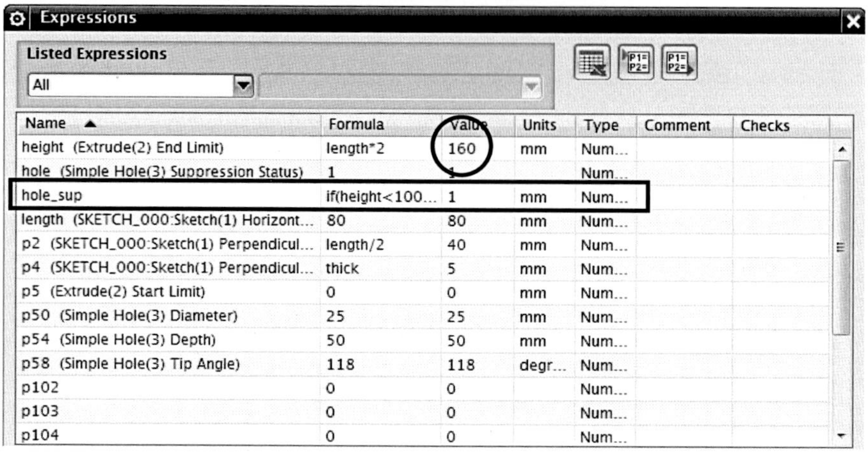

Expressions

Listed Expressions: All

Name	Formula	Value	Units	Type	Comment	Checks
height (Extrude(2) End Limit)	length*2	160	mm	Num...		
hole (Simple Hole(3) Suppression Status)	1	1		Num...		
hole_sup	if(height<100...	1	mm	Num...		
length (SKETCH_000:Sketch(1) Horizont...	80	80	mm	Num...		
p2 (SKETCH_000:Sketch(1) Perpendicul...	length/2	40	mm	Num...		
p4 (SKETCH_000:Sketch(1) Perpendicul...	thick	5	mm	Num...		
p5 (Extrude(2) Start Limit)	0	0	mm	Num...		
p50 (Simple Hole(3) Diameter)	25	25	mm	Num...		
p54 (Simple Hole(3) Depth)	50	50	mm	Num...		
p58 (Simple Hole(3) Tip Angle)	118	118	degr...	Num...		
p102	0	0		Num...		
p103	0	0		Num...		
p104	0	0		Num...		

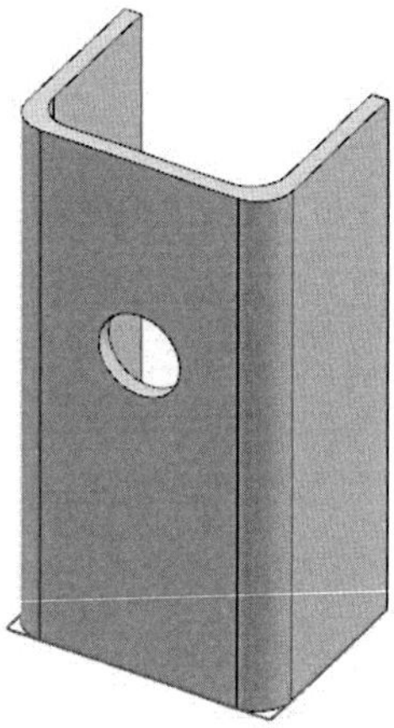

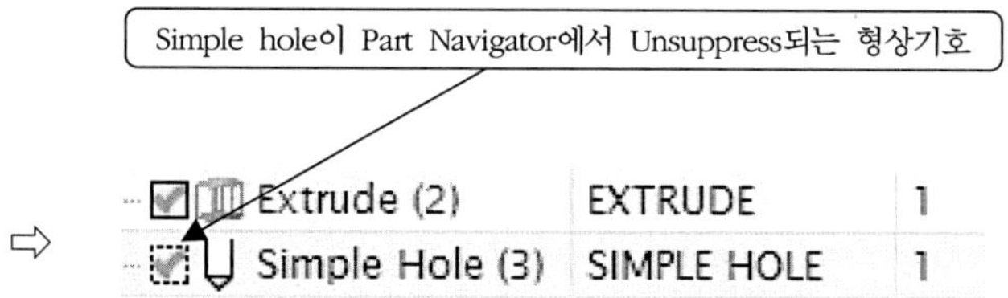

Expression의 수정한 값에 따라 형상이 변경됨을 확인하고 Close All Part 한다.

02 Measure Distance

Analysis → Measure Distance

선택한 개체 간의 거리 값을 측정한다.

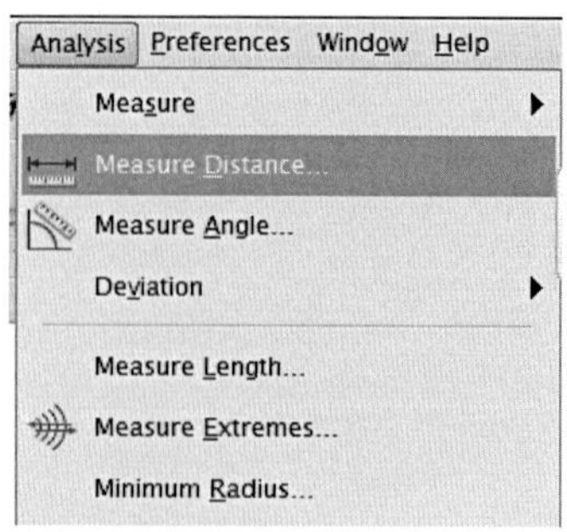

- Start Point와 End Point를 지정하여 거리 값을 측정 한다.
-  Point Constructor

  Point Constructor 창의 내용을 이용하여 점을 지정할 수 있다.
-  Select Point or Object

  Point 이외에도 Curve나 Face 등의 Objects를 선택할 수 있다.

  다음과 같은 방법으로 거리 값을 측정한다.

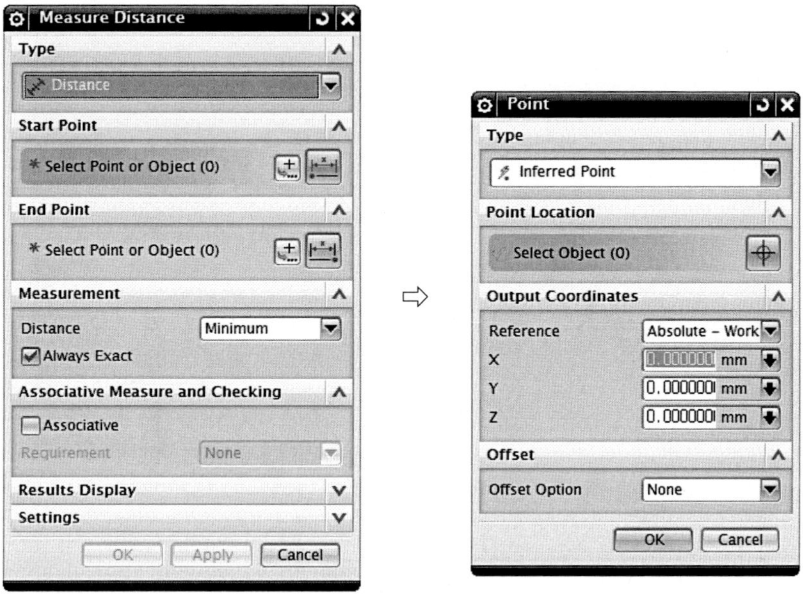

TYPE

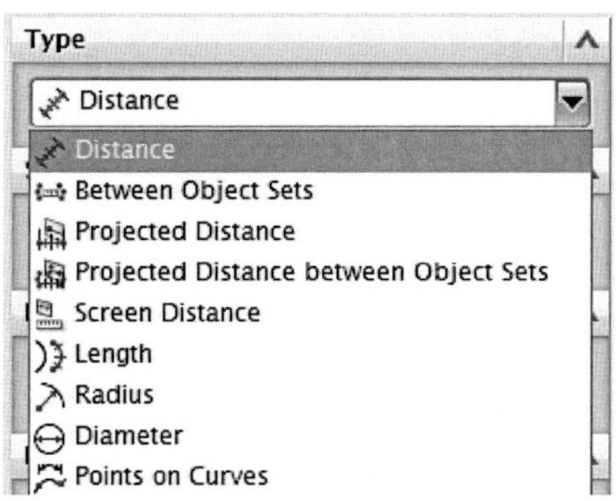

- Distance : 시작점과 끝점을 지정하여 거리 값을 측정한다.
- Between Objects Sets : Component 간 최소 거리 값을 측정 한다.
- Projected Distance : 거리 값 측정하고자 하는 기준 축을 지정, 시작점 지정 끝점을 지정한다.(곡면의 임의의 선택 점의 최단거리를 측정 할 수 있다.)
- Projected Distance between Object Sets : Component 간 투영된 거리값을 측정 할 수 있다.
- Screen Distance : 현재 그래픽 윈도우 창의 위치에서 시작점과 끝점을 선택하여 거리 값을 측정한다.
- Length : 선택한 Curve의 길이 값을 측정한다.
- Radius : 선택한 Curve의 반경 값을 측정한다.

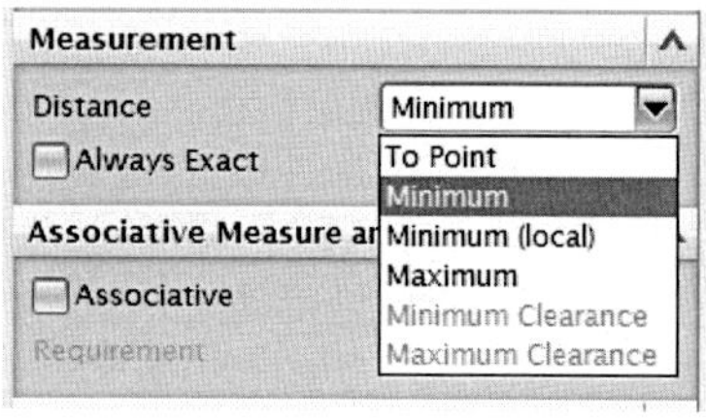

• Measurement : 선택한 개체의 최단거리, 최장거리를 측정한다.(Point on Surface는 Off 상태)

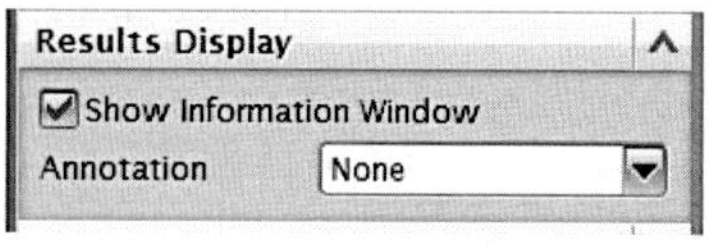

• Show Information Window : 측정한 값의 모든 정보를 Information 창을 띄워 확인 할 수 있다.

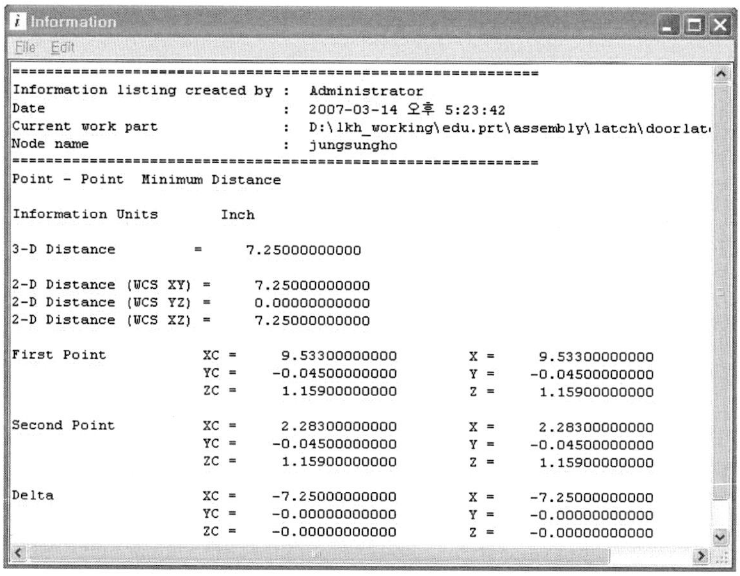


```
============================================================
Information listing created by :  Administrator
Date                           :  2007-03-14 오후 5:23:42
Current work part              :  D:\lkh_working\edu.prt\assembly\latch\doorlat
Node name                      :  jungsungho
============================================================
Point - Point  Minimum Distance

Information Units        Inch

3-D Distance          =      7.25000000000

2-D Distance (WCS XY) =      7.25000000000
2-D Distance (WCS YZ) =      0.00000000000
2-D Distance (WCS XZ) =      7.25000000000

First Point            XC =      9.53300000000       X =      9.53300000000
                       YC =     -0.04500000000       Y =     -0.04500000000
                       ZC =      1.15900000000       Z =      1.15900000000

Second Point           XC =      2.28300000000       X =      2.28300000000
                       YC =     -0.04500000000       Y =     -0.04500000000
                       ZC =      1.15900000000       Z =      1.15900000000

Delta                  XC =     -7.25000000000       X =     -7.25000000000
                       YC =     -0.00000000000       Y =     -0.00000000000
                       ZC =     -0.00000000000       Z =     -0.00000000000
```

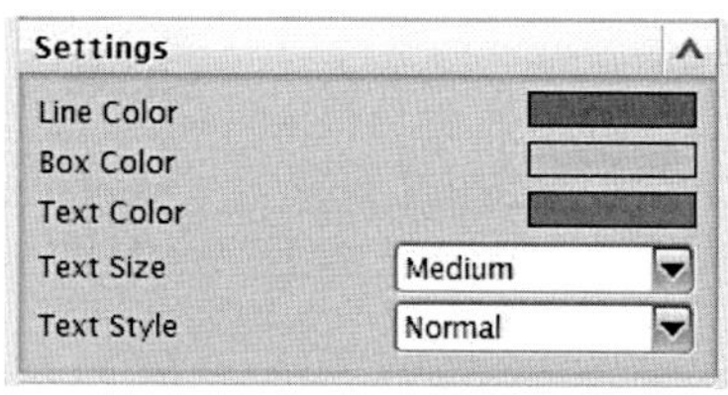

• Setting : Line, Box, Text의 색상과, Text Size, Text Style을 설정할 수 있다.

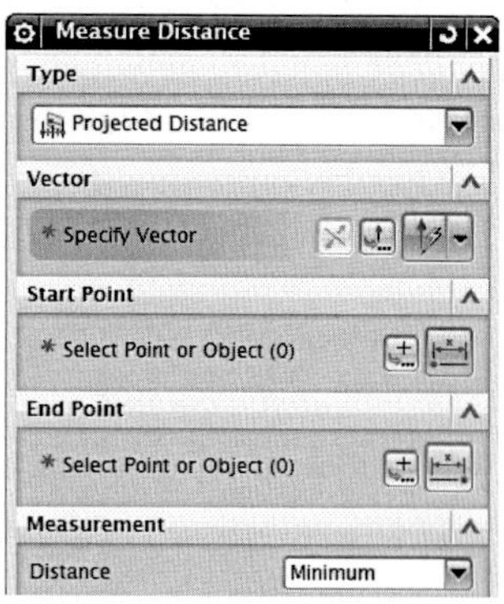

Projected Distance

• Vector : 거리를 측정 하고자 하는 방향을 선택한다.
• Start Point : 측정 하고자 하는 곡면의 위치를 선택한다.(Snap의 Point On Surface는 On 상태)
• End Point : 점, Face, Plan 등을 선택한다.

Example

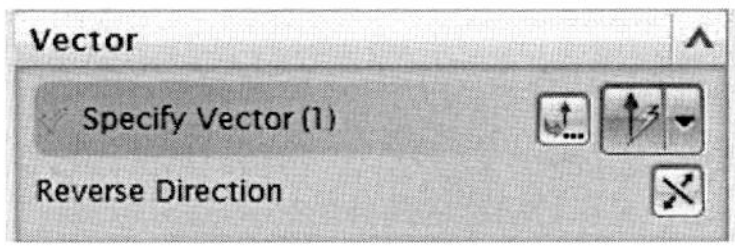

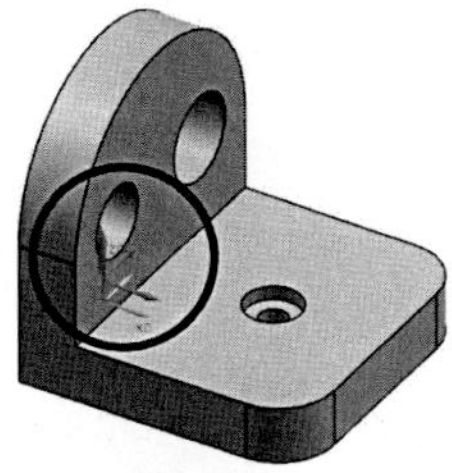

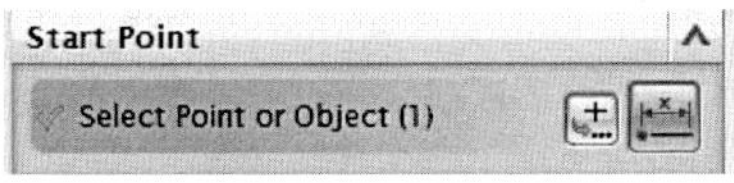

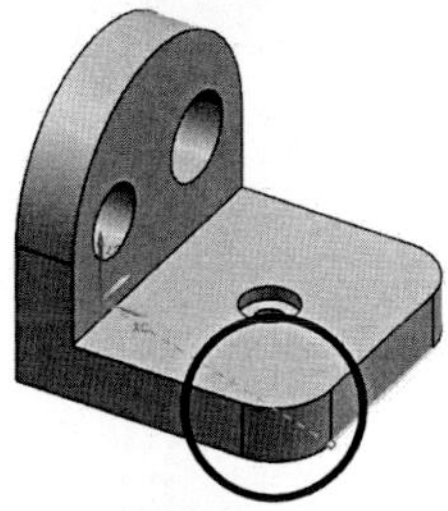

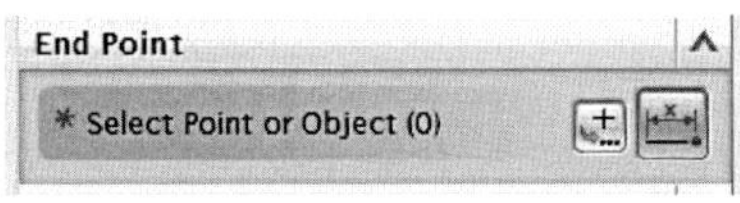

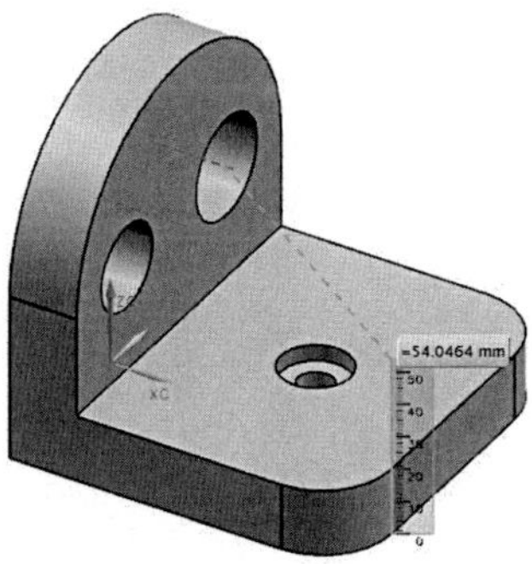

Measure Angle

Analysis → Measure Angle

- 선택한 개체 간의 각도 값을 측정한다.

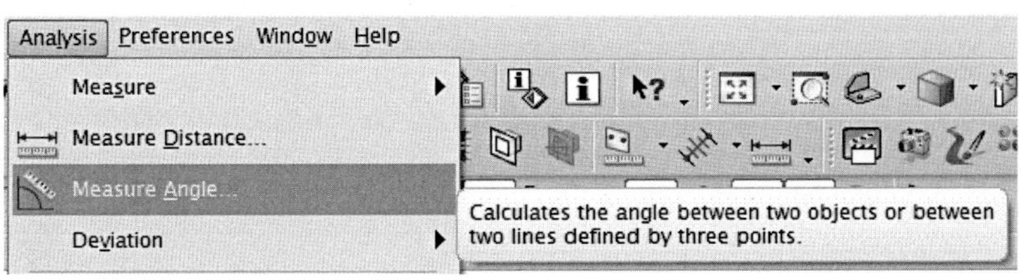

- 각도의 측정방법에는 다음과 같은 타입이 있다.

By Objects

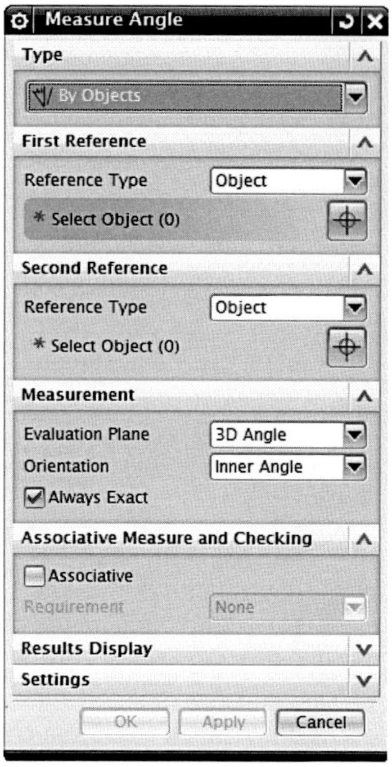

- First Reference : 기준 Object를 선택한다.
- Second Reference : 상대 Object를 선택한다.

TYPE

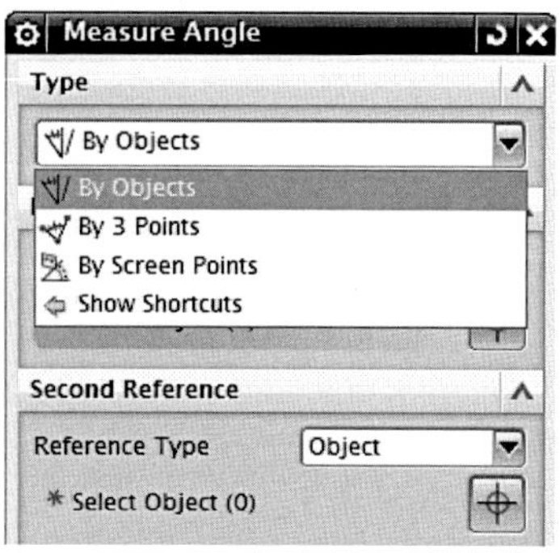

- By Objects : 두 개의 Object를 선택하여 각도 측정한다.
- By 3 Points : 3점을 클릭하여 각도 측정한다.
- By Screen Points : 현재 그래픽 윈도우 화면 상태에서 3점을 클릭하여 각도 측정한다.

Measurement

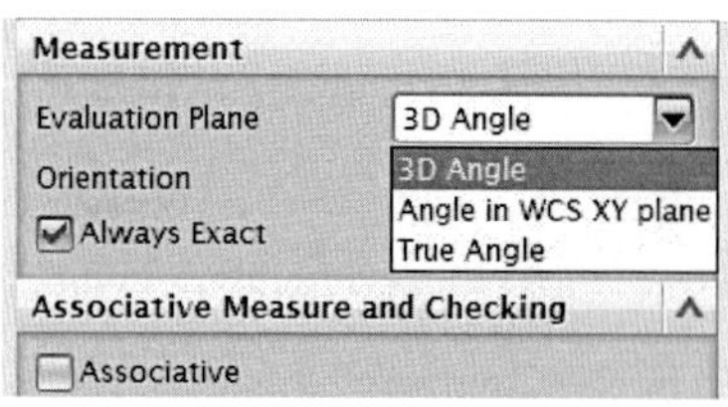

- 3D Angle : 3D 공간 내에서 각도를 측정한다(참고 화살표가 보여진다).
- Angle in WCS XY plane True Angle : 선택 point의 점을 XY 평면으로 투영하여 각도를 측정한다.
- True Angle : 선택 커브 위치를 기준으로 각도를 측정한다.

By 3 Points

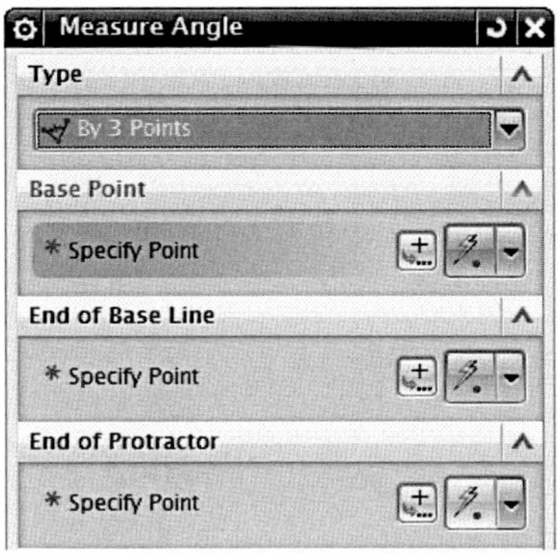

- Base Point : 기준점 선택
- End of Base Line : 두 번째 점 선택(기준 방향 화살표가 생성된다.)
- End of Protractor : 세 번째 점 선택

Associative Measure and Checking

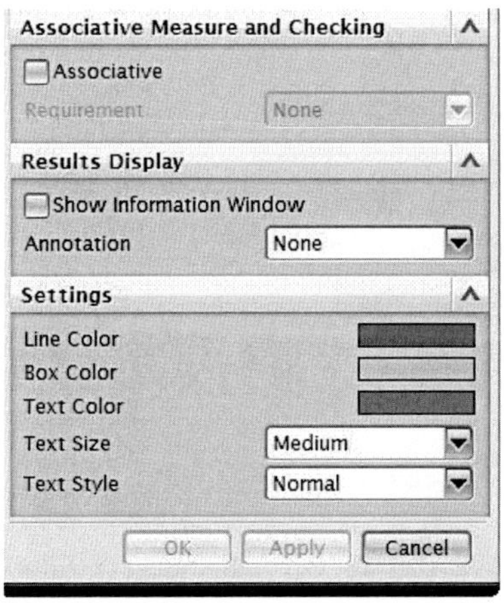

- Associative Measure and Checking : 연관성을 부여할지 안 할지를 선택 한다.
- Results Display : 측정 결과치를 information 창에 나타낸다.
- Settings : line, box, text의 색상과 Text Size Text style을 지정한다.

Object Angle

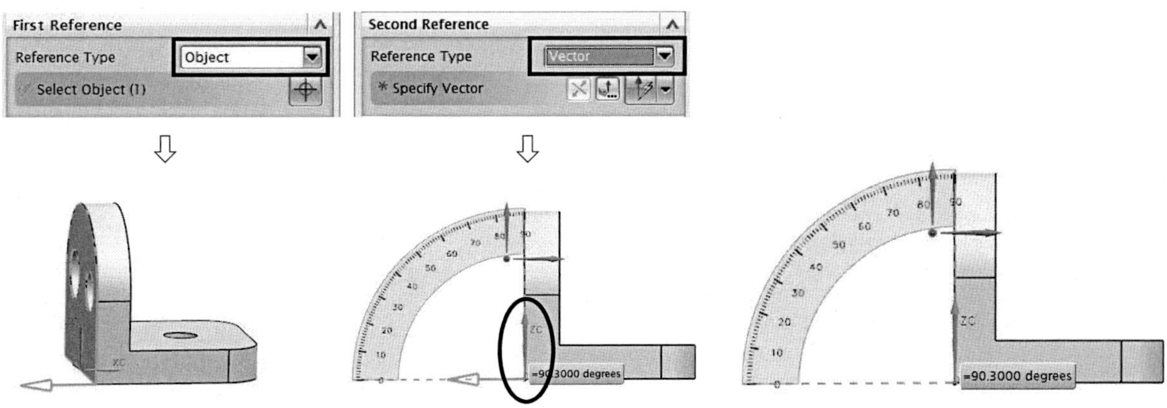

03 Section

View → Section

다양한 Cross–Section을 생성할 때 쓰는 기능이다.

Clip Work Section : Section의 View 유, 무를 ON, OFF하는 기능이다.

Edit Work Section : Section을 편집하거나 새로운 Section을 생성하는 기능이다.

New Section : 새로운 Section을 생성하는 기능이다.

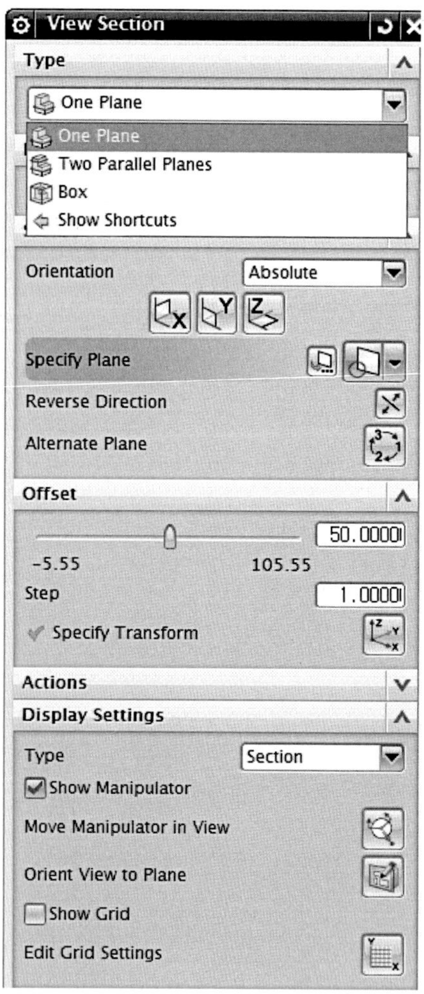

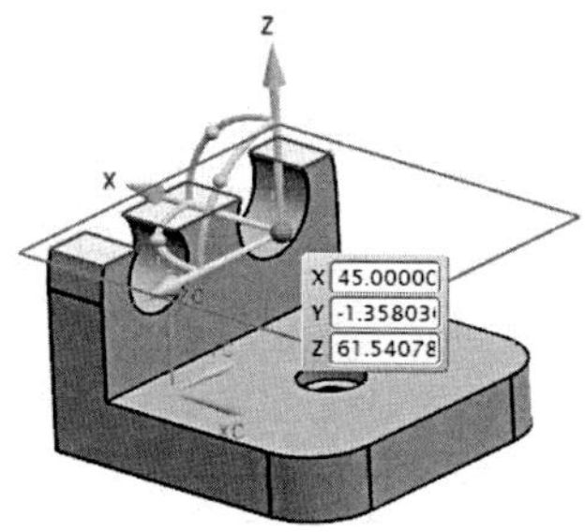

One Plan을 이용해 Section을 View

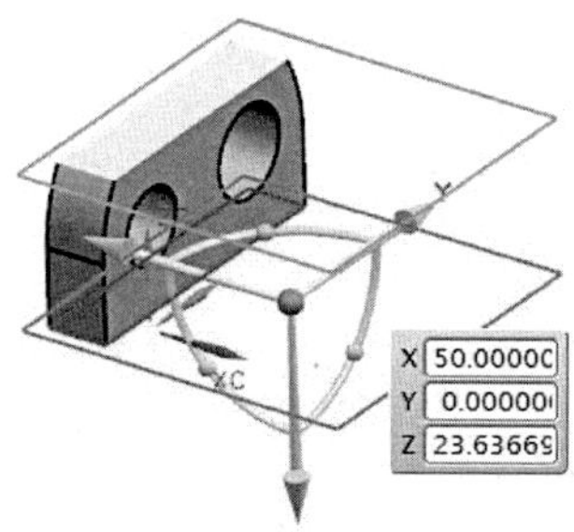

Two Parallel Planes을 이용해 Section을 View

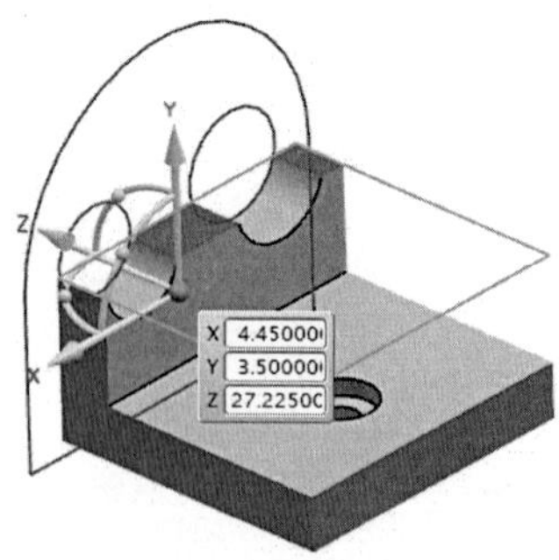

Box을 이용해 6개의 Section을 view

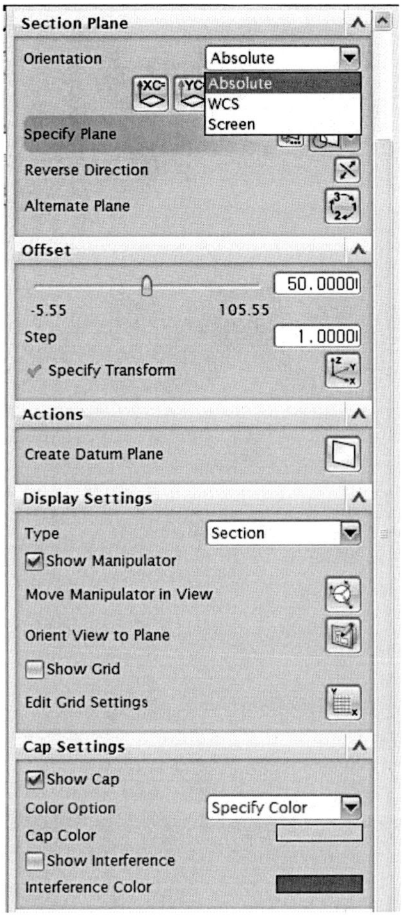

- Absolute : 절대좌표를 기준으로 Section Plane이 생성된다.
- WCS : 상대좌표를 기준으로 SectionPlane이 생성된다.
- Screen : 보이는 화면기준으로 SectionPlane이 생성된다.

- Offset : Dynamic 좌표가 있는 곳에서부터 Offset값을 줄 수 있다.

- Dynamic 좌표가 있는 곳에 Datum Plane을 생성한다.

- DisplayType을 Section과 Slice 두 가지 형태로 볼 수 있다.

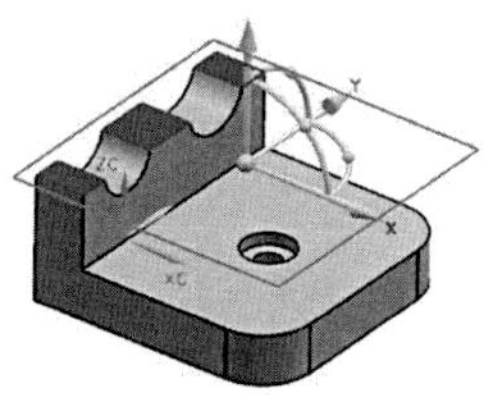

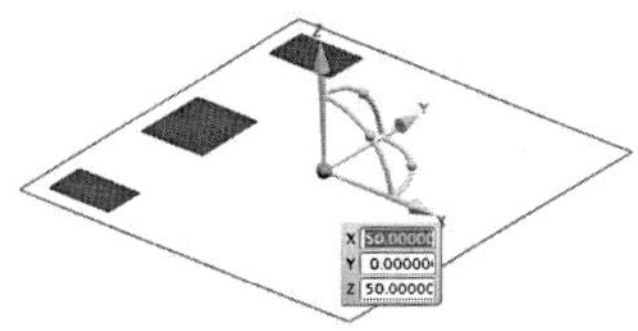

- Section 단면의 색상을 바꾸거나 Body색깔과 같이 지정하며, 간섭 체크시 색상으로 Check 가능하다.

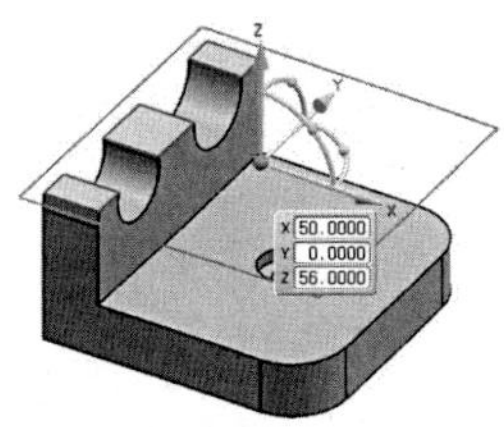

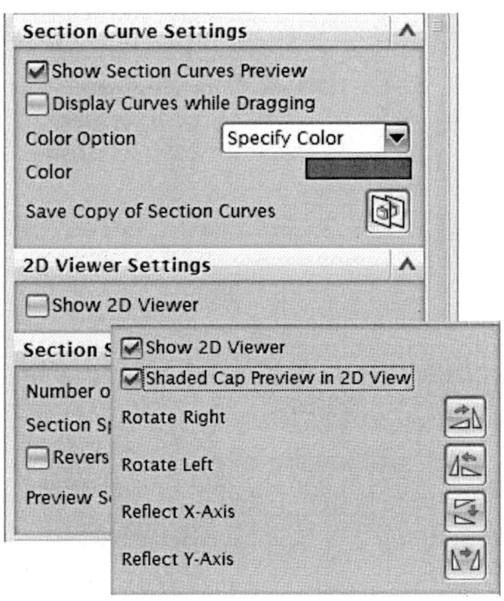

- Section Curve의 색상을 정하거나 SectionCurve(단, 연관성 없음)를 Save할 수 있다.

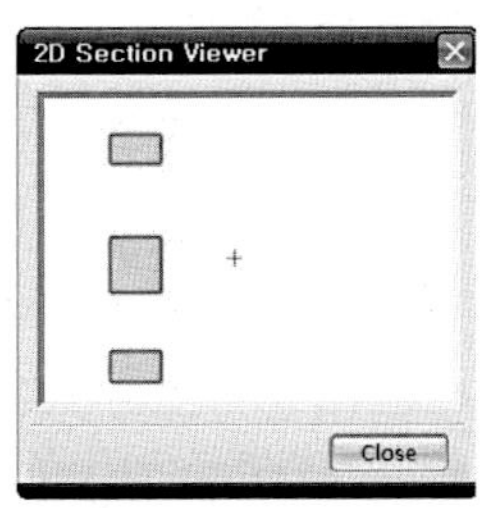

- 2D 상태의 Section Curve와 색상을 줄 수 있으며, 원하는 방향으로 회전시켜 볼 수 있다.

04 Part Navigator

모델링 작업의 전반적인 History를 수정, 편집 할 수 있는 창으로 모든 Application에 기본 창으로 제공된다.

Tools → Part Navigator → Timestamp Order

- Timestamp Order : Part Navigator 의 Main Panel상의 Pop Up에서 Timestamp Order와 Design View 모드 두 가지 중 한가지를 선택할 수 있으며, Timestamp Order가 선택되면 모든 Feature들이 작업되어진 순서로 각각의 단일 Feature 형태로 나타나게 된다.

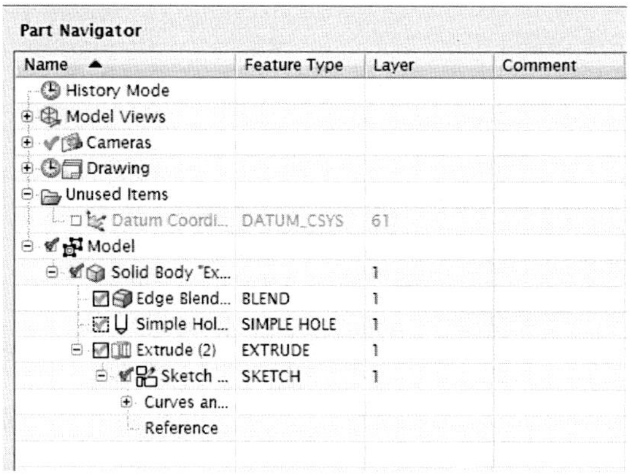

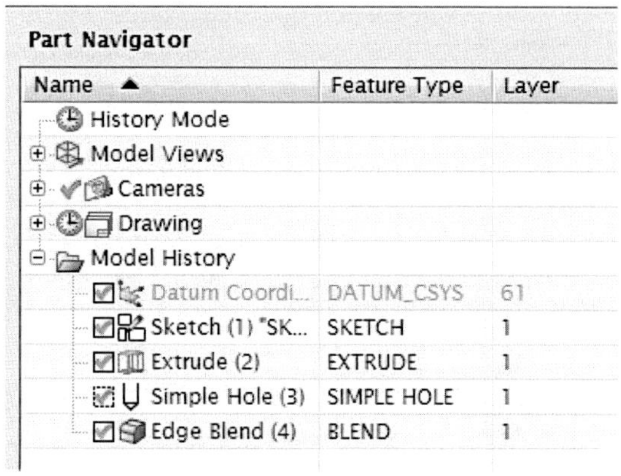

붉은색 체크박스

- Design View 모드 상태에서만 사용되어지며 보이고 안보이고의 상태를 나타낸다.
- 체크박스를 선택하면 보여지고 선택을 해지하면 감춰지게 되며 이때 선택한 Feature의 하위 Feature 들도 같이 사라지게 된다.

녹색 체크박스

- Suppression을 가능 또는 불가능하게 해준다.
- 체크박스를 선택하면 suppress 상태로 되어지고 선택을 해지하면 Unsuppress 상태가 된다.
- 이 기능은 Edit−Feature−Suppress와 Unsuppress에서와 같은 기능이다.
- Timestamp Order에서는 모든 Feature 들이 녹색 체크박스 상태이고 Design View에서는 datum 이나 sketch 등의 일부 Feature는 녹색 체크박스가 나타나지 않으므로 사용이 불가능하다.
- Feature를 선택하면 다음과 같이 상위, 하위의 연관 Feature가 색상으로 구분되어 보여진다.

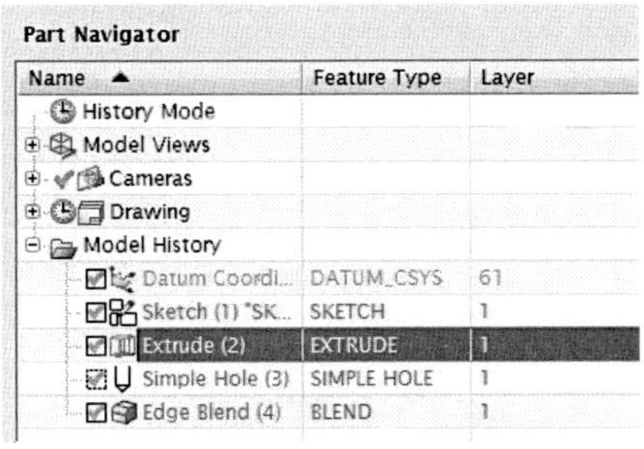

- Model History에 등록 되어진 각각의 개체를 Feature라고 호칭한다.
- Sketch(1)을 MB1으로 클릭할 경우 상위연관 Feature의 컬러는 분홍컬러를 표시하고, 하위연관 Feature의 컬러는 파랑색으로 표시된다.

임의의 피쳐 Sketch(1)을 MB3 클릭 Pop_Up창이 열린다. 다음은 주요기능에 대한 설명이다.

- Show Hide Parents : 선택한 개체의 상위연관 Feature를 현재 화면에 보이게 한다.

- Edit : 선택한 Sketch를 수정

- Edit Parameters : 선택한 Feature를 수정 한다. 화면은 최종 모델 상태에서 수정되어지고 결과 값 입력 후 모델이 변경 된다.

- Edit with Rollback : 선택한 Feature까지 작업 상태로 되돌아가서 수정을 한다. 단 선택되어진 개체까지의 History를 보이며 수정 작업을 한다. 수정이 끝나면 마지막 모델링 작업 단계까지 되돌아간다.(Rollback 기능은 현재 시점과 과거 시점까지를 모델링 변경사항을 수시로 계산하는 단점으로 대용량의 모델일 경우 권장 하지 않는다)

- Make current feature : 선택한 개체까지 의 작업 상태로 되돌아간다. Feature를 현재 작업레벨 아래에 추가 할 수 있다. Feature를 추가 할 경우 History 순번이 자동 정렬되고 최종 작업 상태로 되돌아가려면, 마지막 Feature 선택 후 Make Current Feature를 설정해 주면 된다.

Boolean Operation, Emboss sheet, Sew, Patch의 개념 및 활용방법을 이해한다.

NX8.5

9

불리안 연산(Boolean Operations)

01 Unite

Insert → Combine bodies → Unite

2개 이상의 Solid Bodies를 하나의 Body로 합한다.

파일명 : Unite.prt

01 Target Body를 선택(Multi body 불가)
02 Tool Bodies를 선택(Multi body 가능)
03 OK 또는 Apply

- Define Regions : 유지하거나 제거할 바디 영역을 선택할 수 있다.
- Separate Target and Tool Regions : 영역 정의가 선택된 경우 사용할 수 있다. 타겟 및 툴 영역을 동시에 유지 제거할 수 있다.

> Select Target Region, Select Tool Region(타겟 및 툴 영역 분리가 선택된 경우 사용할 수 있으며 Target이나 Tool 영역을 유지하거나 제가 할 수 있음)

- Keep Tool : 명령실행 후에 Tool Body를 따로 남긴다.
- Keep Target : 명령실행 후에 Target Body를 따로 남긴다.

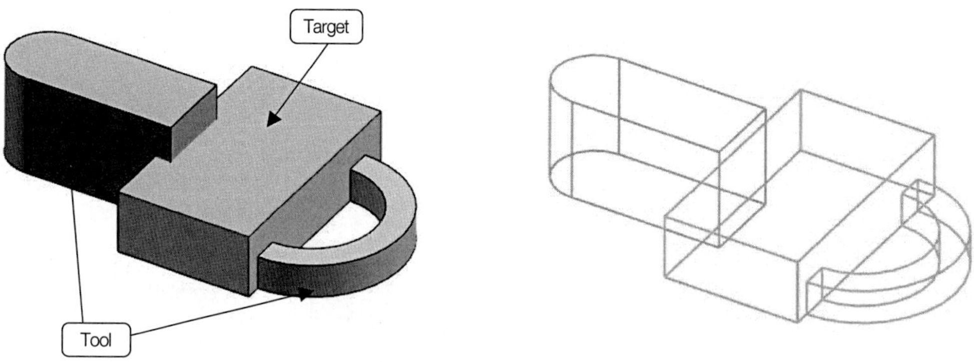

▲ Unite 하기 전 상태(3개의 volume)

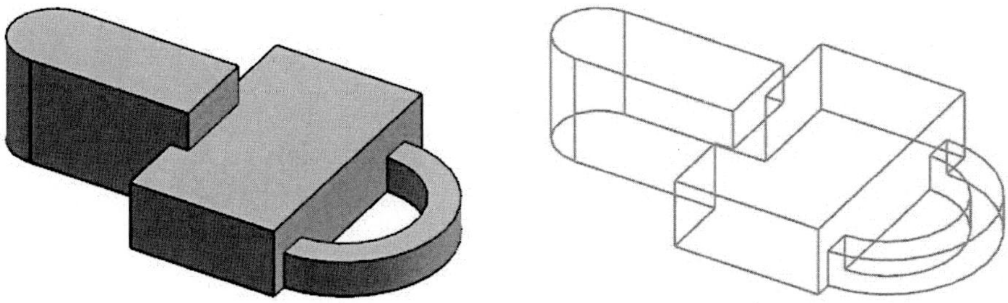

▲ Unite 한 후 상태(1개의 volume)

02 Subtract

Insert → Combine bodies → Subtract

Body들 간의 차집합을 수행한다.

O1 Target Body를 선택(Multi body 불가)
O2 Tool Bodies를 선택(Multi body 가능)
O3 OK 또는 Apply

- Keep Tool : 명령실행 후에 Tool Body를 따로 남긴다. Tool Body를 다중으로 사용할 수 있다.
- Keep Target : 명령실행 후에 Target Body를 따로 남긴다. Target Body를 다중으로 사용할 수 있다.

파일명: subtract.prt

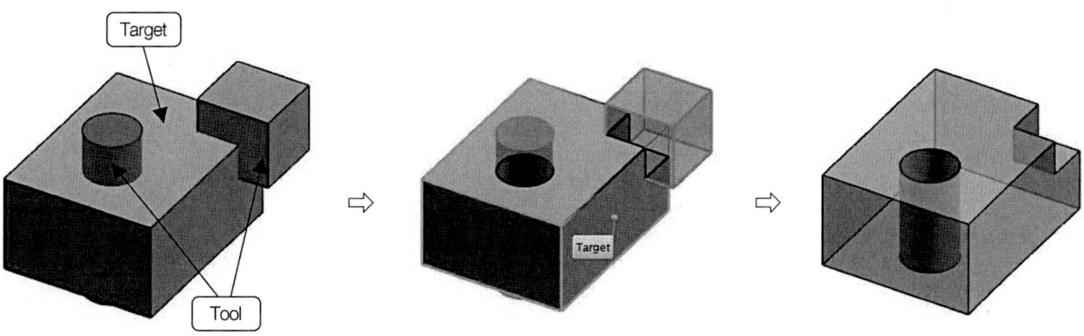

03 Intersect

Insert → Combine bodies → Intersect

Body들 간의 교집합을 수행한다.

O1 Target Body를 선택(Multi body 불가)
O2 Tool Bodies를 선택(Multi body 가능)
O3 OK 또는 Apply

파일명 : intersect.prt

- Keep Tool : 명령실행 후에 Tool Body를 따로 남긴다. Tool Body를 다중으로 사용할 수 있다.
- Keep Target : 명령실행 후에 Target Body를 따로 남긴다. Target Body를 다중으로 사용할 수 있다.

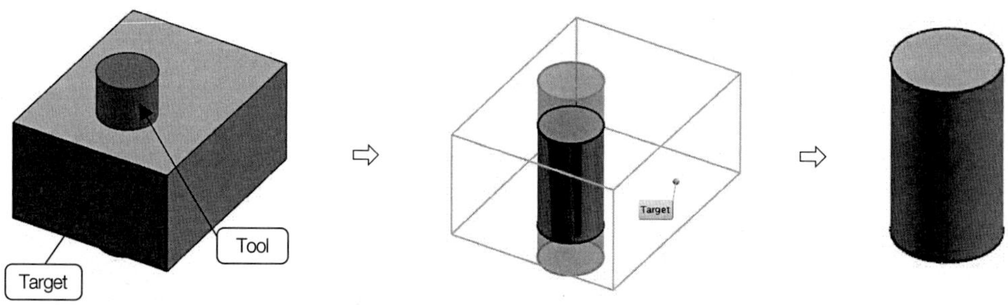

04 Emboss body

Insert → Combine → Emboss body

Solid body에 Sheet 바디를 압착한 것처럼 Solid body의 면을 추가하여 Sheet body의 면을 생성

01 Target으로 사용할 body를 선택한다.
02 Tool로 사용할 하나 또는 여러 개의 Bodies를 선택한다.
03 OK 또는 Apply

- Clearance: Target과 Tool 사이의 간격을 지정할 수 있다.
- Keep Target : 명령실행 후에 Target Body를 따로 남긴다. Target Body를 다중으로 사용할 수 있다.
- Keep Tool : 명령실행 후에 Tool Body를 따로 남긴다. Tool Body를 다중으로 사용할 수 있다.

파일명 : Emboss body.prt

01 Target body 선택

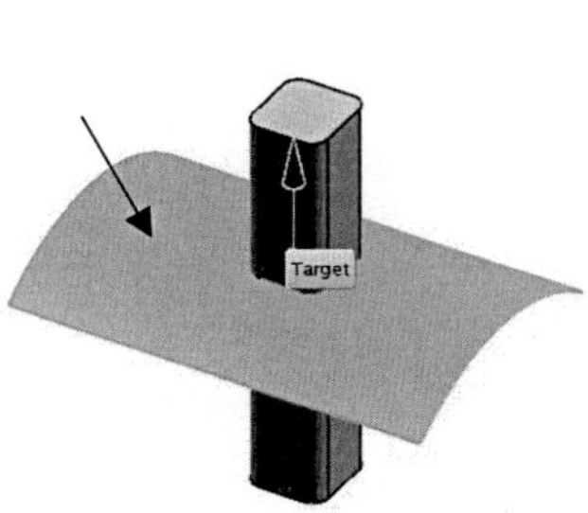

⇨

02 Tool solid 선택

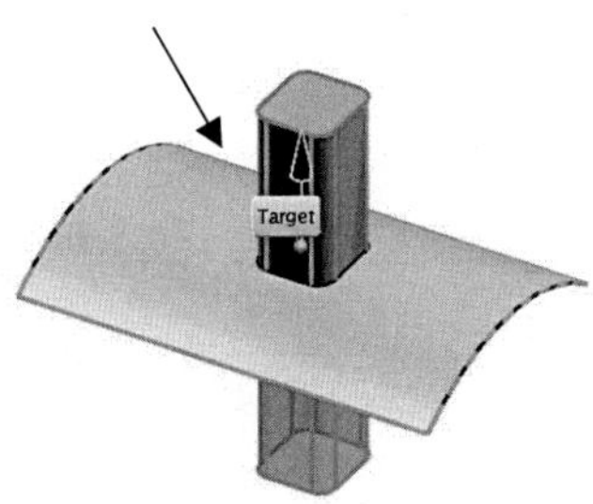

⇨

03 Result
(화살표 방향으로 형상이 남음)

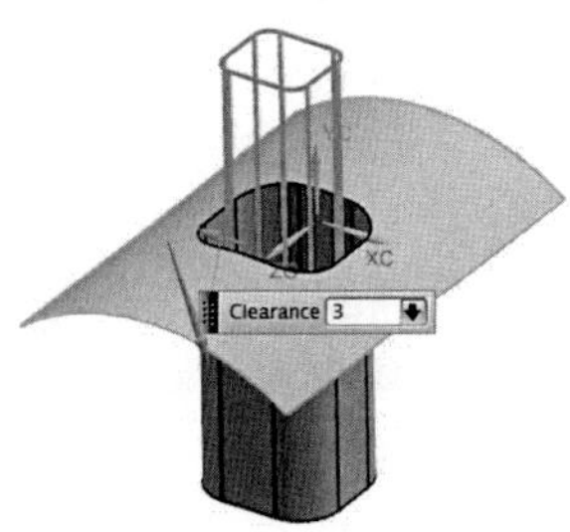

2개의 또는 그 이상의 Solid Body를 선택할 수 옵션을 사용하면 표기된 화살표의 반대방향 형상이 남게 됨

파일명 : Embosheet2.prt

01 Target sheet 선택

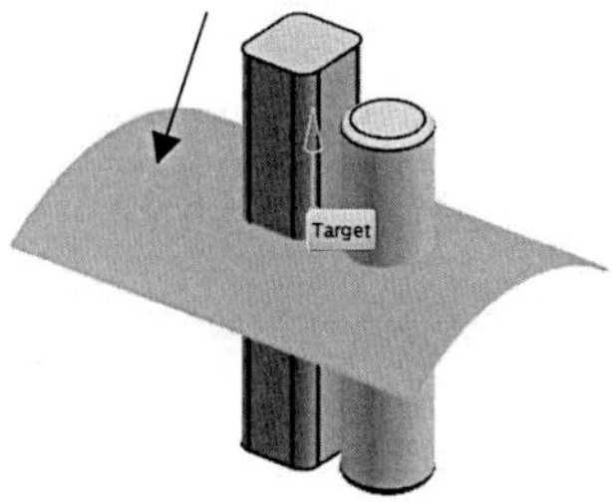

02 Tool solid 선택

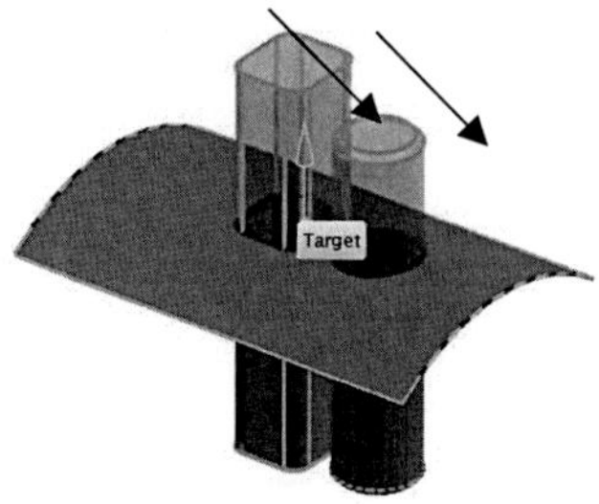

03 Result(다수의 Tool bodies도 허용함을 알 수 있다.)

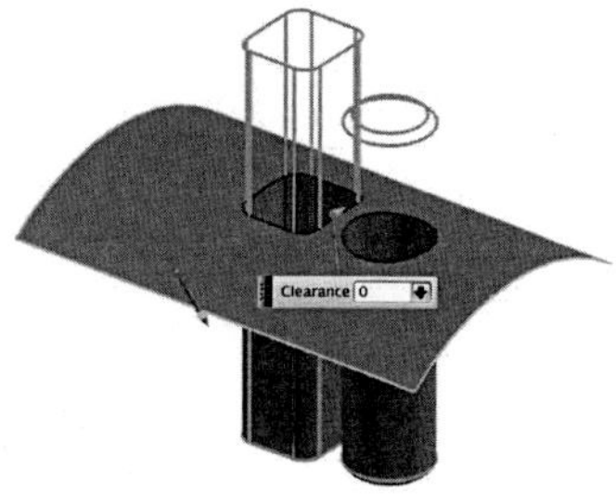

05 Sew

Insert → Combine → Sew

두 개 이상의 Sheet를 하나의 Sheet로 만들어주고, Solid Body가 하나이상의 면을 공통으로 일치한 경우 하나의 Solid로 이어서 만들어 준다.

01 Target으로 사용할 Sheet나 Solid를 선택한다.(Multi Sheet 불가)

02 Tool로 사용할 하나 또는 여러 개의 Sheets나 Bodies (Multi Sheet 가능) 선택한다.

03 OK 또는 Apply

- Type : 대상을 Sheet 또는 Solid로 정의한다.
- Output Multiple Sheets : 하나가 아닌 두 개 또는 그 이상의 Body로 만들 수 있다.

파일명 : sew.prt

01 Target Sheet 선택

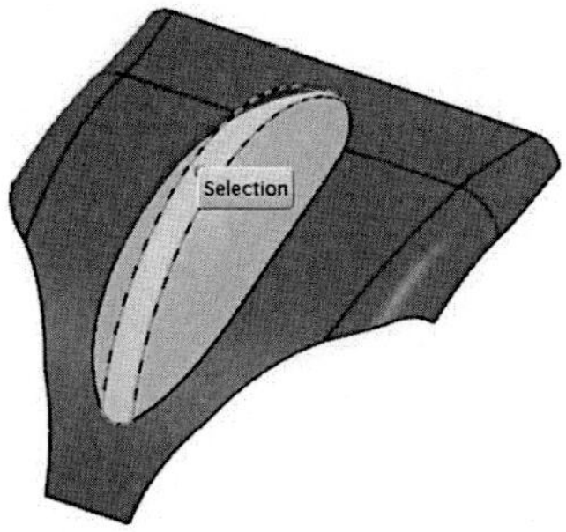

02 Tool Sheets 선택

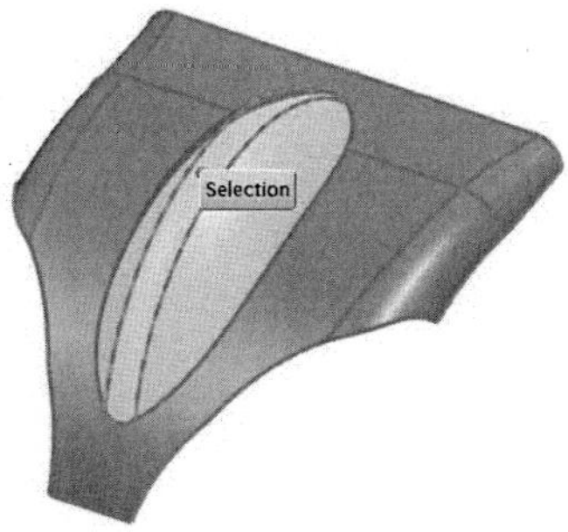

03 Result(1개Sheet)

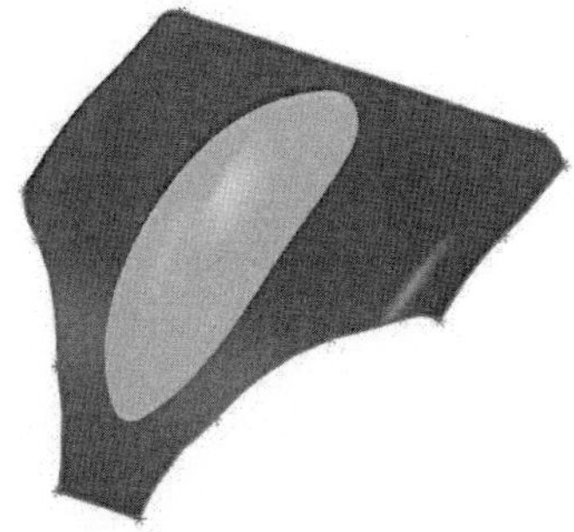

06 Unsew

Insert → Combine → Unsew

Un−Sew 명령으로 이미 Sew 되어 있는 Sheet body나, Solid Body를 여러 개의 Sheet로 분리 할 수 있다.

하나의 Sheet에서 분리하고자 하는 면을 선택하여 OK 한다.

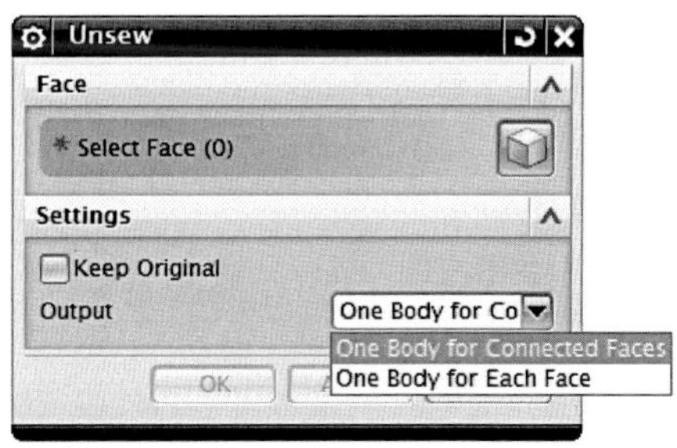

- Keep Original : 기존 면을 남기고 새로운 면 생성
- One Body for Connected Faces : 분리된 면을 하나로 연결
- One Body for Each Face : 분리된 면을 각자 독립적으로 유지

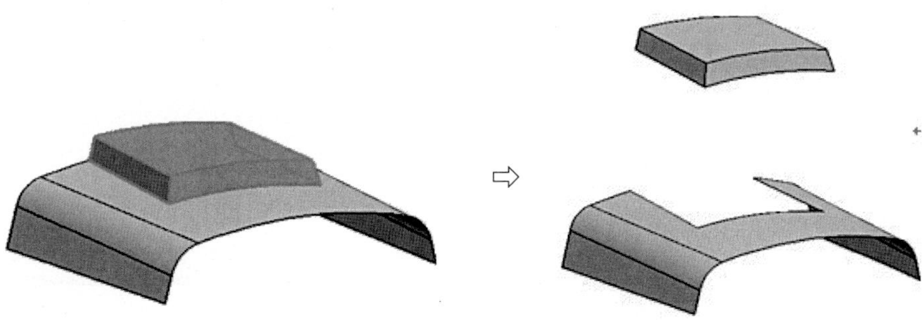

▲ One Body Connected Faces

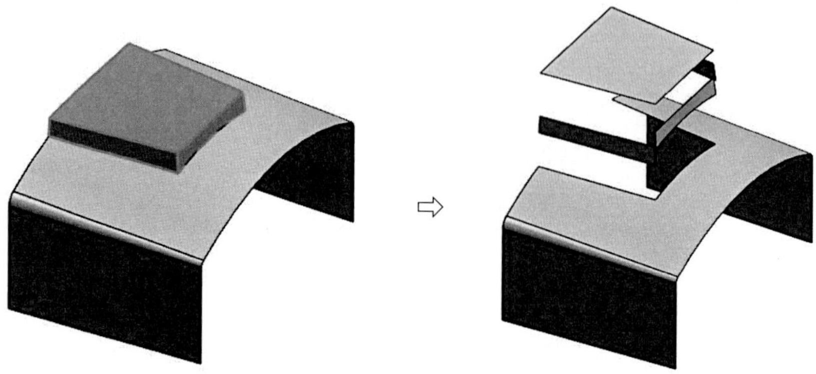

▲ One Body for Each Faces

07 Patch

▌Insert → Combine bodies → Patch

다른 Sheet의 면을 교체하여 SolidBody 또는 Sheet Body면을 수정하거나 Patch 할 수 있다.

01 Target Body를 선택
02 Tool Sheet 또는 Face를 선택
03 방향설정
04 OK 또는 Apply

- Tool Direction Face : Tool의 방향성을 제어하여 Patch
- Make Hole in Solid Target : Patch의 방향 유무와 상관없이 Hole을 만들고자 할 때 Check 한다.

Solid의 Face를 다른 Sheet나 Face와 바꾸는 명령어이고 Trim과는 다르게 Patch된 이후에 사용한 Sheet나 Face는 사라지게 되며 사용될 면의 Edge는 Solid Face의 면과 경계가 같아야 작업이 가능하다.

Patch 사용의 예

파일명 : patch1.prt

01 Target body 선택

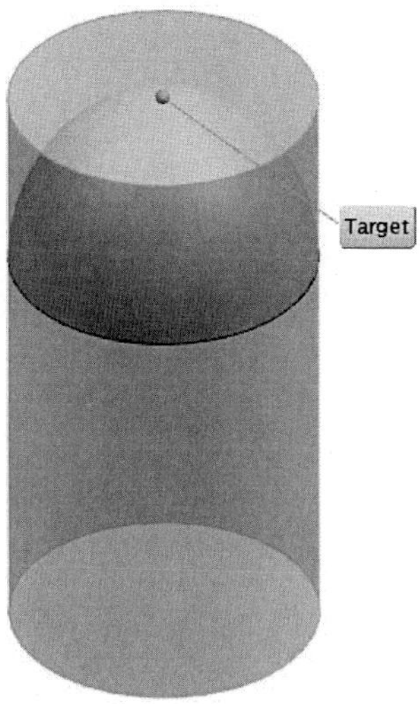

02 Target sheet 선택

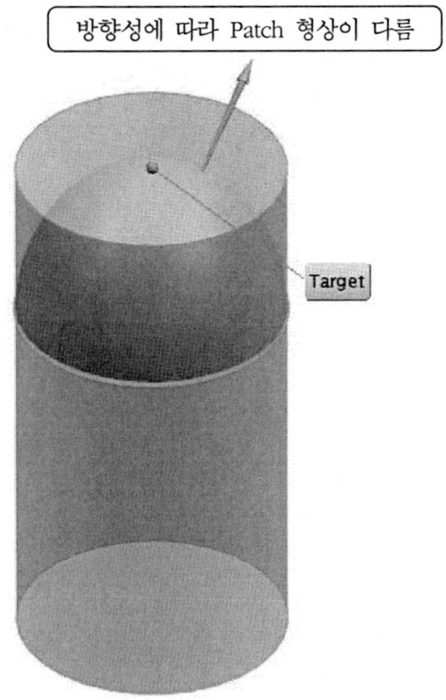

03 Result

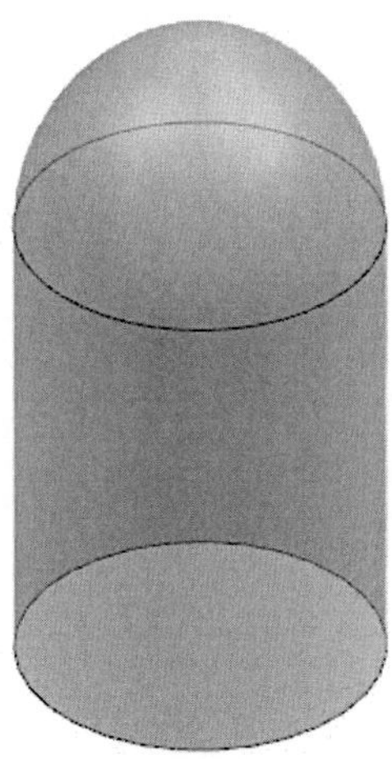

▲ 정방향

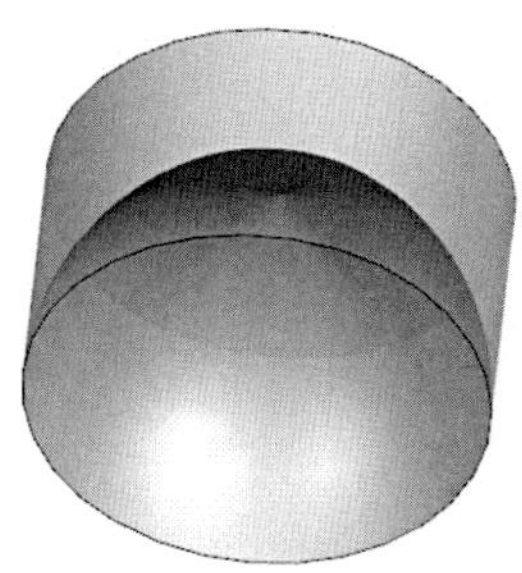

▲ 역방향

> 사용된 Sheet는 한 개 이어야 할 때는 Sew 작업을 통해 하나로 합친다.

Trim, Offset/Scale, Detail Feature의 개념 및 활용 방법을 습득한다

NX8.5

10

형상변경(Feature Modification)

01 Trim

1. Divide Face

▌Insert → Trim → Divide Face

곡선, 모서리, 면, 데이텀 평면 또는 바디의 분할객체로 하나이상의 면을 분할 할 수 있다.

01 Divide할 Face를 선택
02 Dividing Object를 선택(Curve)
03 OK 또는 Apply

- Hide Dividing Objects : Divide에 사용된 Curve를 Hide 시킨다.
- Do not project Curves That line in faces : 면에 있는 곡선투영안함

투영방향의 제어

- Normal to Face : 지정한 면에 법선 방향
- Normal to Curve Plane : 평면상에 위치한 커브에 법선 방향
- Along Vector : 임의의 방향을 지정

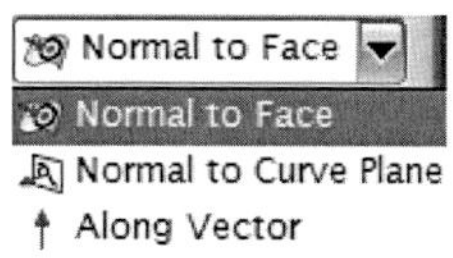

파일명 : divideface.prt

01 Divide할 Face를 선택

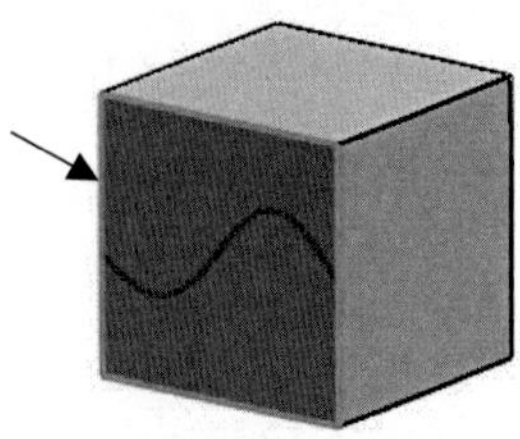

02 Dividing Objects 선택

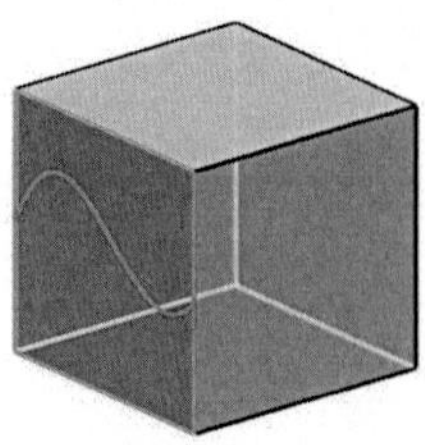

03 Result

2. Join face

▌Insert → Combine → Join face

Solid body나 Sheet Body에서 중복되는 면, 모서리, 꼭지점 등을 제거 할 수 있다.

01 On Same Surface 또는 Convert to B-Surface를 선택
02 Join 하기 위한 Body나 Face를 선택
03 OK 또는 Apply

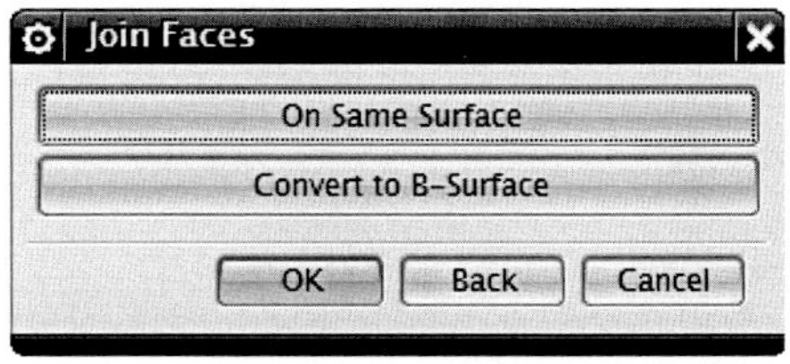

- On Same Surface : 하나의 Surface로 생성
- Convert to B-Surface : B-Surface로 바꾸어 생성

파일명 : joinface.prt

01 Join 하기 위한 Face를 선택 **02** One Same Surface 선택 **03** OK 선택

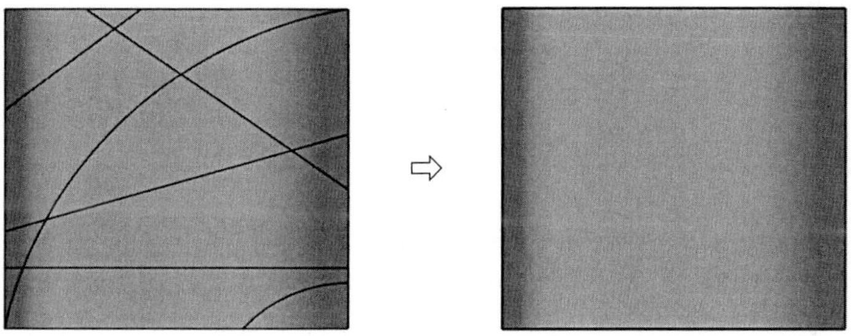

3. Trim Body

▌Insert → Trim → Trim Body

면 또는 데이텀 플랜을 사용하여 하나 이상의 바디를 분리 할 수 있다.

01 Trim 하기 위한 Body를 선택
02 Trim 하기 위한 Face나 Datum Plane을 선택
03 OK 또는 Apply

파일명 : trimbody.prt

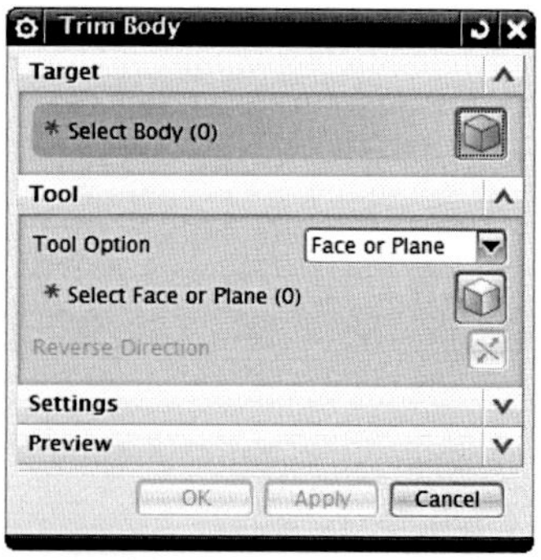

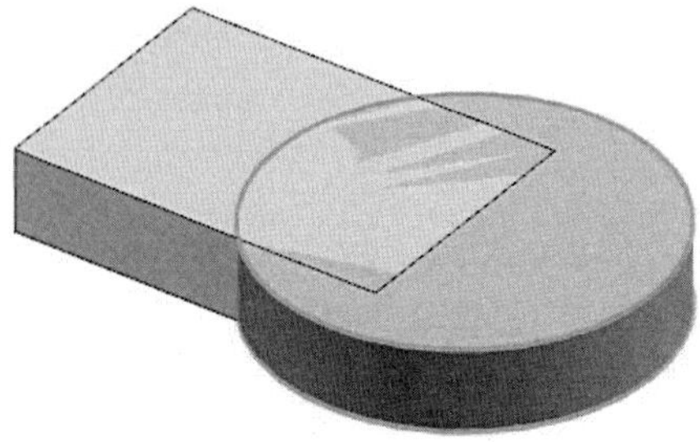

Target Body 선택

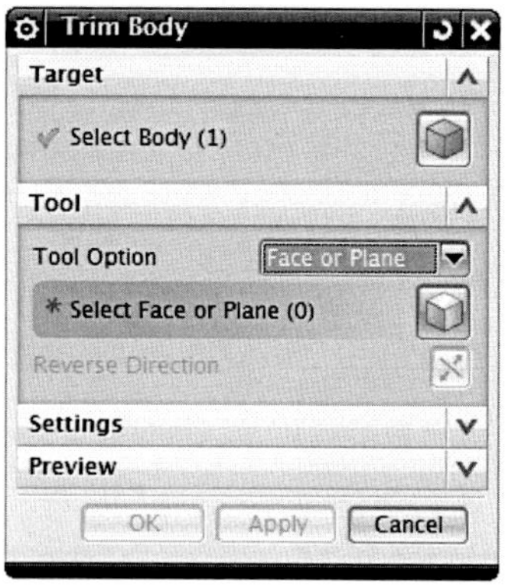

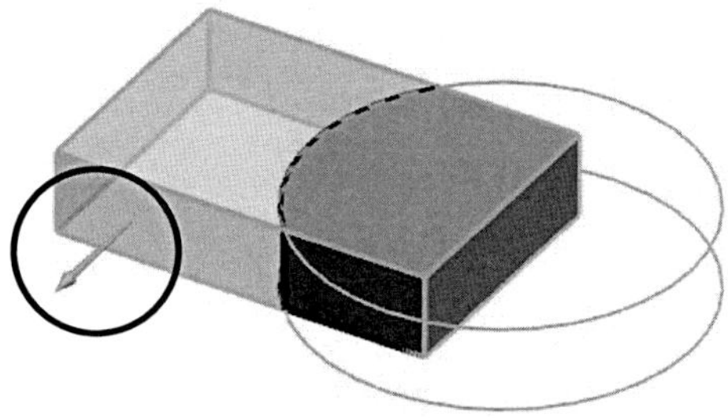

Tool Body의 전체 면을 선택
(Sigle Face 선택도 가능)

▲ EX 1

이때 Tool은 Body 보다 큰 영역을 가져야 하며 Sheet 또는 Datum Plan 등이 가능하다.

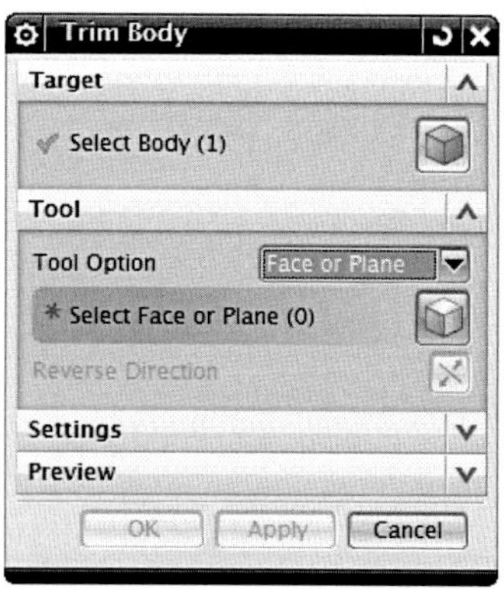

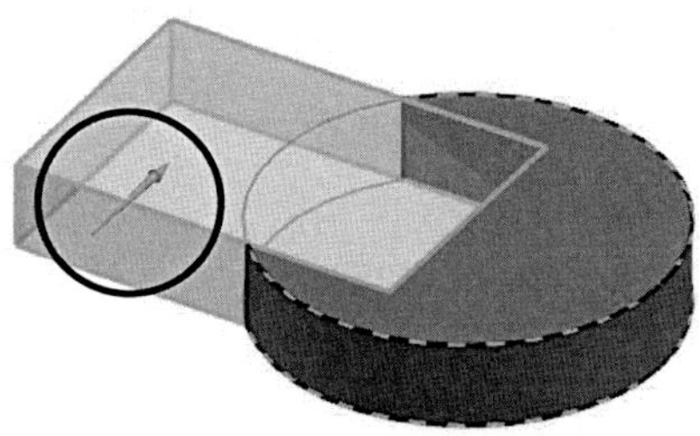

▲ Reverse Direction한 경우

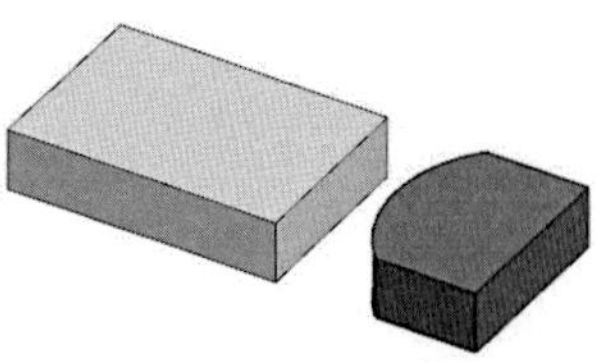

▲ EX 1

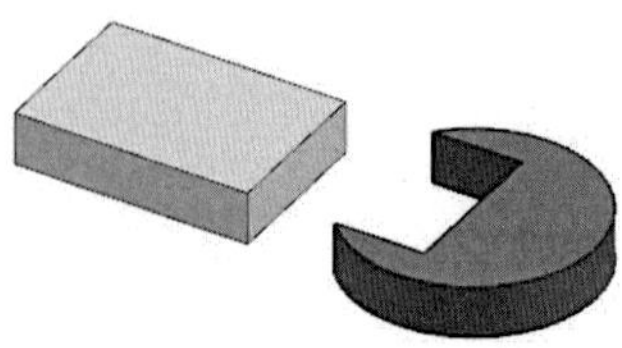

▲ EX 2

4. Split Body

▌Insert → Trim → Split Body

일련의 면 또는 데이텀 평면을 사용하여 바디나 시트 바디를 여러 바디로 분할할 때 사용된다.

파일명 : splitbody.prt

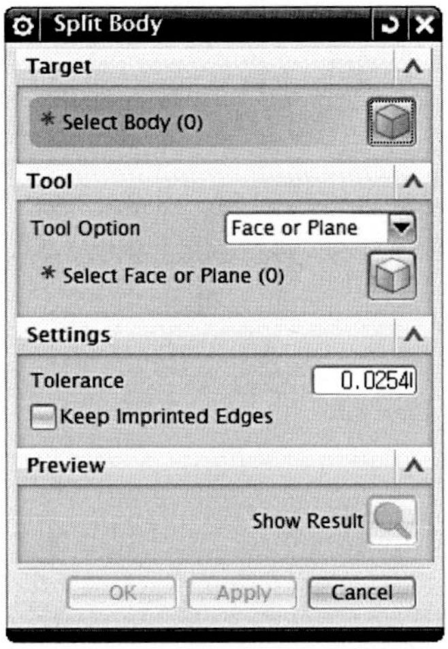

⇨

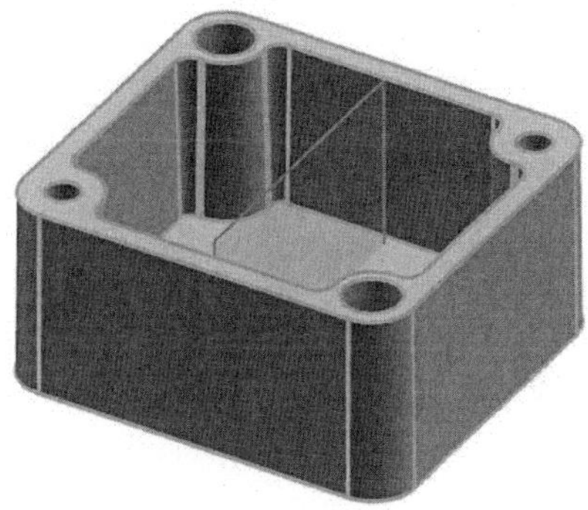

Target Body 선택

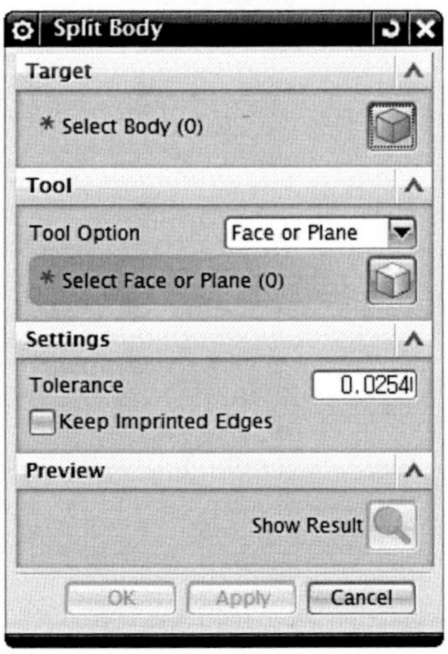

⇨

Tool Body 선택

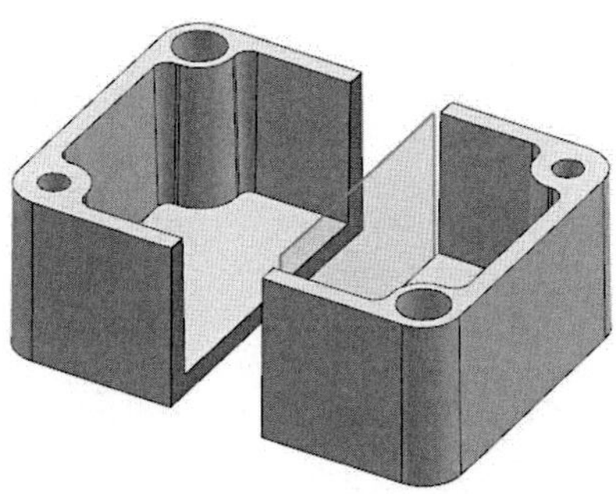

연관성 있는 2개의 Body로 분리

02 Offset/Scale

1. Offset Face

Insert → Offset / Scale → Offset Face

Sheet 또는 Solid의 면을 선택하여 Offset하는 기능으로 Sheet를 선택할 경우엔 Offset Value만큼 이동을 하게 되고, Solid의 면을 선택할 경우는 형상의 주변 속성을 유지한 모습을 만들어 낸다.

01 Offset하기 위한 Solid의 면 또는 면들을 선택한다.
02 Offset 거리를 입력한다.

> Offset은 선택한 면과 법선 방향으로 진행된다.

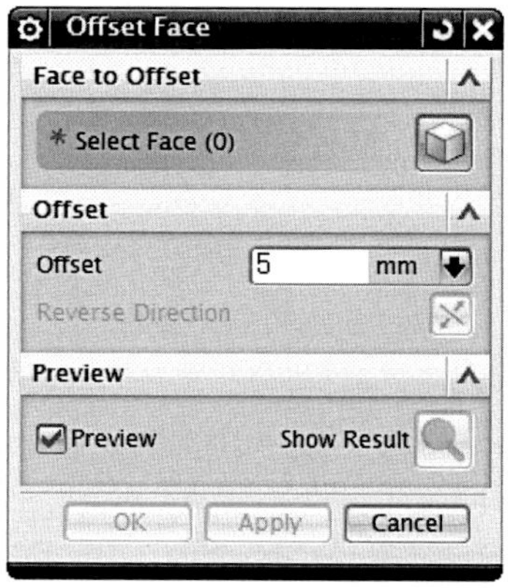

파일명 : offset.prt

01 Offset하기 위한 Face 선택

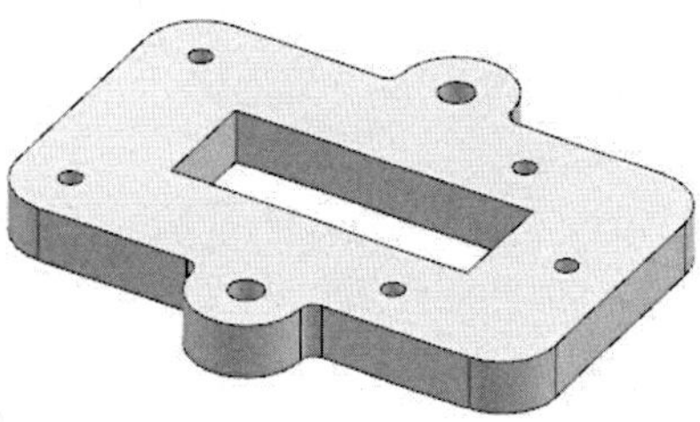

02 Result

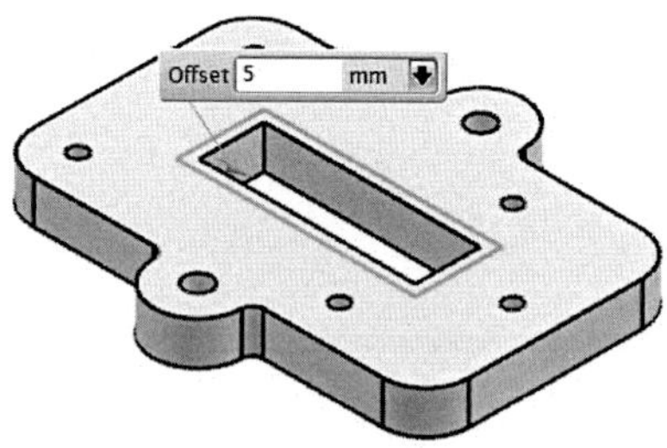

2. Scale Body

▌Insert → Offset / Scale → Scale Body

Scale Body 명령을 이용하여 제품의 배율을 세 가지 방식으로 변경할 수 있다.

- Uniform : X, Y, Z 방향에 같은 Scale을 일정하게 적용

01 Scale을 적용하고자 하는 Body 선택
02 Reference Point(기준점) 선택
03 OK 또는 Apply

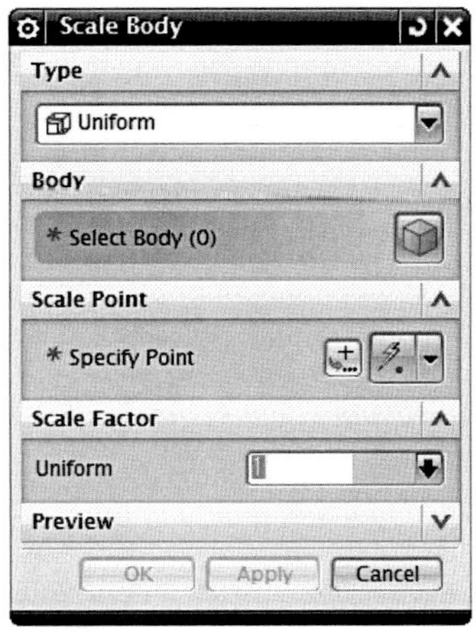

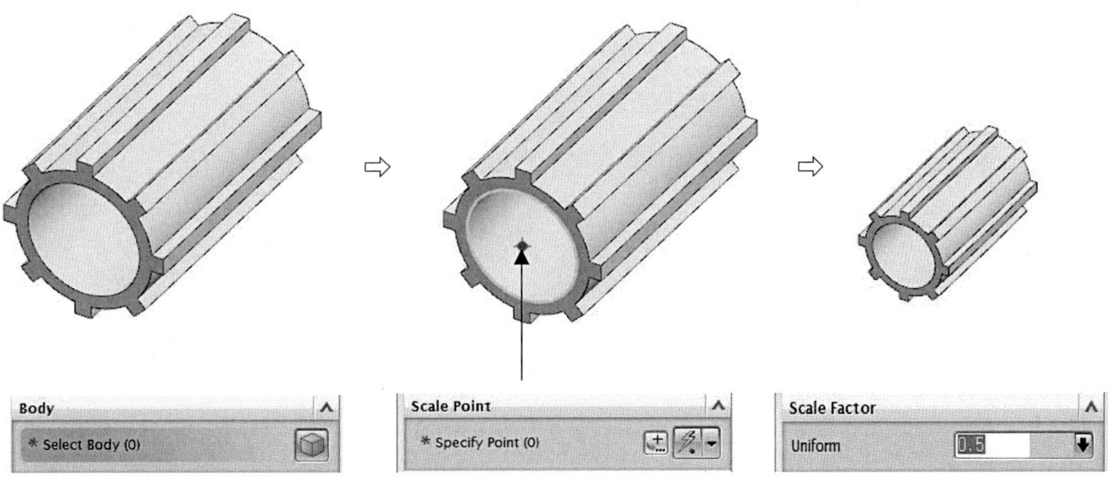

• Axisymmetric : 축 방향과 축과 Normal한 방향의 Scale을 줄 수 있다.

01 Scale을 적용하고자 하는 Body 선택

02 Point(기준점) 선택

03 Along Axis(축 방향) Scale과 Other Direction(축과 Normal한 방향) Scale을 준다.

04 벡터를 지정해 준다.

05 OK 또는 Apply

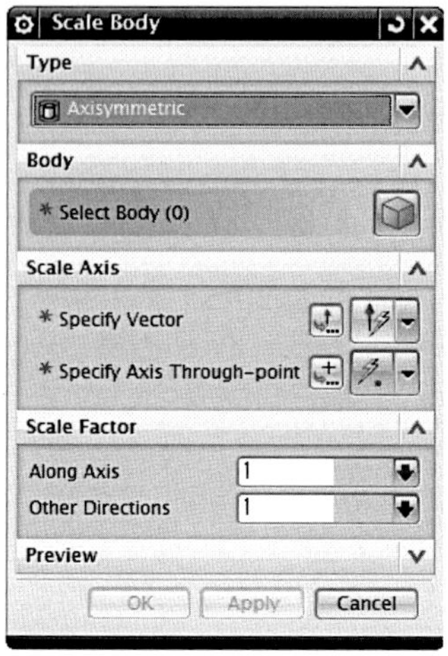

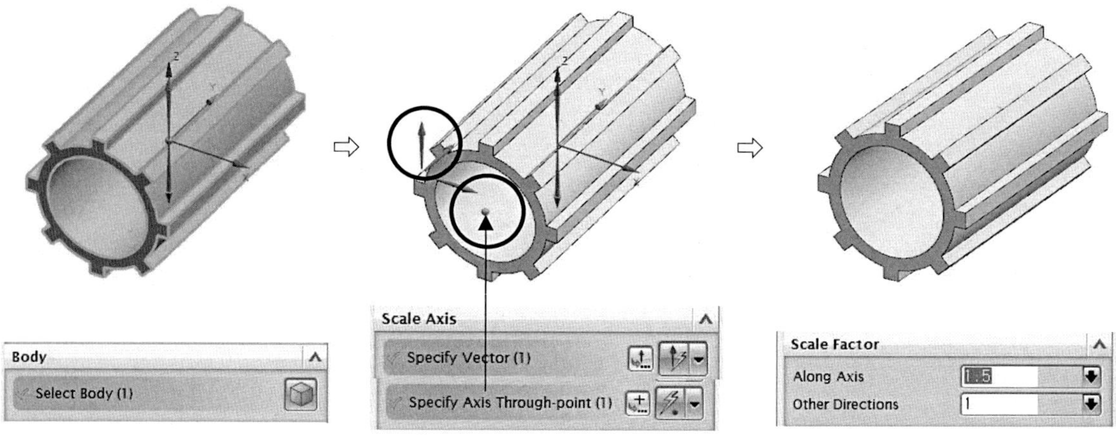

• General : X, Y, Z 방향으로 서로 다른 값을 적용시킨다.

01 Scale을 적용하고자 하는 Body 선택

02 X, Y, Z 방향으로 서로 다른 값을(축과 Normal한 방향) Scale을 준다.

03 OK 또는 Apply

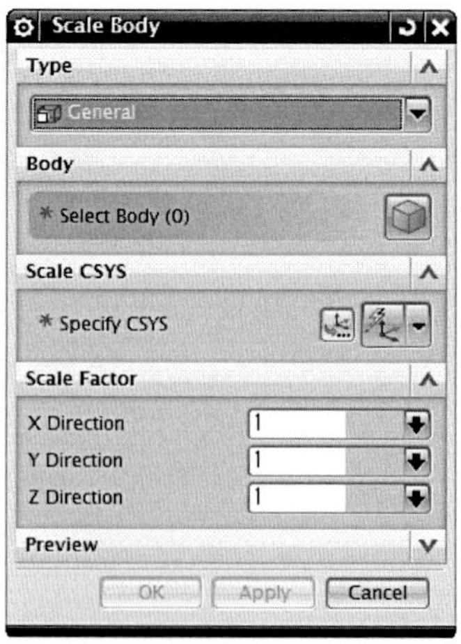

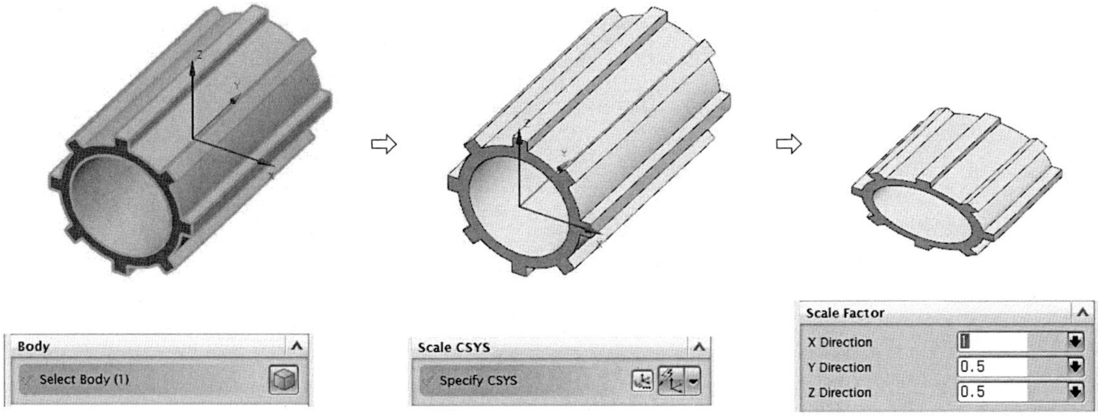

3. Shell

Insert → Offset / Scale → Shell

Solid에 개별 두께를 주어 면에 할당하고 개별 면을 제거할 수 있다.

- Shell Type

  Remove Faces, Then Shell : 지울 면을 선택하고 나머지 면의 두께를 주는 방법이다.

  Shell All Faces : Solid Body의 모든 면에 두께를 주는 방법이다.

01 지워질 면을 선택한다.

02 두께를 가질 면의 두께를 준다. 이때 서로 다른 두께의 벽을 생성하기 위해서는 Alternate Thickness의 Add New Set의 옵션을 사용한다.

03 OK 또는 Apply

파일명 : shell.prt

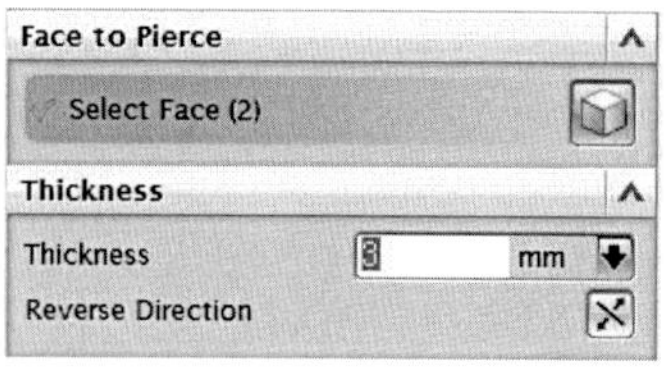

⇨

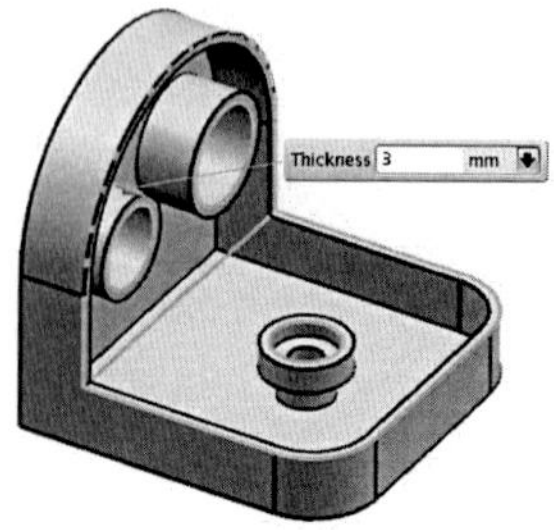

제거할 면을 먼저 선택

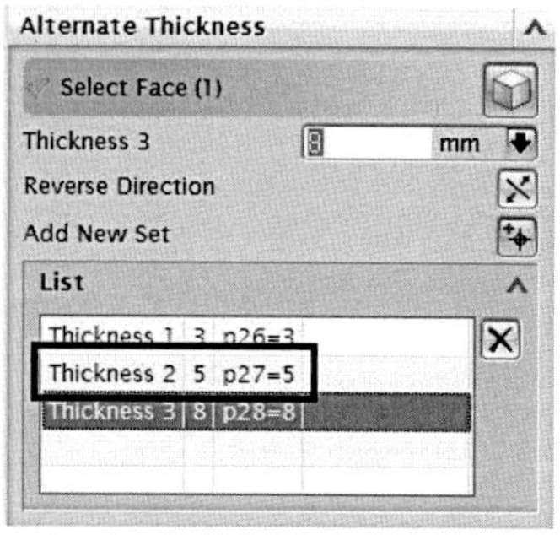

⇨

전체 두께를 정하고 각각의 두께를 주고자 하는 면을 선택

각각의 면을 추가하고자 할 때는 Add New Set을 클릭하여 추가하여야 한다.

4. Wrap Geometry

▌Insert → Offset / Scale → Wrap Geometry

상세 모델을 단순화 할 때 사용하며 모델을 둘러싼 Solid Envelope 계산을 할 수 있다.

01 감쌀 object를 선택한다.
02 분할 평면을 줄 면을 생성한다.
03 아래에 있는 Setting 값을 특성에 맞게 적용한다.

- Sharp : 각각의 평면이 인접 면과 만날 때 까지 연장
- Beveled : 간격에 평면을 추가하여 사면효과를 생성 사면은 거리공차 값보다 좁아 질 수 없으므로, 작은 면이 생성되는 경우를 방지함

거리공차보다 작은 간격은 샤프모서리 사용

- No offset : 면을 옵셋 하지 않고, 보다 빠르게 외관을 쌀 수 있지만 원본데이터를 완전히 둘러싸지 못함

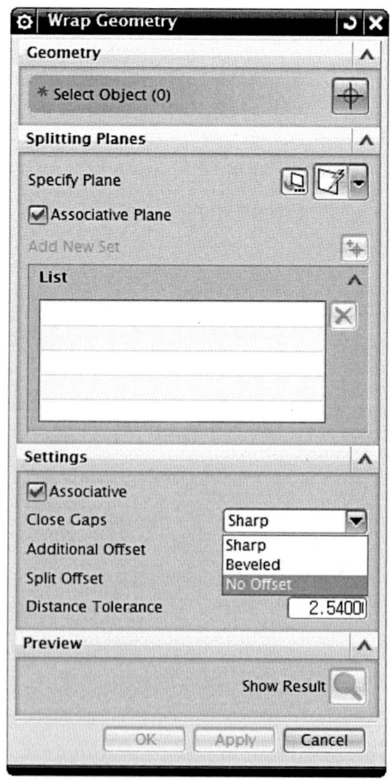

파일명 : wrap.prt

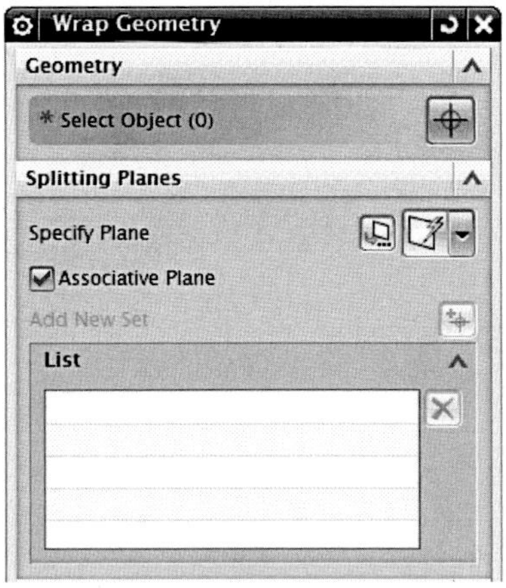

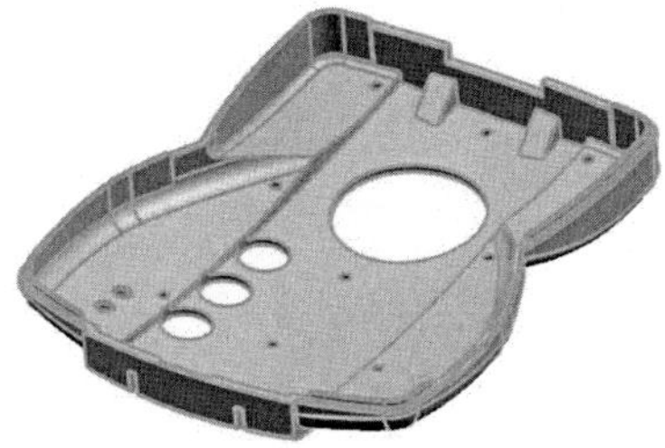
Object 선택

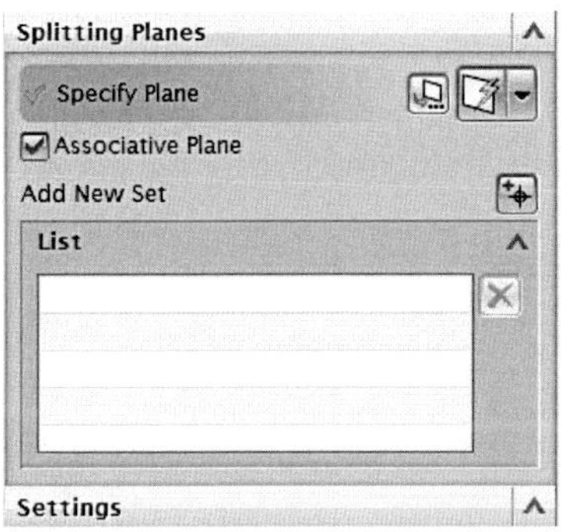

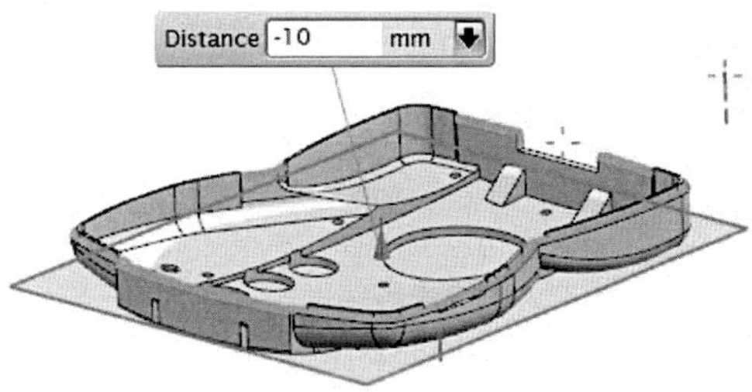

분할 면을 선택

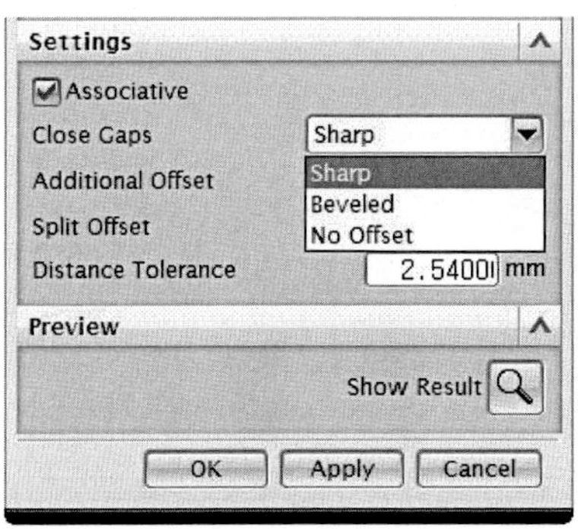

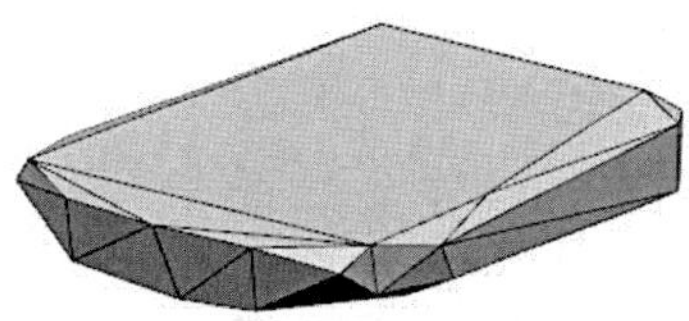
▲ Sharp

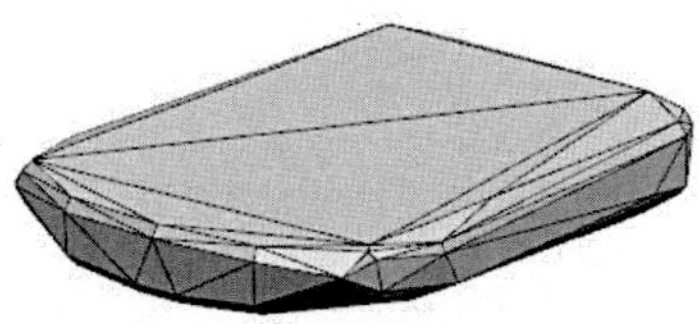
▲ Beveled

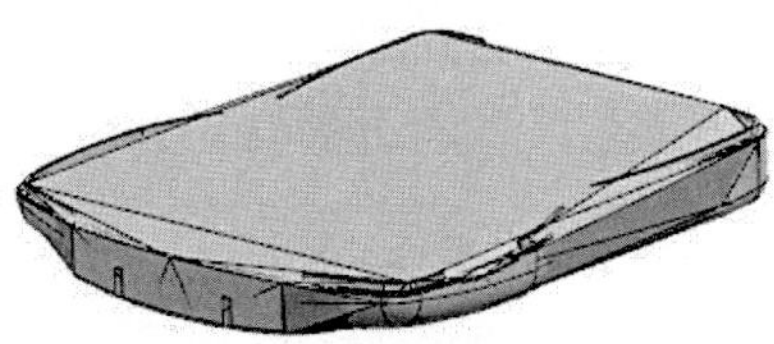
▲ No offset

5. Activity

01 Shell_alternate_thickness 파일을 Open 한다.

02 Modeling Application을 실행한다.

03 Insert → Offset/Scale → Shell을 선택한다.

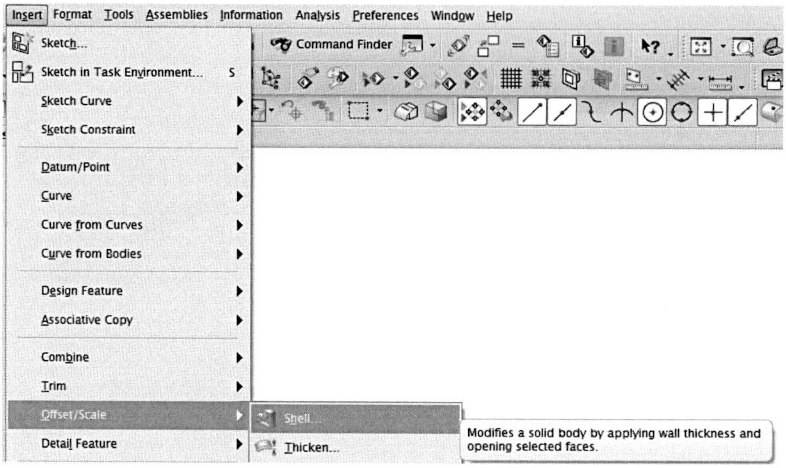

04 Thickness 값에 4를 입력한다.

05 지우기 위한 면을 선택한다.
(Selection의 Type은 Tangent Face)

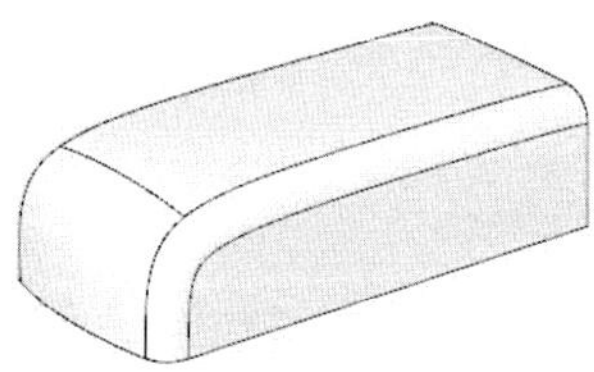

06 Alternate Thickness의 Select Face를 선택

07 바닥 면을 선택한다.

08 Set1 T의 값에 8을 선택한다.

⇨

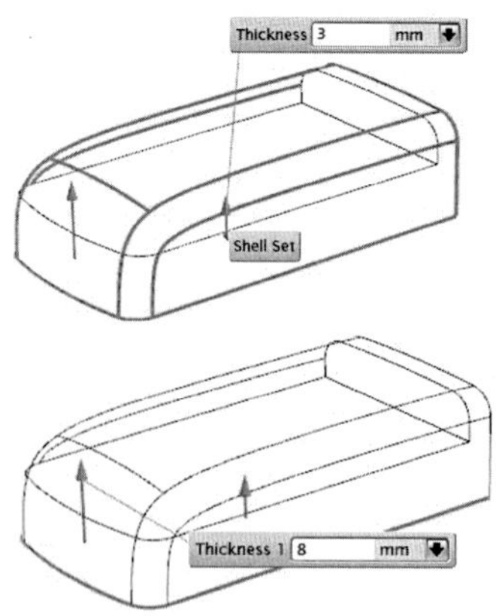

09 OK 한다.

10 Close all part 한다.

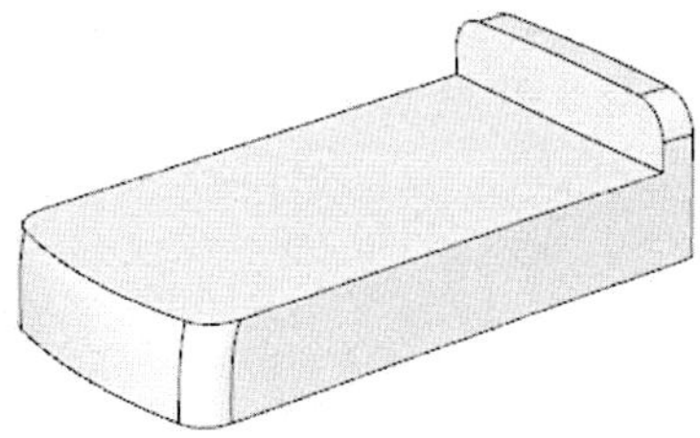

▲ Result

Offset a Face

01 Offset−1 파일을 선택한다.

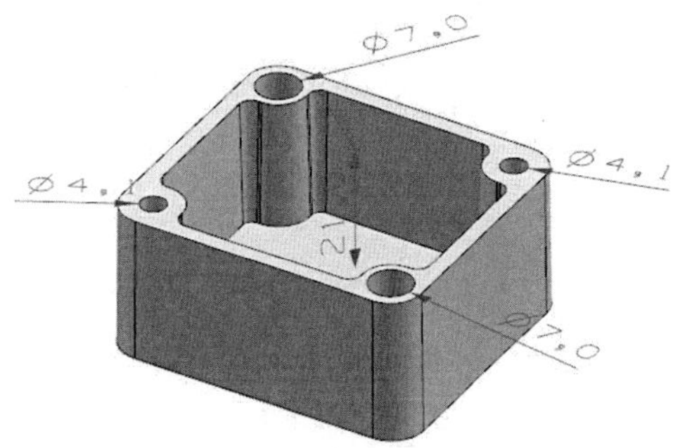

02 Offset을 0.3mm 만큼 바깥쪽으로 Hole을 확장시킴

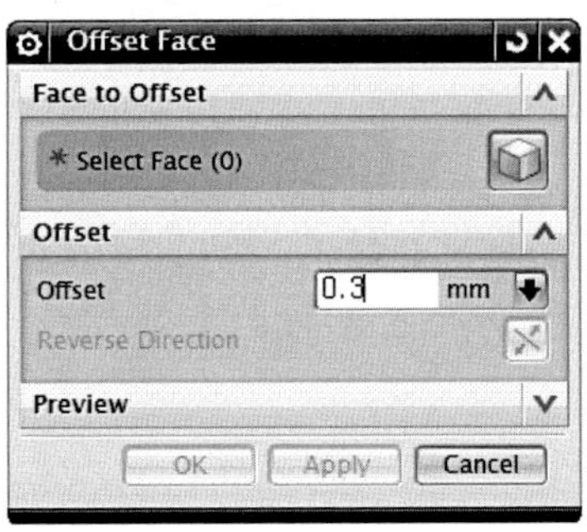

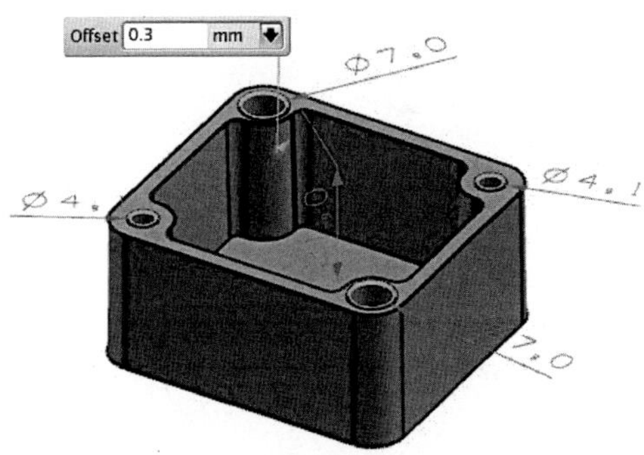

03 OK 한 다음 다시 명령어를 실행하여 바닥 면을 5mm 만큼 위로 offset 한다.

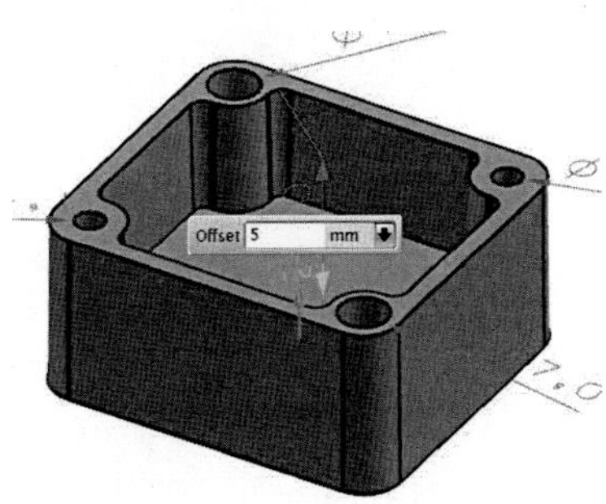

04 다음과 같이 처음 offset하기 전 이랑 비교하여 치수가 변경됨을 확인 할 수 있다.

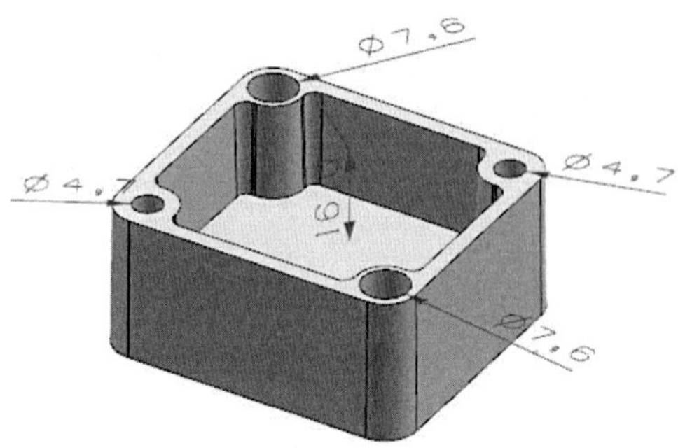

03 Detail Feature

1. Edge Blend

▌Insert → Detail Feature → Edge Blend

Solid Body나 하나로 되어 있는 Sheet Body의 모서리에 라운드작업을 하기 위하여 Fillet Surface를 생성하거나 추가할 때 사용하며 모서리와 만나는 면과의 접촉을 유지하고 반경 값을 사용하여 면을 둥글게 하거나 두 면이 만나는 Edge에서 Rounding 형상을 생성한다.

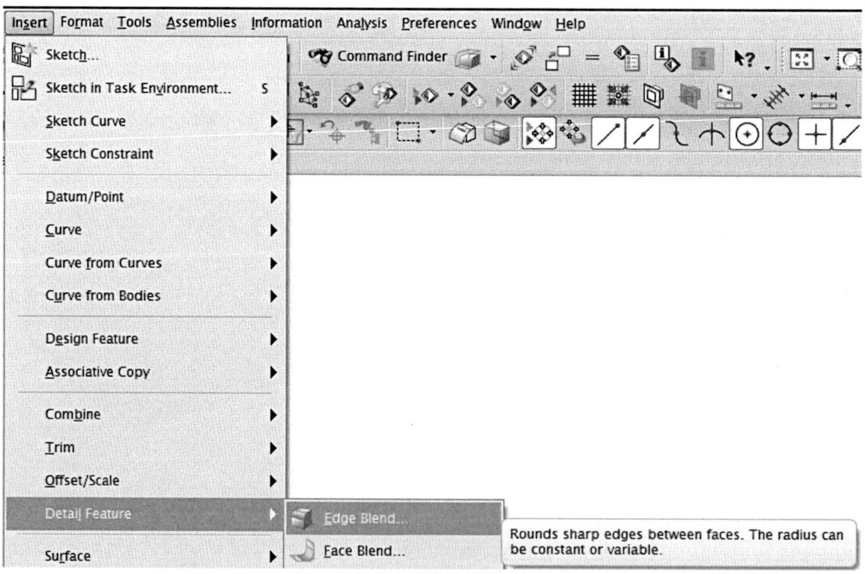

▲ Menu bar

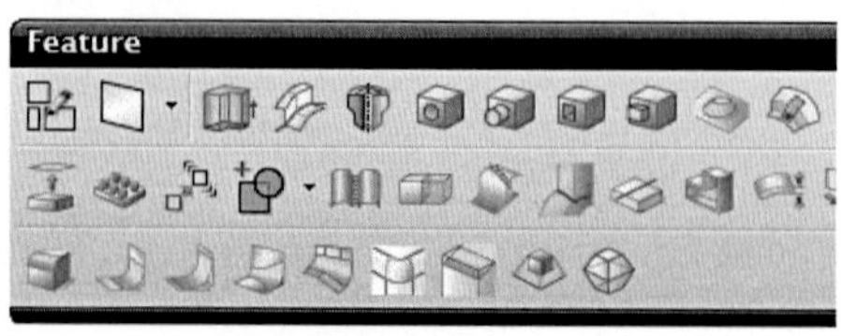

▲ Icon Toolbar

Edge Blend 명령을 실행 하면 Edge를 선택하는 Selection Intent창이 활성화 되고 아래와 같이 Edge Blend 창이 나타난다.

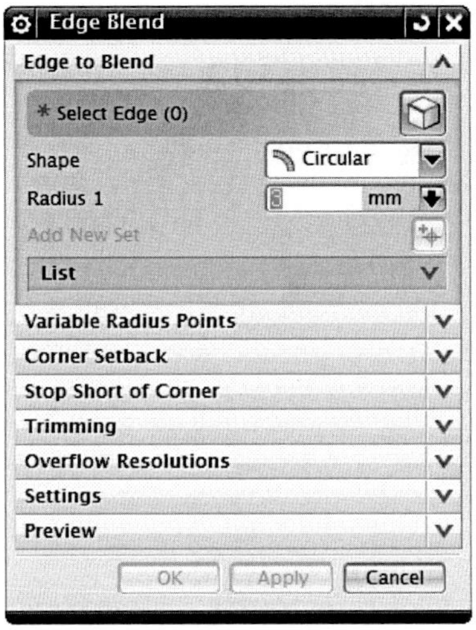

Edge를 선택하여 일정한 Radius 값으로 Blend를 정의할 수 있으며 이때 Radius 값은 아래와 같은 방법으로 정의 할 수 있다.

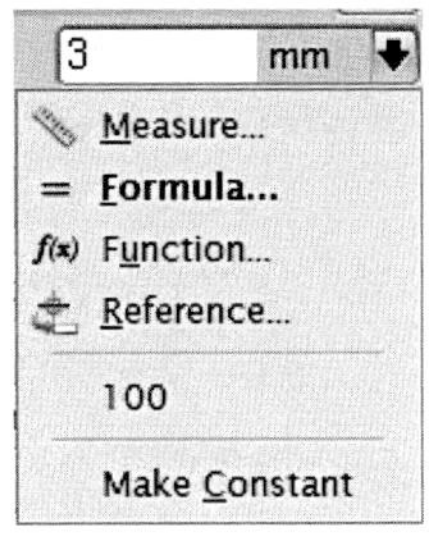

Add New Set을 사용하여 다른 Edge에 새로운 R값을 적용 할 수 있다.

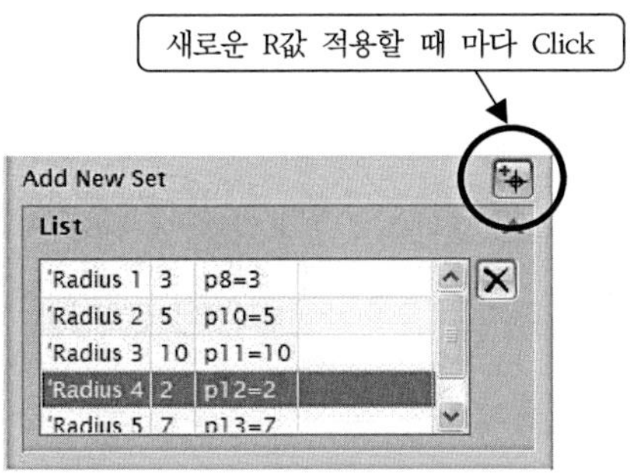

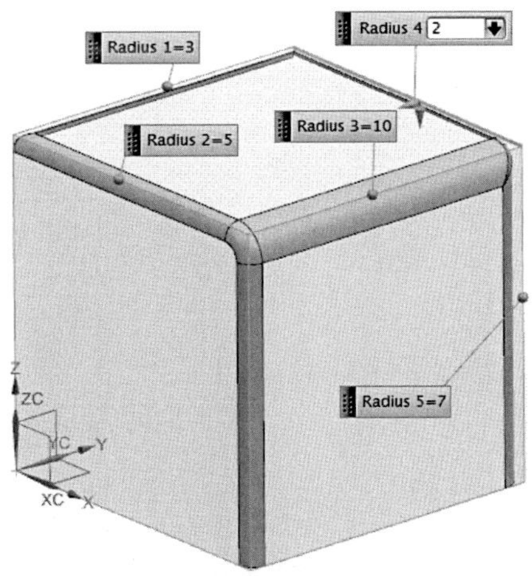

- Variable Radius Points : R값이 가변 하는 Fillet 형상을 생성 할 수 있으며 Edge를 선택한 후 R값이 변경되는 지점과 크기를 지정하여 생성한다.

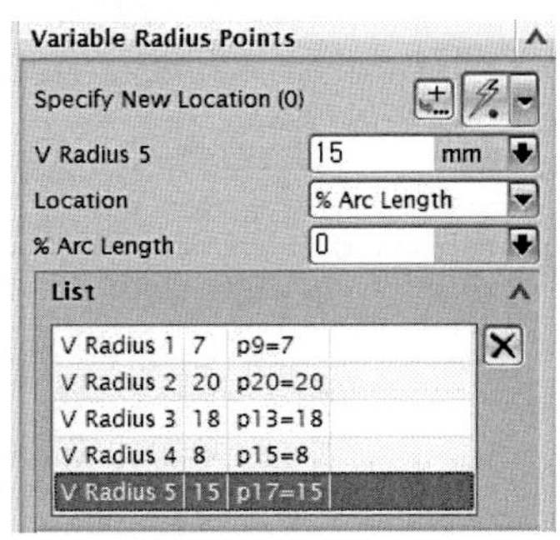

가변 R이 생성되는 지점을 정의하기 위해서는 Specify New Location에서 사용자가 원하는 지점을 선택하면 list에 나타남을 알 수 있다.

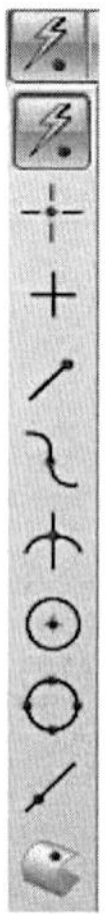

▲ (1)

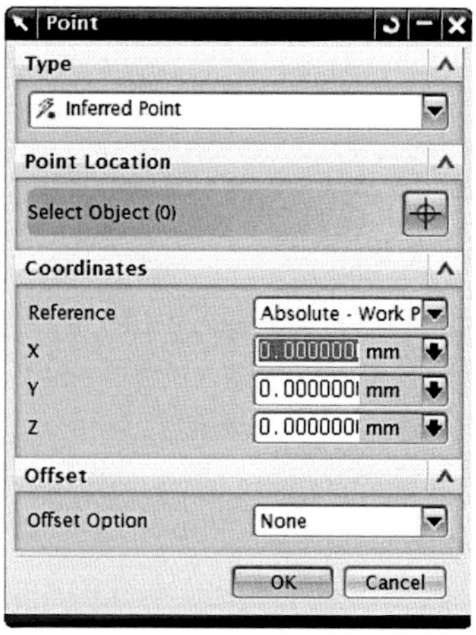

▲ (2)

(1)과 같이 snap 옵션을 이용하여 위치를 지정하는 방법과 (2)와 같이 Point Constructor 창을 이용하는 방법이 있다.

위치를 지정한 후 작업 창에서 Arclength 값으로 위치를 지정하고 R값을 넣을 수도 있고 변경하고자 하는 list를 선택하여 위치와 R값을 넣을 수도 있다.

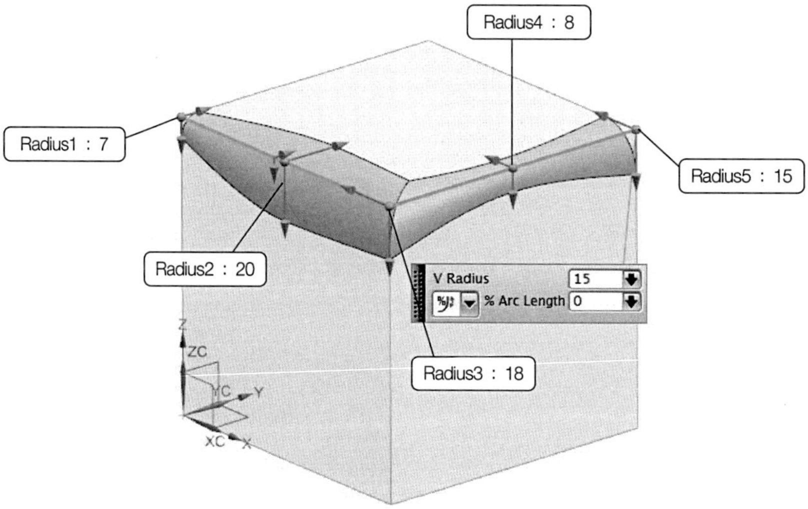

- Corner Setback : 3개의 Edge가 만나는 Vertex에서의 거리 값으로부터 모서리의 R을 생성한다.

01 3개의 모서리를 차례로 선택한다.
02 모서리가 만나는 지점을 Select End Point로 지정한다.
03 마우스로 작업창의 화살표를 드래그 하거나 List를 선택하여 Set Back 거리를 기입한다.
04 Ok 또는 Apply 한다.

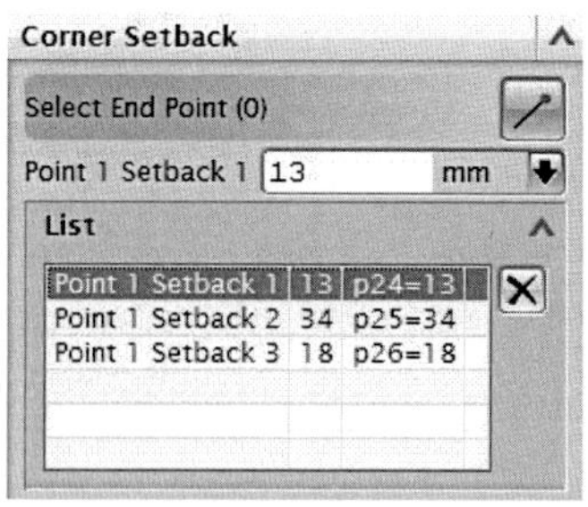

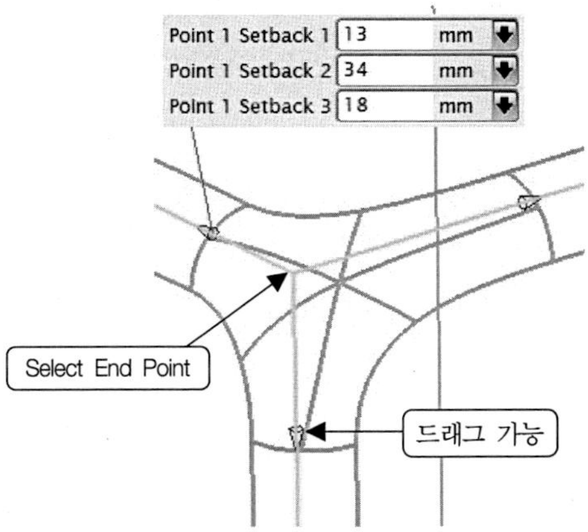

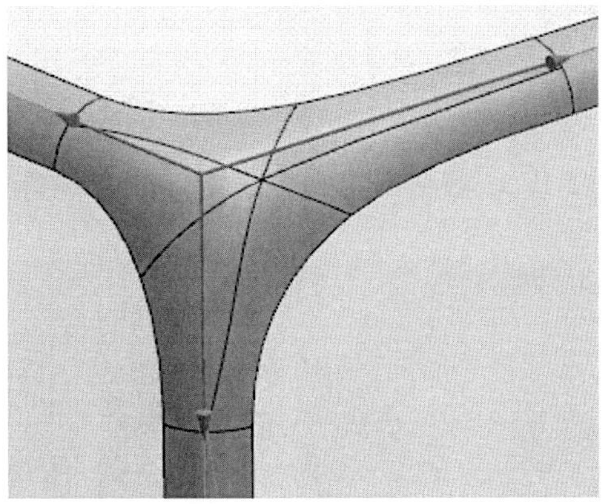

- Stop Short Of Corner : 사용자가 원하는 지점에서 Blend가 멈추는 형상을 구현 할 수 있다.

01 Blend를 생성하기 위한 Edge를 선택한다.

02 Blend가 멈추게 될 지점으로 끝점을 선택한다.

03 생성된 끝점들을 원하는 위치로 드래그하거나 list에서 선택하여 Arc Length 값으로 위치를 지정한다.

04 OK 또는 Apply 한다.

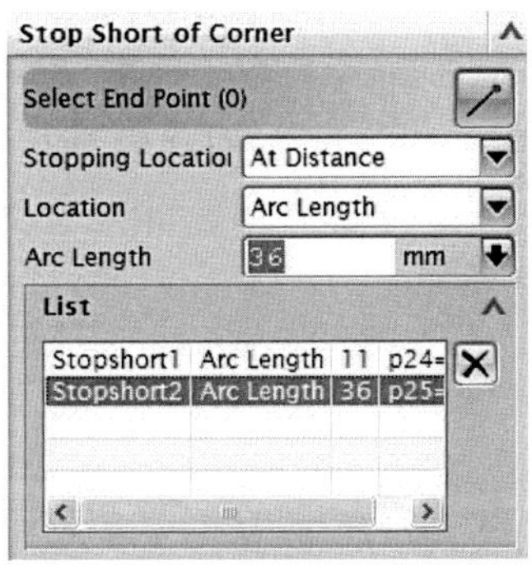

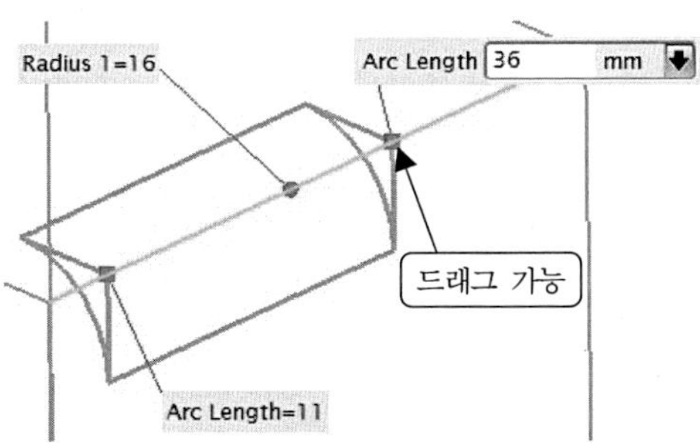

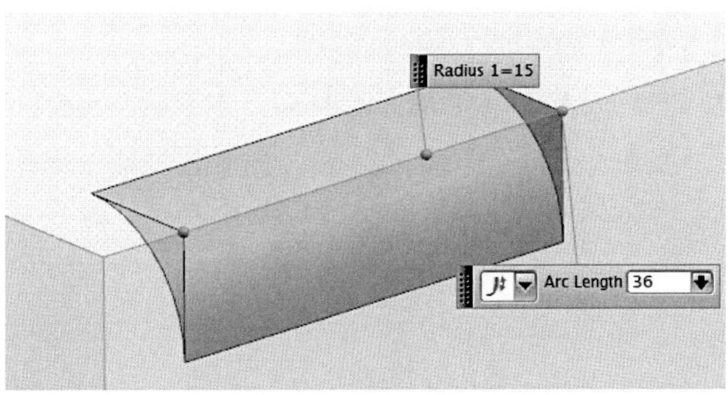

- Trimming : User Selected Objects를 설정하여 원하는 면까지 멈추는 형상의 Blend를 생성한다.

파일명 : Blend_1.prt

Trim Option을 적용하지 않을 경우에는 아래의 그림과 같이 Edge만을 기준으로 Blend가 생성된다.

Select Face 옵션에서 윗면을 선택하면 우측과 같이 Blend가 생성된다.

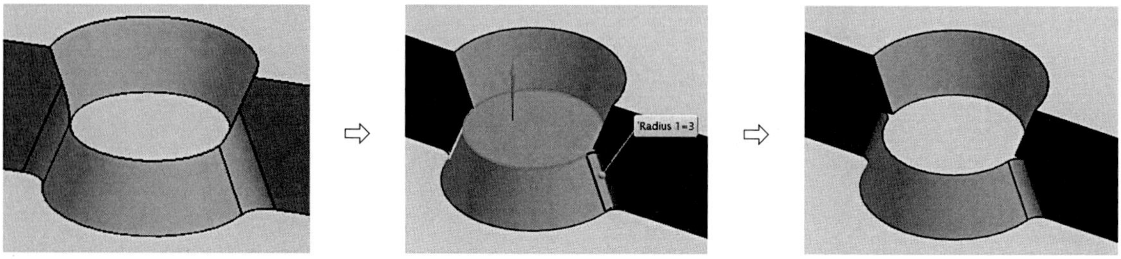

Roll Over Smooth Edges

Blend가 서로 접하는 면에서 Blend 확장 가능

- Roll Onto Edges : Blend가 먼저 생성된 면이 우선되고 Blend 가능
- Maintain Blend And Move Sharp Edges : Blend가 정의한 면과의 접함을 유지할 수 있고,발생된 모서리를 블랜드 면으로 이동한다.

Explicit Overflow Resolutions

- Selected Edge Force Roll on : 선택된 Edge가 강제로 Roll을 적용할 때 사용된다.
- Selected Edge Prohibit Roll on : 강제로 Roll하지 않을 모서리 선택

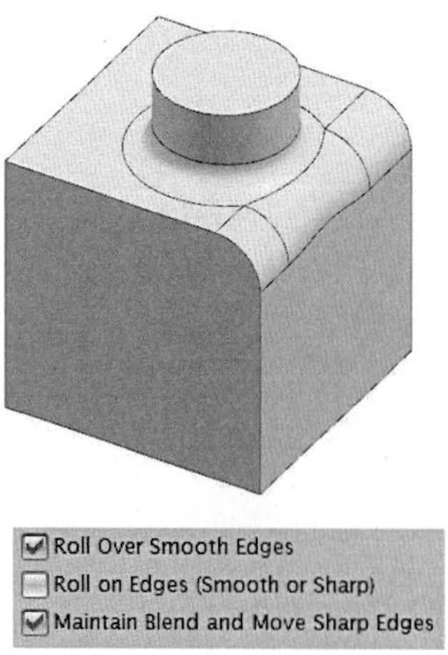

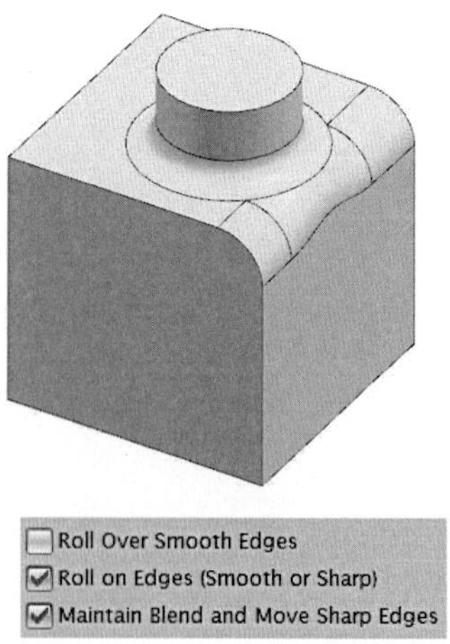

Selected Edge Force Roll on:

아래와 같이 이미 Blend가 생성되어 있는 구간에 Over 되지 않도록 지정할 수 있다.

파일명 : Edge.prt

- Selection Intent : Tangent Curve 상태

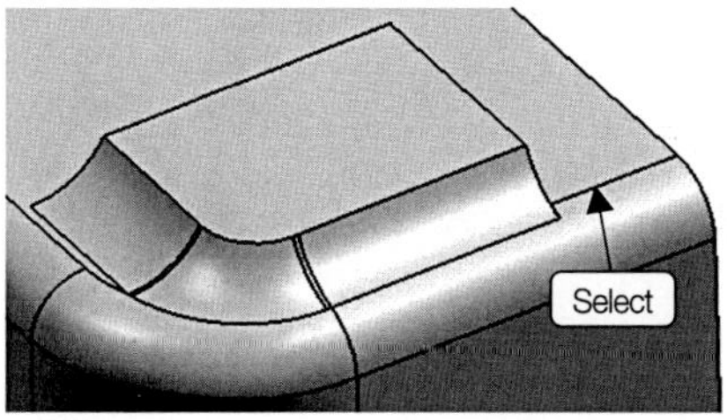

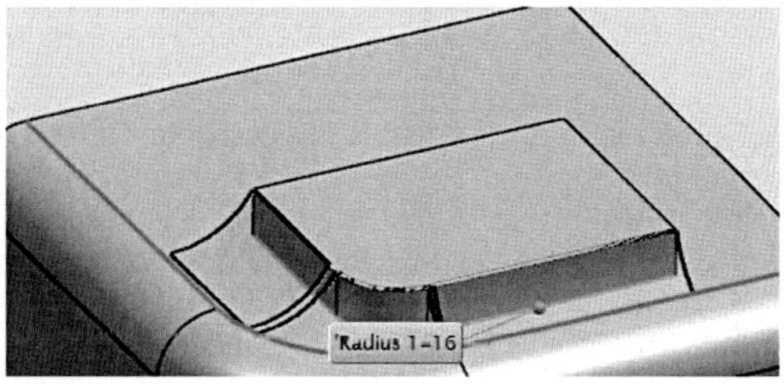

- Special Blend At Convex/Concave Y : 블록/오목 Y의 특수 Blend
- Remove Self-Intersections : 곡면 자체 교차 제거

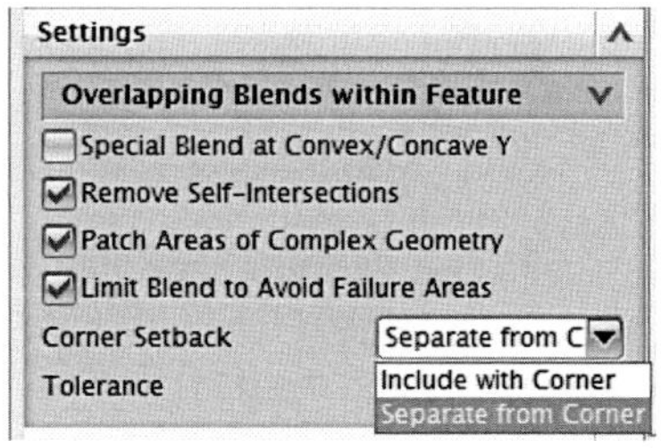

2. Chamfer

Insert →Detail Feature → Chamfer

선택한 Edge 부분에 모따기를 생성한다.

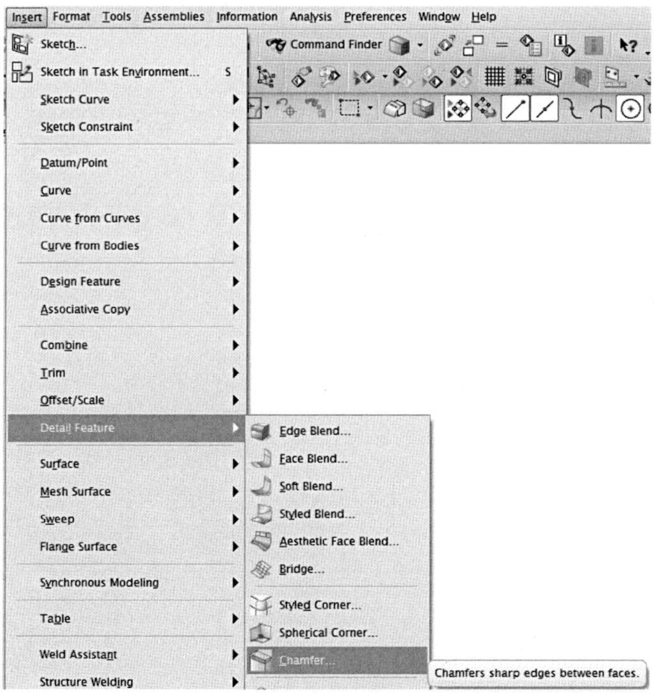

▲ Menu bar

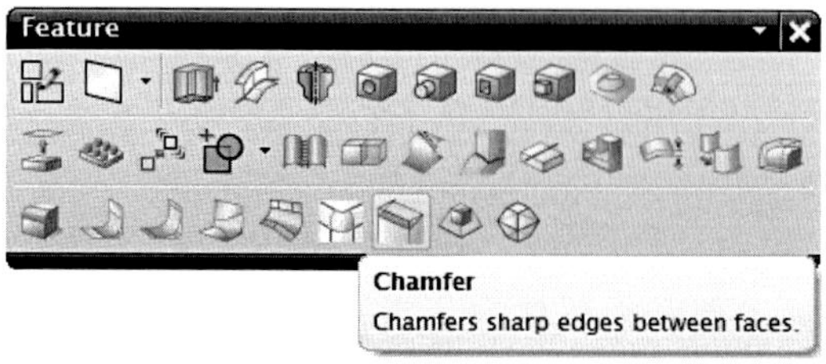

▲ Icon Toolbar

Icon을 실행 하면 Chamfer의 설정 창이 활성 된다.

Selection Intent 옵션이 활성화 됨을 알 수 있으며 3가지 방법으로 모따기를 생성할 수 있다.

• Symmetric Offsets : 모따기가 생성되는 두 면에 동일한 거리를 가지도록 한다.

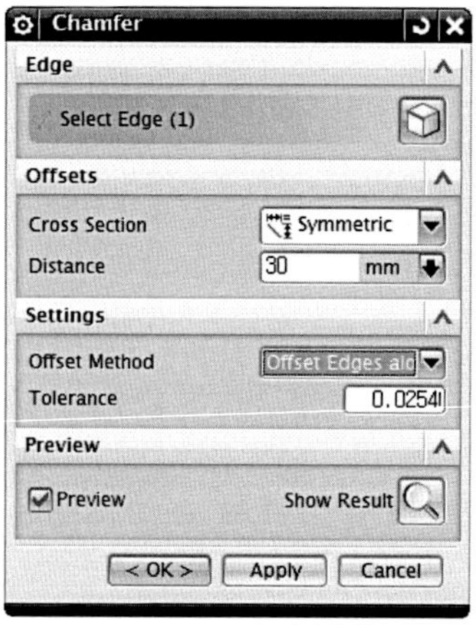

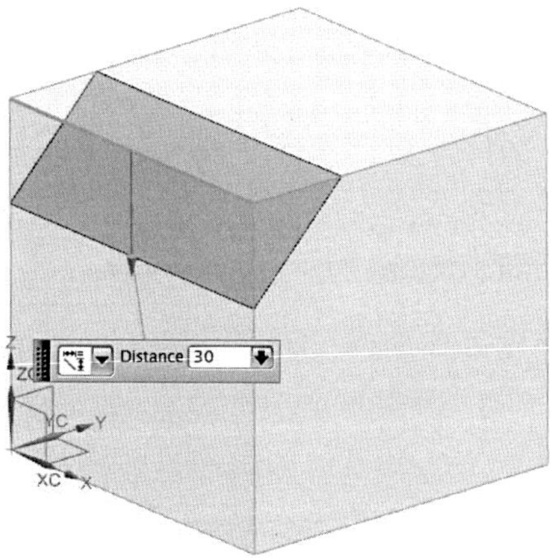

• Asymmetric Offset : 모따기가 생성되는 두 면 각각의 해당 Offset값이 서로 다른 거리값을 가진다.

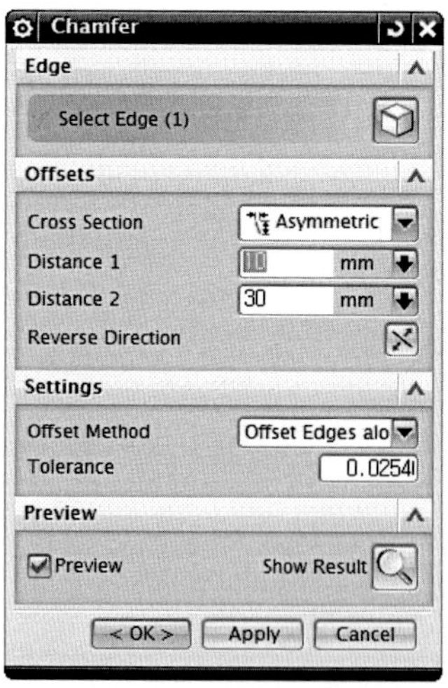

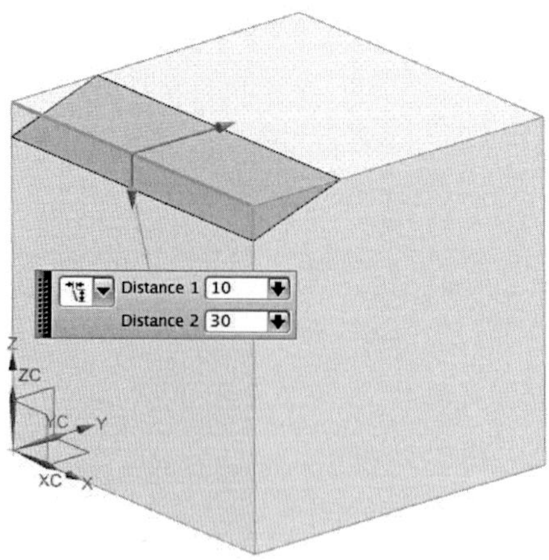

• Offset and Angle : 모따기가 생성되는 모서리에서 한 방향의 거리와 다른 방향의 각도값을 가진다.

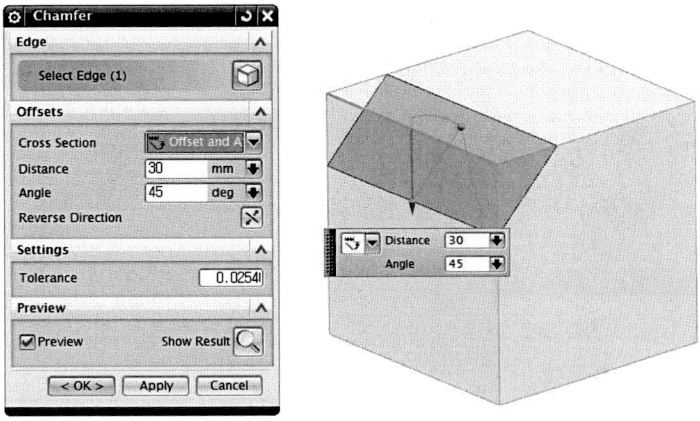

3. Draft

▌Insert → Detail Feature → Draft

지정한 고정 개체에서 시작하는 파트에 있는 하나 이상의 면 에 기울기를 적용할 때 사용한다.

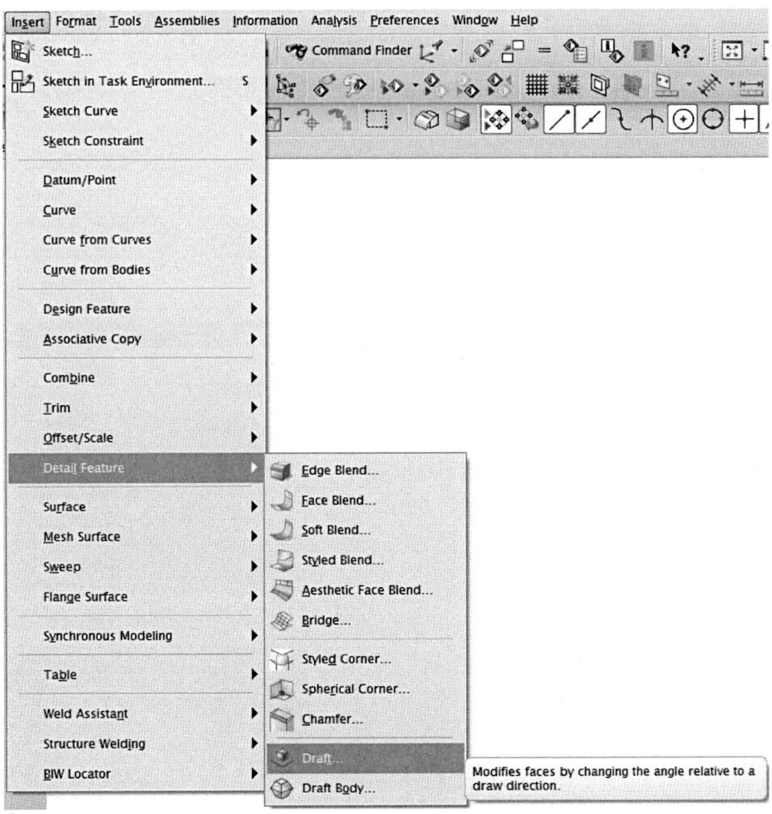

▲ Menu bar

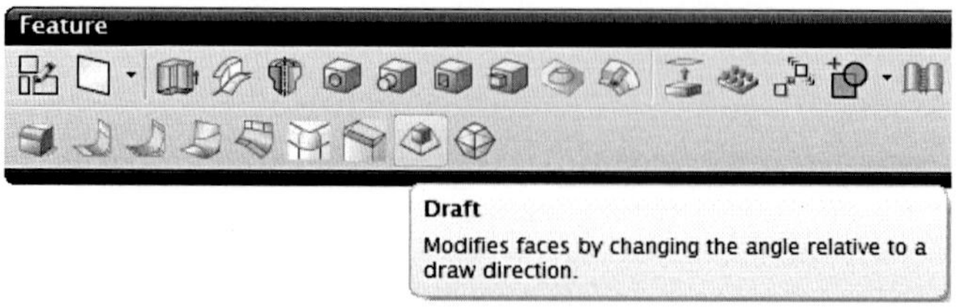

▲ Icon Toolbar

Icon을 실행 하면 Draft의 설정 창이 활성된다.

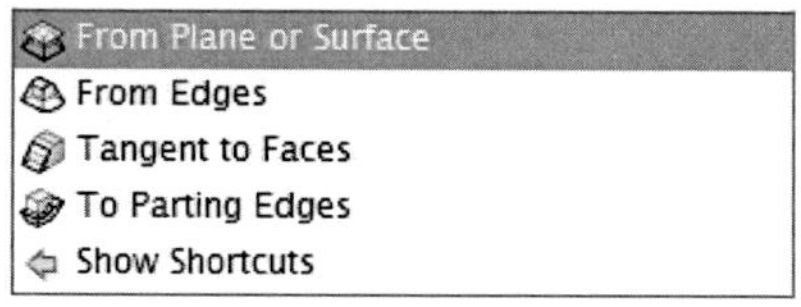

- From plane or Surface : 평면과 곡면 기준으로 방향을 설정하여 구배를 준다.
- From Edge : 사용자가 선택하는 모서리를 기준으로 방향을 설정하여 구배를 준다.
- Tangent to Edge : 구배가 생성 될 면이 blend나 임의의 곡면으로 이어져 있을 경우 blend 또는 임의의 곡면과 tangent 하게 구배각을 적용시킨다.
- To Parting Edge : 분리 되어 있는 면의 모서리를 기준으로 구배를 준다.

From Plane or Surface

01 구배의 방향성을 설정한다.

02 구배의 기준이 될 면 Stationary face를 지정

03 구배가 적용될 면[Face to Draft] 지정

04 구배각을 입력 Add New Set으로 새로 생성될 구배각을 입력하거나 없으면 생략하고 OK

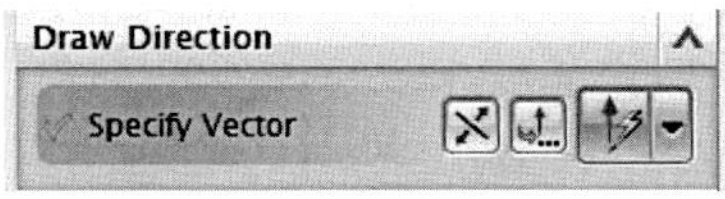

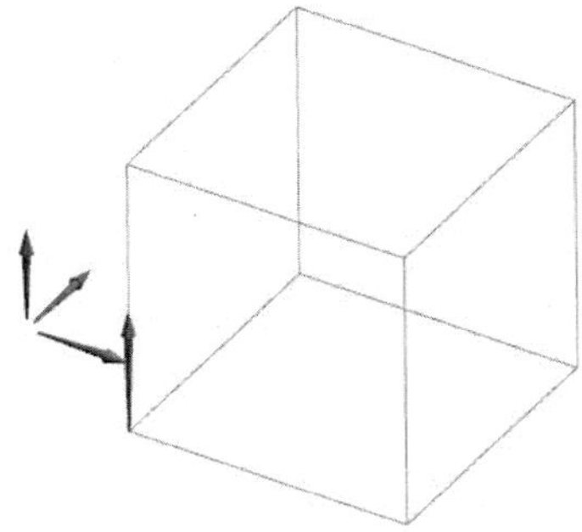

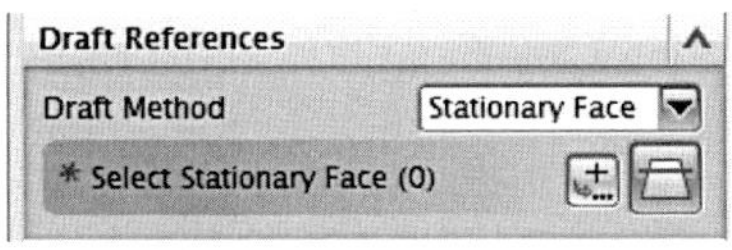

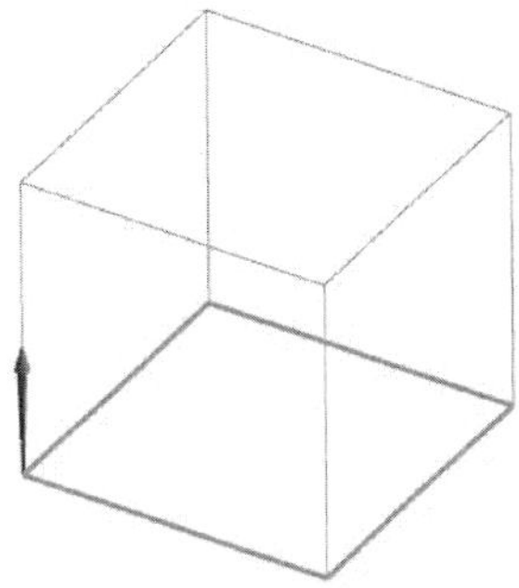

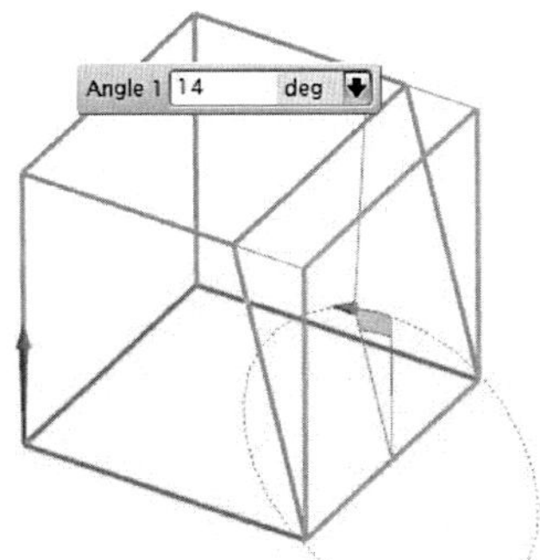

From Edges

O1 구배가 진행되는 방향을 지정

O2 구배의 기준이 될 모서리 [Stationary edge] 지정. 이때 다른 구배각을 가진 다른 모서리를 선택가능

O3 구배각을 입력

O4 Variable Draft Points에서 사용자가 원하는 위치를 지정하여 다른 값의 구배각을 가지도록 할 수 있다.

O5 OK or Apply

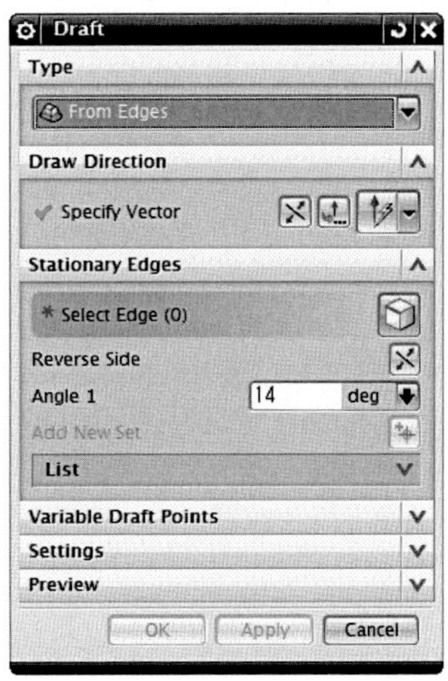

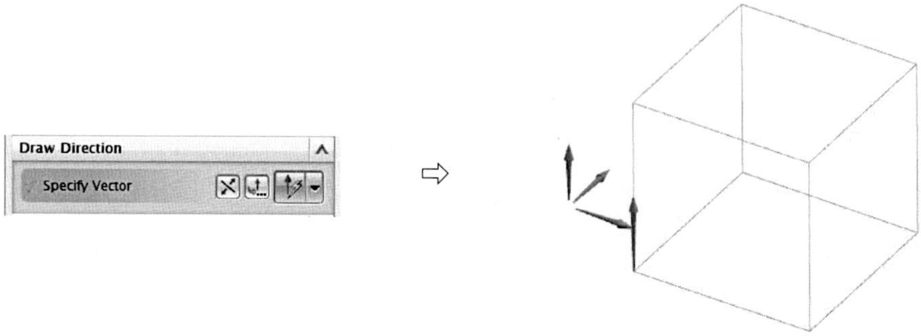
Draw Direction
Specify Vector

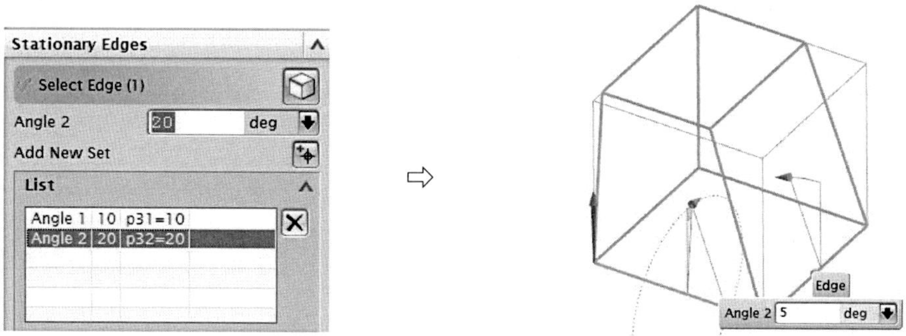
Stationary Edges
Select Edge (1)
Angle 2
20
deg
Add New Set
List
Angle 1 10 p31=10
Angle 2 20 p32=20
Edge
Angle 2
5
deg

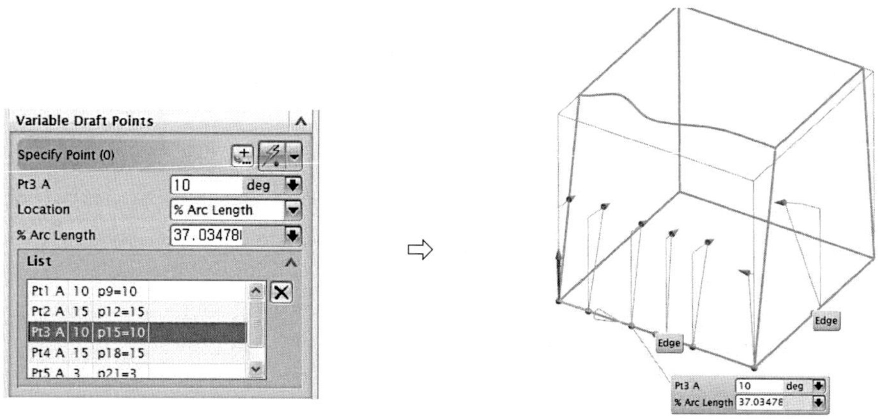
Variable Draft Points
Specify Point (0)
Pt3 A
10
deg
Location
% Arc Length
% Arc Length
37.03478
List
Pt1 A 10 p9=10
Pt2 A 15 p12=15
Pt3 A 10 p15=10
Pt4 A 15 p18=15
Edge
Edge
Pt3 A
10
deg
% Arc Length
37.03478

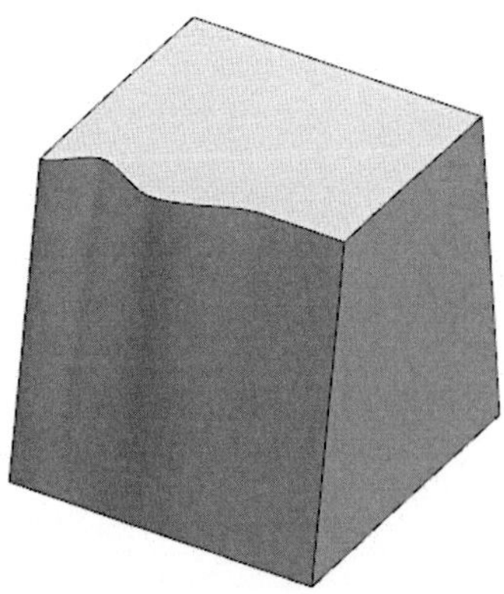

▲ Result

Tangent to Edge

01 구배가 진행되는 방향을 지정

02 구배가 적용될 면과 그에 Tangent하게 접하는 면을 선택한다.

03 구배각을 입력

04 OK or Apply 선택

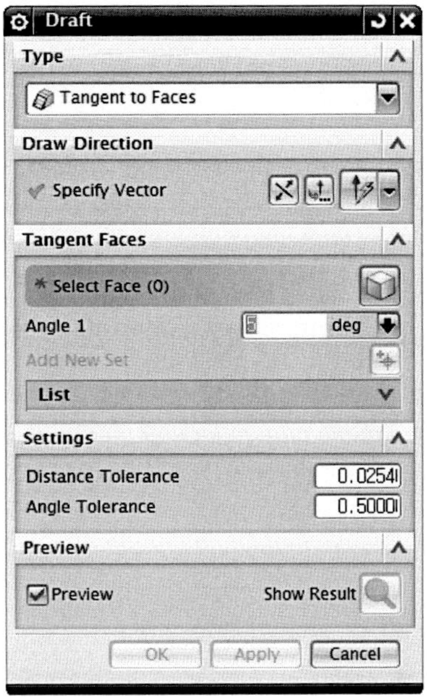

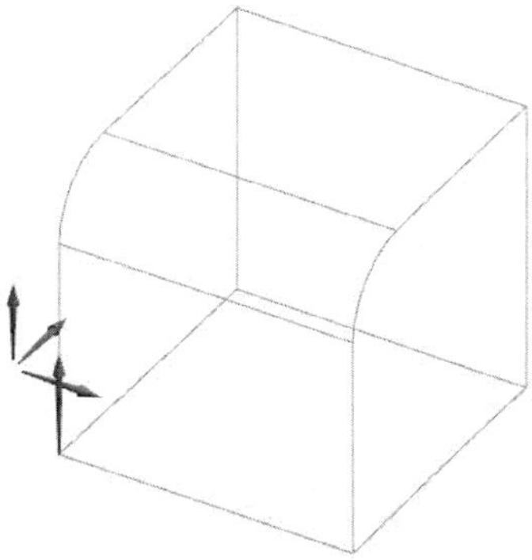

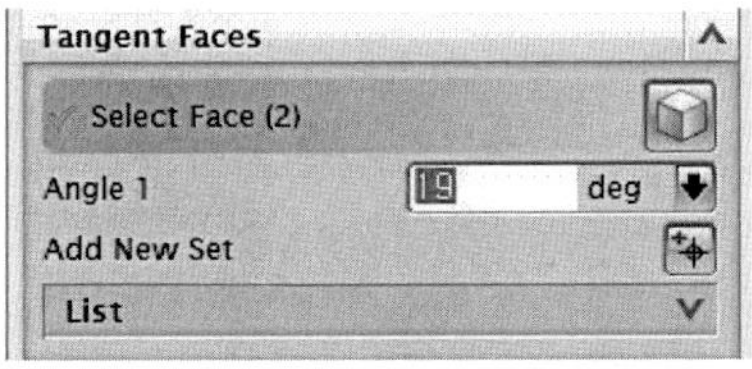

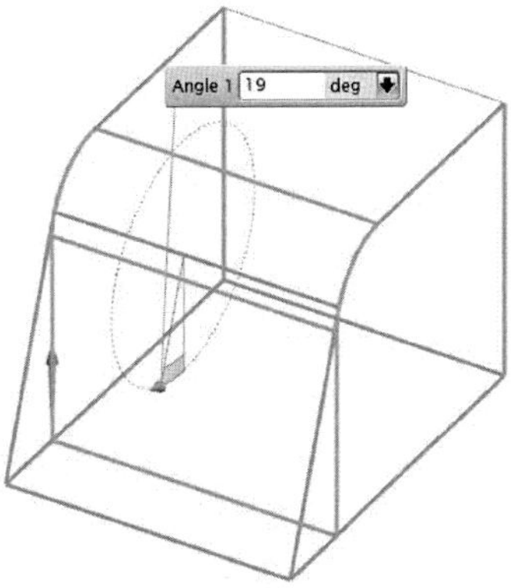

To Parting Edge

먼저 To Parting Edge 타입으로 구배를 생성하기 위해서는 구배를 적용할 면에 Edge가 존재해야 하고 이를 위해서는 면이 분리되어 있어야 한다.

> 단일 면으로 구성되어진 면에 구배를 적용하기 위해서는 앞서 배운 Divide Face 기능을 사용한다.

01 구배가 진행되는 방향을 지정

02 구배가 적용될 기준 면을 지정(바닥면을 기준으로 구배가 생성)

03 Parting Edge로 사용될 Edge를 선택하고 구배각을 넣는다.

04 OK or Apply

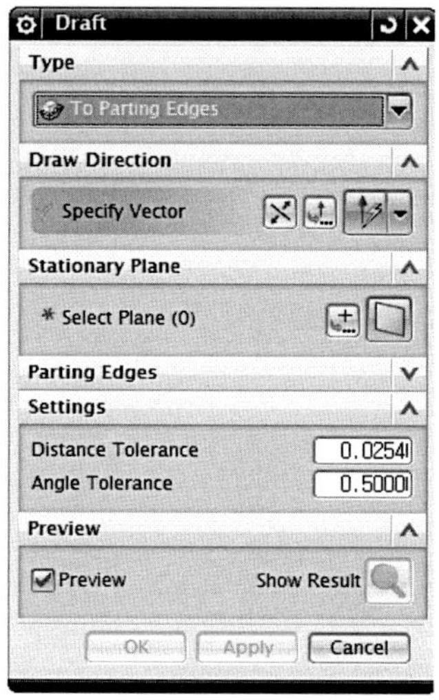

Divide Face 기능을 사용하여 면을 분리

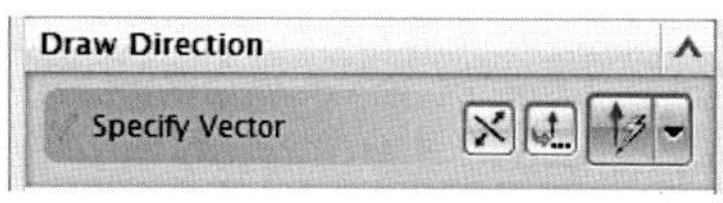

⇨

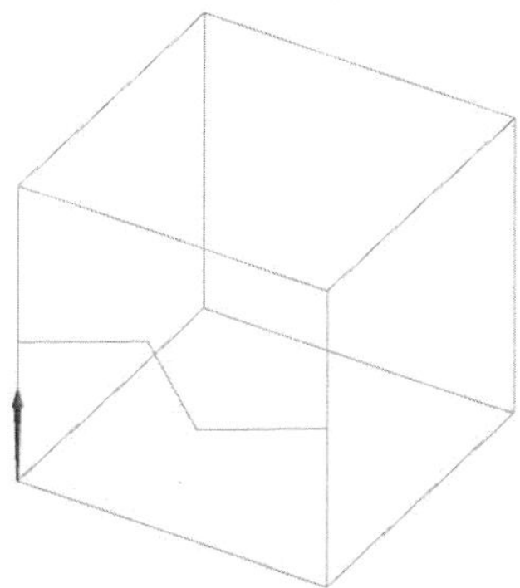

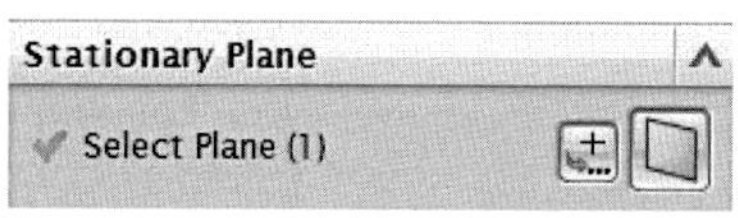

⇨

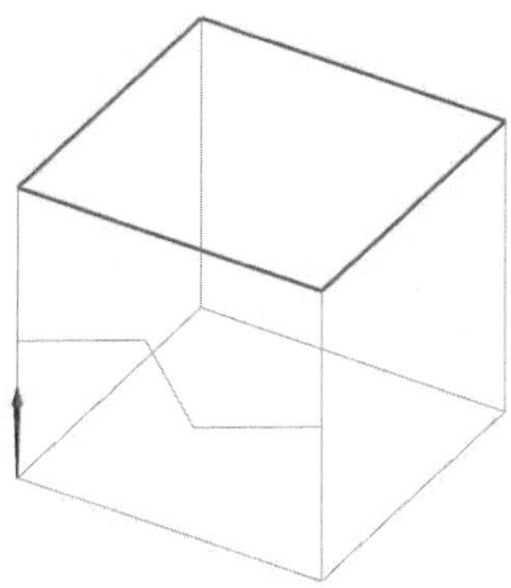

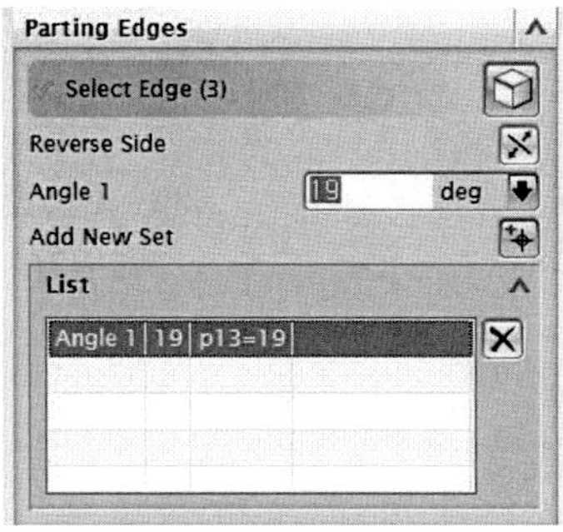

⇨

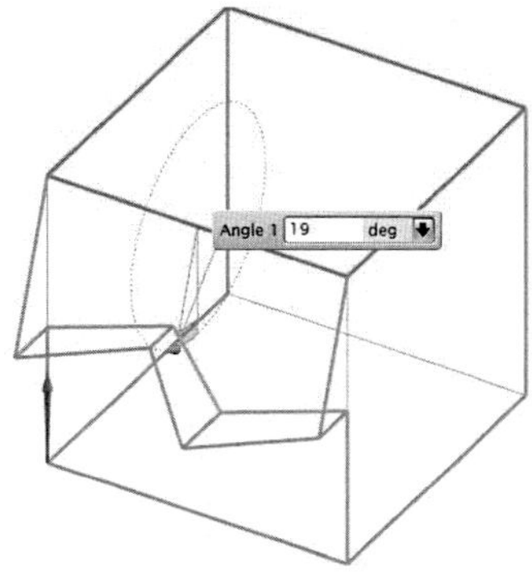

4. Pattern Feature

▌Insert → Associative Copy → Pattern Feature

선형 또는 원형 배열을 정의하거나 특정 한점을 기준으로 Spiral, Along Path, Polygon 등등 특정 위치를 통해 배열 시킬 수 있다.

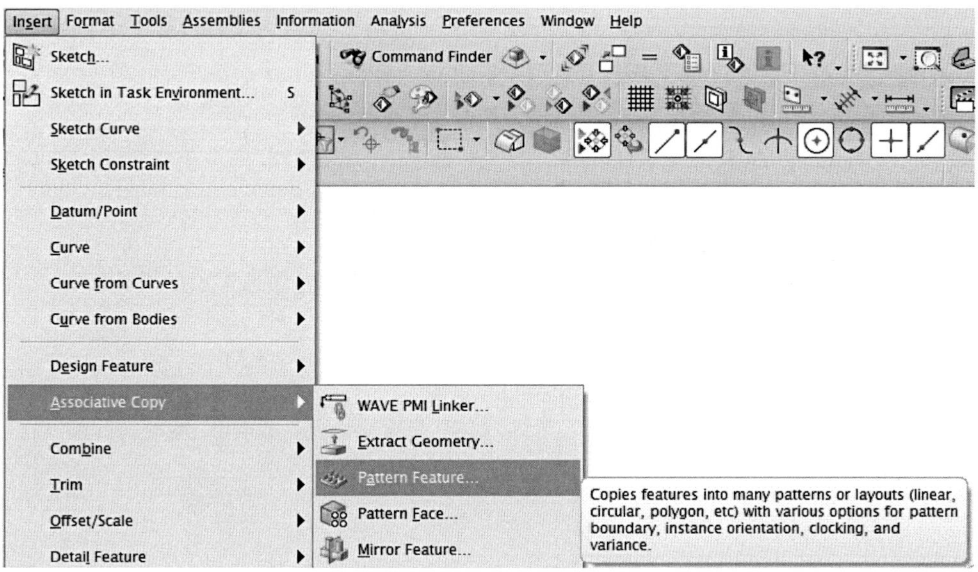

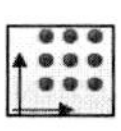 Linear : 양방향 또는 단 방향으로 배열을 할 수 있다.

(Ex) Pattern Feature1.Prt

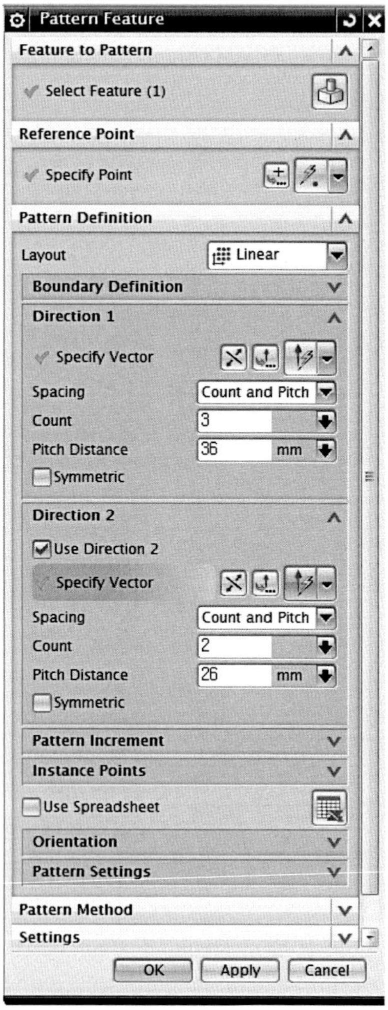

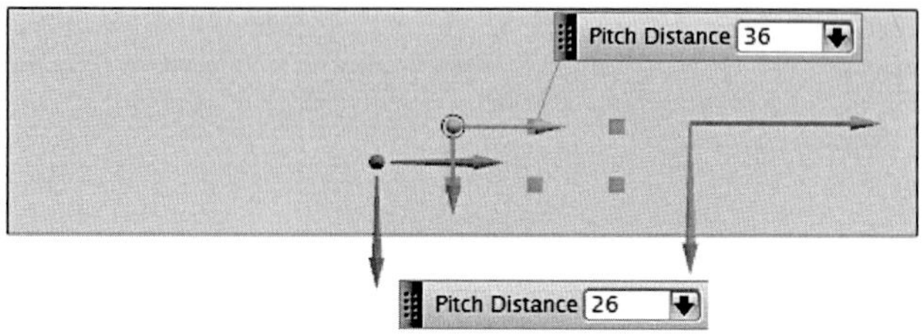

option을 Check 하게 되면,
아래 대칭방향이 가능하고

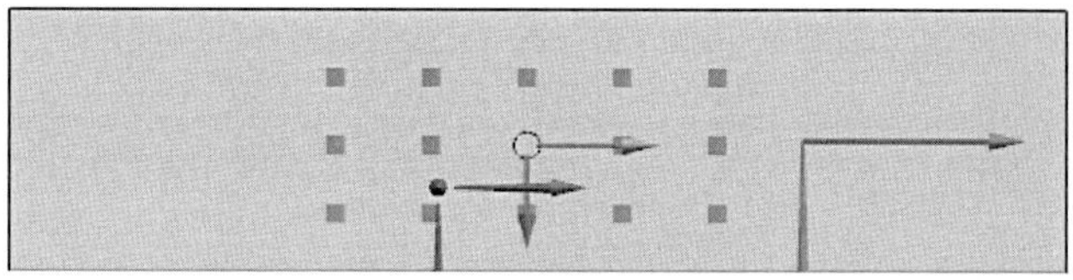

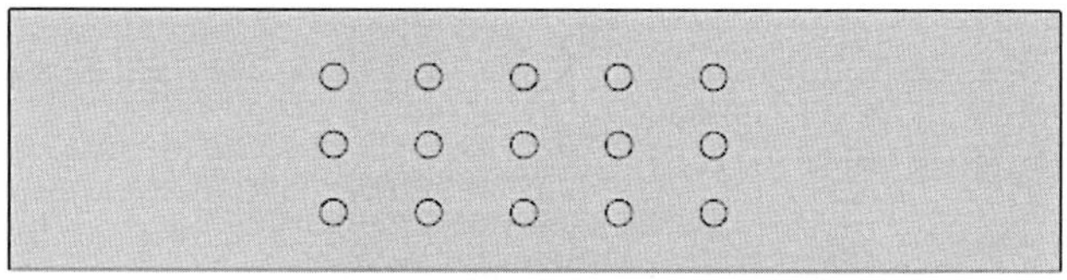

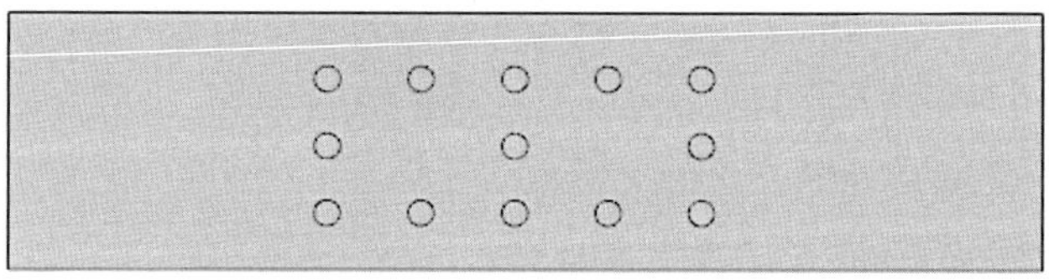

아래와 같이 Option을 Check하게 되면, 행과 열에 의해 파상형 패턴을 지정 할 수 있다.

⇨

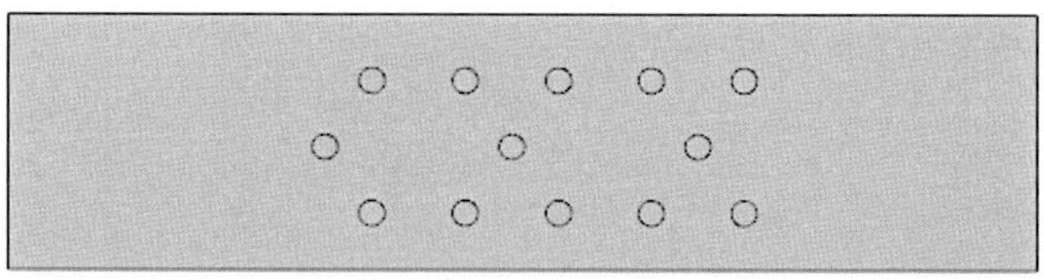

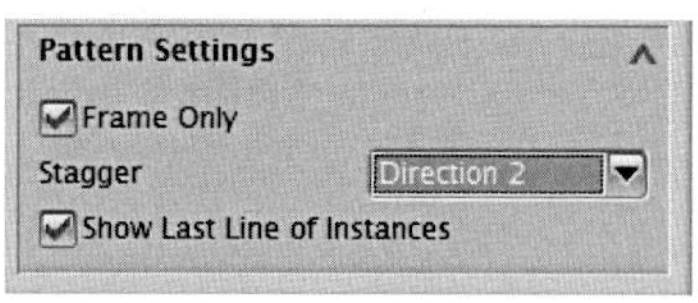

⇨

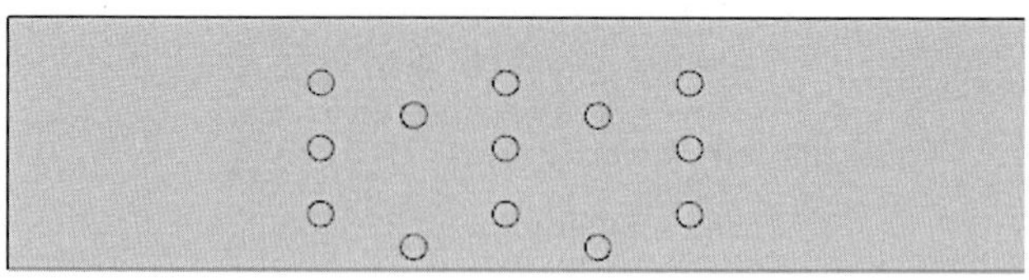

Circular : 원형으로 패턴을 배열 할 수 있다.

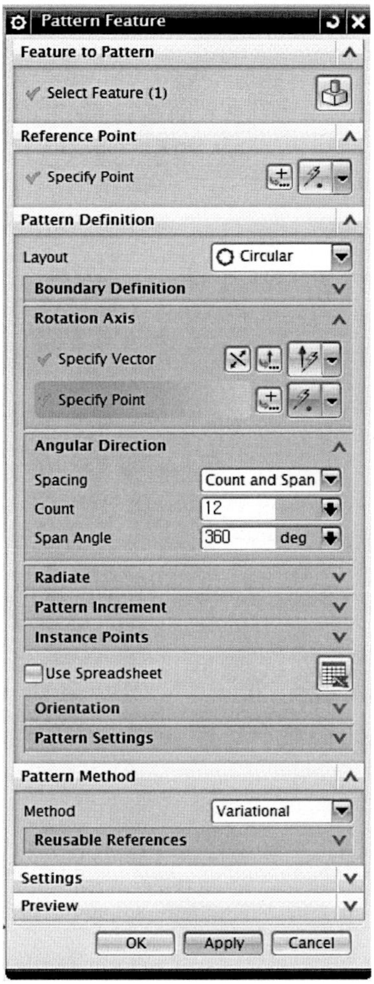

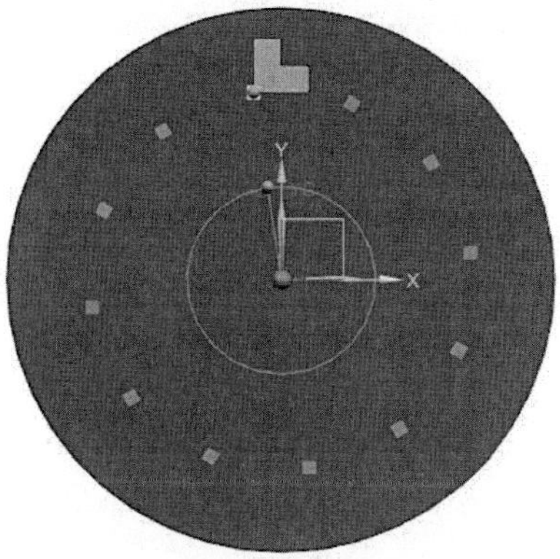

아래 Option을 체크하면

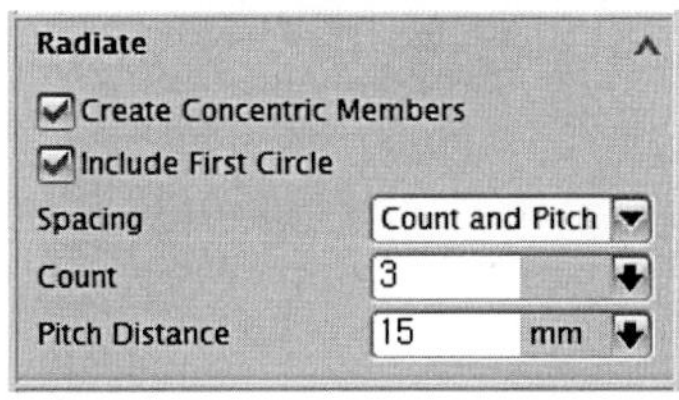

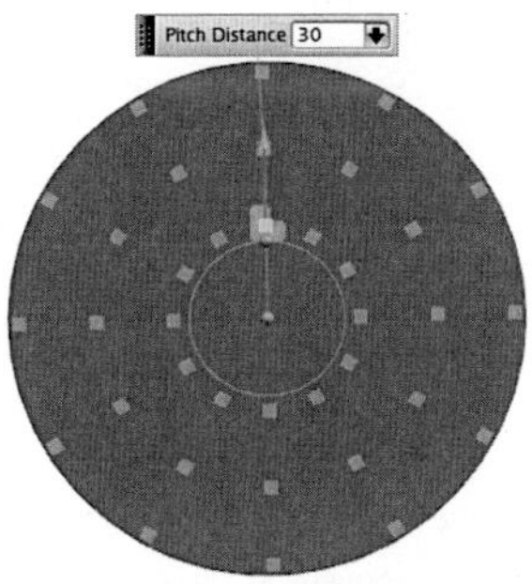

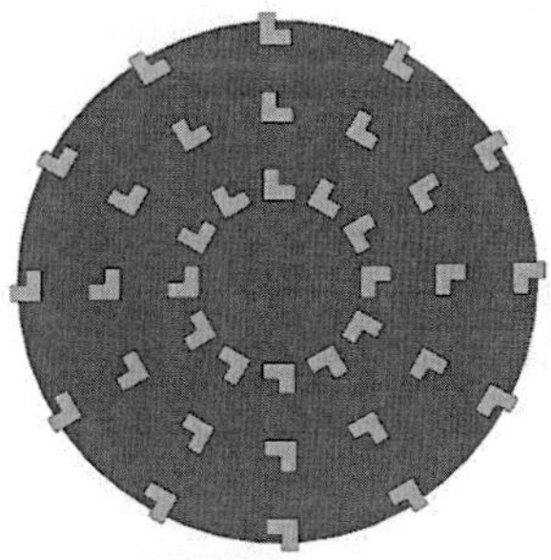

아래 Option을 Check하면 파상형 각도로 원형 배열이 된다.

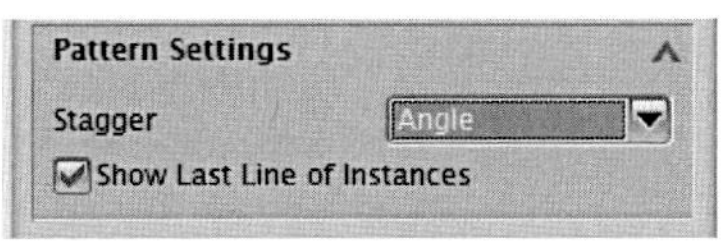

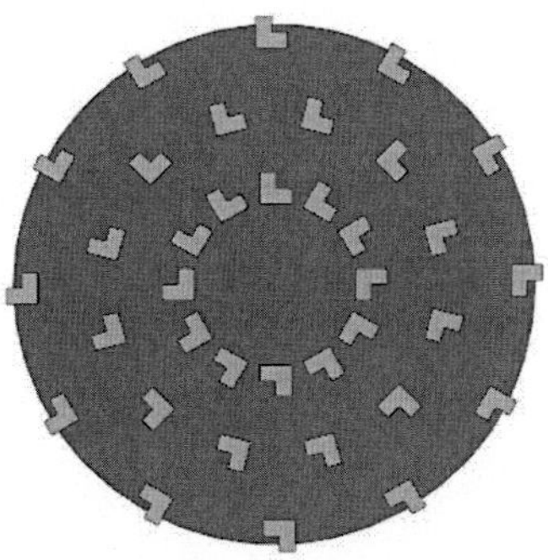

Polygon : 다각형 Pattern을 정의 할 수 있다.

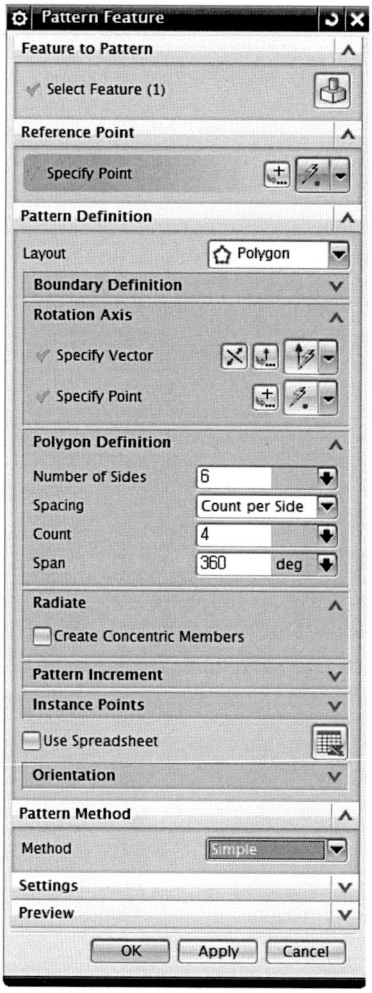

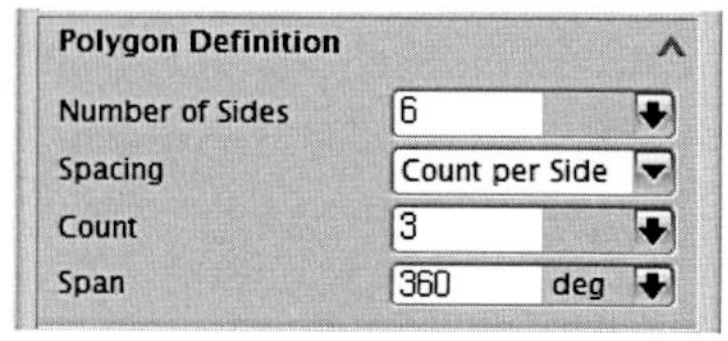

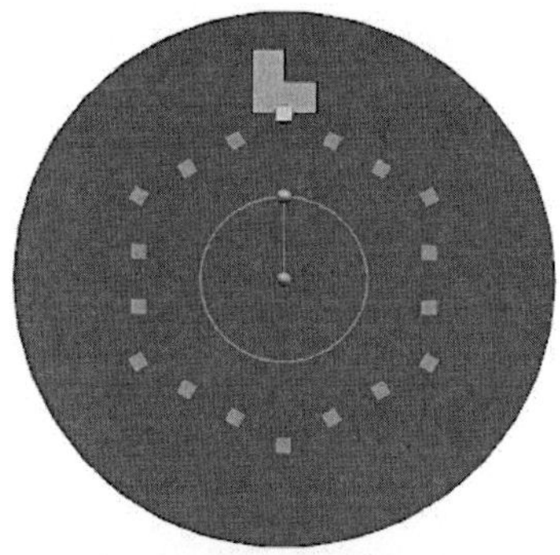

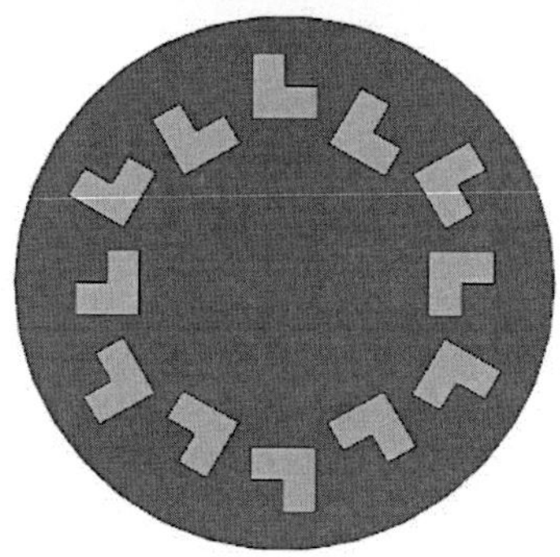

 Spiral : 나선형을 따라 Pattern을 정의 할 수 있다.

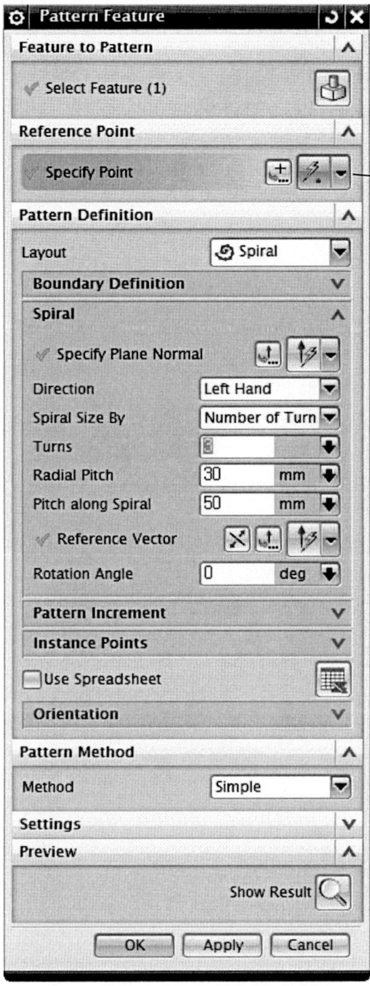

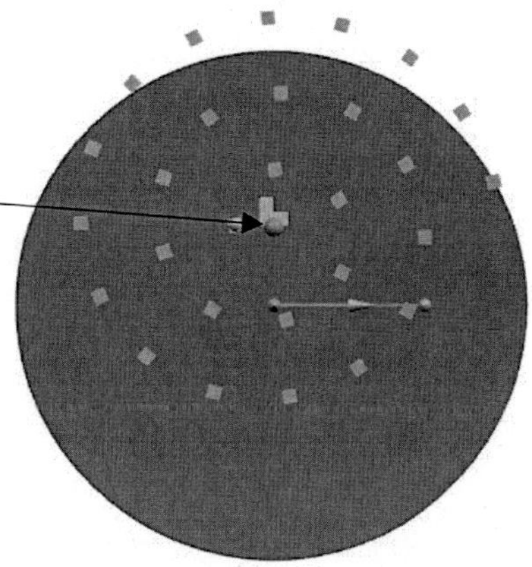

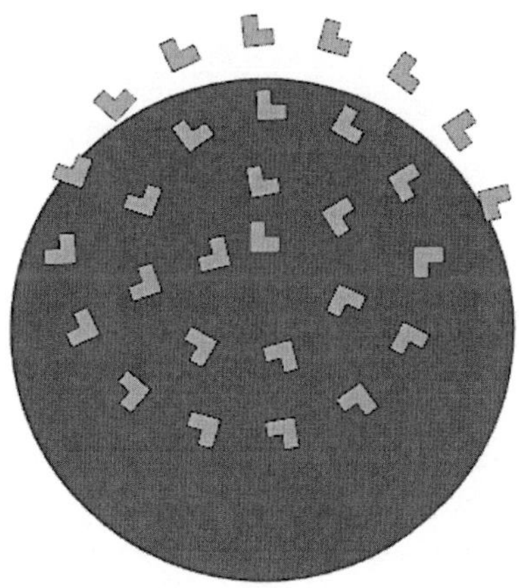

Along : 경로를 따라 Pattern을 정의 할 수 있다.

- Rigid : pattern을 생성할 때 거리 및 각도 유지
- Offset : 경로에 가장 가까운 거리를 사용하여 수직으로 투영하여 해당 경로를 따라 Pattern 생성
- Translate : 참조 점에 선형방향으로 경로 이동

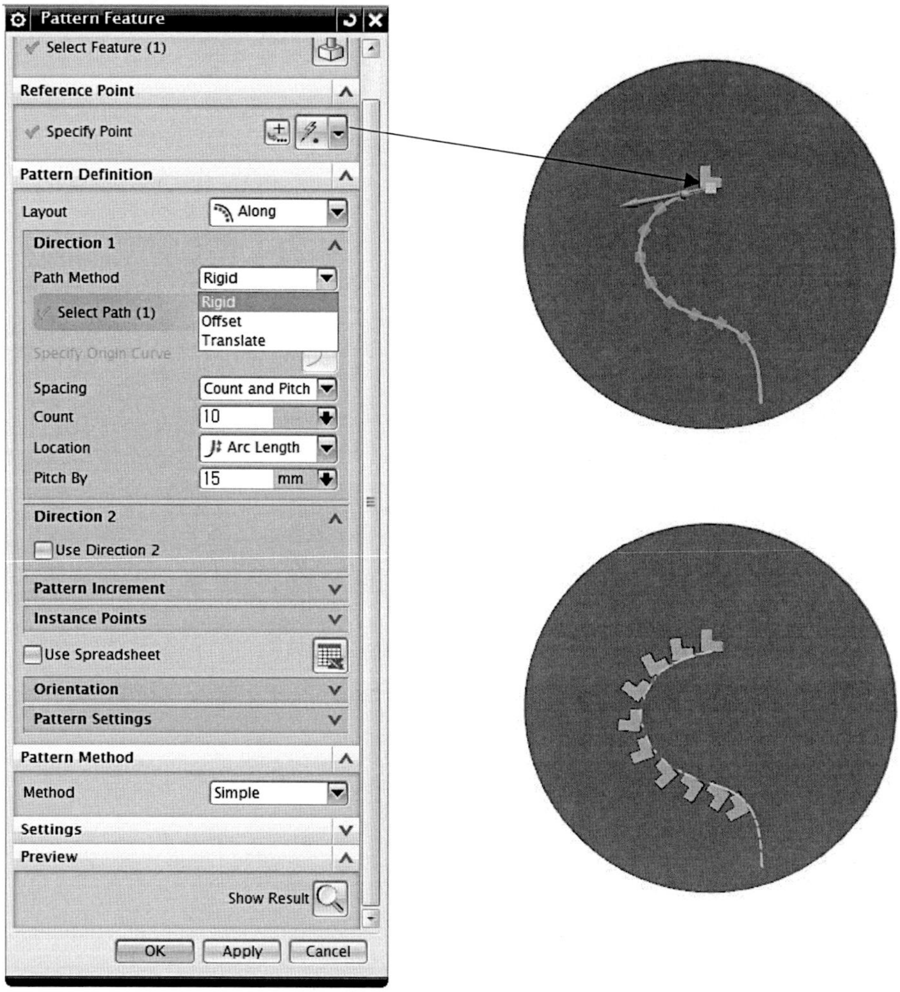

General : 특정점이나 좌표계를 가지고 Pattern을 정의 할 수 있다.

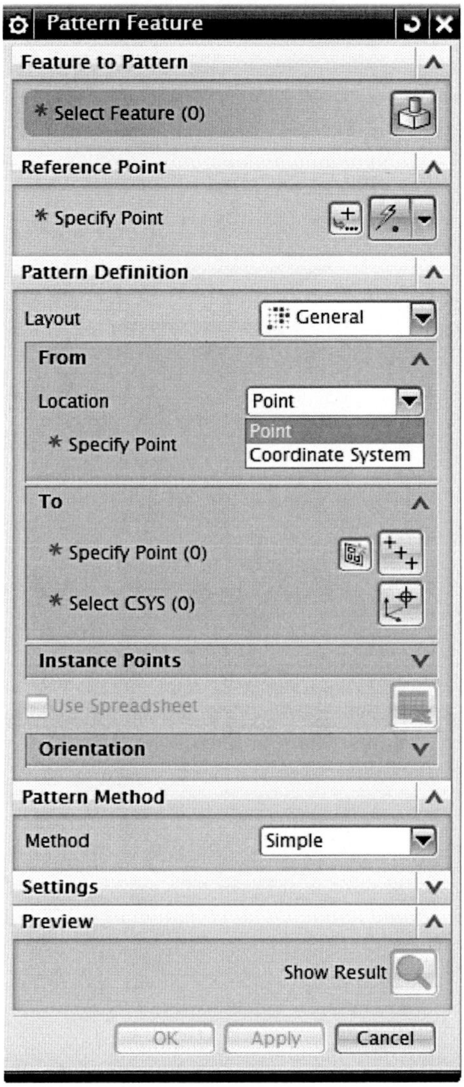

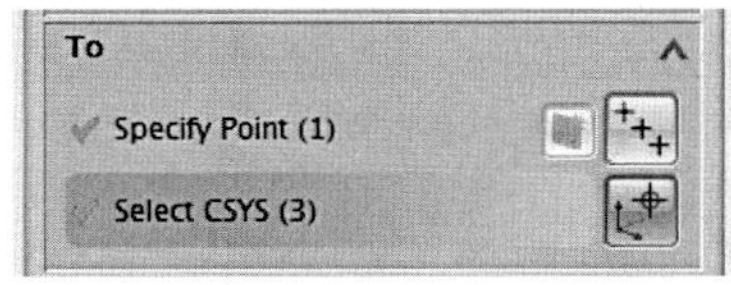

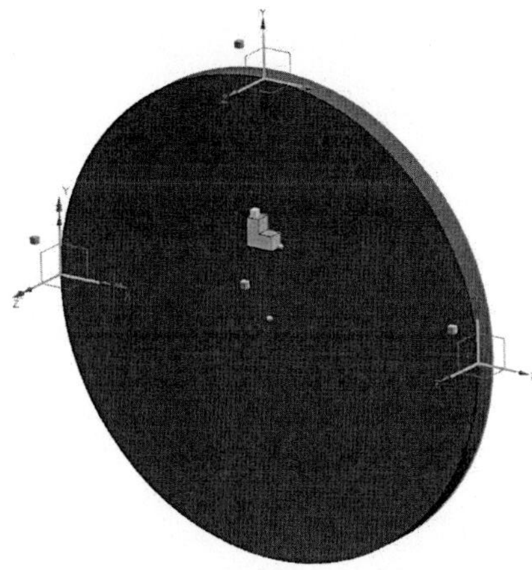

Reference : 기존 Pattern을 사용하여 Pattern을 정의 할 수 있다.

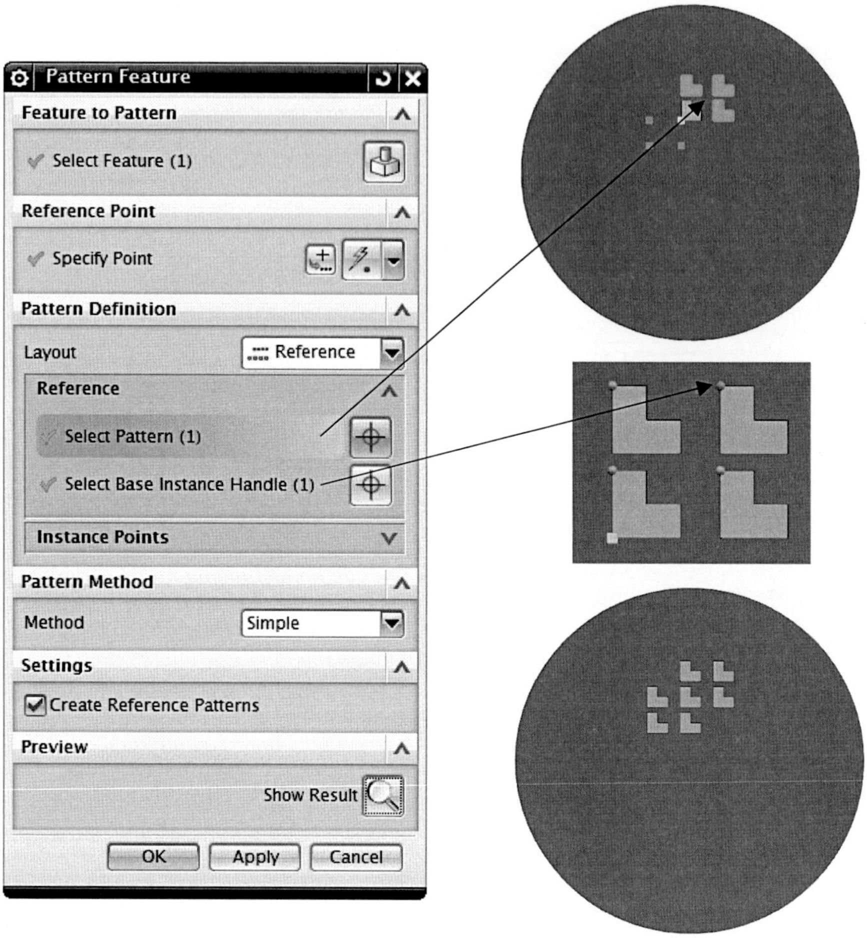

Pattern Face

Pattern Face를 선택하면 아래와 같은 창이 나타나며 이전의 Body나 Feature가 아닌 Face의 경우에 사용하는 명령어이다. 이때 Rectangular, Circular 한 Array 또는 Mirror가 가능하며 Seed와 Boundary를 사용자가 지정한 후 X, Y 방향을 설정한다.

파일명 : patternface.prt

Rectangular 타입을 선택한다.

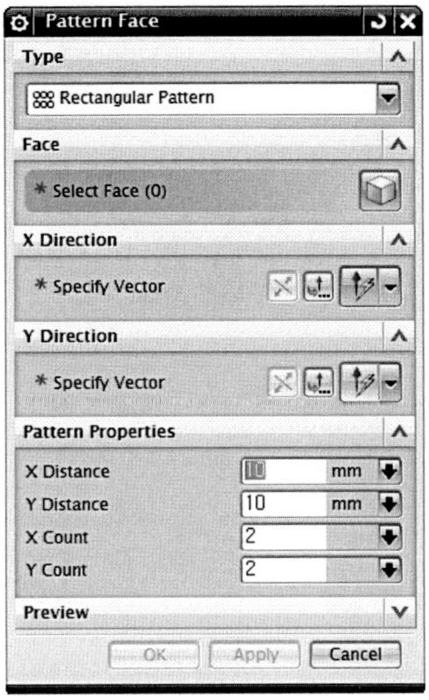

- Number Along XC : X축으로 배열될 총 개수
- Number Along YC : Y축으로 배열될 총 개수
- XC Offset : X방향으로 생성될 형상 사이의 거리
- YC Offset : Y방향으로 생성될 형상 사이의 거리

Selection intent 창에서 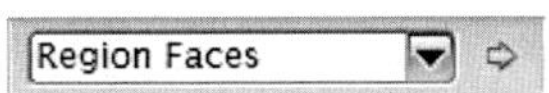

선택 후 아래와 같이 명령어가 뜨면 Seed를 선택

⇨

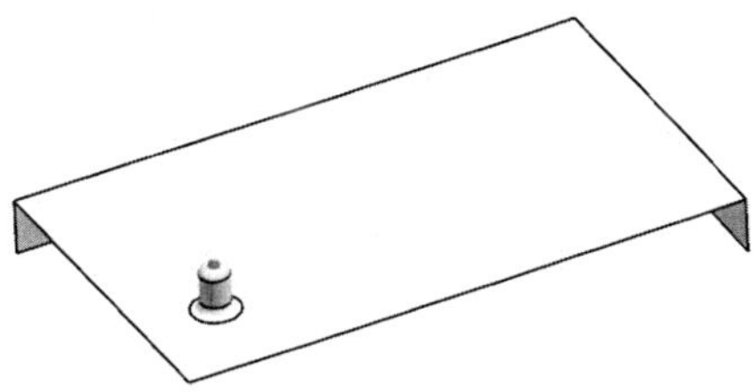

선택한 후 아래와 같이 명령어가 뜨면 Boundary를 선택한다.

⇨

XC 방향설정을 위하여 Sheet의 Edge를 선택한다.

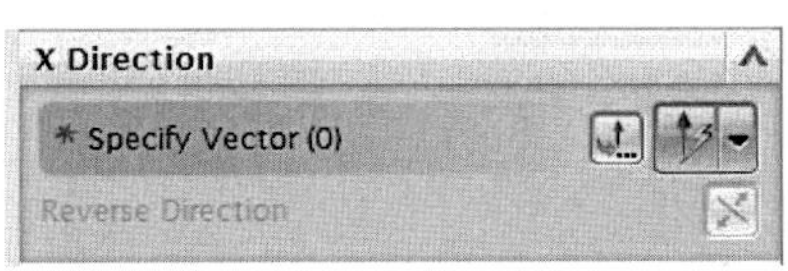

⇨

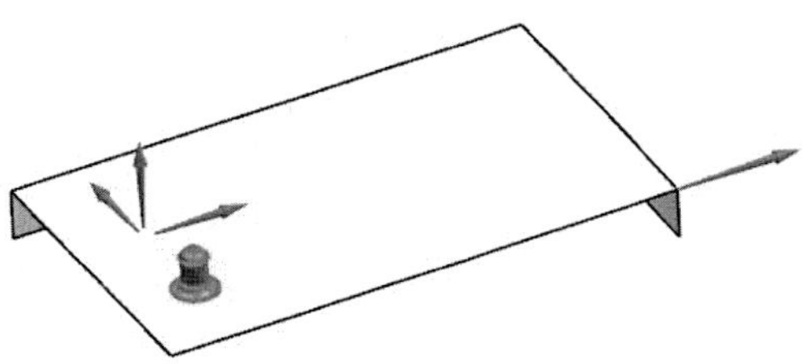

YC 방향설정을 위하여 Sheet의 Edge를 선택한다.

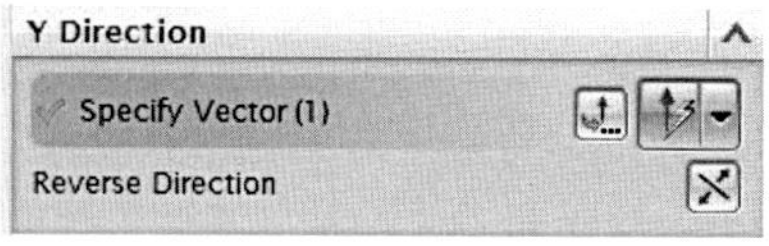

⇨

OK한 후 생성된 Face를 확인한다.

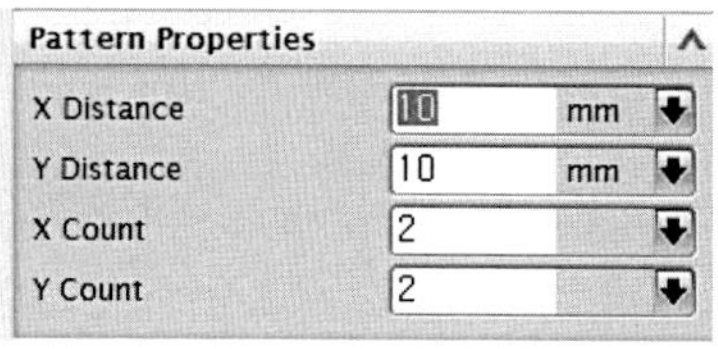

⇨

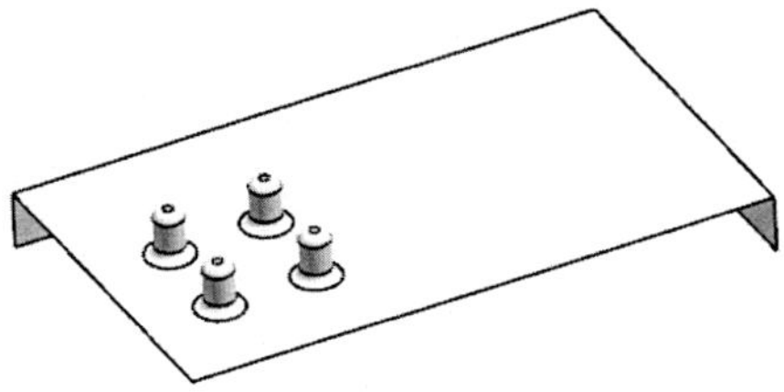

 Mirror Body

데이텀 평면[Datum 만 가능]을 통해 파트에 있는 Body 전체를 대칭 시키는 기능이다. Mirror Body.prt 파일을 Open한다. Mirror Body를 실행한다.

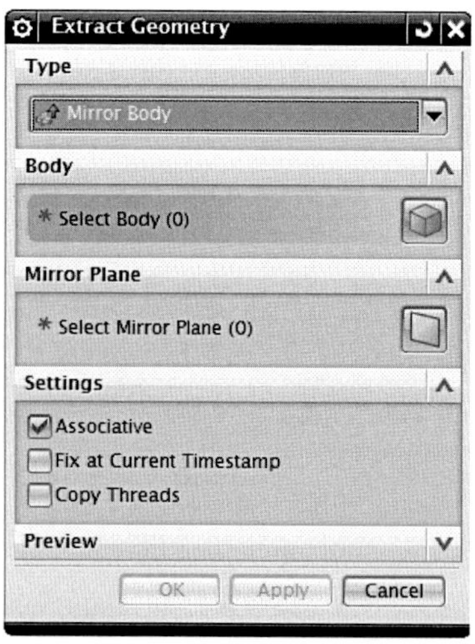

⇨

01 Mirror 시키기 위한 Body를 선택한다(이때 Body는 2개 이상의 복수 선택도 가능하다).

02 Mirror의 기준이 될 Datume Plane을 선택한다.

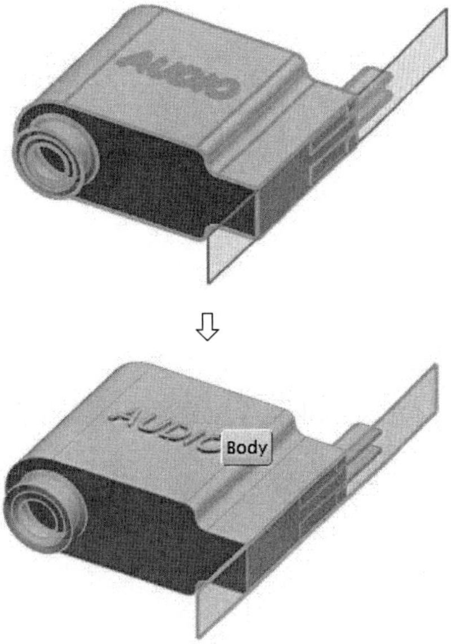

03 Datume Plane을 기준으로 마주보는 형상이 생성된다.

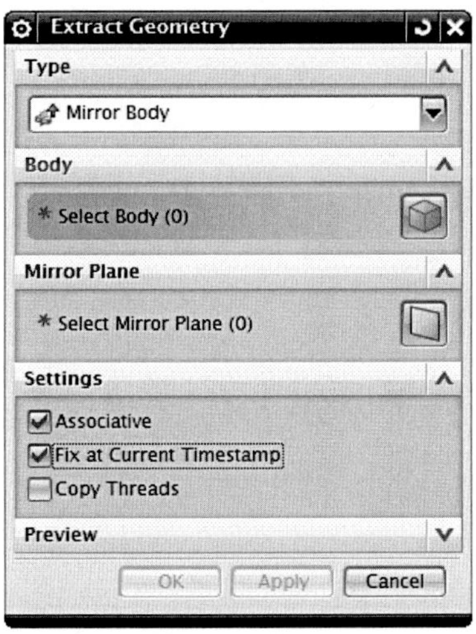

⇨

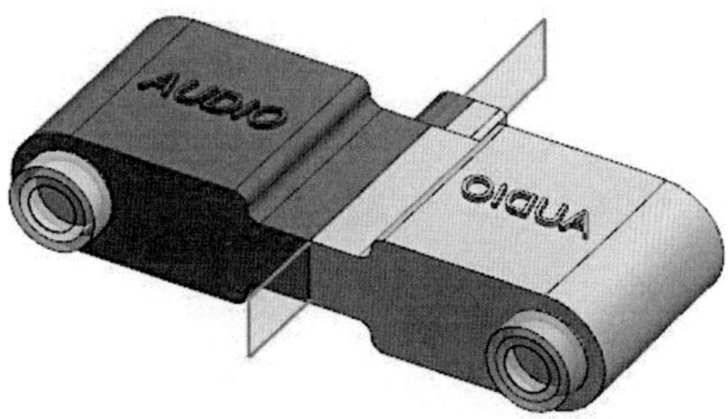

- Fix at Current Timestamp
  대칭된 Body의 History 고정 위치가 포함되고 Timestamp Check on 이후 원본 Body의 변경내용이 Mirror된 Body에 영향을 주지 않는다(check out은 항상 같이 변함).

Mirror Feature

Datum Plan or 평면을 통해 선택된 특징형상을 대칭 시켜 대칭 모델을 생성할 수 있는 기능이다.

Mirror Feature.prt 파일을 Open 한다.

Mirror Feature를 실행하게 되면 아래와 같은 창이 나타난다.

> Mirror Body와 다른 점은 Body를 Mirror 시키는 것이 아닌 Feature를 Mirror 시킨다는 점이다.

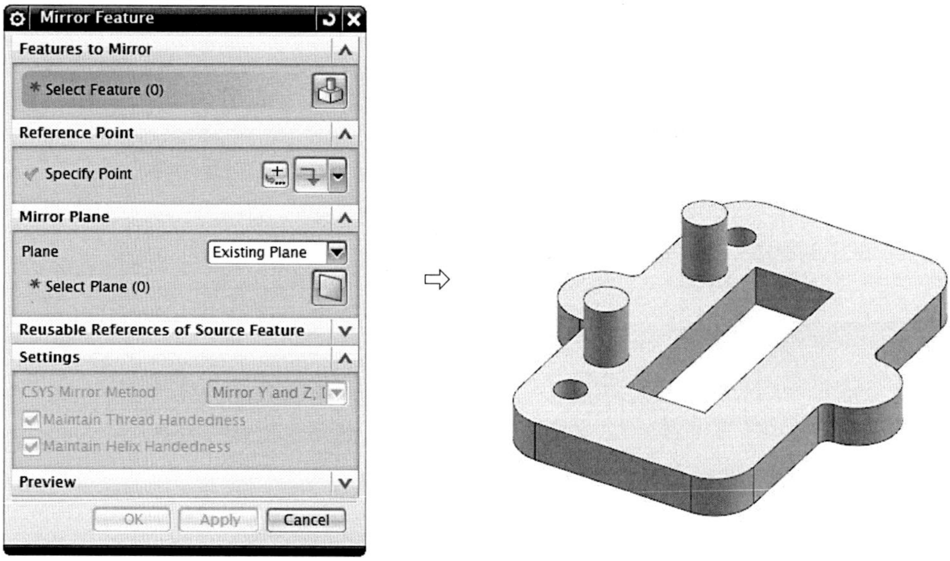

아래와 같이 원하는 Feature들만 선택한다.

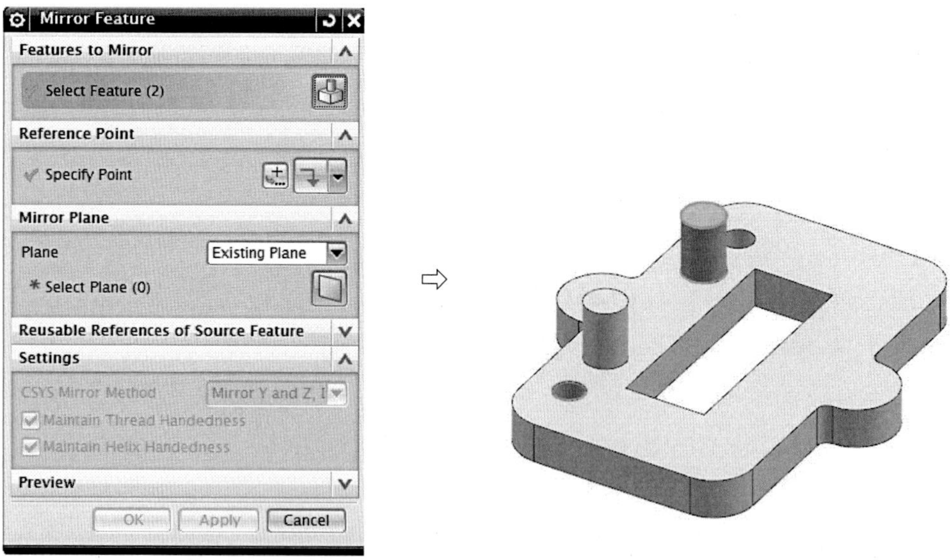

참조할 평면이 없을 시 새로운 평면을 New Plane을 선택 아래와 같이 생성된 면을 기준으로 Mirror를 한다.

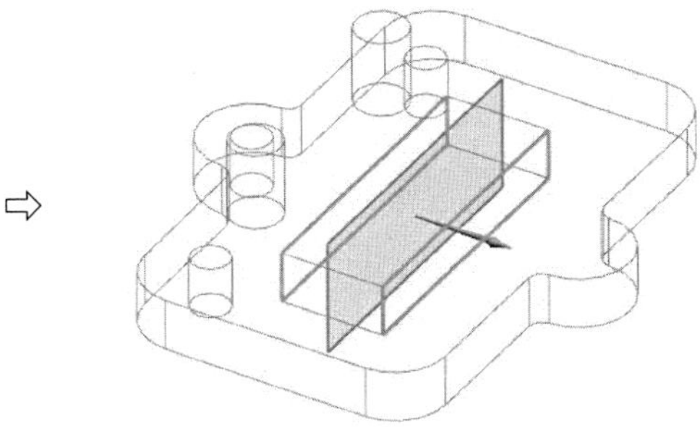

생성되는 Mirror Feature를 확인한다.

5. Instance Geometry

▌Insert – Associative Copy – Instance Geometry

사용자가 지정한 Geometry를 이동, 회전, 대칭복사 등의 방법으로 복사하여 생성하거나 이동할 수 있다.

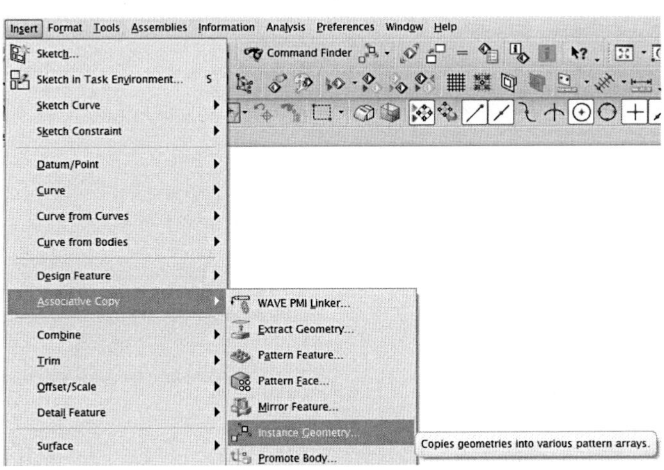

▲ Menu Bar

From/To : 선택 개체를 Point or CSYS → Point or CSYS 복사한다.

01 이동하고자 하는 객체를 선택하고 Instance를 생성한다.

02 이동 시작 위치와 끝나는 위치를 Point나 좌표로 지정한다.

03 이동시키고자 하는 개수만큼 기입하여 이동시킨다.

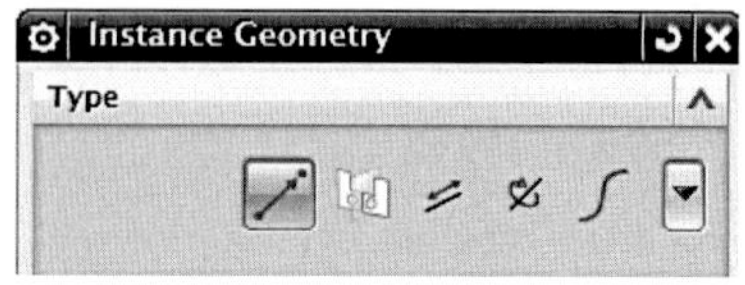

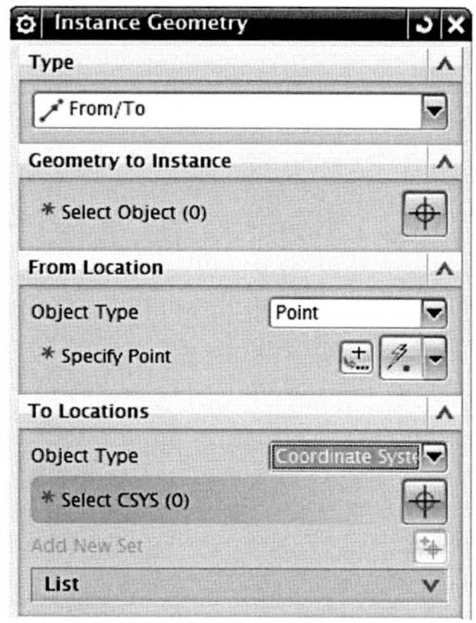

Mirror : 선택 개체의 Instance를 생성하여 Plane 기준으로 대칭 복사한다.

01 Mirror시키기 위한 개체를 선택한다.

02 대칭복사의 기준으로 사용하기 위한 Plane을 선택하거나 생성한다.

03 연관성을 부여하거나 부여하지 않을 수 있다.

• CSYS Mirror Method : 좌표계를 선택했을 경우에만 사용

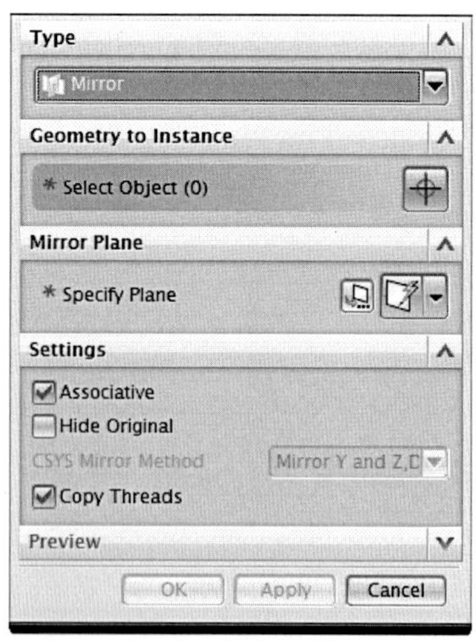

Translate : 선택 개체의 Instance를 생성하여 방향을 지정하고, 거리 값을 입력하여 이동한다.

01 이동시키기 위한 개체를 선택한다.
02 Line, Edge, Datum Axis 등을 사용하여 방향을 지정하거나 벡터를 생성하여 방향성을 지정한다.
03 개체간의 거리 값과 복사하고자 하는 개수를 지정한다.

• Setting : 연관성을 주거나 원본을 숨길 수 있다(공통사항).

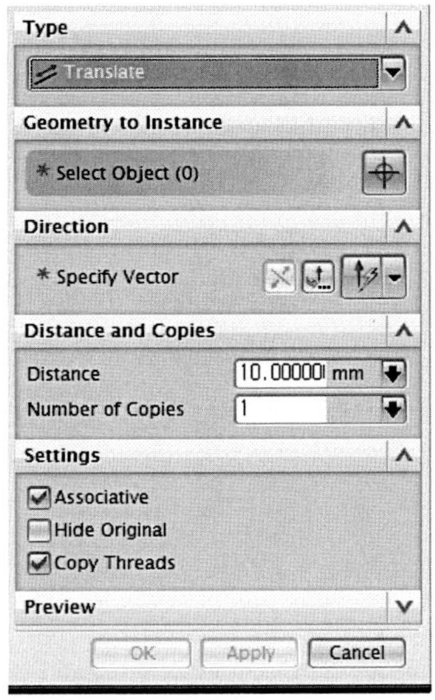

Rotate : 선택 개체의 인스턴스를 생성하여 지정된 축을 기준으로 회전시키며 원하는 값을 입력하여 생성한다.

01 회전시키기 위한 개체를 선택한다.
02 Line, Edge, Datum Axis 등을 사용하여 방향을 지정하거나 벡터를 생성하여 회전축을 정의한다.
03 회전의 중심이 되는 지점을 정의한다.
04 복사 이동되는 개체간의 회전각도와 Offset 거리, 개체의 개수를 지정한다.

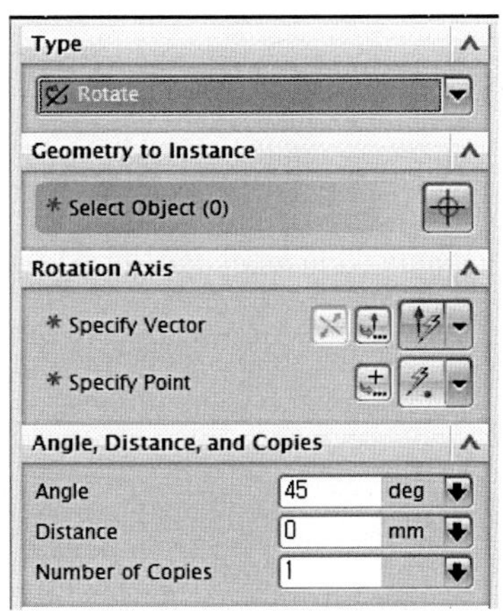

Along Path : 선택 개체의 Instance를 생성하여 선택한 Curve의 속성을 따라, 각도, 복사 개수를 입력하여 생성한다.

01 Path를 따라가기 위한 개체를 선택한다.
02 따라서 이동할 Path를 선택한다.
03 Distance Option : 거리 값이나 전체길이를 나눠서 이동할 수 있다.
04 각도와 개수를 입력하여 이동 시킨다.

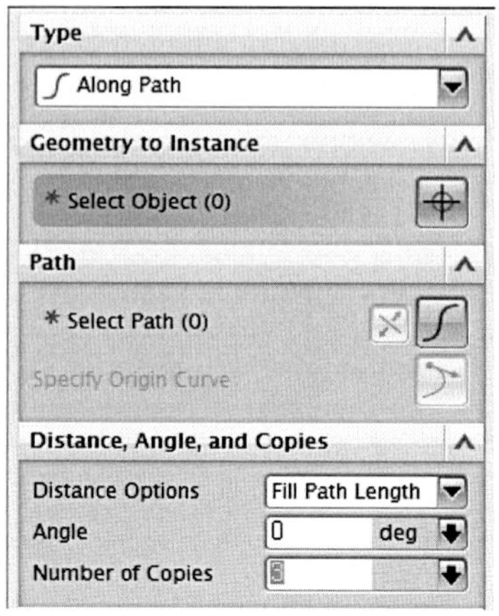

Activity 1

• Select Object : Rotate 하려는 개체로 Chain.prt 파일을 선택한다.

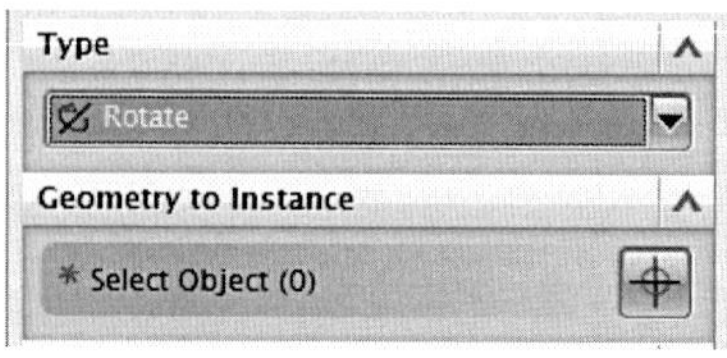

⇨

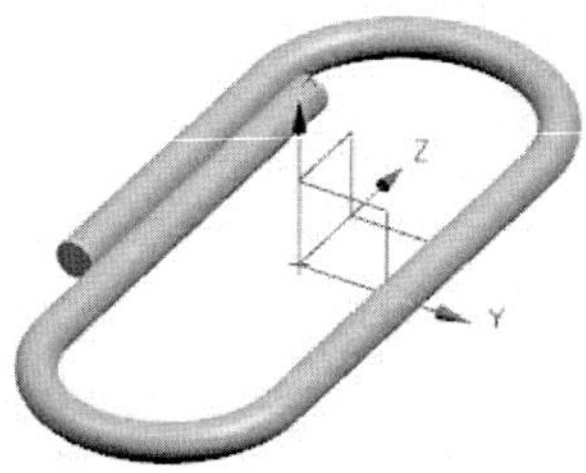

• Specify Vector : Rotate 하려는 기준 축으로 Y축 방향의 Datum Axis를 선택한다.

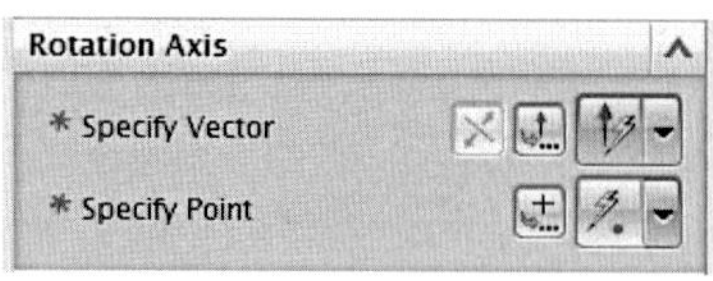

⇨

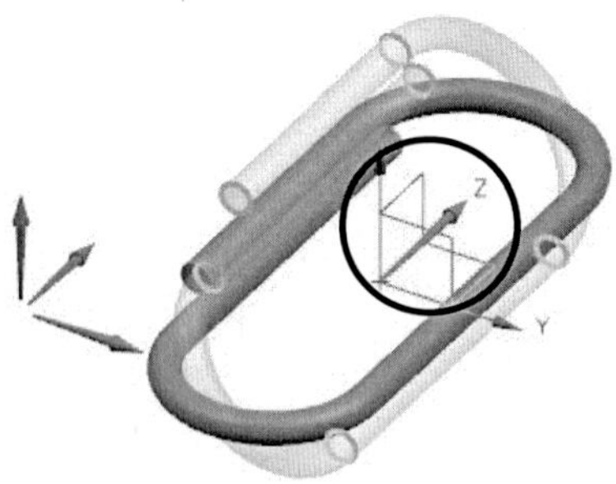

• Specify Point : Rotate 하려는 기준 위치 설정(원점으로 설정)

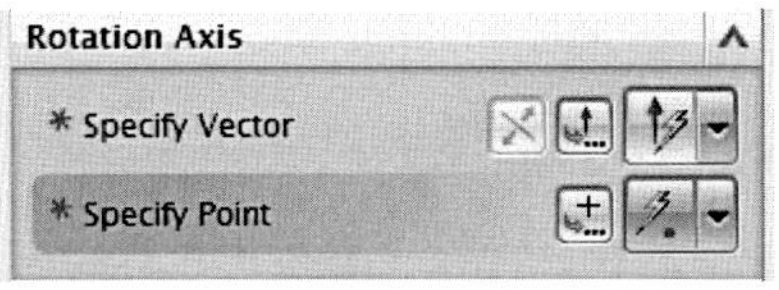

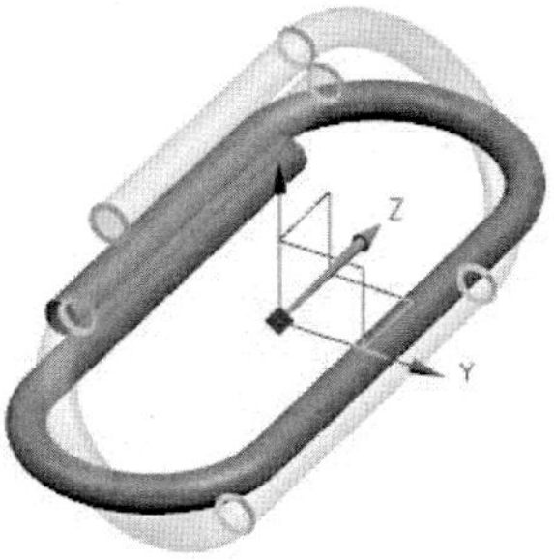

• Angle, Distance and Copies : 각도, 거리, 복사 개수를 입력한다.

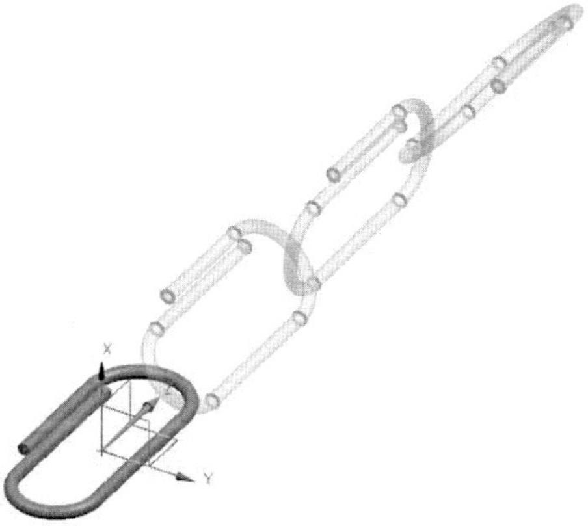

• Associative : 연관성을 부여할지를 결정한다.

• Preview : 미리 보기를 할 수 있다.

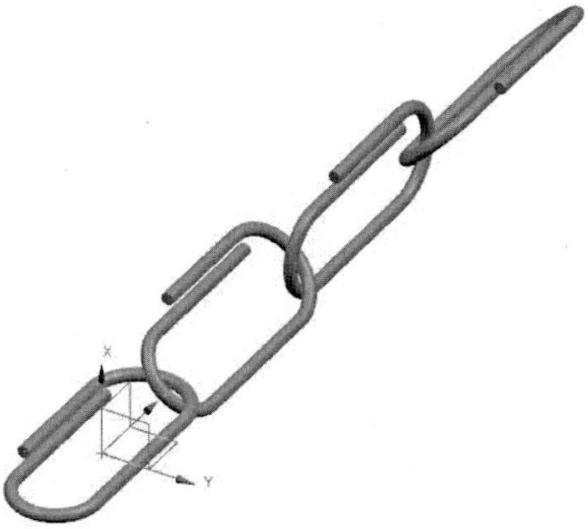

Apply 또는 OK하여 형상을 완성한다.

▌Activity 2

Instancegeometry−1.prt 파일을 선택한다.

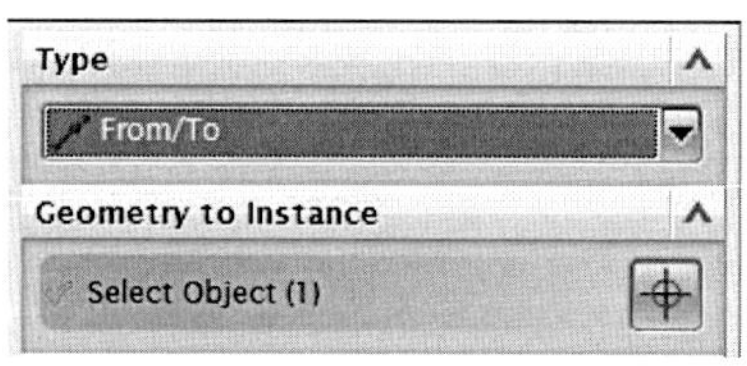

⇨

• Specify Point : 이동 하려는 개체의 기준 점을 선택(선택한 Edge의 중심)

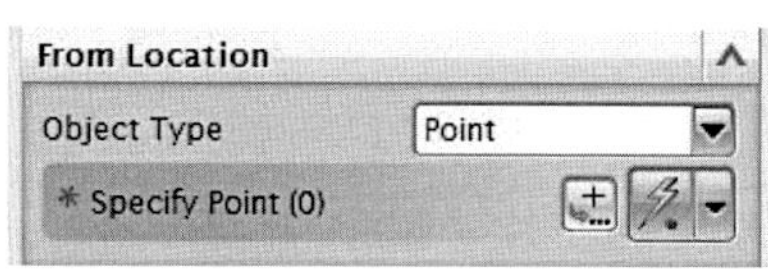

⇨

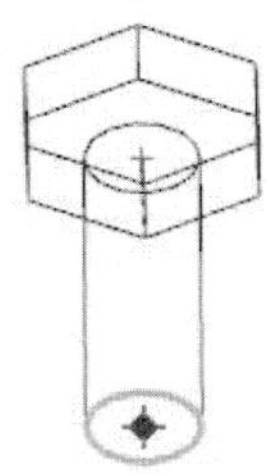

• Specify Point : 옮길 위치 점을 선택(외곽 Edge의 끝점)

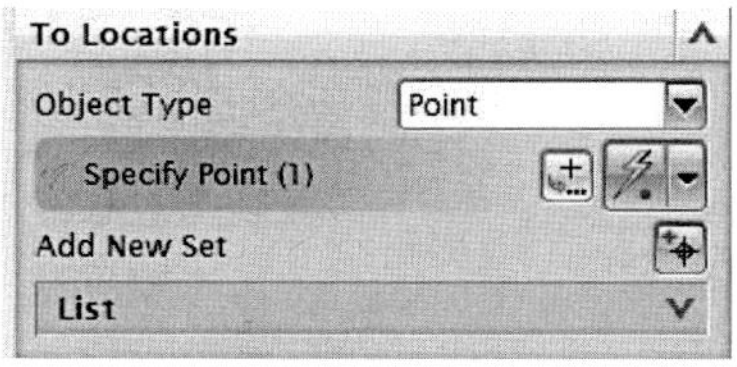

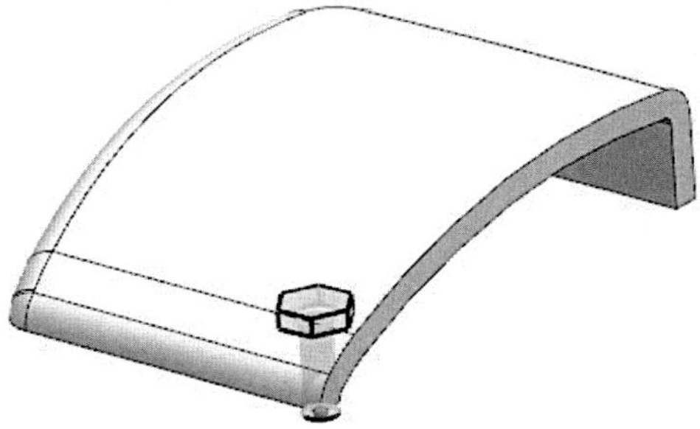

• Preview : 미리 보기로 확인하고 "Apply" 선택

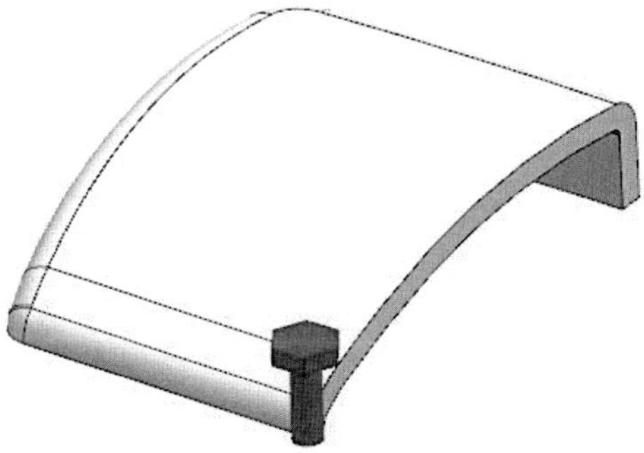

• Type : Along path 선택(옮겨진 객체를 외곽 Edge를 따라 복사, 생성시키기 위한 타입 설정
• Select Object → 개체를 선택

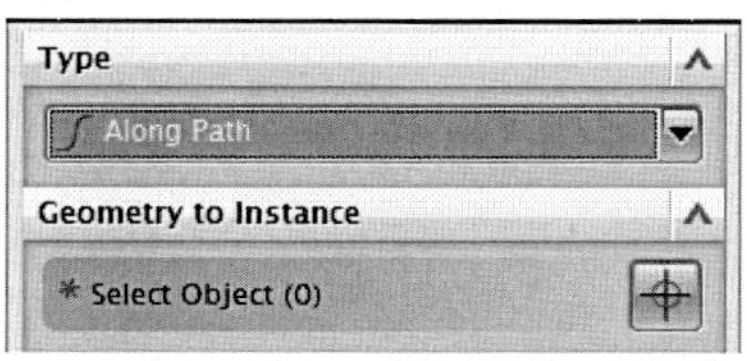

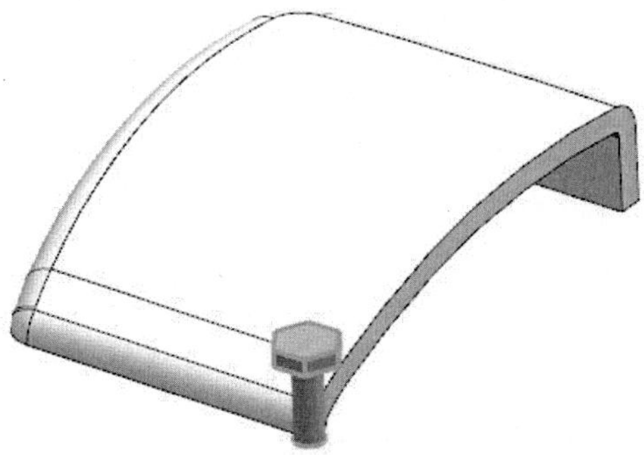

• Select Path : 기준 선을 선택

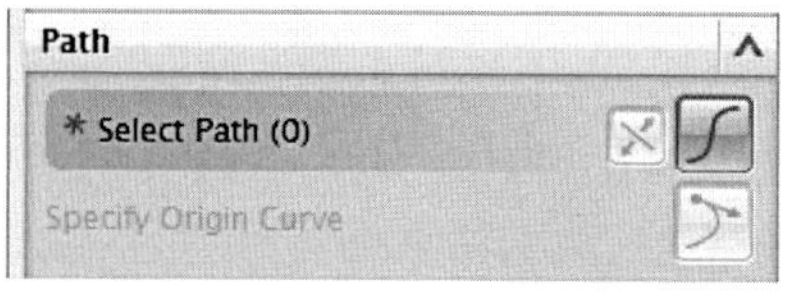

⇨

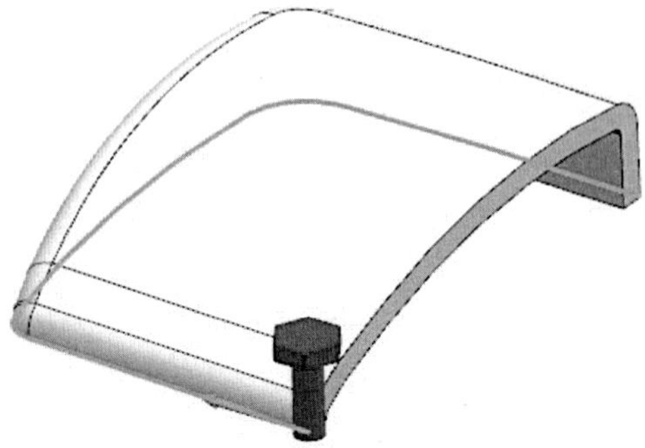

Distance Options → Fill Path Length

전체길이를 11개의 개체로 정확히 분할해서 이동시킴

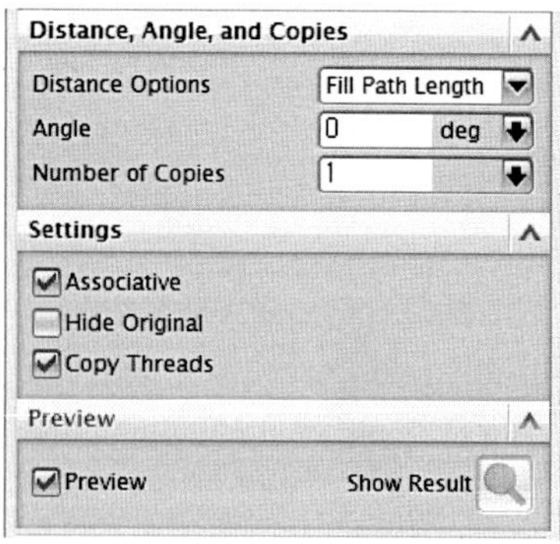

⇨

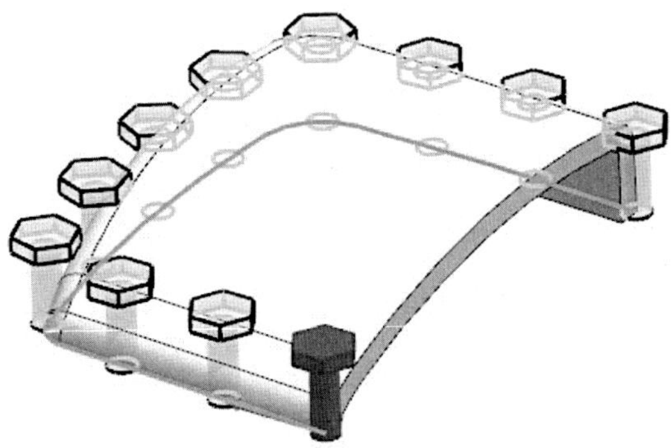

Distance Options → Arc Length

전체길이의 %로 간격을 띄워서 이동시킴

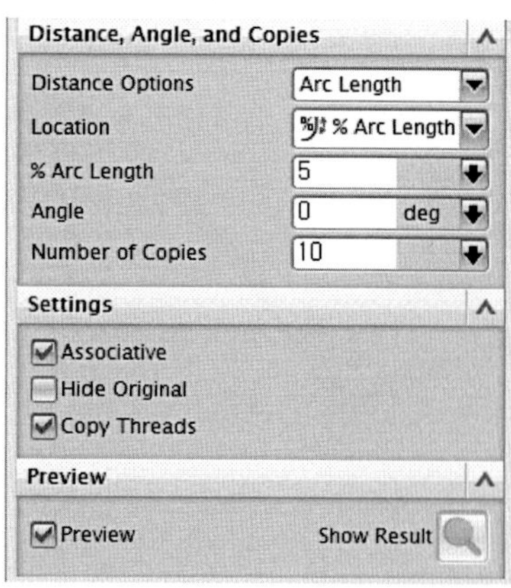

⇨

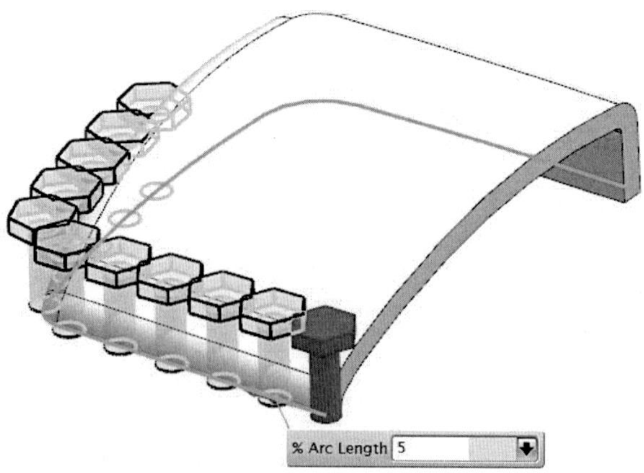

Distance Options → Arc Length

Arc length의 기입한 길이 만큼 정확히 이동 시키며 각도로 회전하면서 이동 시키는 기능

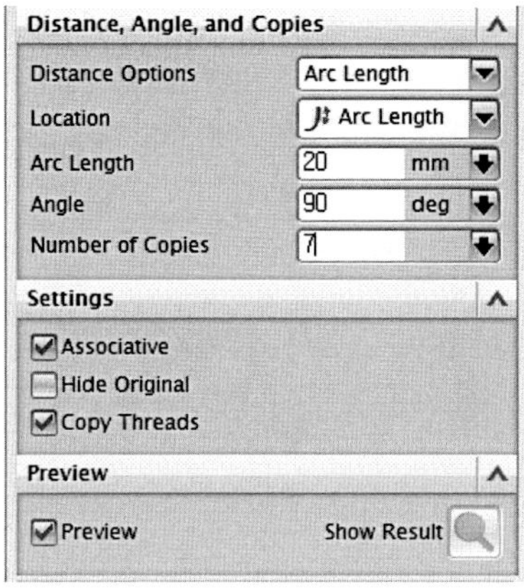

⇨

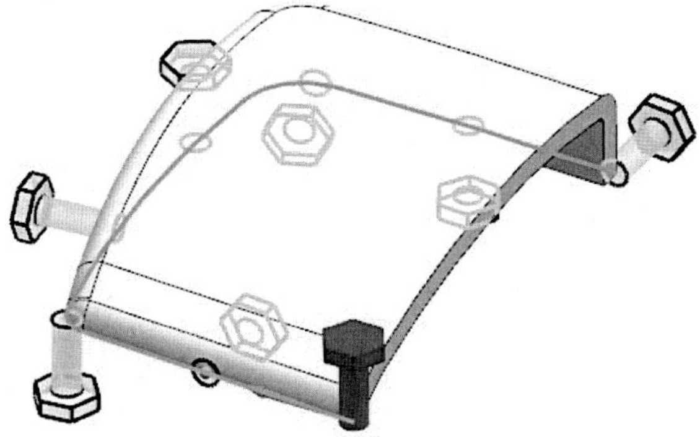

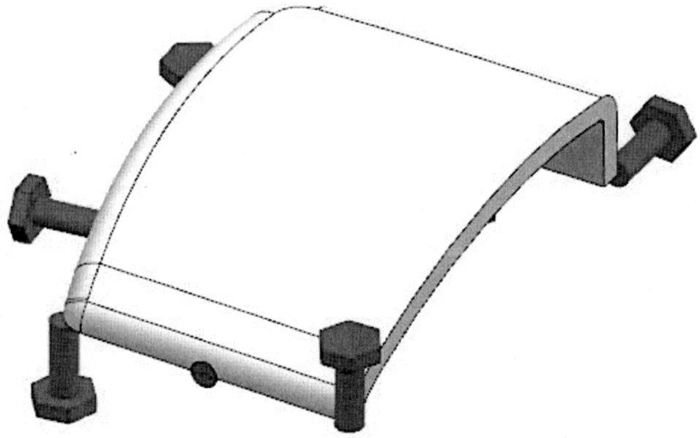

곡면 모델링의 다양한 방법을 알아본다.

NX8.5

11

자유형상모델링 (Free form Modeling)

01 Studio Spline

Insert → Curve → Studio Spline

Spline을 통해 다양한 자유곡면 및 모델링을 생성할 수 있으며, 이런 Spline은 NURB(Non Uniform Rational B−Spline) 곡선으로 잘 알려져 있다.

정의된 점 또는 Pole을 가지고 Spline 을 생성할 수 있으며, 연관 또는 비연관 Spline을 정의하며 지정된 점, Pole 끝에 Slope, 곡률 구속조건 등을 할당 할 수 있다.

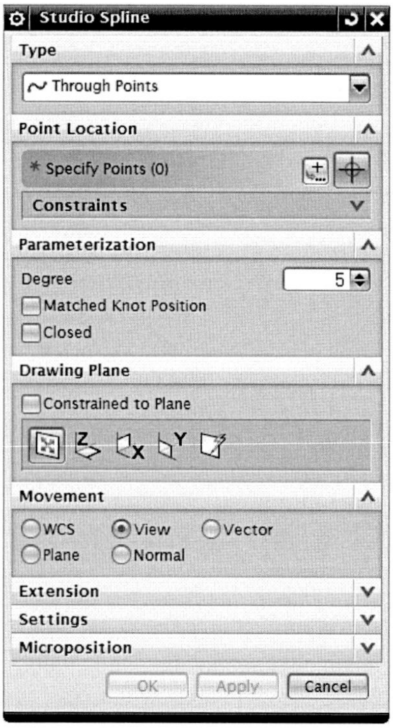

- Through Points : 정의된 점을 통과하는 Spline 생성
- By Poles : 각 Pole을 구성하고 조작하여 Spline 생성

- Point Location/Pole Location : 지정된 Drawing Plane에 spline point 또는 pole 위치를 정의 하며 기존 형상을 참조 할 때, 지점 지정된 spline point에 G1, G2, G3 제약 조건을 정의 할 수 있다.

- Parameterization
  Spline의 Degree를 지정한다. By Poles의 경우 Spline의 Degree 보다 적은 pole을 가질 순 없다. Single Segment옵션을 선택하면 Degree를 24까지 사용할 수 있다.

- Drawing Plane : 지정한 평면에 의해 제한된 Spline 생성

- Movement : 지정된 방향으로 또는 지정된 평면을 따라 Spline Point 와 Pole 이동

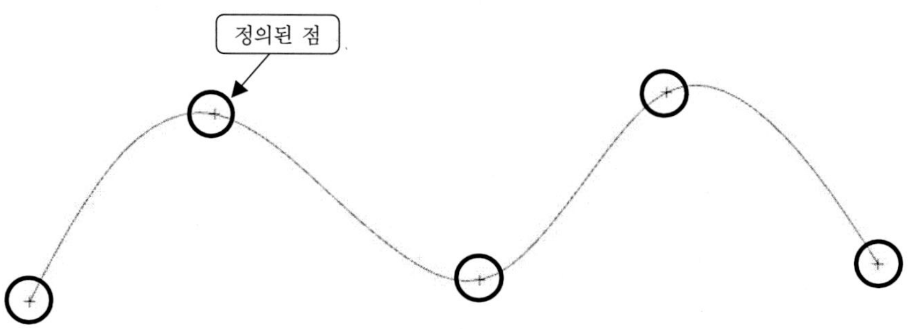

▲ Through Points

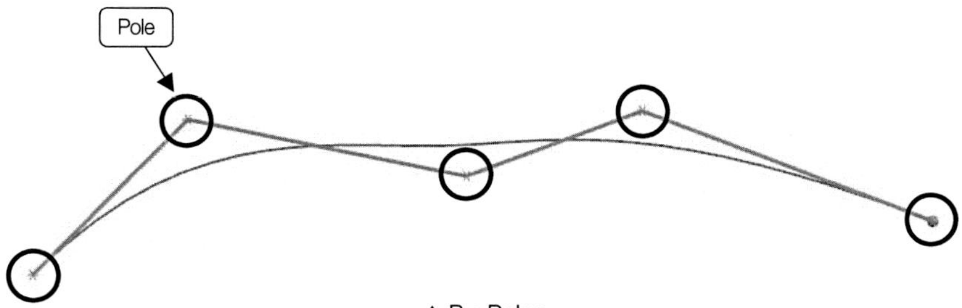

▲ By Poles

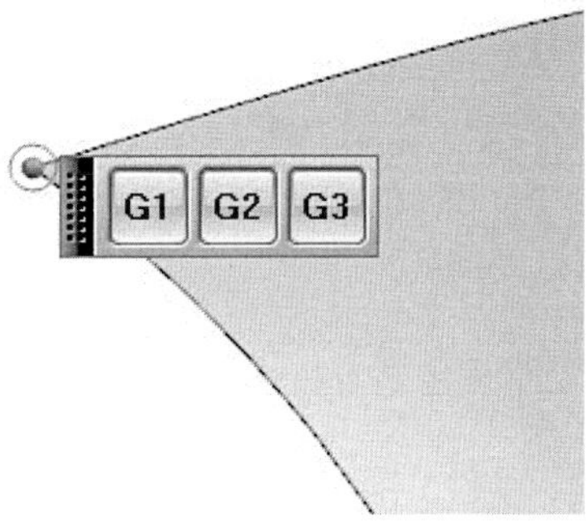

▲ Point Location/Pole Location

- G1(Tangent) : 선택한 스플라인 점에 접선구속조건을 적용한다.
- G2(Curvature) : 선택한 스플라인 점에 곡률구속조건을 적용한다.
- G3(Flow) : 선택한 스플라인 점에 흐름제약조건을 적용한다.

02 Curve Analysis

Analysis → Curve → Curve Analysis

Curve Analysis 사용하면 곡선과 모서리의 해석 특성을 화면에 표시 할 수 있다.

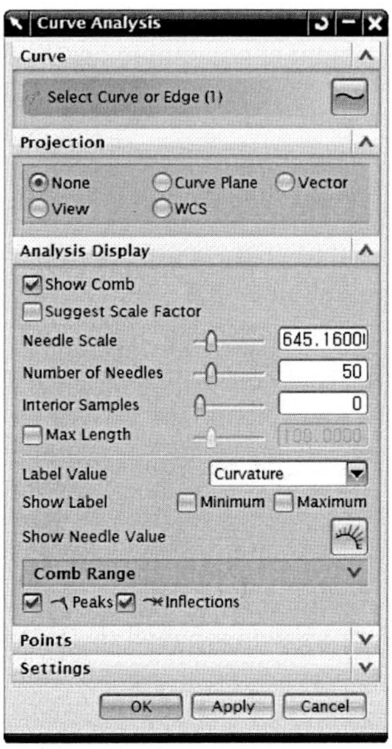

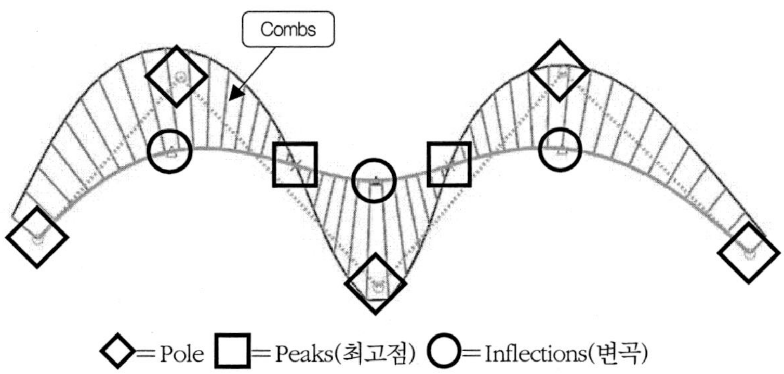

03 Continuity

Curve 및 Surface 연속성을 4가지 방법으로 제어한다.

- G0 : 두 Object가 연결되거나 위치가 연속되며, 접선방향으로는 불연속이다.

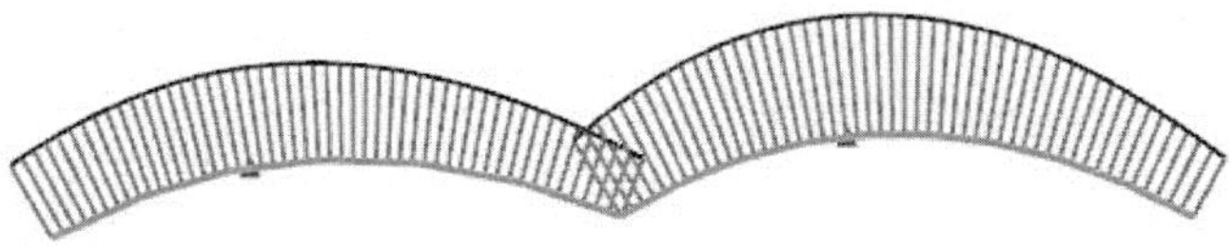

- G1 : 두 object가 미분으로 매끄럽게 연결되어 접선(Tangent) 연속이다.

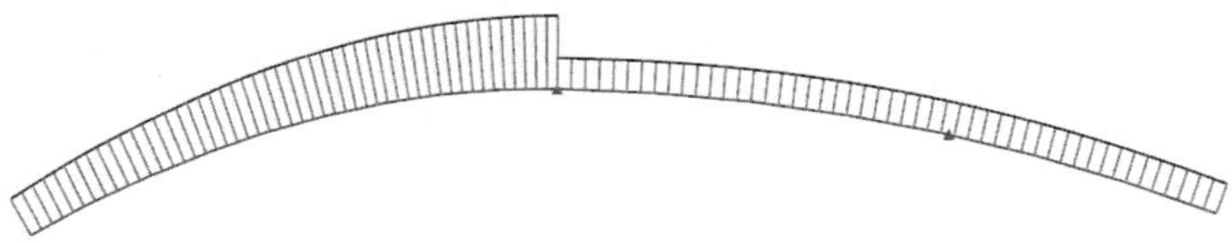

- G2 : 2회 미분으로 동일한 곡률을 가지며 Comb이 평행하고 길이가 동일하며 곡률(Curvature) 연속상태이다.

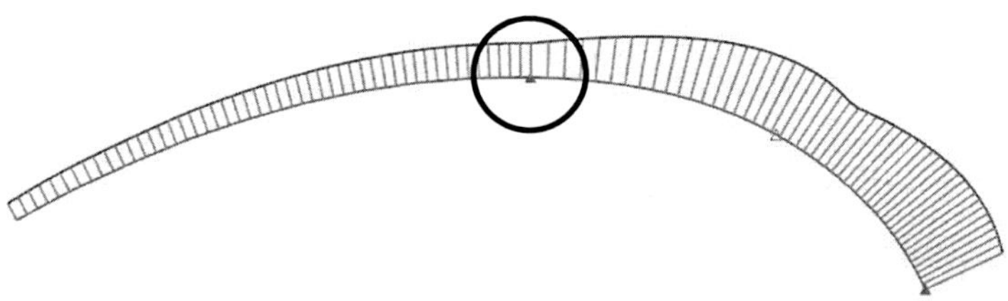

- Symmetric : 대칭형상을 정의할 때 사용하며, 접점을 기준으로 곡률비율이 0인 상태이다. (p.15 연속성 참조)

04 Grid Line(U 및 V 격자)

Sheet는 기본적으로 ROW 방향(U 방향) 속성에 의해 결정. ROW 방향의 수직 방향(V 방향) U 및 V 격자는 표시형상만 나타낼 뿐 Sheet or Solid body의 수학적 정확도는 관계가 없다. Edit → Object Display를 선택해서 아래와 같이 U, V Grid line을 나타낼 수 있다.

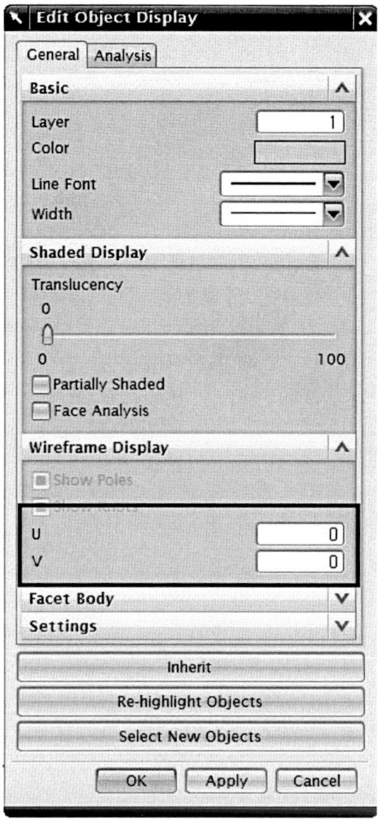

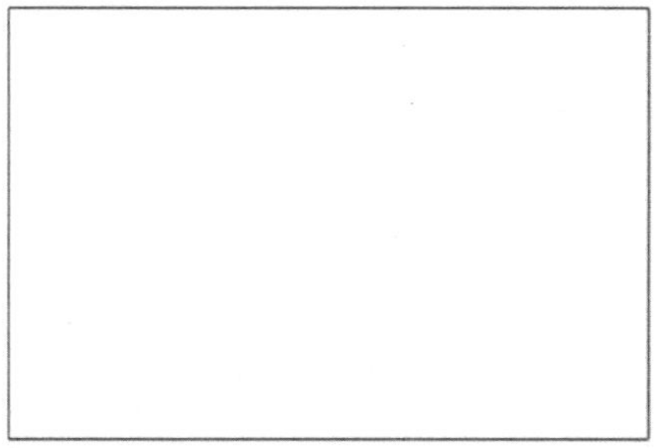

U, V Grid line=0

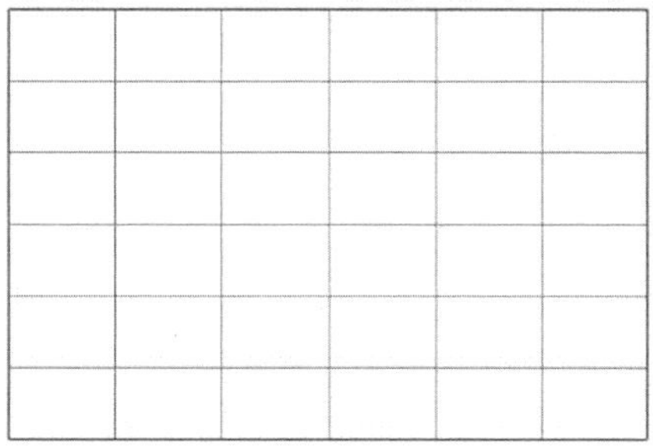

U, V Grid line=5

05 Ruled

Insert → Mesh Surface → Ruled

두 곡선 외곽선을 통해 Ruled Body(Sheet or Solid)를 생성한다. 각 String은 하나 이상의 연속된 곡선, Solid Edges, Solid Face로 구성된다.

- Snap Point를 이용하여 Section String으로 Point를 선택 할 수 있다.

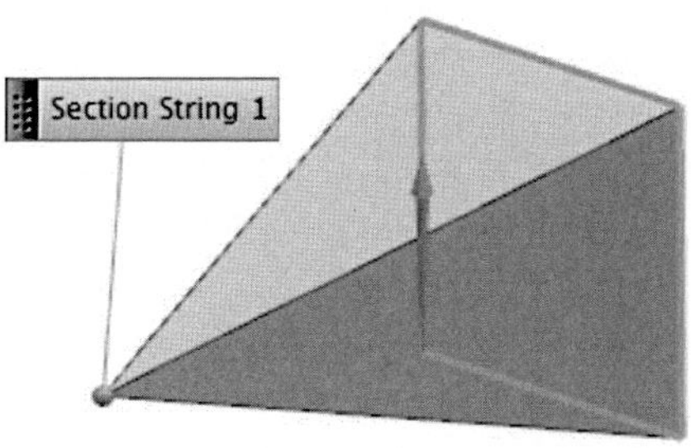

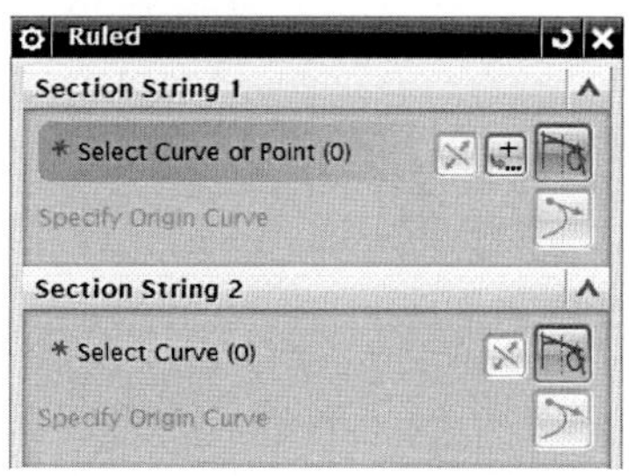

연속선의 모두 선택하였으면 OK를 선택하고 다시 OK를 선택하여 Ruled Body를 생성한다. 아래와 같이 정렬 방법을 선택 할 수 있다.

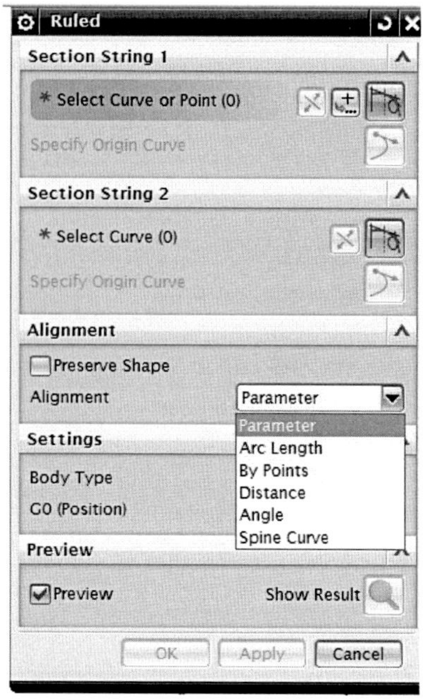

- Parameter : 정의된 연속선을 따라 동일 매개변수 간격으로 동일 곡선의 연결점을 지정한다.
- Arc Length : 정의된 연속선을 따라 동일 원호길이 간격으로 동일곡선의 연결점을 지정한다.
- By Point : 다른 형상의 정의된 연속선 사이에서 점을 지정
- Distance : 정의된 연속선 따라 지정된 방향으로 일정한 거리에 점을 배치한다.
- Angle : 정의된 연속선 따라 지정한 축 선에서 동일한 각도로 점들을 배치한다.
- Spine Curve : 선택된 정의된 연속선과 스파인 곡선에 직교하는 평면의 교차 위치에 점들을 배치한다.

정렬 방법(Alignment Methods)

Alignment는 정의된 연속선을 따라 배치되는 새 곡면의 곡선 간격을 얼마로 할지 지정하여 특징 형상을 제어하는 방법이다.

Preserve Shape 체크를 하면 출력되는 표면을 강제로 공차값을 0으로 두어 날카로운 모서리를 유지하게 된다.

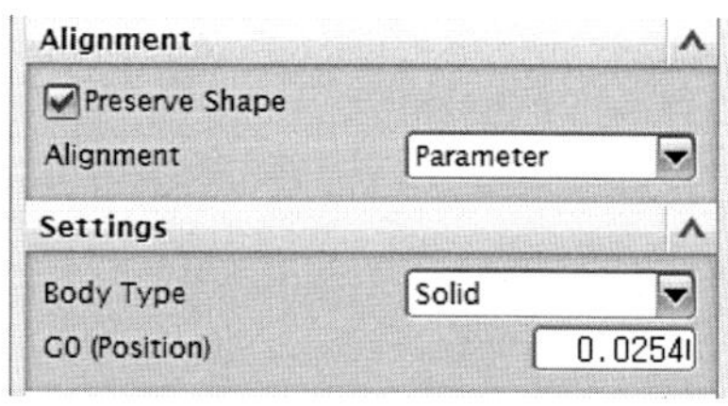

- Parameter : 정의된 연속선을 따라 동일 매개변수 간격으로 동일 곡선의 연결점을 지정한다.

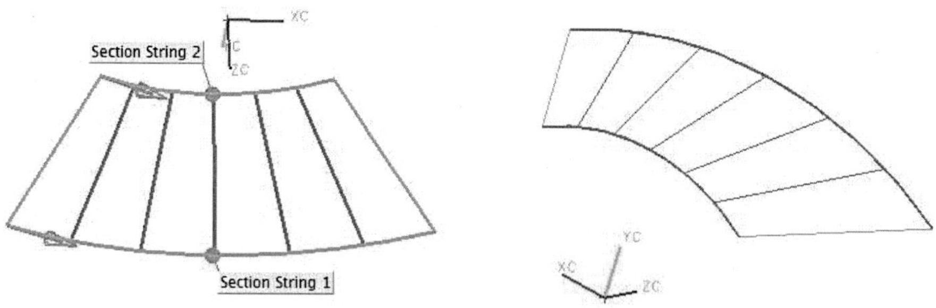

▲ Parameter

- By Point : 정렬된 Point와 정렬된 Line이 Section을 따라 위치하며, Section 위에서 추가, 삭제, 마우스로 끌어 이동할 수 있다.

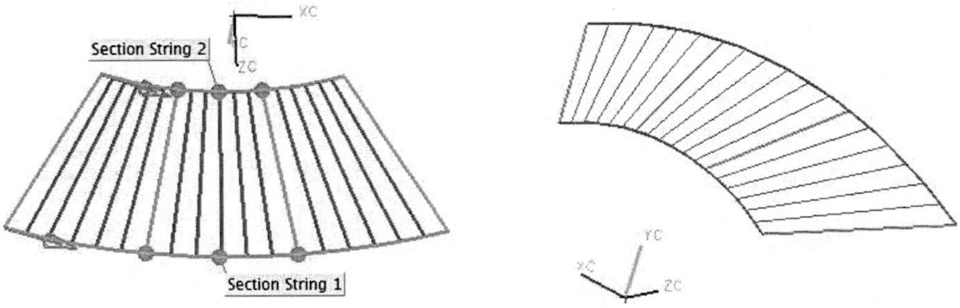

▲ By Point

▌Parameter & Arclength 정렬 비교

두 정렬 옵션 Parameter와 Arclength를 사용하여 Sheet Body를 생성하고 차이점을 U, V Grid line을 통해 비교해 본다.

- Surface_ruled_11을 열고 모델링을 실행한다.

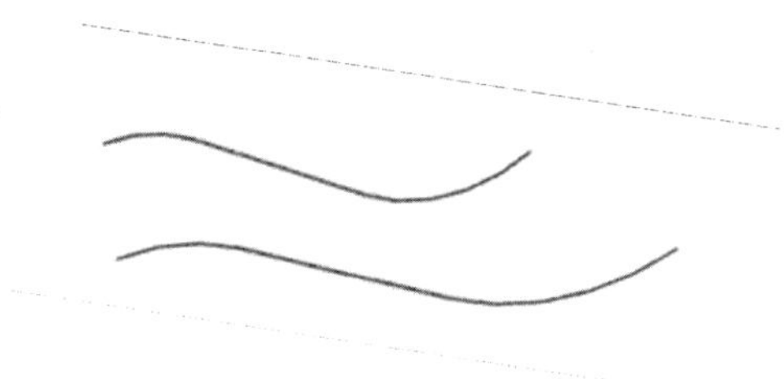

▲ 그림-1

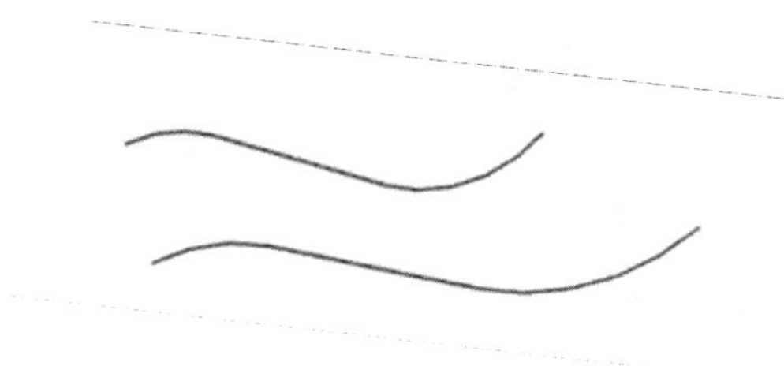

▲ 그림-2

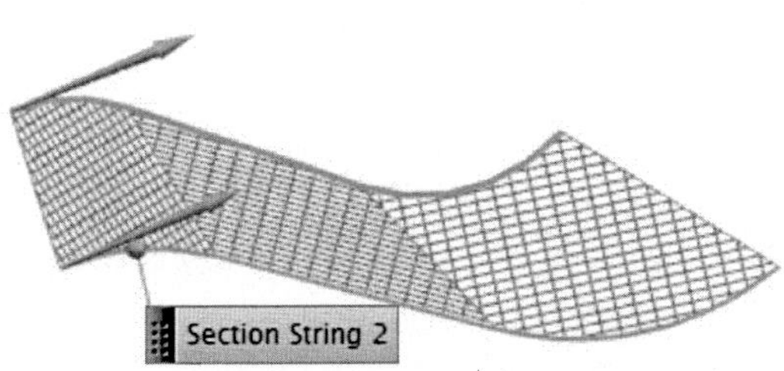

▲ Parameter

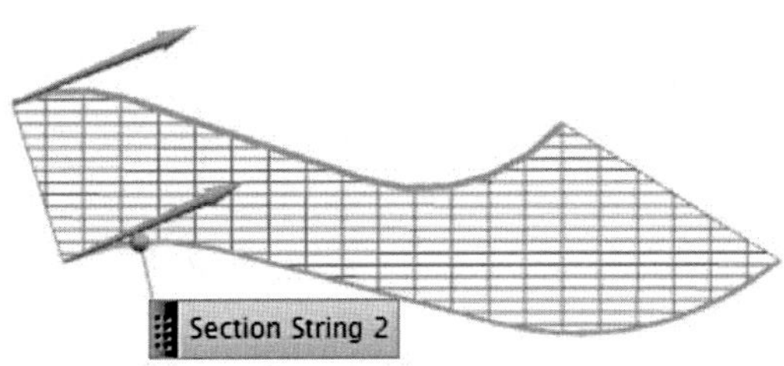

▲ Arc length

Project

Rule1.prt 예제파일을 Open 한다.

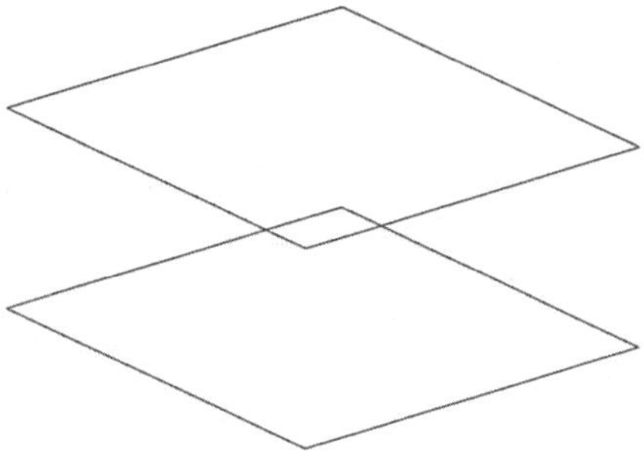

⇨

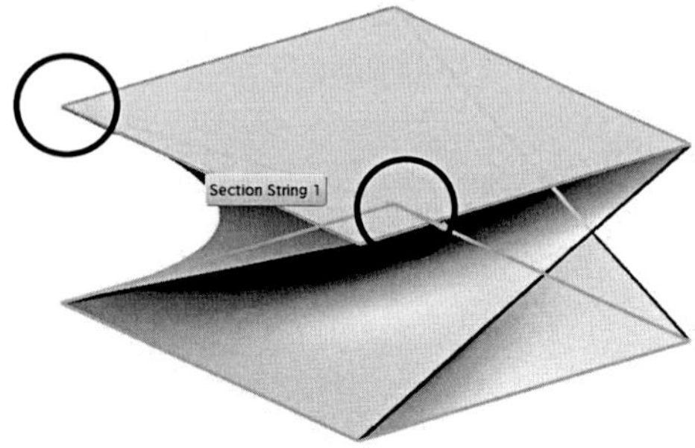

Section의 선택 방향성과 위치가 일치하여야 한다.

Section의 방향과 위치가 불일치한 경우

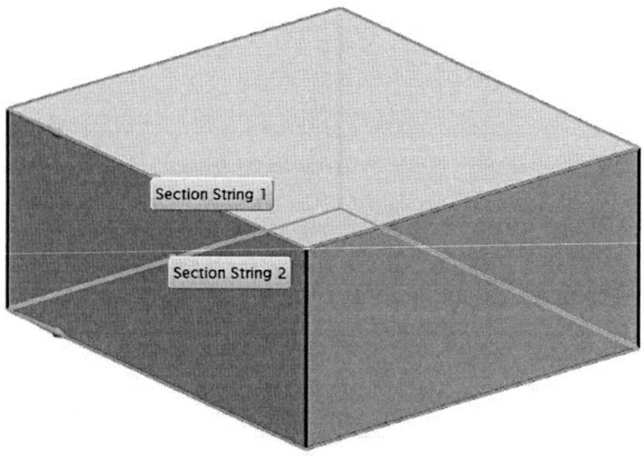

Specify Origin Curve로 방향성을 조정하여
방향과 위치를 동일하게 잡는다.

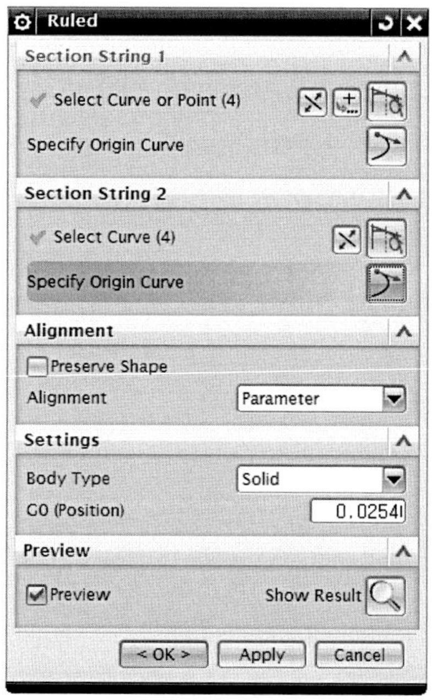

Preserve Shape의 on/off의 차이점

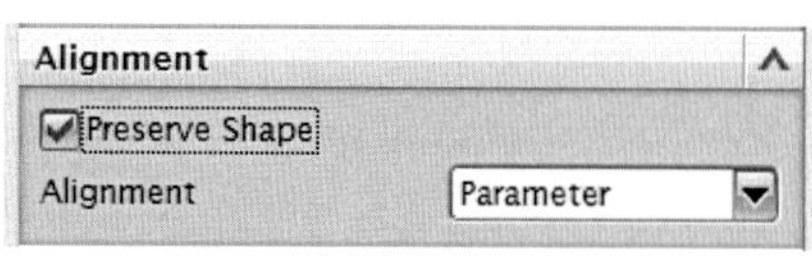

⇨

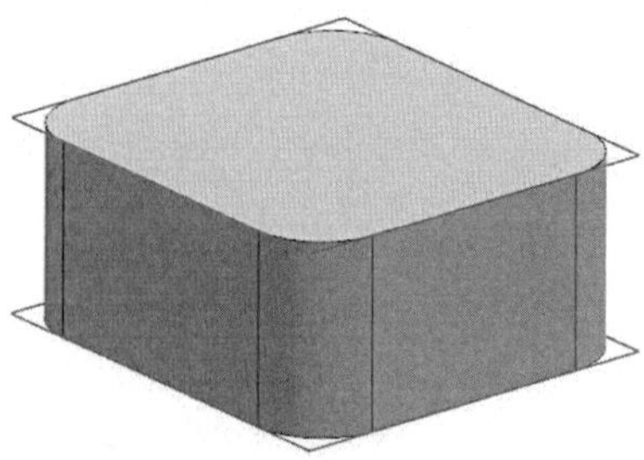

Sharpe Corner가 있는 경우 Preserve Shape를 On 시켜야만 Corner를 인식한다.
4면 Edge Blend가 잘 들어간다.

⇨

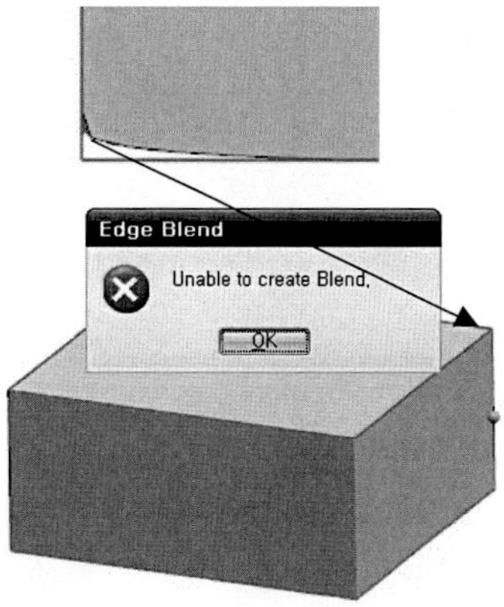

Preserve Shape를 Off 시켰을 때 Corner를 인식하지 못한다.(Sharpe Corner가 없어짐)
4면 Edge Blend가 잘 들어가지 않는다.

06 Through Curves

Insert → Mesh Surface → Through Curves

2개~150개까지의 단면 현상(Section)을 선택하여 Sheet Body나 Solid Body를 생성한다.

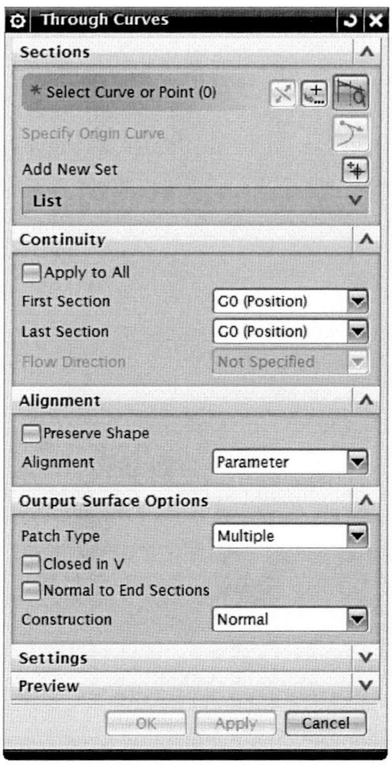

Section으로 Curve or Point를 선택 할 수 있다.

- First Section/Last Section : 첫 번째 또는 마지막 Section에서 하나 이상의 면과 접할 때 곡률연속성(Go, G1, G2)을 줄 수 있다.
- Closed in V : First Section Curve와 Last Section Curve를 연결하여 Sheet나 Solid body를 생성한다.
- Normal to End Sections : First Section에서 직각으로 출발하여 LastSection에서 직각으로 도달하는 면을 만들 수 있다.
- Multiple Patch일 경우 V 차수의 차수를 입력 할 수 있다.

Project

Through_Curves1.prt 예제파일을 Open한다(Section을 각각 하나씩 선택한다. 방향성 일치).

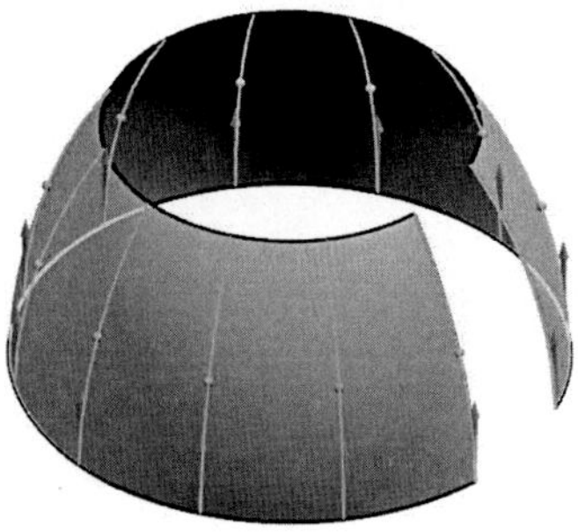

Section을 전체다 선택한 경우

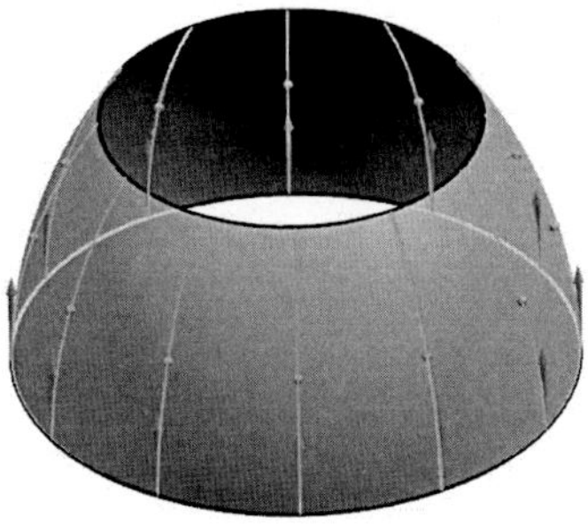

첫 번째 Section을 마지막 Section으로 중복 선택한 경우

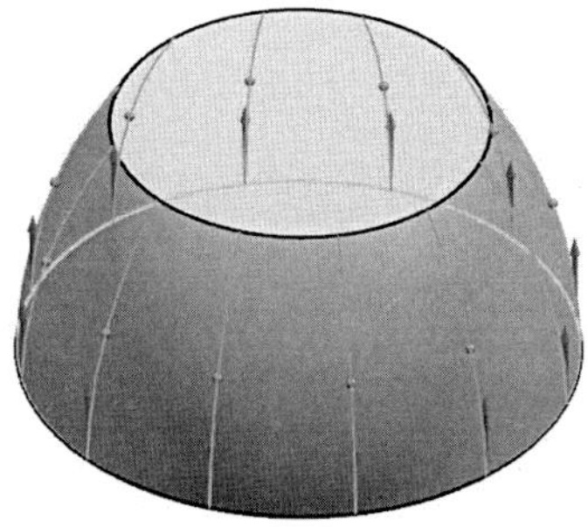

Close in V check 한 경우

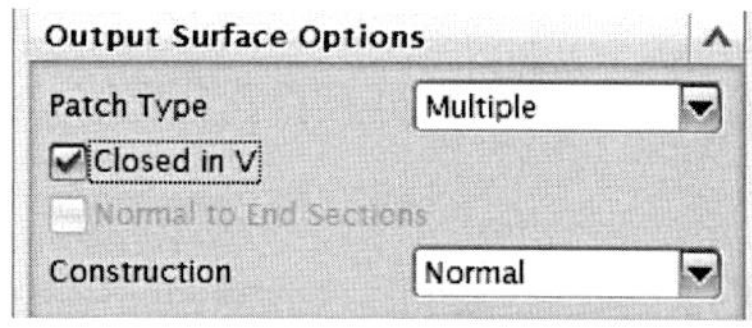

Through_Curves2.prt 예제 파일을 Open하여 아래와 같이 Section을 선택 Degree값을 조정해 본다.

• Section 선택순서

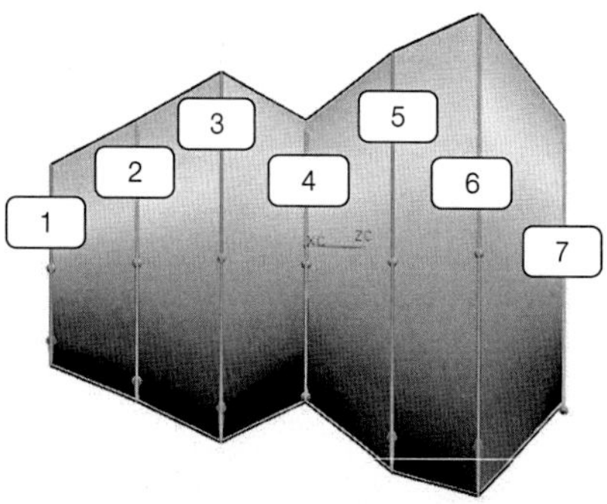

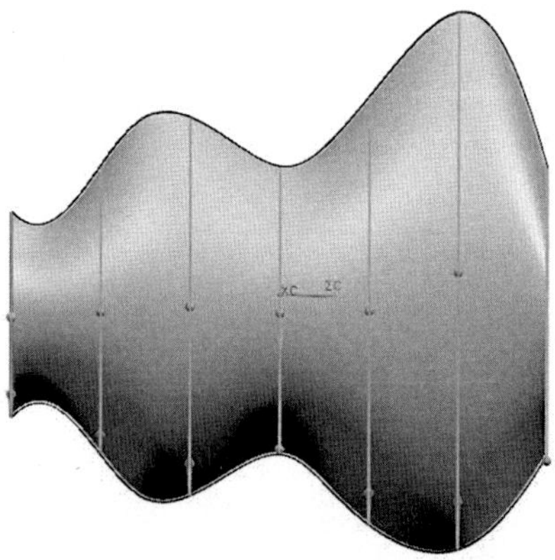

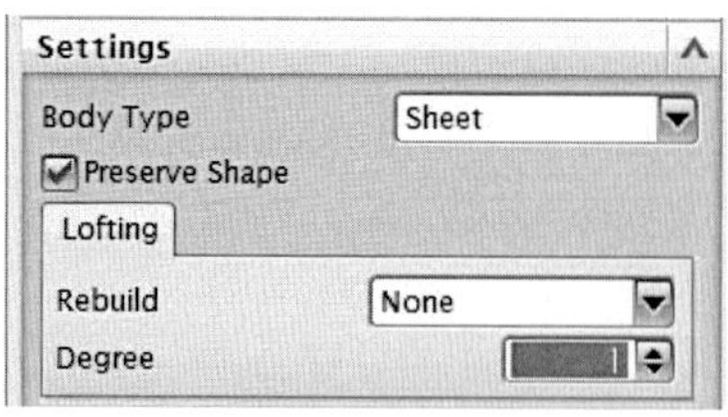

▲ Degree 1차인 경우

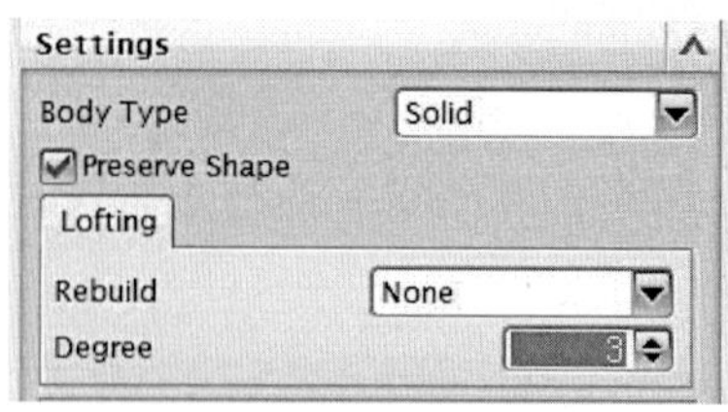

▲ Degree 3차인 경우

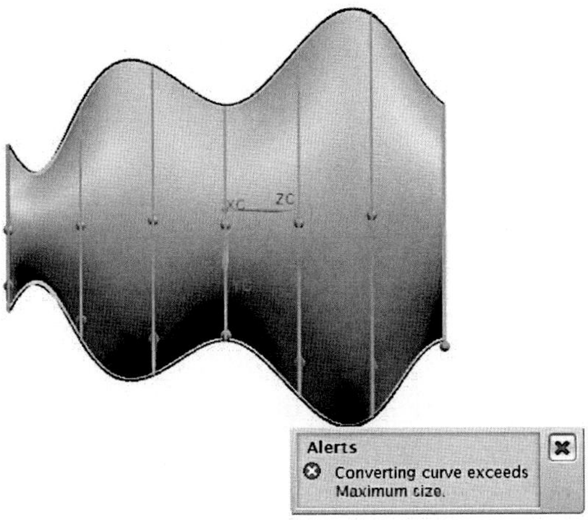

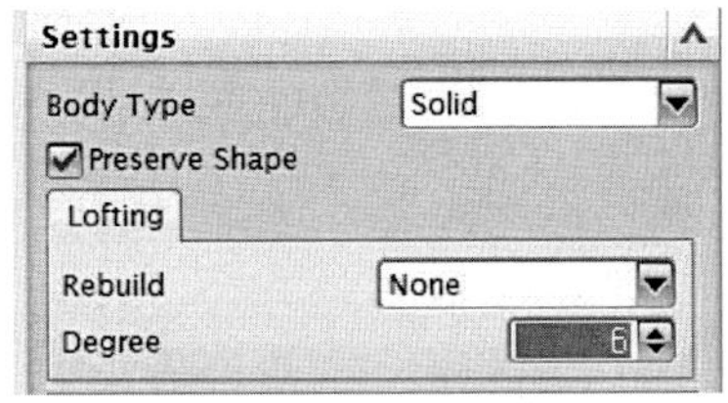

▲ Section−Degree=Patch

Degree의 값은 Section Curve의 개수에 영향을 받는다. Section Curve의 개수보다 1이상 적어야 최소한의 Patch가 나오므로 Section Curve의 개수를 넘을 수 없다.(Patch Type이 Multiple일 때 Degree조정 가능)

Through_Curves3.prt 예제 파일을 Open하여 Continuity 값을 조정하여 면의 구성 차이를 알아본다.

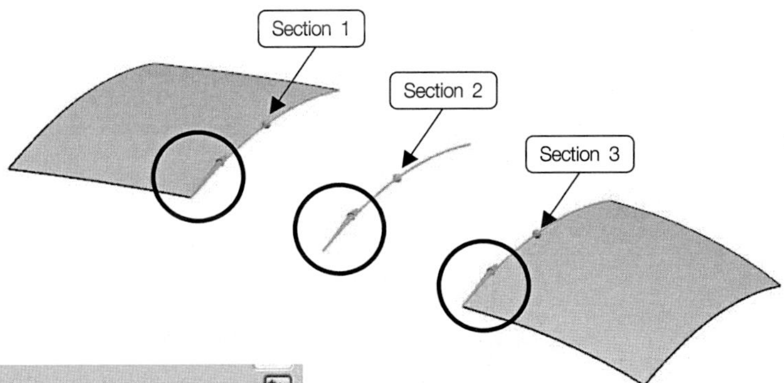

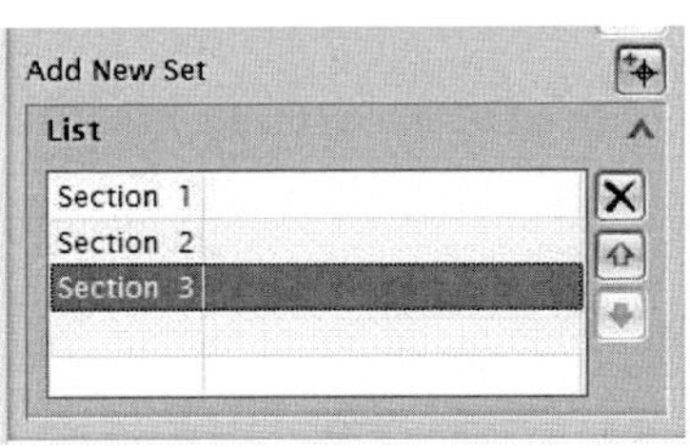

Section 방향과 위치를 고려해 위와 같이 Section 1을 선택하고 MB2 or Add New Set을 선택하여 Section을 추가 할 수 있다.

Section2, Section3도 동일한 방법으로 선택한다.

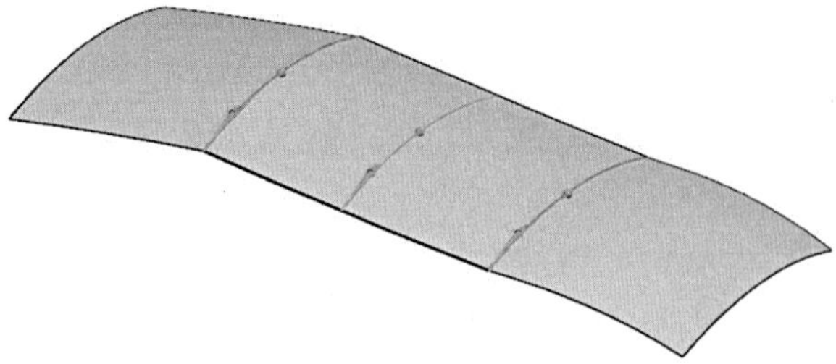

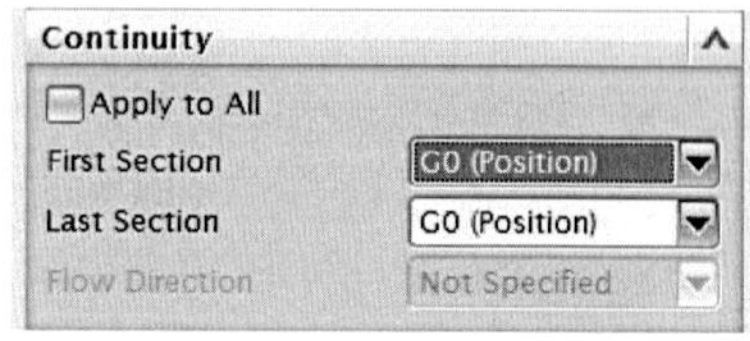

▲ G0인 상태일 때

Analysis → Shape → Reflection... 을 선택하여 아래와 같이 형성된 면을 선택하고 Option 조정하여 면의 구성을 분석해 본다.

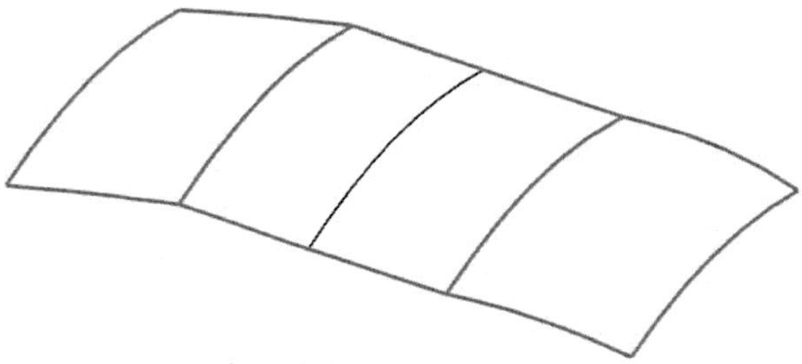

면을 선택한 다음 Apply 선택

⇩

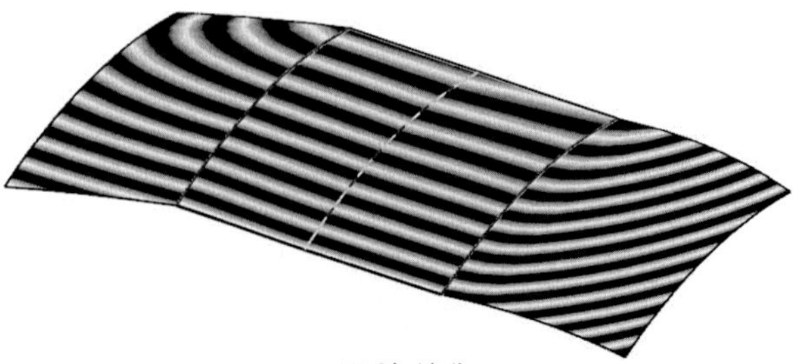

▲ G0인 상태

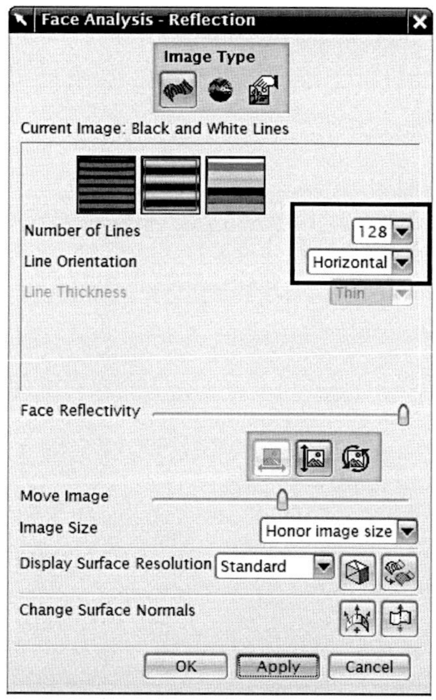

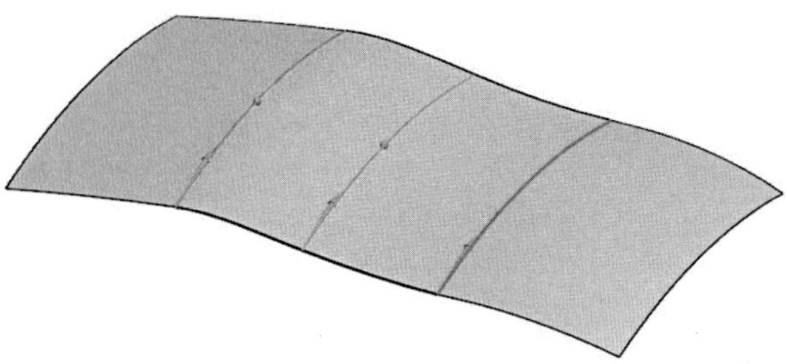

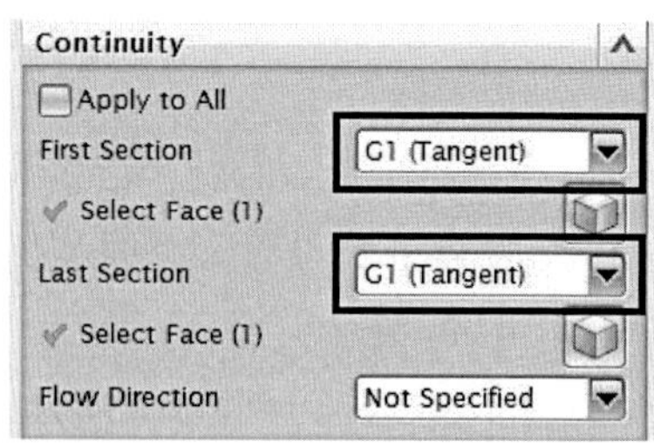

▲ G1 인 상태일 때

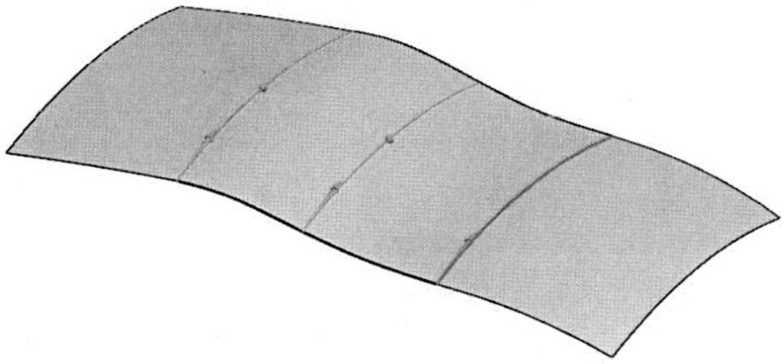

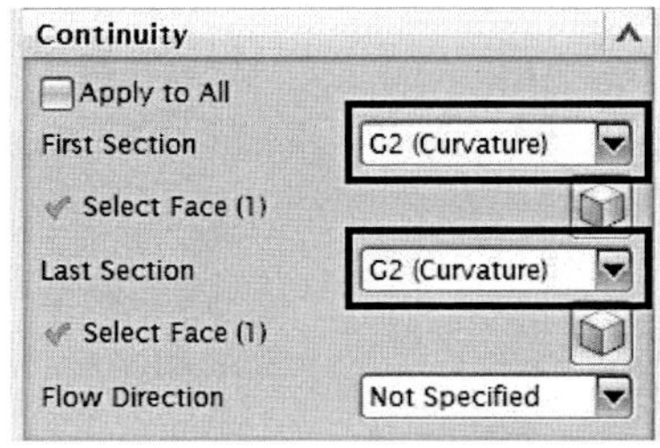

▲ G2 인 상태일 때

그냥 면으로 볼 때는 구분이 안되지만 Reflection으로 분석해보면 면 상태의 차이를 알 수 있다.

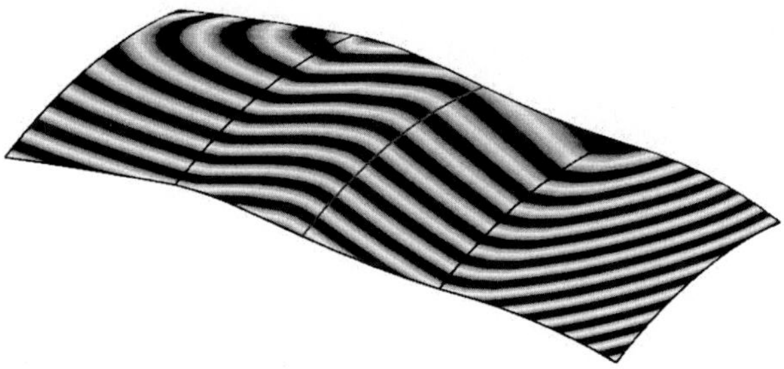

▲ G1 일 때의 면의 상태

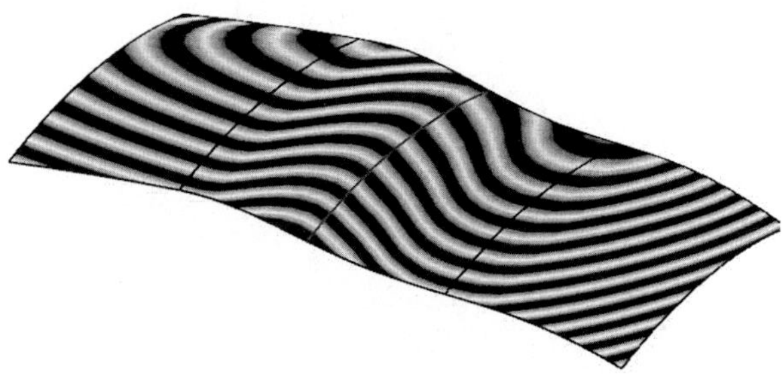

▲ G2 일 때의 면의 상태

Through_Curves4.prt 예제파일을 Open한다(By Point의 사용방법).

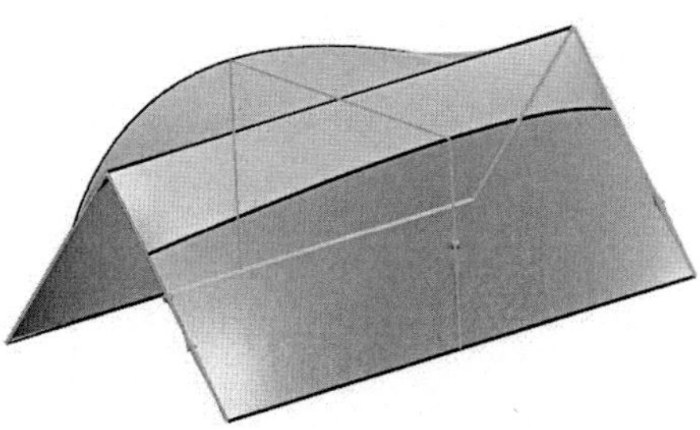

⇨

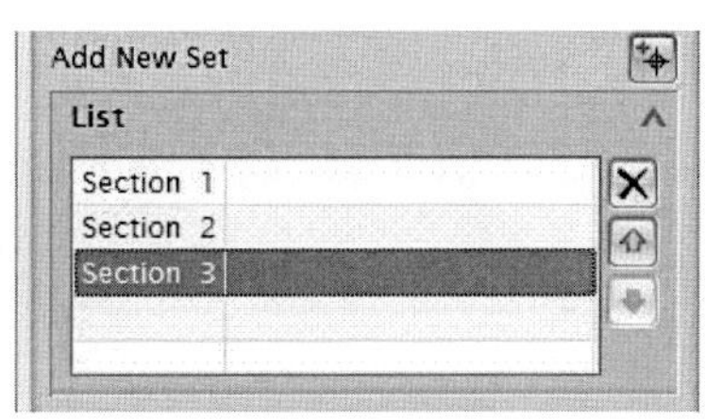

Alignment를 By point로 설정하고 아래와 같이 Point를 선택하여 위치를 끝점으로 옮긴다.

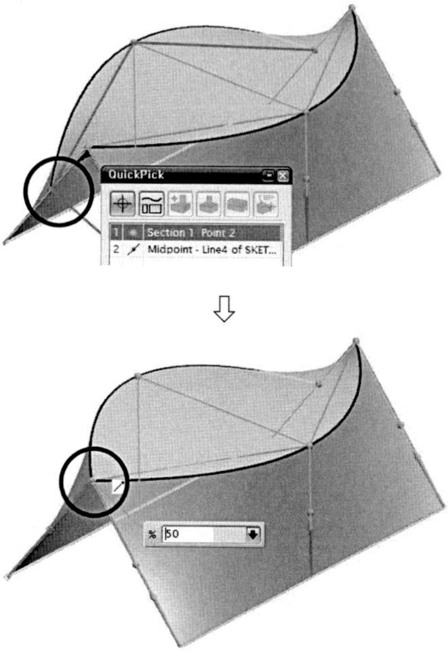

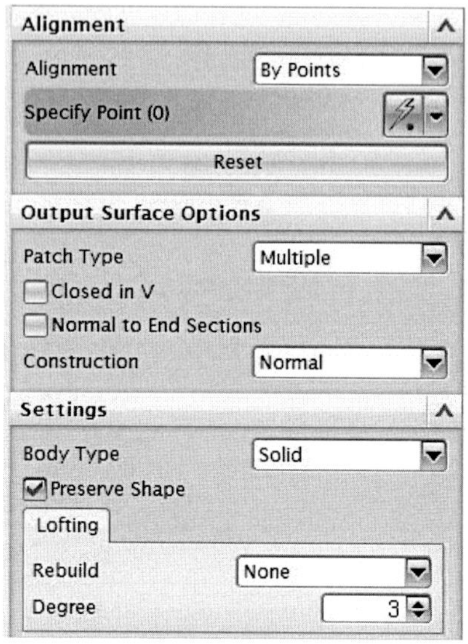

나머지 점도 아래와 같이 끝점으로 이동 시킨다.

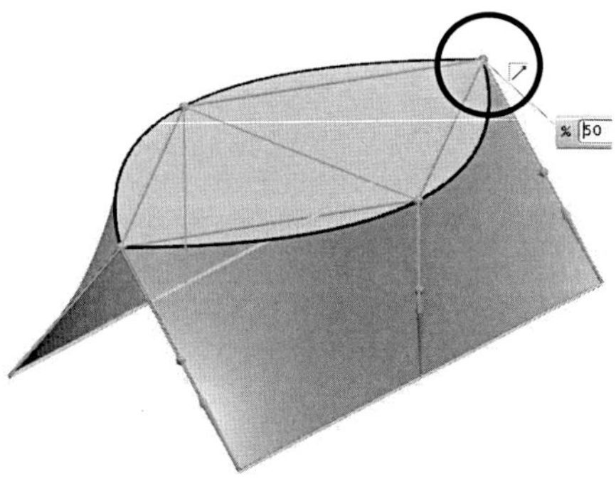

Degree 값의 조정에 따른 면의 구성 변화

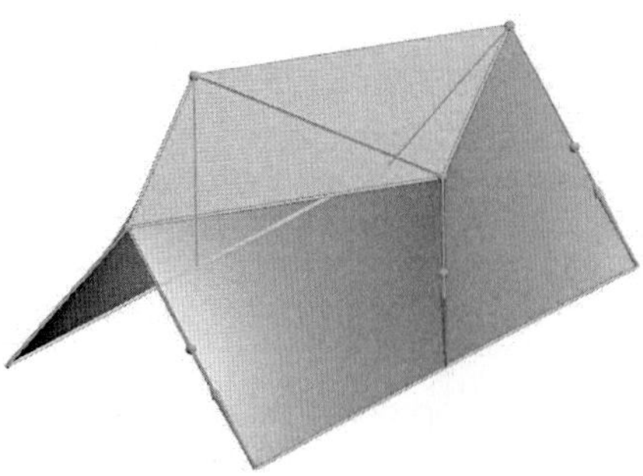

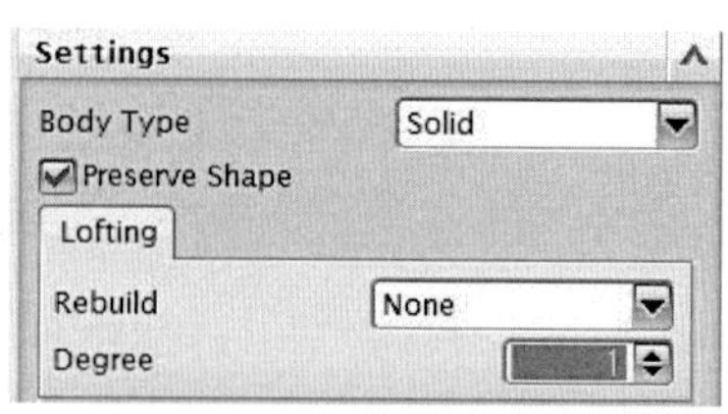

▲ Degree 1차 일 때의 면의 구성

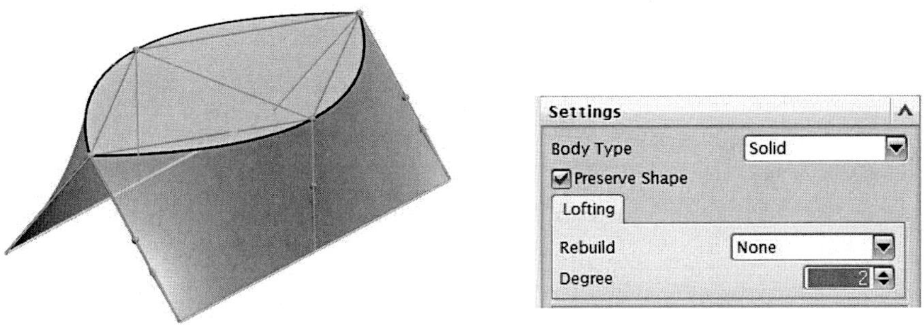

▲ Degree 2차 일 때의 면의 구성

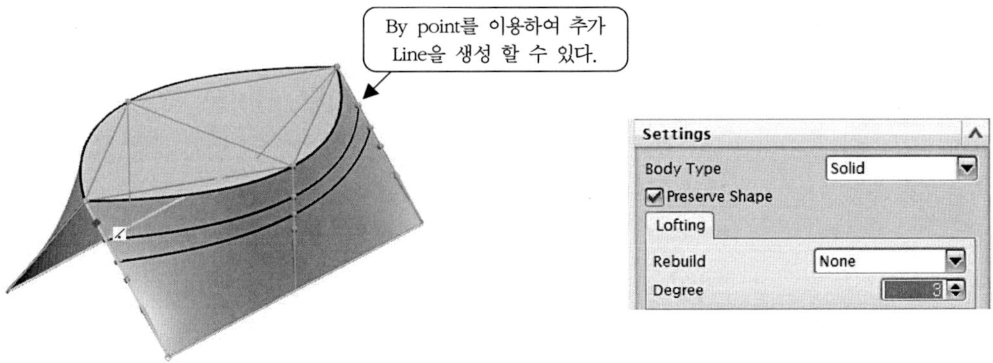

▲ Degree 2차 이상은 변화율 없음

07 Through Curve Mesh

Insert → Mesh Surface → Through Curve Mesh

2개 이상의 Primary Curves와 2개 이상의 Cross Curves 로 Sheet Body나 Solid body를 생성한다. Section으로는 Curves, Solid Edge, Solid Face가 사용 가능하며, Cross Section으로는 Point를 선택할 수 없으며, Alignment가 없으므로 Sharp Corner가 있어도 Sharp Edge가 생성 할 수 없다.

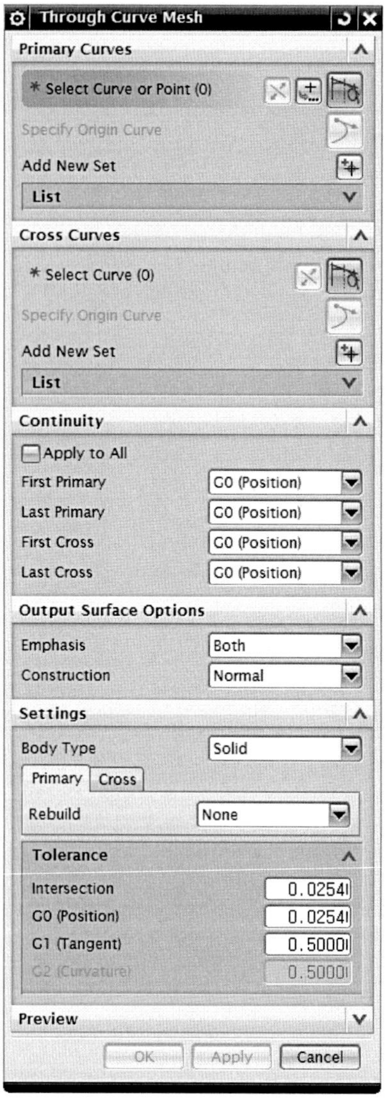

- PrimaryCuves는 Point를 Section으로 선택 가능
- Cross Cuves는 Point를 Section으로 선택 불가능

- 인접하는 모든 면에 연속성인 G0, G1, G2가 되도록 구속 할 수 있다.

- Emphasis : Primary Curves와 Cross Curves가 교차하지 않을 때 어느 쪽을 따라갈 것인지 정의하여 Body를 생성한다.
- Both : Primary와 CrossSection을 따라가며 가운데 생성
- Primary : Primary Section을 기준으로 Body가 생성
- Cross : Cross Section을 기준으로 Body가 생성

- Body Type : Solid, Sheet
  Body Type을 Solide로 할지 Sheet로 할지 선택 가능

- Intersection Tolerance : Primary Curve와 Cross Curve가 교차되지 않을 때 교차되기 위한 공차 값을 정의 할 수 있다.

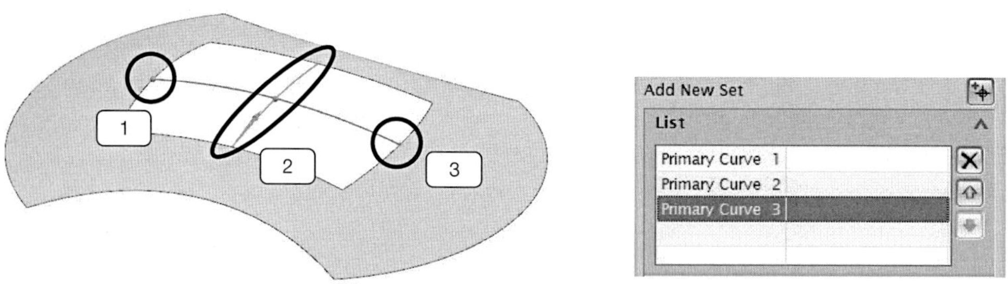

▲ Through_Curves_Mesh.prt file을 Open

Primary Curve는 Point를 Section으로 사용 할 수도 있으며, 이용, 끝점을 Point로 사용가능

Primary Curve의 수는 최소한 2개 이상~150개 이하 이어야 한다.

Cross Curve 단계 이동시 MB2Button을 누르거나, Cross Curve Section 영역을 선택하여 이동

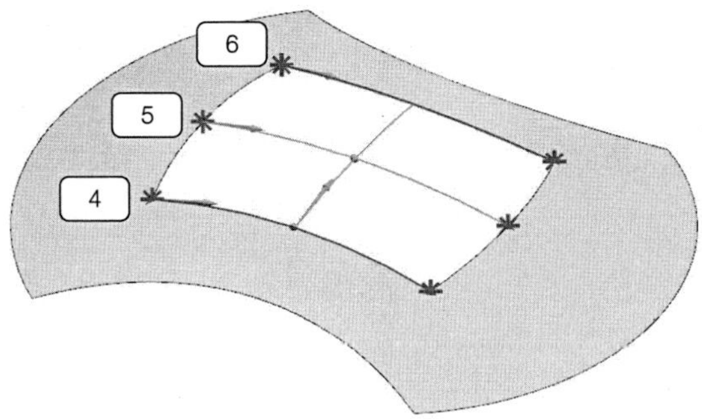

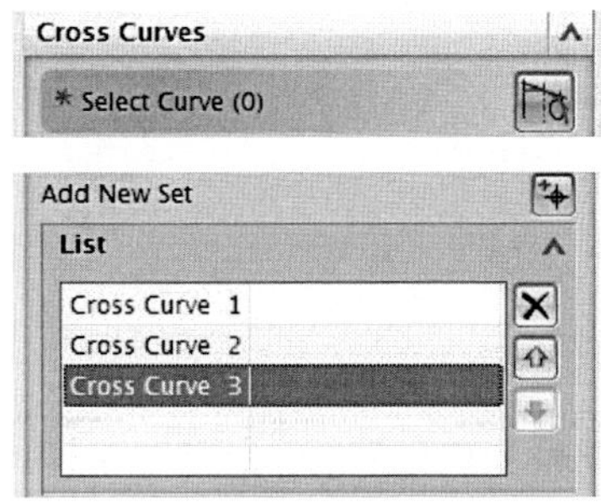

▲ 면 생성 안 됨

Cross Curve 는 Point를 Section으로 사용 할 수 없으며, Cross Curve의 수는 최소한 2개~150개 이하

> Primary Curve와 Cross Curve는 교차되지 않을 때 공차 값이 사이에 떨어진 간격보다 커야 면이 생성. 아님 아래와 같이 error message가 뜬다.

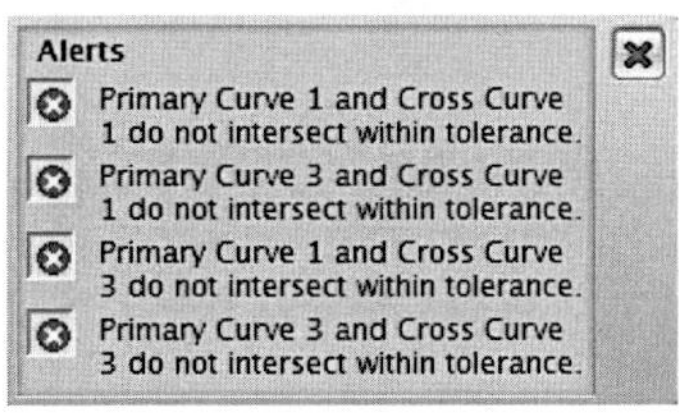

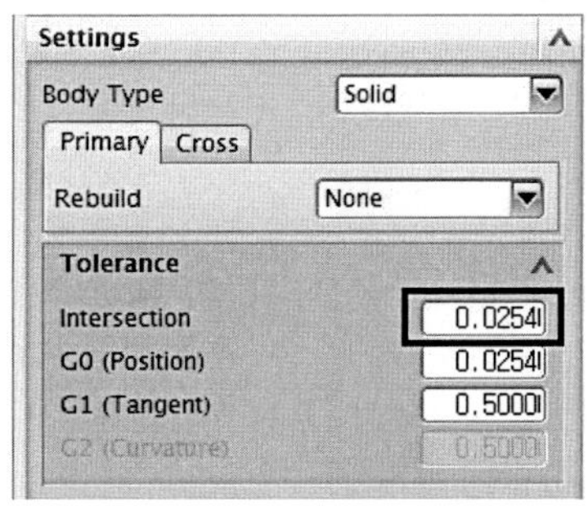

아래와 같이 교차되게 Section을 선택하면 면을 생성 할 수 있다.

먼저 Primary Curve를 선택한다.

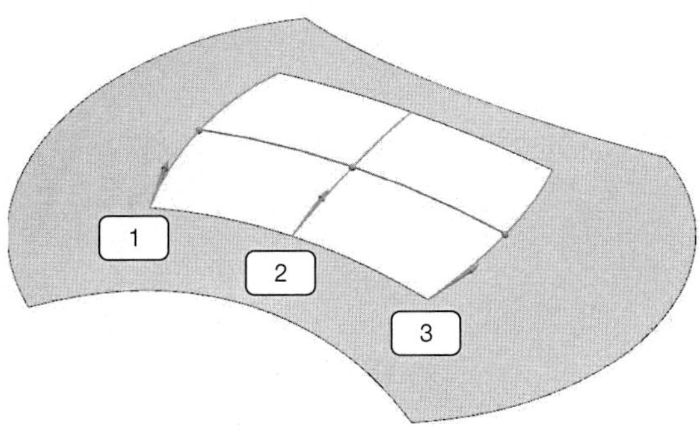

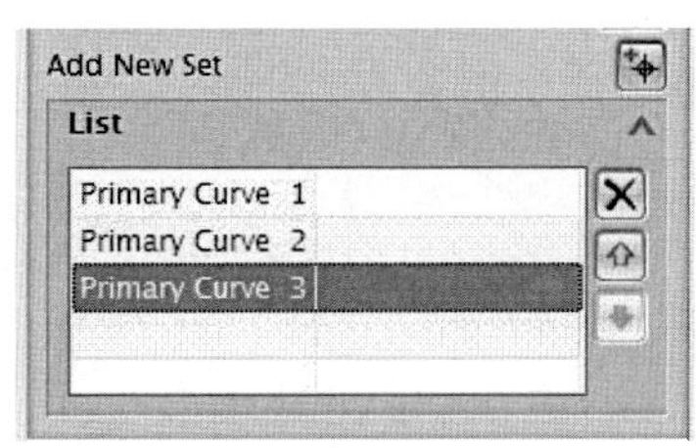

그 다음 Cross Curve를 선택

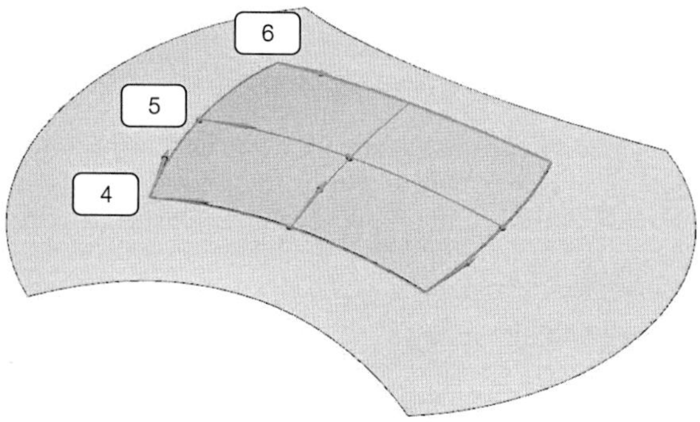

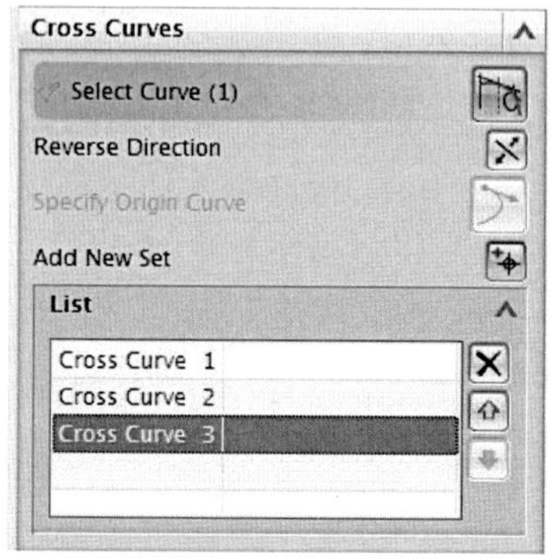

Through Curve Mesh는 Primary Curves와 Cross Curves의 접하는 면과 연속성을 줄 수 있는 특징이 있다.

← Primary_ Curve ← Cross_ Curve Through Curve Mesh2.prt File을 Open

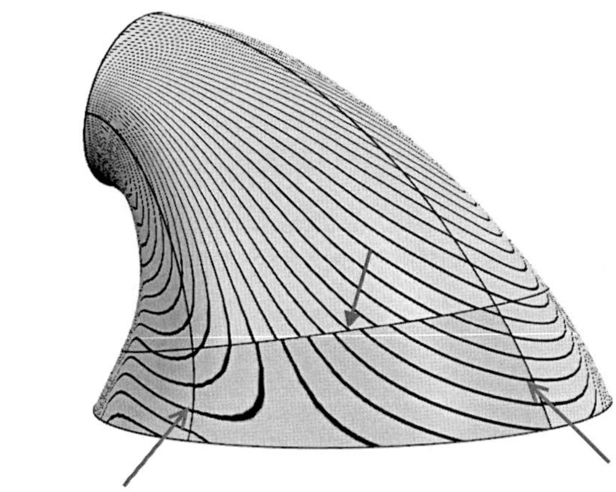

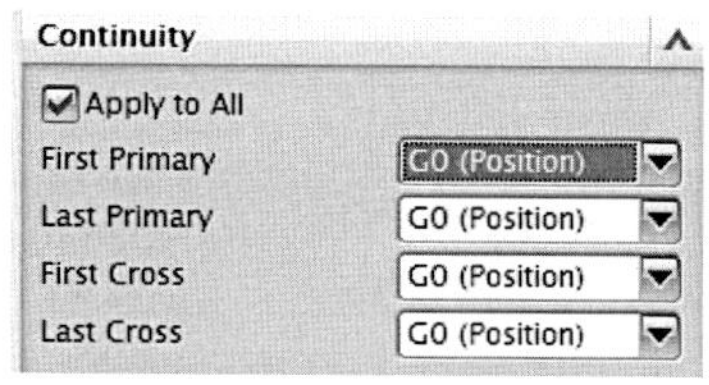

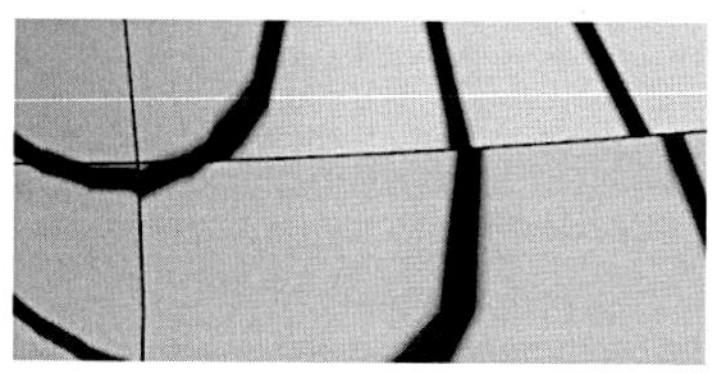

▲ G0 인 상태

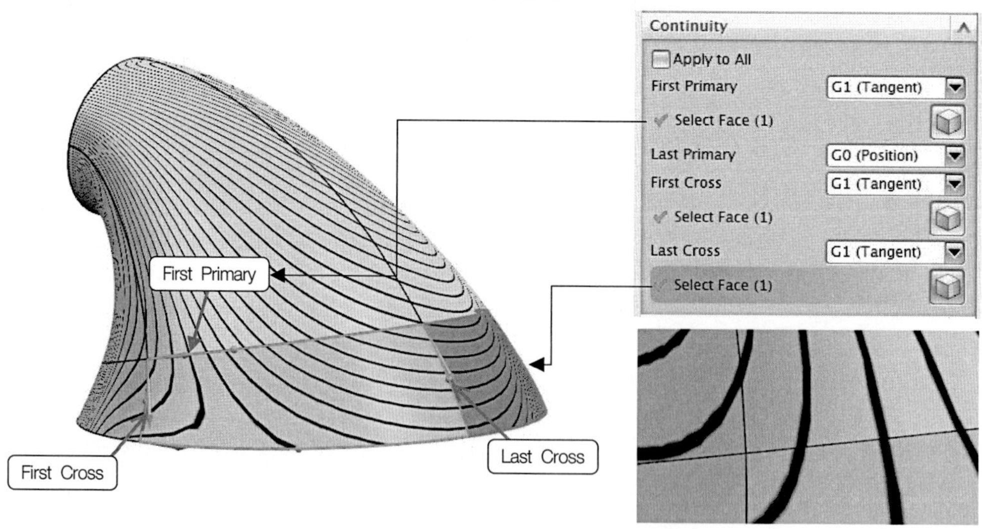

▲ G1 인 상태

위에서 보는 바와 같이 각각 접하는 면이랑 Tangent를 줄 수 있다.
G0 보다는 부드러운 면을 얻을 수 있다.

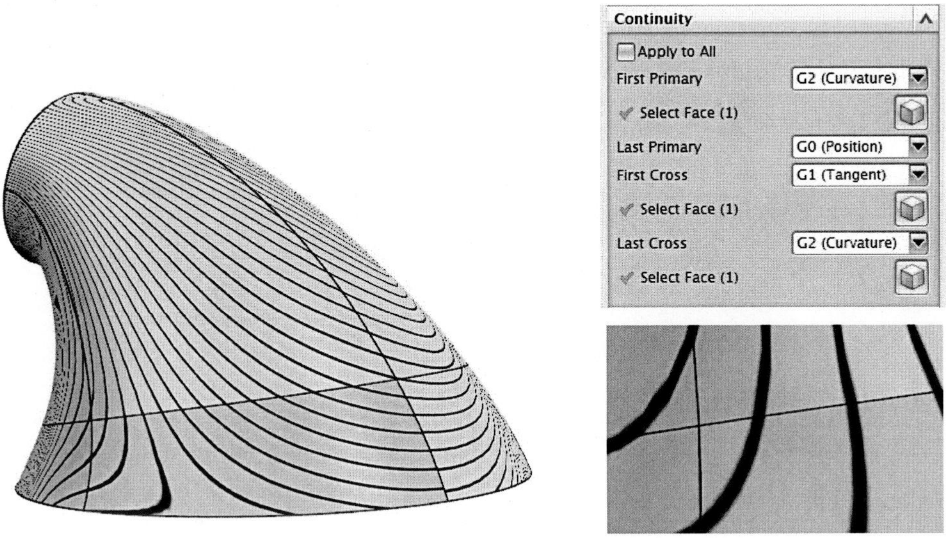

▲ G2 인 상태

같은 조건하에 G2 이상의 구속조건의 면이 훨씬 부드러워 보임을 볼 수 있다.

08 Swept

Insert → Sweep → Swept

공간상의 사용자가 정의한 Guide String(1~3까지 사용 가능)을 따라서 하나 이상의 Section을(1~150까지 사용가능) 스위핑하여 Sheet body나 Solid body를 생성 할 수 있다.

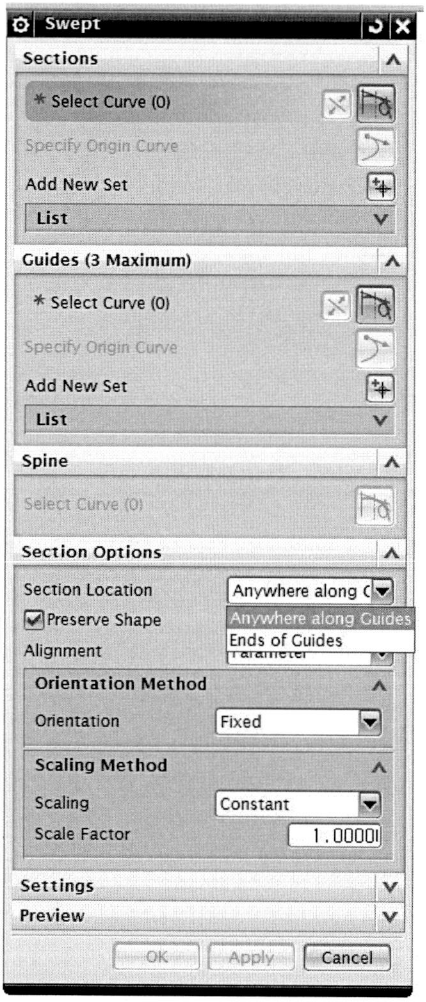

Section은 최대 150개까지 단면 스트링 선택
Point는 Section으로 사용 못함
Add New Set을 선택해 Section 추가함

Guides는 1~3개까지 사용 가능

- Guide1 : 방향과 배율조정 옵션을 사용하여 제어 함
- Guide2 : 2개의 Guide를 따라 방향이 지정되기 때문에 배율조정 옵션을 사용하여 단면의 배율 조정 가능
- Guide3 : 방향과 배율이 완전하게 지정 됨

- Spine : 단면 스트링의 방향을 제어하고, Guide가 1개 일 때에만 Sheet길이에 영향을 주고, Spine의 사용은 단면 연속성 각각에 수직이 되도록 정의할 수 있음

- Anywhere along Guides : Section Curve가 Guide 사이에 위치한 경우, Section 위치에서 양방향으로 형상 생성함

- Ends of Guides : Section Curve가 Guide 사이에 위치한 경우, Section 위치에서 한 방향으로 형상 생성함

Sewept. Section 1을 Open

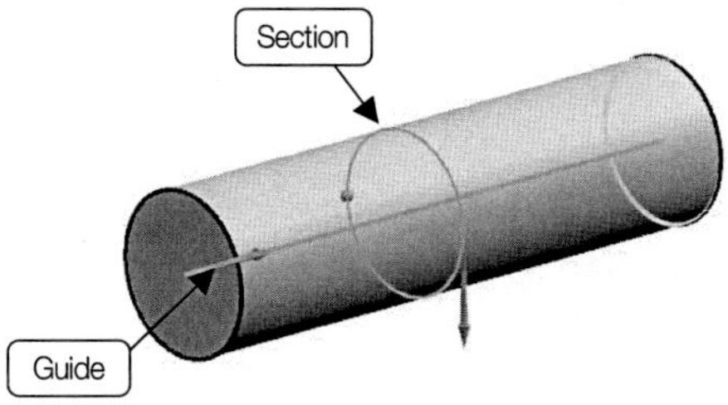

▲ Anywhere along Guides

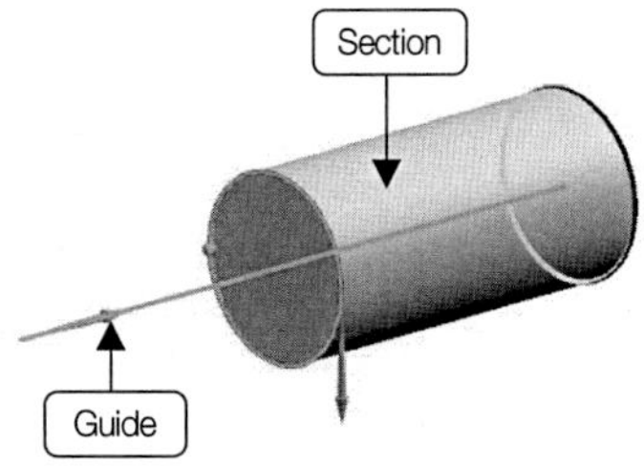

▲ End of Guides

- Guide가 1개일 때 사용할 수 있는 Orientation Method.

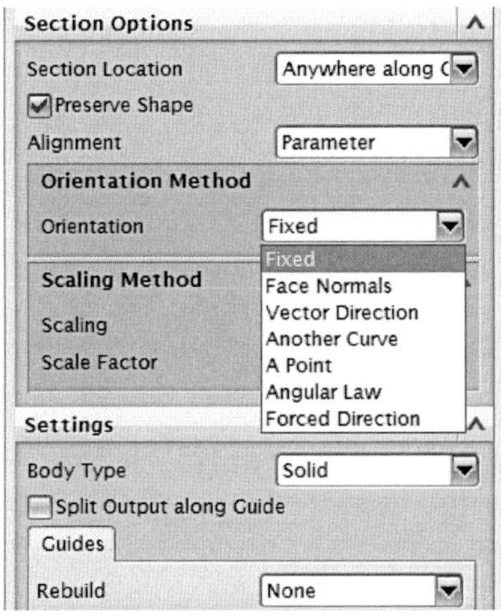

Alignment Method는 Rules와 같음

- Fixed : Section은 Guide를 따라 움직일 때 고정된 방향을 유지
- Face Normals : Guide를 따라 기본 면의 법선 벡터와 정렬됨
- Vector Direction : Guide는 지정하는 벡터와 정렬됨
- Another Curve : 곡선이나 Solid Edge를 사용해 방향 제어
- A Point : 두 번째 축이 Guide와 Point사이에서 3면 시트와 동등 하게 생성
- Angular Law : Section의 방향을 각도 법칙으로 제어한다.(1 GuideX1Section일 때만 가능)
- Forced Direction : Guide를 따라 벡터를 사용해서 단면 평면의 방향을 고정

Swept_feature_Guide1.prt open

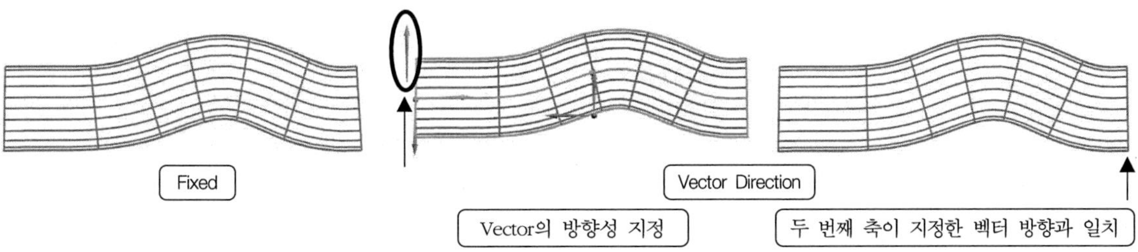

Swept_feature_Guide4.prt open

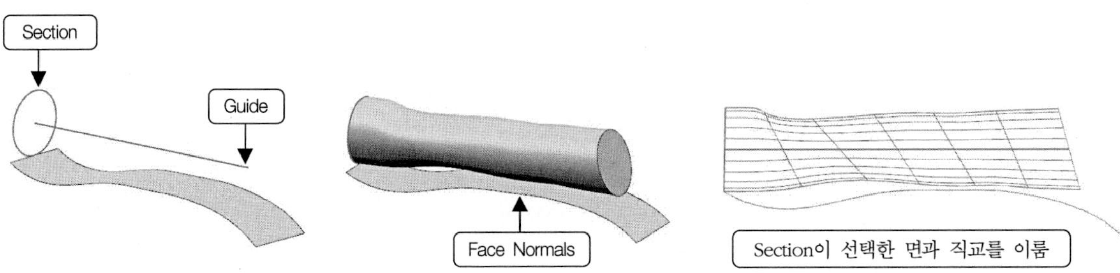

Swept_feature_Guide2.prt open

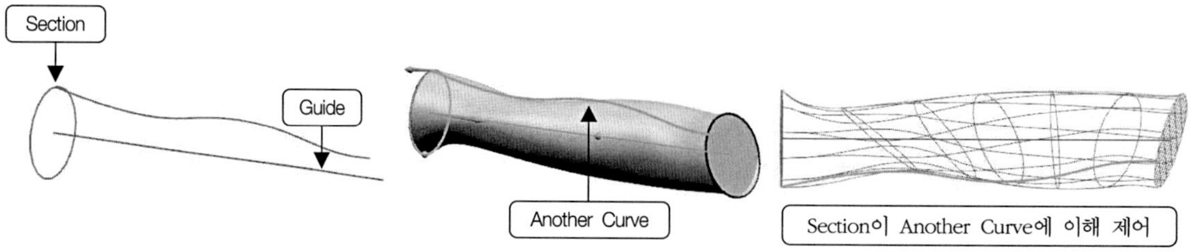

Swept_feature_Guide3.prt open

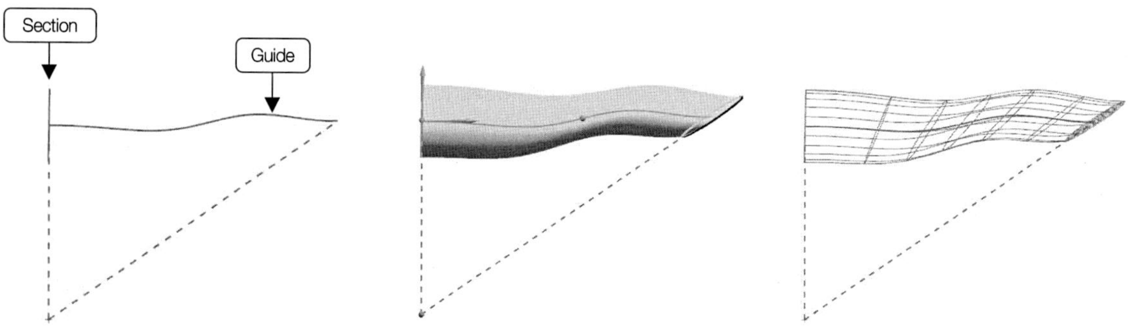

Swept_feature_Guide5.prt open

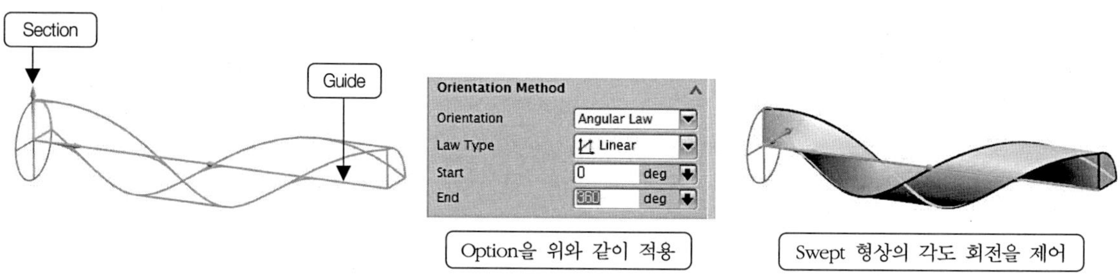

Angular Law

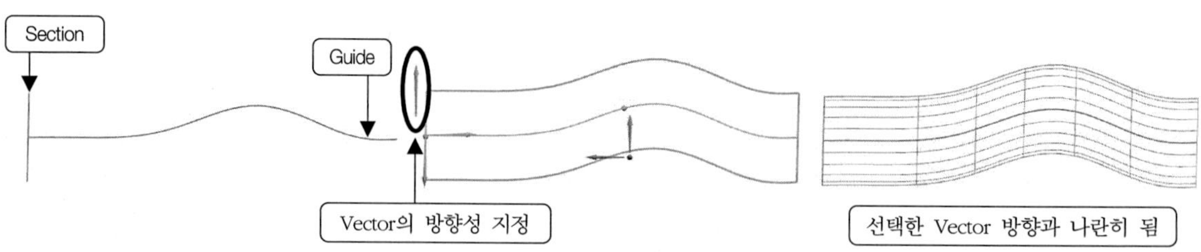

Force Direction

- Guide가 1개일 때 사용할 수 있는 Scaling Method.

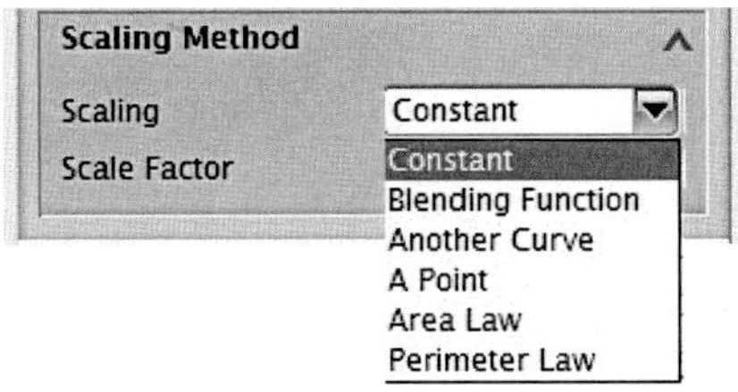

- Constant : Guide를 따라 일정하게 유지되는 배율
- Blending Function : Guide를 따라 선형(Linear) or 3차(Cubic) 형태의 배율설정
- Another Curve : Guide를 따라 커브와의 거리에 의해 배율 설정
- A point : Guide와 Point와의 거리를 적용하여 배율을 설정
- Area Law : Law Sub function 을 사용하여 단면 면적을 제어함(Section은 반드시 닫혀 있어야 함)
- Perimeter law : Law Subfunction을 사용하여 단면 둘레를 결정

Swept_feature_Guide1.prt open

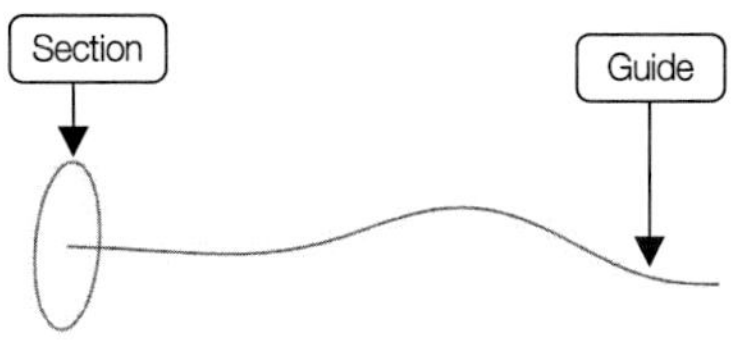

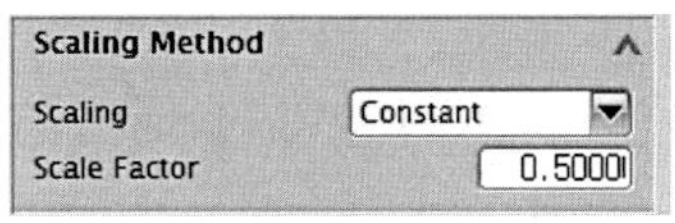

Constant

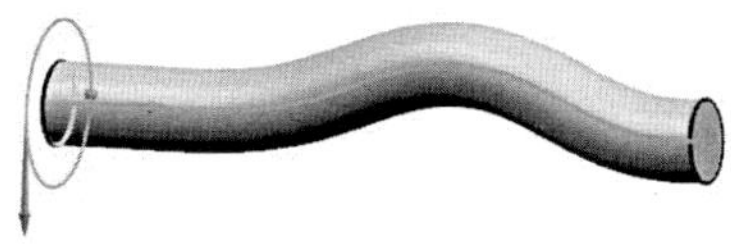

0.5배율 유지

Swept_feature_Guide7.prt open

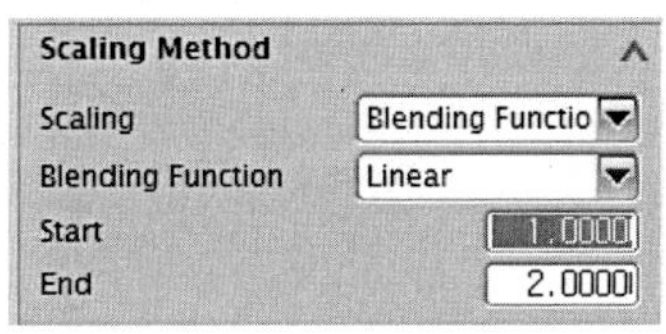

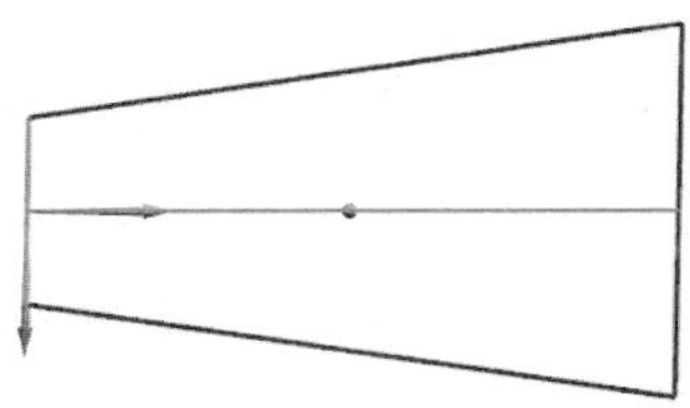

시작과 끝 배율을 선형으로 형성

Swept_feature_Guide2.prt open

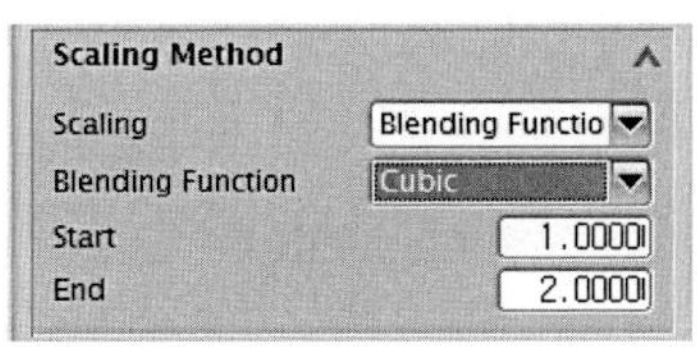

Blending Function

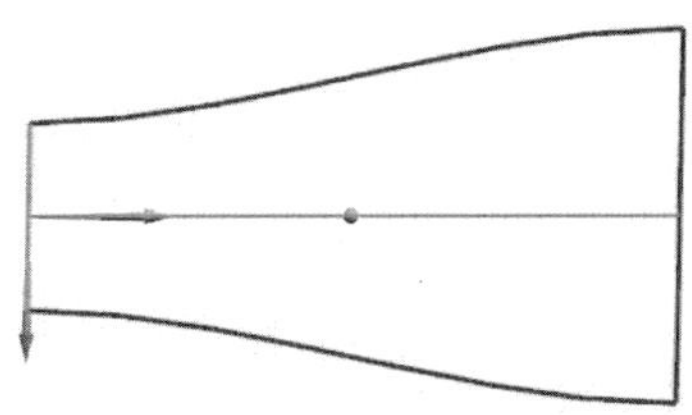

시작과 끝 배율을 3차원으로 형성

Swept_feature_Guide3.prt open

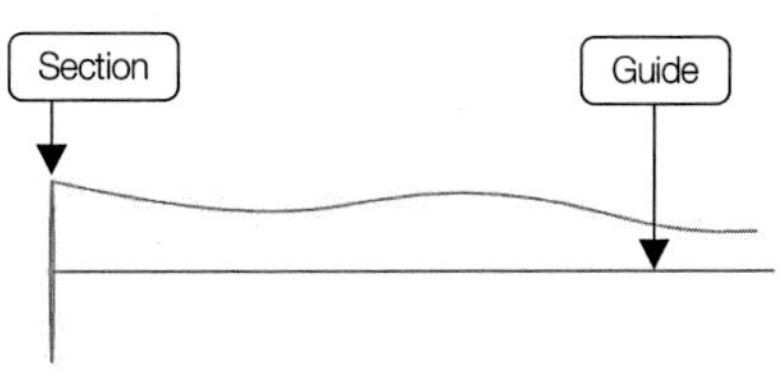

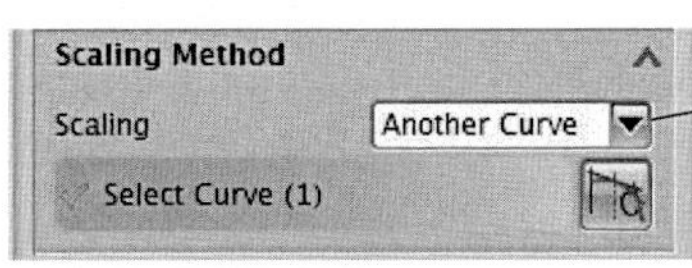

Another Curve

선택한 Curve의 거리에 의해 배율제어

Swept_feature_Guide8.prt open

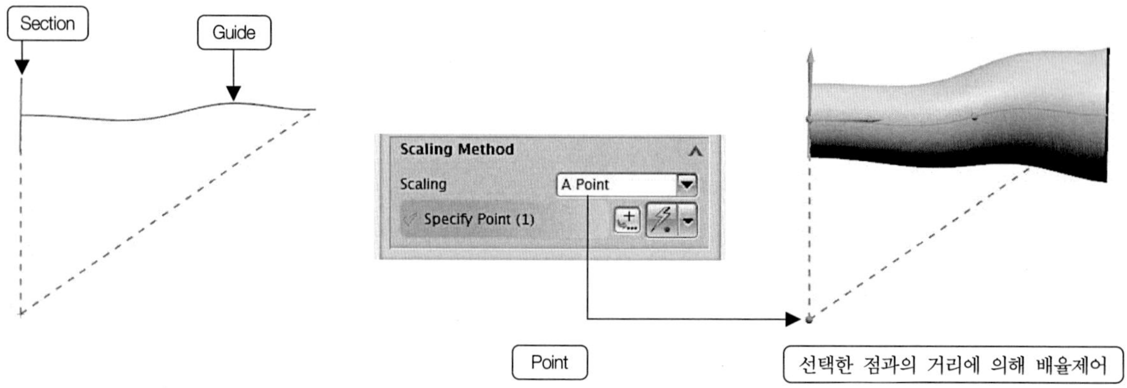

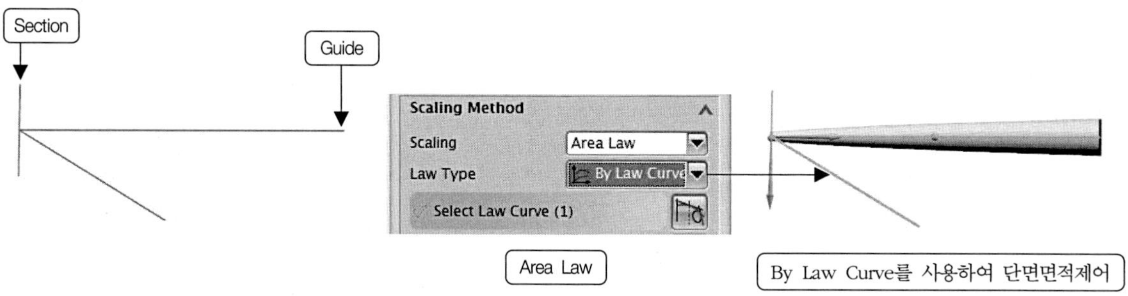

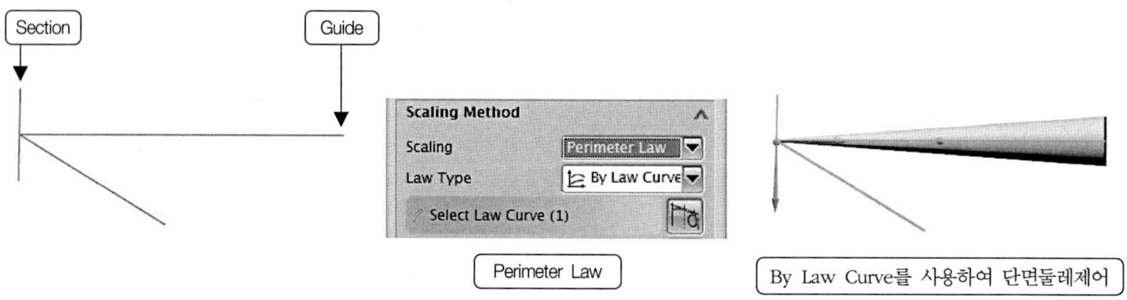

- Guide가 2개일 때 사용할 수 있는 Scaling Method.

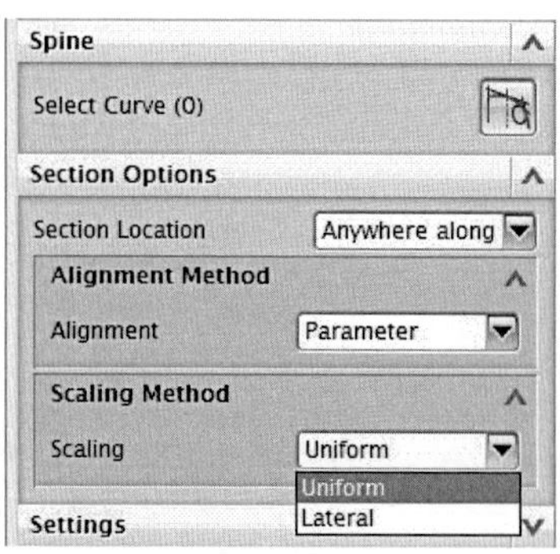

- Spine : Section 1개가 선택된 경우는 Sheet길이에 영향을 주고, Section의 방향성을 제어하며, Section에 수직이 되도록 정의할 때 가장 효과적이다.(Guide가 2, 3개인 경우에만 사용 가능)

- Scaling Method
  Uniform : Guide를 따라 가로, 세로 배율 균일하게 조정
  Lateral : Guide를 따라 가로 배율만 조정

  Swept _Guide2.prt Open

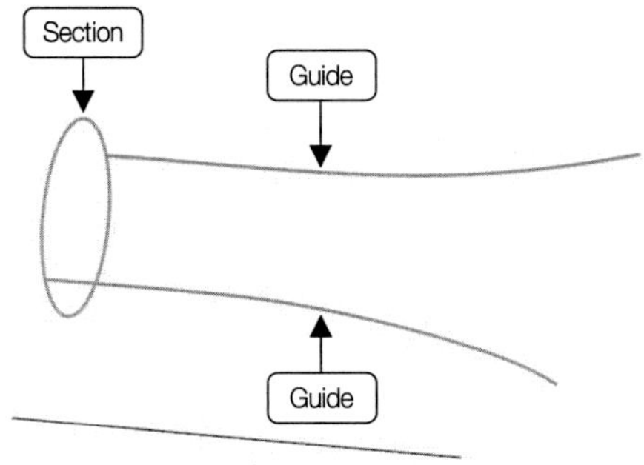

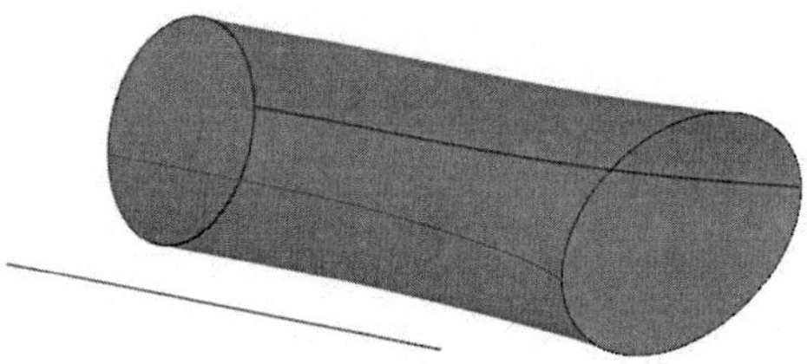

▲ Lateral

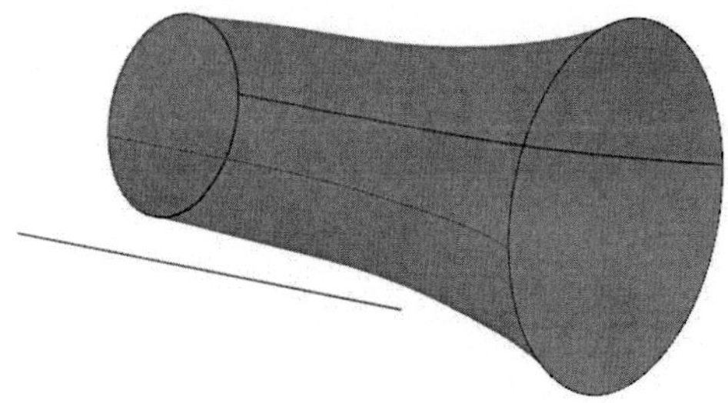

▲ Uniform

• Spine을 이용한 방향 제어

Control +J로 면을 선택한 후, U, V Line을 아래와 같이 입력하여 Wire Frame Display로 봄

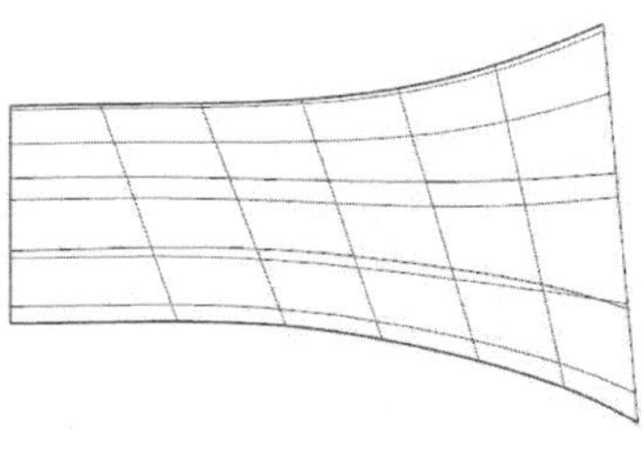

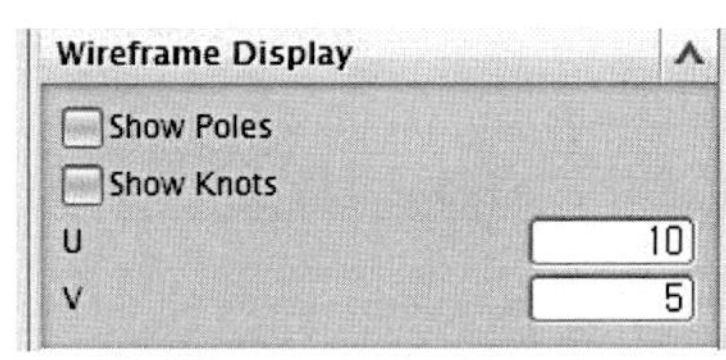

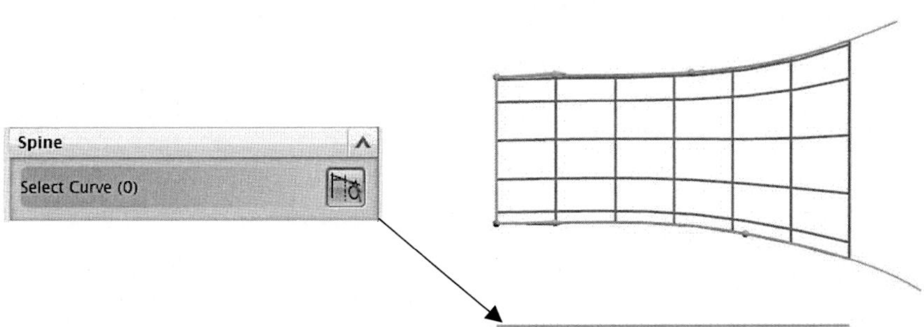

위와 같이 Spine Curve를 선택하여, 배열 방향과 간격이 규칙적인걸 알 수 있음

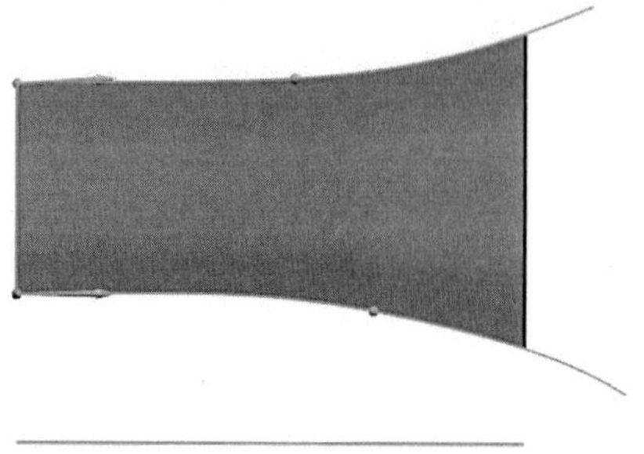

▲ Section이 1개일 때, Sheet의 길이에 영향을 줌

09 Variational Sweep

Insert → Sweep → Variational Sweep

경로를 따라 Section(Master Cross Section)이 Sheet Body나 Solid Body를 생성할 수 있다.

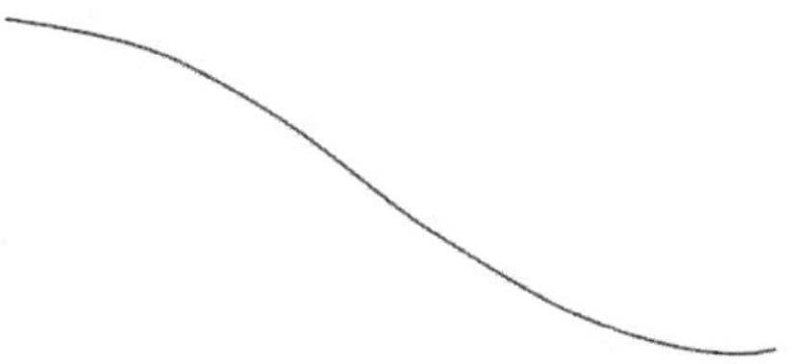

Variational_Sweep.prt Open

Variational Sweep을 선택하여 Sketch Section으로 들어가 Select Path로 주어진 경로를 선택한다.

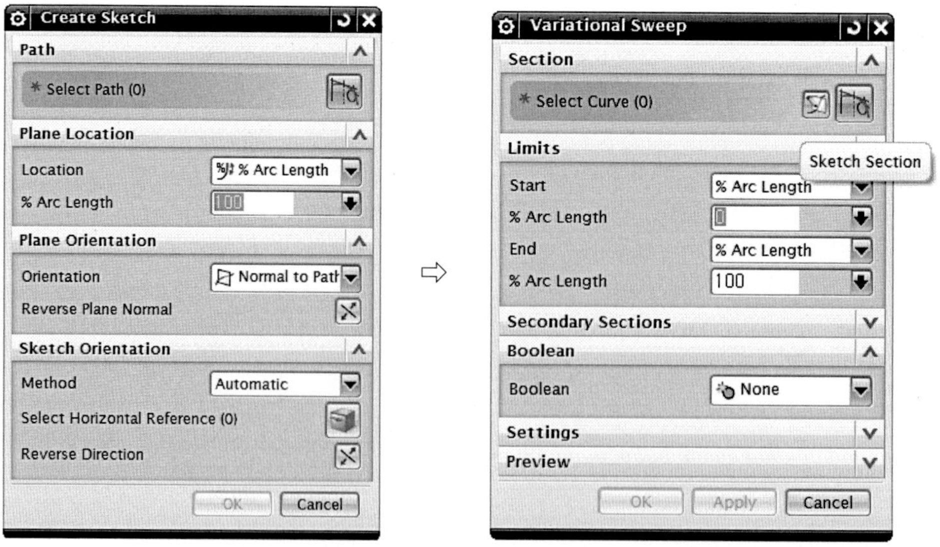

경로를 선택한 다음 경로를 따라갈 Section을 생성한다.

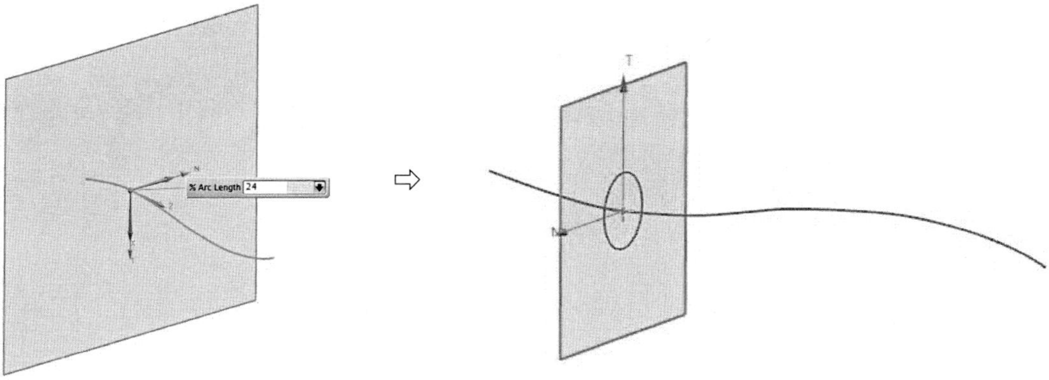

Finish Sketch 한 다음 Modeling 모드로 전환하면 아래와 같이 body가 생성된다.

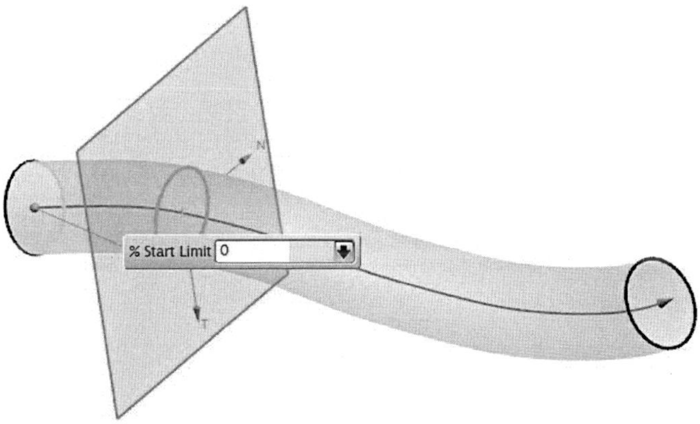

형성된 Body를 경로를 따라 연장하거나 제한 할 수 있다.

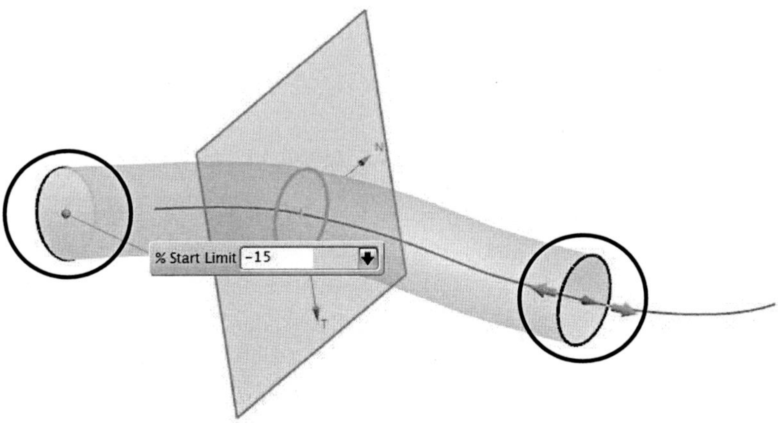

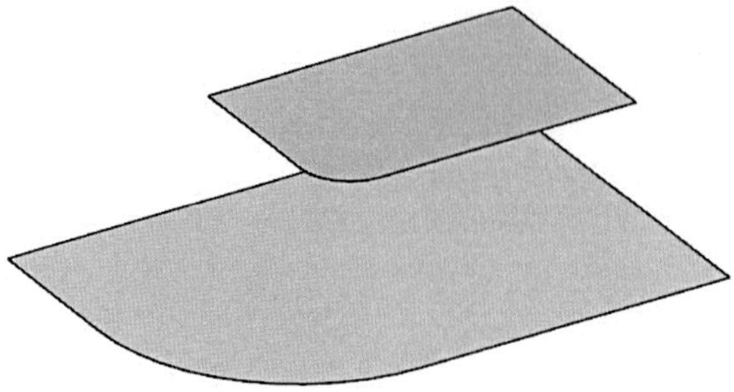

앞 Page와 같은 절차로 Variational Sweep을 선택한 다음. Master section의 경로로 아래와 같은 경로를 선택한다.

> 만약 Sketch Mode에서 위상이 변하지 않길 원한다면 아래와 같은 Option을 Off 한다.
> Preference → Sketch Preference 선택한다.

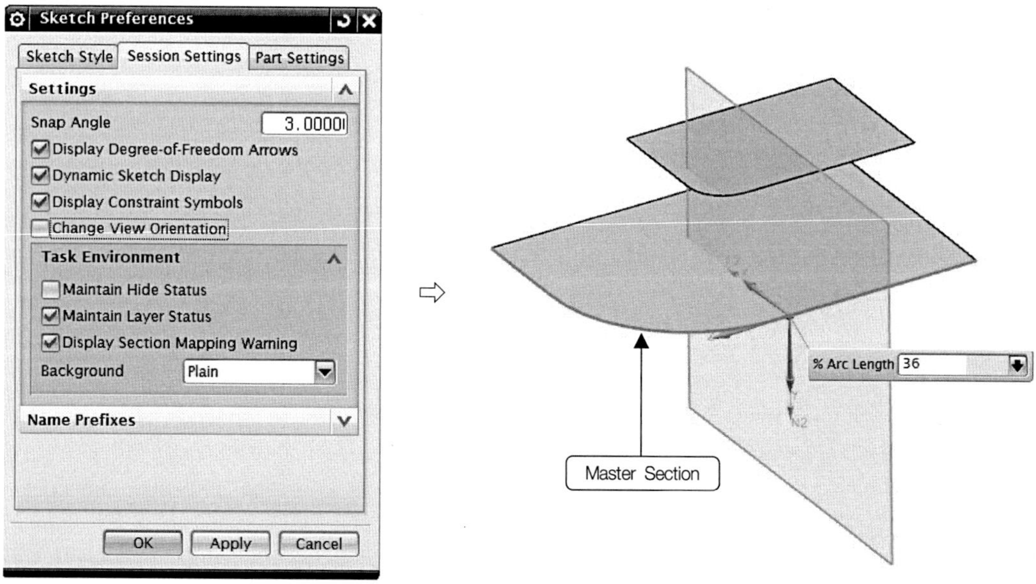

위상이 변하지 않는 걸 확인 할 수 있다.

경로를 선택할 때에는 반드시 Intersection Point 를 선택하여 2개 이상의 경로를 추가 할 수 있다.

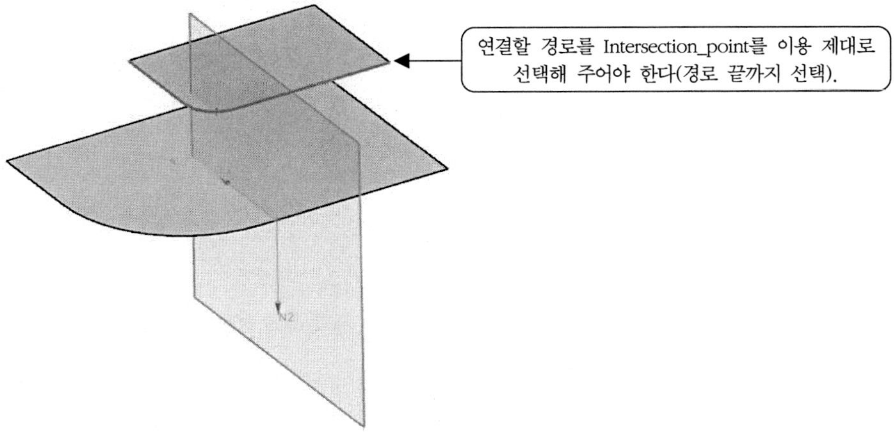

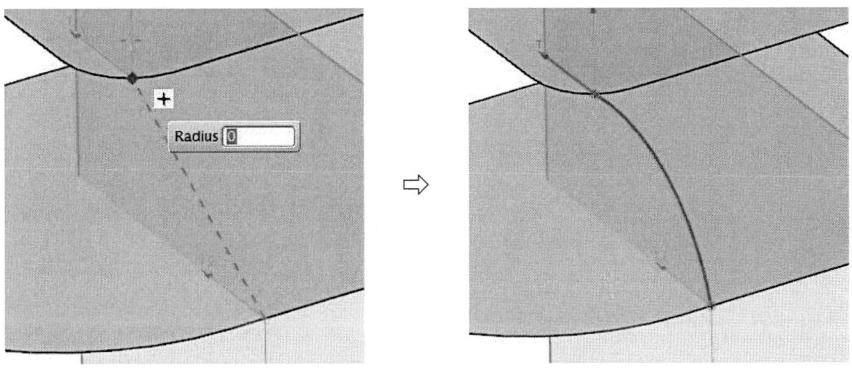

▲ Sketch Arc로 Point와 Point를 연결한다.

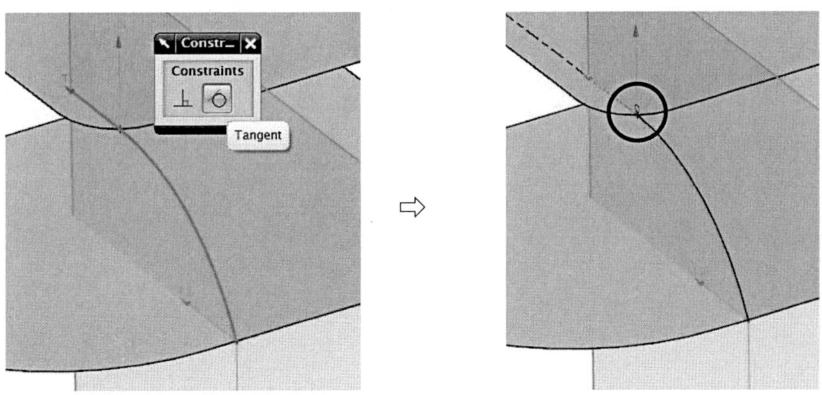

Constraints를 선택하여 위와 같이 축과 Arc를 선택해 Tangent 구속을 준다.

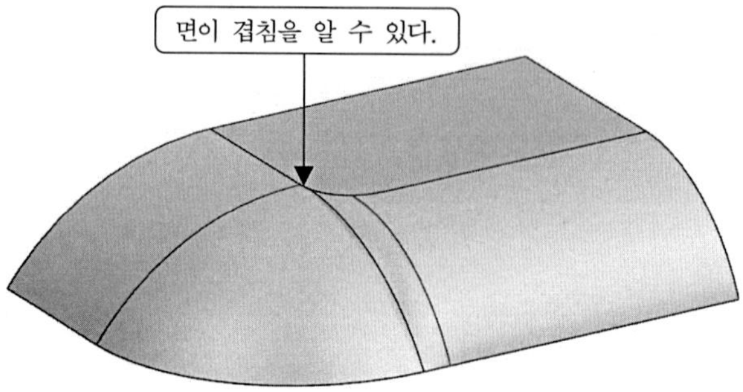

▲ Finish Sketch하면 위와 같은 형상이 생성된다.

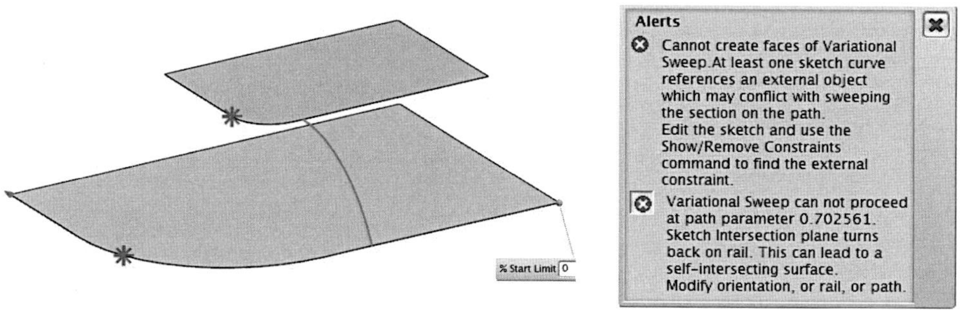

▲ 아님 또 다른 경우 면이 안 만들어지고 Error가 발생 됨

이번에는 Master Section을 짧은 경로를 선택하여 똑 같은 조건을 준다.

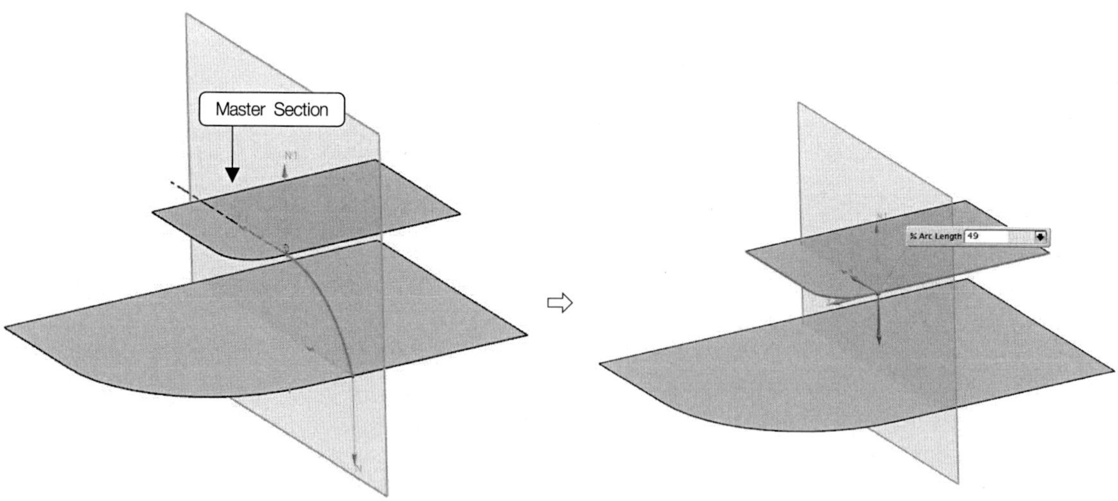

짧은 경로를 선택하면 면이 원할 하게 돌아가는 것을 볼 수 있다.

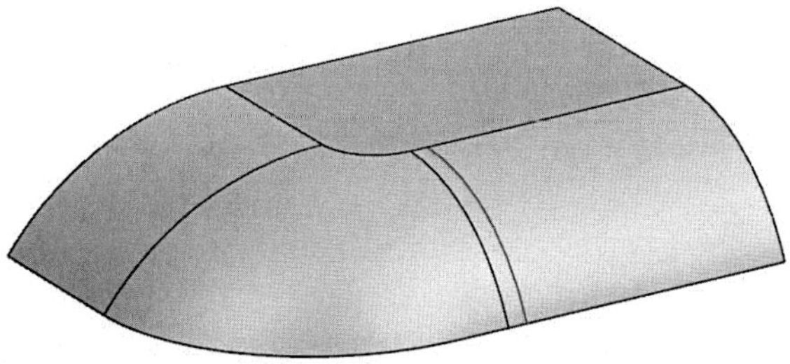

▲ Finish Sketch하면 위와 같은 형상이 생성된다.

• Analysis : Examine Geometry를 선택하면, 면의 속성을 분석, 해석 할 수 있다.

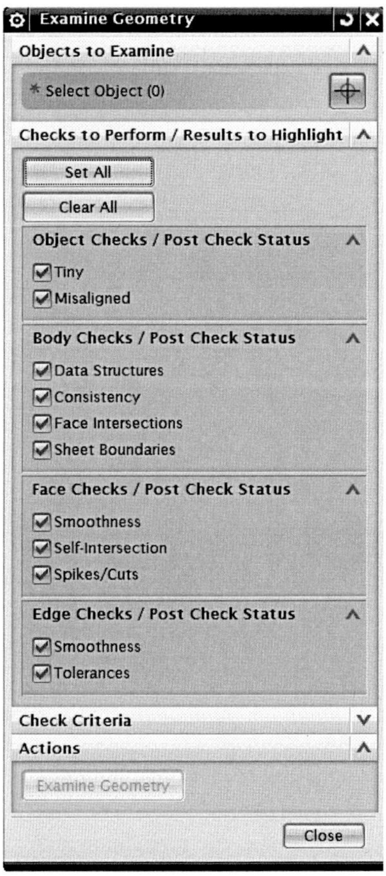

Object를 이용해 검사할 면을 선택한다.

- Tiny : 작은 Body, face, Curve, Edge 검색
- Misaligned : WCS에 대한 직교에 가깝지만 정확하지 않게 정렬된 Geometry Check
- Data Structure : 손상된 Data 구조 Check
- Consistency : Body들 간의 불일치 Check
- Face Intersections : 면들이 모서리에서 만나는지 교차를 Check 한다.
- Sheet Boundaries : 선택한 Body의 경계를 Check(주로 Sew가 되지 않은 부분을 Check할 때 사용)
- Smoothness : 곡면과 곡면을 Check하여 면이 다듬어져 있는지 패치경계 Check.
- Self-Intersection : 서로 간섭하는 면 Check.
- Spikes/Cuts : Spike(뾰족한 부위)나 절삭이 있는 곳 표시
- Smoothness : 인접해 있는 면의 부드럽게 연결되지 않는 모서리를 검색
- Tolerances : 입력된 거리공차와 비교하여 Check

앞 Page에 생성된 Object를 Check하면 다음과 같이 검사 결과가 나온다.

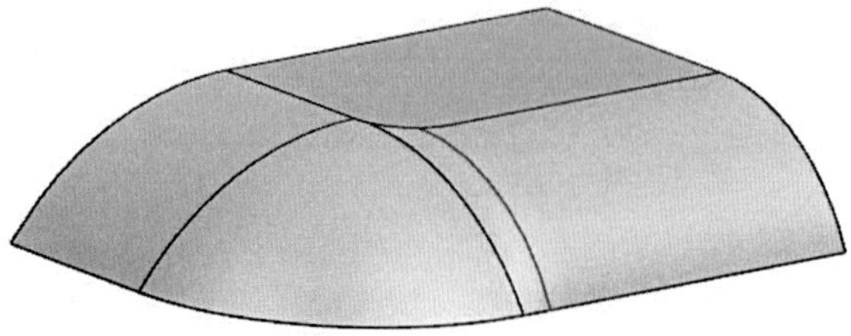

▲ VariationalSweep1_Examine.prt Open

선택된 면을 선택하면, Actions가 Select 할 수 있게 바뀌면 다음과 같이 실행한다.

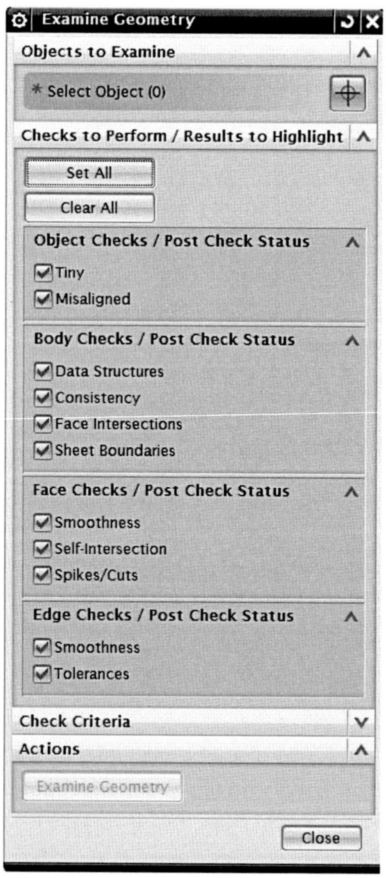

⇨

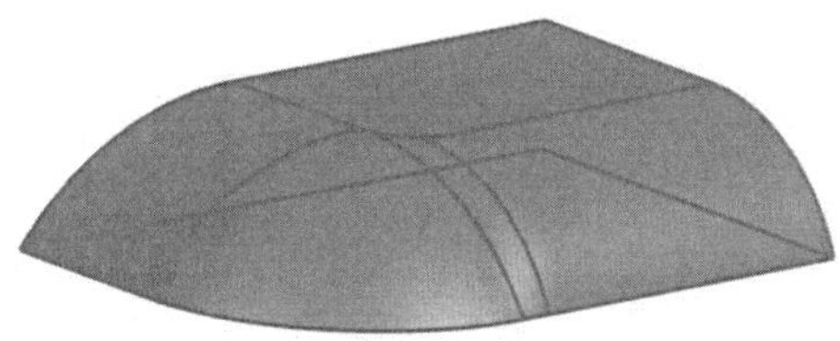

⇩

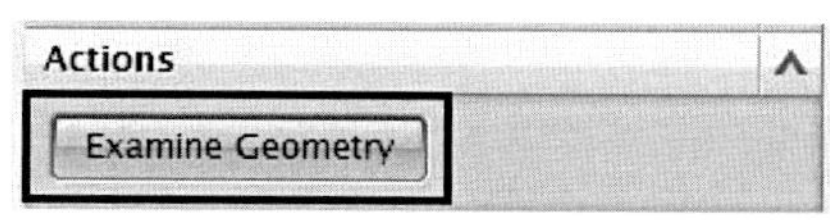

문제가 있는 부분은 아래와 같이 Highlight Option이 Check 할 수 있게 됨을 알 수 있다.

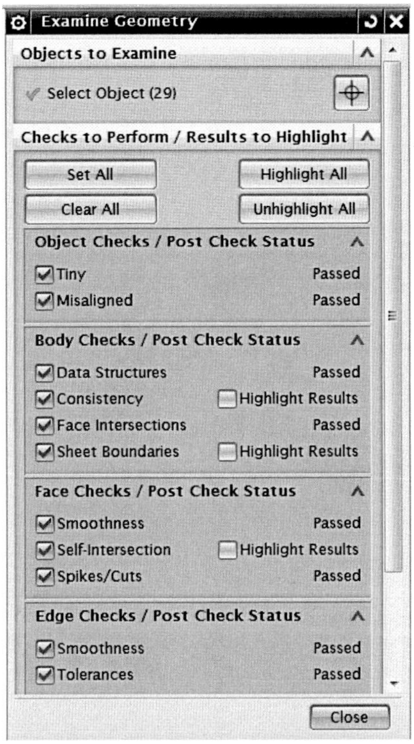

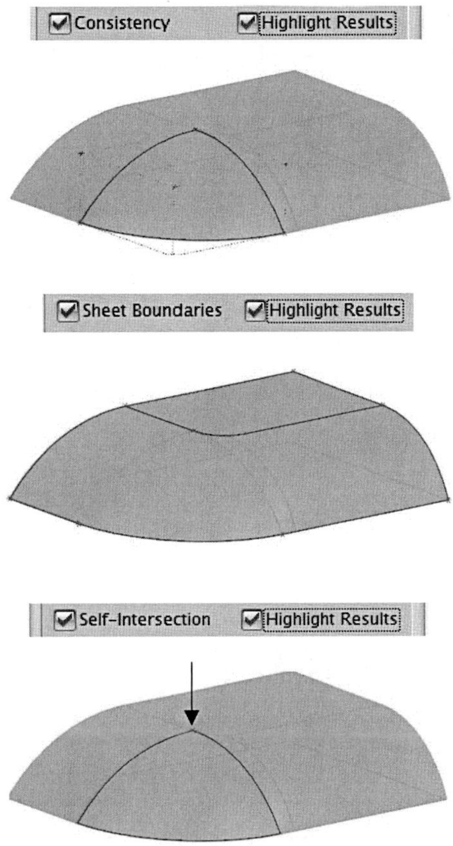

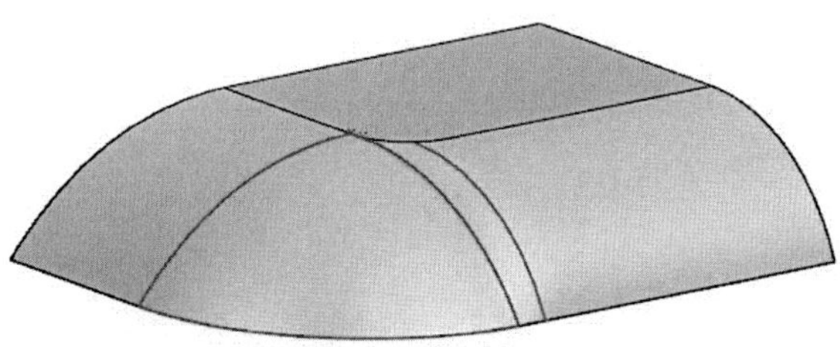

문제가 있는 부분을 새로 만들거나, 앞 Page와 같이 경로를 바꾸어서 면을 만들거나 분석하여 알맞은 면의 해석을 할 수 있다(F5를 누르면 없어짐).

10 Bounded Plane

▌Insert → Surface → Bounded Plane

끝이 연결 된 평면 곡선으로 둘러싸인 평면형 Sheet Body를 생성할 수 있다.

곡선은 동일평면상에 있어야 하며 닫힌 형상을 형성해야 한다.

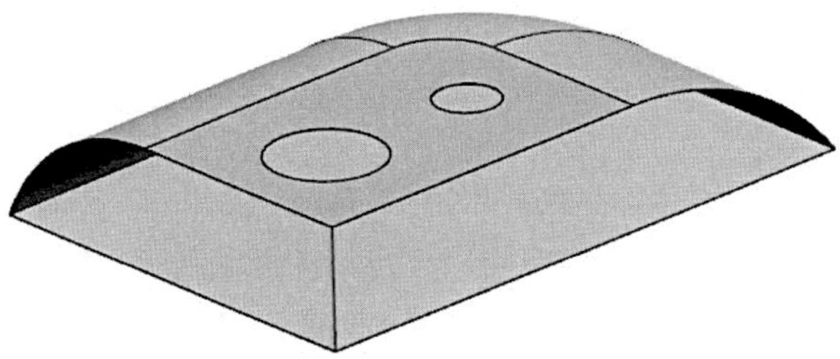

▲ Bounded_Plane.prt Open

Multiple loops는 생성 불가이다.

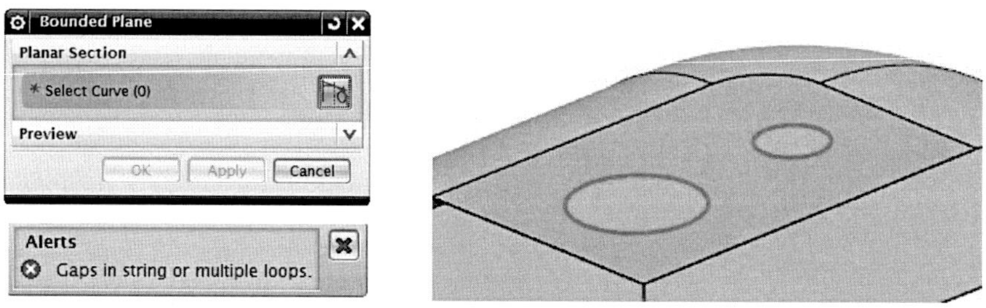

Single Loop로 각 각 하나씩 생성 할 수 있다.

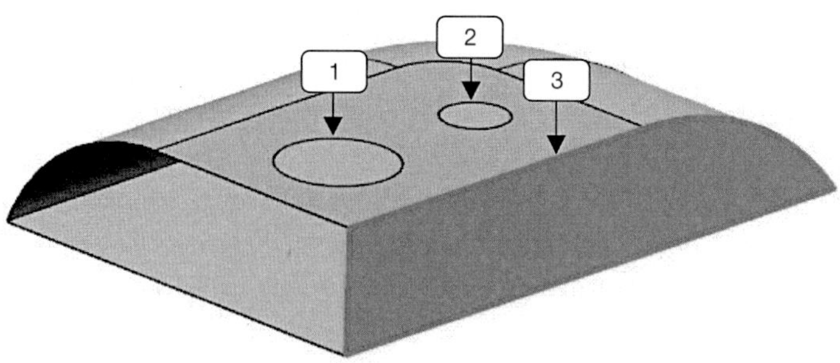

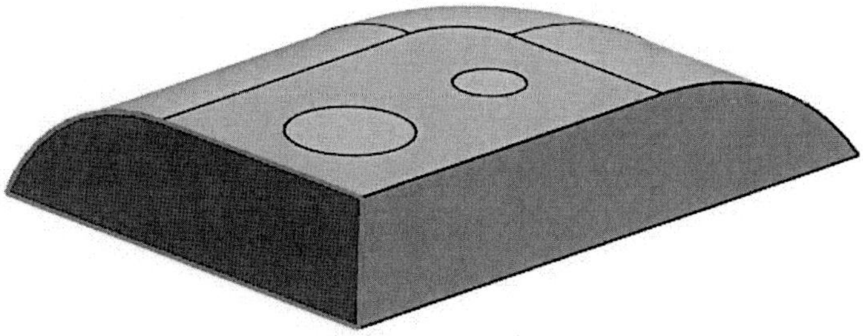

면을 생성시킨 다음 Sew를 이용해 Sheet를 Solid 형태로 변환한다.

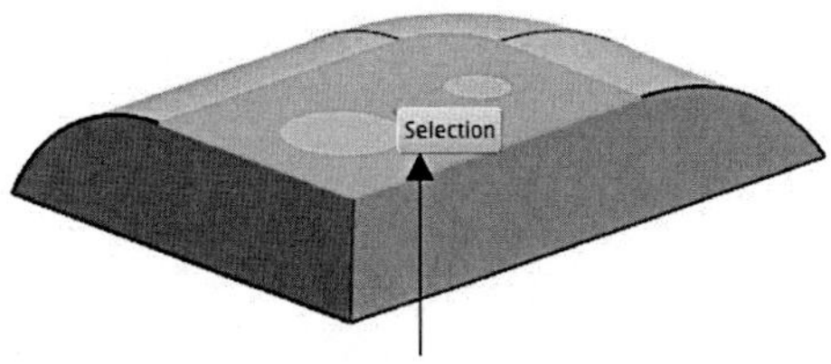

▲ Target

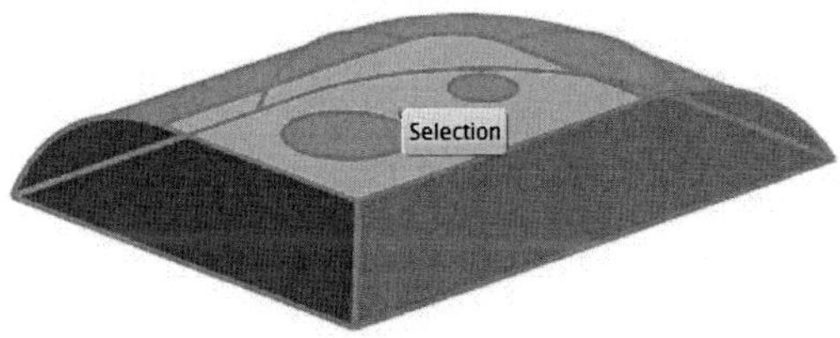

▲ Tool

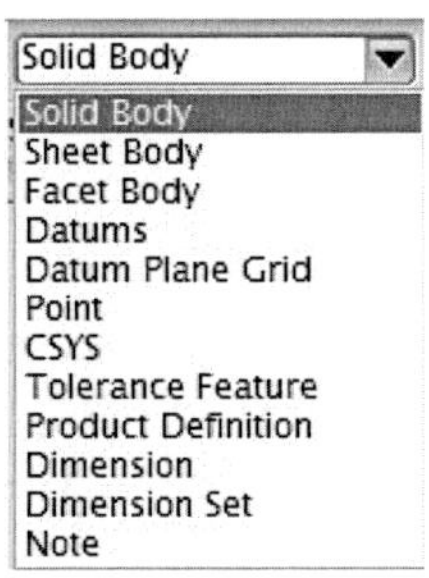

Type Filter에서 Solid Body를 선택한 후 Solid가 됨을 확인 할 수 있다.

11 N－Sided Surface

Insert →Mesh Surface →N－Sided Surface

Sheet나 Solid Body의 열려 있거나 닫혀 있는 단순 루프를 형성하는 무제한의 곡선 또는 모서리는 곡면을 생성하며, 접하는 면에 연속성을 줄 수 있다.

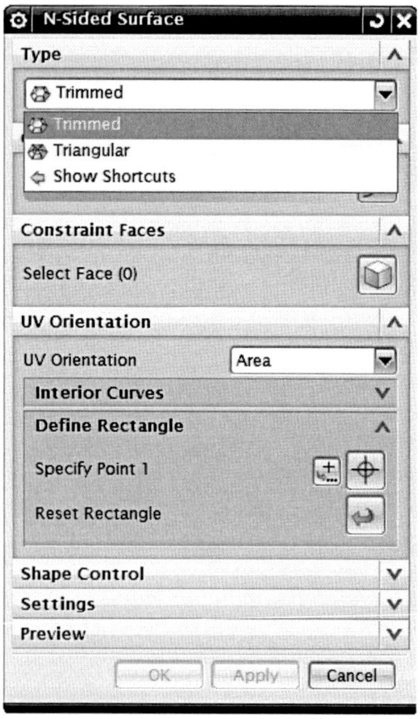

- Trimmed : 선택한 곡선 또는 모서리의 닫힌 loop 내에서 전체 영역을 덮는 트리밍 된 단일 Sheet 생성
- Triangular : 다수의 삼각형 Patch, 각 측면과 공통적인 중심점 사이의 삼각형 영역으로 구성된 개별 삼각형 Patch의 Sheet Body 생성
- Constraint Faces : 면을 선택하여 곡면에 접선 및 곡면 구속조건 추가
- UV Orientation : 새 곡면의 방향을 지정할 수 있으며, 지정하지 않으면 곡면이 자동으로 생성됨.
- Shape Control : 새 곡면의 연속성 및 평평도를 제어함

▲ N－sided.prt Open

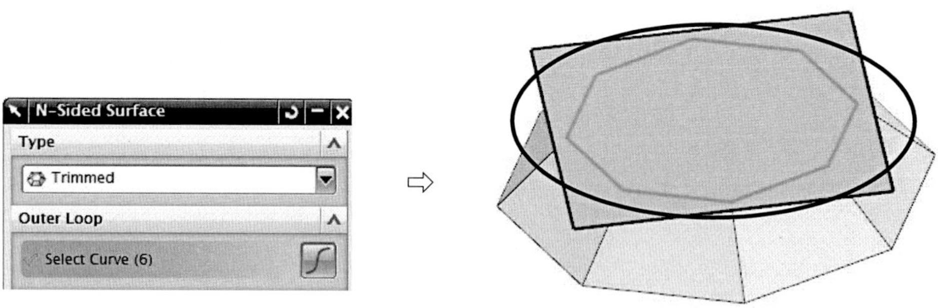

▲ Select Curve로 Edge를 선택함

면을 Trim하기 위해 아래와 같이 Option 설정

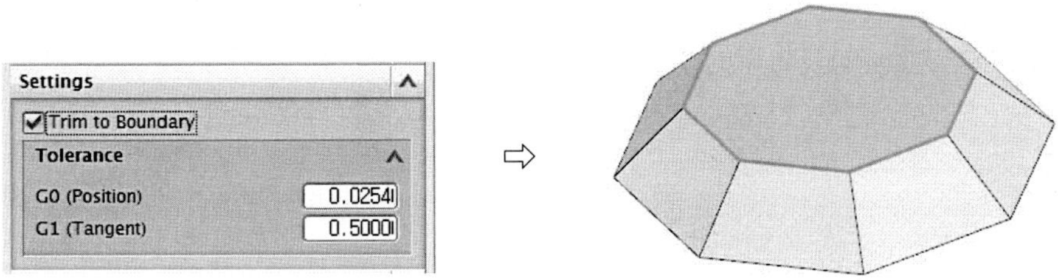

▲ 경계선을 기준으로 Trim된 것을 알 수 있음

면에 구속조건을 주면 아래와 같은 Option에서 연속성을 줄 수 있다.

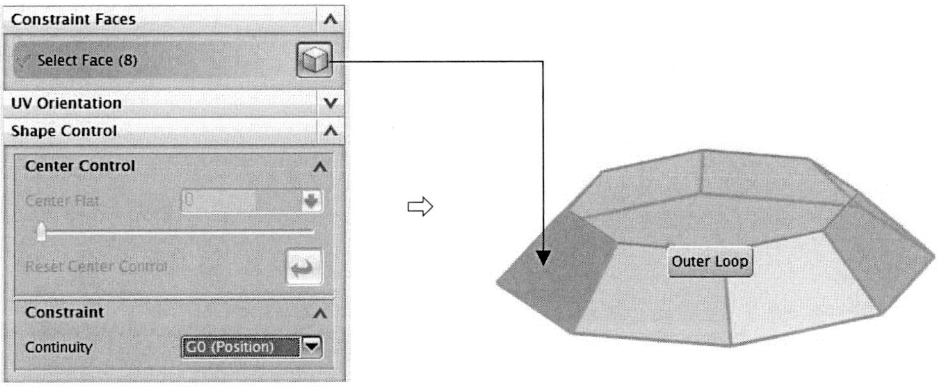

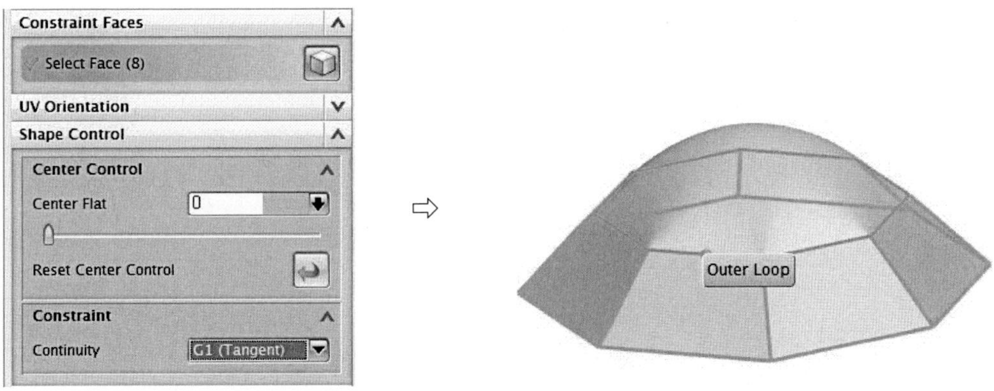

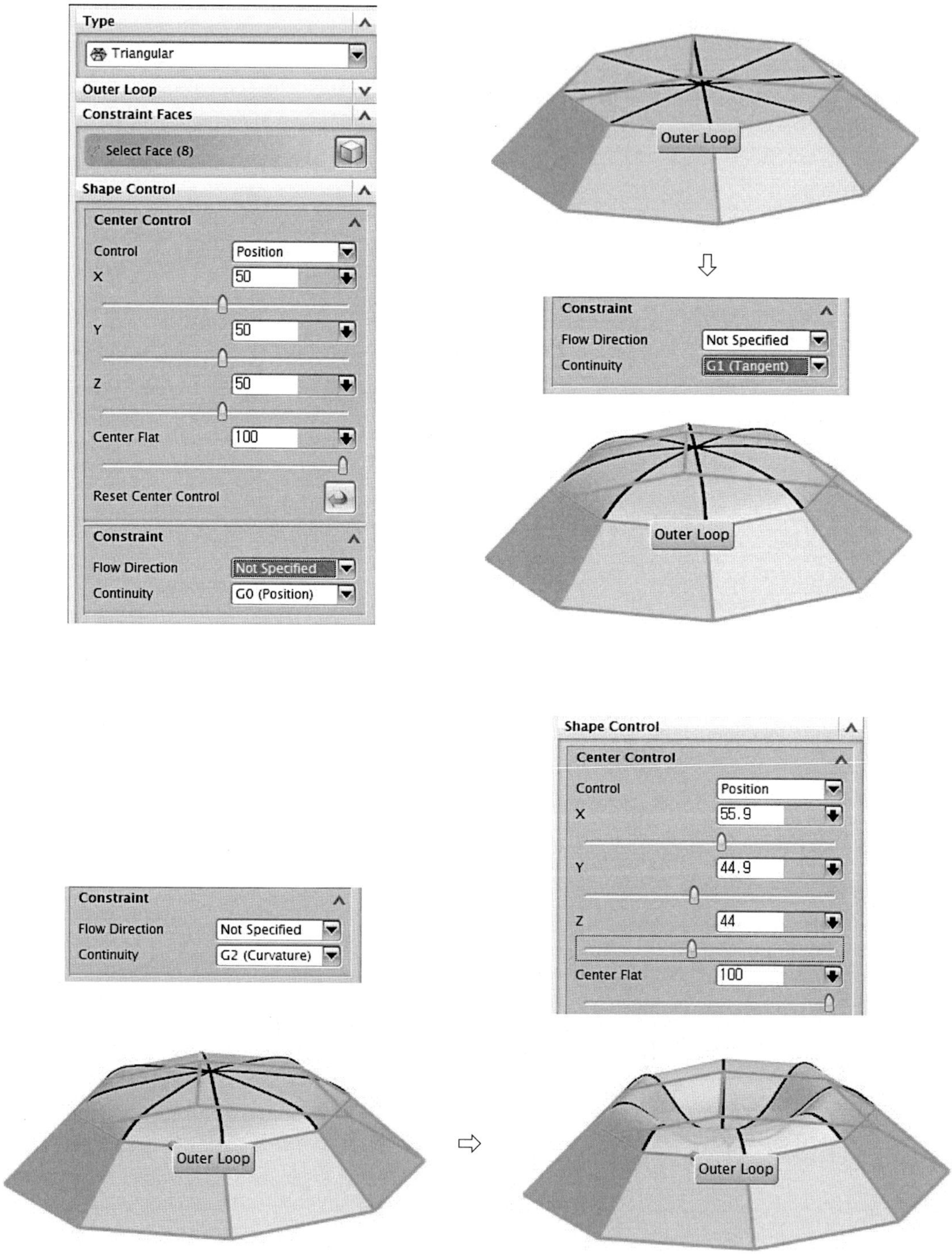

▲ 면의 연속성에 의한 변화율을 볼 수 있음

생성된 면과 기존 면 사이에 구속조건을 줄 수 있다.

N-sided1.prt Open

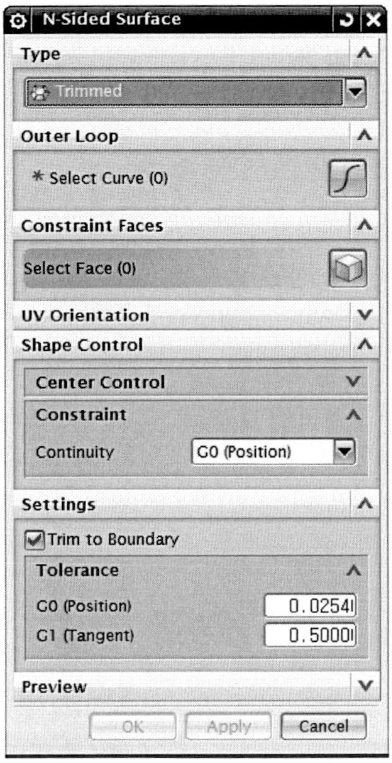

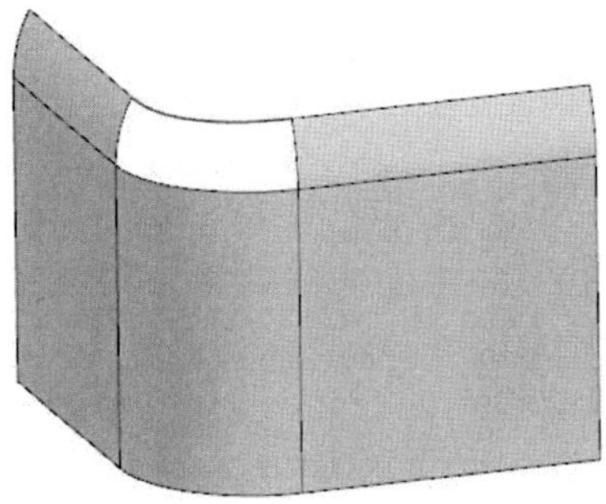

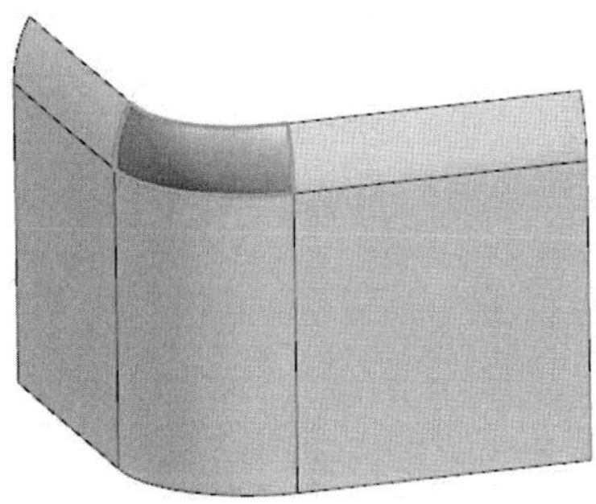

아래와 같이 면을 선택해 연속성을 줄 수 있다.

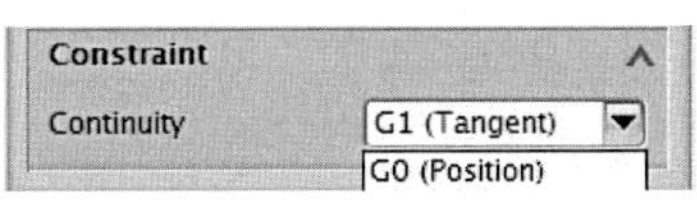

▲ G0

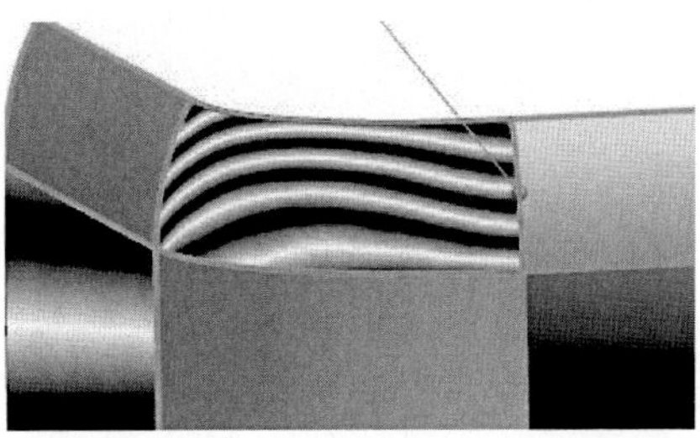

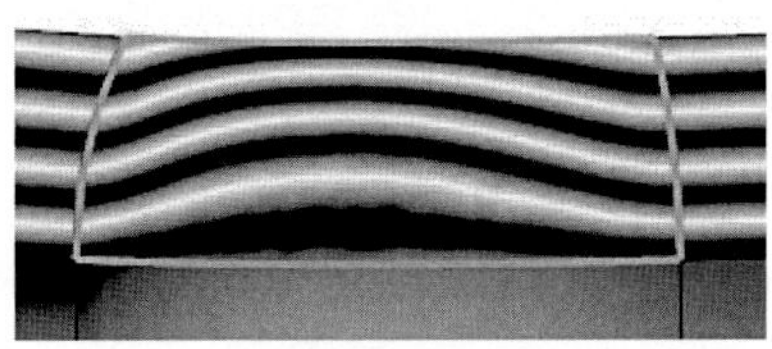

▲ G1

12 Trim Sheet

Insert → Trim → Trimmed Sheet

잘라내고자 하는 Sheet에 Boundary를 투영하여 Trim 한다.

- Target : Trim할 대상물을 선택한다.
- Boundary Objects : Trim 할 경계를 선택한다.
- Allow Target Edges as Tool Objects : Target Sheet의Edge를 Boundary로 사용할 수 있게 함
- Projection Direction : Boundary를 Target Sheet에 투영하는 방향을 정의 함
- Region

  Keep : 선택한 영역을 남김

  Discarded : 선택한 영역 제거

TrimSheet.prt Open

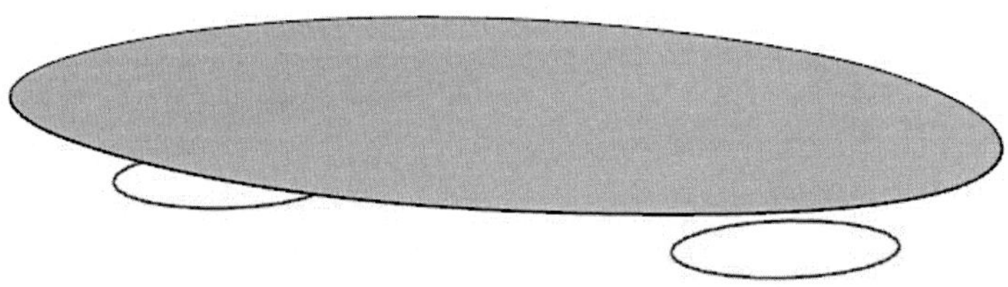

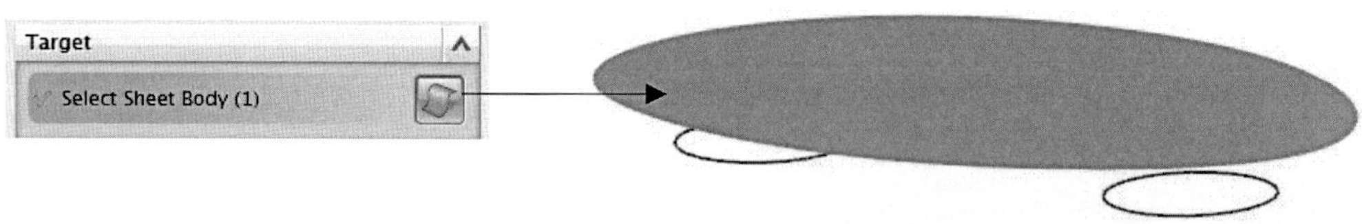

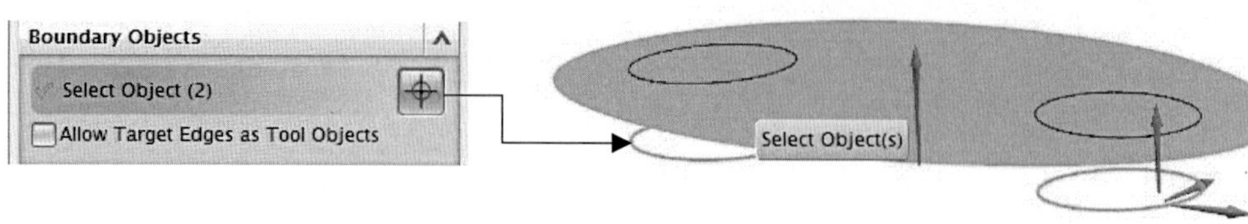

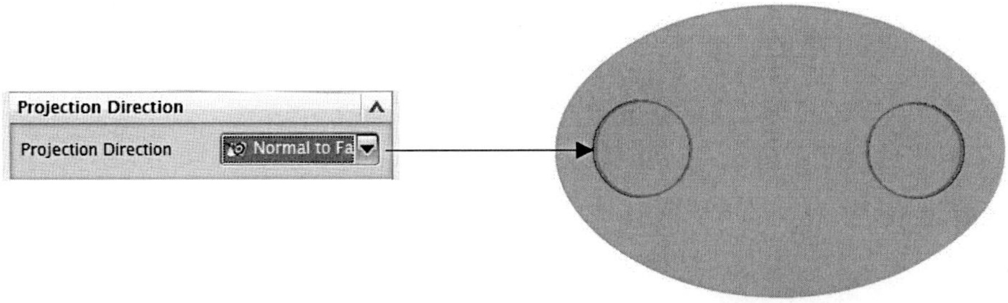

▲ Normal to Face(곡면에 Normal하게 곡선 또는 모서리를 투영)

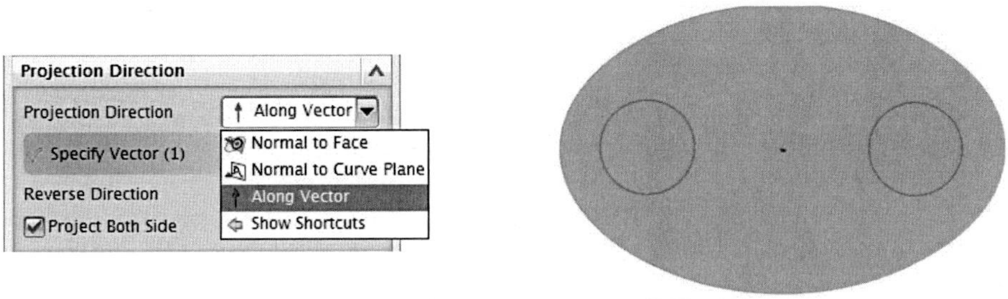

▲ Along Vector(Vector를 따라 투영방향을 지정)

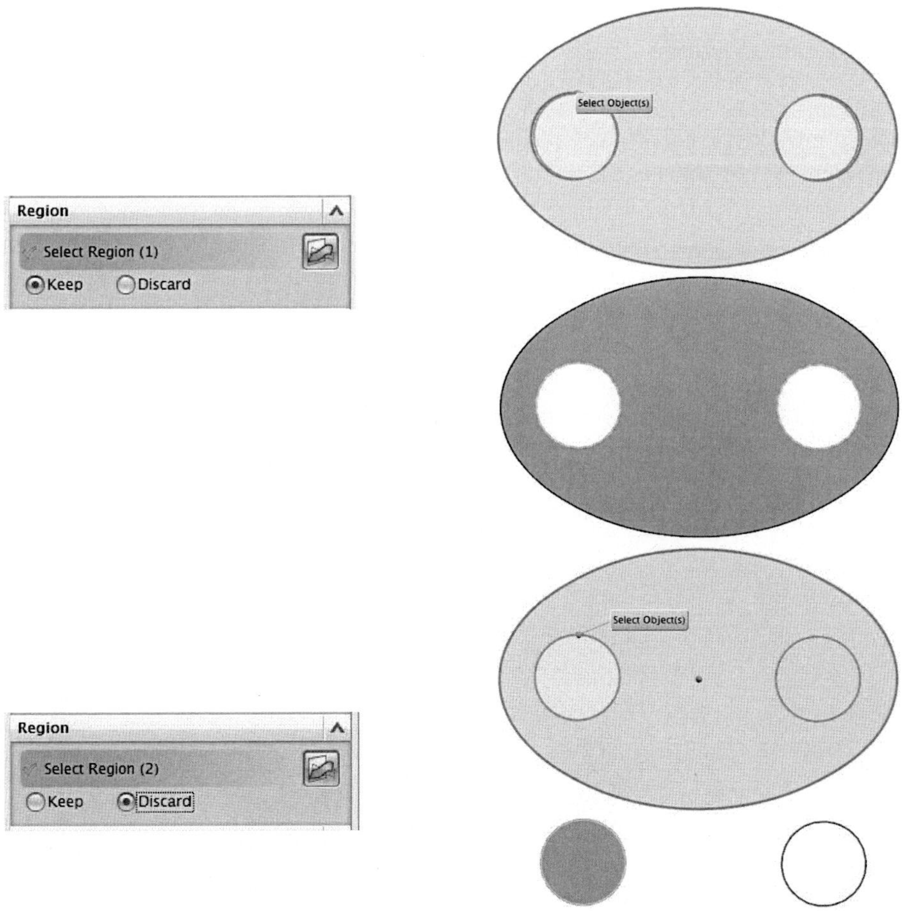

▲ 위와 같이 선택한 영역 Option에 따라 Trim 됨을 알 수 있다.

13 Trim and Extend

Insert → Trim → Trimmed and Extend

선택한 면의 Edge를 이용하여 Trim과 Extend를 할 수 있다.

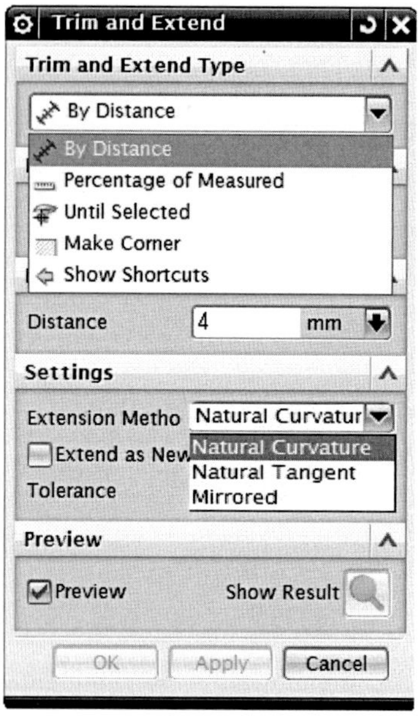

- By Distance : 거리 값으로 연장한다.
- Percentage of Measured : 퍼센트 값으로 연장한다.
- Until Selected : 지정한 면까지 연장한다.
- Make Corner : 떨어진 두개의 면을 Trim and Extend할 때 만나는 부분 Edge로 Corner 처리
- Natural Curvature : 연장하는 면이 고유곡률이 연장된다.
- Natural Tangent : 연장하는 면이 직선으로 연장한다.
- Mirrored : 연장할 Egde를 대칭으로 연장한다.

Trim_and_Extend.prt Open

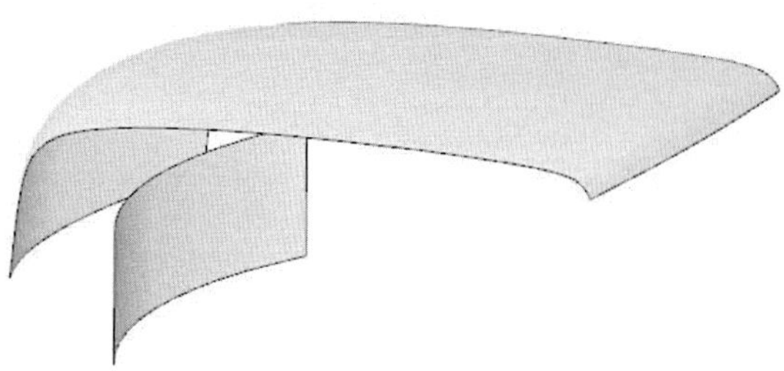

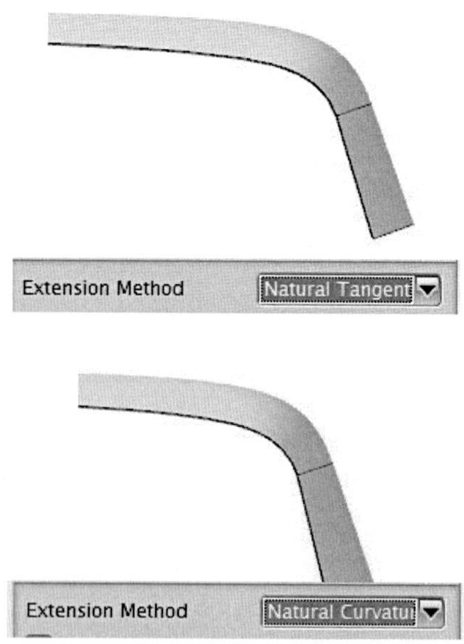

▲ By Distance

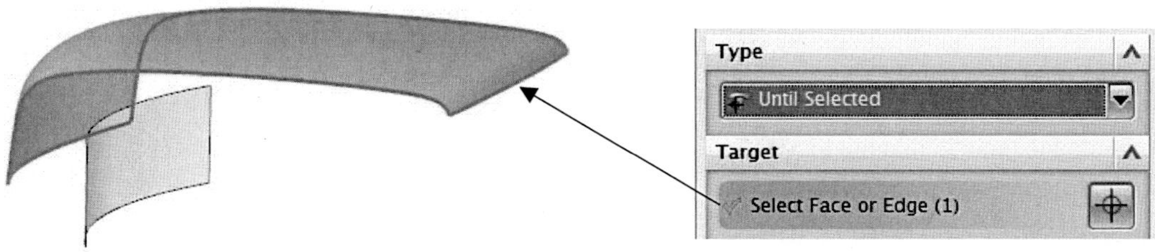

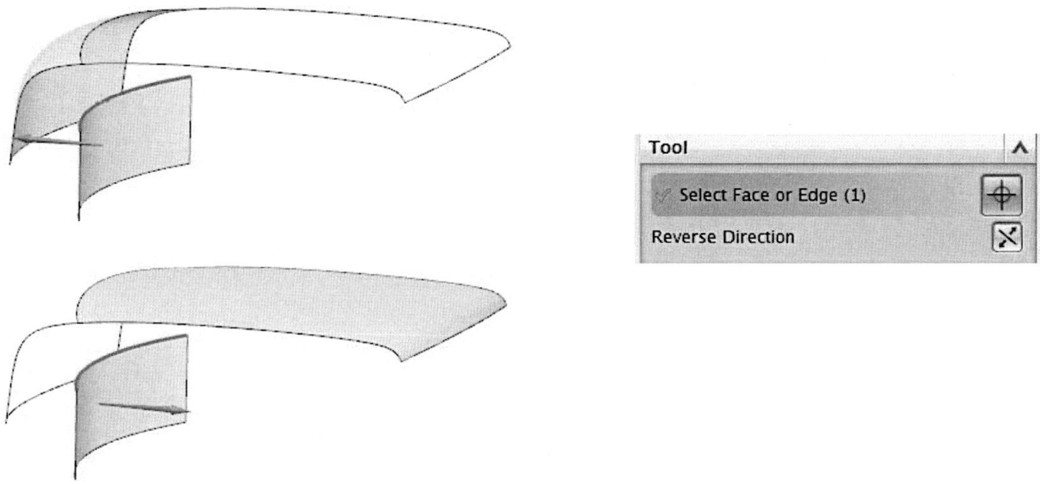

▲ Reverse Direction으로 두면을 Trim 가능

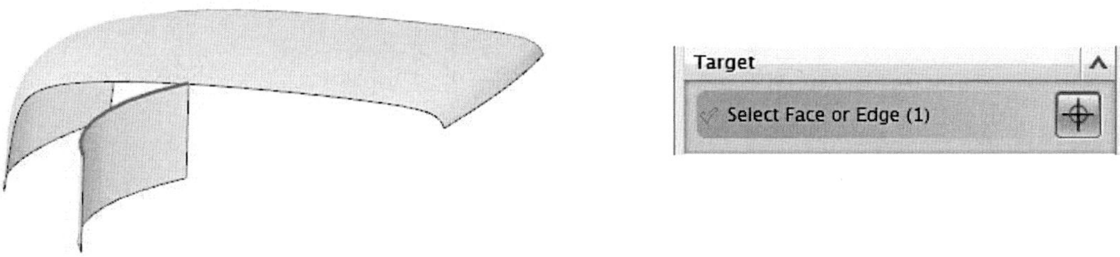

▲ Until Selected

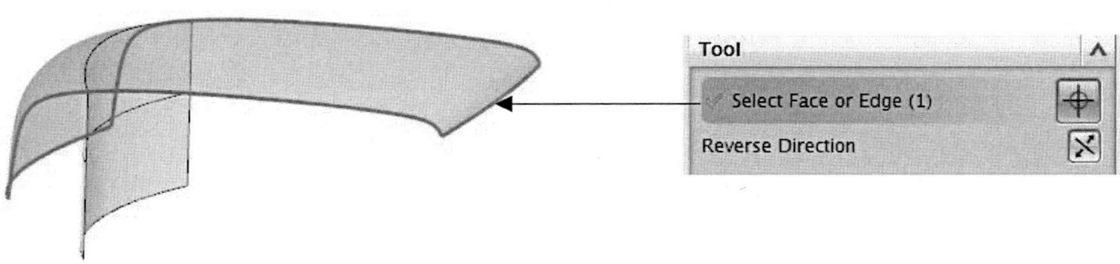

▲ Target을 Egde로 선택할 때

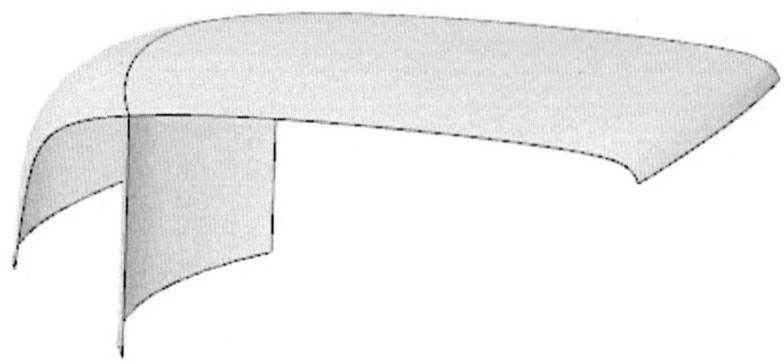

▲ Until Selected

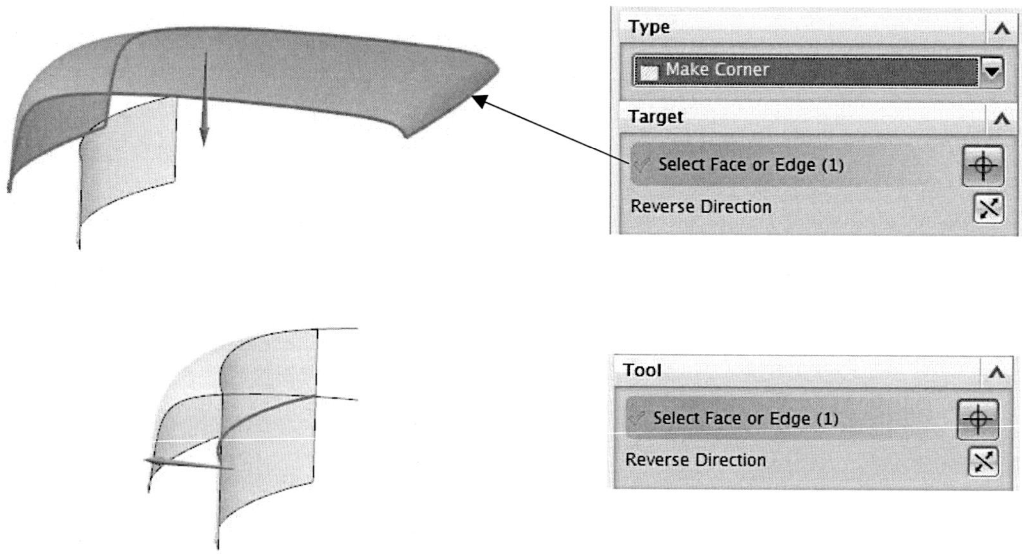

▲ Tool의 방향성에 의해 Corner의 생성이 틀림

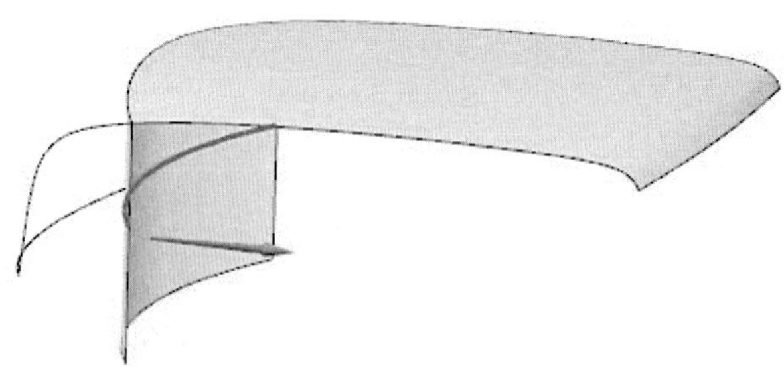

▲ 하나의 Sheet로 생성되어 짐을 알 수 있다.

이 단원에서는 Assembly를 이용한 구성 방식 및 작업 방법을 설명한다.

NX8.5

12

조립(Assembly)

Assembly란 Modeling에서 작업한 각각의 file을 이용하여 부품들을 불러들이고, 불러진 파일을 이용하여 조립 및 Part와 Sub-Assembly의 위치지정을 모아둔 것이며 구성요소 객체들을 담고 있는 Part File 이다.

Assembly Modeling Top-down 또는 Bottom-up 방식의 조립설계가 동시에 지원되며 Assembly Navigator Tool에 의해 조립부품들의 Tree 구조를 손쉽게 관리 할 수 있어 공용부품, 부분 조립도 등을 동시 활용 및 수정 시에 활용이 매우 용이하다.

Assembly 시작하기(단축키 A로 시작할 수 있음)

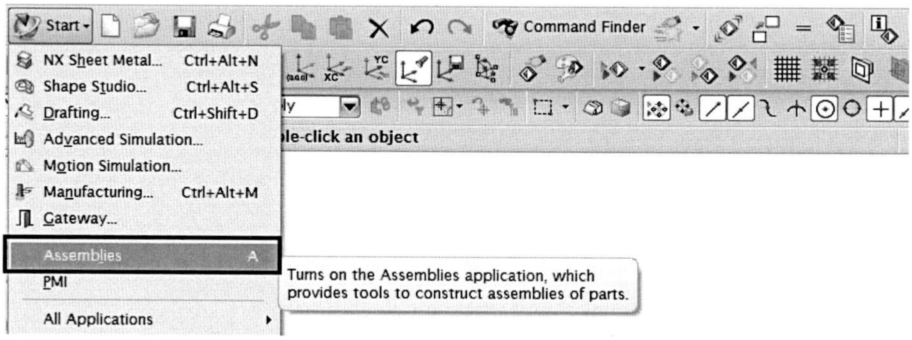

Modeling 시작한 다음 Assembly 아이콘을 선택, 아이콘을 배치한다.

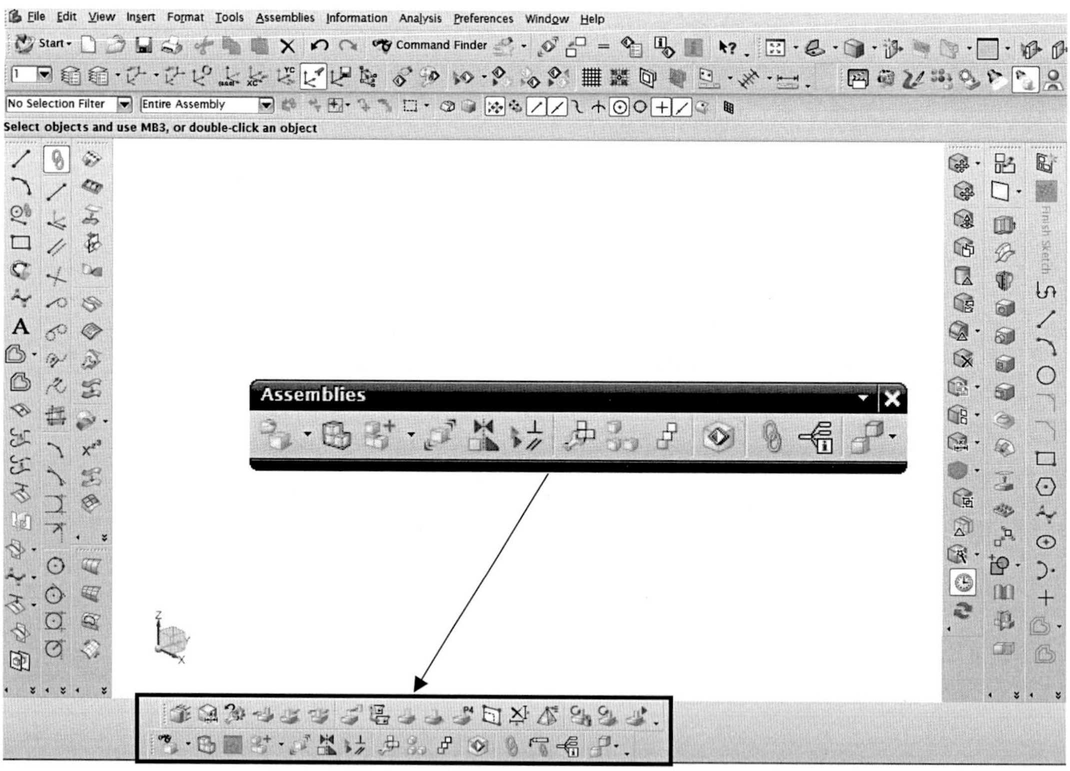

01 Assembly 방식

Part파일을 생성,Assembly Part로 추가하여 조건부 구속에 의해 조립한다.

Assembly 조립방식에 의해 Top－Down 혹은 Bottom－Up 방식으로 구분되어 사용 되며, 혼용되어 쓰이기도 한다.

Bottom－Up 방식의 구조

Component로 사용될 각각의 Part를 먼저 설계하여 저장한 후 각각의 Part를 차례로 불러들이고 Assembly를 구성하는 최하위 Level Part를 지정하여 시작하며, Component Part와 SubAssembly는 Process가 Assembly Level위로 진행할 때 작성됨.

Top－down 방식의 구조

완성품(Assembly)의 구조를 잡은 후 구조에 따른 부품(Component)의 설계를 하는 방식의 작업 Assembly는 최상위 Level계층에서 작성되고 Part는 층 아래쪽으로 정렬되어 Sub Assembly의 구성요소들이 작성된다.

조립되어 있는 물체에서 조립되어 있는 Part 전체는 Component라 칭하고. Component안의 대상을 선택할때에는 물체특성 별로 선택해 주면된다.

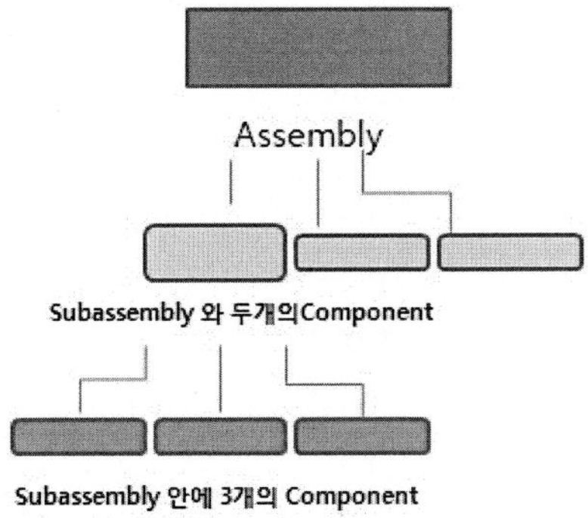

- Assembly : Part와 Assembly의 위치 지정을 모아둔 것이며, Assembly는 구성요소 대상물을 담고 있는 Part File이다.
- Sub Assembly : 상위 Level Assembly에서 구성요소로도 사용되는 Assembly이며 Sub－Assembly는 자체 구성요소들로 이루어져 있다.
- Component Objects: Assembly를 다시 주 구성요소 Part에 연결하는 위치지정을 가진 Entity이다. 다른 Component Part나 Component Object로 구성된 Sub Assembly일 수도 있다.

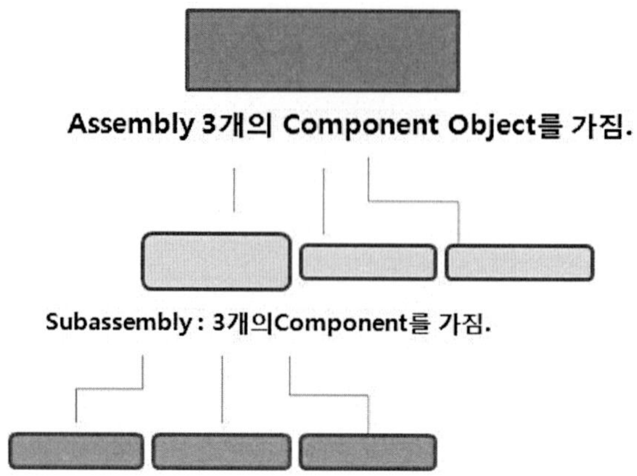

위와 같이 구성되어 지는 Component Object는 다음의 정보를 가지고 있다.

- Name : Component 의 Part의 이름과 다를 수 있다.
- Layer, Color, Font, Width 등 즉성
- Reference Set(s) : 조립 대상되는 대상마다 이름을 따로 줄 수 있다.
- Origin & Orientation : 원점, 방향 등 위치
- Mating Constrains : 조립조건
- Pointer : Component Part의 위치 정보

Component Parts : Assembly에 있는 구성요소 대상물이 가리키는 Part 파일이다. 실제 geometry는 구성요소 Part에 저장되고 어셈블리에 의해 복사되는 것이 아니라 참조된다.

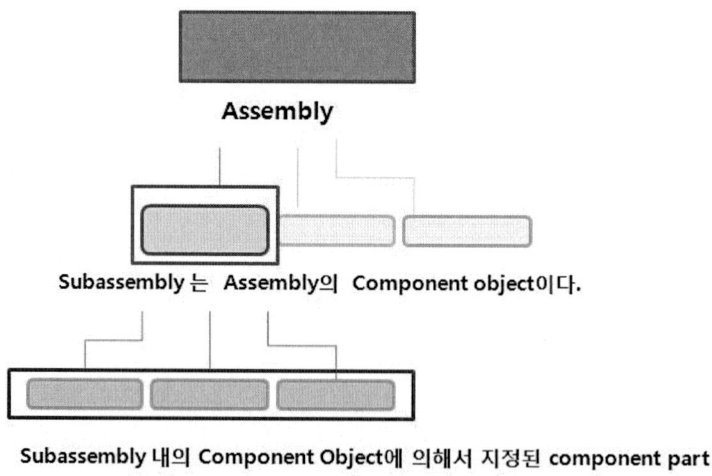

Load Options의 이해

Assembly 파트를 Open하여 각각의 Component를 Load하게 될 때 Load Options 의 설정에 따라 Load 방법이나 Load 위치 등을 다르게 설정 할 수 있게 된다.

File → Option → Load Options를 선택하면 아래와 같이 Load Options 창이 나타난다.

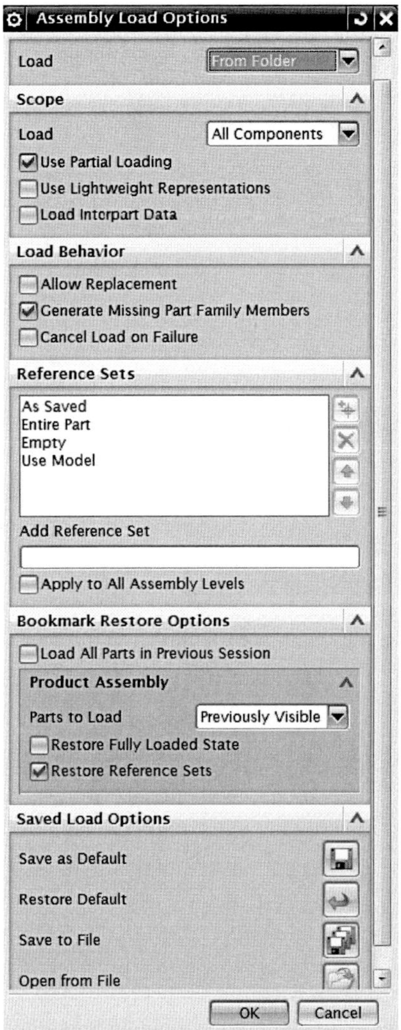

- Load Method : 부품을 찾기 위한 위치를 결정
- As Saved : Assembly 파트가 마지막에 저장되어 디렉토리에서 Load 된다.
- From Folder : Assembly 파드가 속해있는 디렉토리의 폴더에서 Load 된다.
- From Search Folder : 사용자가 정의한 디렉토리의 폴더에서 Load 된다.
- Load Components : 어떠한 부품이 Load 되는지를 설정한다.

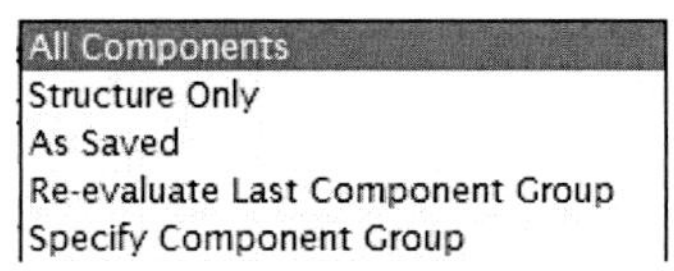

- All Components : 모든 컴포넌트를 로드시킴

- Structure Only : 구조만 로드시킴
- As Saved : 최종 저장상태로 로드시킴
- Re-evaluate Last Component Group : 최종 컴포넌트 그룹을 다시 계산하여 로드시킴
- Specify Component Group : 컴포넌트 그룹 지정하여 로드시킴

Load 상태의 제어

Assembly가 Open 될 때 부품전체 또는 부분만을 Load 하거나 Load 하지 않을 수 있다.

- Fully Loaded : Load Components의 상태가 All Components 상태이고 Use Partial Loading 토글이 Off 상태이면 전체가 Load 된다.
- Partial Loaded : Use Partial Loading 토글이 On 상태이면 부분만 Load 된다.

- Unloaded : Assembly 를 Load 하기 전에 Load Components의 상태를 Structure Only 상태로 두면 Load 되지 않는다.
- Use Lightweight Representations: 정보의 양을 조절하여 속도를 빠르게 할 수 있음(option으로 설정됨)
- Load Behavior

  Allow Substitution : 토글을 On 상태로 두면 부품이 대체됨을 허용한다.

  Generate Missing Part Family Members : 토글을 On 상태로 두게 되면 누락된 파트 패밀리 구성원을 생성한다.

  Cancel Load on Failure : 파트를 Open 할 때 Load 하기 위한 파트파일이 존재하지 않을 경우 토글을 ON 상태로 두면 Load를 취소한다.

02 Assembly의 내용을 이해하고 실습하기

1. Context Control

Find Component

Assemblies → Context control → Find Component

사용자가 원하는 파트(Component)를 찾을 수 있다.

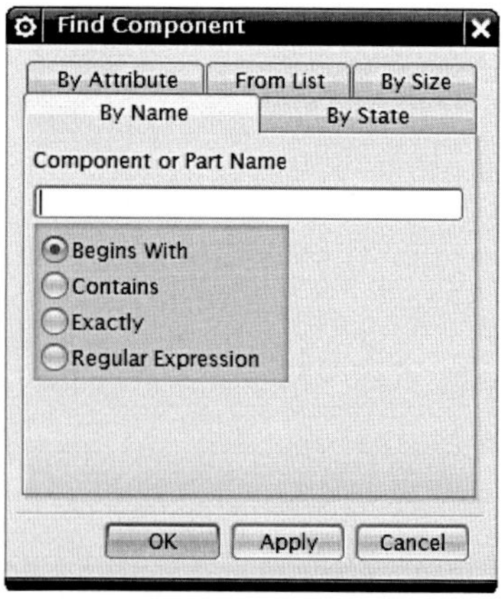

- By Attribute : 파일의 속성별로 찾기
- From List : 나타난 list box에서 찾기
- By Size : 파일의 크기 별로 찾기
- By Name : 파일의 이름으로 찾기
- By State : 파일의 상태 별로 검색

Open Component

▌ Assemblies → Context control → Open Component

Component를 Open하는 기능이며, 현재 Navigator상에서 Close 되어 있는 Component만 가능하다.

• 명령어를 실행하게 되면 selection창이 활성화 된다.

Open By Proximity

▌ Assemblies → Context control → Open by proximity

Close된 Component를 Open할 때 이미 Open되어 있는 Component를 선택하여 일정의 범위를 지정하여 범위 안의 Component만을 불러온다.

⇨

Range값을 좌, 우로 드래그하여 크기를 조절하여 사용자가 원하는 범위를 지정한다.

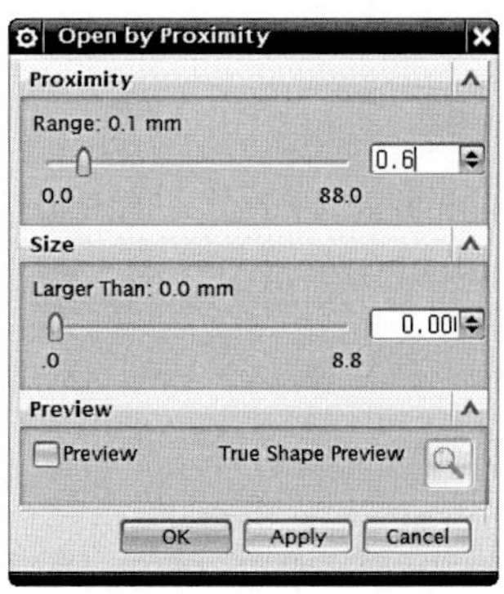

01 먼저 lock_assem.prt 파일을 Open하고 latch_plate, lock plate, Safty_cross, Cross를 Navigator 상에서 그림과 같이 Close한다.

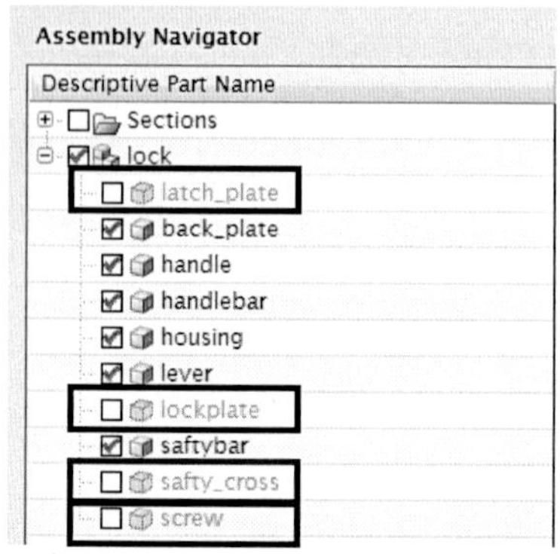

02 Range의 범위 값을 0으로 한 경우이며 포함하고 있는 Component 만 나타난다.

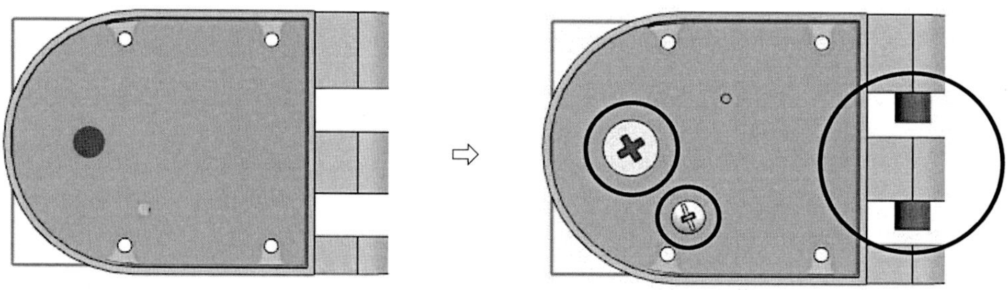

03 Range의 범위 값을 임의로 드래그하여 넓힌 경우 범의 안의 Component가 모두 나타난다.

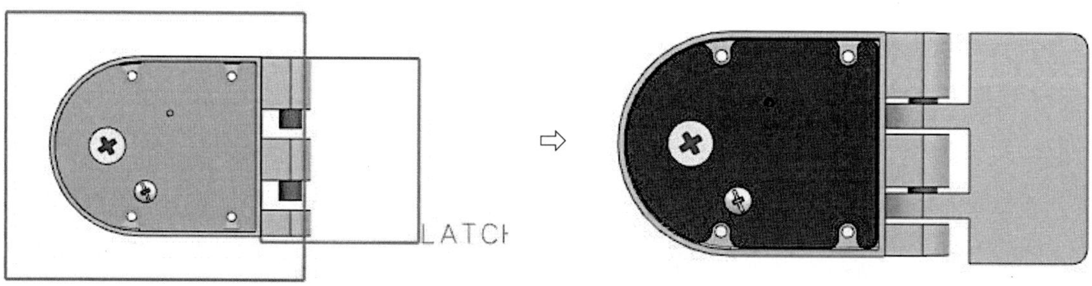

Show Only

▌Assemblies → Context control → Show Only

한 개 또는 여러 개의 원하는 Component만을 선택하여 나머지 불필요한 Components를 Hide시키는 기능으로 Assembly의 형상이 많이 복잡하여 Blank의 사용이 어려울 때 요긴하게 쓸 수 있고 Navigator상에서 선택이 가능하다.

[lock_assem.prt 파일을 Open]

Hide 실행 후 남기기 위한 Component를 선택(Safty _cross, screw, handle)

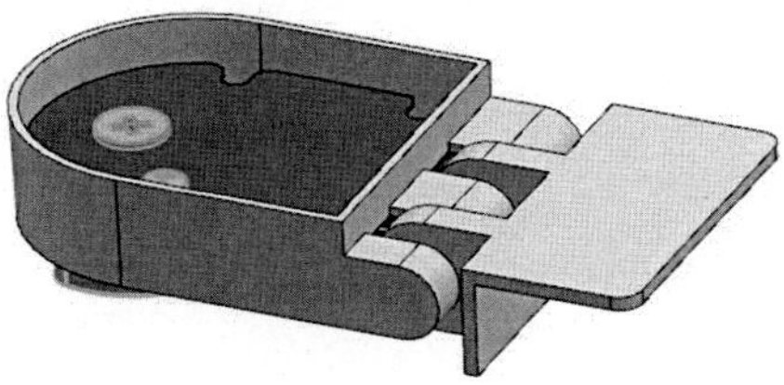

⇨

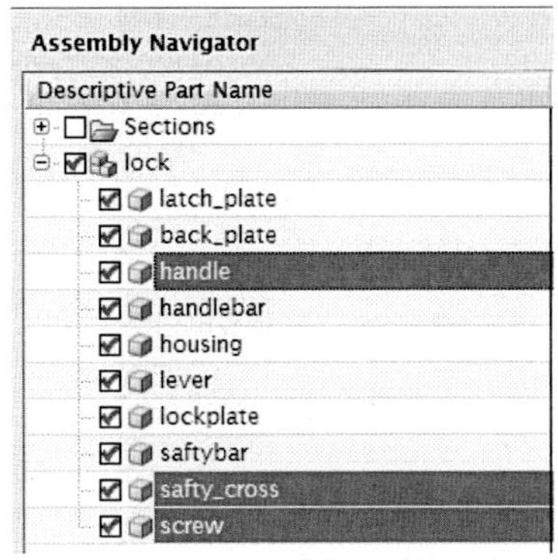

OK 또는 Apply

⇨

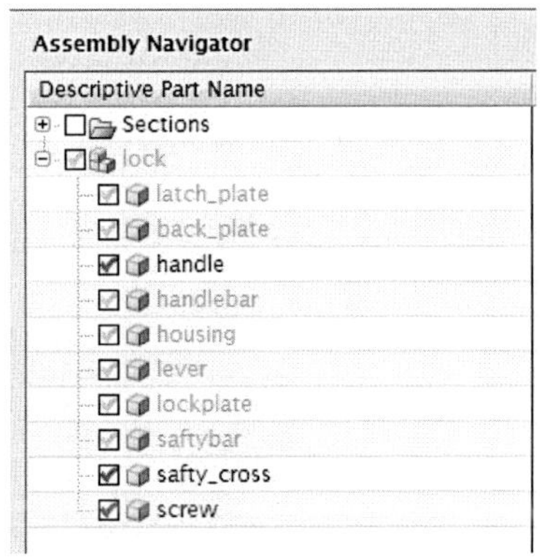

Show Product Outline

Assemblies → Context control → Show product outline

현재 Blank되어 있거나 Close되어 있는 Component의 Outline을 보여주며, 이것은 Define Product Outline에서 이미 정의된 Line이다. 또한, 명령어를 처음 실행시킨 상태에서 바로 Define Product Outline이 가능함

[Lock_assem.prt 파일을 Open]

Assemblies → Context control → Define Product Outline 선택

01 제품을 선택
02 Color을 원하는 색상으로 선택
03 선의 종류를 원하는 종류로 선택
04 투명도를 조절 할 수 있다.

05 Housing을 선택

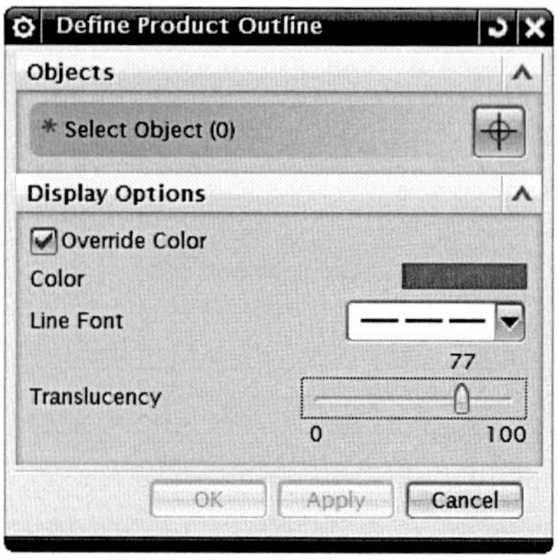

⇨

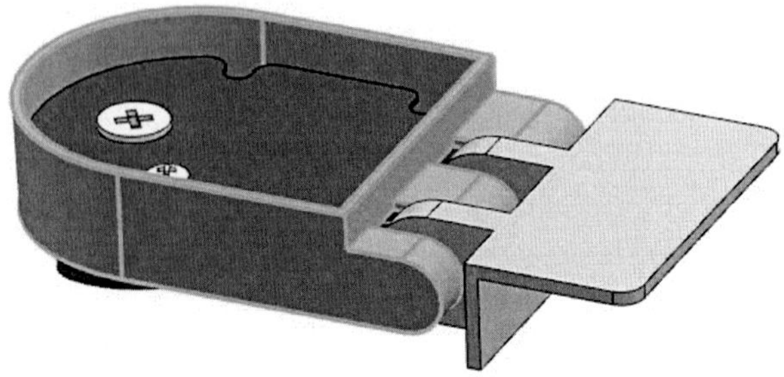

06 OK 한다.

Control+B(Hide) 명령을 실행하여 Housing을 선택한다.

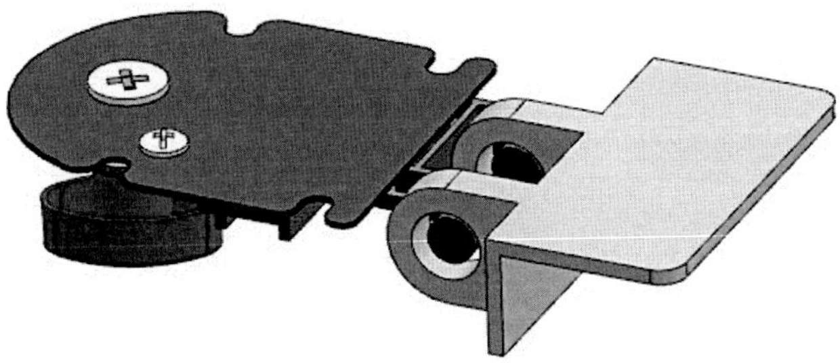

Assemblies → Context control → Show Product Outline 선택

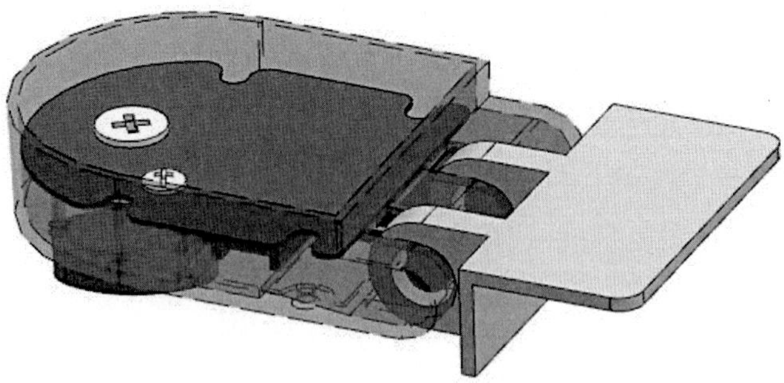

 Save context

▌Assemblies → Context control → Save Context

현재 작업하고 있는 View를 비롯한 흐름(상태)을 저장한다.

Restore context

▌ Assemblies → Context control → Restore Context

Save Context를 실행한 상태로 복귀한다.

Set work part

▌ Assemblies → Context control → Set work part

사용자가 원하는 Component를 선택하여 Work Part로 정의 한다. 이때 Work part란 Modeling과 Assembly의 중간적 위치라고 할 수 있으며, 수정하고자 하는Component를 선택하거나 Part Name을 기입하여 사용한다.

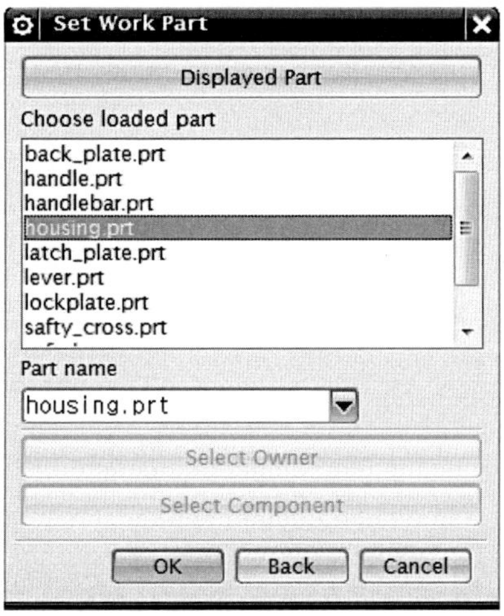

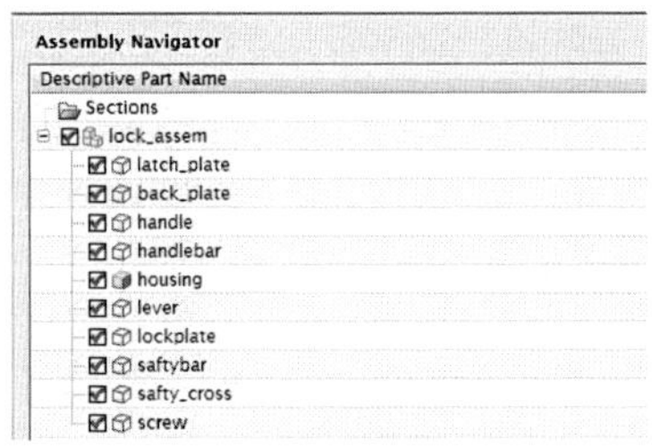

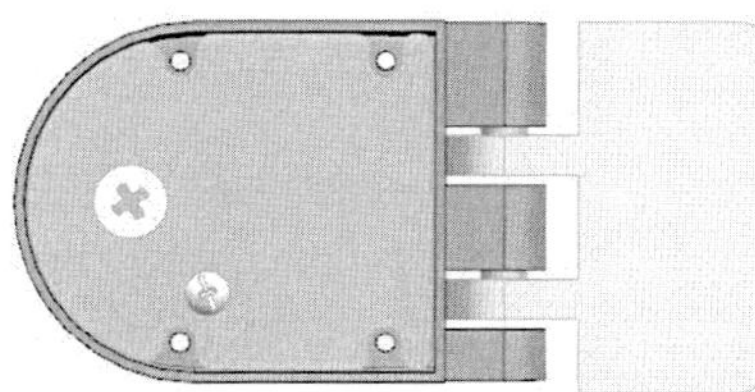

Set displayed part

▌ Assemblies → Context control → Set Displayed Part

Displayed Part에서는 수정하고자 하는 Component를 Modeling 상태로 돌아오게 하여 작업이 가능하게 한다. 작업 후 Work Part를 Top Part로 지정하면 이전 Assembly 상태로 되돌아간다.

01 Step lock_assem.prt 파일을 open한다.

02 Set displayed Part를 선택

03 Class Selection창에서 원하는 Component를 선택

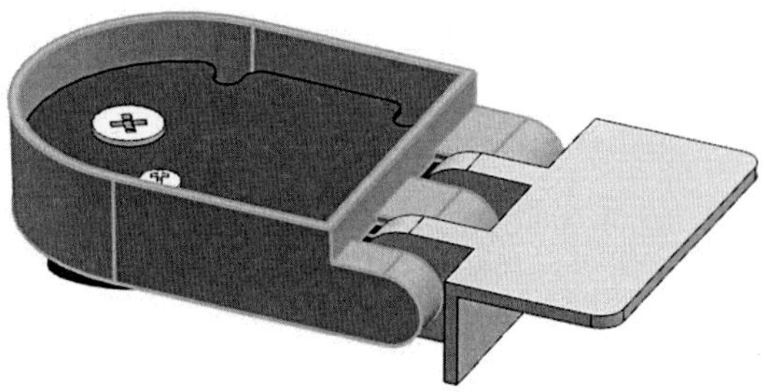

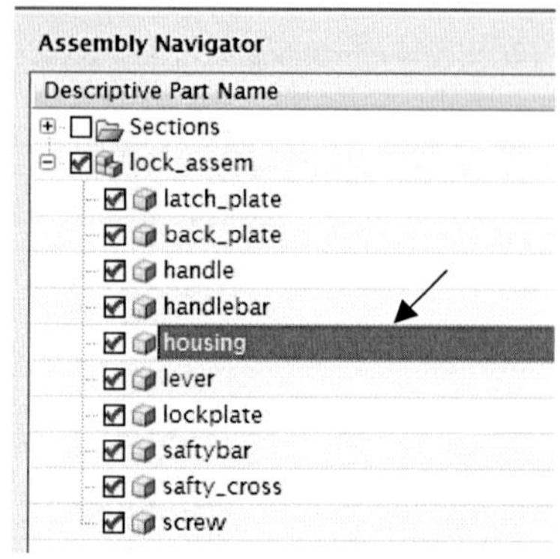

04 Part navigator 상에서 MB3 선택 후 Display_ part를 선택한다.

05 선택한 Component만 Display되고 Modeling 상태로 됨을 확인

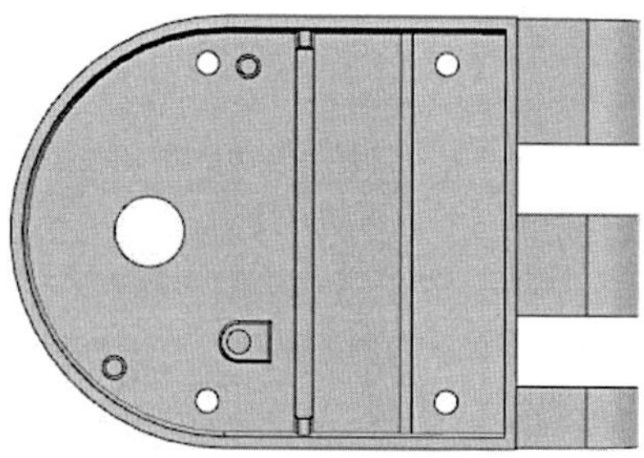

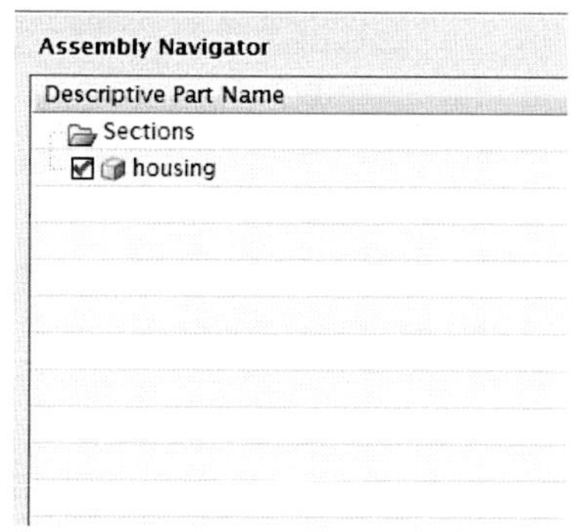

Show Lightweight or Show Exact

▌Assemblies → Context Control → Show Lightweight or Show Exact

Show Lightweight Lightweight를 사용하여 Open하면 memory 사용량을 줄여서 속도와 Display 속도를 빠르게 할 수 있다.

과거 Version에서는 Reference Set에 의해서 Lightweight의 사용 유·무를 선택했으나, 7.5에서는 Component를 Loading할 때 쉽게 Lightweight(Facet) 또는 Exact(Solid)를 선택할 수 있도록 되어있다.

> 과거 Version에서는 Lightweight wave link, Sketch에서의 project curve 2D Drafting에서 Base view, section view, hidden Line 등의 기능을 사용할 때 Solid 인식을 못 했으나, 7.5 Version 이후부터는 그 문제가 해결되었다.

Show Exact 실제 Modeling 형상을 표현한다.

Settings(Show Lightweight, Show Exact는 Reference Set에서 따로 지정하지 않음)

2. Components

Add Component

Assemblies → Components → Add Component

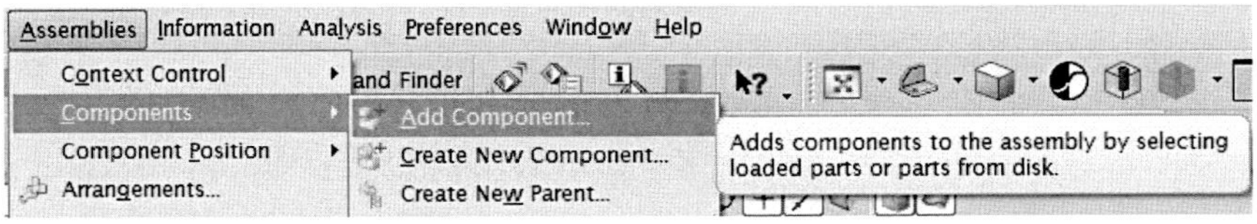

이미 저장되어 있는 Part 파일을 Component로 불러오며 이 파일은 Assembly에 추가가 된다. 선택하는 방법은 아래와 같은 방법이 있다.

- Choose Part File을 누른 뒤 Browser에서 파일을 선택하는 방법
- 이미 Load된 파일을 보고 Click하여 선택하는 방법(Load 되었던 파일의 List를 Select Part 창에서 확인)
- Part Name을 직접 기입하는 방법

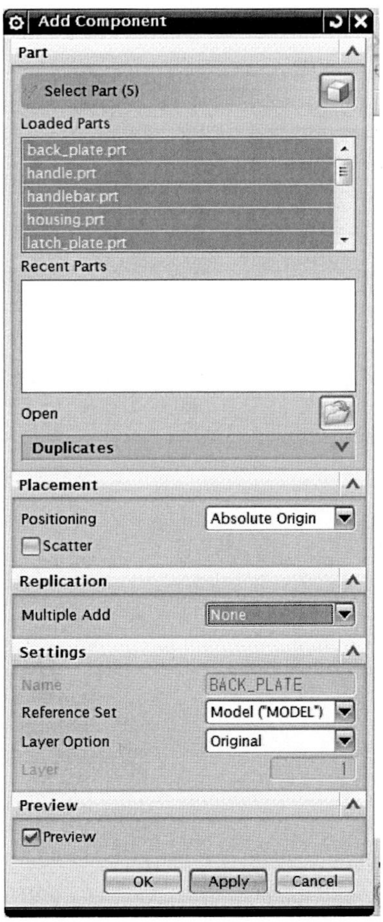

- Select Part : 추가하고자 하는 컴포넌트를 선택한다.
- Loaded Part : 이미 load 되어있는 파일을 보여주며 추가하고자 하는 파일을 바로 선택할 수 있다.
- Recent Parts : 최근에 추가된 파일들을 보여준다.
- Open : Browser에서 추가하고자 하는 파일을 선택
- Duplicates－Quantity : 추가하고자 하는 파일의 개수를 지정하여 복수의 컴포넌트로 추가를 할 수 있으며 같은 위치에 겹쳐서 생성된다.

- Placement－Positioning : 추가하고자 하는 파일의 위치를 제어하는 방법을 결정한다.
  Absolute Origin : 절대좌표에 생성된다.
  Select Origin : Point Constructor로 위치를 정의하여 컴포넌트를 추가한다.
  Mate : 기존의 열려진 Part와 구속조건을 부여하여 조립할 수 있게 한다.
  Reposition : Point Constructor로 위치를 정의하고 바로 Reposition할 수 있는 상태가 된다.

- Multiple Add : 여러 개의 컴포넌트로 추가하는 방법을 설정한다.
  None : 위에서 정의한 개수만큼 생성하고 끝낸다.
  Repeat after Add : 위에서 정의한 개수만큼 생성한 후 반복하여 추가 컴포넌트를 생성한다.
  Array after Add : 위에서 정의한 개수만큼 생성한 후 위치의 수정을 하고 바로 Array 기능을 수행할 수 있다.

• Reference Set : 사용자가 Reference Set 을 지정하여 불러올 수 있으며 3가지 참조세트를 기본으로 하고 사용자가 추가할 수도 있다.

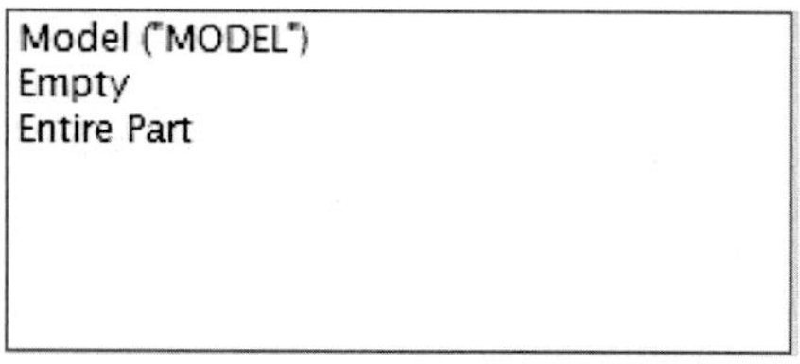

Model : 사용자가 선택한 objects

Entire Part : 해당 part/assembly 내의 모든 geometry (solid, sheet body, reference geometry 등을 포함)

Empty : 비어있는 상태의 세트(object가 없는 상태)

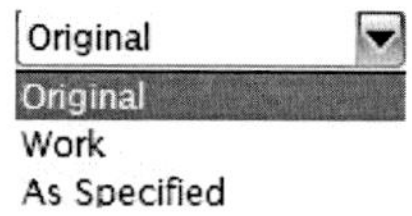

• Layer option : 추가되는 Component의 Layer를 정한다.
• Original : 추가되는 Component본래의 Layer를 유지하고 들어온다.
• Work : Component가 현재 Work Layer로 들어온다.
• As specified : 새로 임의의 Layer로 정의 할 수 있으며 활성화된 아래의 layer란에 layer를 정의한다.

Create New Component

▌Assemblies → Components → Create New Component

Top–Down의 방식 사용에 용이하고 새로운 Component를 생성하게 되는 명령어로, 현재 Work Part의 하위에 Component가 생성된다(Assembly Part에서 다른 Part로 저장하고자 하는 경우나 새로운 Part File 생성).

생성시키는 방법에는 다른 Component를 선택하여 하위의 Component로 Move 또는 Copy하여 가져가면서 생성시키는 방법과 실제 Component는 없이 Assembly 구조만 생성시키는 방법이 있다.

• Assemblies → Components → Create New Component를 선택한다.
• 아무런 선택 없이 MB2 또는 OK를 선택한다.
• 사용자가 생성하고자 하는 파일명(New01)을 써넣고 OK한다.
• 아래와 같이 새로운 이름을 가진 Component가 생성되어짐을 알 수 있다.

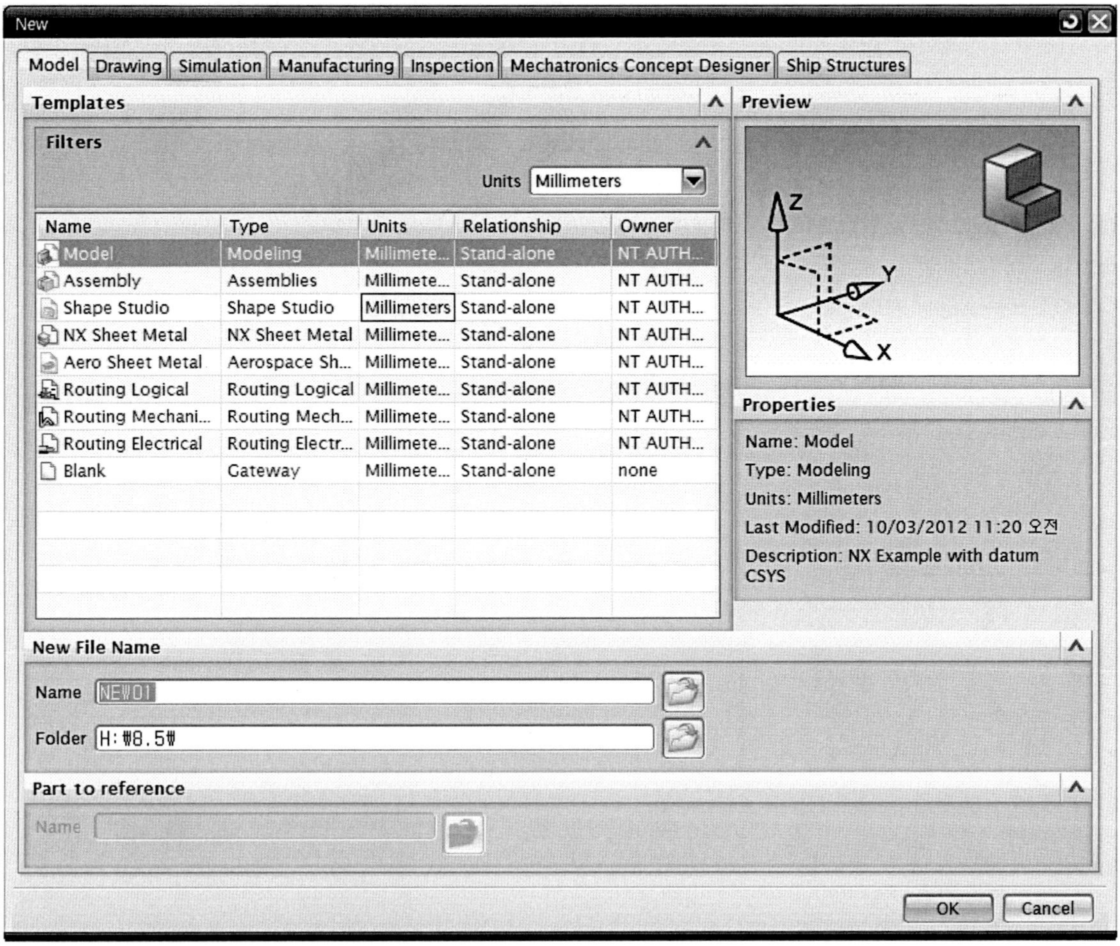
New
Model
Drawing
Simulation
Manufacturing
Inspection
Mechatronics Concept Designer
Ship Structures
Templates
Filters
Units Millimeters
Name
Type
Units
Relationship
Owner
Model Modeling Millimete... Stand-alone NT AUTH...
Assembly Assemblies Millimete... Stand-alone NT AUTH...
Shape Studio Shape Studio Millimeters Stand-alone NT AUTH...
NX Sheet Metal NX Sheet Metal Millimete... Stand-alone NT AUTH...
Aero Sheet Metal Aerospace Sh... Millimete... Stand-alone NT AUTH...
Routing Logical Routing Logical Millimete... Stand-alone NT AUTH...
Routing Mechani... Routing Mech... Millimete... Stand-alone NT AUTH...
Routing Electrical Routing Electr... Millimete... Stand-alone NT AUTH...
Blank Gateway Millimete... Stand-alone none
Preview
Z
Y
X
Properties
Name: Model
Type: Modeling
Units: Millimeters
Last Modified: 10/03/2012 11:20 오전
Description: NX Example with datum CSYS
New File Name
Name NEW01
Folder H:\8.5\
Part to reference
Name
OK
Cancel

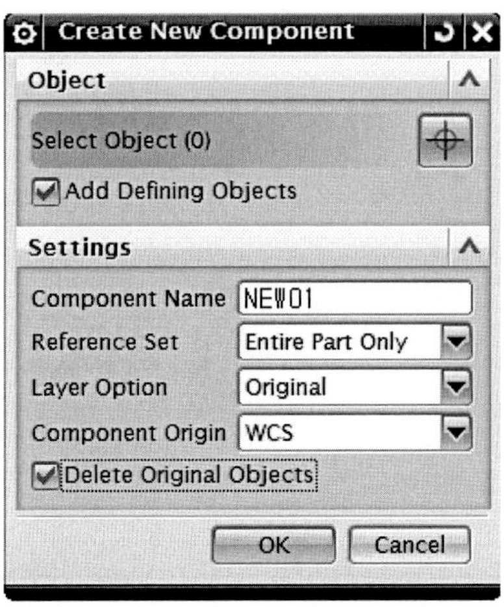
Create New Component
Object
Select Object (0)
Add Defining Objects
Settings
Component Name NEW01
Reference Set Entire Part Only
Layer Option Original
Component Origin WCS
Delete Original Objects
OK
Cancel

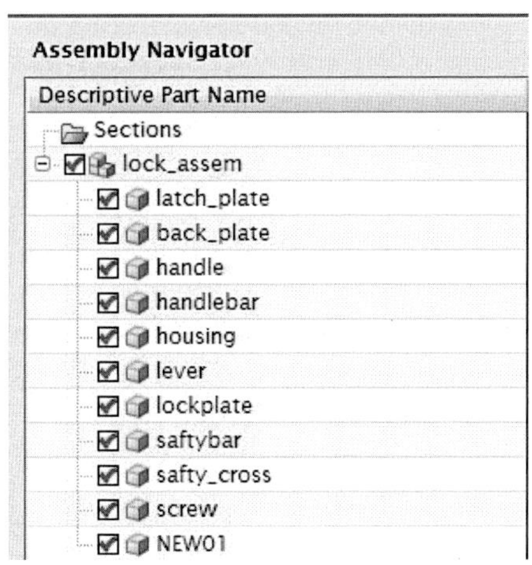
Assembly Navigator
Descriptive Part Name
Sections
lock_assem
latch_plate
back_plate
handle
handlebar
housing
lever
lockplate
saftybar
safty_cross
screw
NEW01

Create New Parent

Assemblies →Components →Create New Parent

현재 Displayed된 상태에서 Parent Component를 생성한다.

01 Create New parent를 선택한다.

02 Parent라고 이름을 정의한다.

03 OK 또는 Apply 한다.

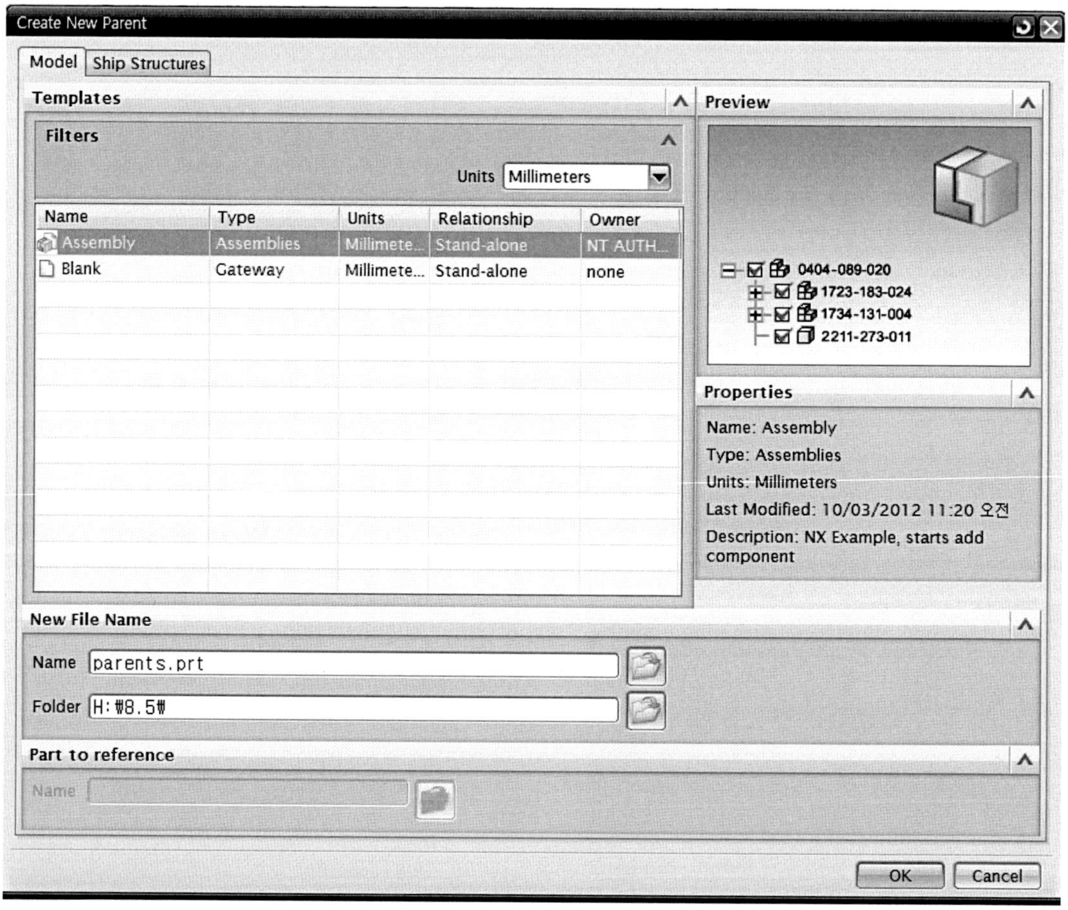

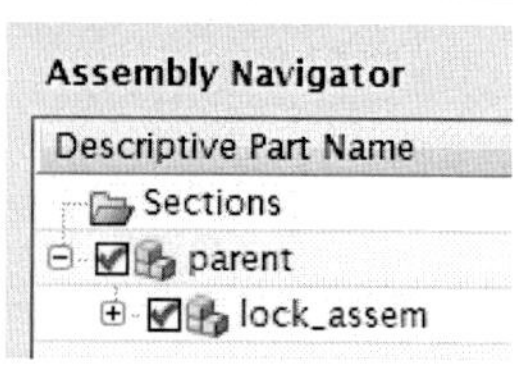

위의 그림처럼 상위에 Parent Component가 생성됨을 알 수 있다.

Create Component Array

Assemblies → Components → Create Component Array

- Linear : X Y방향의 선형으로 Array
- Circular : 원형으로 Component를 Array 생성
- 예제 : Linear(X Y 방향의 선형으로 Array)
  (Arrycom01.prt파일을 Open)

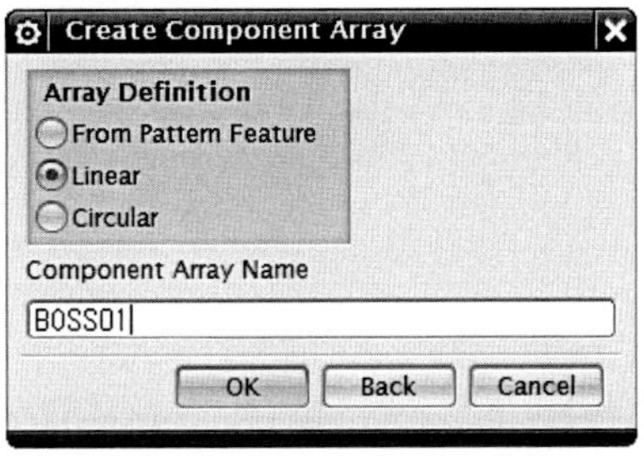

01 Assemblies → Components → Create Component Array 를 선택한다.
02 Class Selection에서 boss01을 선택하고 OK 한다.
03 Create Component Array 창에서 Linear를 선택한다.
04 OK 또는 Apply 한다.
05 방향 설정을 한다.

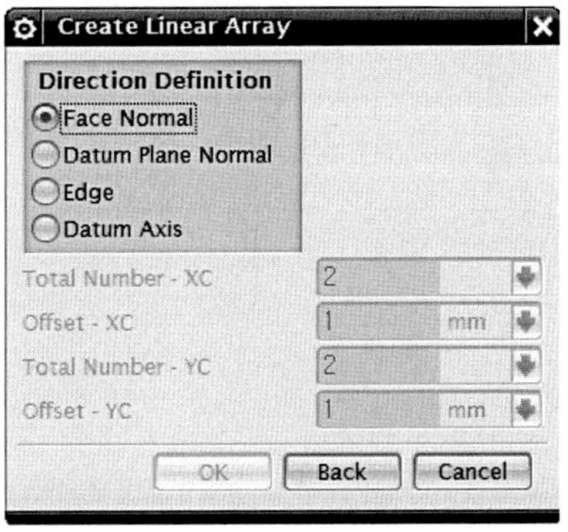

- Face Normal : 면을 선택하여 면에 Normal한 방향으로 정의한다.
- Datum Plane Normal: Datum Plane을 선택하여 법선 방향으로 방향을 정의한다.
- Edge : Edge를 선택하여 방향을 정의한다.
- Datum Axis: Datum Axis를 선택하여 방향을 정의 한다.

- Face Normal : 면을 선택하여 법선 방향으로 방향을 정의한다.
  X방향과 Y방향을 지정하기 위하여 아래와 같이 차례로 선택한다.

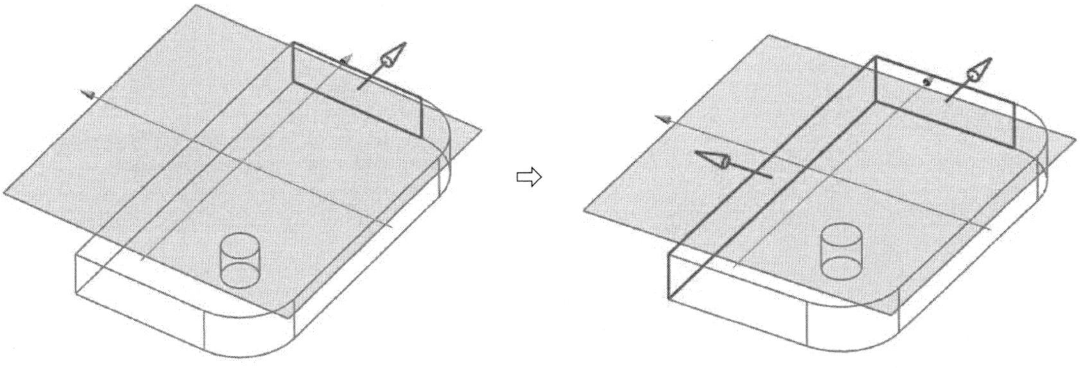

O6 XC의 개수=3, YC의 개수=2, XC방향 Component간의 거리=10mm, YC 방향 Component 간의 거리=10mm 를 입력한다.

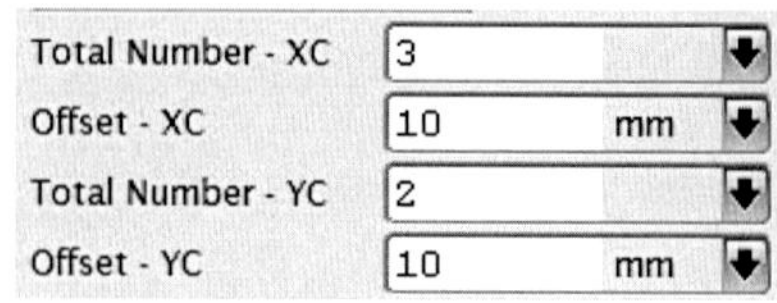

O7 OK 또는 Apply 한다.

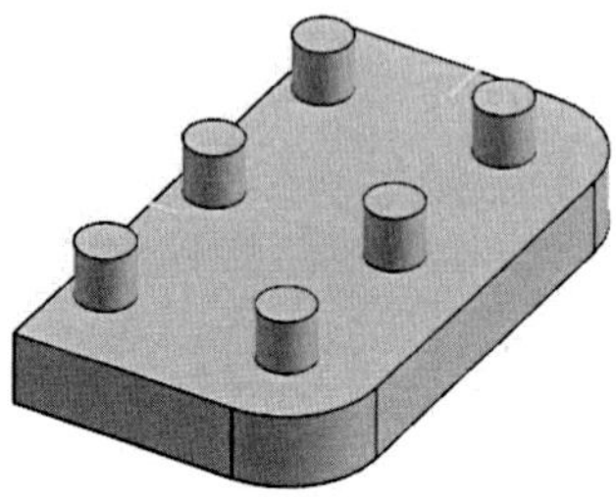

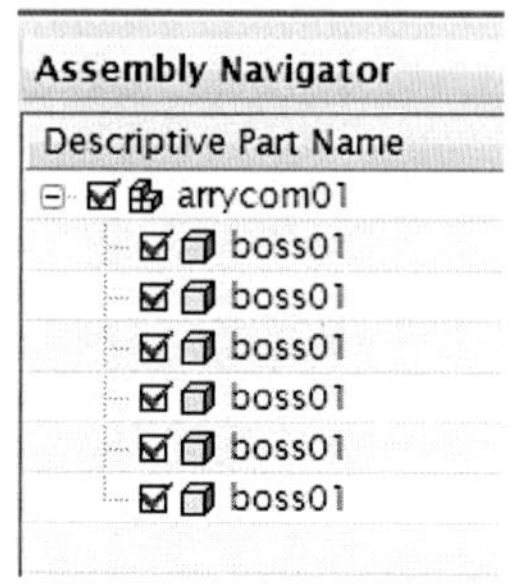

예제 : Circular(원형으로 Component를 Array)

Arrycom02.prt 파일을 open 한다.

O1 Create Component Array를 선택한다.

O2 Circular를 선택하고 OK 한다.

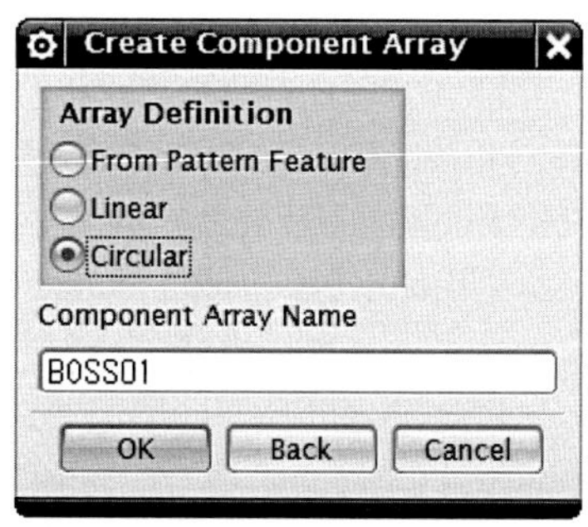

O3 기준이 될 축의 정의 방법을 Datume Axis로 선택하고 작업창의 Datum Axis를 선택한다.

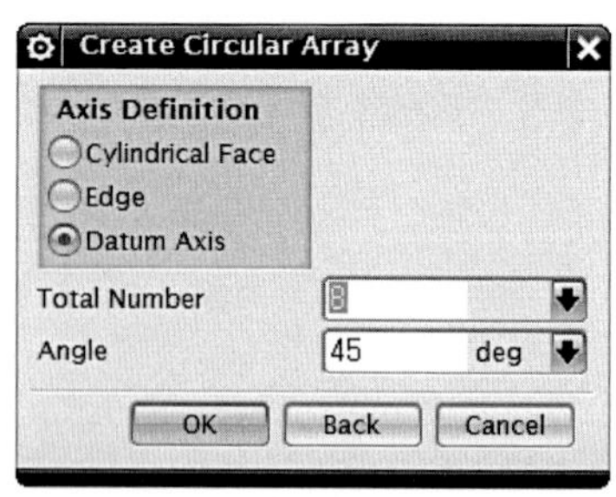

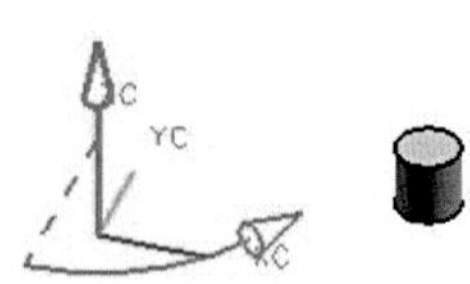

O4 전체 생성될 Component의 개수=8, 축에서 컴포넌트간의 각도=45

O5 OK 또는 Apply 한다.

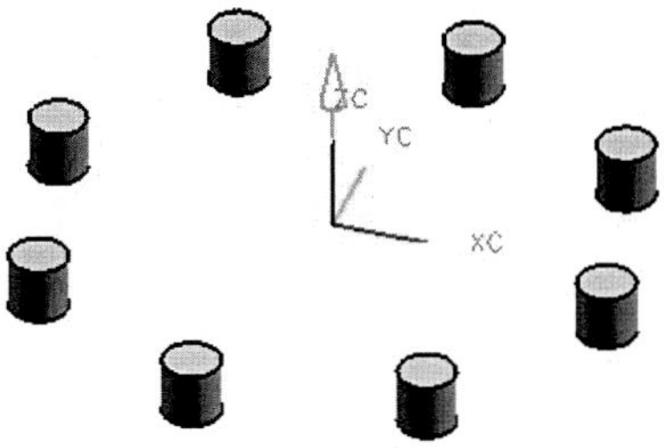

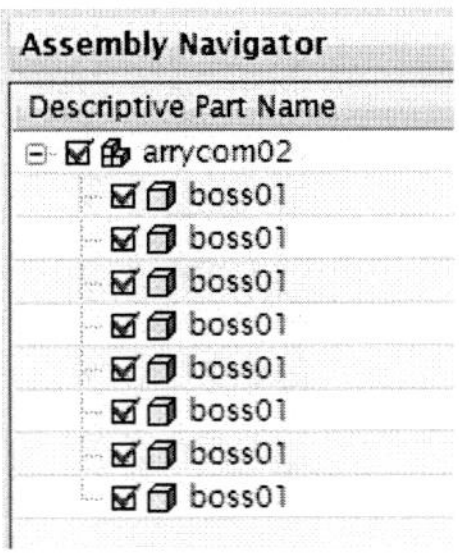

Substitute component

Assemblies → Components → Substitute Component

현재 사용하고 있는 Component를 다른 Component로 교체한다.

이때 교체할 Component는 이미 Assembly에서 구성되어진 Component나 외부에 있는 Part 파일이나 모두 가능하다.

O1 lock_assem.prt의 File을 Open 한다.

O2 Substitute Component를 선택한다.

O3 Class Selection 창에서 교체하고자 하는 Component로 latch_plate를 선택

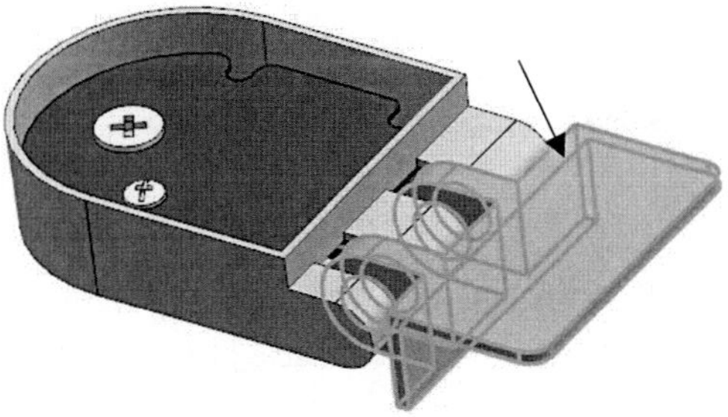

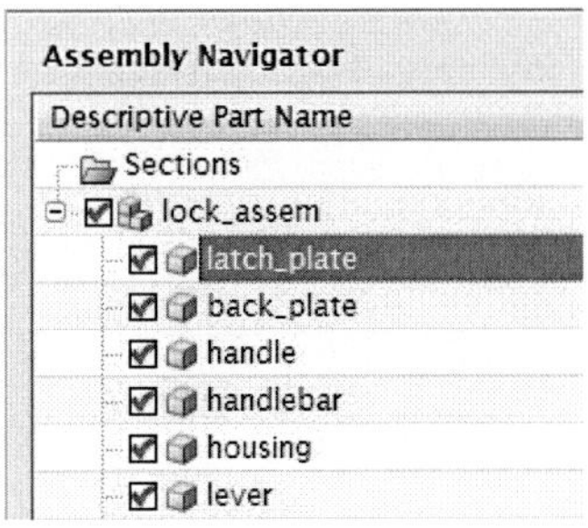

04 아래와 같은 창이 나타남을 볼 수 있다.

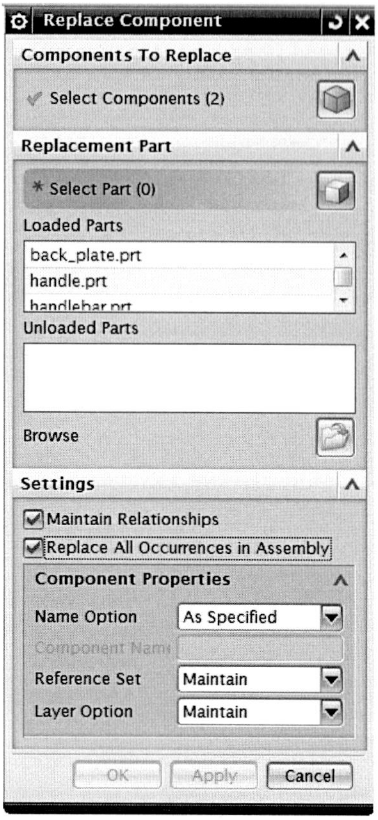

- Component To Replace : 교체 될 Component 선택
- Replacement Part : 교체 할 Component 선택
  1) Loaded 된 List 창에서 선택 또는
  2) Browse에서 해당 Directory를 찾아 Open
- Maintain Relationships : Component 교체 후 Assembly 구속 및 속성에 대해 연관 관계를 유지 옵션
- Replace All Occurrences in Assembly : Component 교체시 Array된 Component에 대한 유지 옵션

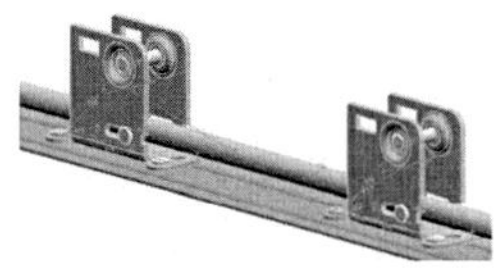

▲ Option On

▲ Option Off

- Option Off : 하나의 Component에만 Replace 적용
- Option On : All Array Component 에 적용
- Component Properties
  Component Name : 교체되는 Component의 이름 정의
  Reference Set : Reference Set을 정의
  Layer Option: Layer의 Option을 정의

05 Remove and Add 선택 또는 MB2 선택

06 교체되는 Component(back_plate2.prt)의 상태를 정의

07 OK 한다.

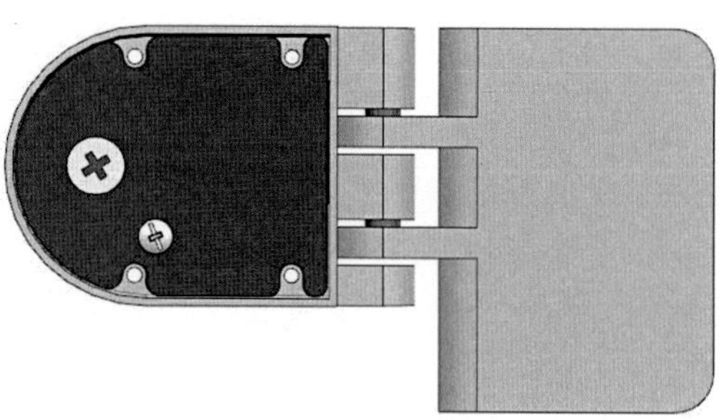

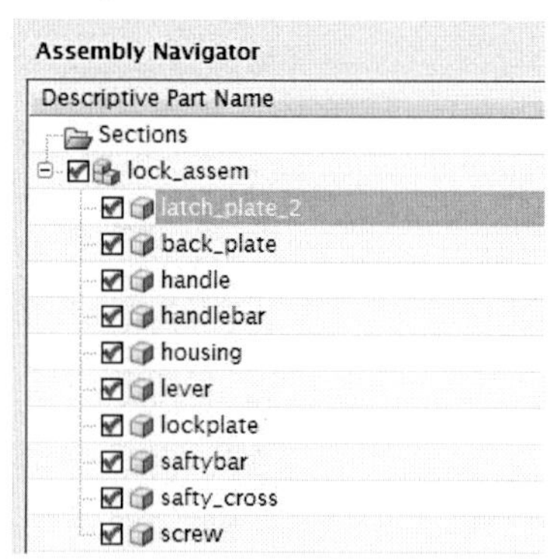

Mate Component

Assemblies → Components → Mate Component

Mating 구속조건을 사용하여 Component에 구속을 부여한다.

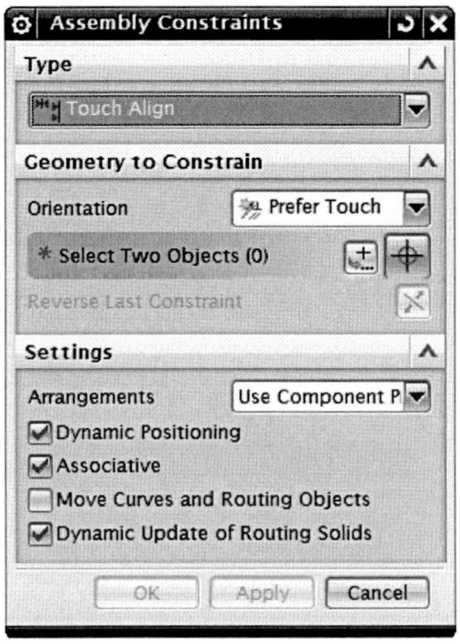

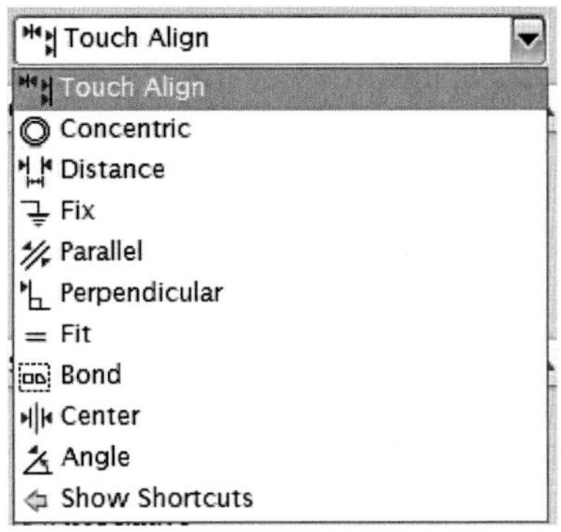

Touch(결합구속) : 두 개의 Component가 평면상에서 서로 마주보는 구속

[파일명: mating01.prt open]

01 Assembly Constrains 활성화

02 Type에서 Touch Align 선택

03 Orientation에서 Touch 선택

04 From Face와 To Face를 선택함

(첫 번째 선택 : 이동)

(두 번째 선택 : 고정)

05 OK or Apply 한다.

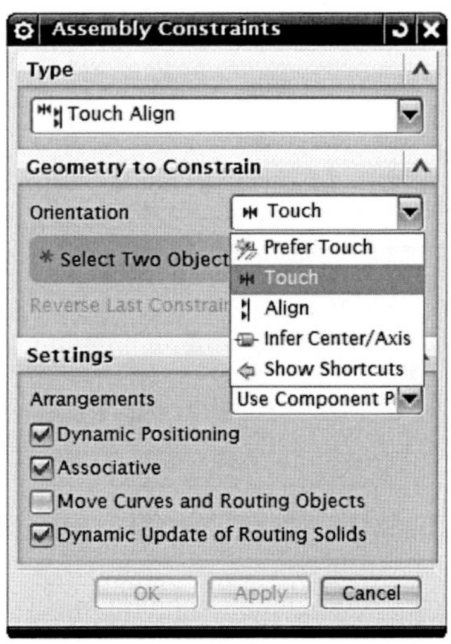

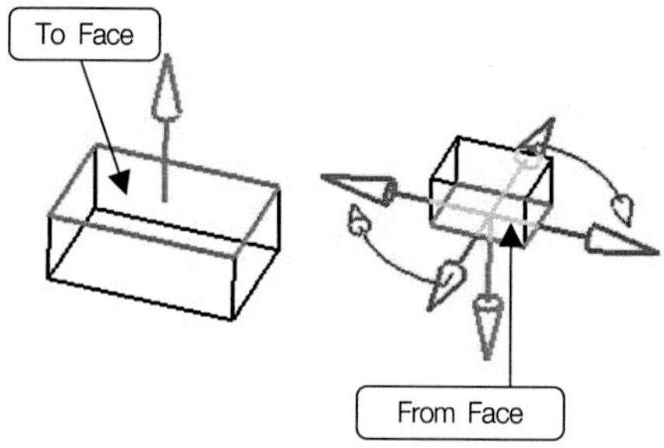

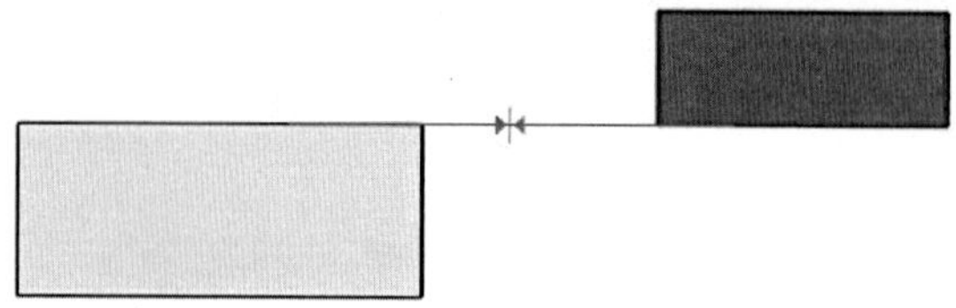

Align(정렬구속) : 두 개의 Component가 같은 방향으로 정렬하는 구속

[Mating01.prt] open

01 Align 구속을 활성화 시킨다.
02 From Face와 To Face를 선택한다.
03 OK 또는 Apply 한다.

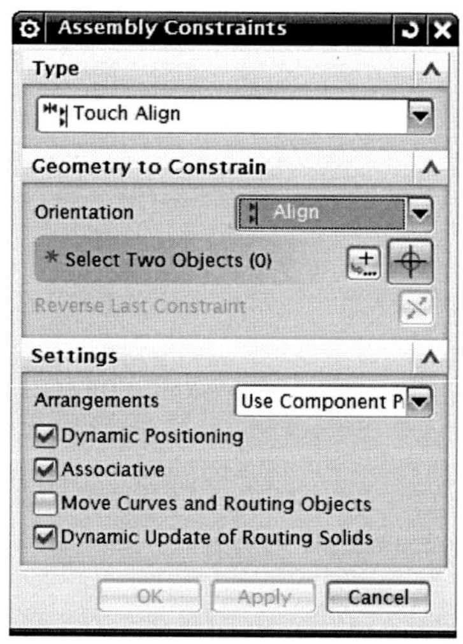

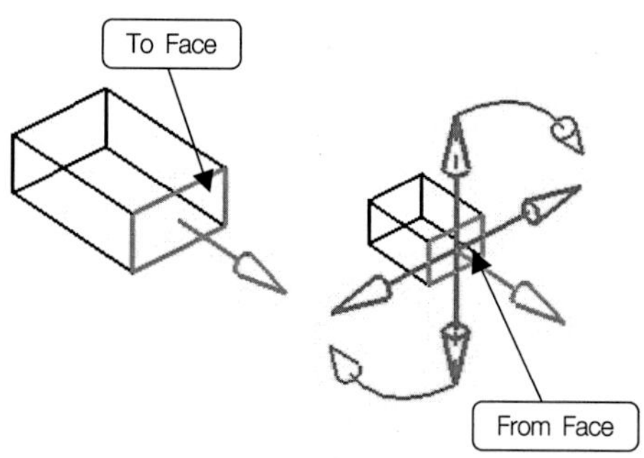

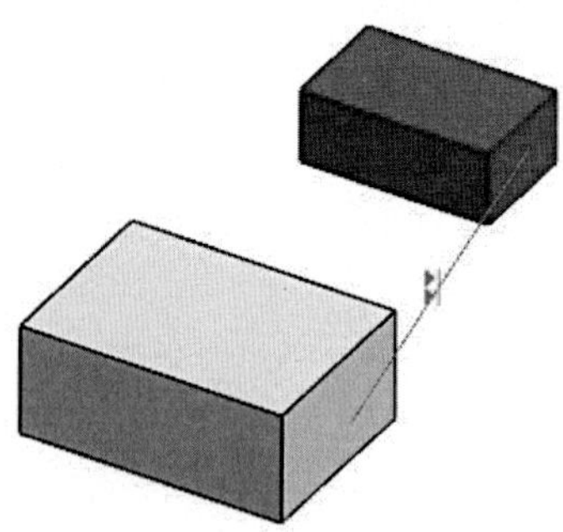

Infer center/Axis : 두개의 Components가 축을 기준으로 구속

[Mating02.prt] open

01 Align 구속을 활성화 시킨다.
02 Infer Center/Axis 선택
03 From Axis와 To Axis를 선택한다.
04 OK 또는 Apply 한다.

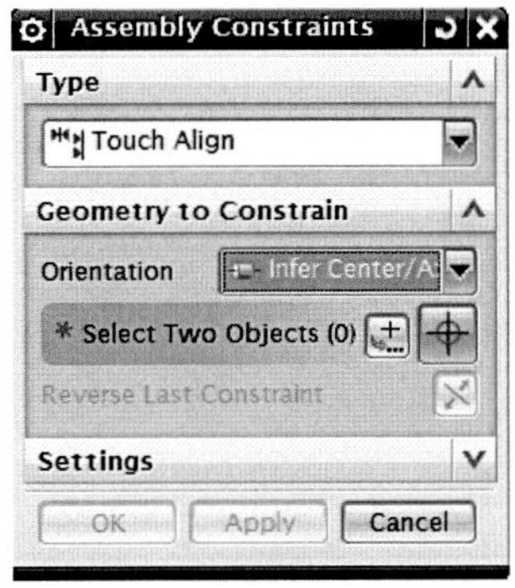

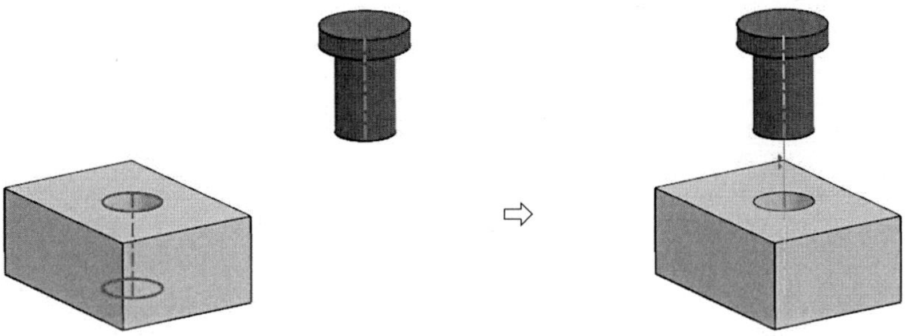

Angle(각도구속) : 두 개의 Components가 일정한 각도를 갖는 구속

[Mating01.prt] open

01 Mate 구속으로 각각의 면을 구속

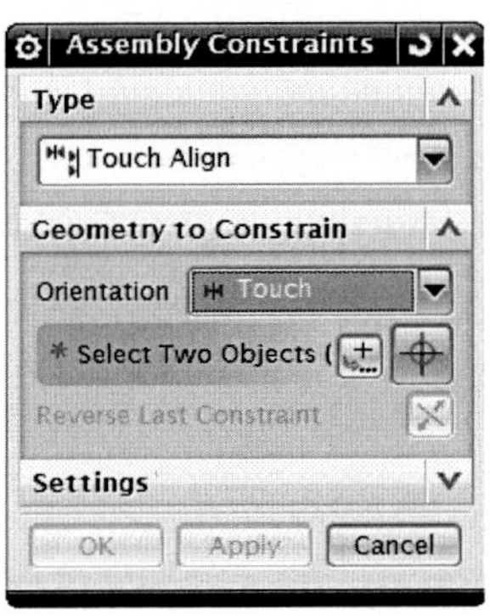

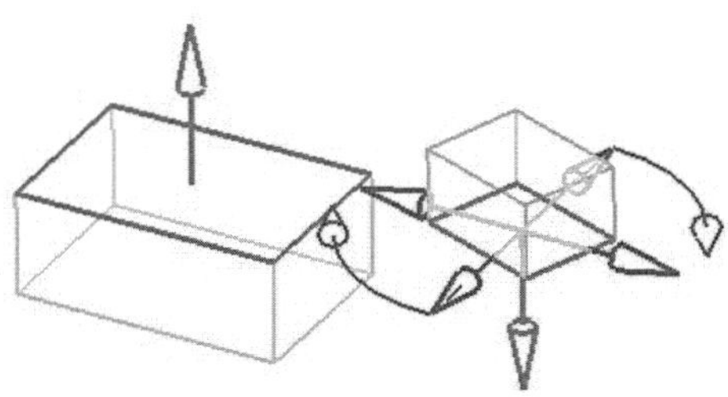

02 Align 구속으로 두 개의 Edge를 구속

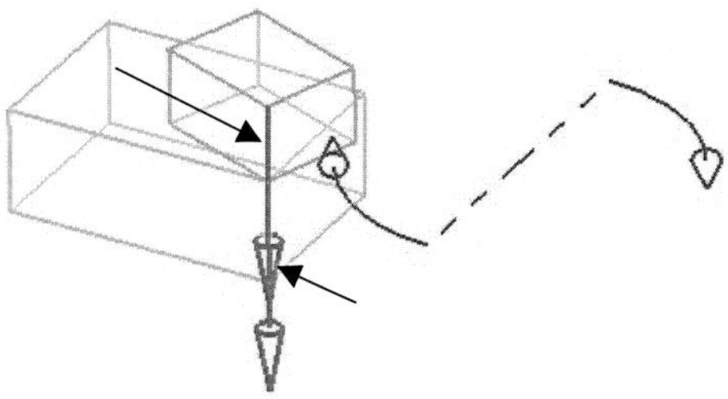

03 Angle 구속을 활성화 시킨다.

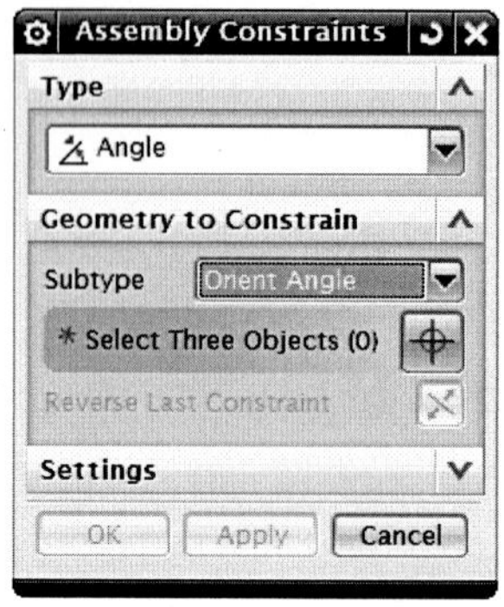

04 From Face와 To Face를 선택하고 20도를 넣는다.

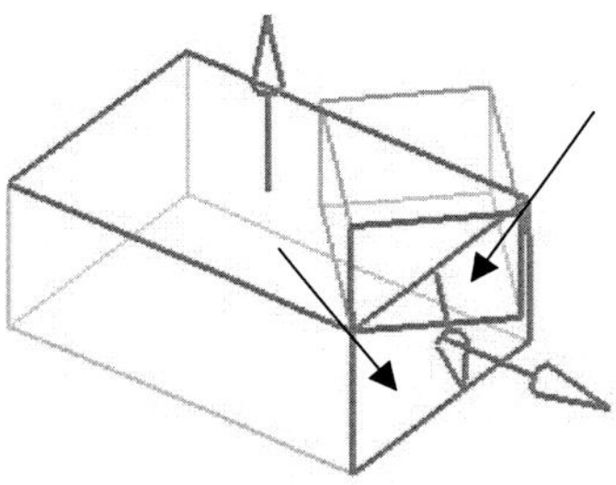

05 OK 또는 Apply 한다.

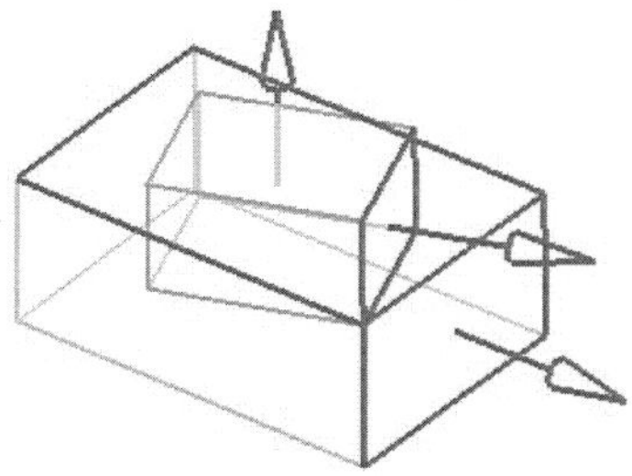

Parallel(평행구속) : 두 개의 Component가 평행하게 되는 구속

[Mating01.prt] open

01 From Face와 To Face를 선택

- From Face : 이동 할 Component
- To Face : 고정 Component

02 OK 또는 Apply 한다.

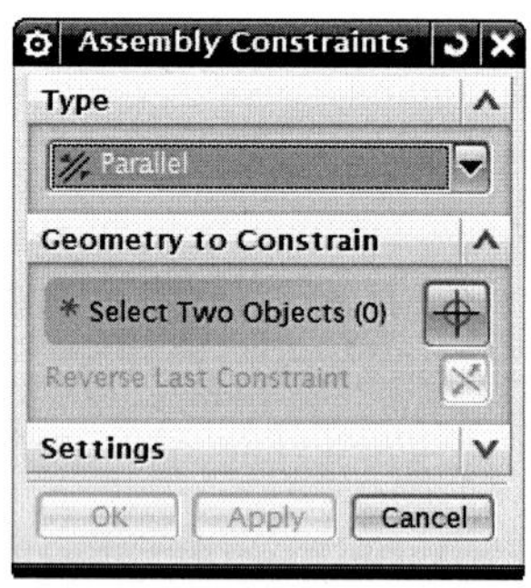

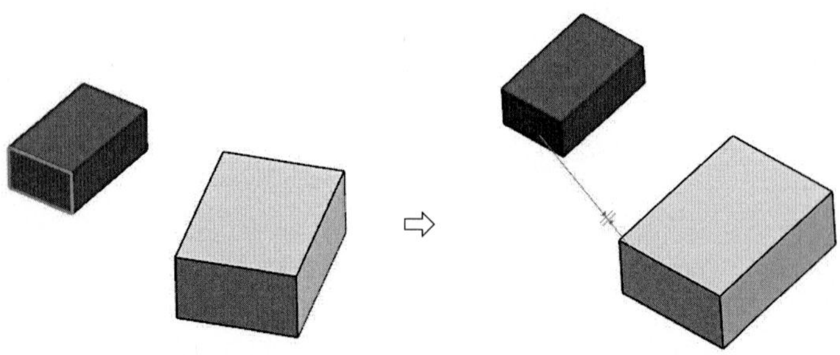

Perpendicular(수직구속) : 두 개의 Component가 서로 수직하는 구속

[Mating01.prt] open

01 From Face와 To Face를 선택
02 OK 또는 Apply 한다.

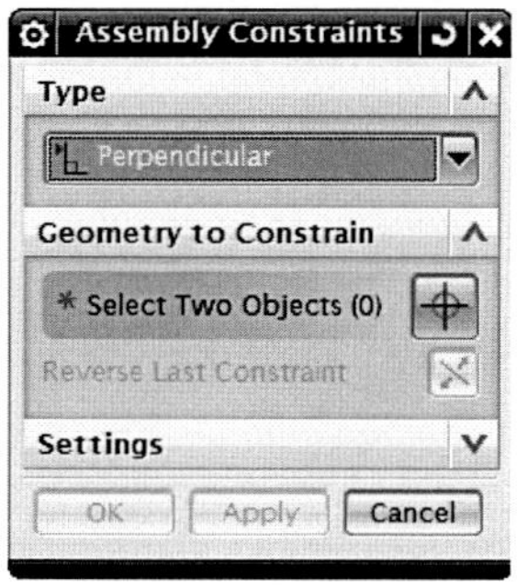

Center(중심구속) : 원통형상일 경우는 원통면을 선택하여 같은 축을 기준으로 정렬하게 되며 면의 중심을 찍으면 면과 면사이의 중심에 위치하게 된다.

Center Object : 1 TO 2상태

[Mating04.prt] open

01 From Face(centerline)와 2개의 To Face를 선택
02 OK or Apply 한다.

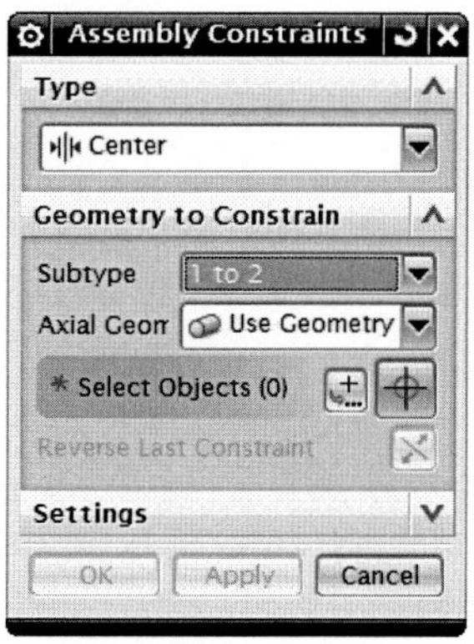

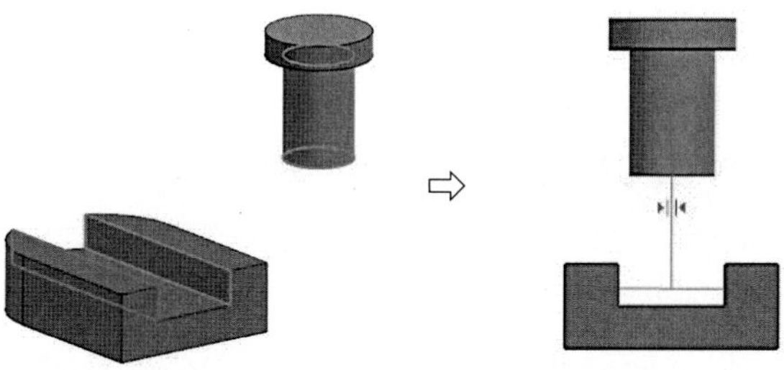

Center Object : 2 TO 2 상태

[Matig05.prt] open

01 From Face 선택 To Face 선택

02 Second From 선택 Second To 선택

03 OK or Apply

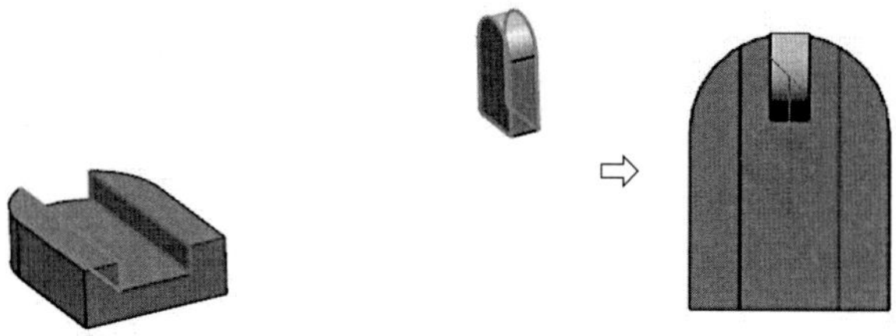

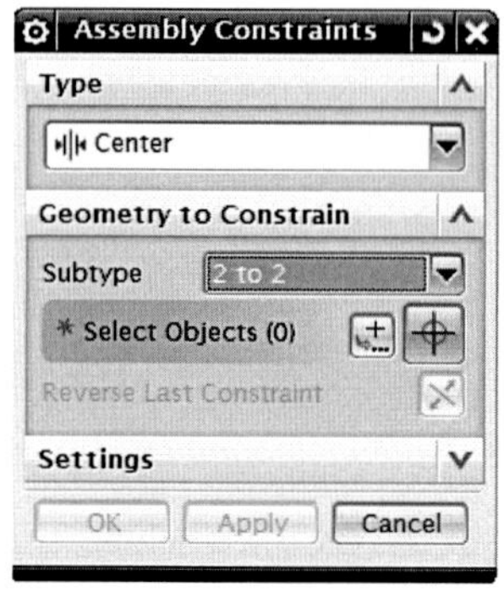

Distance(거리구속) : 두 개의 Component가 일정한 거리를 갖는 구속

[Matig05.prt] open

01 From Face 선택 To Face 선택 후

02 거리 값 30mm 입력

03 OK or Apply

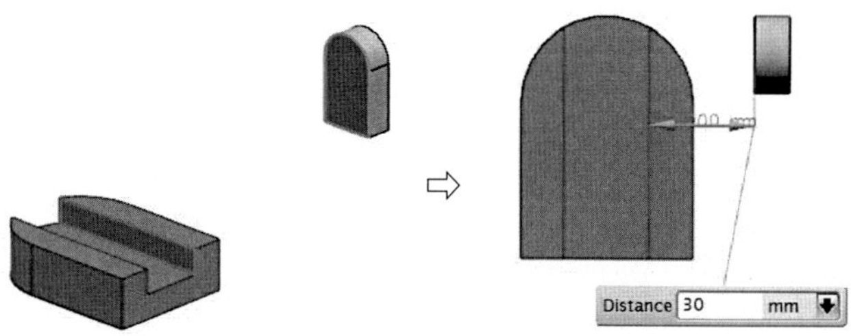

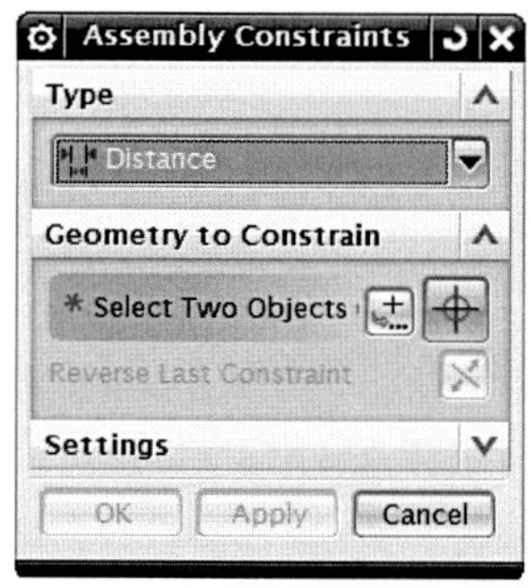

Move Component

Assemblies → Components → Move Component

Component의 위치이동이나 회전 등이 가능하고 wcs 형상의 Handle이 생성된다. 또한 Motion Animation을 통하여 구속의 여부를 확인할 수 있다.

Hole_ punch_ assem 파일을 open한다.

Navigator 상에서 아래와 같이 hp _punch _block을 선택– → MB3 → Move을 선택

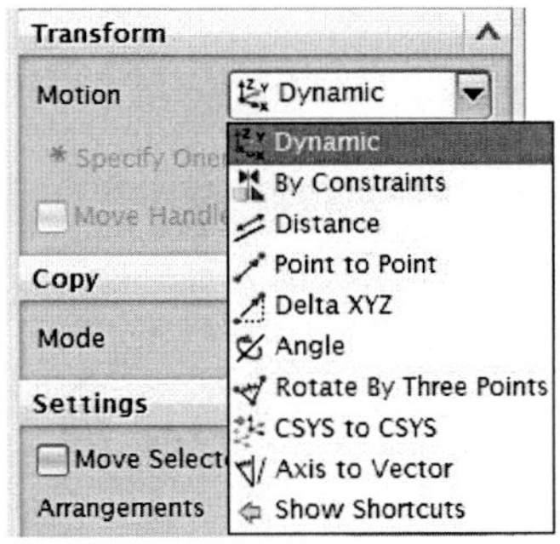

- Move Object : 형성된 Handle을 움직여 Component의 위치를 Transform의 방법을 사용하여 이동시킨다.
- Move Handle Only : Object와는 관계없이 Handle의 위치만을 이동시킬 때 사용한다.(CSYS만 위치지정 할 때)

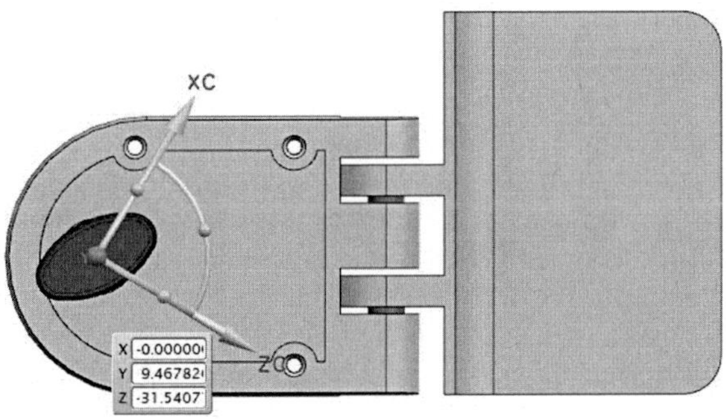

Mirror Assembly

▌Assemblies → Components → Mirror Assembly

Component를 Datum을 기준으로 Mirror시키는 기능이며 결과적으로는 Array 기능과 비슷한 결과를 갖게된다.

단, Modeling 때와는 다르게 Mirror Assemblies Wizard가 별도로 구동된다.

원하는 스텝에서 옵션을 선택한 후 Next하여 생성시키며 도중에 Datum Plane도 만들 수 있다.

01 arrycom01.prt 파일을 open한다.

02 Mirror Assembly를 선택한다.

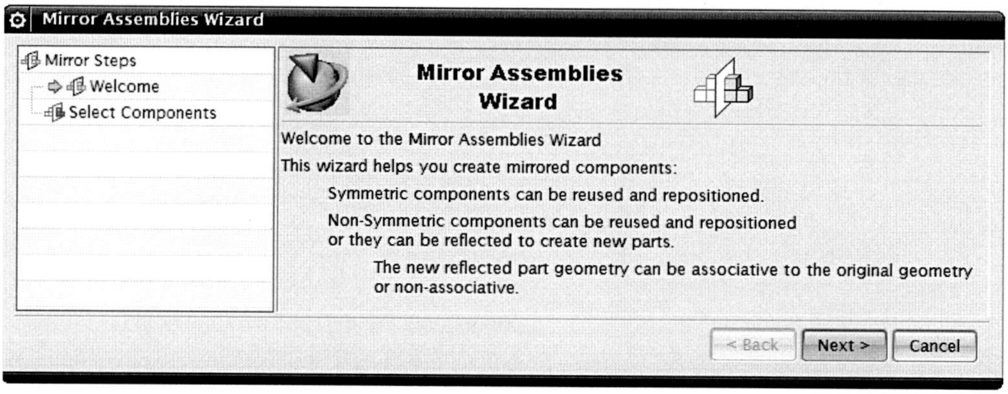

03 Next를 선택한다.

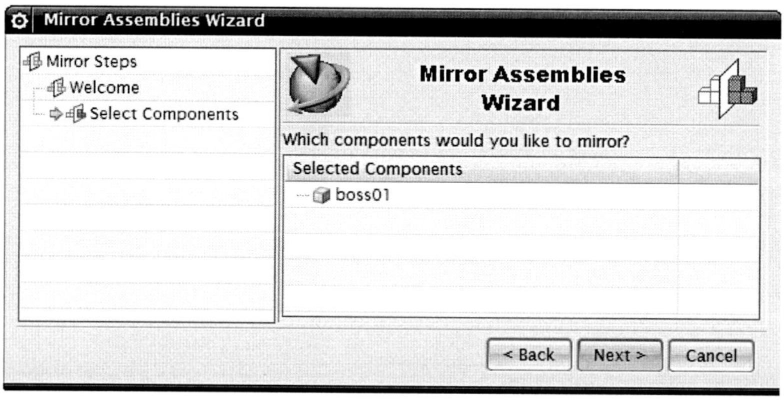

04 Mirror시키기 위한 boss 컴포넌트를 선택하고 Next를 선택한다.

05 Datum Plan 을 생성하기 위하여 Create Datum Plane을 선택한다.

06 Datum Plane 생성창이 나타난다.

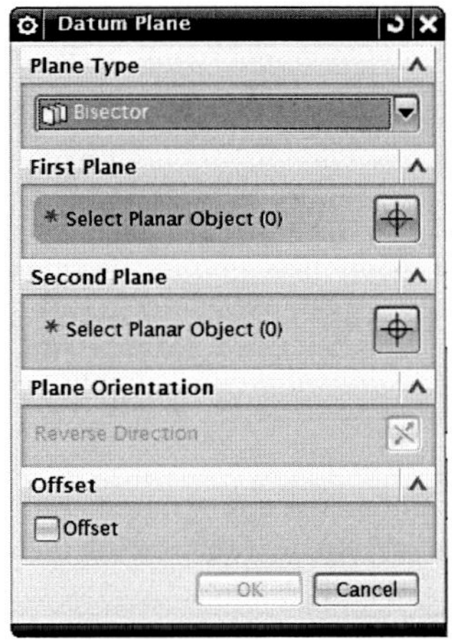

07 아래의 그림과 같이 좌측 면과 우측면을 순차적으로 선택하여 가운데에 위치하는 평면을 생성한다.

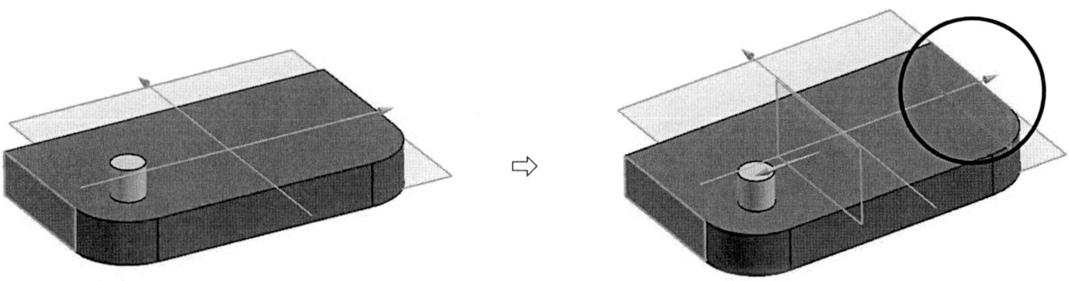

08 아래 그림과 같이 Datum Plan이 생성되면 Next로 다음 단계로 진입한다.

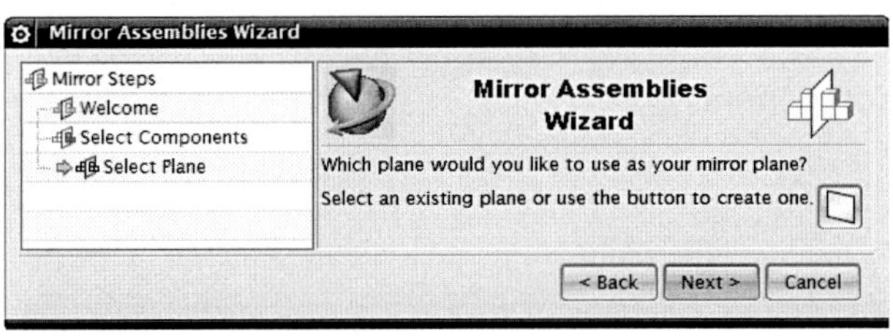

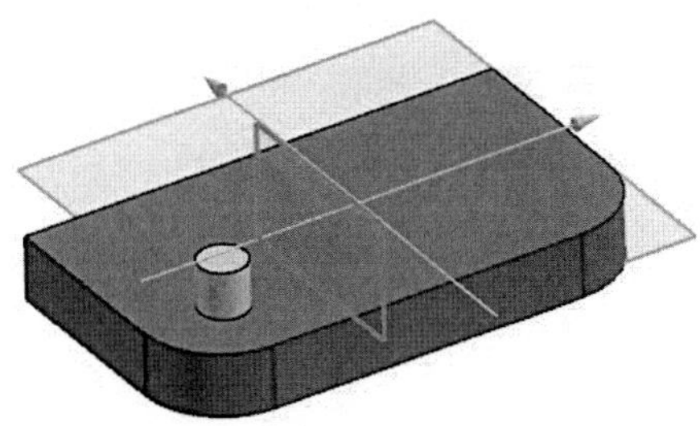

09 Boss01 Component를 List 상에서 선택하고 Next를 선택한다.

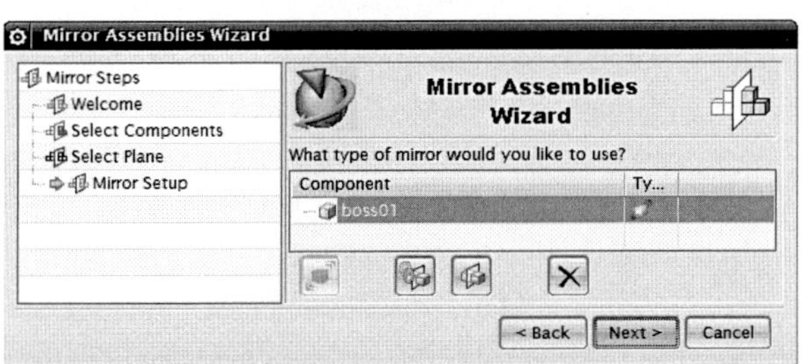

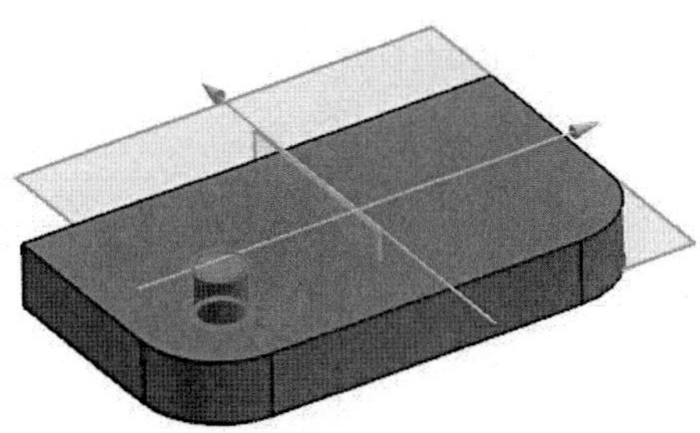

10 명령을 마치기 위하여 Finish를 선택한다.

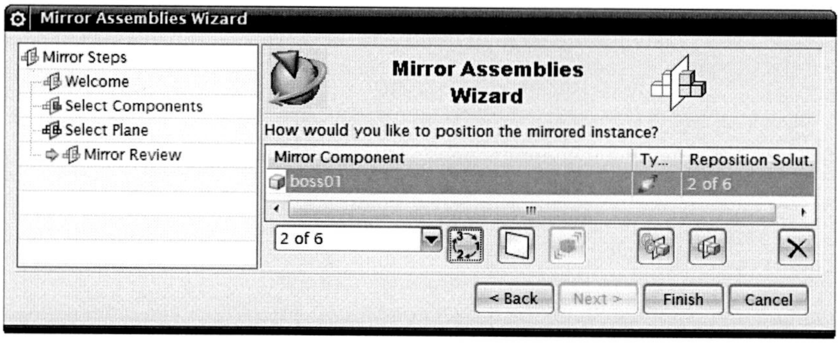

11 Datum Plan을 기준으로 Mirror 된 위치에 boss01이 생성됨을 확인할 수 있다.

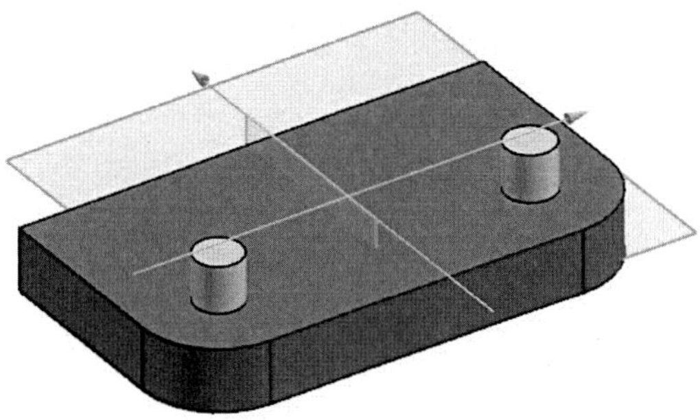

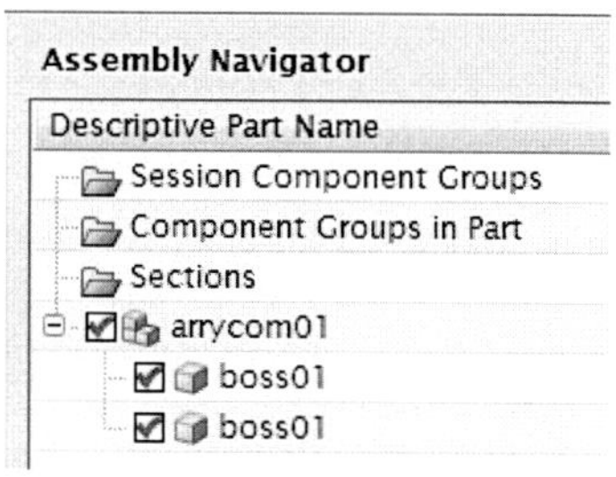

Suppress Component

▌Assemblies → Components → Suppress Component

선택한 Component를 Supress 시킨다.

Unsuppress Component

▌Assemblies → Components → Unsuppress Component

이전에 Suppress된 Component를 Unsuppress 시키는 기능

Edit Suppression State

▌ Assemblies → Components → Suppression State

Suppression 되어있는 상태를 제어한다.

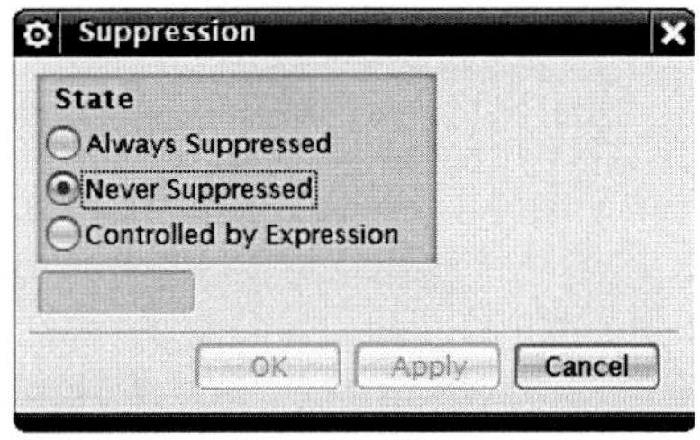

Edit Arrangement

▌ Assemblies → Components → Edit Arrangement

Assembly의 정렬을 관리하고 수정한다.

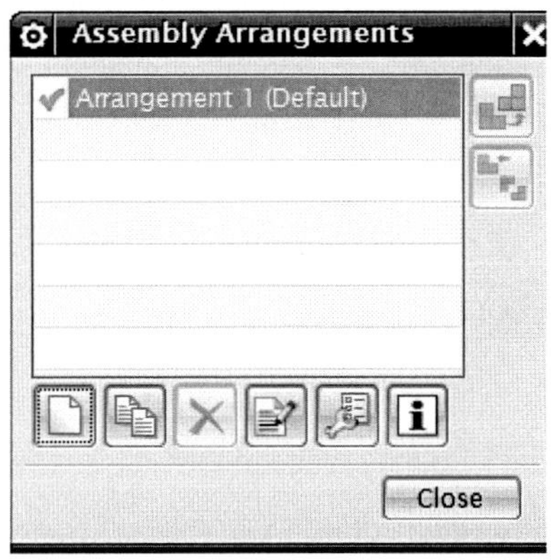

Replace Reference Set

▌ Assemblies → Replace Reference Set

참조되어 사용 될 형상을 교체하는 기능

01 Replace Reference Set 선택한다.

02 Class Selection에서 Reference Set을 바꾸고자 하는 컴포넌트를 선택한다.

03 아래의 창에서 바꾸고자 하는 Reference를 선택한다.(아래의 세가지는 Default임)

04 OK 또는 Apply 한다.

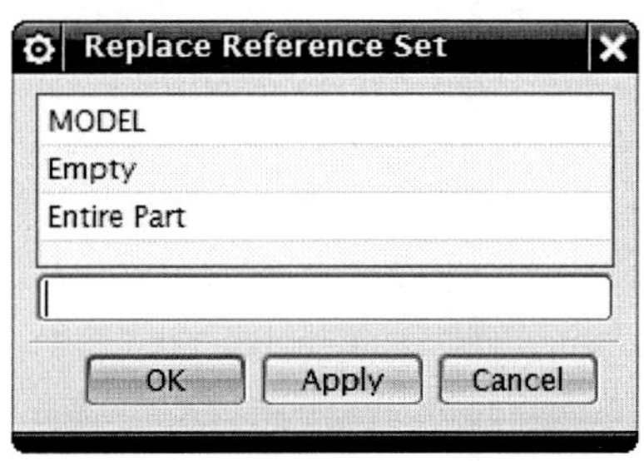

3. Part Family Update

▌Assembly → Components → Part Family Update

현재 Suppress 되지 않은 모든 Component가 Information창에 나타난다.

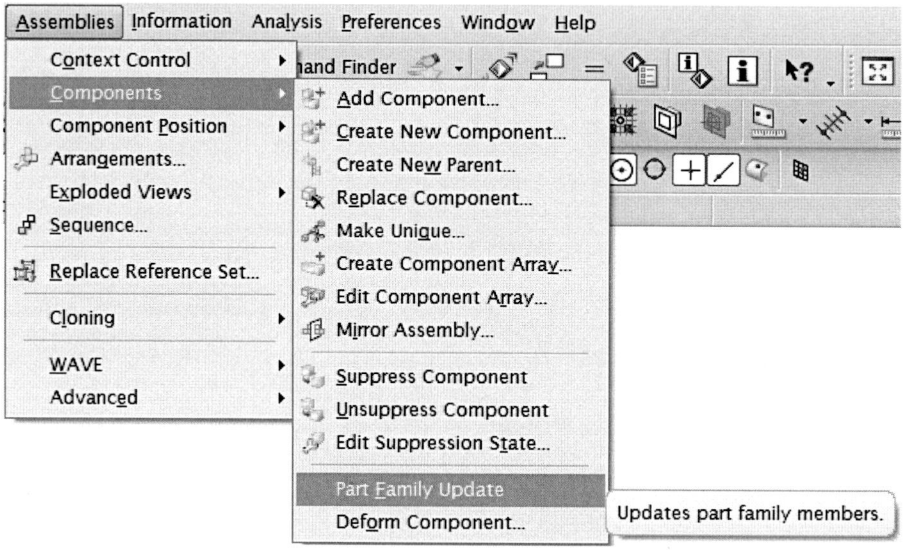

아래와 같이 바로 information 창이 나타난다.

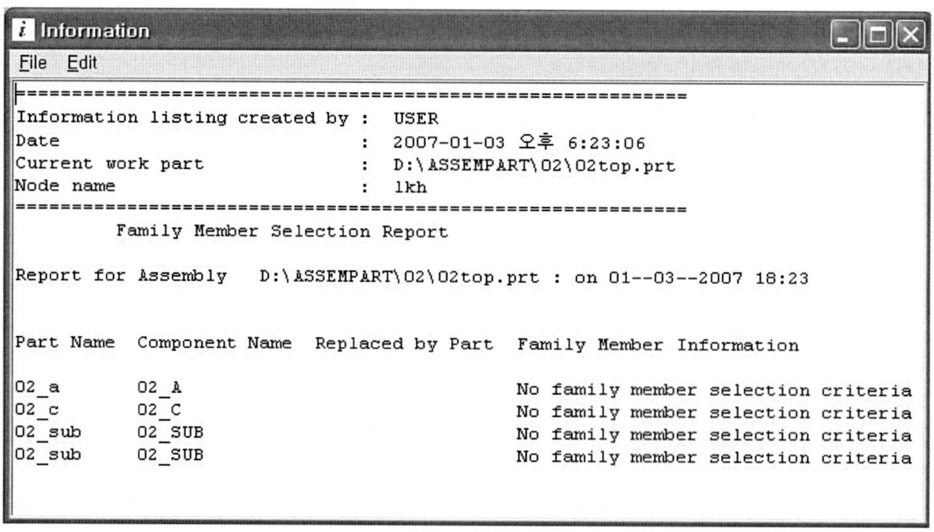

```
Information
File  Edit
============================================================
Information listing created by :  USER
Date                           :  2007-01-03 오후 6:23:06
Current work part              :  D:\ASSEMPART\02\02top.prt
Node name                      :  lkh
============================================================
         Family Member Selection Report

Report for Assembly   D:\ASSEMPART\02\02top.prt : on 01--03--2007 18:23


Part Name  Component Name  Replaced by Part  Family Member Information

02_a       02_A                              No family member selection criteria
02_c       02_C                              No family member selection criteria
02_sub     02_SUB                            No family member selection criteria
02_sub     02_SUB                            No family member selection criteria
```

03 Bottom _Up Assembly

1. Clamp Assembly 생성하기

01 File—New 선택

02 File name을 Assem _ Tongs로 써넣은 후 OK

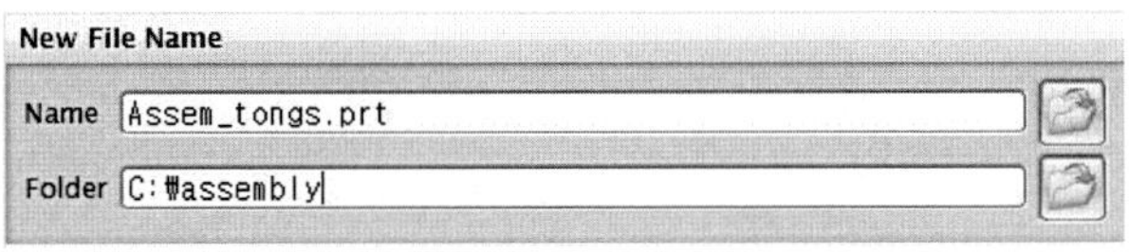

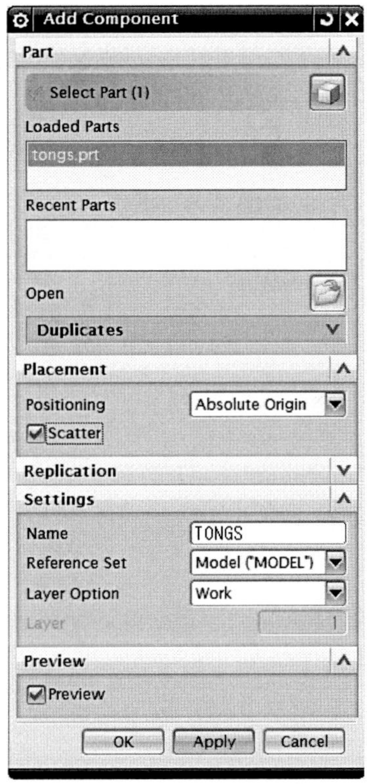

03 START—Modeling 선택

04 START — Assembly Application 선택

05 Assembly Navigator 를 open 한다.

06 Assemblies—Components—Add component 선택

07 Open 선택

08 Clamp_Base를 선택 한 후 OK 하면 아래와 같이 Component Preview Popup 창이 활성화됨

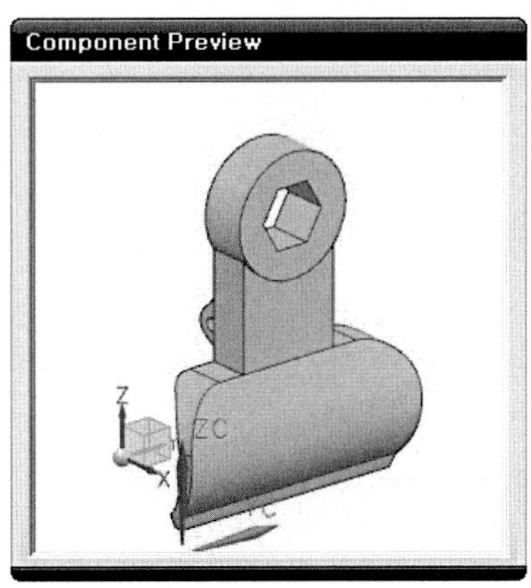

09 Reference Set은 Model로 설정, Positoning은 absolute Origin으로 설정, Layer Opytion은 Work로 선택한 다음 Apply 한다.

10 다음과 같이 추가된 Part 파일이 Recent Parts 리스트에 보여지며 화면상에 나타난다.

11 현 상태에서 다시 한번 Open을 선택 tongs _ 1을 선택, Reference set은 Model로 Positioning은 By Constraints로 Layer Option은 Work로 한다.

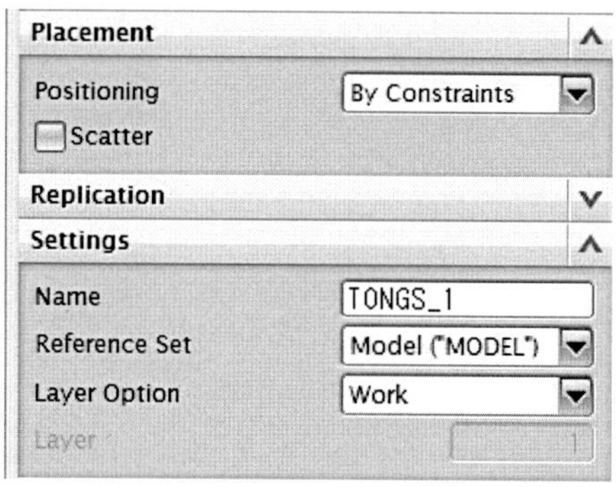

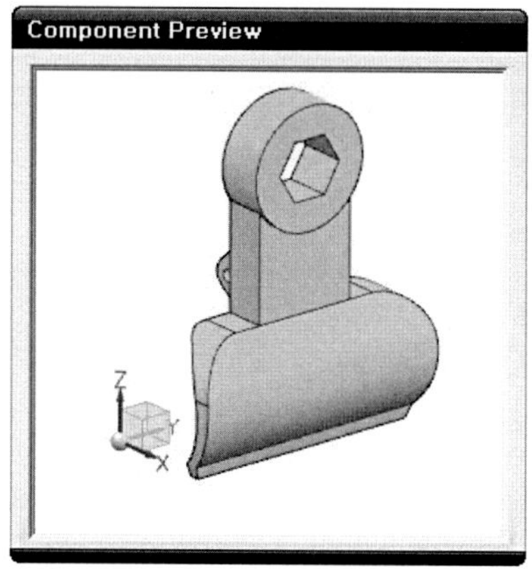

12 구속 방법을 Touch Align Type에서 Infer Center/Axis의 방법으로 한다.

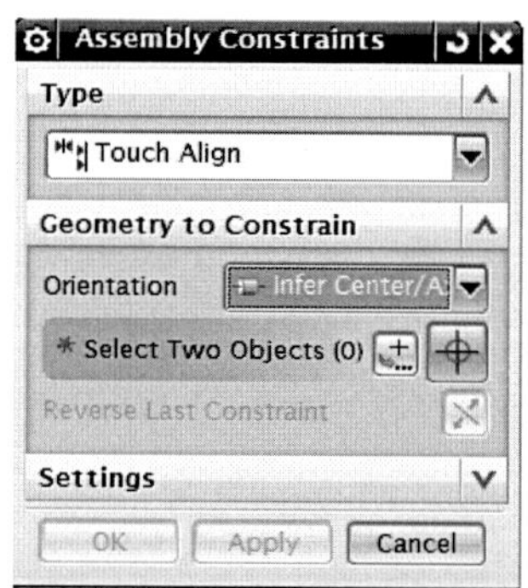

13 Preview 창에서 아래와 같이 Hole의 Centerline을 선택한다.

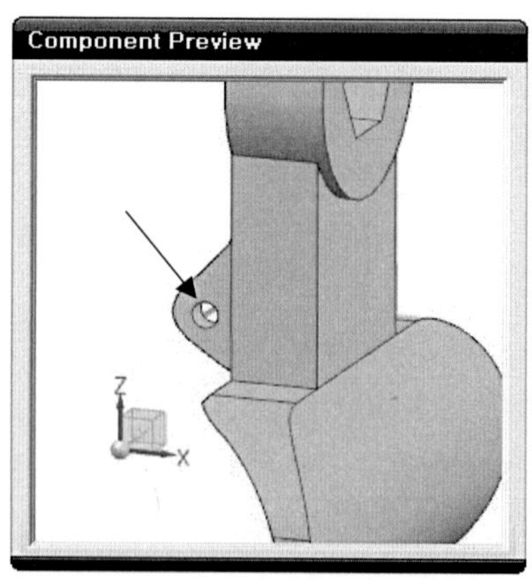

14 작업창의 Tongs에 조립 될 Centerline을 선택한 다음 Apply 한다.

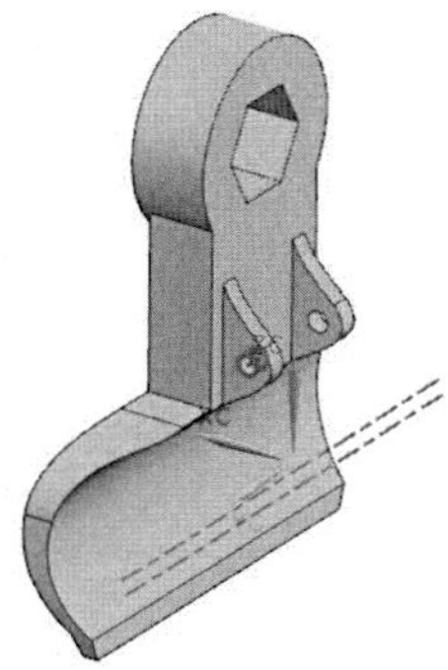

15 다음 그림과 같이 선택한 두 Centerline이 일치됨을 알 수 있다.

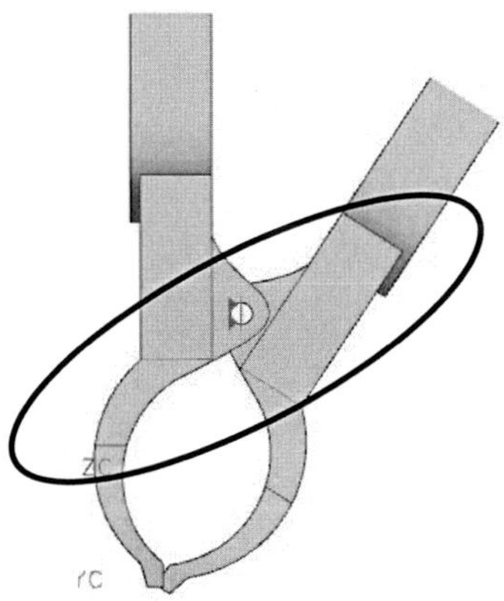

Reverse를 이용해 방향성을 바꾸고 Preview 창에서 Component in Maim Window를 켜야 미리 보기가 가능하다.

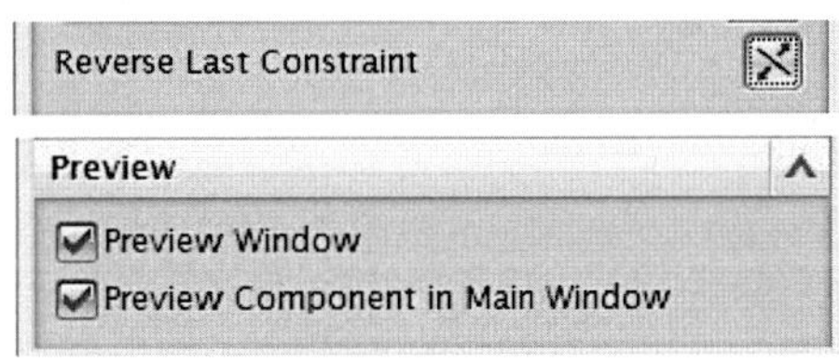

16 Assembly Constraints에서 Touch Align의 Touch를 선택 tongs_1의 좌측 면과, tongs 우측 면을 선택한다.

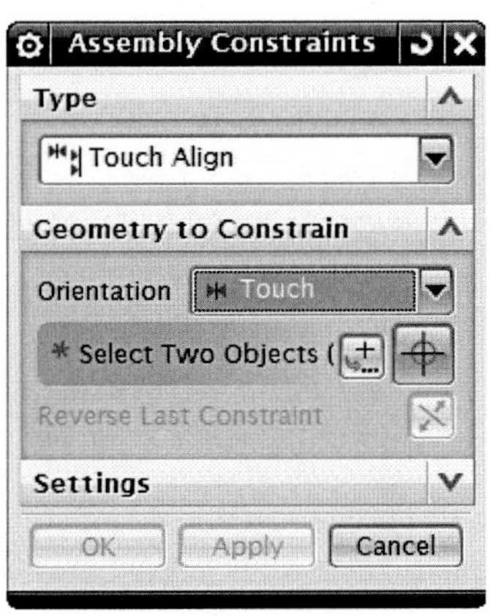

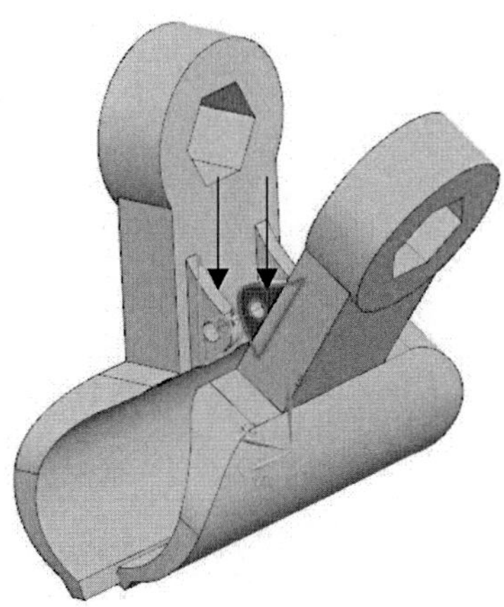

17 또 다른 측면의 Tongs_1의 좌측 면과, Tongs의 우측 면을 선택한다.

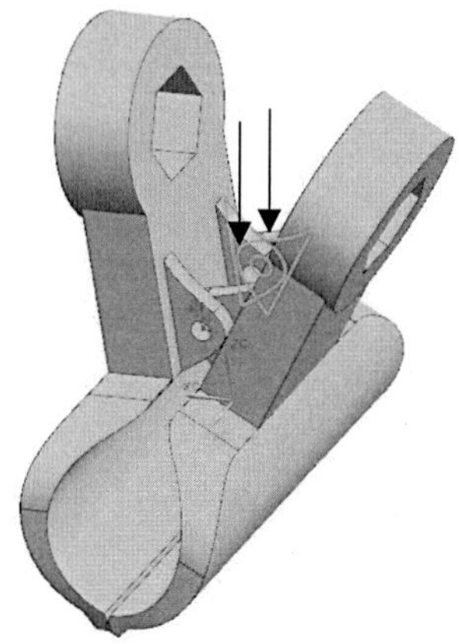

18 Apply 한다.

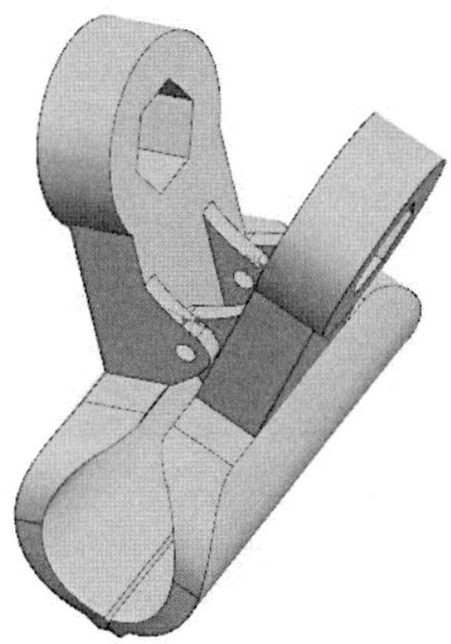

19 Assembly Constraints에서 Angle 선택

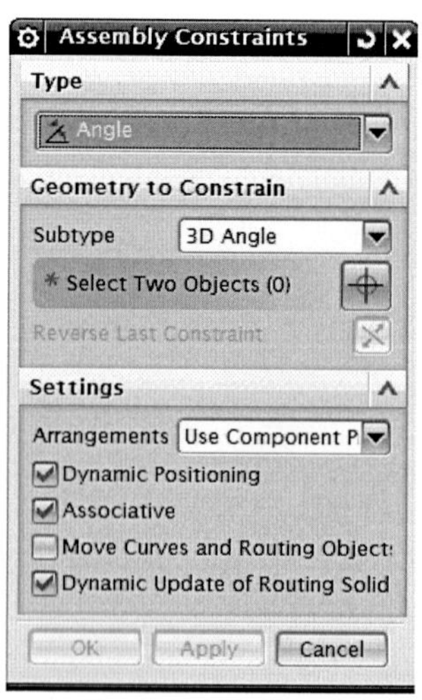

20 Tongs의 윗면을 아래와 같이 선택

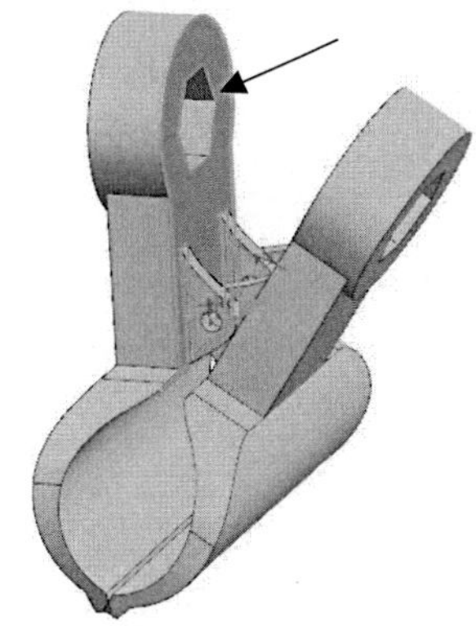

21 Tongs_1의 윗면을 아래와 같이 선택

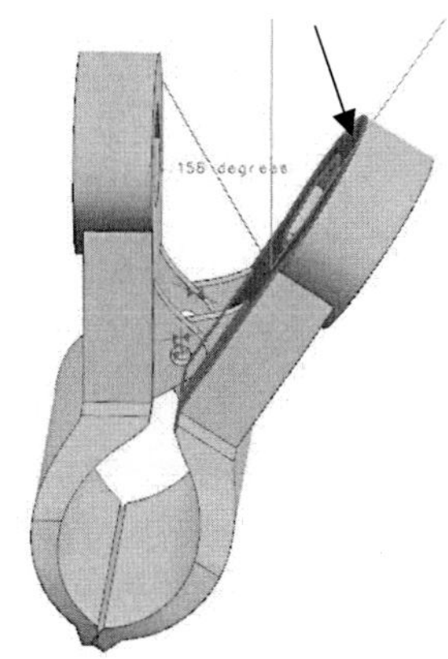

22 Angle 값은 22로 하고 Apply한다.

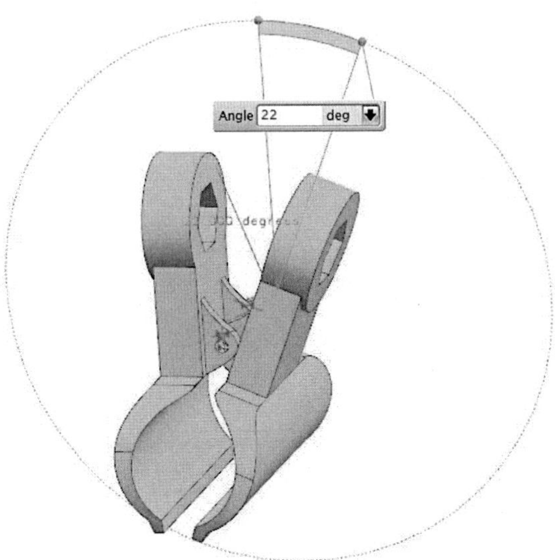

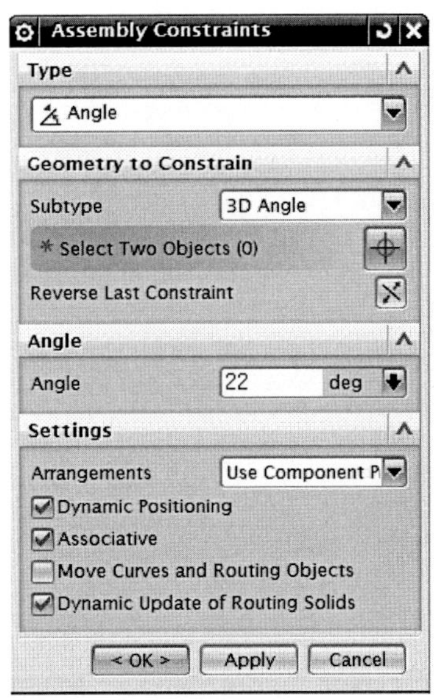

23 Assembly → Component → Add component 선택, Open을 선택 Pin 파일을 선택하고 OK한다.

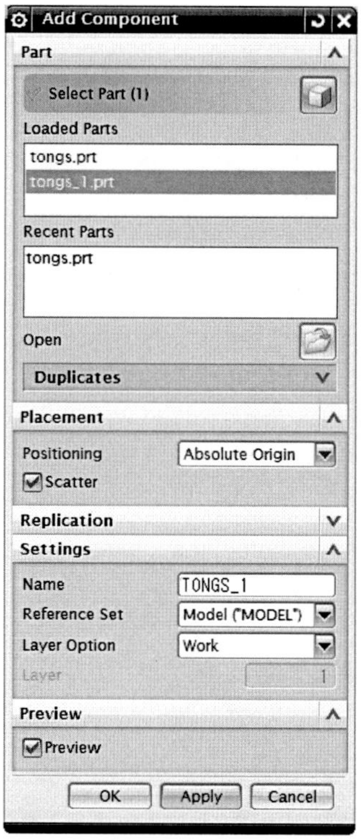

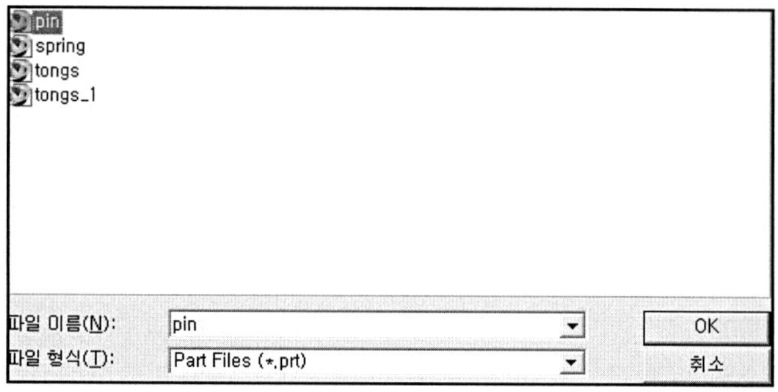

24 Reference set은 Model로, Positioning은 Move로 Layer Option은 Work로 한다.

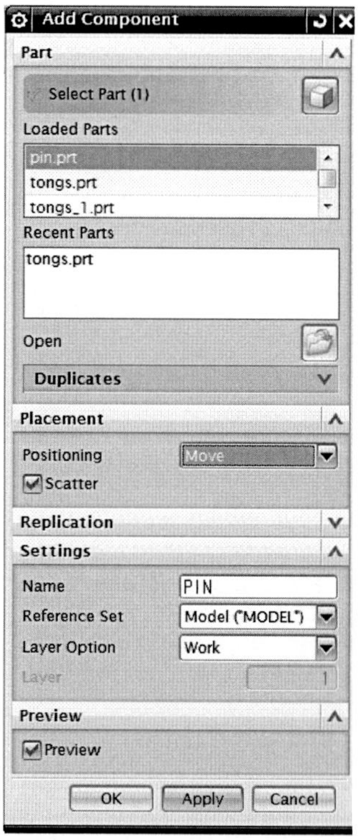

25 Apply 한다.

26 아래와 같이 창이 뜨면 원하는 임의의 위치 점을 선택하면 Component를 Move 할 수 있는 Option 창으로 제어 할 수 있다.

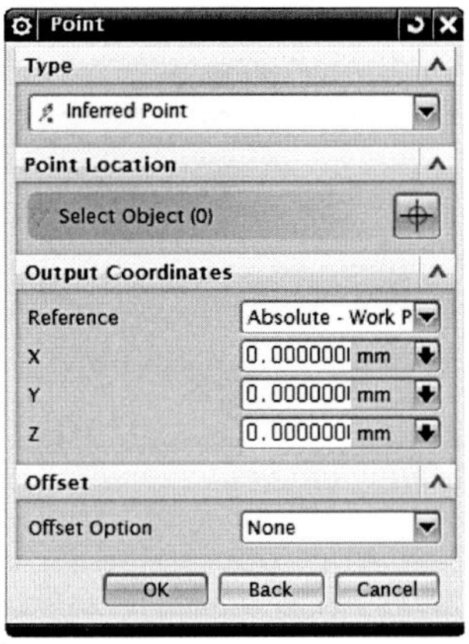

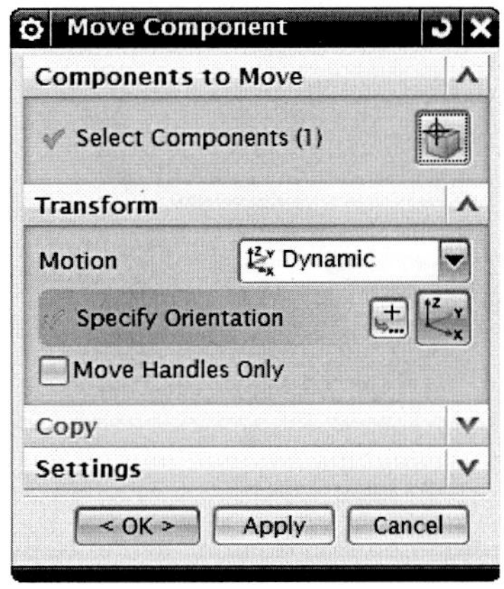

27 Move Option으로 Pin을 원하는 위치로 Drag하여 이동 시킬 수 있다.

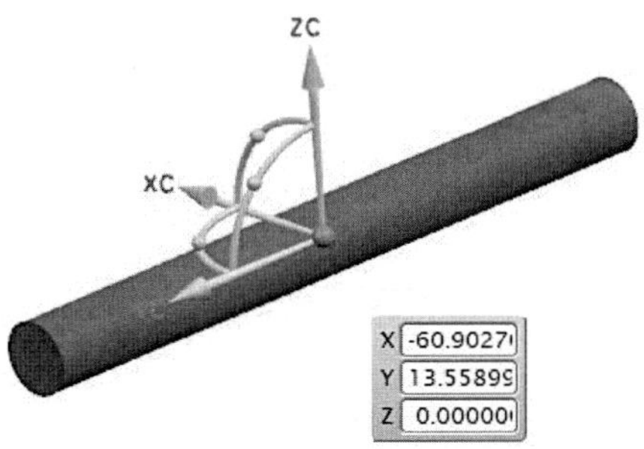

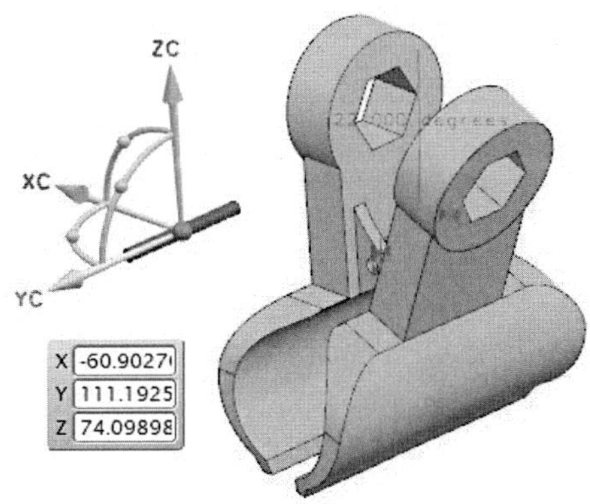

28 구속을 주기 위해 Assembly Constraints의 Touch Align 을 선택 아래와 같이 Option을 설정

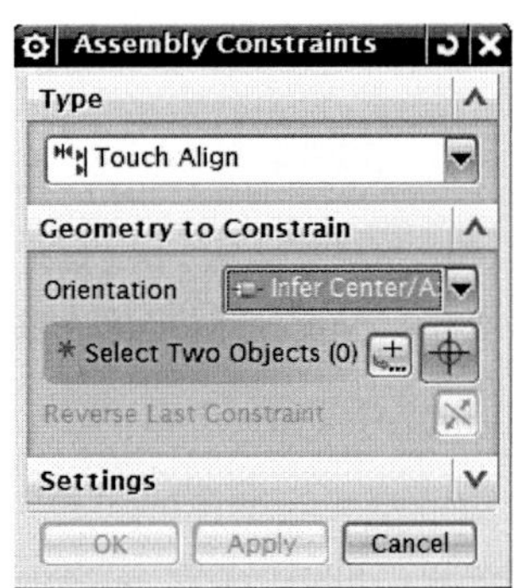

29 Pin의 축과 Tongs or Tongs_1의 중심축을 선택한다.

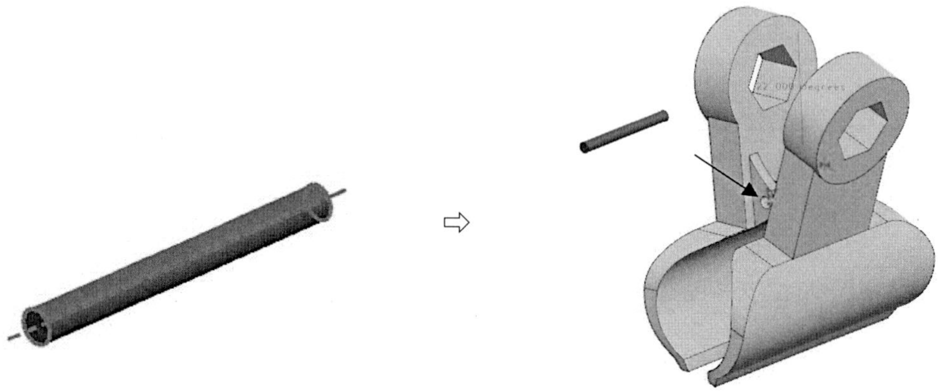

30 다음과 같이 중심축이 일치된 구속이 생성됨을 알 수 있다.

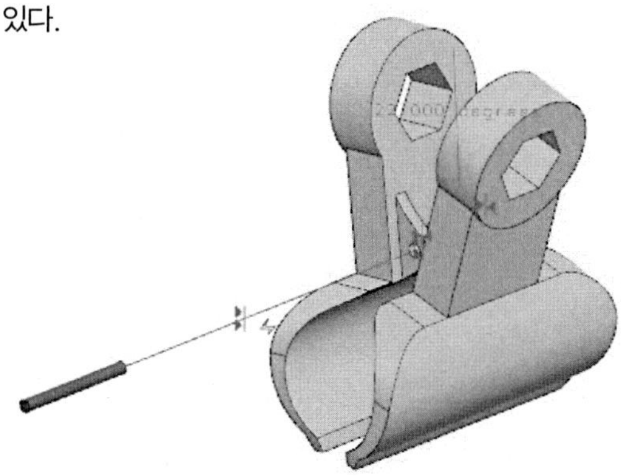

31 Assembly Constraints의 Center를 선택 다음과 같이 Option을 설정

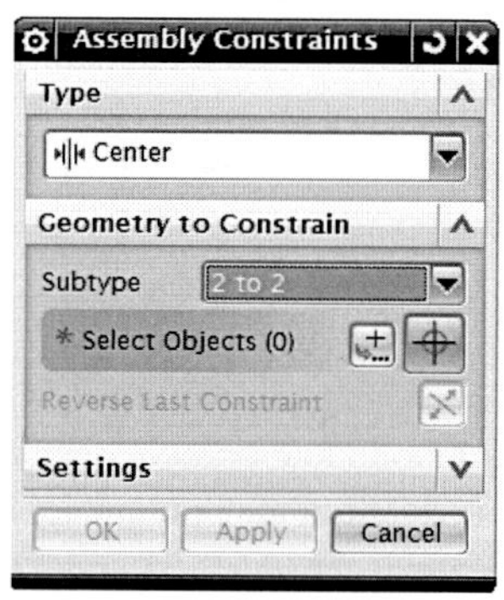

32 먼저 Pin의 양면을 다음과 같이 선택한다.

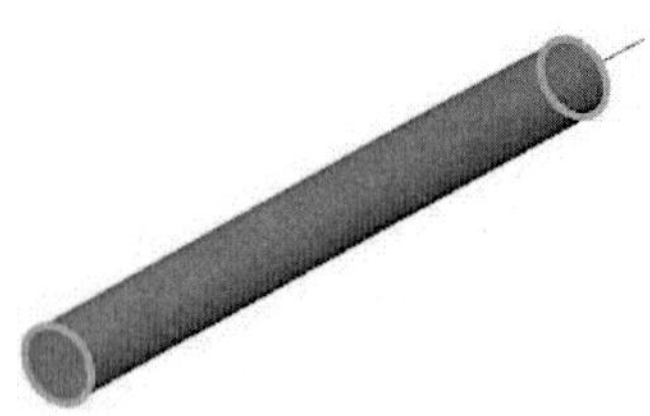

33 Tongs와 Tongs_1의 면을 아래와 같이 선택하여 구속을 주어 Pin의 최종 구속을 준다.

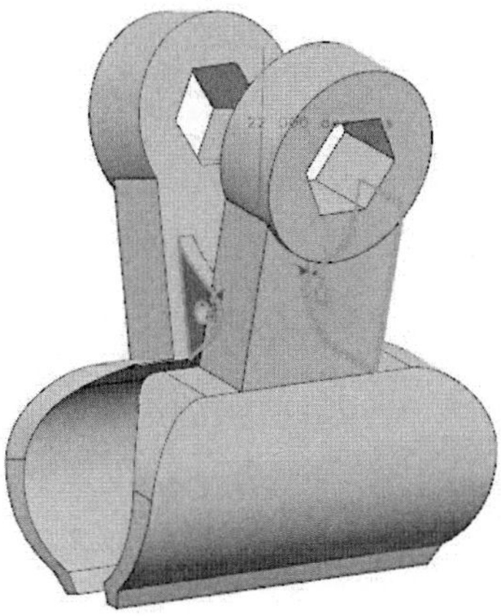

⇨

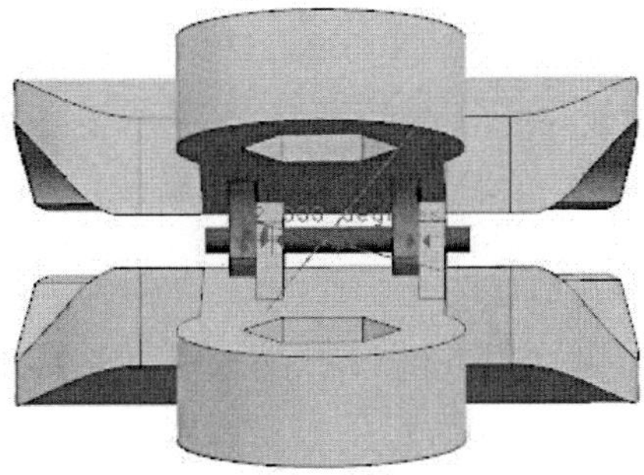

34 Assembly → Component → Add component 선택, Open을 선택, Option을 아래와 같이 하고, Spring 파일을 선택하고 OK 한다.(반드시 Entire Part)

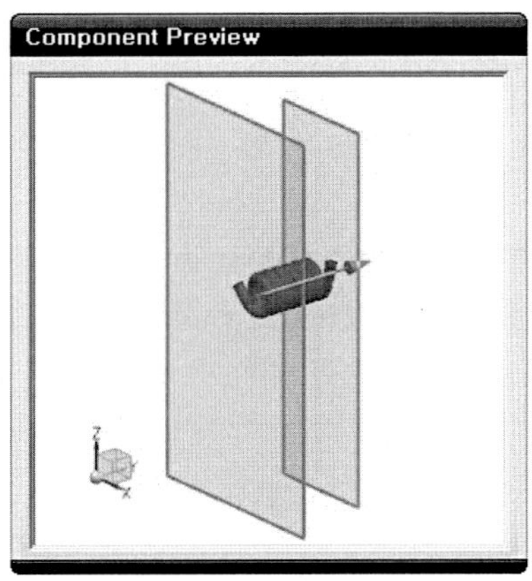

35 구속 방법을 Touch Align Type에서 Infer Center/Axis의 방법으로 한다.

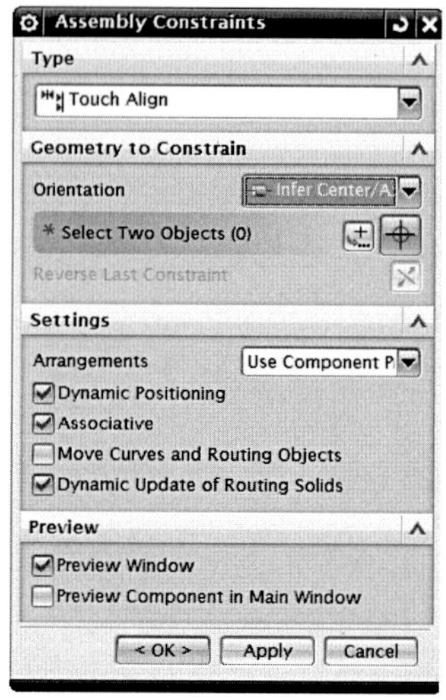

36 Spring의 Datum_ Axis와 Tongs와 Tongs_1의 중심축과 일치시킨다.

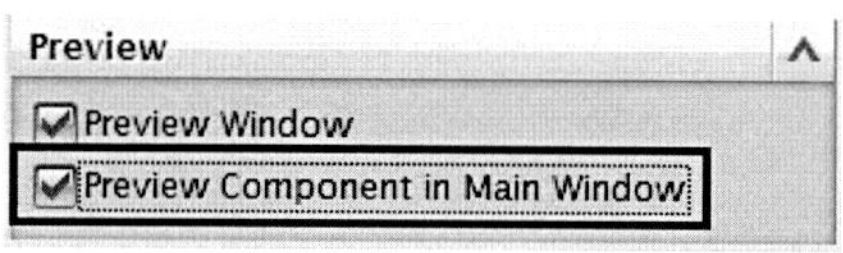

먼저 구속이 잘 되었나 체크하기 위해서는 Preview Component in Main Window를 Check

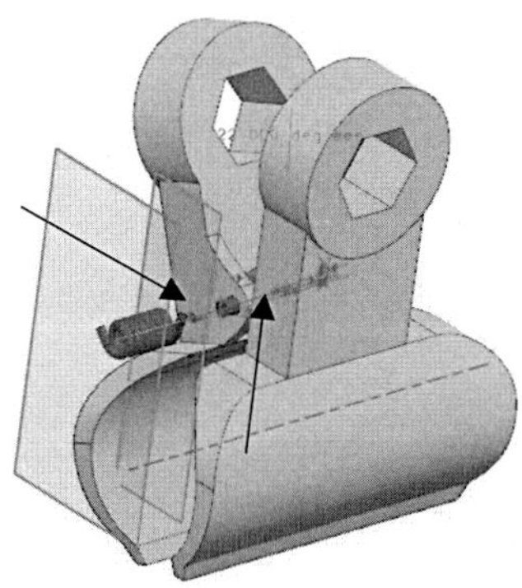

37 구속 방법을 Assembly Constraints에서 하고 Geometry to Constrain의 Subtype 2 to 2로 한다.

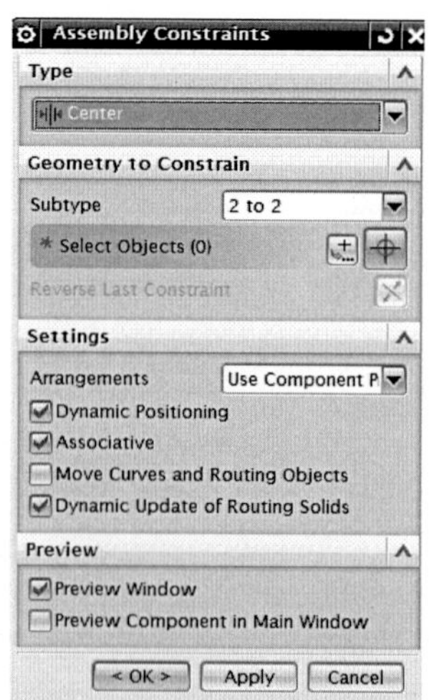

38 먼저 Spring의 Datum의 양쪽 면을 선택하고 Tongs와 Tongs_1의 양쪽 면을 아래와 같이 선택한다.

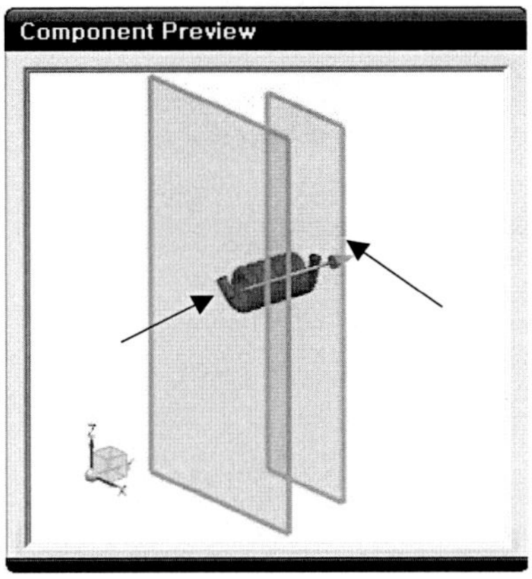

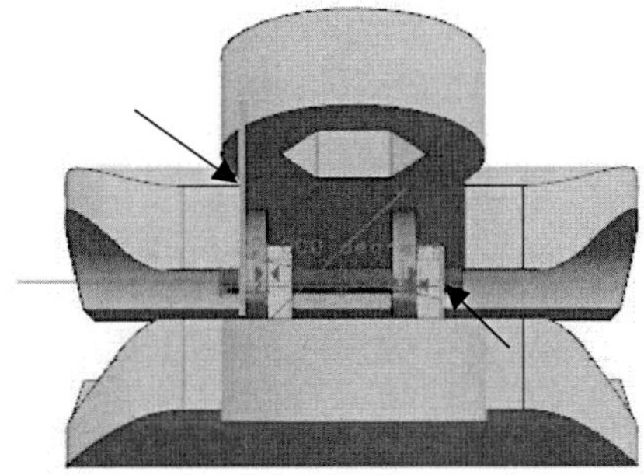

39 Apply 한다.

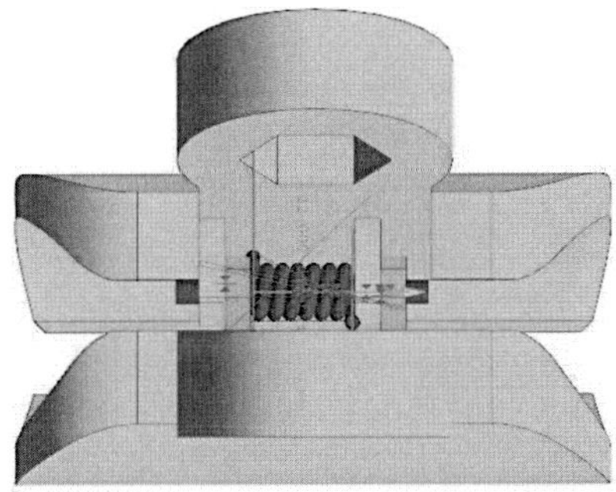

40 Spring의 Component를 선택 MB3 버튼을 선택하여 Reference Set을 Model로 전환한다.

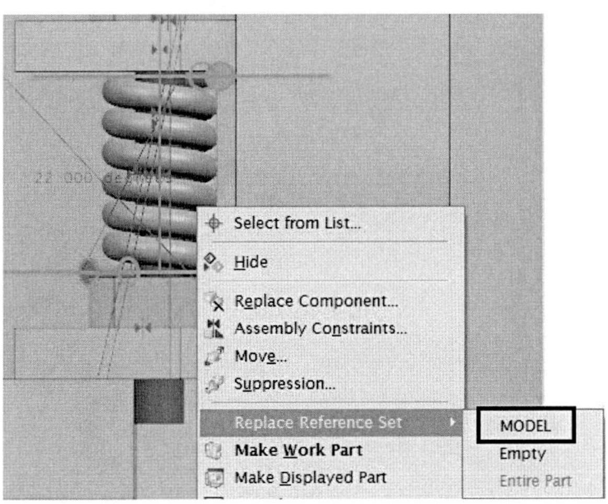

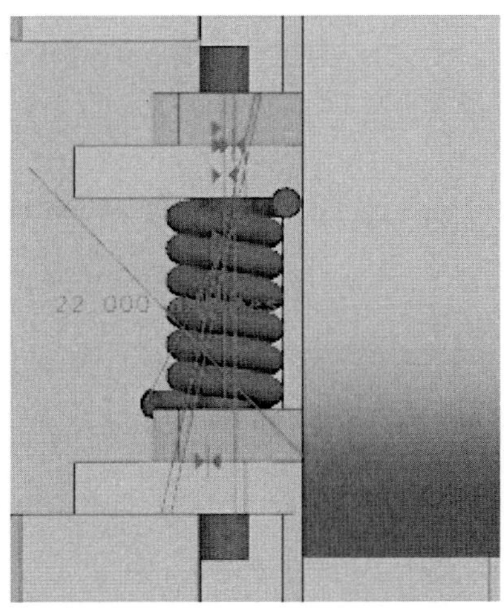

41 Assembly Navigator의 Constrains를 선택 MB3 Button을 눌러 아래와 같이 Display Option Check를 Off 시키면 구속상태를 화면상에서 안보이게 할 수 있다.

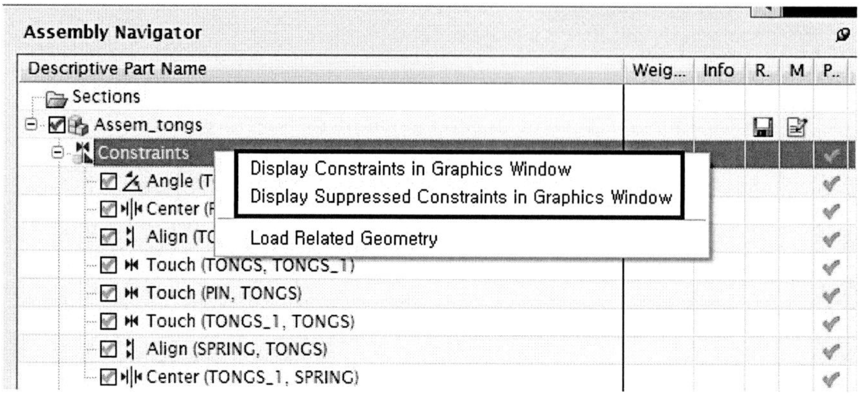

42 다음과 같이 완성된 Assembly 구조가 Display 된다.

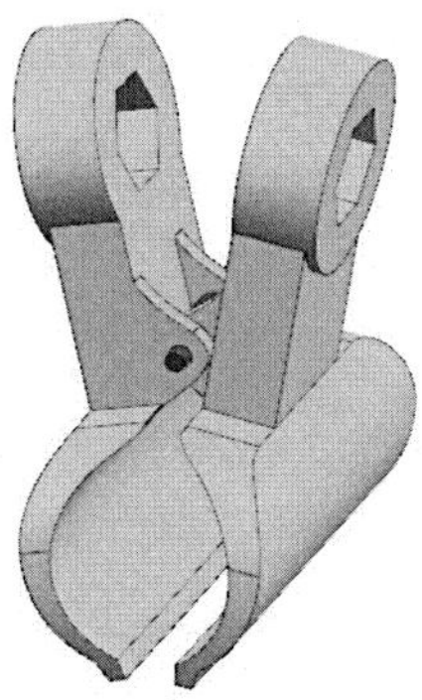

2. LOCK_ Assembly

01 File–New 선택

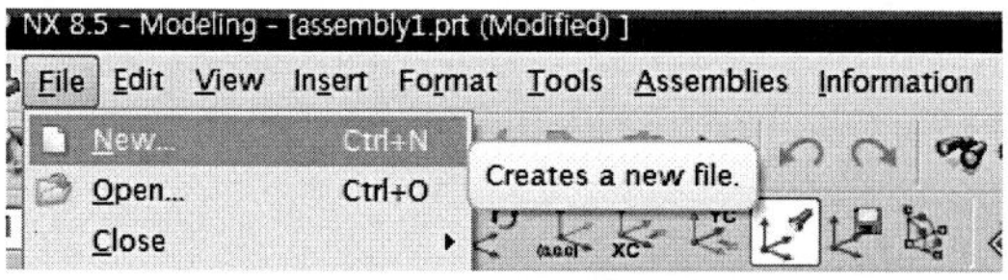

02 File Name을 assem _ start로 써넣은 후 OK

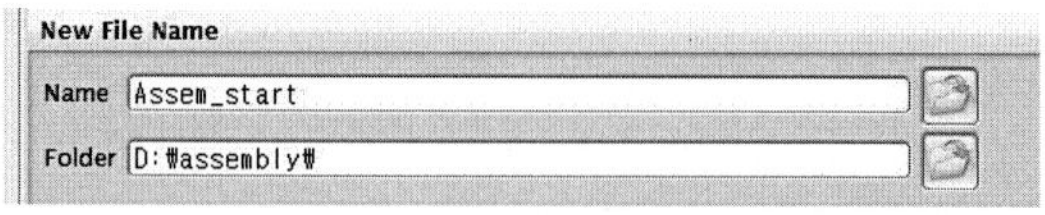

03 START – Assembly Application 선택

04 Assembly Navigator 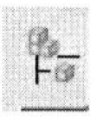 를 Click 한다.

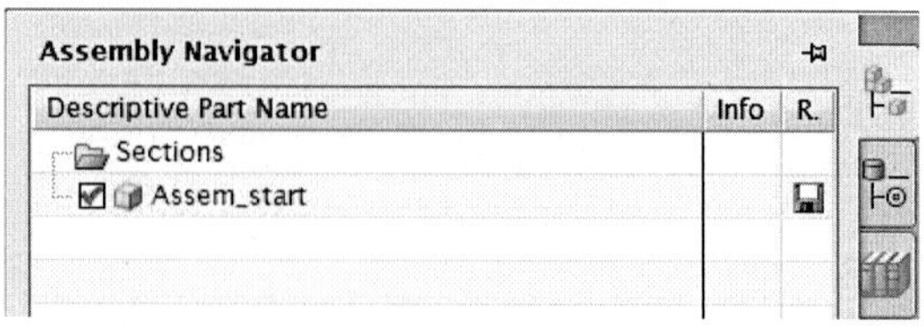

05 Assemblies—Components—Add Component 선택

06 Open 선택

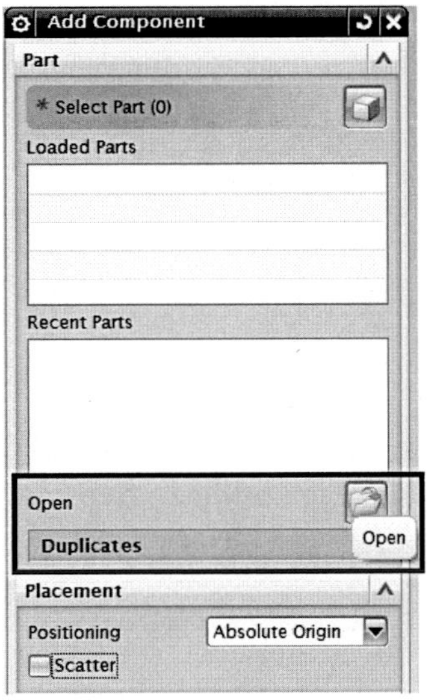

07 Housing.prt를 선택 한 후 OK

08 Reference Set은 Housing로 설정, Positioning은 Absolute로 설정, Layer Option은 Work로 한다.

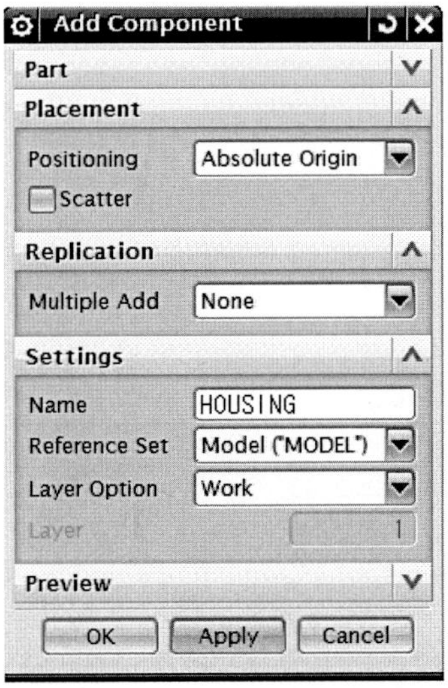

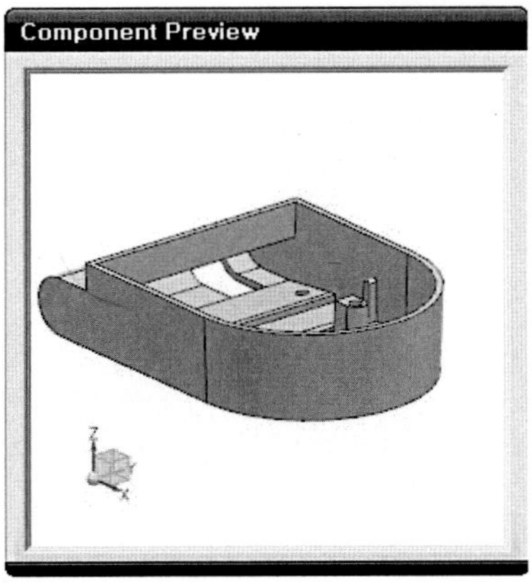

09 Apply 한다.

10 아래와 같이 추가된 part 파일이 화면상에 나타난다.

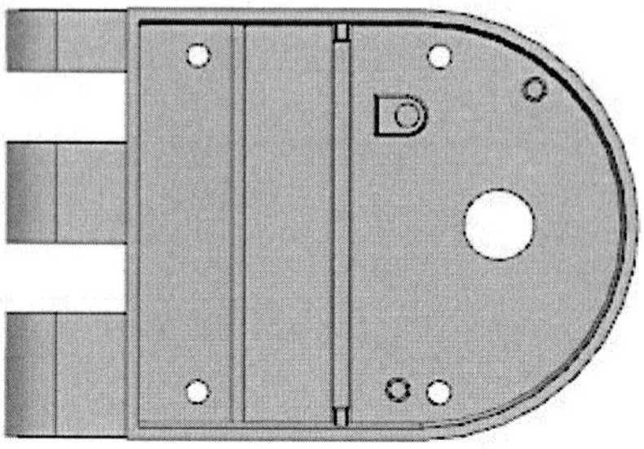

11 Assembly Constraints를 선택 Housing을 선택, 아래와 같은 구속조건을 부여한다.

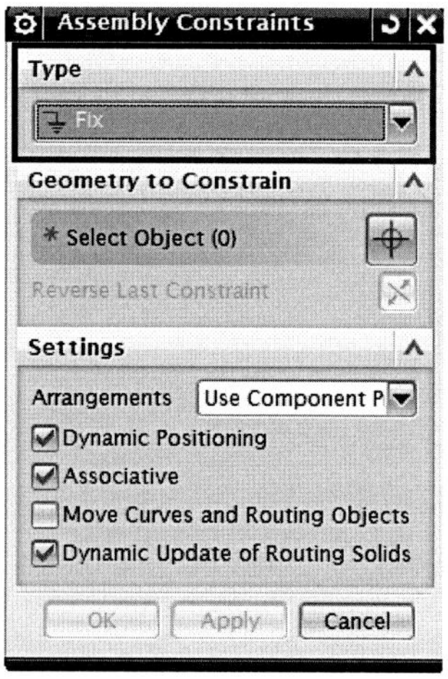

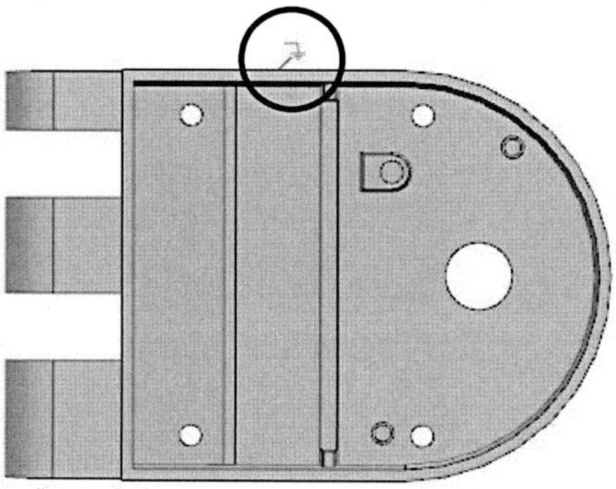

12 Assemblies－Components－Add Component 선택, Open을 선택하여 Lock plate를 불러들인다.

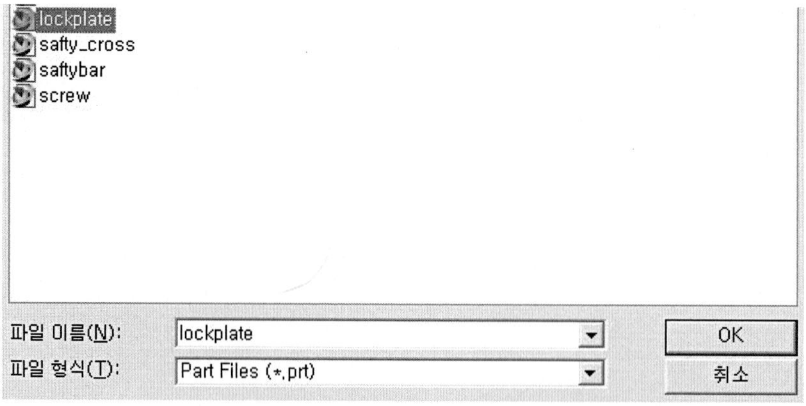

13 Reference set은 Model, Positioning은 Move, Layer option은 Work로 한다.

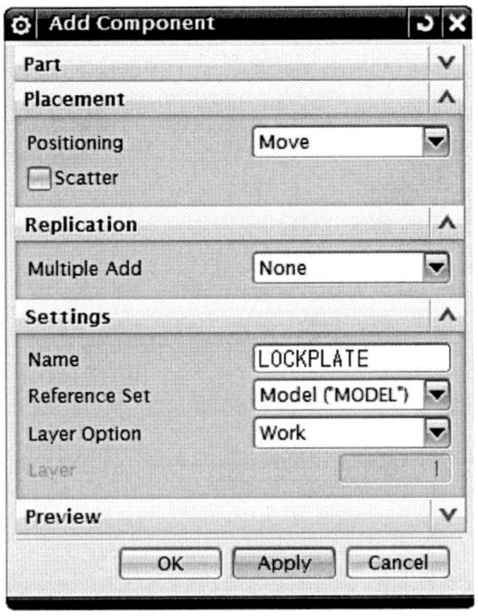

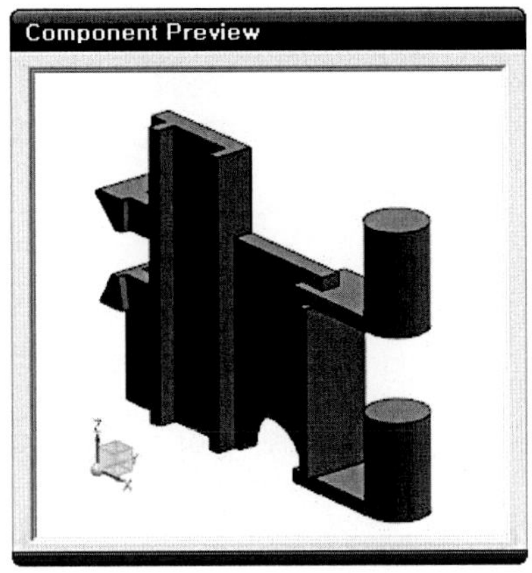

14 Apply 한다.

15 아래와 같은 Option창이 뜨면, 임의의 위치를 화면상에 정하여, Lock plate를 불러들인다.

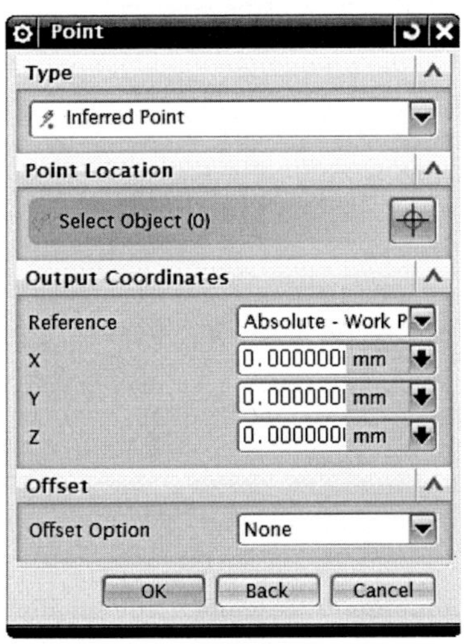

⇨

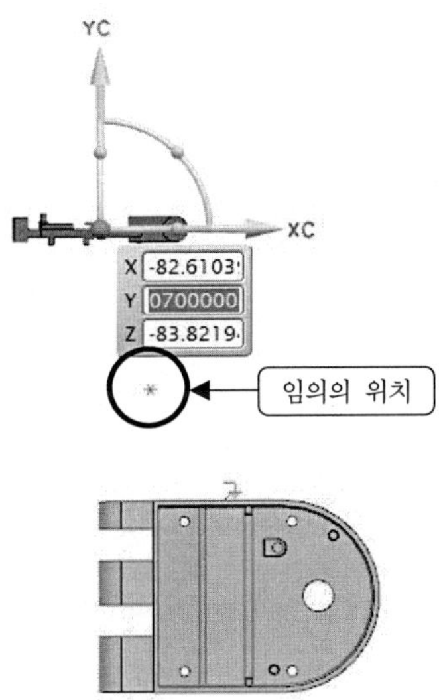

16 위치를 이동 할 수 있는 WCS Dynamics을 이용하여 아래와 같이 위치를 정렬한다.

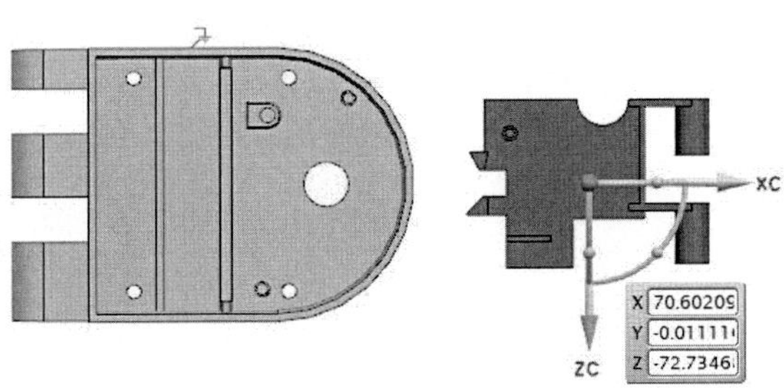

17 Assembly Constraints 를 선택, 아래와 같은 구속조건을 선택한다.

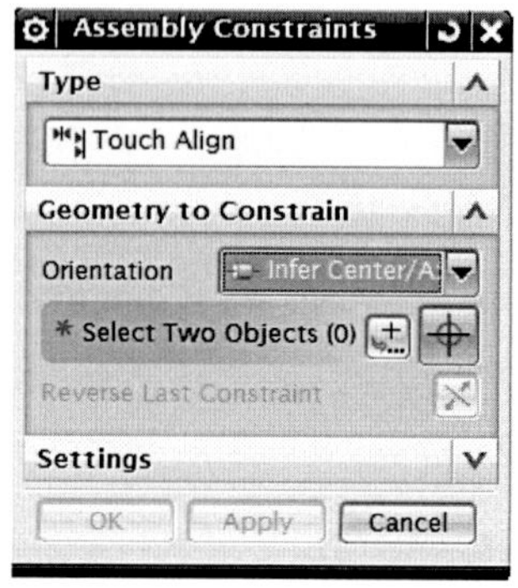

18 Lock Plate의 중심선을 아래와 같이 선택한 다음, Housing의 중심선을 선택한다.

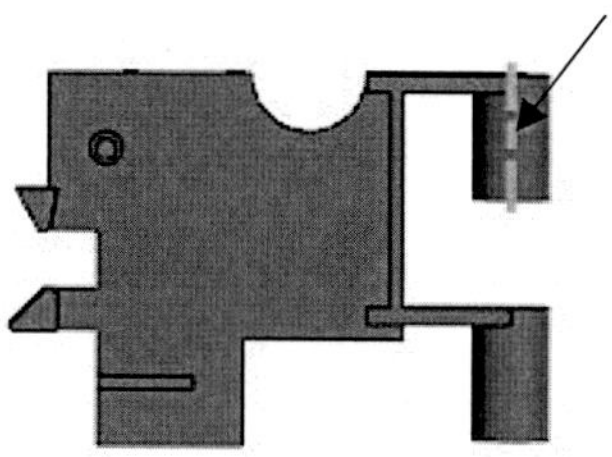

⇨

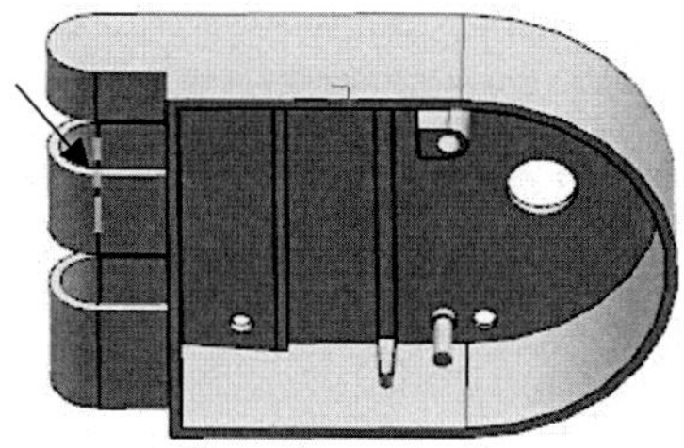

19 구속이 아래와 같이 적용되면 Reverse Last Constraint를 이용하여 방향을 바꾸어 준다.

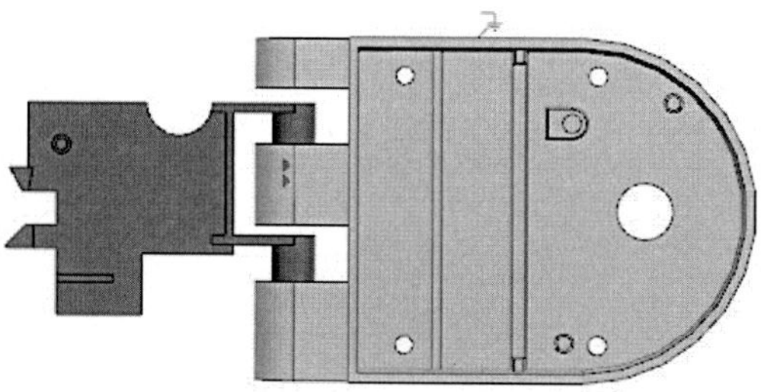

⇨

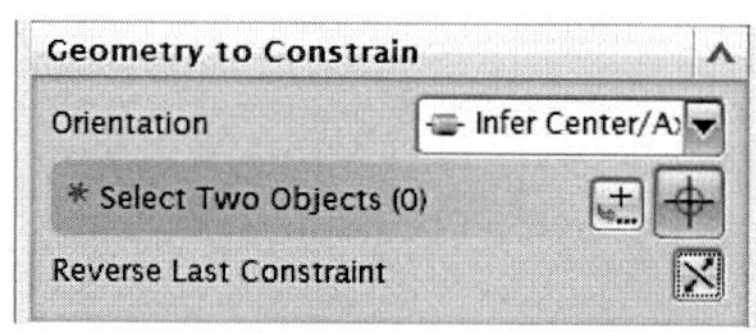

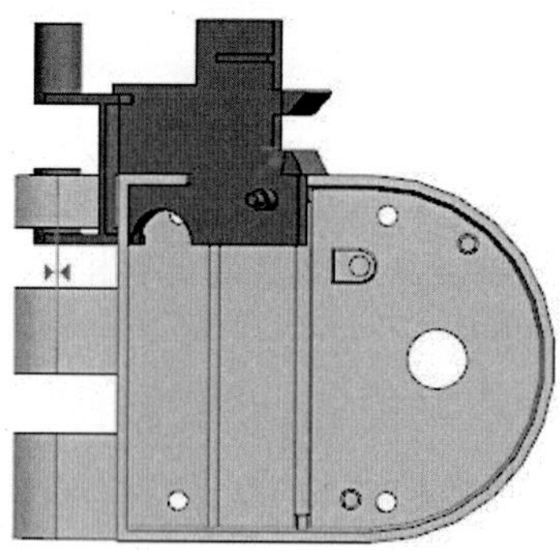

20 Constraints Type을 Parallel로 선택, 아래와 같이 Lock Plate와 Housing의 면을 선택한다.

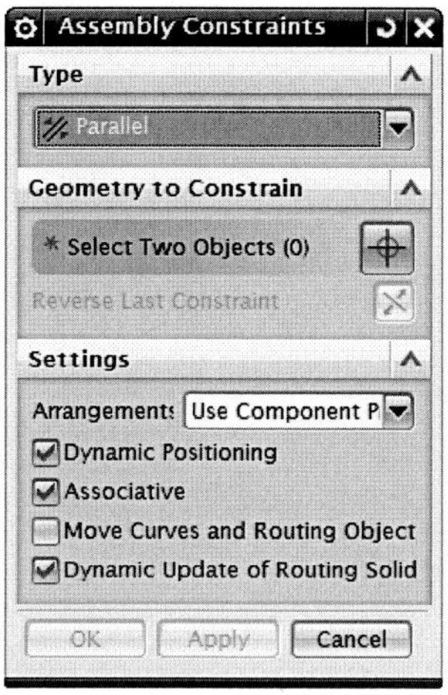

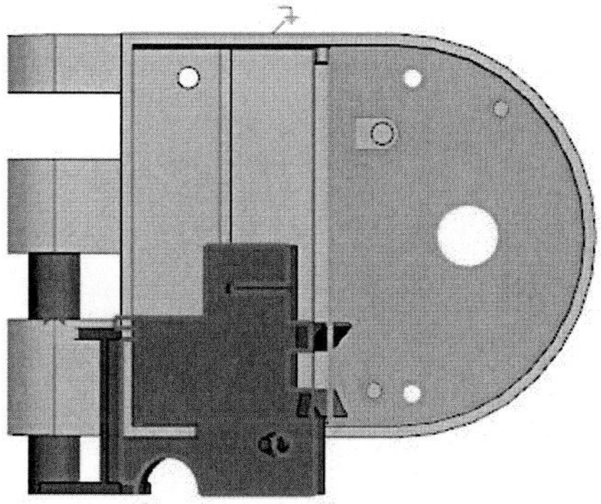

21 아래와 같이 구속이 주어지면 Move Component를 이용하여 아래와 같이 알맞은 위치로 설정한다.

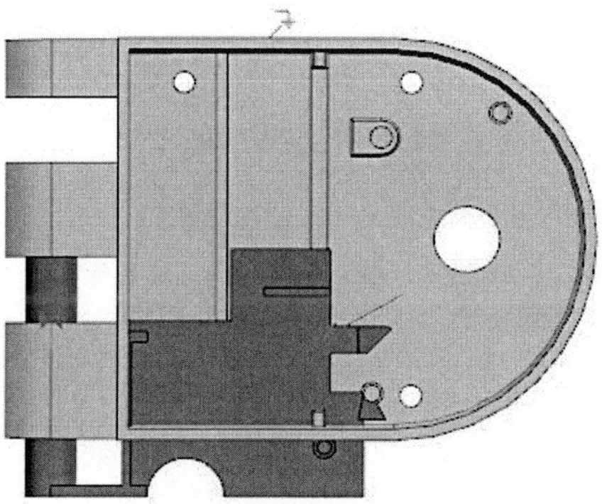

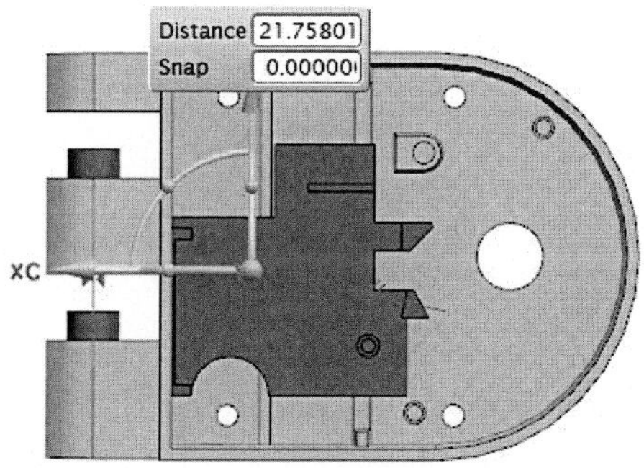

22 Assemblies－Components－Add Component 선택, Open을 선택하여, Handle을 선택하여, 아래와 같은 Option 을 설정한 다음 Apply한다.

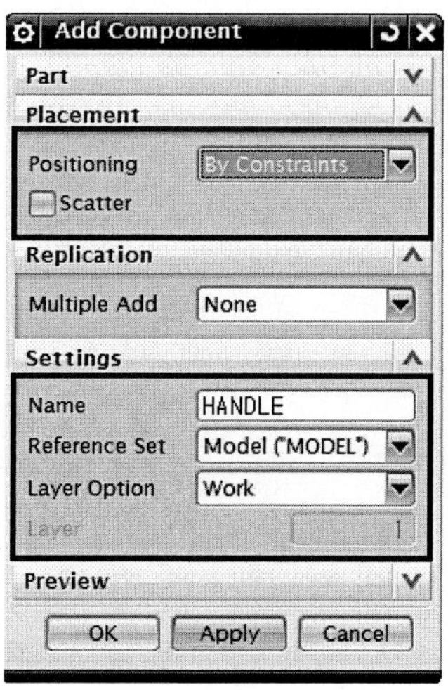

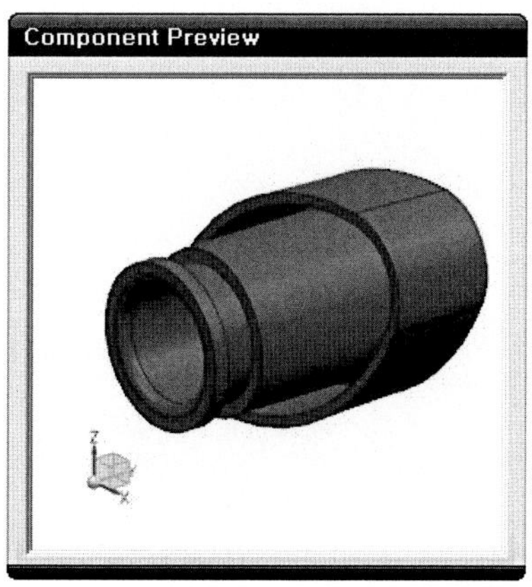

23 Constraints type을 Touch Align으로 하고 Infer Center/Axis로 한다.(Preview Component in Main Window Turn on 시보다 용이하게 구속 할 수 있음)

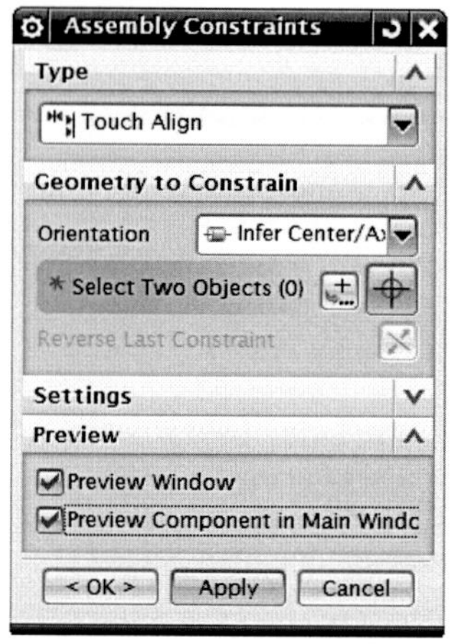

24 Preview 창에서 아래와 같이 Handle의 축을 선택하고 Main Window에서 Housing의 축을 선택한다.

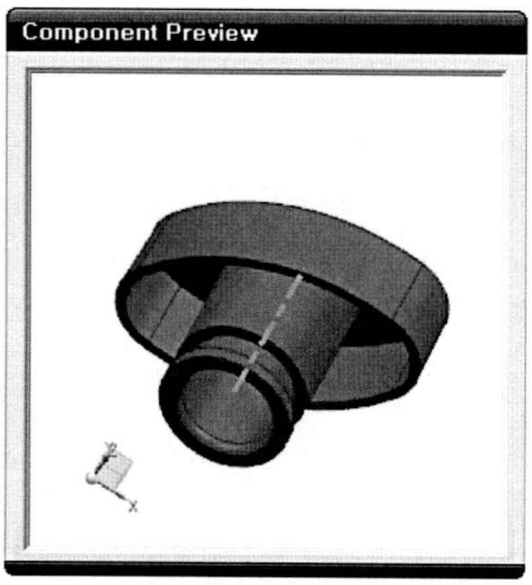

⇨

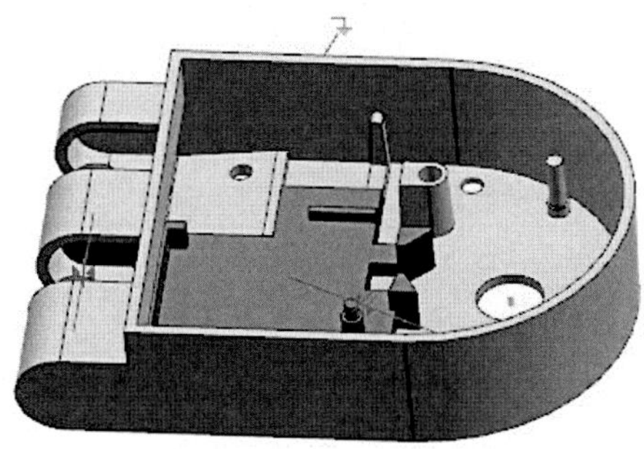

25 아래와 같이 Option이 설정되어 있으면, 구속 조건이 올바르게 되어있는지 미리 알 수 있다.

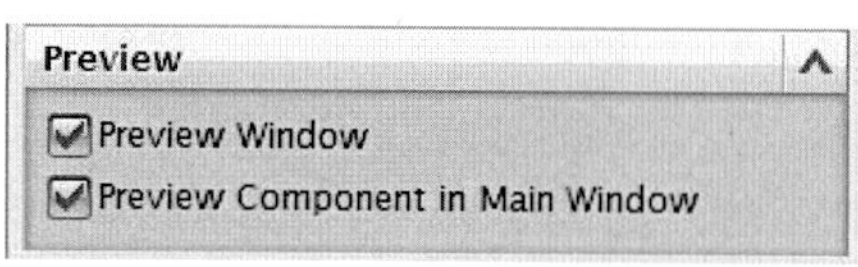

⇨

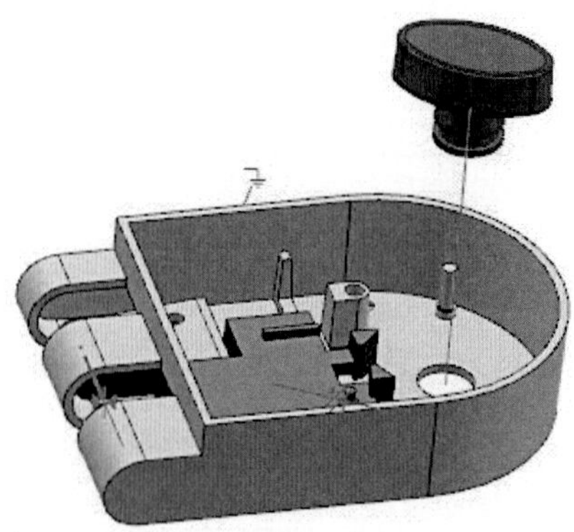

26 Reverse Last Constraints를 이용해 조립 방향을 바꾸어 준 다음, OK 한다.

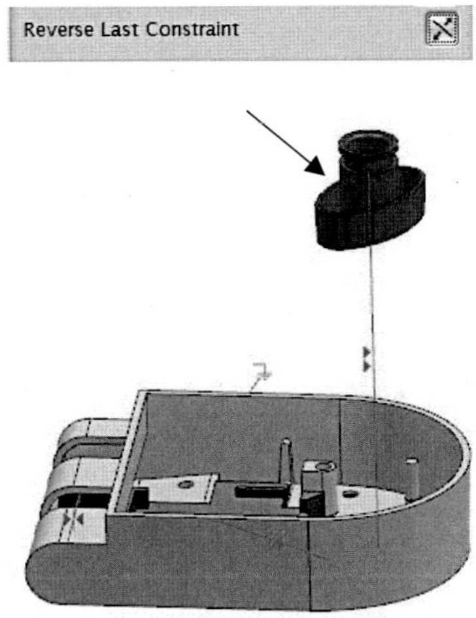

27 Assemblies–Components–Add Component 선택, Open을 선택하여, Handle Bar를 선택하고 아래와 같은 Option을 설정한 다음 Apply 한다.

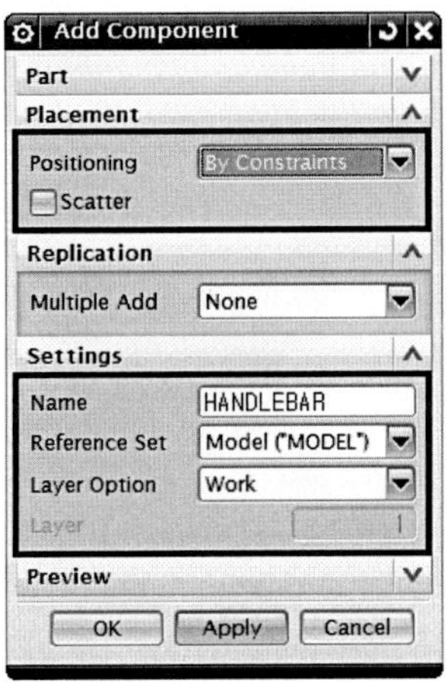

⇨

28 Infer Center/Axis 구속조건으로 Handle Bar의 중심선과, Handle의 중심선을 일치시킨다.

⇨

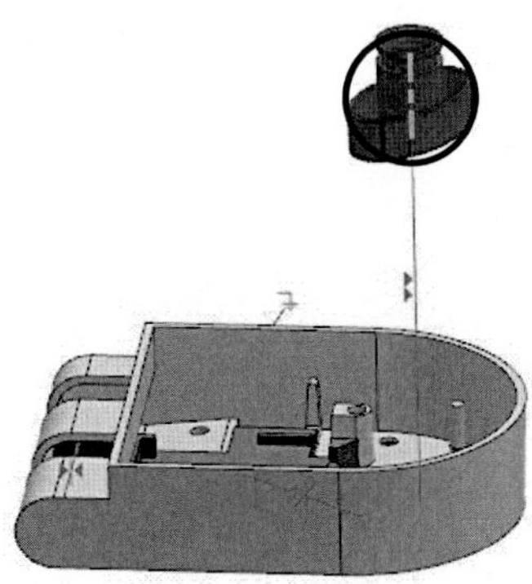

29 Apply를 한다.

30 아래와 같이 Option을 설정하고, Handle의 면과 Handle Bar의 면을 선택하여 OK 한다.

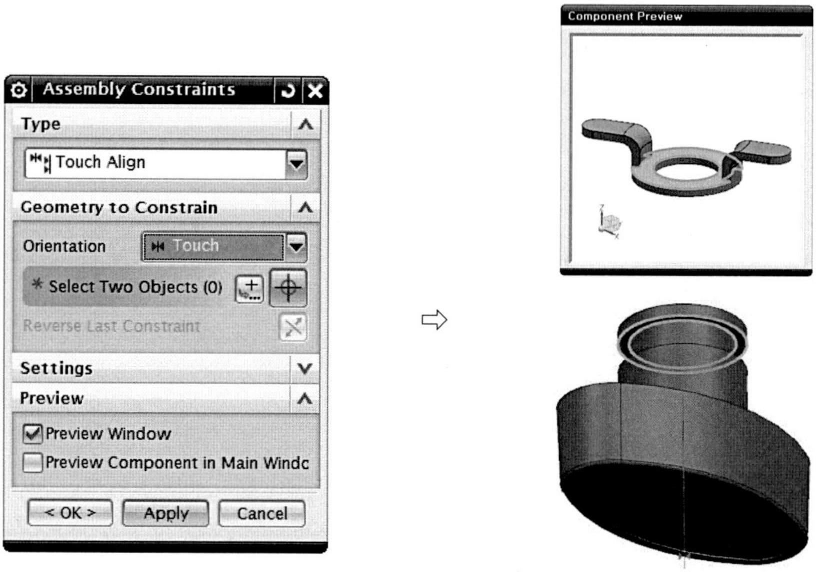

31 아래와 같이 구속이 생성되어 짐을 알 수 있다.

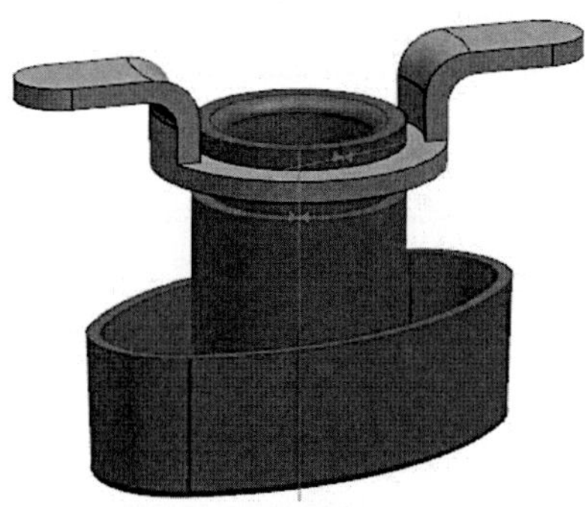

32 Handle Bar와 Handle의 방향성을 일치시키기 위해, Handle의 평면에 있어야 하므로, 아래와 같이 Assembly Navigator에서 Handle을 선택, MB3 Button을 이용. Reference Set을 선택하여 Entire Part로 설정한다.

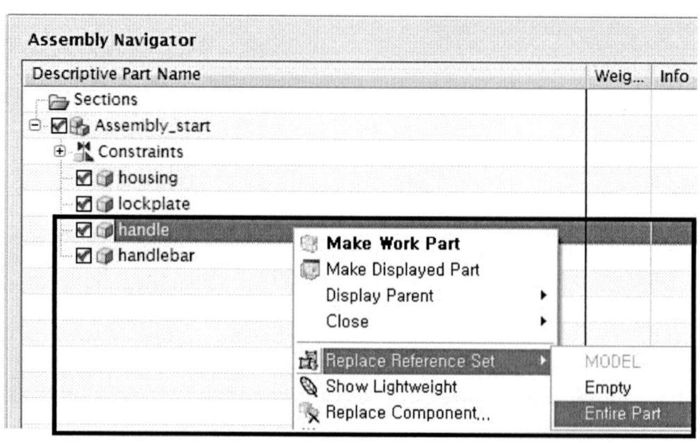

33 Assembly Constraints를 선택 구속조건을 아래와 같이 설정한 다음, Handle의 Datum 면과 Handle Bar의 면에 아래와 같이 구속을 준 다음 OK 한다.

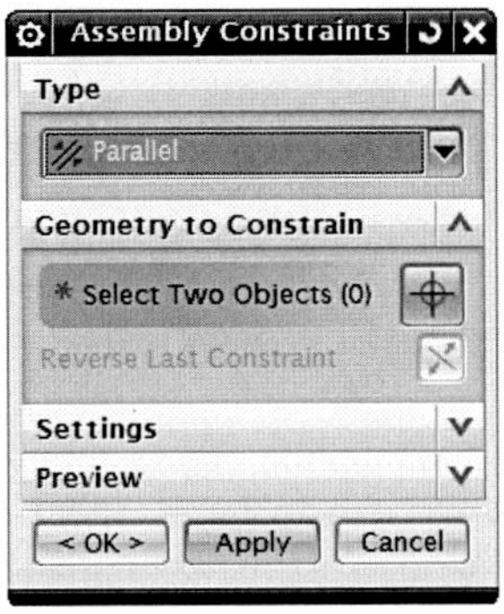

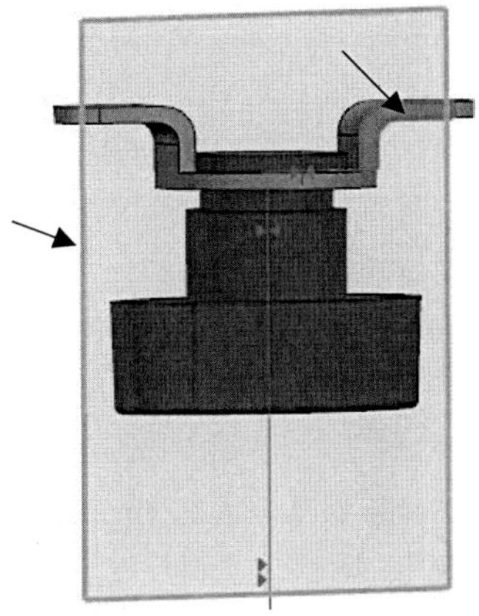

34 아래와 같이 구속이 되어 생성 되어 짐을 알 수 있다.

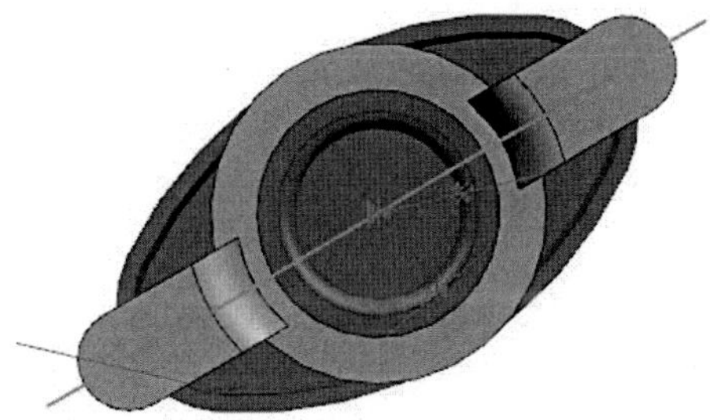

35 Assembly Constraints를 선택 구속조건을 아래와 같이 설정한 다음, Housing의 윗면과 Handle Bar의 면에 아래와 같이 구속을 준 다음 OK 한다.

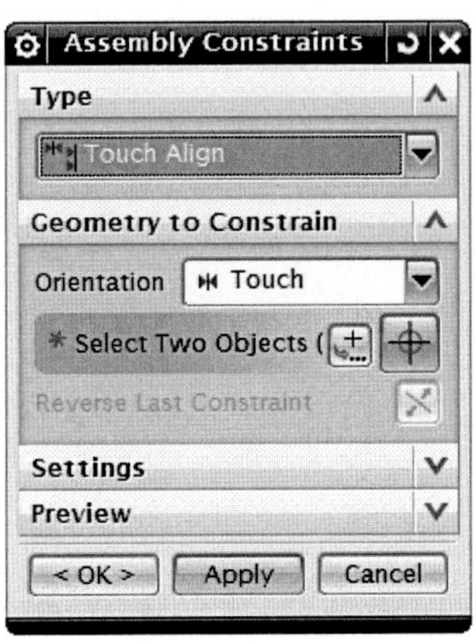

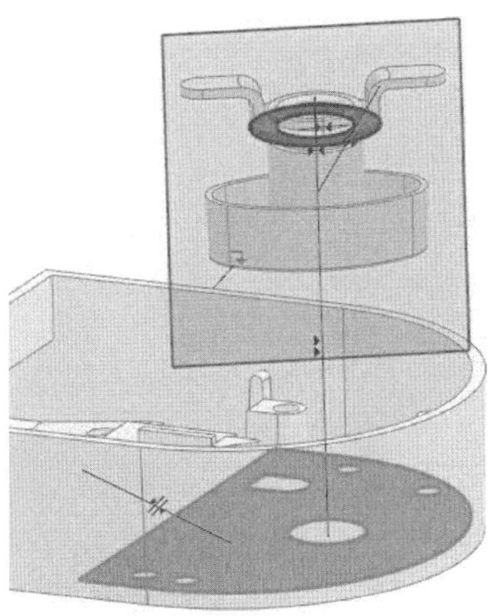

36 아래와 같이 구속이 설정되어 짐을 알 수 있다.(Handle은 Reference Set설정을 다시 Model)

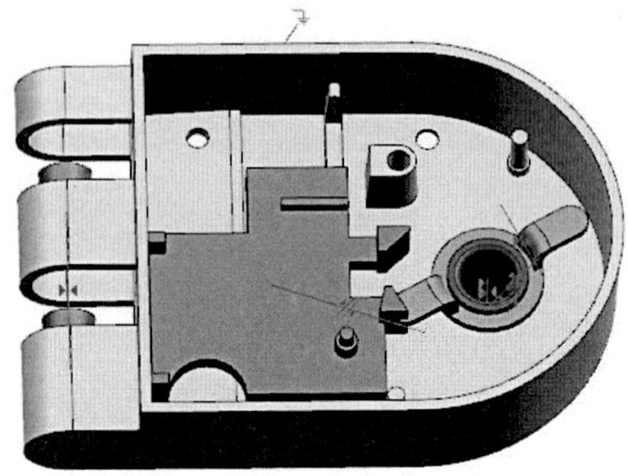

37 Assembly Constraints를 선택 구속조건을 아래와 같이 설정한 다음, Handle Bar의 곡면과 Lock Plate의 면에 아래와 같이 구속을 준 다음 OK한다.

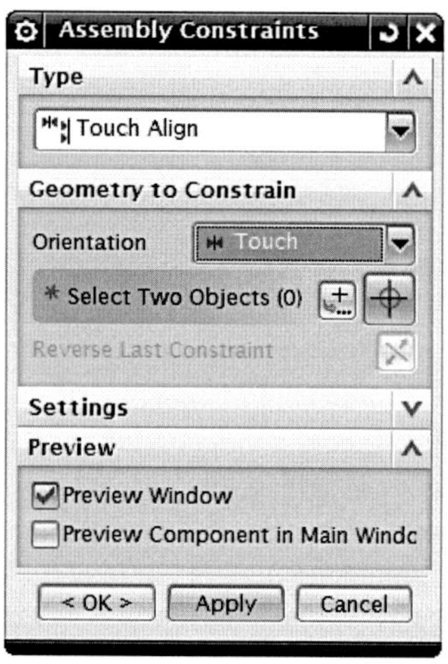

⇨

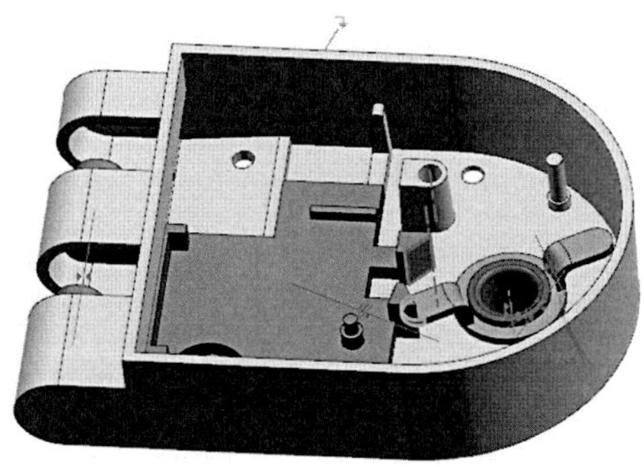

38 아래와 같이 구속 되어 짐을 확인 할 수 있다.

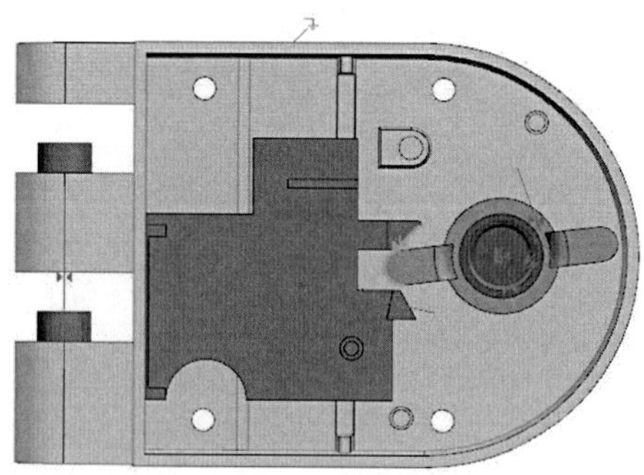

39 Move Component 를 선택, 아래와 같이 Handle Bar를 선택하여 회전 시키면 연결된 구속 관계를 확인 할 수 있다.

⇨

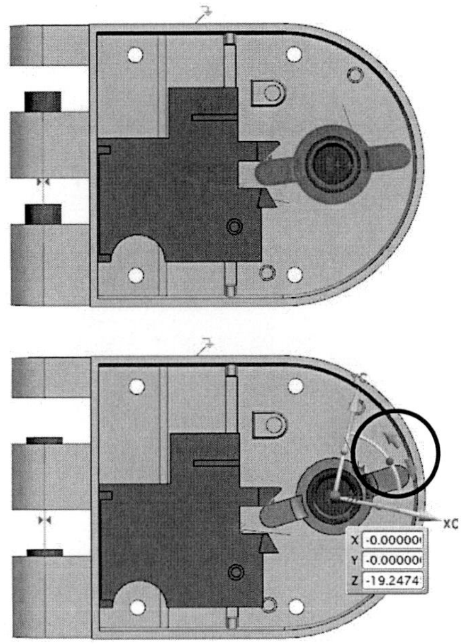

40 Assemblies–Components–Add Component 선택, Open을 선택하여, Lever를 선택한다. 아래와 같은 Option을 설정한 다음 Apply한다.

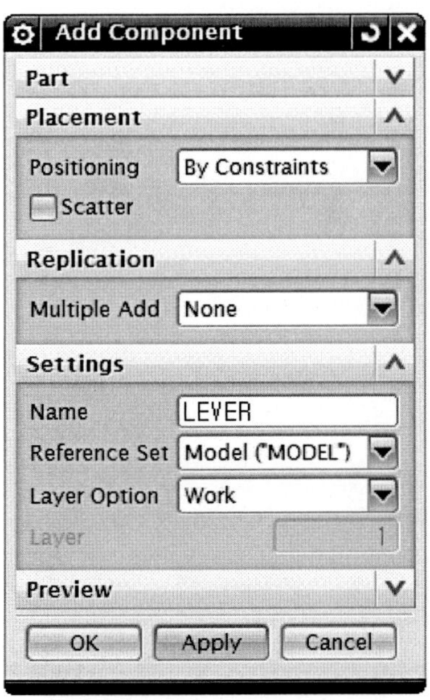

⇨

41 Assembly Constraints를 선택 구속조건을 아래와 같이 설정한 다음, Lever의 축과 Lock Plate의 축에 아래와 같이 구속을 준 다음 Apply 한다.

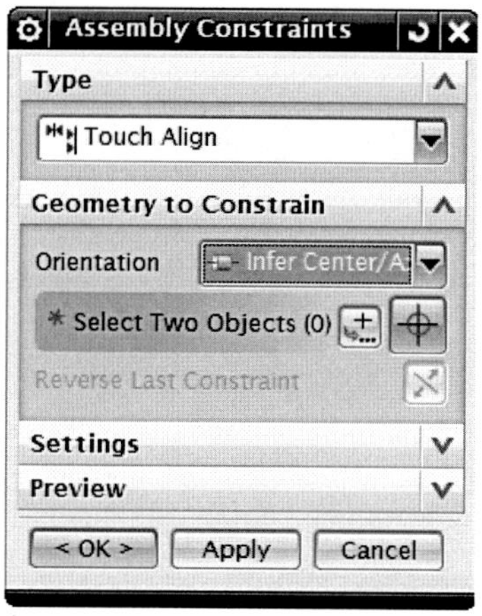

⇨

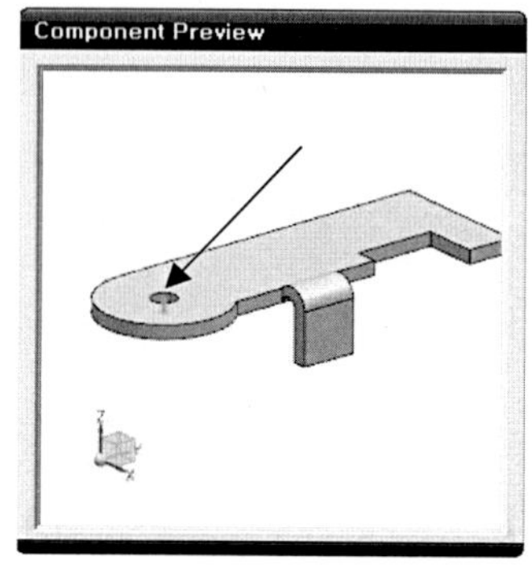

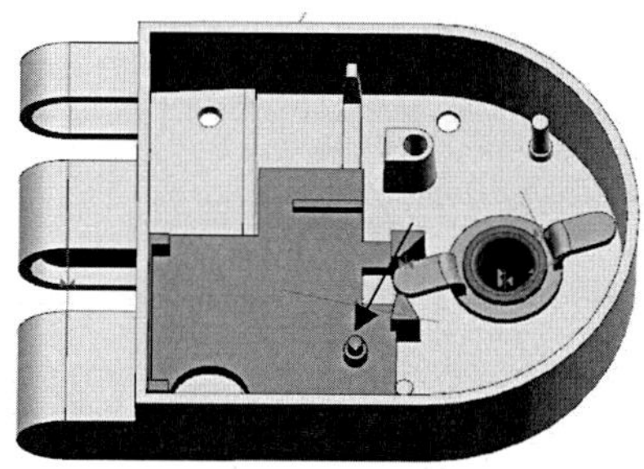

42 그 다음 구속조건을 아래와 같이 선택하여 Lever의 바닥 면과, Lock Plate의 면을 아래와 같이 선택 한 다음 Apply한다.

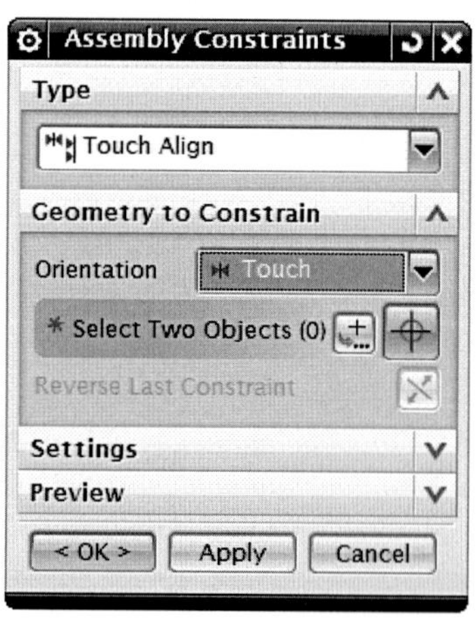

⇨

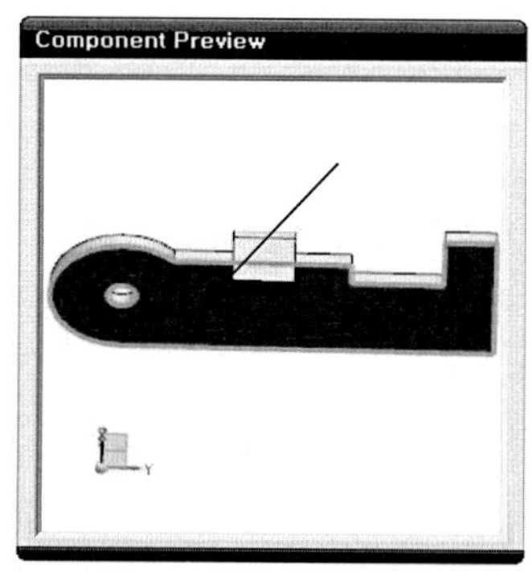

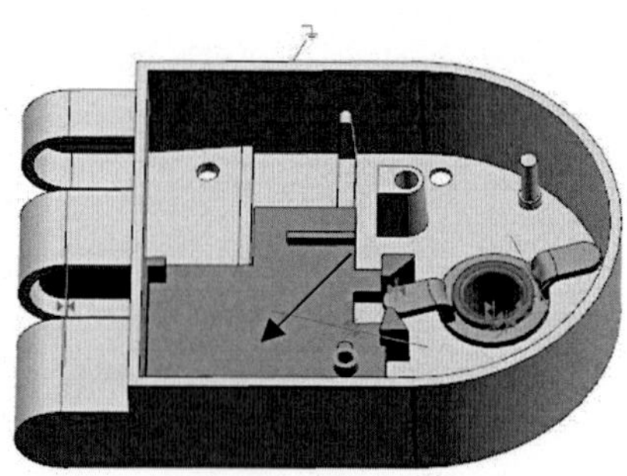

43 그 다음 구속조건을 아래와 같이 선택하여 Lever의 측면과, Lock Plate의 측면을 아래와 같이 선택 한 다음 OK 한다.

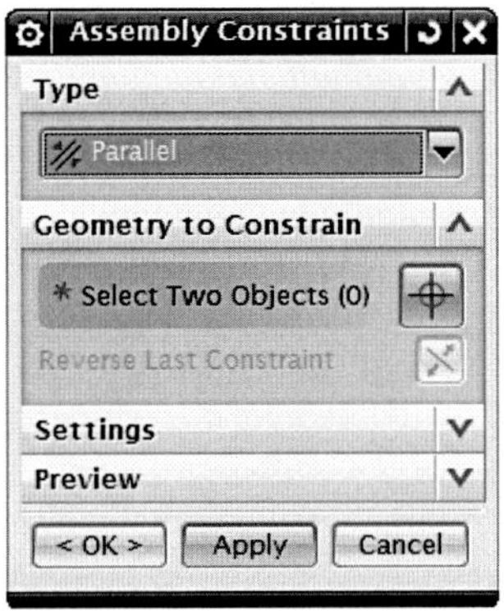

⇨

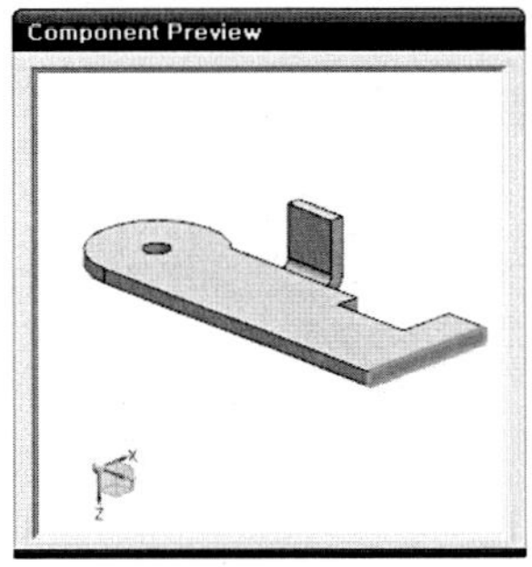

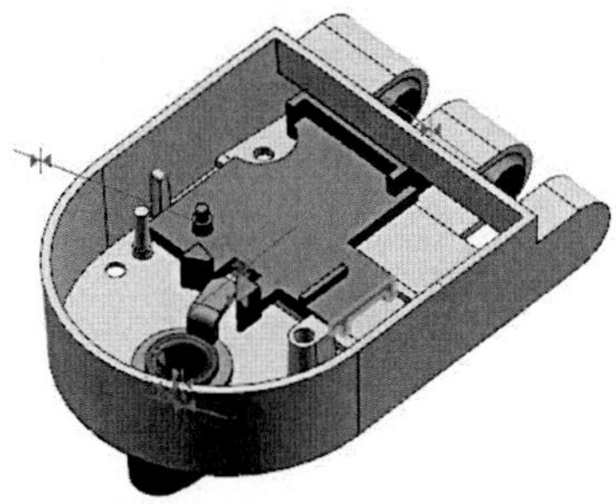

44 아래와 같이 구속되어 짐을 알 수 있다.

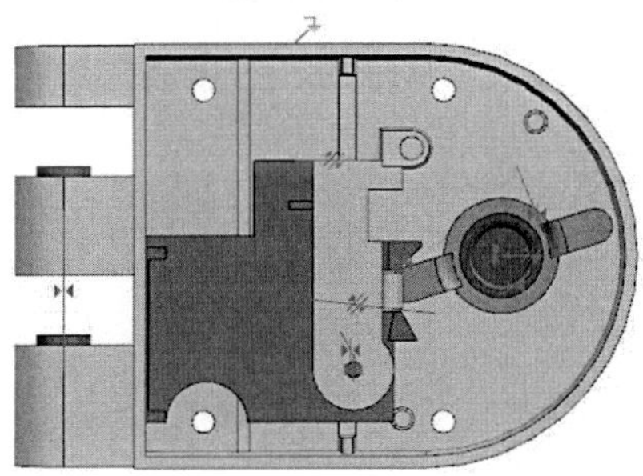

45 Assemblies－Components－Add Component 선택, Open을 선택하여, Saftybar를 선택한다. 아래와 같은 Option을 설정한 다음 Apply 한다.

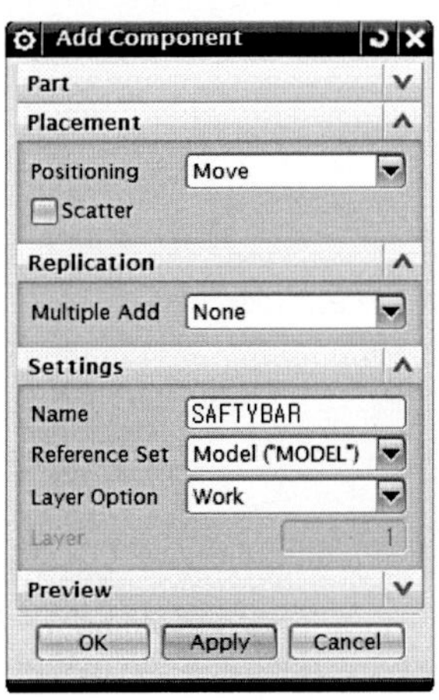

⇨

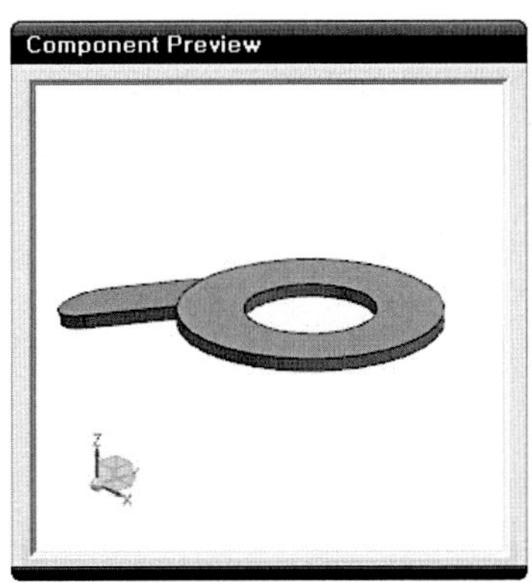

46 임의의 위치를 설정하여 Move Component를 이용 적당한 위치를 설정한다.

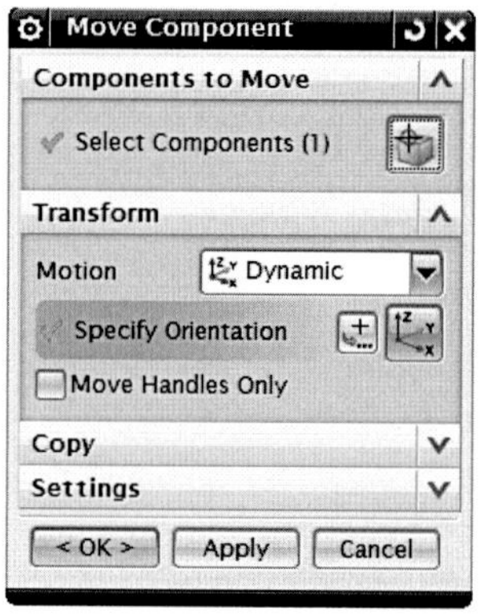

⇨

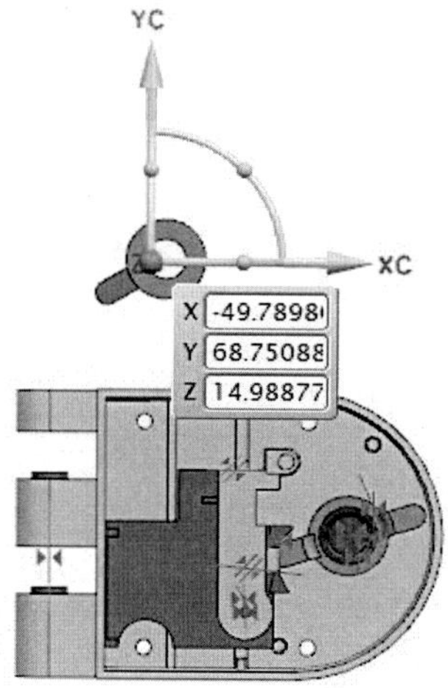

47 Assembly Constraints를 선택 구속조건을 아래와 같이 설정한 다음, Safty Bar의 축과 Handle의 축에 아래와 같이 구속을 준 다음 OK 한다.

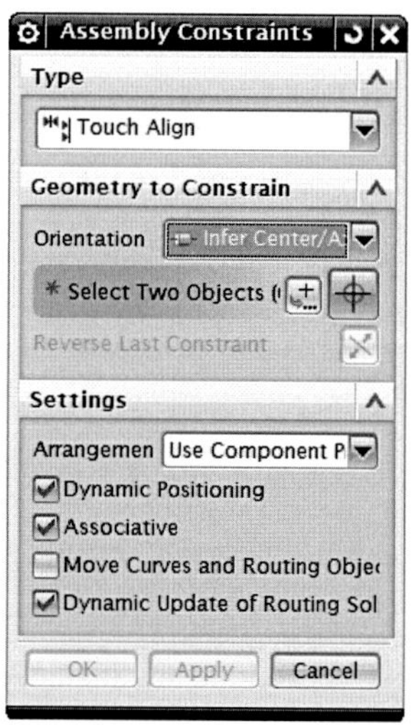

⇨

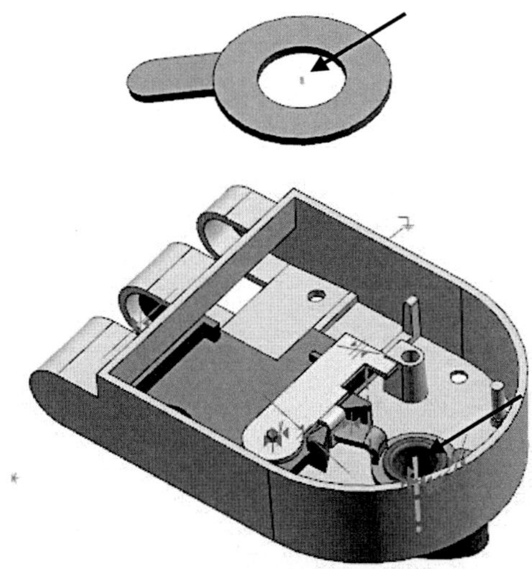

48 아래와 같이 구속되어 짐을 알 수 있다.

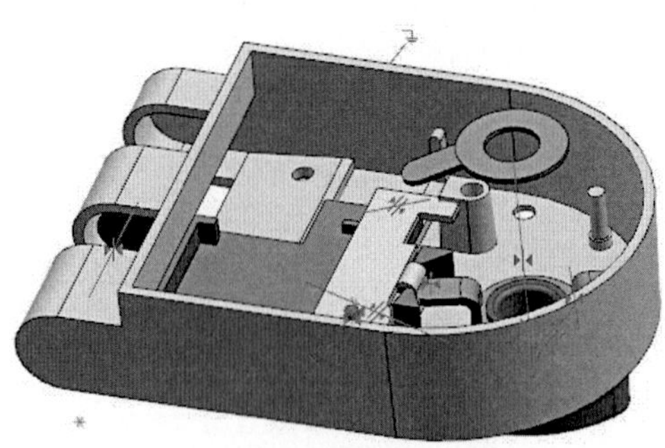

49 Assemblies—Components—Add Component 선택, Open을 선택하여, Back Plate를 선택 아래와 같은 Option을 설정한 다음 Apply한다.

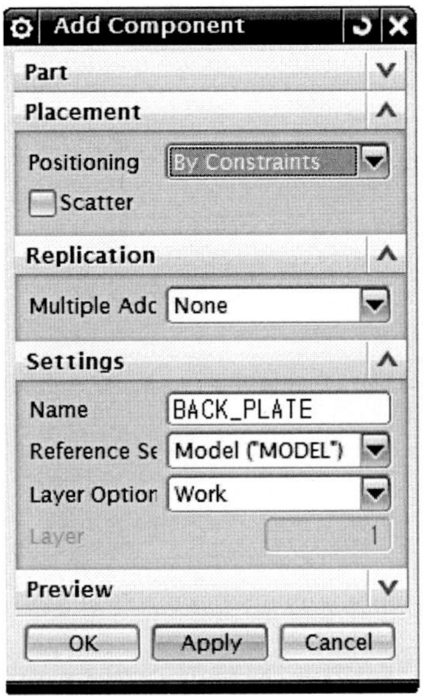

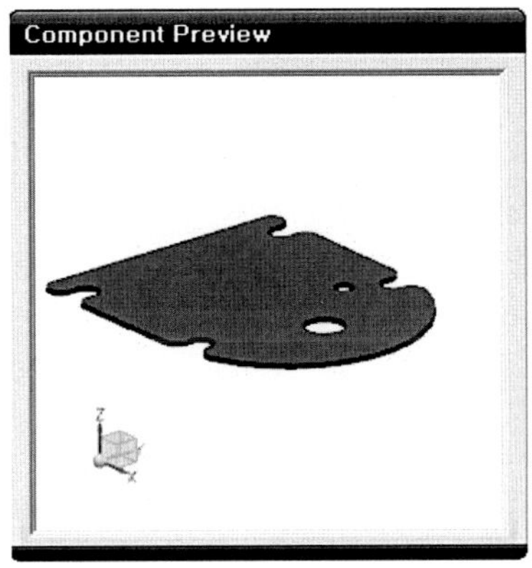

50 Assembly Constraints를 선택 구속조건을 아래와 같이 설정한 다음, Back Plate의 축과 Handle의 축에 아래와 같이 구속을 준 다음 OK 한다.

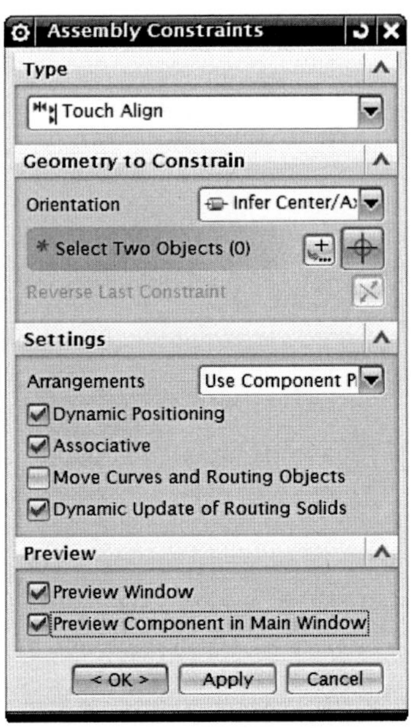

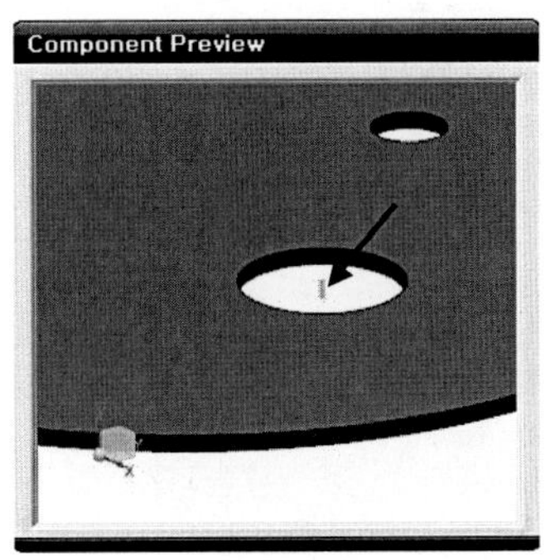

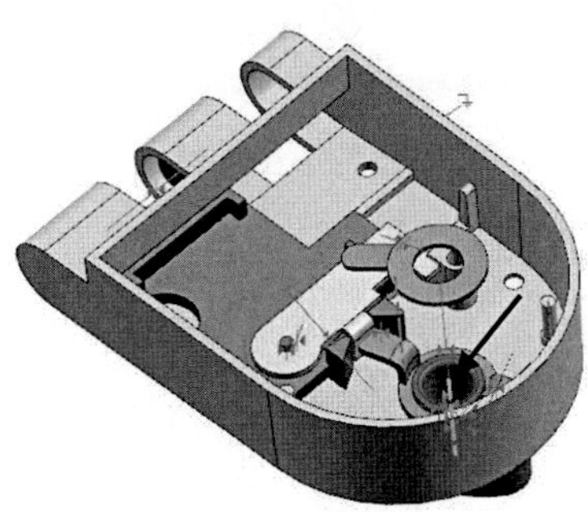

51 아래와 같이 구속 되어진다.

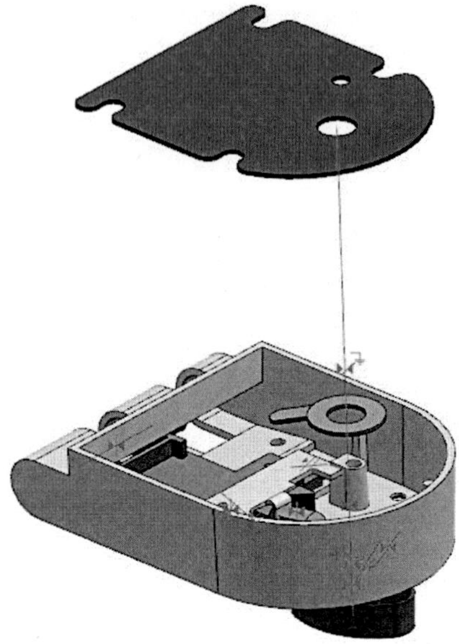

52 Assembly Constraints를 선택 구속조건을 아래와 같이 설정한 다음, Back Plate의 면과 Safty bar의 면에 아래와 같이 구속을 준 다음 Apply 한다.

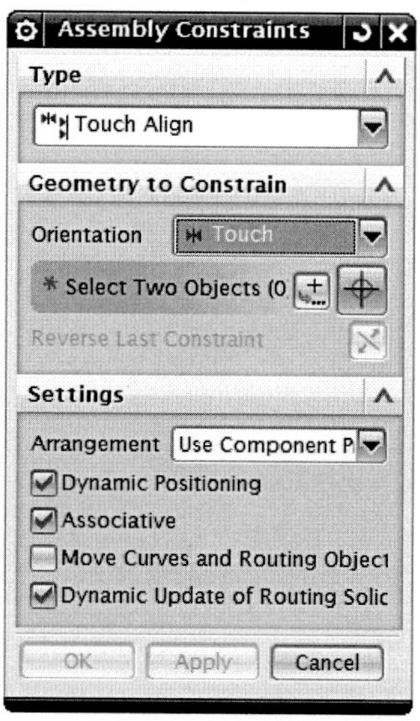

⇨

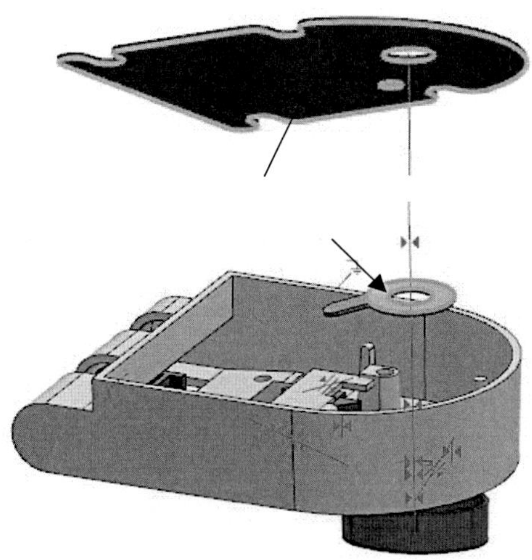

53 아래와 같이 구속되어진 형상을 가지고, 또 다른 조건의 구속을 아래와 같이 준 다음 Apply한다.

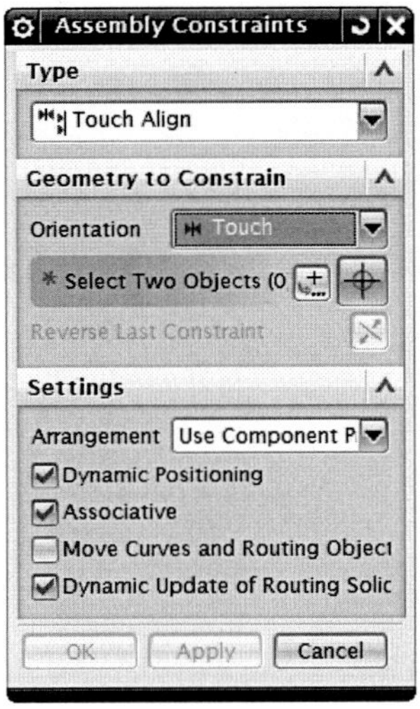

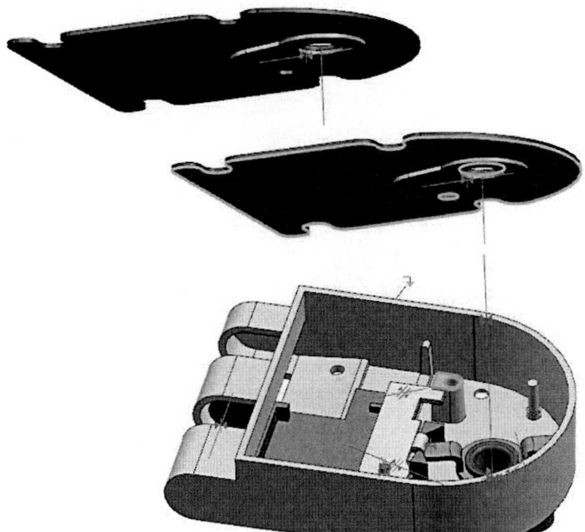

54 아래와 같이 구속되어 짐을 확인할 수 있다.

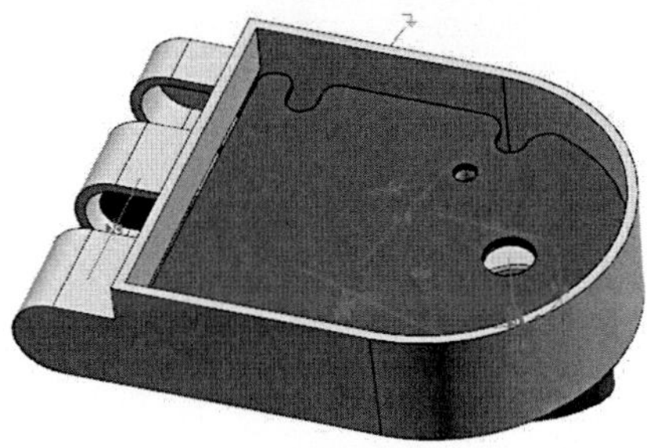

55 Assembly Constraints를 선택 구속조건을 아래와 같이 설정한 다음, Back Plate의 후면과 Housing의 측면을 평행하게 해준다.

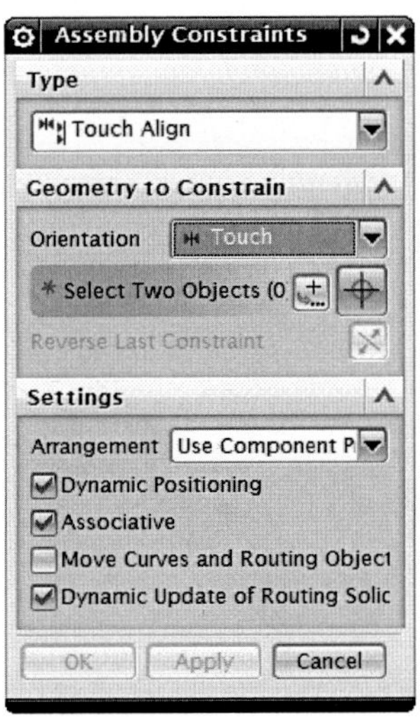

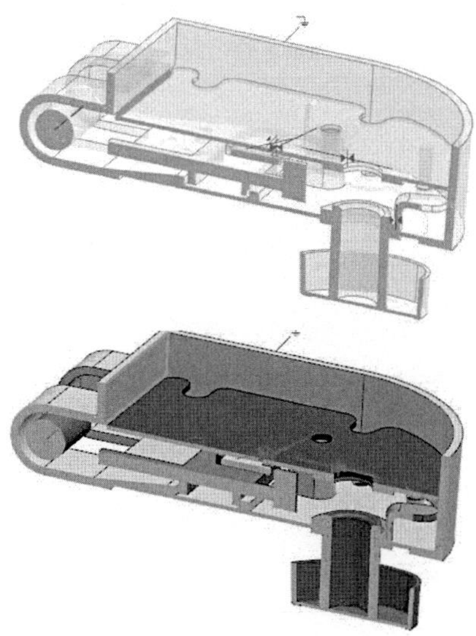

56 아래와 같이 구속 되어진 결과물을 확인 할 수 있다.

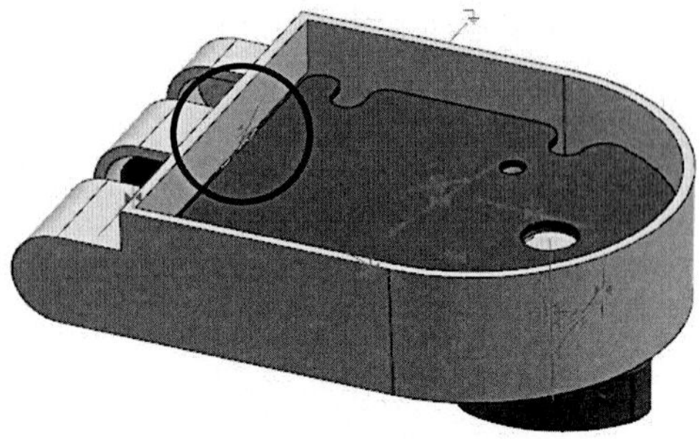

57 Assembly Constraints를 선택 구속조건을 아래와 같이 설정한 다음, Handle Bar의 측면과 Safty Bar의 측면을 평행하게 만들어 준다.(Control+H 이용 Section을 잘라서 봄.)

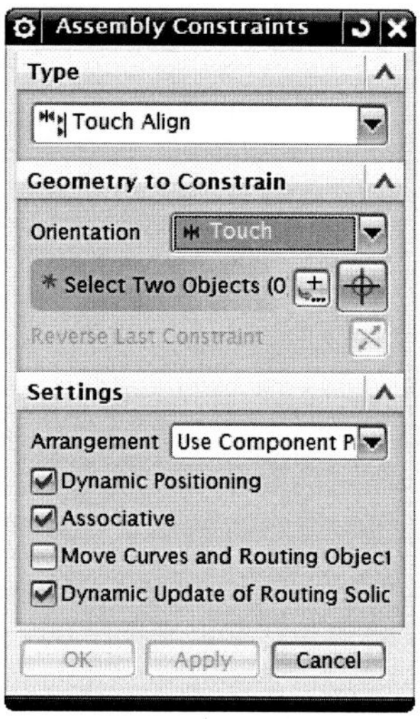

⇨

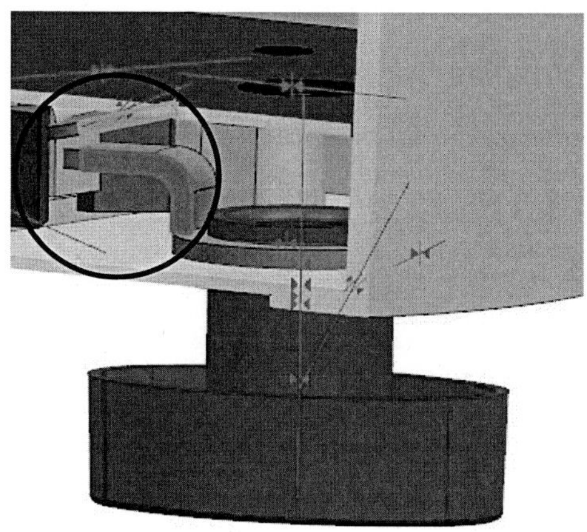

58 Assemblies–Components–Add Component 선택, Open을 선택하여, Safty_Cross를 선택한다. 아래와 같은 Option을 설정한 다음 Apply한다.

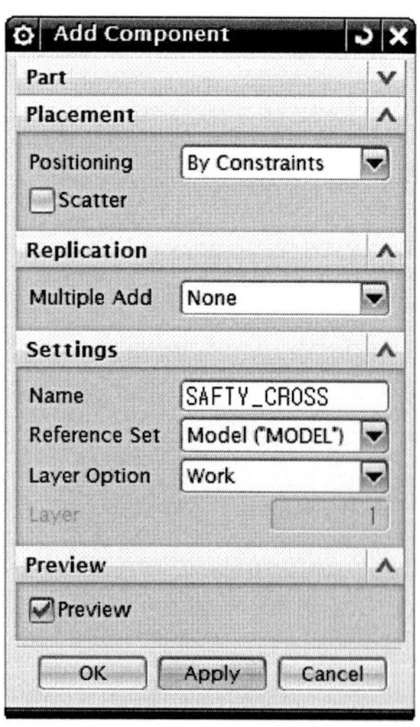

⇨

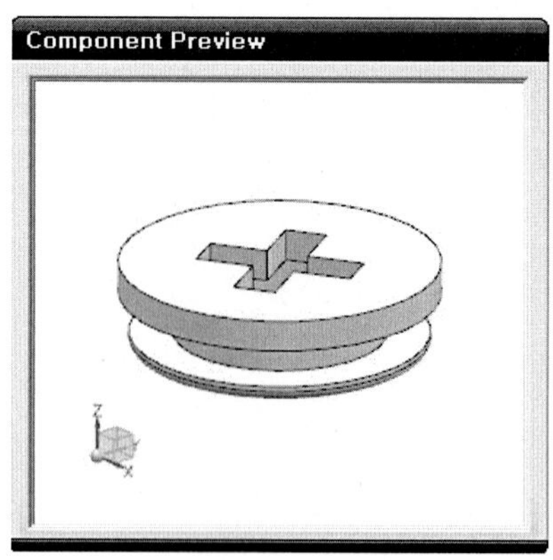

59 Assembly Constraints를 선택 구속조건을 아래와 같이 설정한 다음, SaftyCross의 축과 Handle의 축에 아래와 같이 구속을 준 다음 Apply 한다.

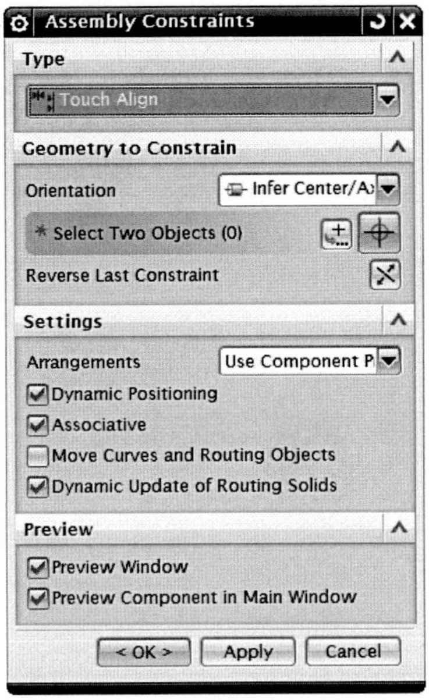

⇨

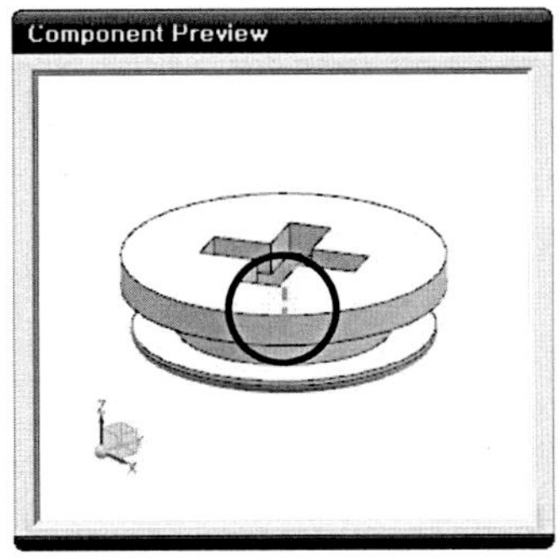

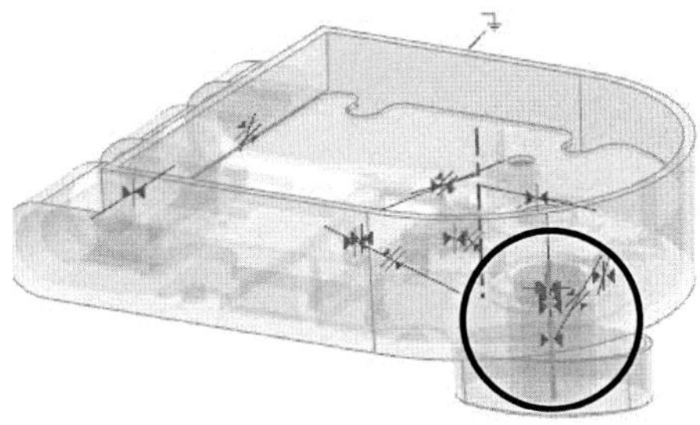

60 또 다른 Constraints의 선택 구속조건을 아래와 같이 설정한 다음, Safty Cross의 면과 Safty bar의 면에 아래와 같이 구속을 준 다음 OK 한다.

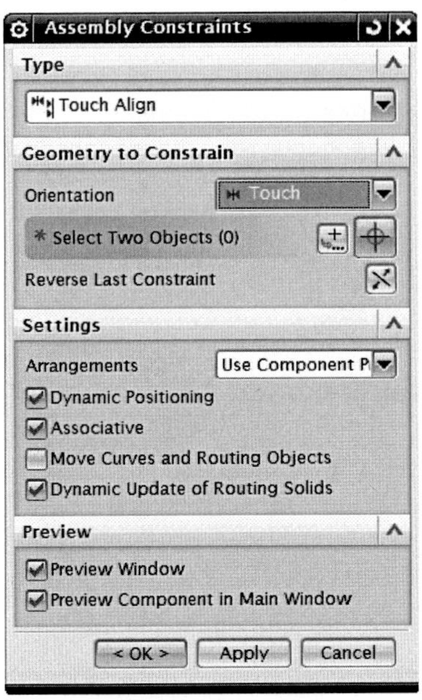

⇨

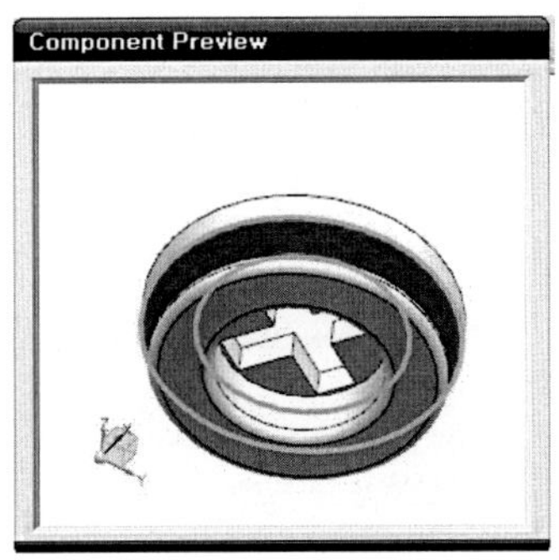

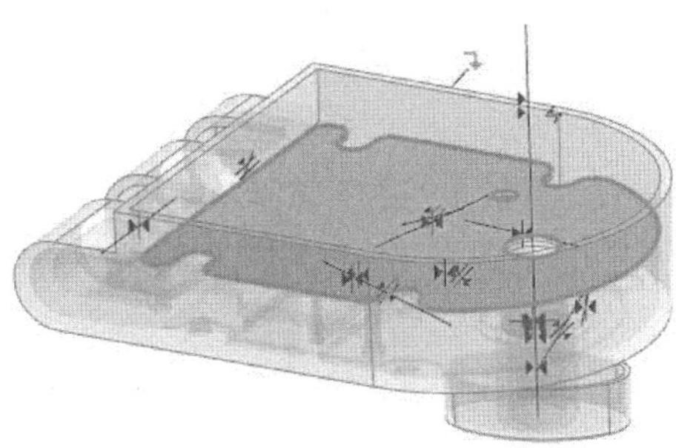

61 Edit Work Section... Ctrl+H 을 이용하여 아래와 같이 결과물을 확인한다.

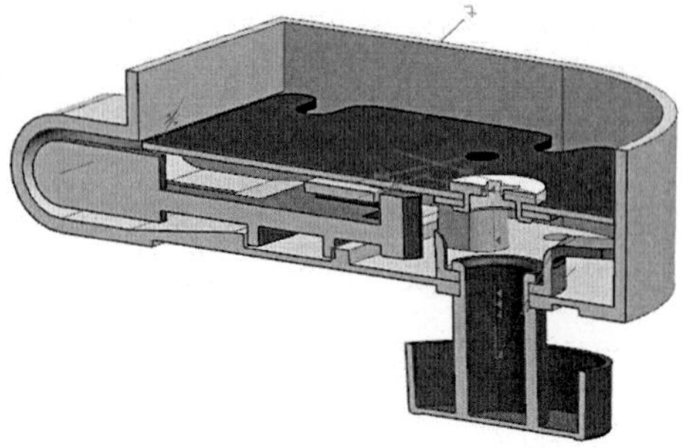

62 Assemblies−Components−Add Component 선택, Open을 선택하여, Screw를 선택. 아래와 같은 Option을 설정한 다음 Apply 한다.

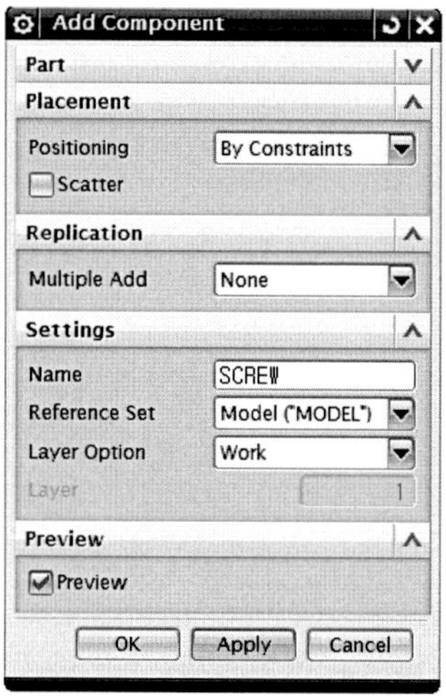

⇨

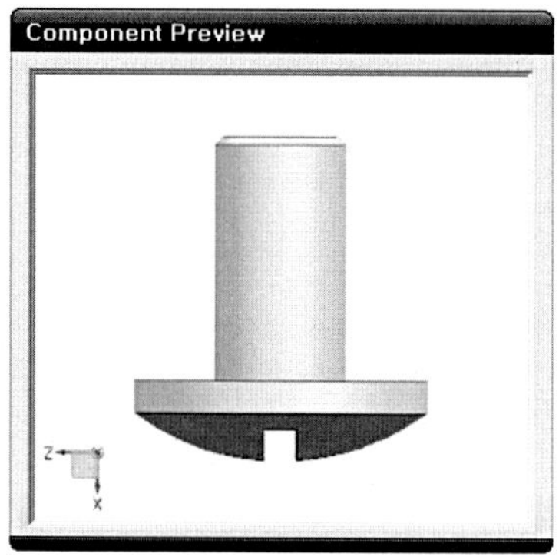

63 Assembly Constraints를 선택 구속조건을 아래와 같이 설정한 다음, Screw의 축과 Housing의 축에 아래와 같이 구속을 준 다음 Apply 한다.

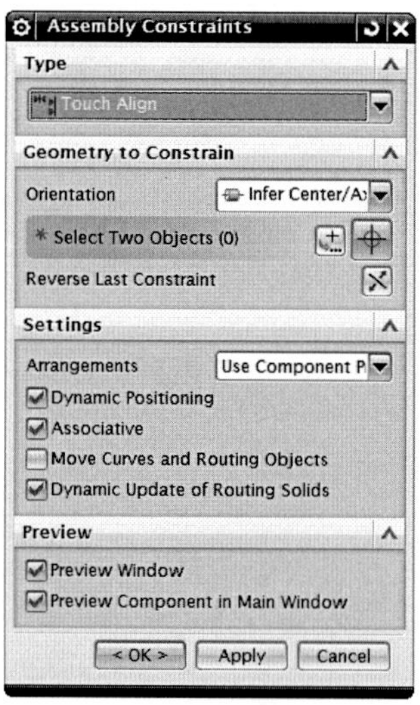

⇨

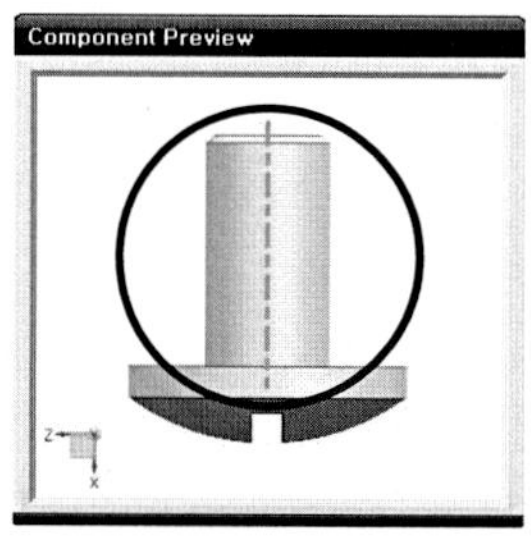

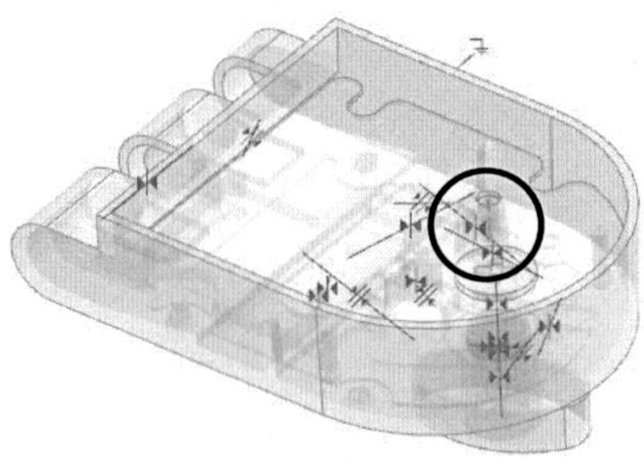

64 

을 이용 Screw 의 방향을 바꿀 수 있다.

65 또 다른 Constraints의 선택 구속조건을 아래와 같이 설정한 다음, Screw의 면과 Back Plate의 면에 아래와 같이 구속을 준 다음 OK 한다.

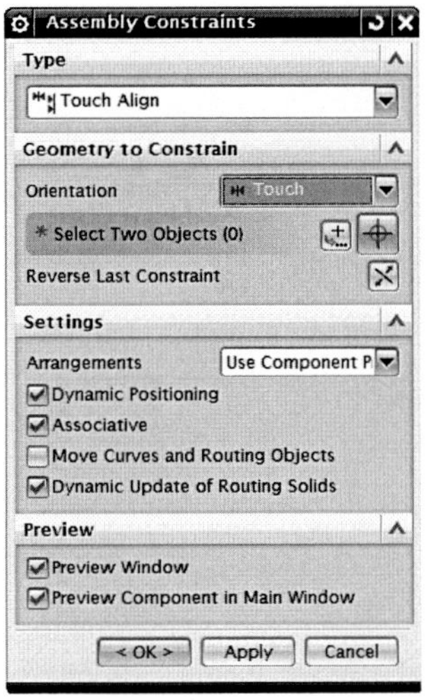

⇨

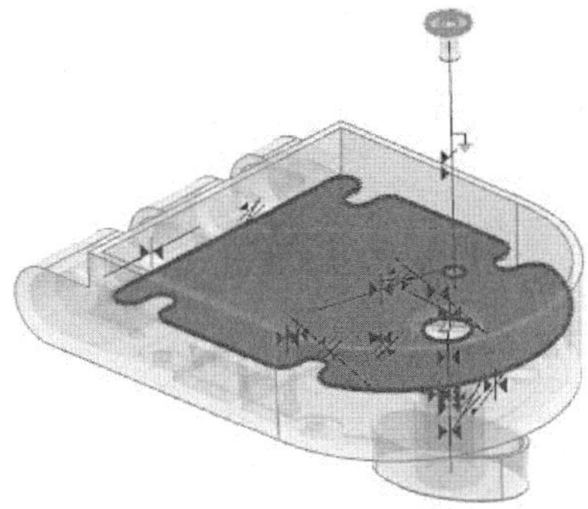

66 아래와 같이 구속되어짐을 확인 할 수 있다.

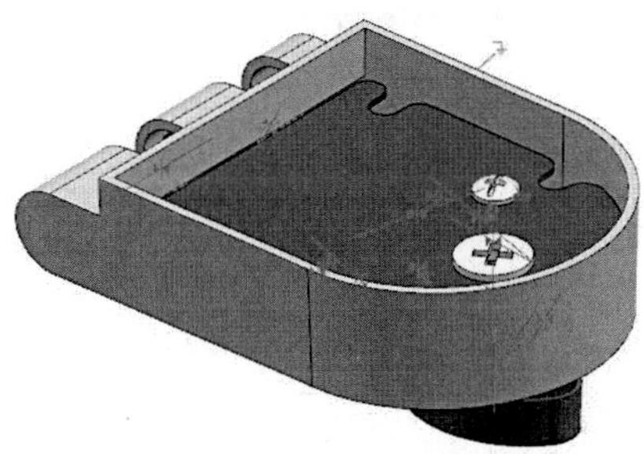

67 Assemblies–Components–Add Component 선택, Open을 선택하여, Latch_Plate를 선택. 아래와 같은 Option을 설정한 다음 Apply한다.

⇨

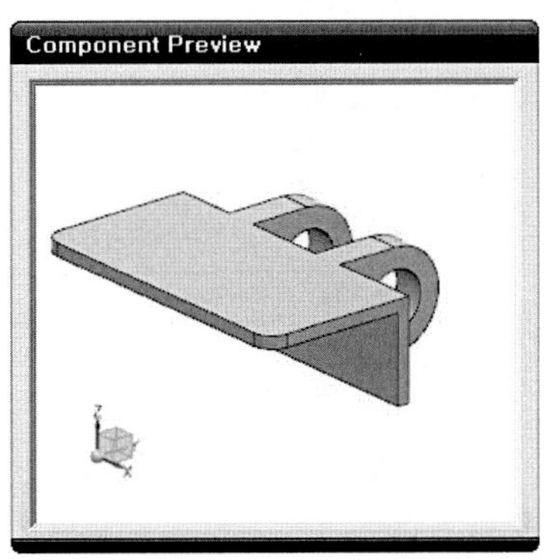

68 Assembly Constraints를 선택 구속조건을 아래와 같이 설정한 다음, Latch_Plate의 축과 Housing의 축에 아래와 같이 구속을 준 다음 Apply 한다.

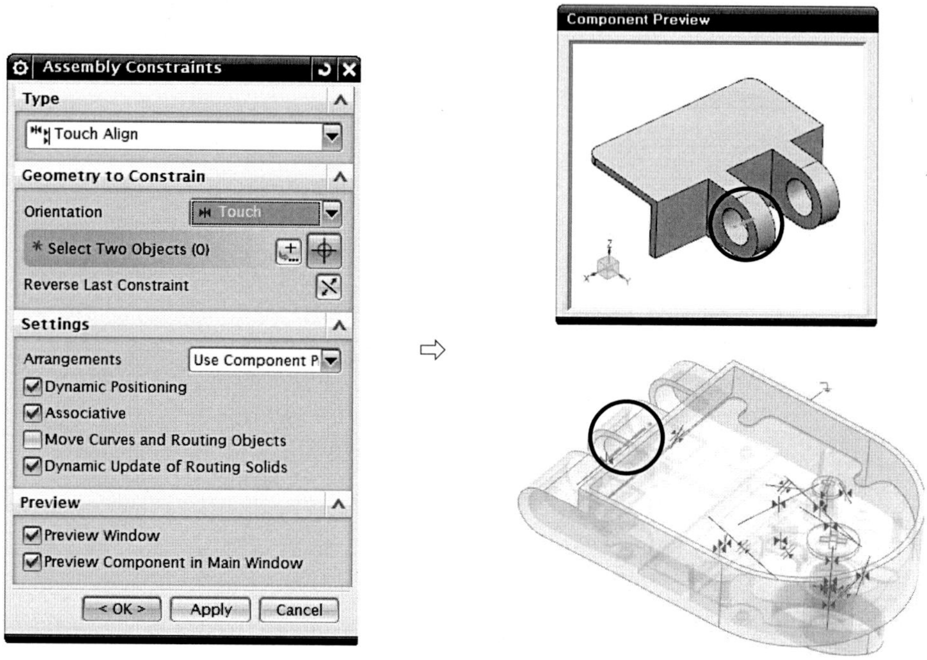

69 또 다른 Constraints의 선택 구속조건을 아래와 같이 설정한 다음, Latch_Plate의 면과 Housing의 면에 아래와 같이 구속을 준 다음 OK 한다.

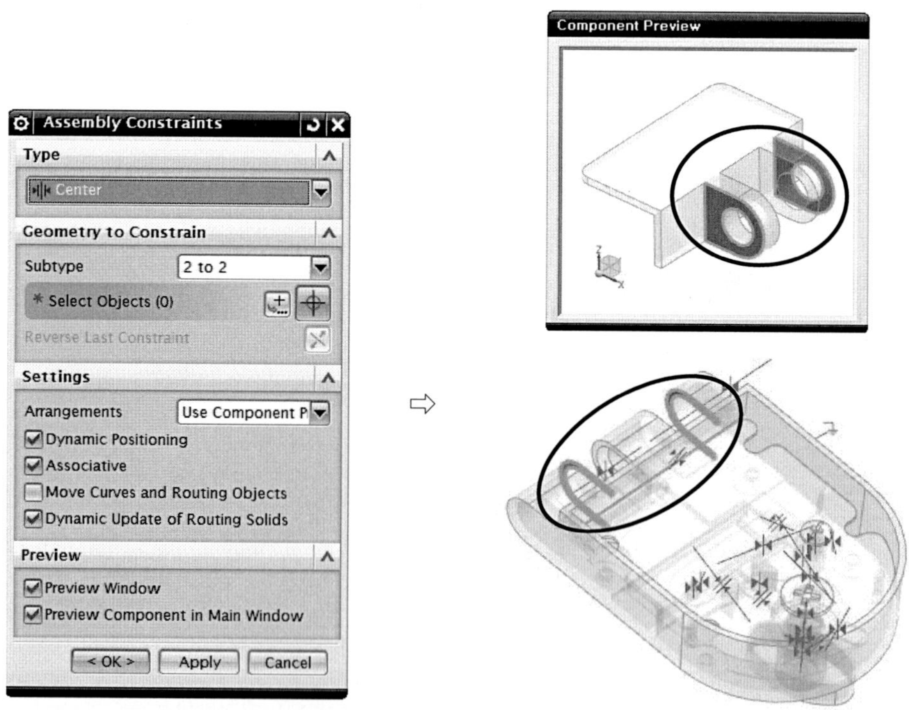

70 아래와 같이 구속 되어진 결과물을 확인 할 수 있다.

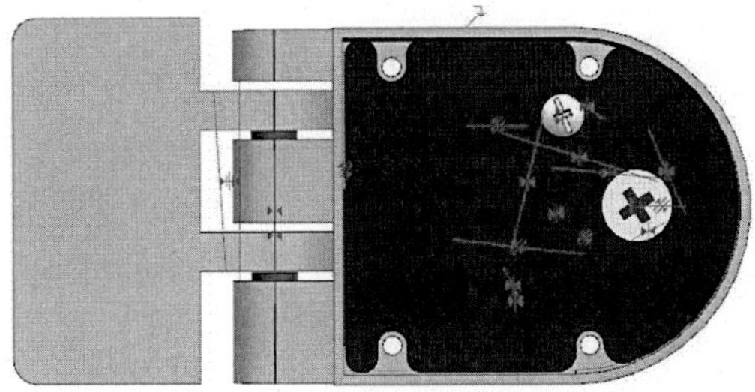

71 Assembly Constraints를 선택 구속조건을 아래와 같이 설정한 다음, Handle을 Reference Set에서 Entire Part를 선택하고, Latch_ plate와 Housing면에 구속을 준다.

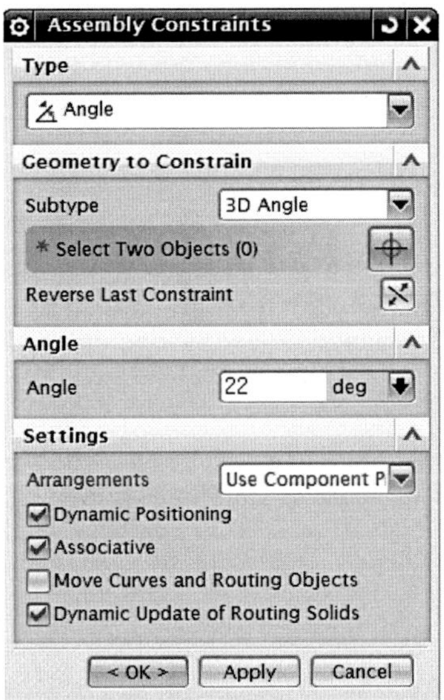

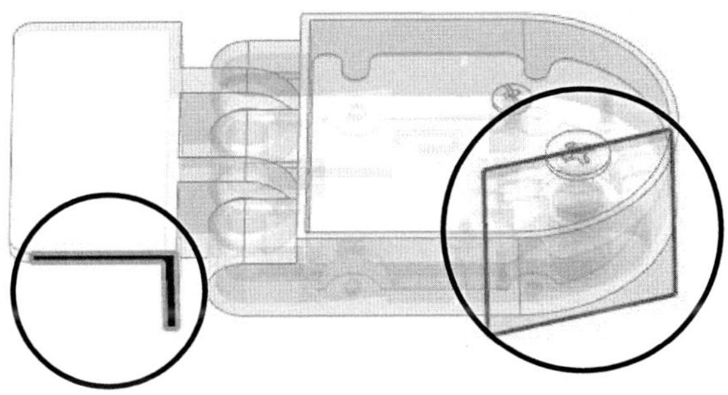

72 아래와 같이 각도를 주어 동작하는 걸 볼 수 있다.

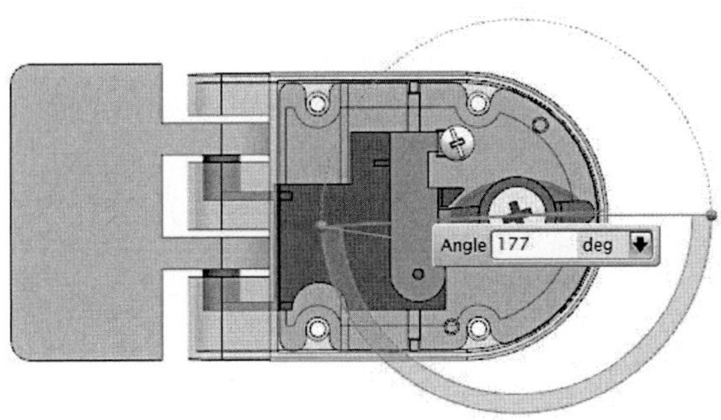

04 Reference Sets

Assembly Component의 Geometry 정보에 대한 화면 표시를 제어할 수 있으며 복잡하거나 관리가 어려운 Assembly를 효율적으로 관리 할 수 있다.

Format → Reference Sets

Default Referense Set은 다음과 같다.

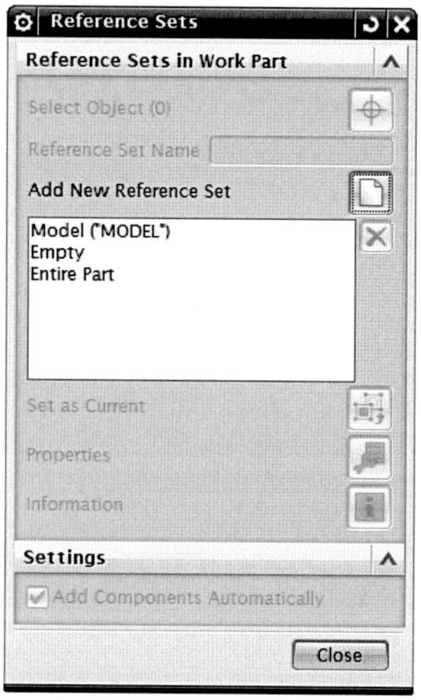

- Entire Part : 각 Component에 기본적으로 적용되는 Reference Set으로 Component에 모든 Geometry 정보를 확인할 수 있음
- Empty : 기본적으로 적용되는 Reference Set으로 적용된 Com-ponents의 Geometry를 안보이게 설정 할 수 있음
- Model : 기본적으로 적용되는 Reference Set으로 Facet/Solid/Sheet Body를 포함한다.

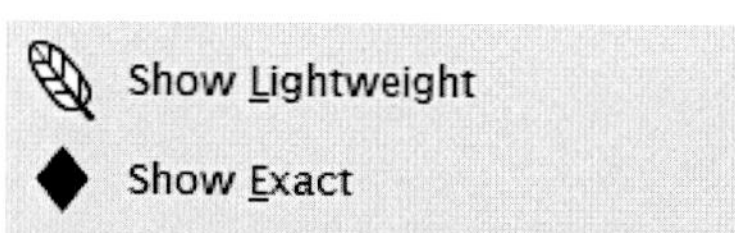

Reference Sets에서 빠져 나와 7.5 version 부터는 따로 설정 할 수 있음

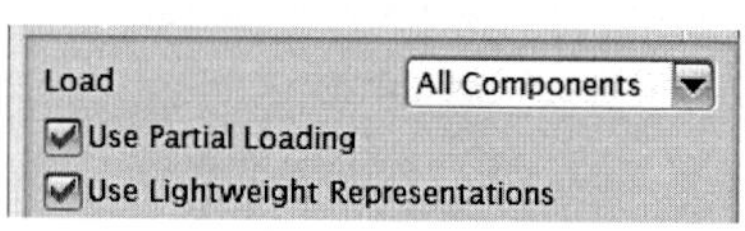

Load option에서 미리 설정을 할 수 있음(Mega−Large Data)를 다루기 위한 기능)

- 기존 Lightweight, Facet body.

Assembly 상태에서는 Make Display Part로 가서 생성하거나 Part 상태일 때 생성

Assembly 자체에서는 형상혼동 및 작동 오류로 Reference Set 방법을 잘 안 씀

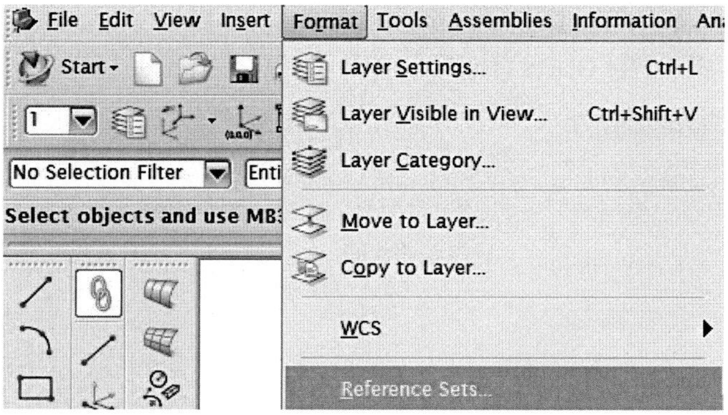

Activity

Reference 생성예제

Housing 파일을 Open한다.

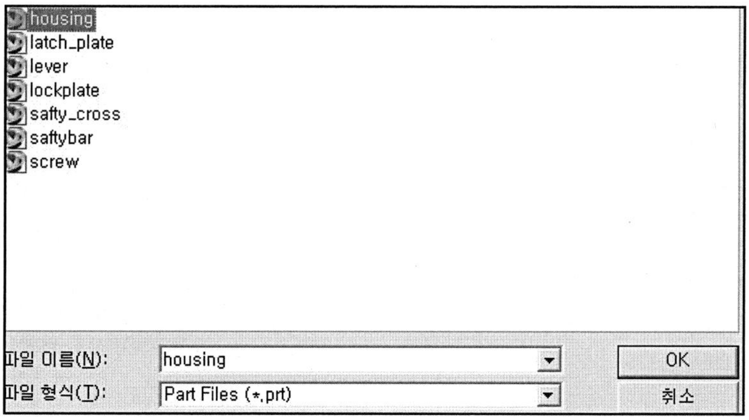

01 All Layer를 Selectable로 지정한다.

02 Hide 되어있는 Object를 모두 Show All 한다.
(사용자가 원하는 Object나 자동 저장된 Object를 구분하며 설정 할 수 있다.)

O3 아래와 같은 구성이 되었을 때 Format → Reference set 지정

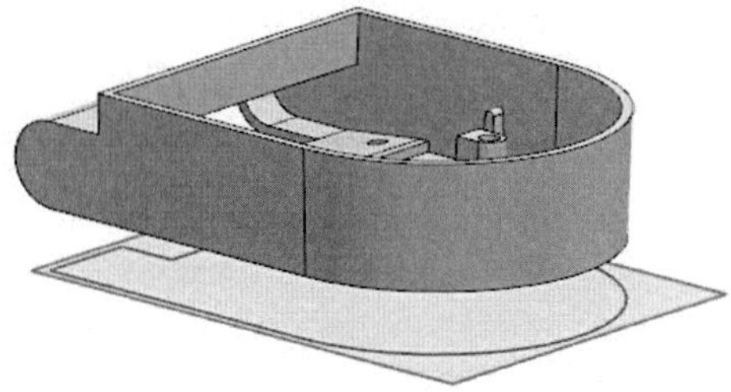

O4 Reference Set에서 기존 저장된 Object 상태를 확인한다.

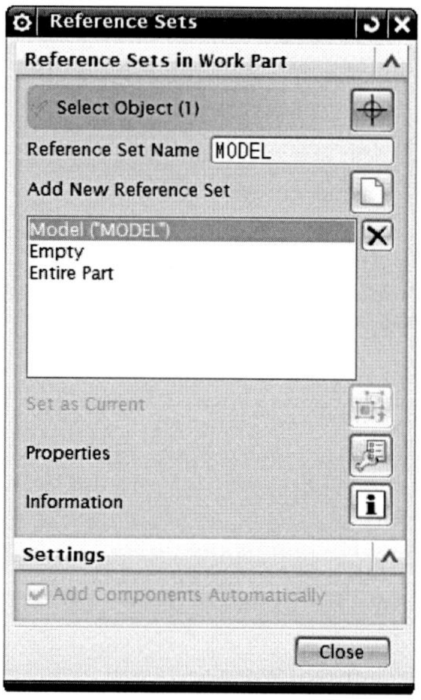

⇨

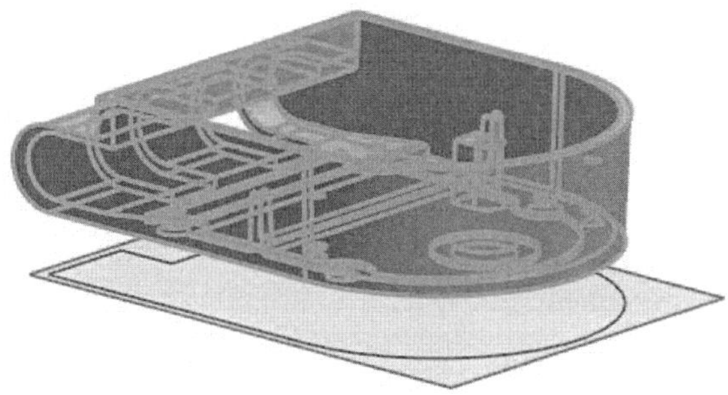

▲ Model("Body" 상태 일 때) ※ Empty와 Entire Part는 Default

O5 Add New Reference Set을 선택하여 Set Name에 DATUM을 아래와 같이 생성한다.

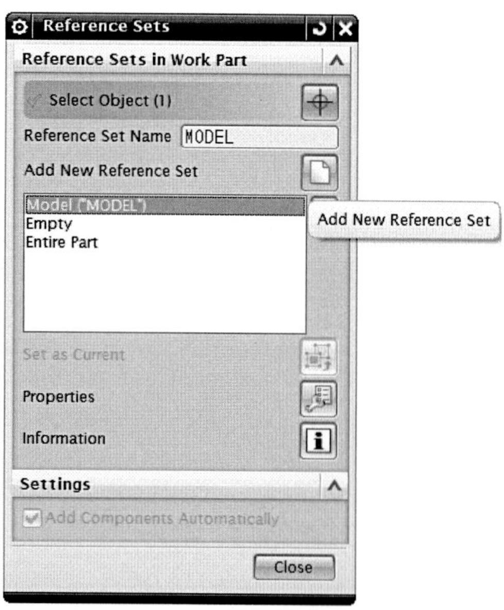

⇨

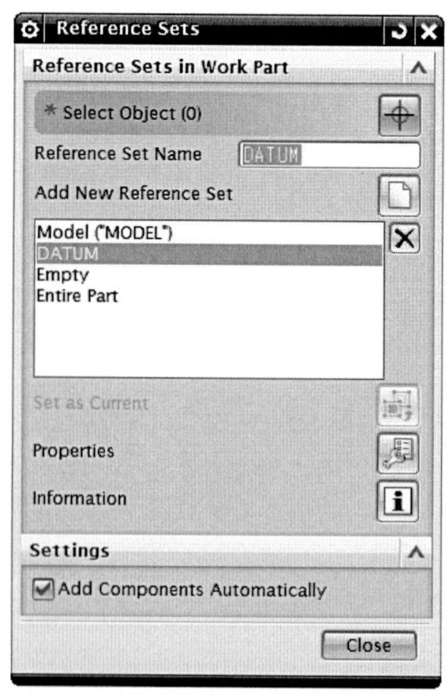

06 Datum을 선택한 후 Object에서 Datum Plan을 선택한 후 Enter 한다.

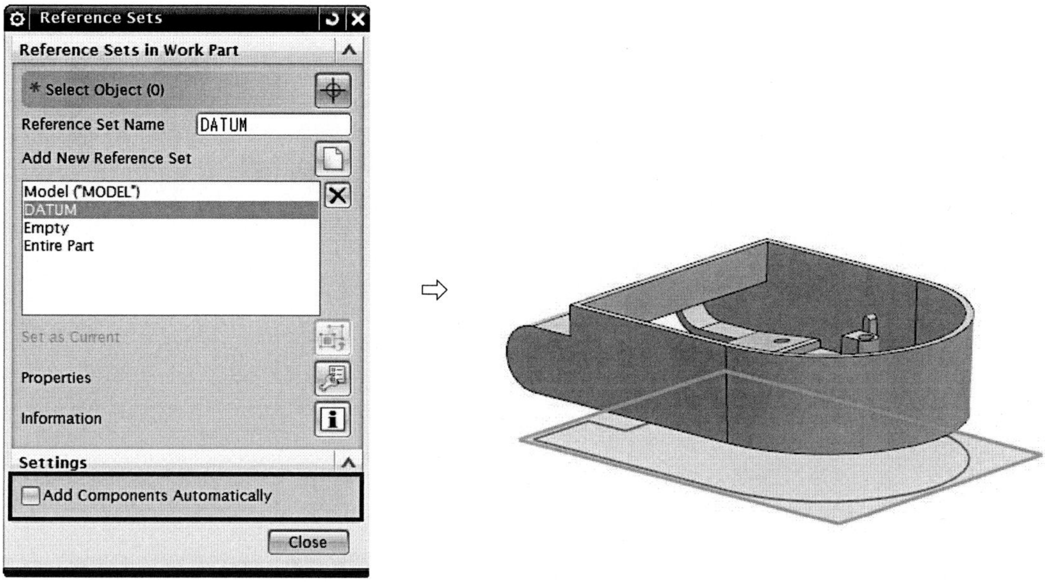

Add Components Automatically 체크박스가 켜 있는 경우 설정이 불편함(설정 OFF)

07 Assembly_Start로 가서 Housing를 선택 MB3 버튼을 선택 Show Only를 실행한다.

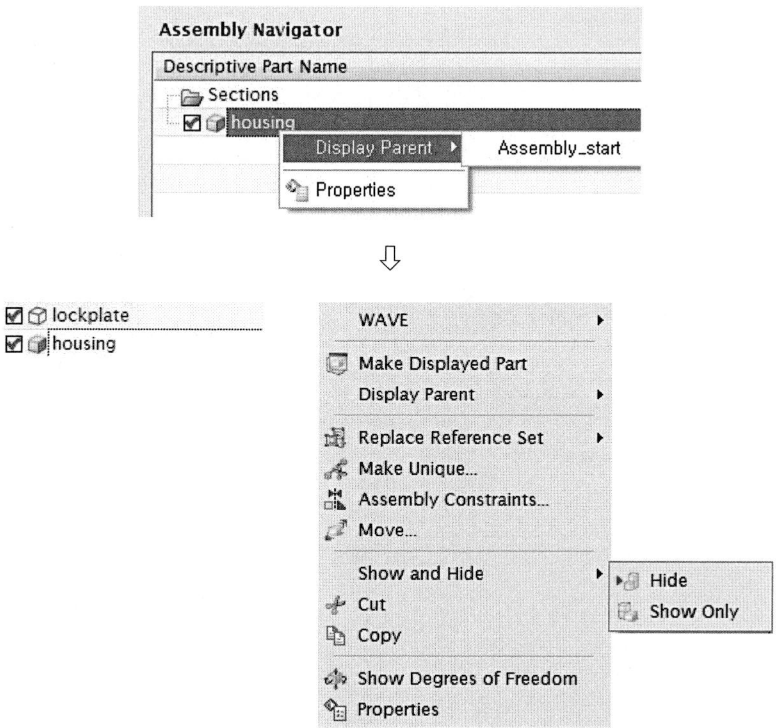

08 아래와 같이 Reference이 Assembly에서 설정됨을 볼 수 있다.(Layer 대신 Assembly에서 활용)

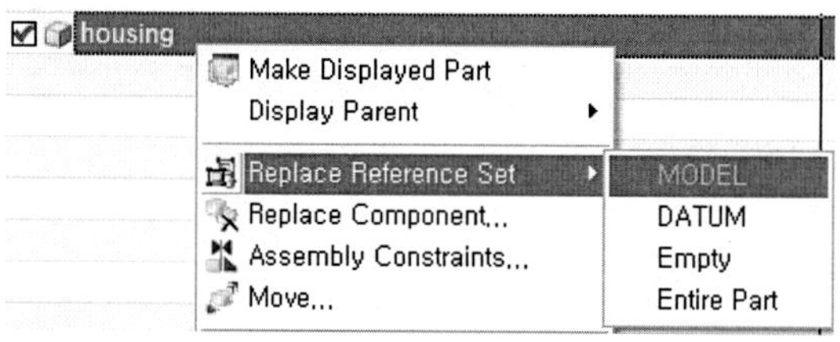

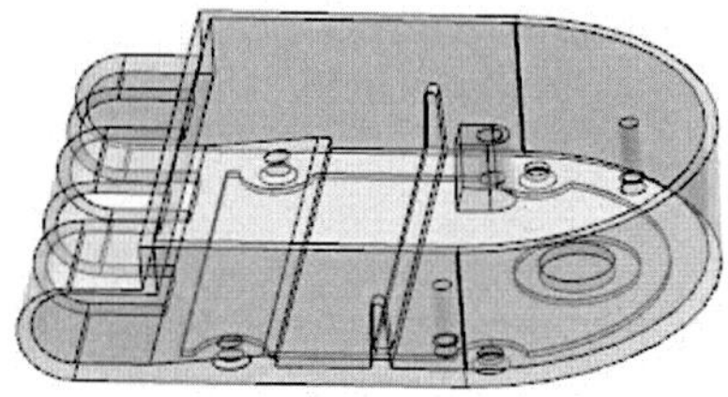

▲ MODEL

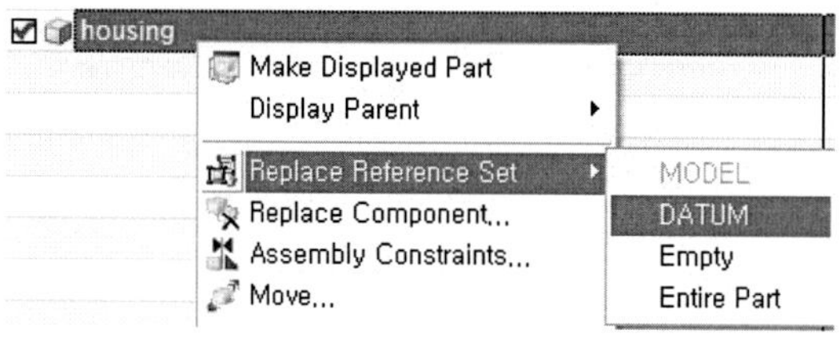

▲ DATUMm

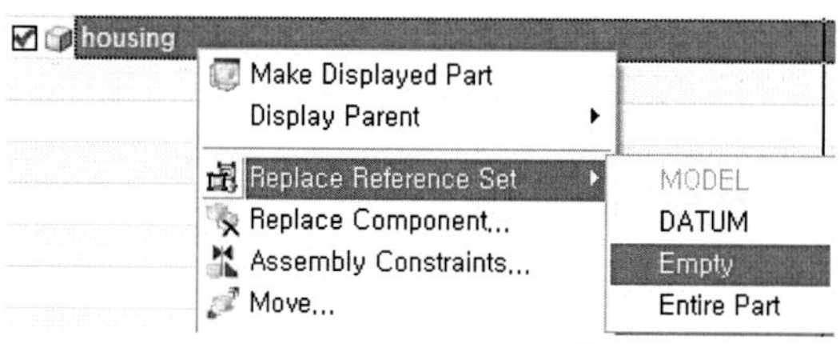

▲ Empty

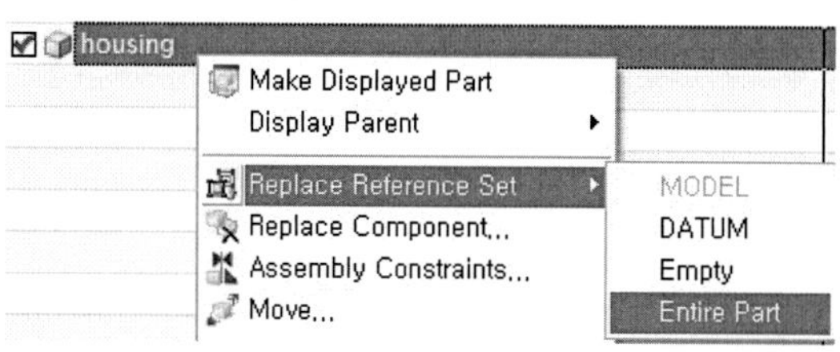

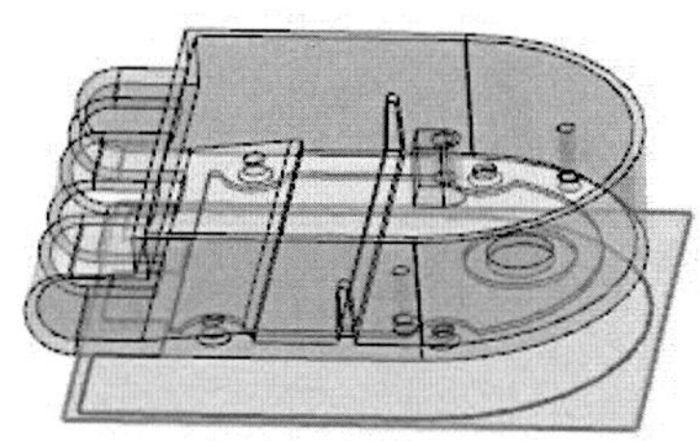

▲ Entire Part

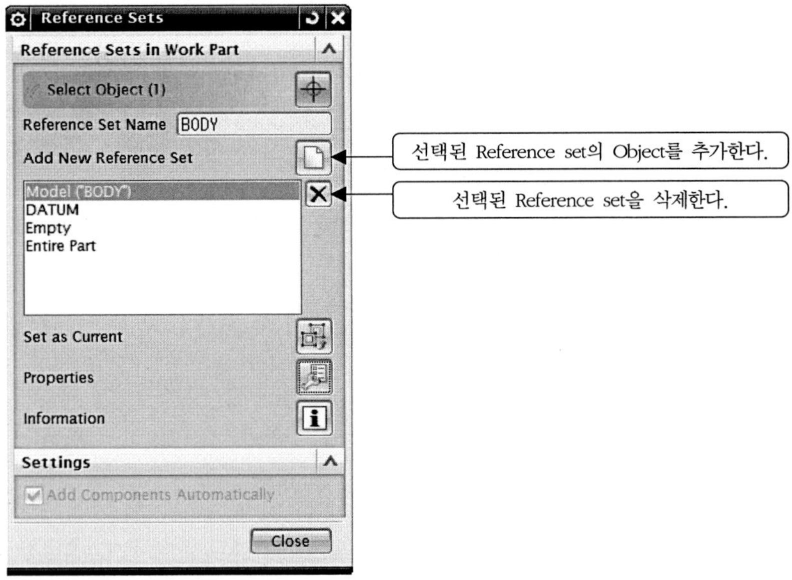

위와 같이 Datum외에도 Sketch나 다른 Reference set의 Object들을 만들 수 있다.

05 Wave geometry linker를 이용한 Top down Assembly

완성품(Assembly)의 구조를 잡은 후 구조에 따른 부품(Component)의 설계를 하는 방식의 작업으로 Create New Assembly 작업으로 새로운 Component를 생성하고 Wave Geometry Linker를 이용하여 서로 다른 Component간의 Associative를 가지고 설계를 할 수 있다.

Activity

Fix_ assm 파일을 Open 한다.

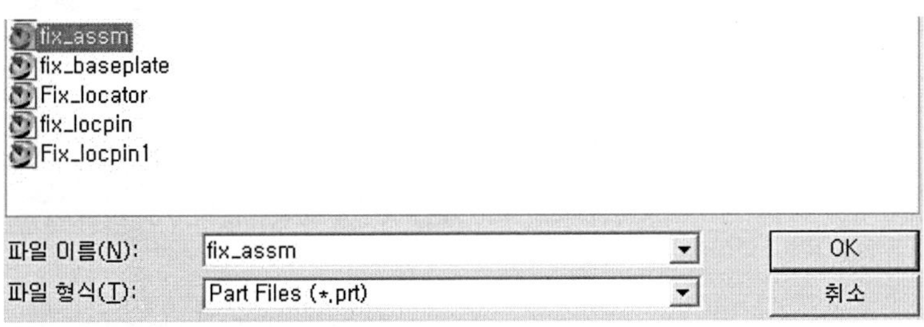

Add Component를 선택한다.

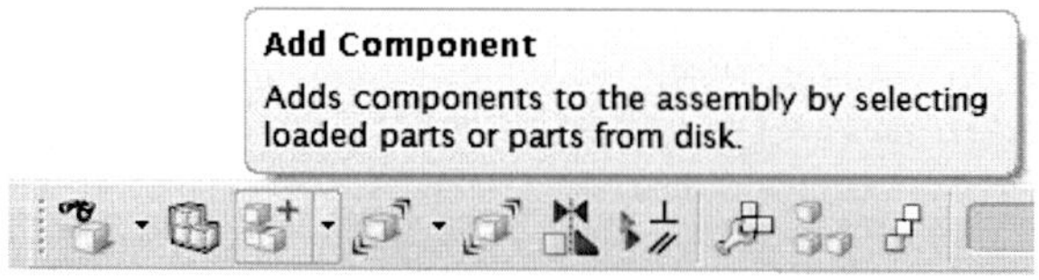

Open을 선택한다.

01 Part Name Dialog의 fix_baseplate 파일을 선택한 후 OK

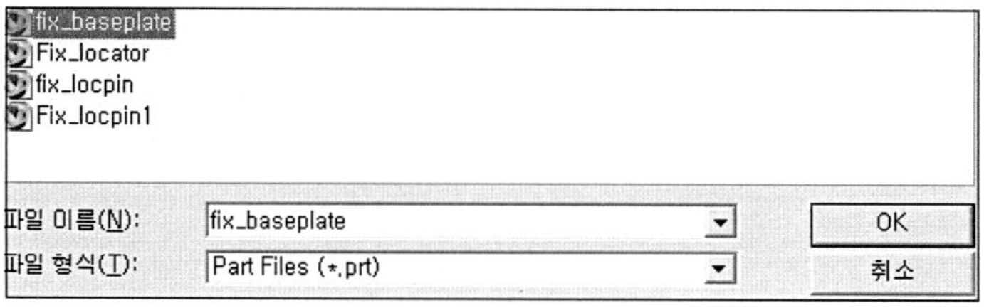

02 아래와 같은 환경구성을 설정한 후 OK 한다.

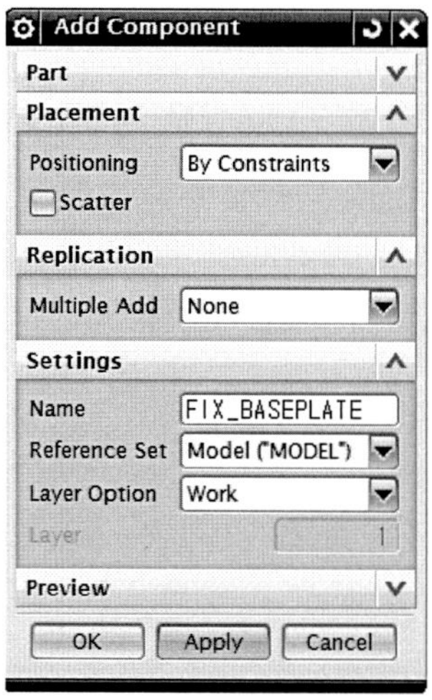

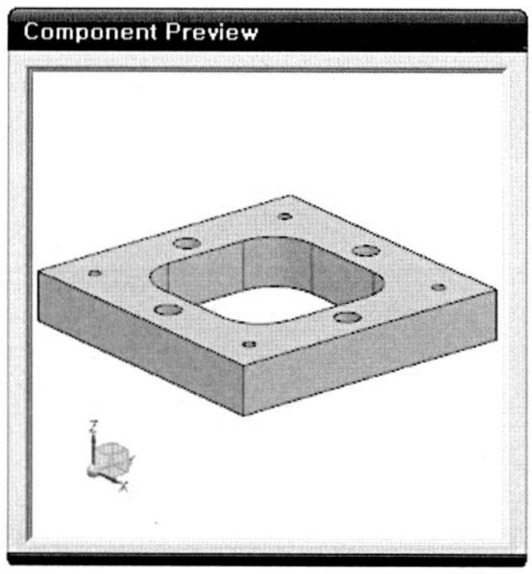

03 작업 창에 다음과 같이 나오는 것을 확인할 수 있다.

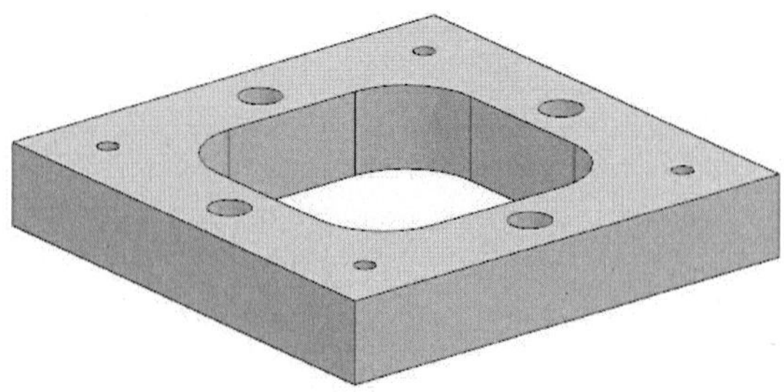

04 Assemblies → Components → Create New Component... 선택

05 Object가 없는 Component를 생성하기 위하여 Blank 창에서 OK를 선택한다.

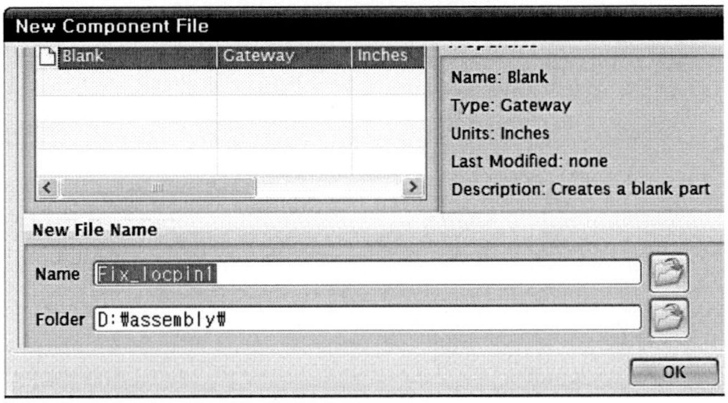

06 Create New Component 창에서 아래와 같이 설정 후 OK한다.

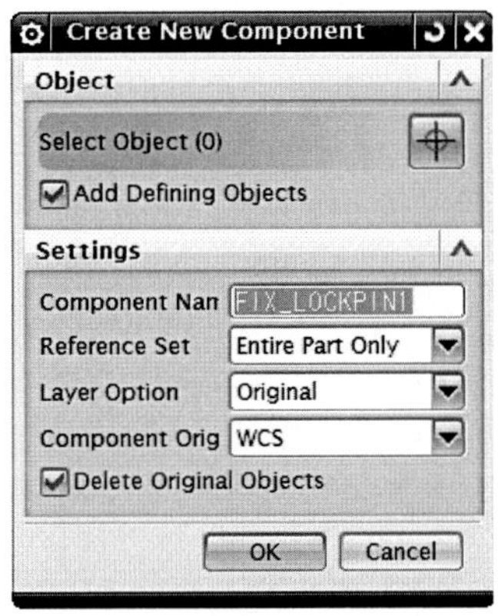

07 Assembly Navigator에서 fix_locpin1에서 MB3를 누른 뒤 Make Work Part를 선택한다.

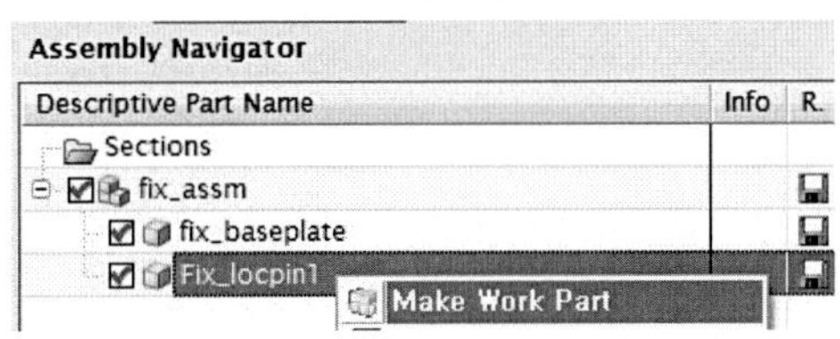

08 아래와 같이 이미 열려있는 컴포넌트가 비활성 됨을 확인할 수 있다.

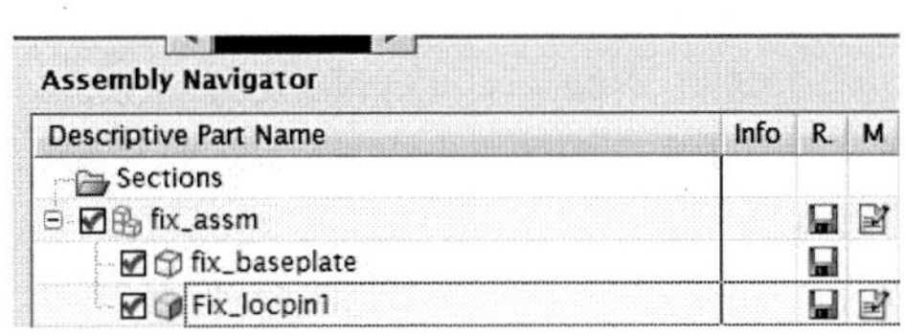

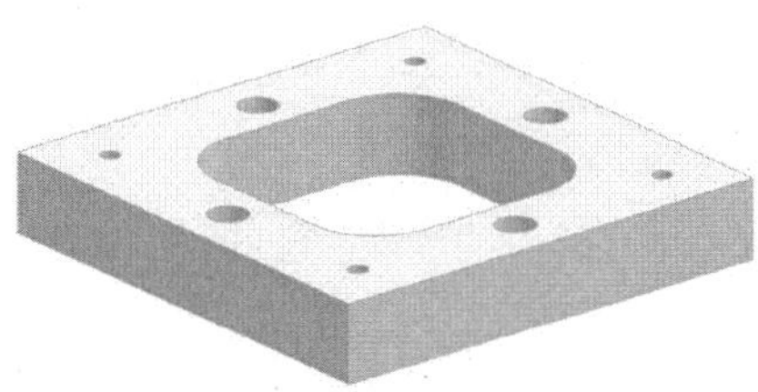

09 Insert → Associative Copy → WAVE Geometry Linker를 선택한다.

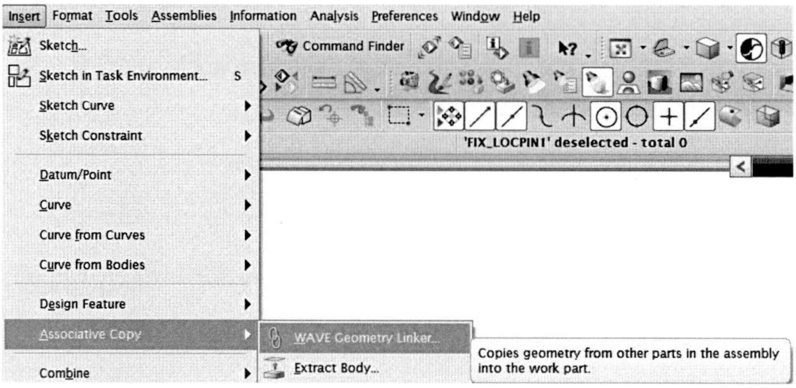

10 WAVE Geometry Linker dialog에서 Select Curve 를 선택한다.

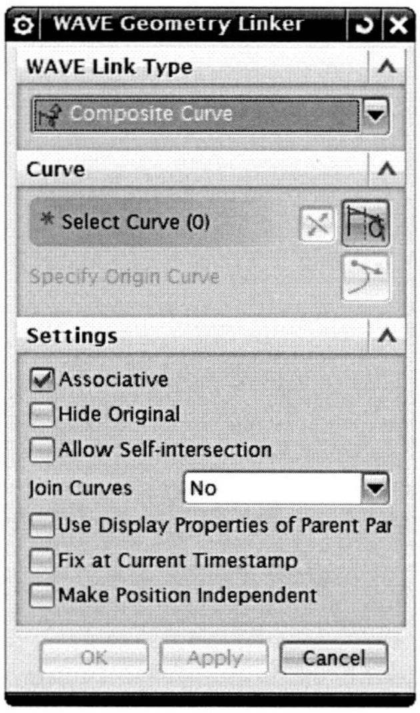

11 Link하기 위한 Hole의 Edge 부분을 선택한다.

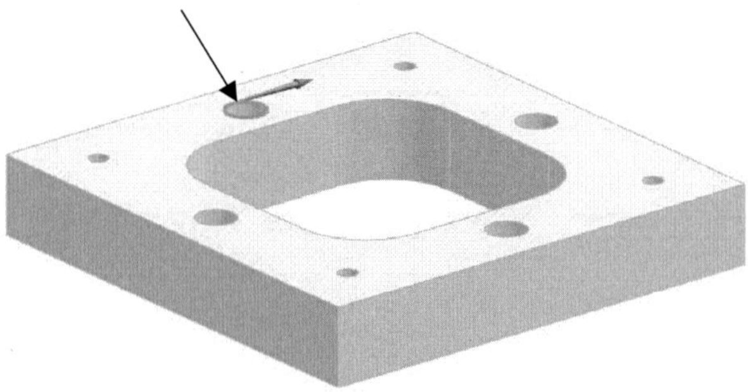

12 OK 한다.

13. Work Part(fix_locpin1) 안에 Link된 Curve가 생성되었는지 Part Navigator에서 확인한다.

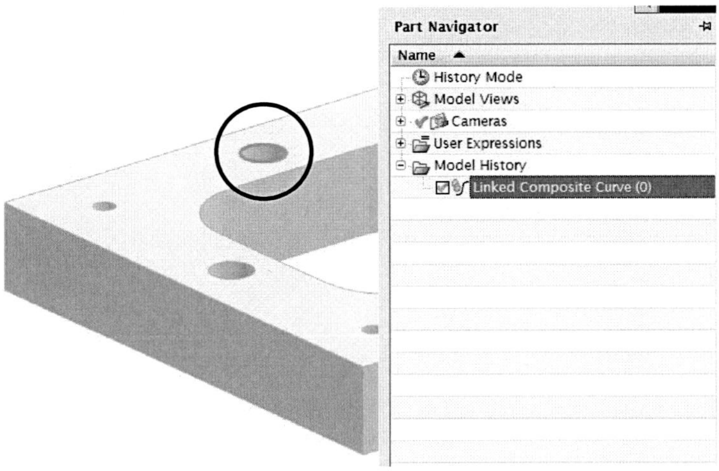

14 Fix_locpin1 파일이 Work Part 로 설정되어 있는 상태에서 Modeling application을 실행한다. (이미 Application이 실행되어 있는 경우는 생략한다.)

15 Insert → Design Feature → Extrude를 선택

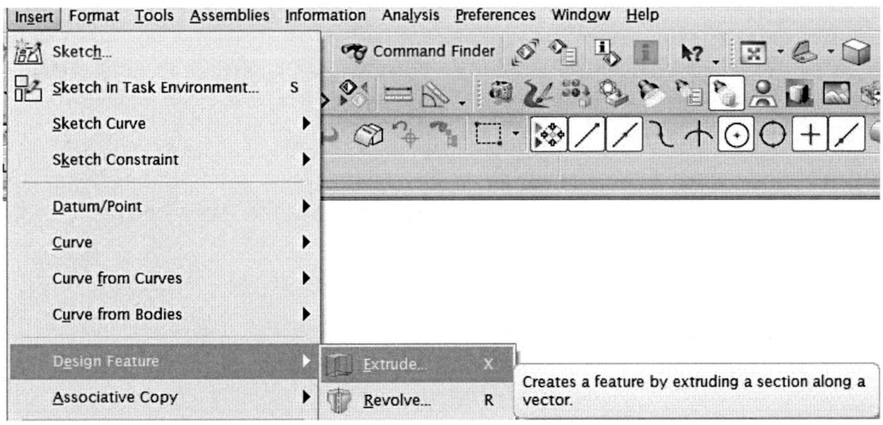

16 Link된 Curve를 선택 14mm를 End value로 넣고 Enter 한다.

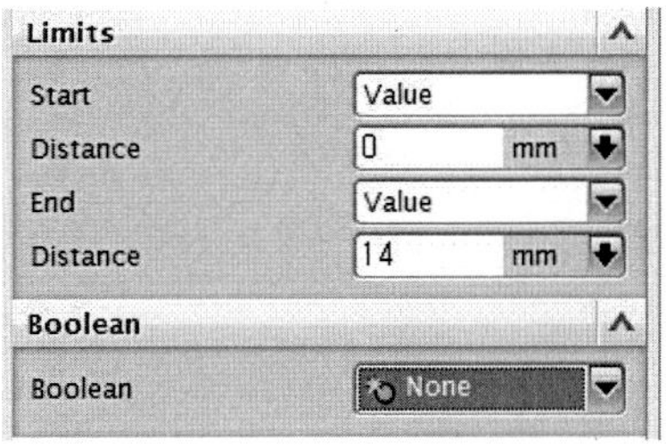

17 필요한 경우에는 돌출방향을 -ZC 방향으로 향하도록 Reverse Direction icon 을 사용한다.

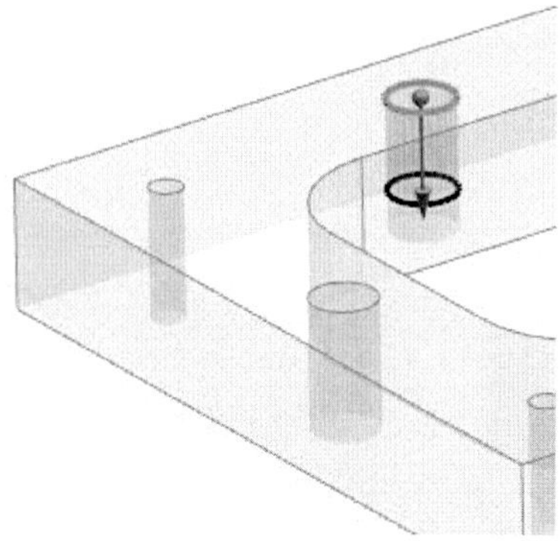

18 OK 한다.

19 Insert → Design Feature → Boss를 선택

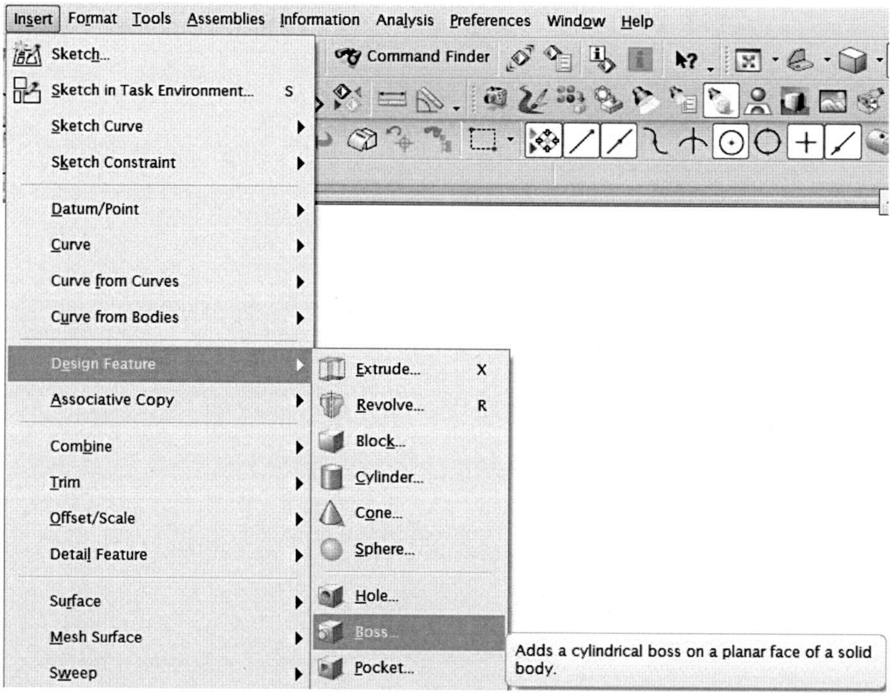

20 Extrude 되어 있는 Feature의 Top Face를 선택

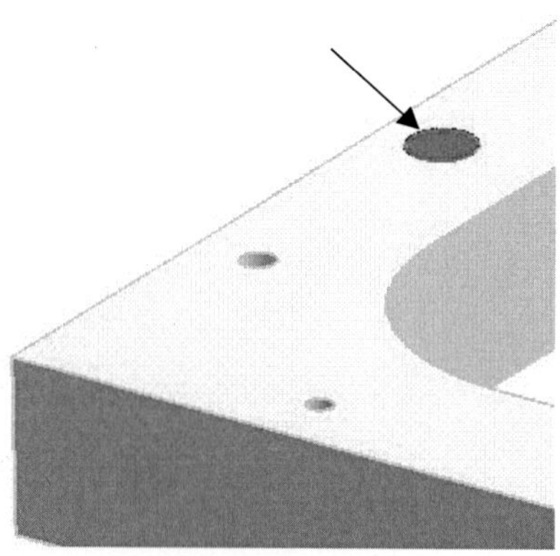

21 Diameter=16, Height=30 Taper Angle=0 값을 입력 후 Apply 한다.

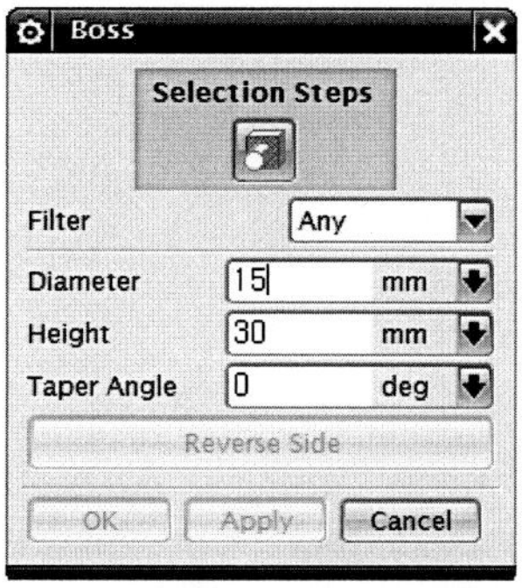

22 Positioning Dialog가 나타나며 Point onto Point를 선택한다.

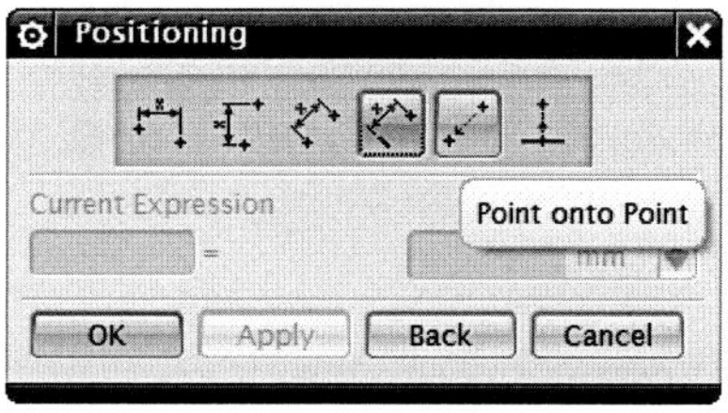

23 Target으로 사용하기 위한 Edge를 아래와 같이 선택한다.

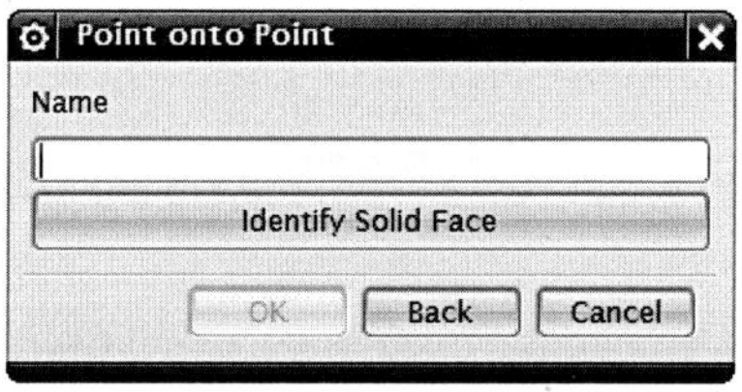

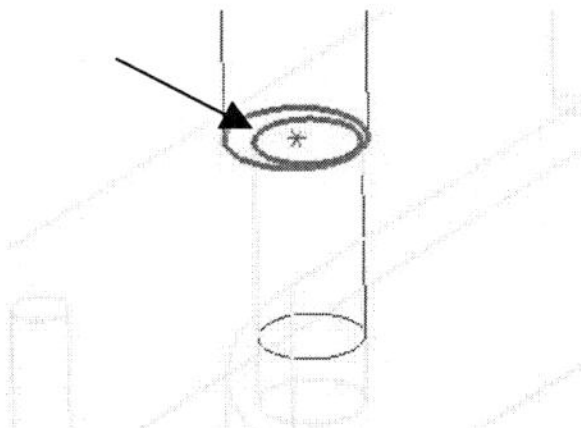

24 Arc Center를 선택한 후 OK 한다.

25 Boss 형상의 중앙이 link된 curve의 중앙과 일치되어 생성됨을 확인한다.

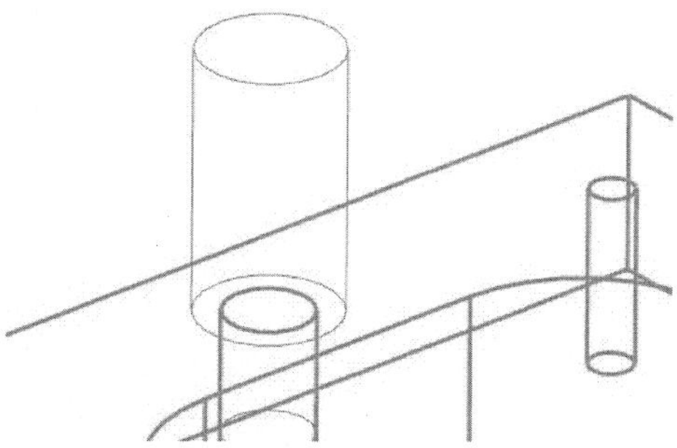

Checking Association

26 Fix_ base plate를 Work Part로 한다.

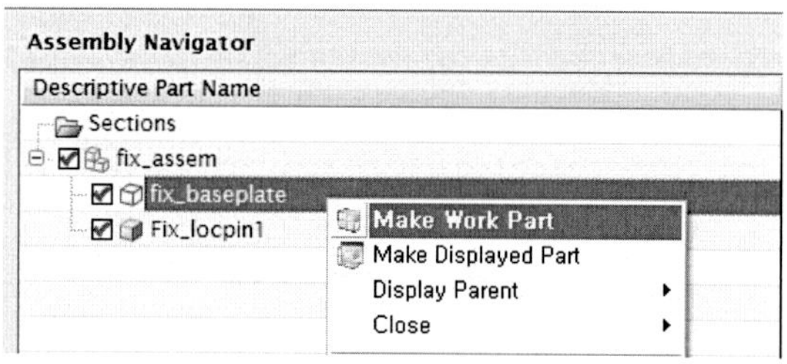

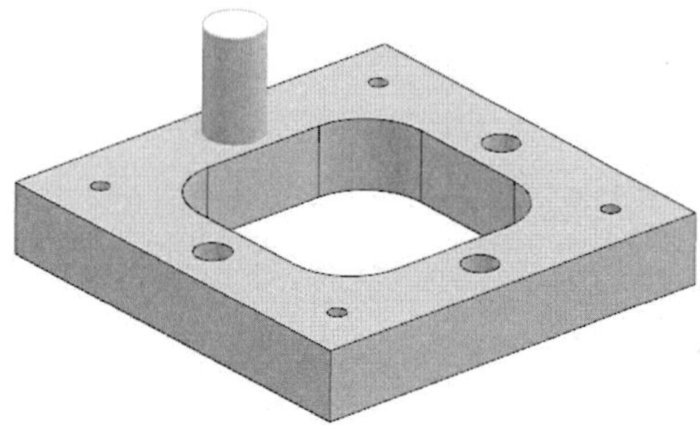

27 Part Navigator 상에서 Simple Hole(7)를 선택하고 MB3 → Edit Parameters를 선택한다.

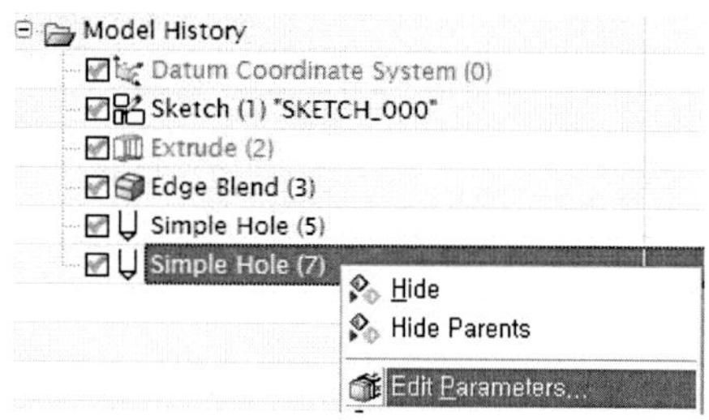

28 Feature Dialog를 선택하고 3을 써넣고 OK 한다.

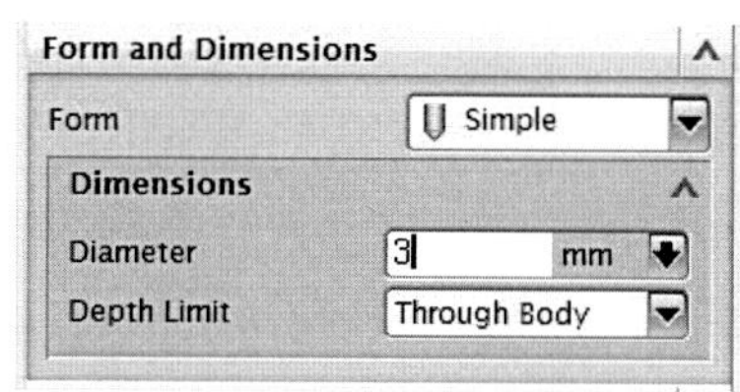

29 OK 한다.

30 수정되기 전과 수정된 후 치수 값이 바뀜을 확인 할 수 있다.

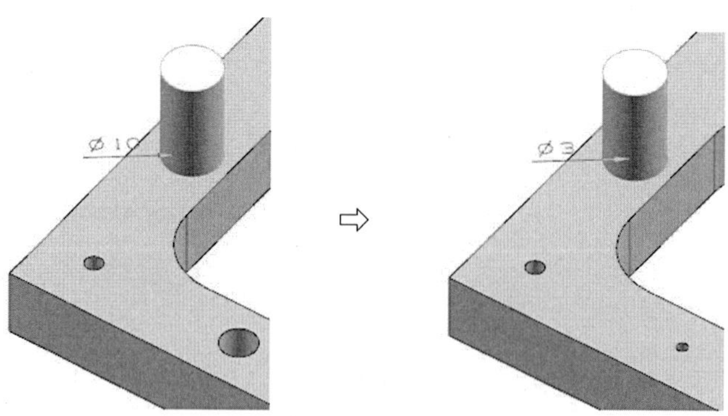

31 Edit → Undo List → Redefine Feature에서 원래의 위치로 돌아간다.

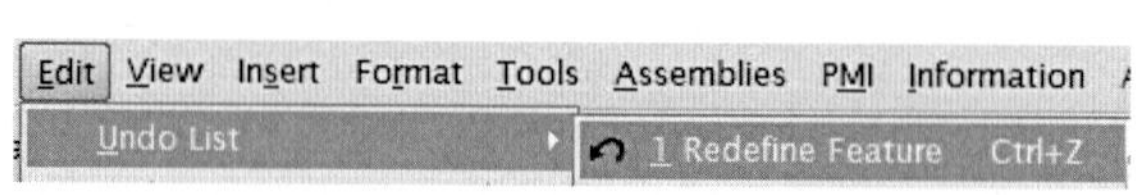

32 Fix_ assm을 Make Work Part 상태로 바꾼다.

33 Assemblies → Components → Add Component을 선택한다.

34 Loaded Part−fix_locpin1 선택한 후 아래와 같은 환경 구성을 한 후 Apply한다.

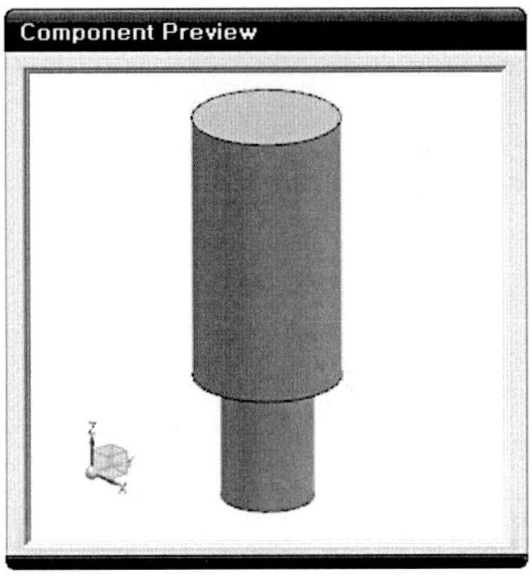

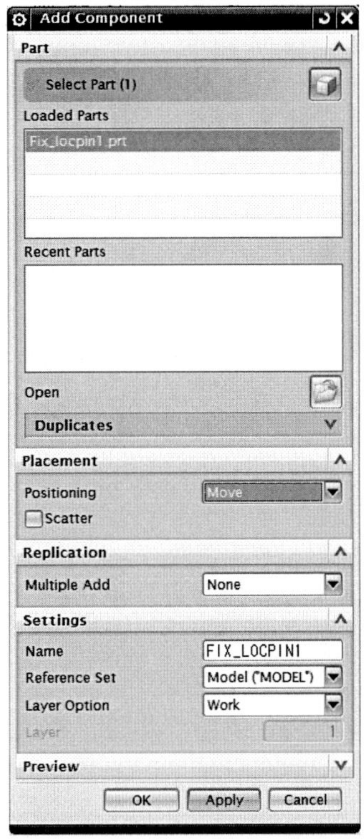

35 Point Constructor dialog에서 Arc/Ellipse/Sphere Center를 선택한 다음 Fix_ base plate의 우측 Hole의 Center를 선택한다.

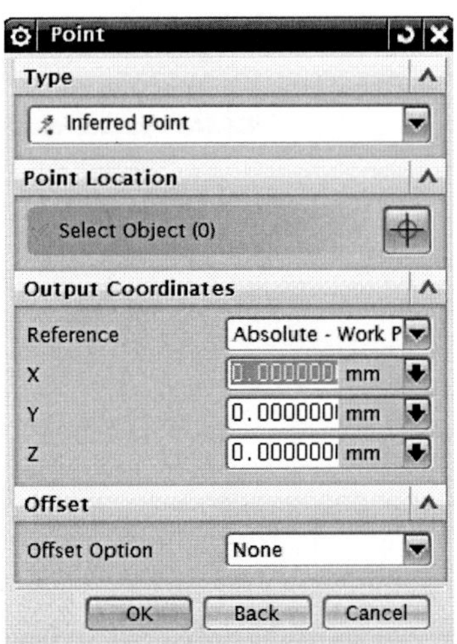

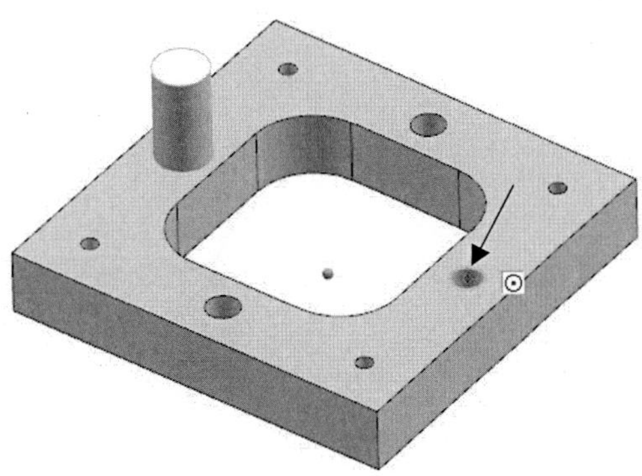

36 Locator pin과 Handle이 생성된다.

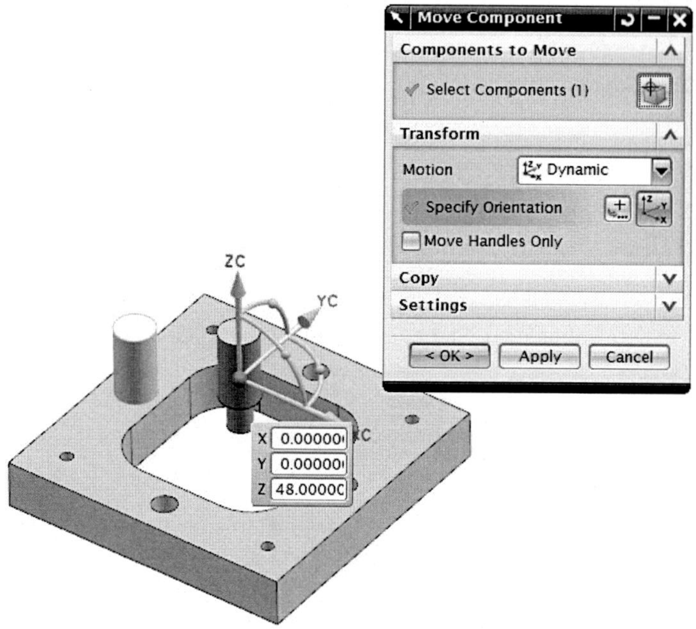

37 먼저 Move Handle Only를 Check후 원하는 위치로 아래와 같이 WCS를 옮김

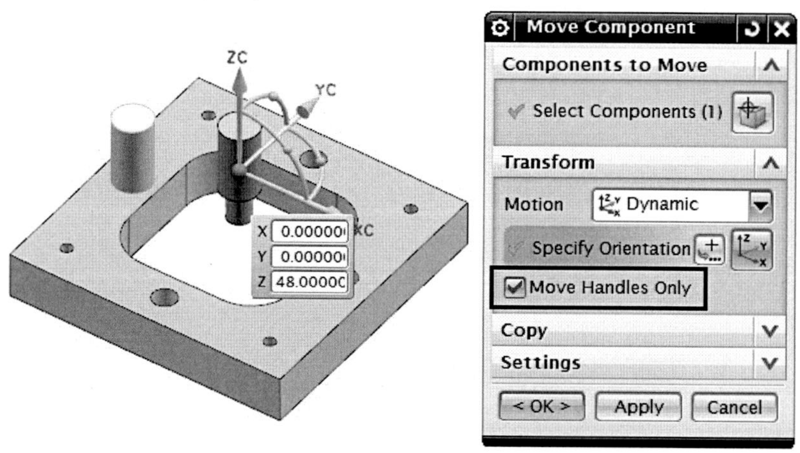

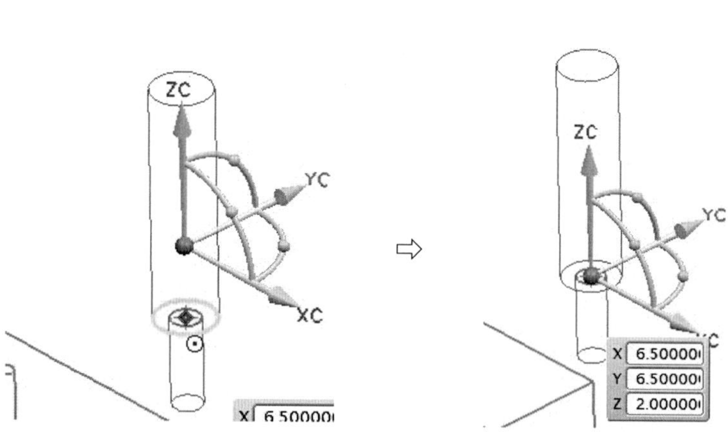

38 Move Handle Only Check Off후 아래와 같이 원하는 위치 선택 후 옮길 수 있다.

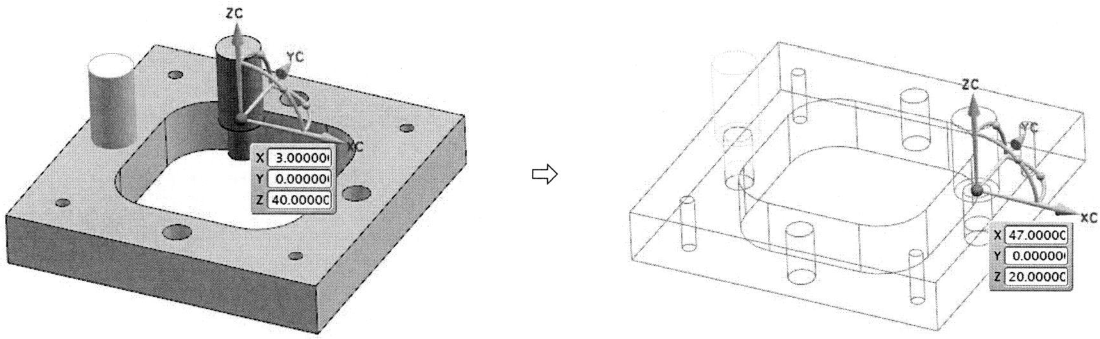

39 OK 한다.

40 Fix_ base plate의 Reference _set을 Entire_ part 상태로 놓는다.

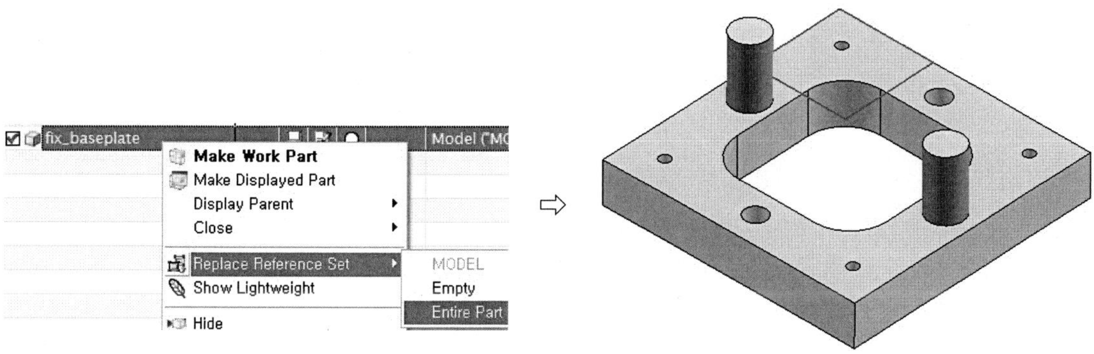

41 Assemblies → Components → Create New를 선택하고 Type Filter 선택

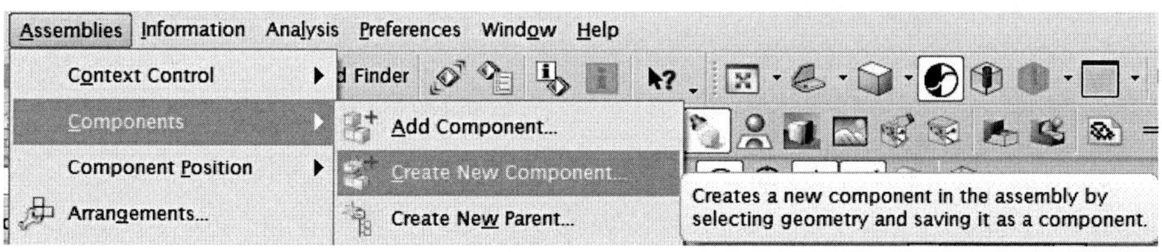

42 Templates 창의 Part Name Dialog에 File Name을 Fix_ locator로 넣고 OK 한다.

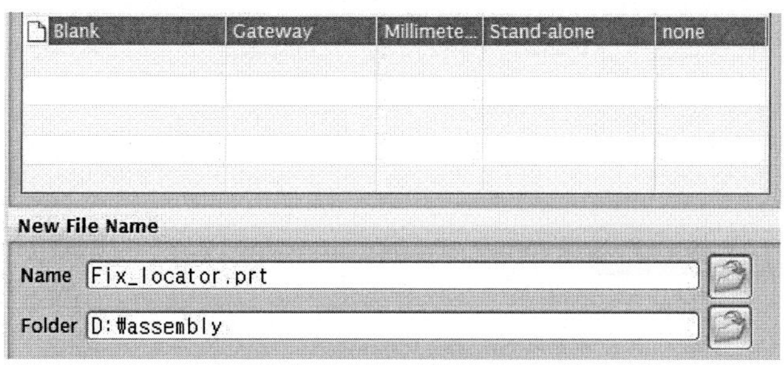

43 아래와 같이 구성 후 OK 한다.

44 Fix_ locator를 Make Work Part로 지정한다.

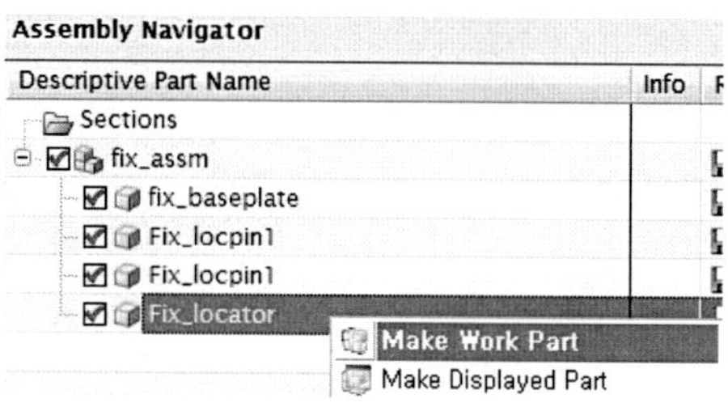

⇨

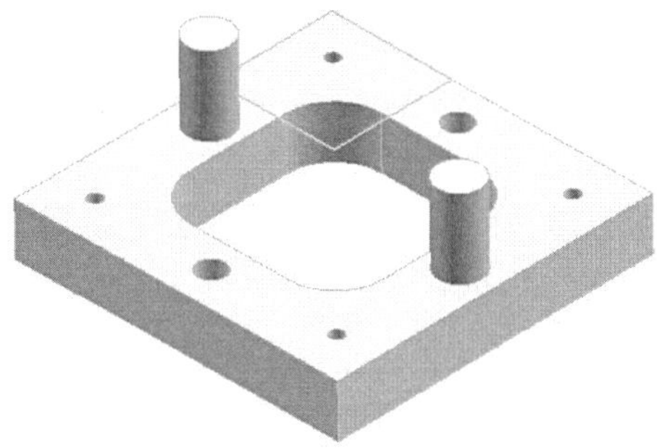

45 Insert → Associative Copy → WAVE Geometry Linker를 선택하여 아래와 같이 Curve를 선택한다.

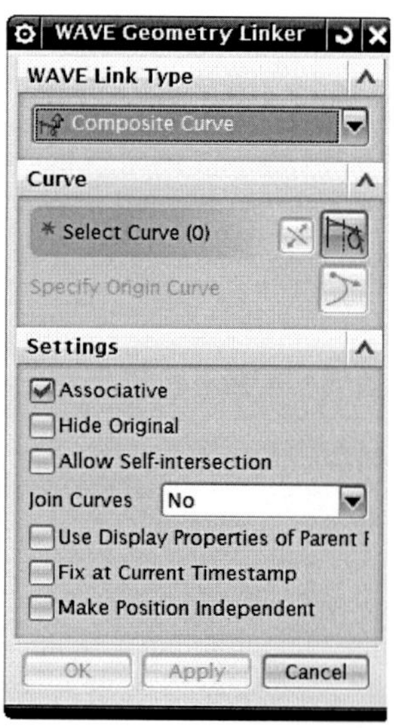

⇨

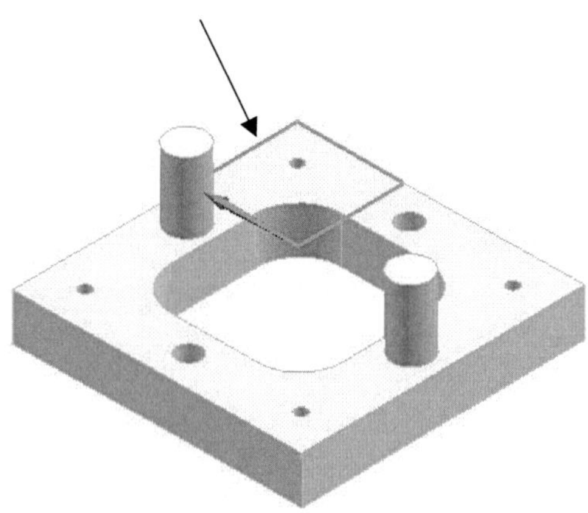

45 Insert → Design Feature → Extrude 를 선택한 후 Sketch Curve를 선택. End Value값을 30기입한다.

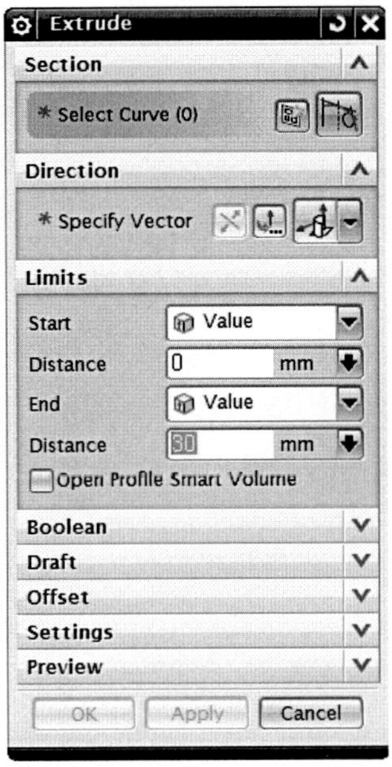

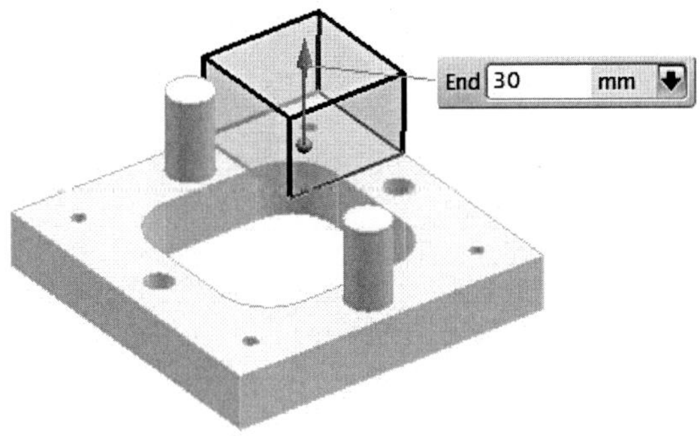

46 Enter를 누르고 방향을 확인한 뒤 OK 한다.

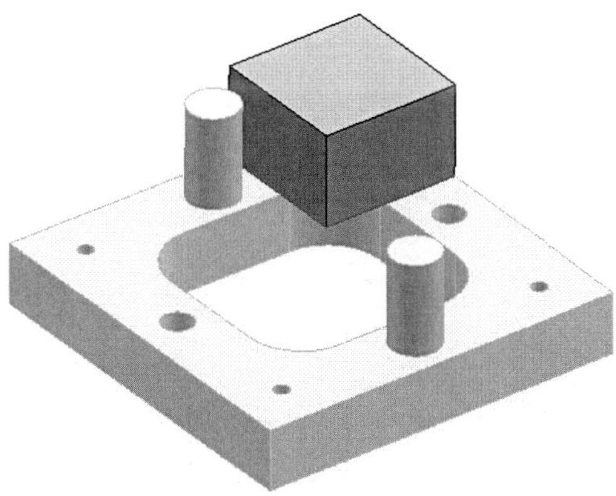

47 Insert → Design Feature → Pocket을 선택

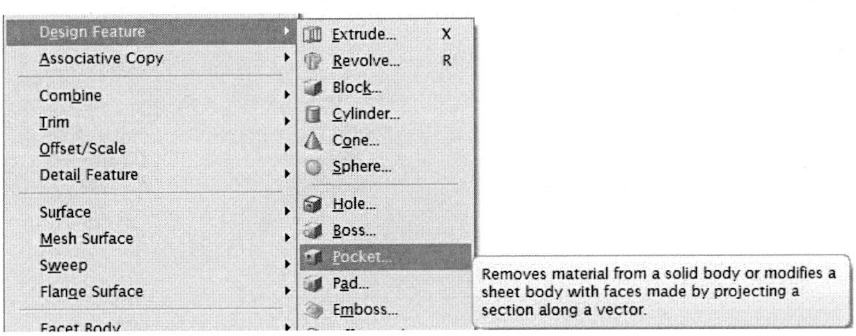

48 Rectangular를 선택

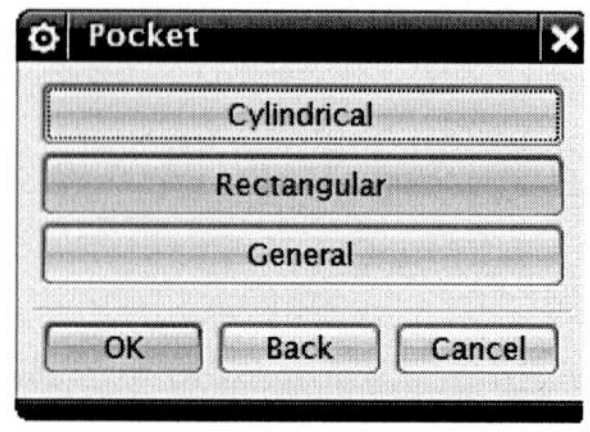

49 Pocket이 생성될 Top Face를 선택

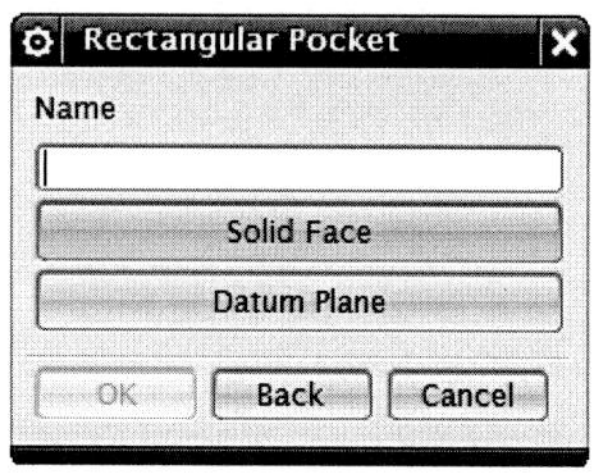

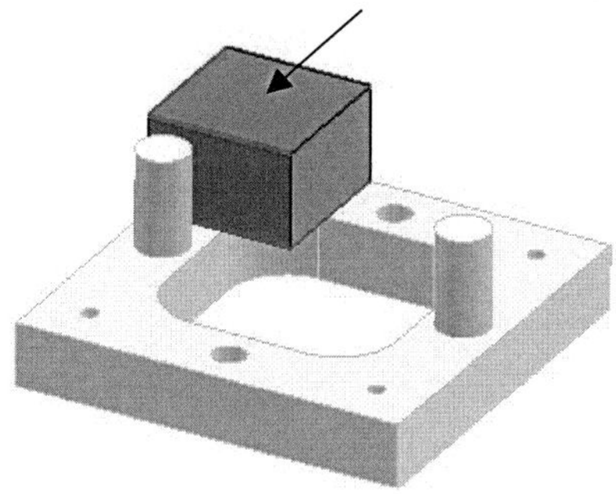

50 Horizontal Reference로 사용할 Edge를 선택

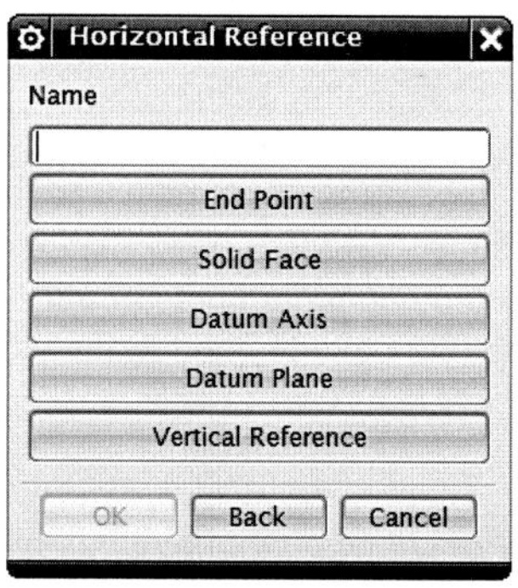

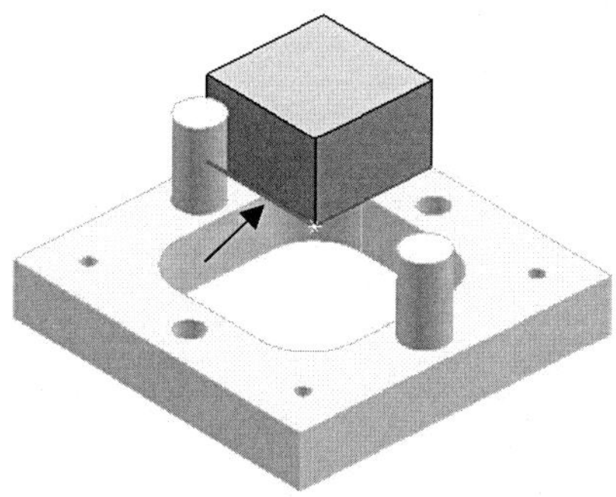

51 Length와 Width를 35, Depth를 15로 기입하고 OK

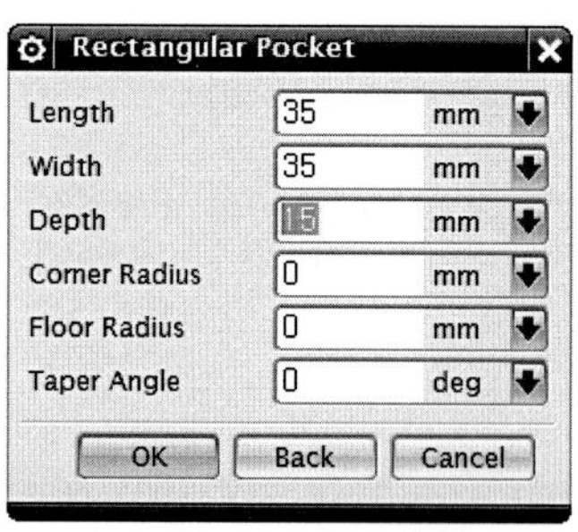

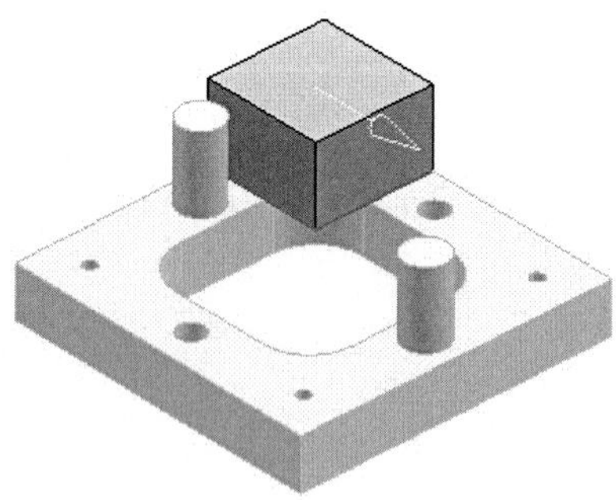

52 Line onto Line을 두 번 사용하여 Pocket의 위치를 지정한다.

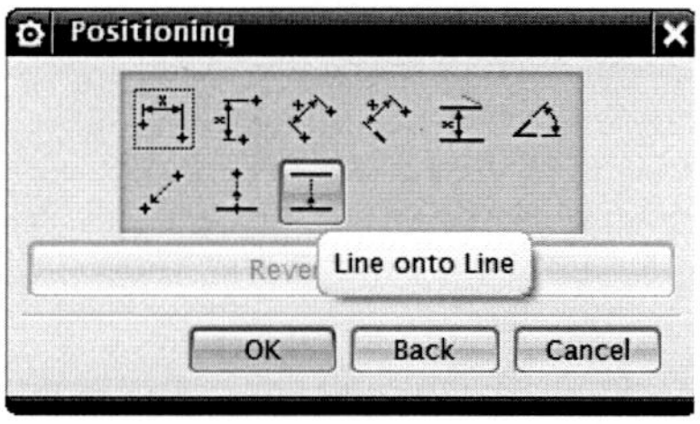

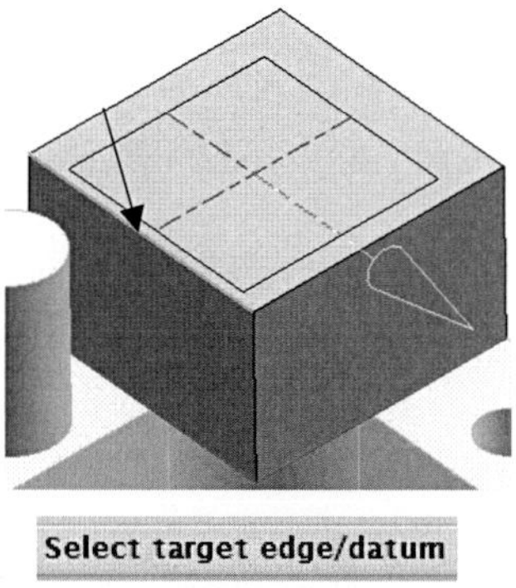

▲ Target edge/datum 일 때 Line 선택

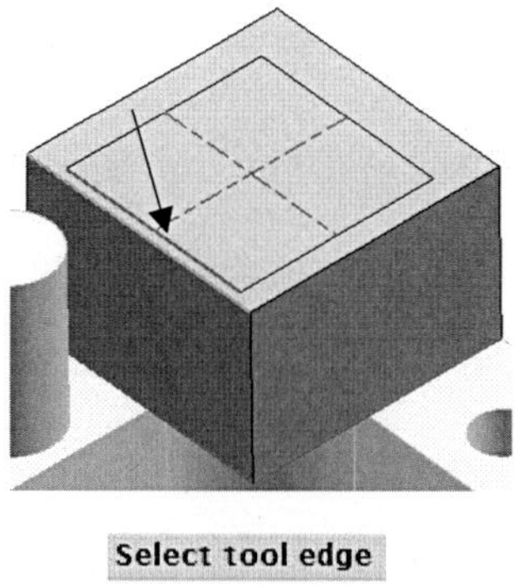

▲ Select tool edge일 때 Line 선택

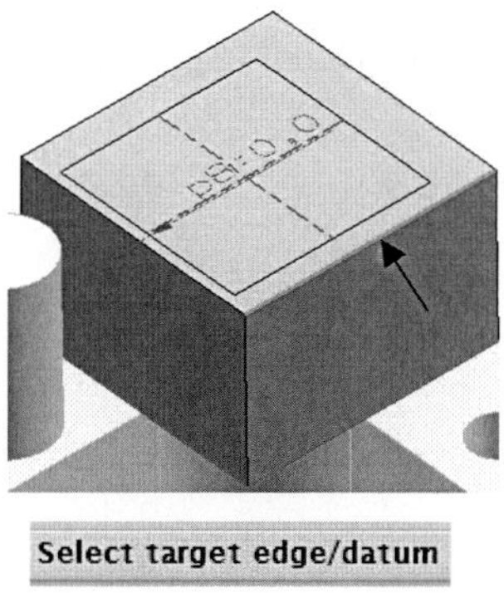

▲ Target edge/datum 일 때 Line 선택

▲ Select tool edge일 때 Line 선택

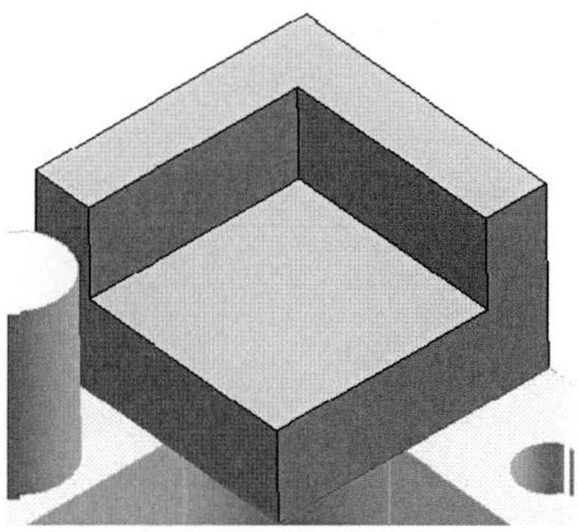

53 OK 한다.

54 Insert → Design Feature → Hole을 선택

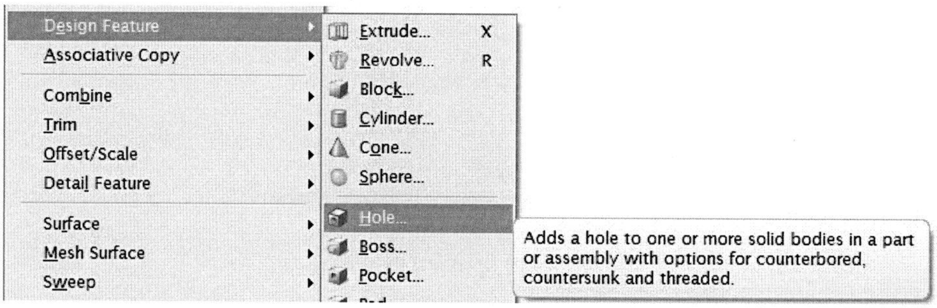

55 Diameter=10, Depth=15, Tip Angle=0로 넣은 후 OK 한다.

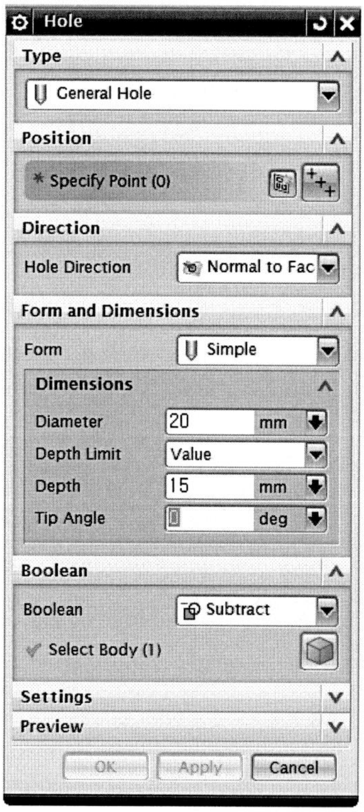

Snap Point를 위와 같이 설정한다.

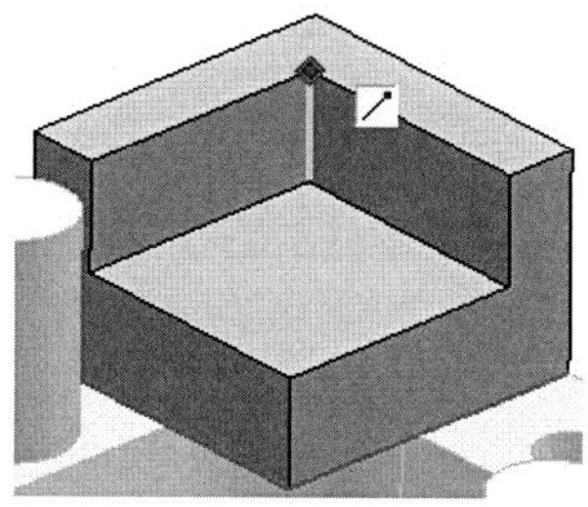

Hole 위치로 위와 같이 끝점을 선택한다.

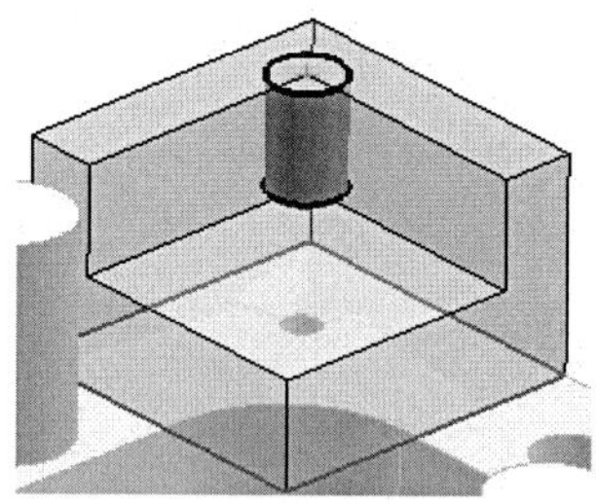

Hole의 위치가 위와 같이 미리 보기가 됨

56 원하는 위치에 OK로 설정한다.

57 다음과 같은 Hole이 생성된다.

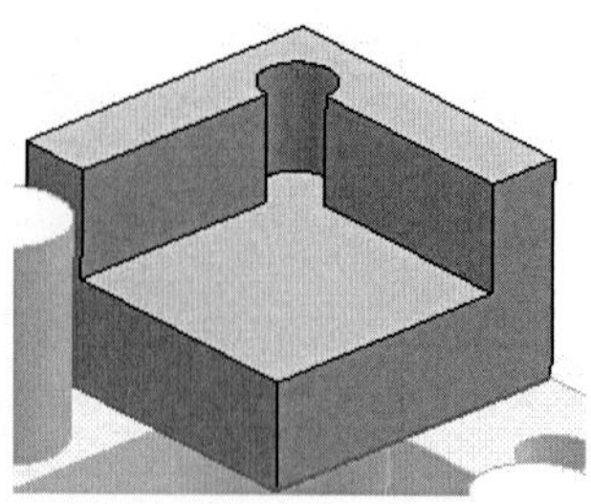

58 Edge Blend를 선택하여 아래와 같이 Edge를 선택 하여 Radius 3을 입력한다.

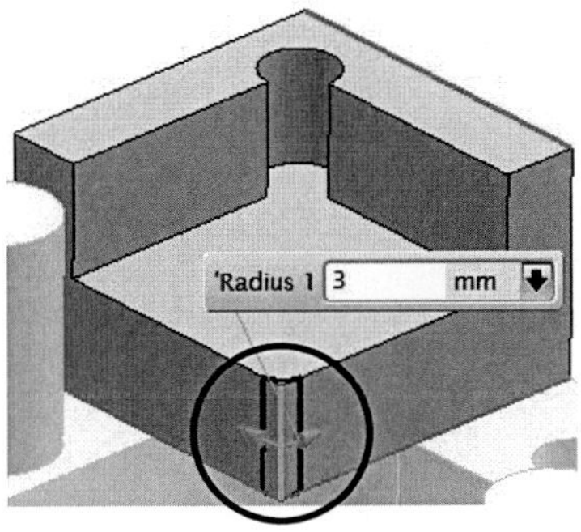

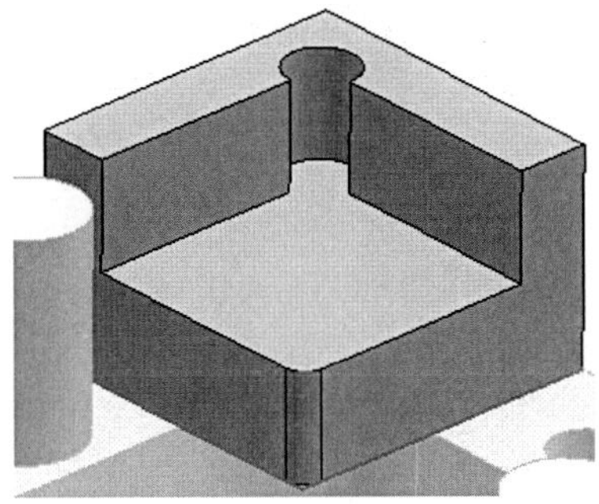

59 Insert → Associative Copy → WAVE Geometry Linker를 선택, Curve 선택

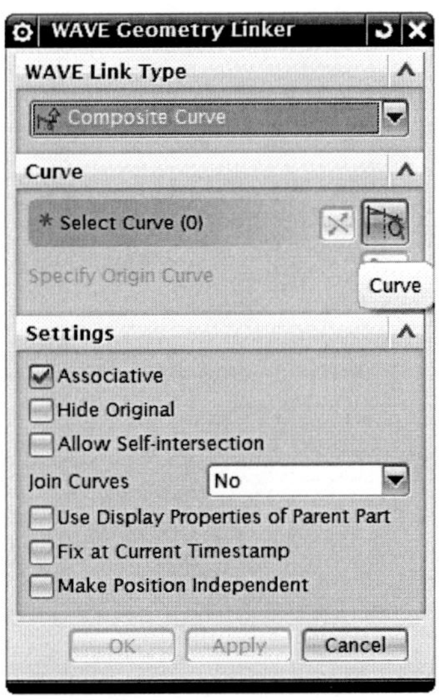

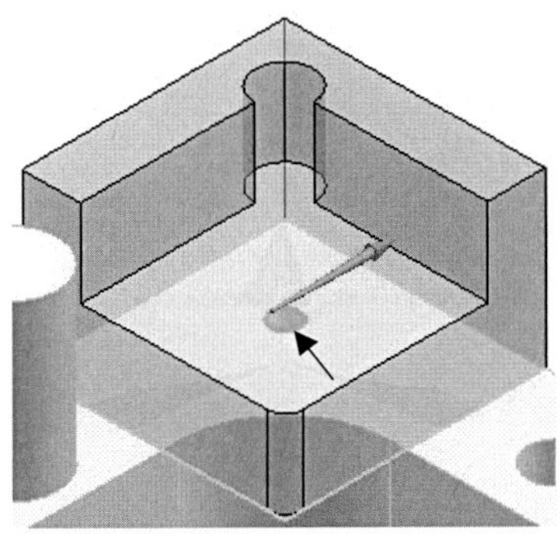

60 Hole의 Edge를 선택하고 OK 한다.

61 선택한 Circle을 Extrude 한다. 이 때 높이는 15을 써넣는다. Subtract을 옵션으로 선택하고 OK 한다.

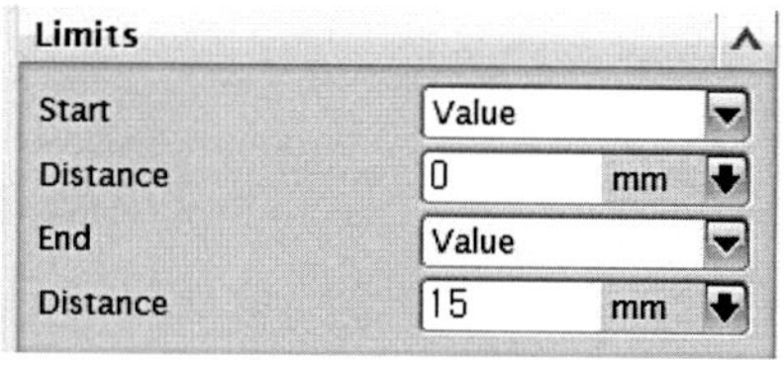

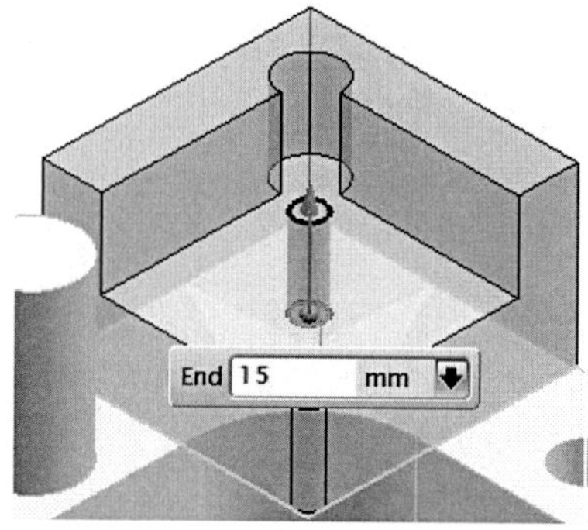

62 File → Save를 선택하여 저장한다.

63 Fix_ assm를 Work Part로 바꾼다.

64 Assemblies → Component → Add Component를 선택한다.

65 구성을 아래와 같이 환경설정을 한 다음 불러온다.

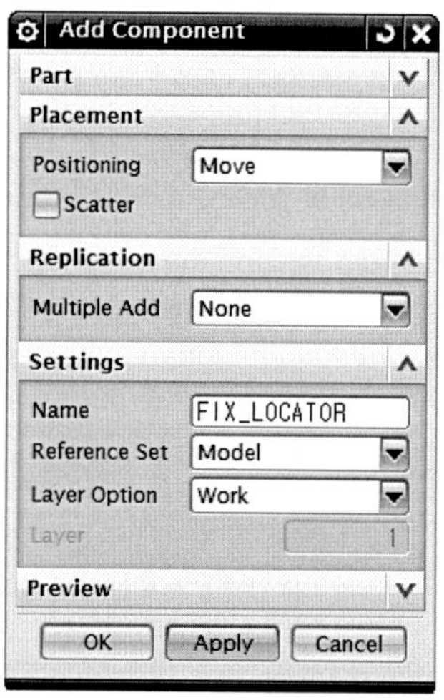

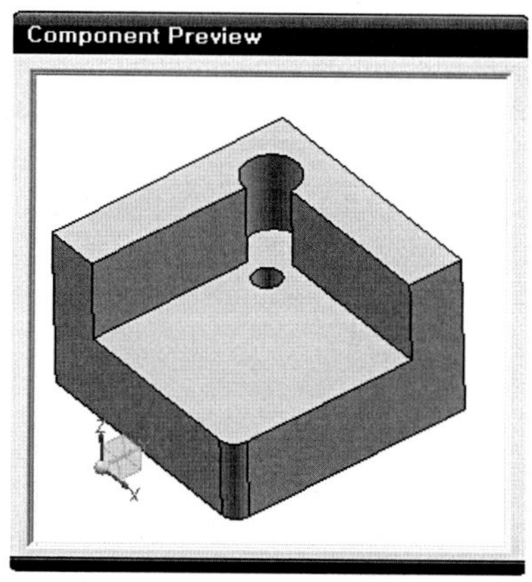

66 Fix_ locator를 Base의 각 코너에 아래와 같이 생성

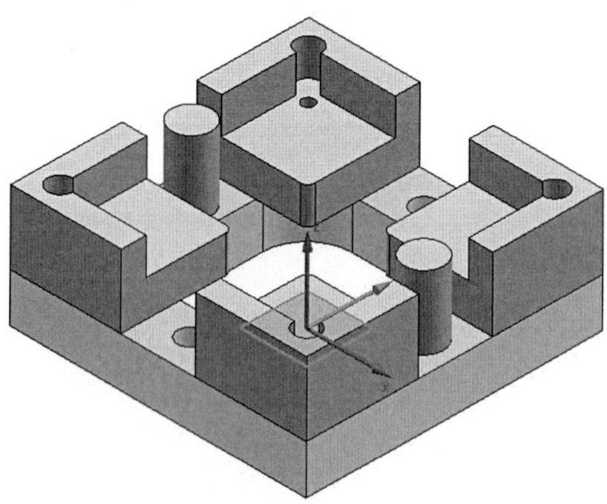

67 Assembly Navigator의 fix_locator에서 MB3를 선택하여 Hide를 선택한다.

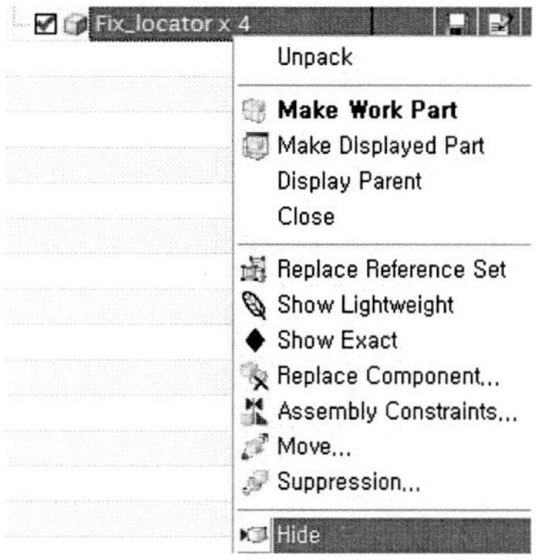

68 Fix _base_ plate를 Work part 상태로 놓는다.

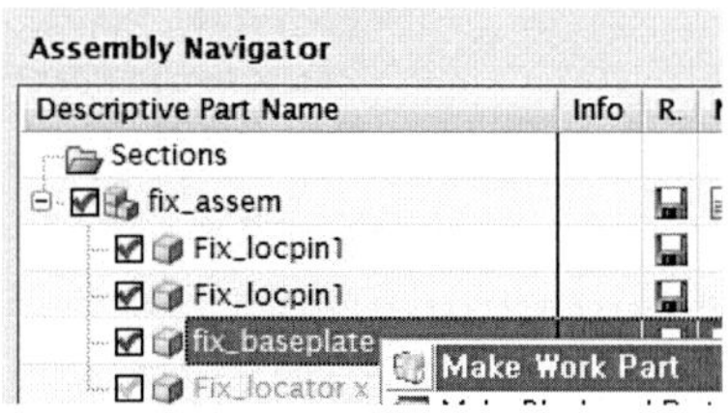

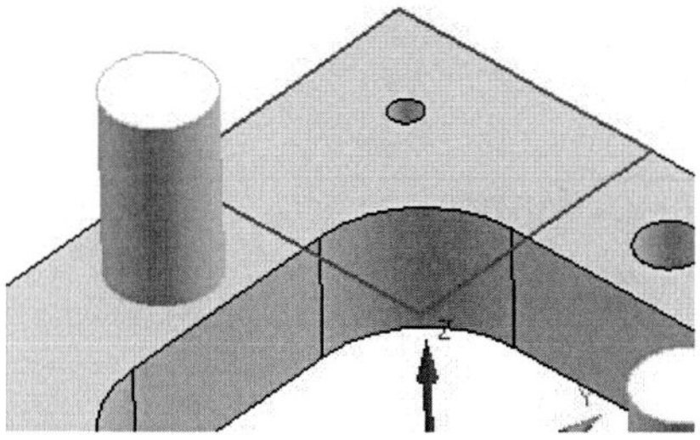

69 Fix_ base plate의 Curve를 Double_ Click하여 선택

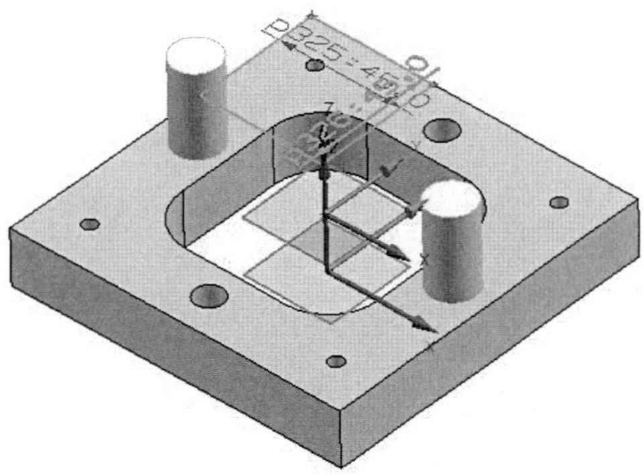

70 화면상의 치수를 선택하고 치수를 각각 38로 수정한 후 OK 한다.

71 아래와 같이 치수가 바뀐 것을 확인한 후 OK 한다.

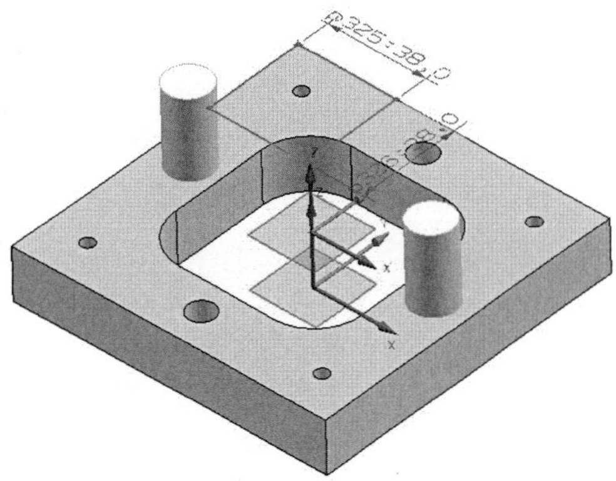

72 Work part를 Fix_ assem으로 바꾼다.

73 모든 Components를 Show All 시킨다.

74 Fix_ baseplate가 Update 됨으로써 다음 그림과 같이 형상이 변경됨을 알 수 있다.

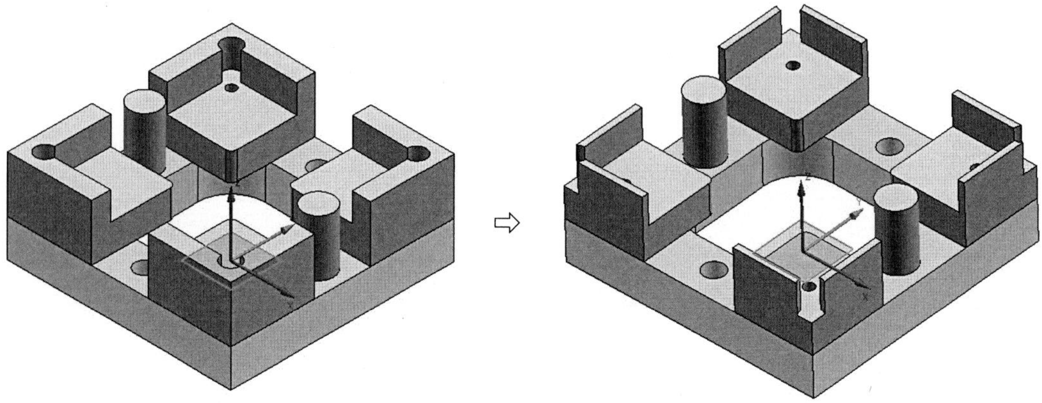

79 Assembly가 완성되었다.

80 Close All Parts 하고 작업을 마친다.

06 Interpart Expressions

Assembly 작업 중 다른 부품의 치수를 가져와 사용하는 방법

Activity

01 Block_ Assm의 이름을 주어 새로운 파일을 생성

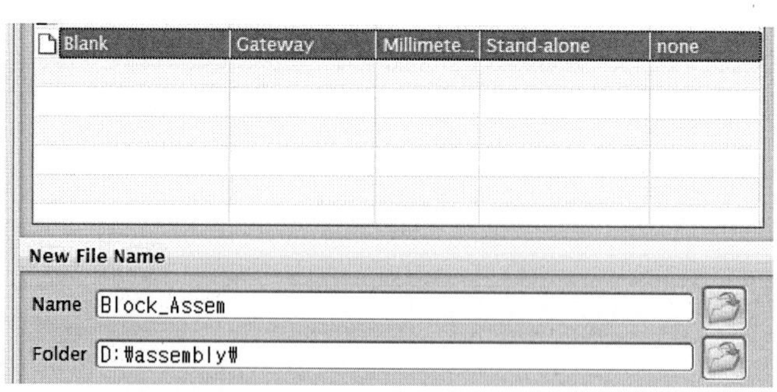

02 Assemblies → Components → Add Component를 선택

03 Open을 선택하여 Block.prt 파일을 선택하고 OK 한다.

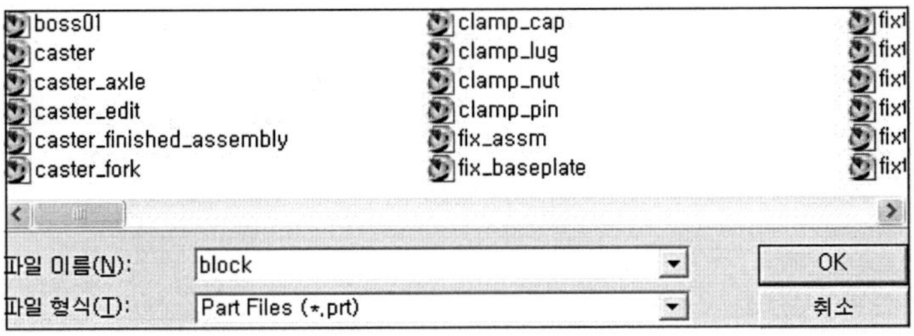

04 아래와 같은 환경구성으로 파일을 불러온다.

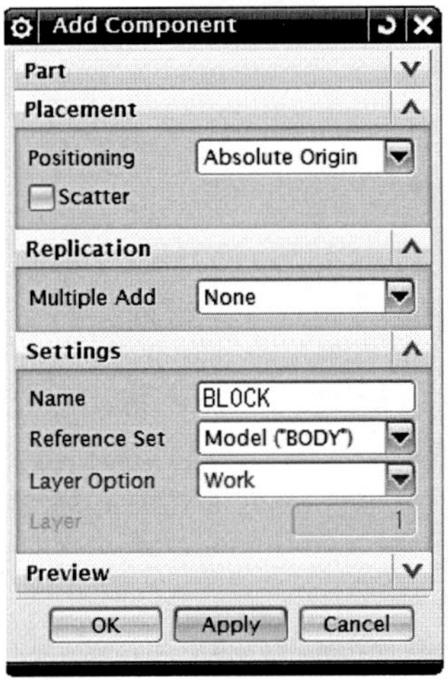

05 Assemblies → Components → Add Component을 선택

06 Open을 선택하여 Pin.prt 파일을 선택하고 OK한다.

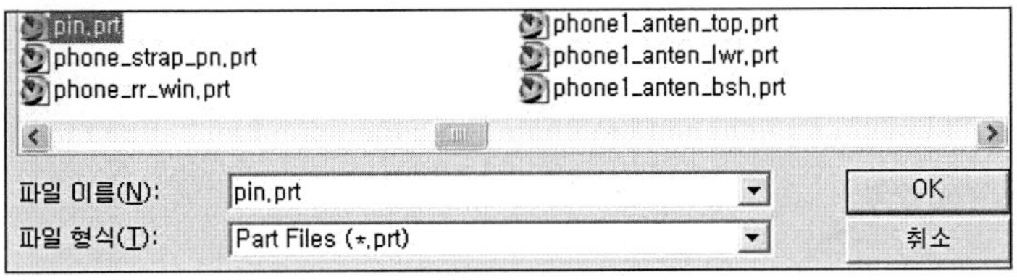

07 Pin을 선택하고 위치는 Move로 아래와 같이 Hole의 중앙에 위치하도록 위치를 지정하여 생성 시킨다. OK 한다.

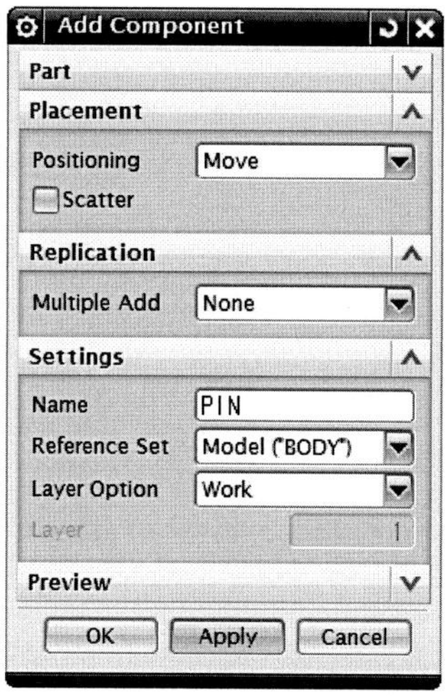

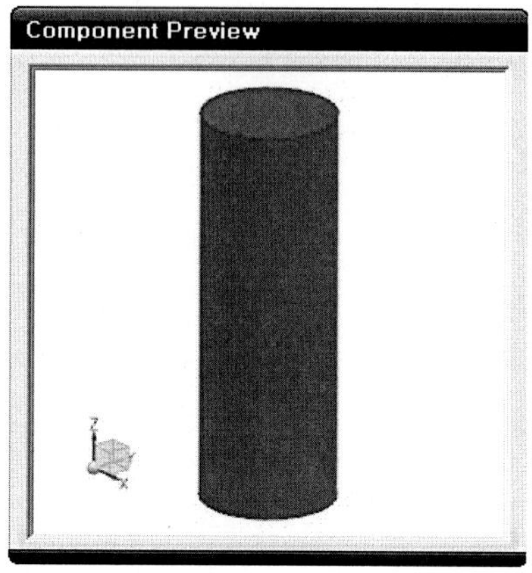

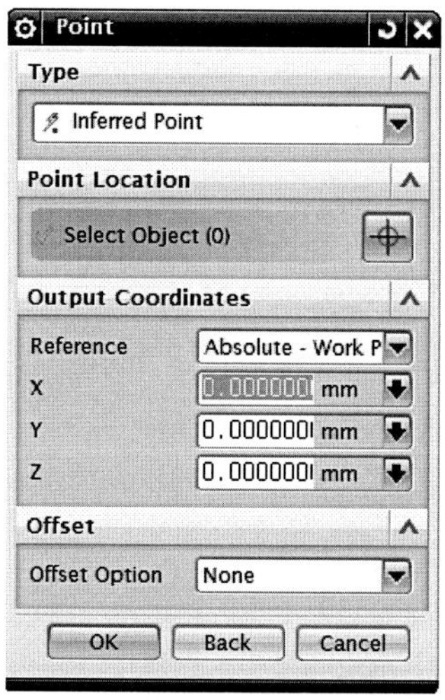

⇨ 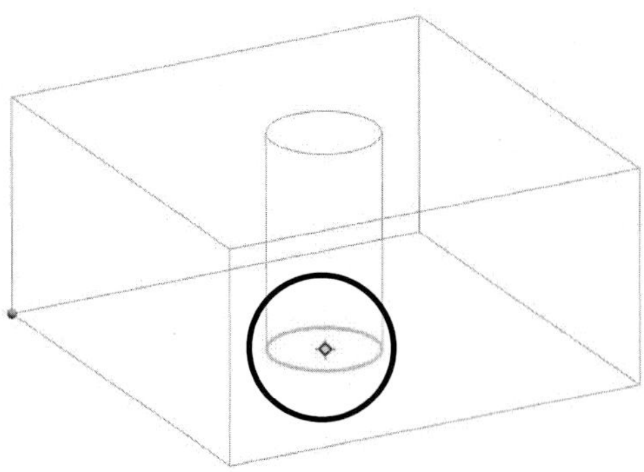 ⇨ 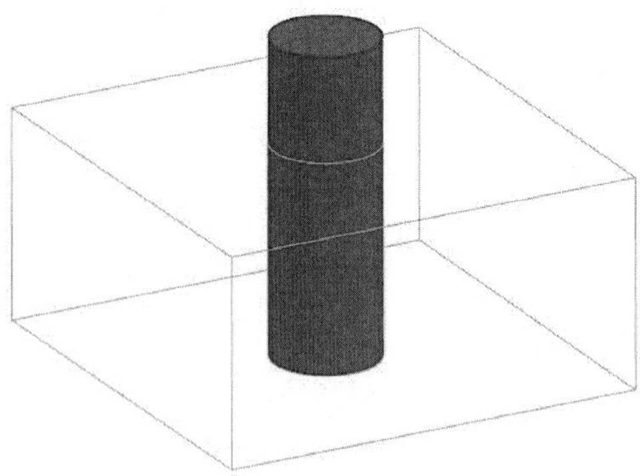

08 Start → Modeling이 안 되었으면 Application을 실행한다.

09 Tools → Expression

10 아래와 같이 Expression를 생성한다.

Dimensionality Unit Name Formula

Length mm P_DIA 19

Length mm P_CIR 0.3

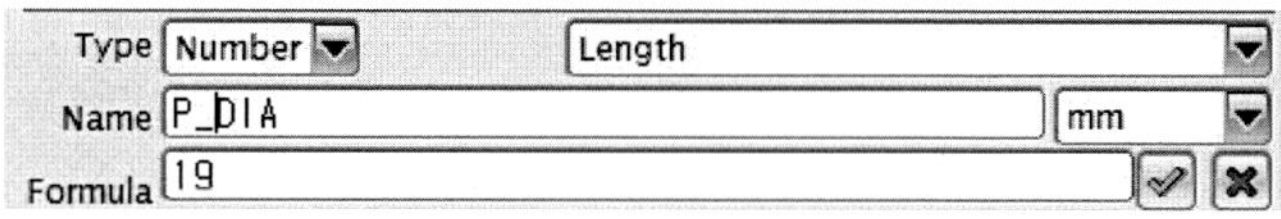

11 Apply를 선택

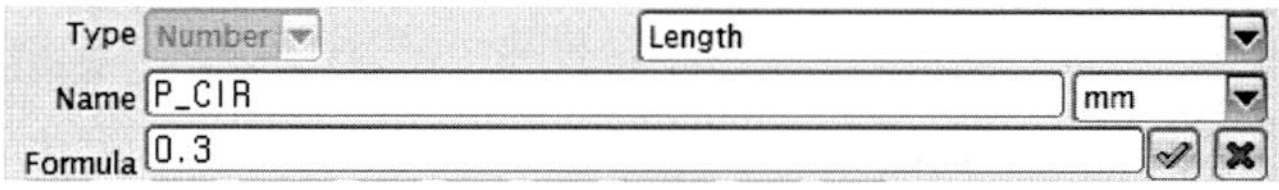

12 Apply를 선택

13 Assembly 상에서 Expression에 링크되어있는 Pin의 Diameter Expression을 수정하기 위해 Pin을 Work part로 한다.

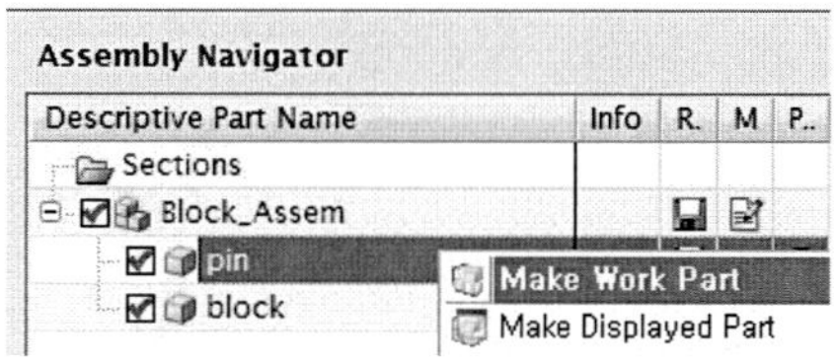

14 Tools → ExpressIon을 실행한다.

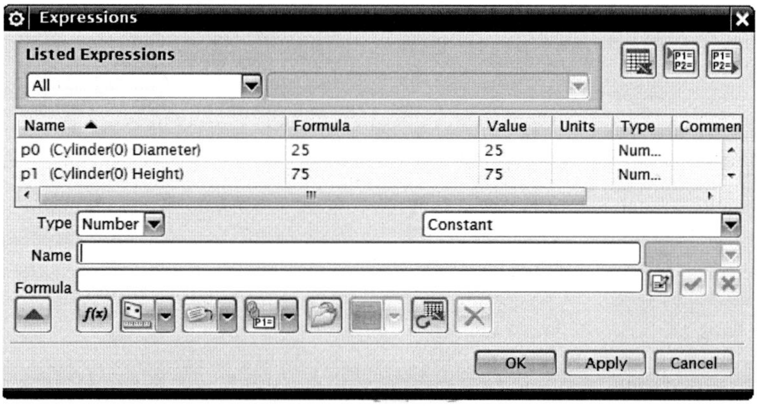

15 P0 값을 선택하여 25로 되어있는 값을 삭제한다.

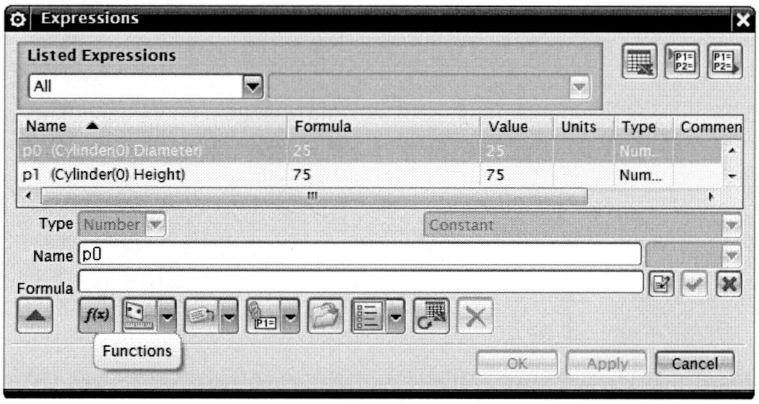

16 Create Inter part Reference를 선택한다.

17 Block_ Assm을 선택하고 OK 한다.

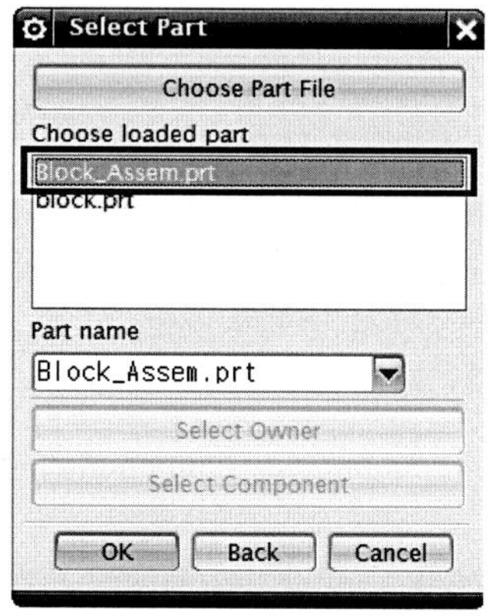

18 수식창의 리스트에서 P_DIA를 선택하고 OK 한다.

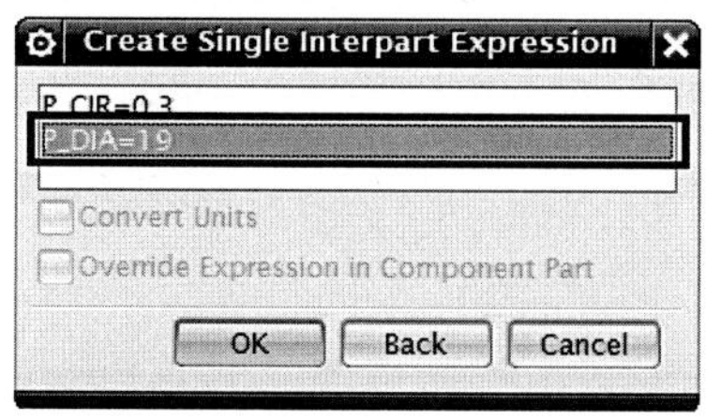

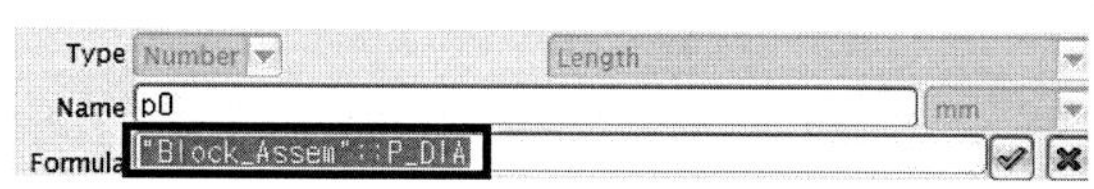

19 Expression 창에서 OK 한다. 아래와 같이 형상이 변경된다.

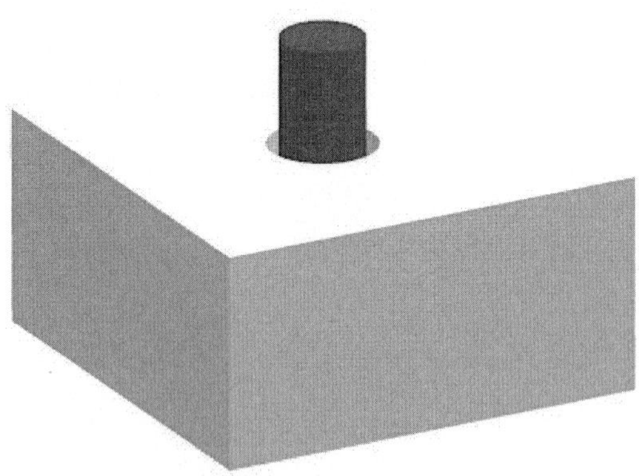

20 Work Part를 Block으로 변경한다.

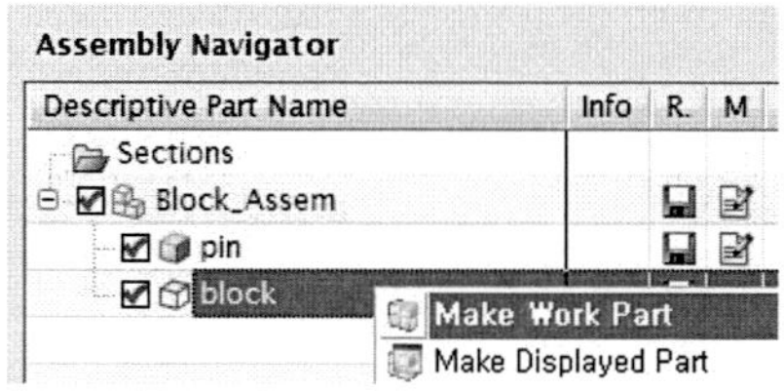

21 Tools → Expression을 선택한다.

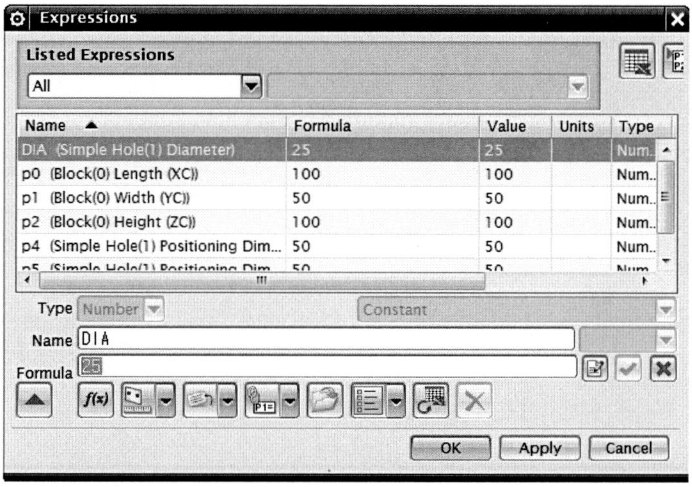

22 창의 리스트에서 DIA를 선택하여 25로 되어 있는 값을 삭제한다.

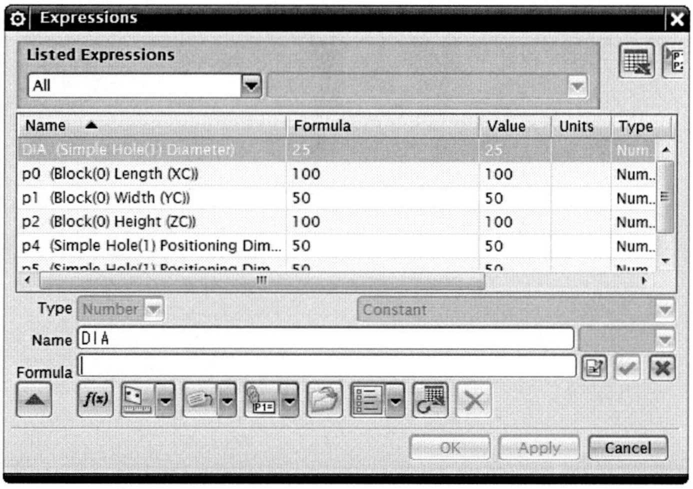

23 Create Interpart Reference를 선택한다.

24 Block_ Assm를 선택하고 OK한다.

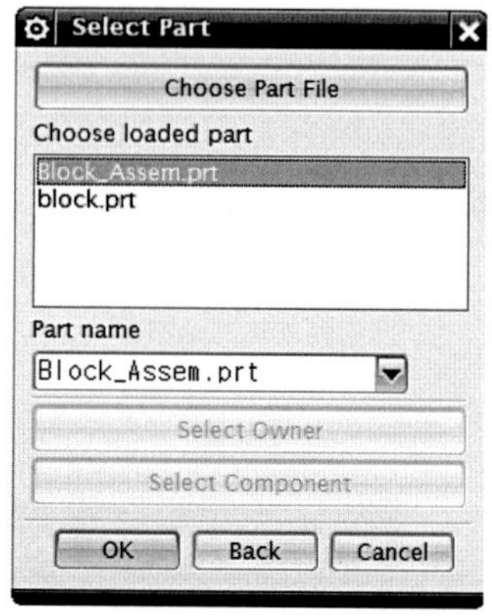

25 수식창의 리스트에서 P_DIA를 선택하고 OK한다.

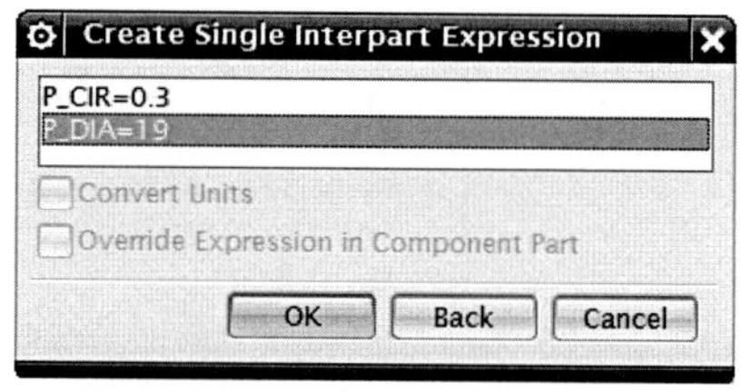

26 Expression의 끝에 커서를 위치시키고 + Key를 누른다.

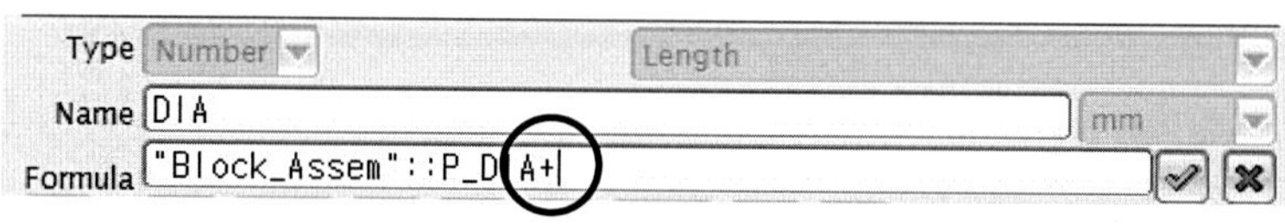

27 Create Interpart Reference를 선택한다.

28 Block_ Assem을 선택하고 OK한다.

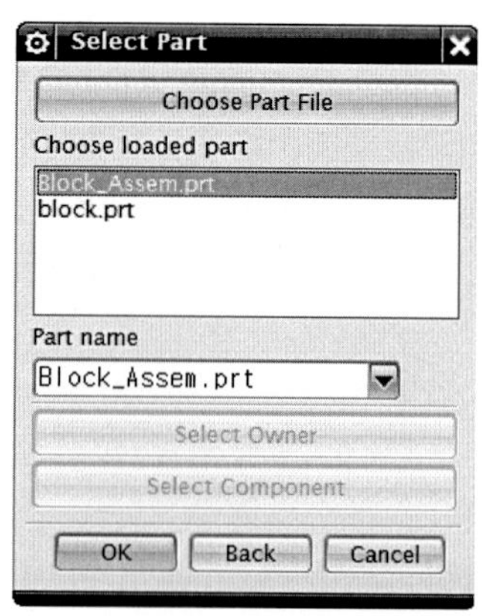

29 P_CIR=0.3을 선택하고 OK한다.

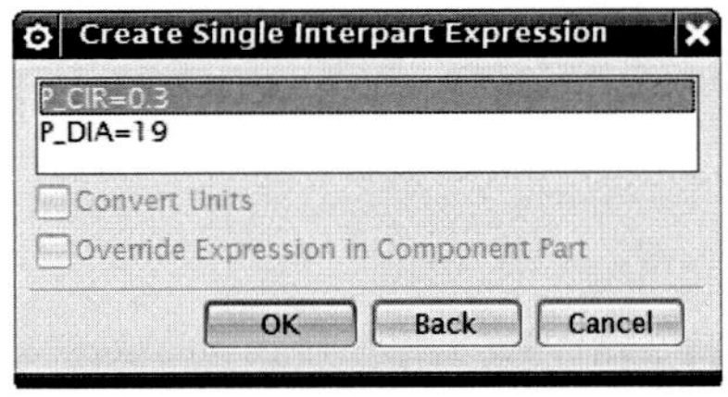

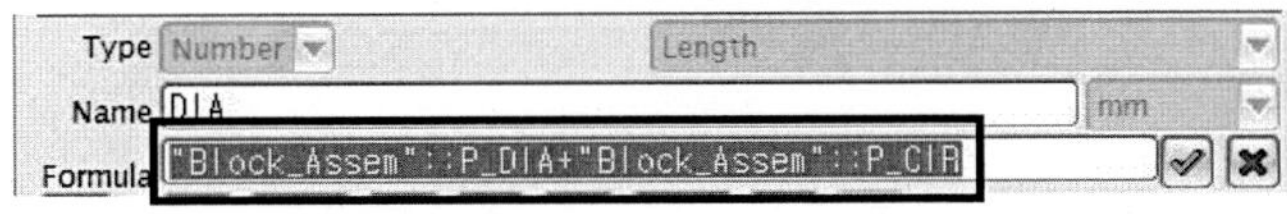

30 Expression 창에서 OK한다.

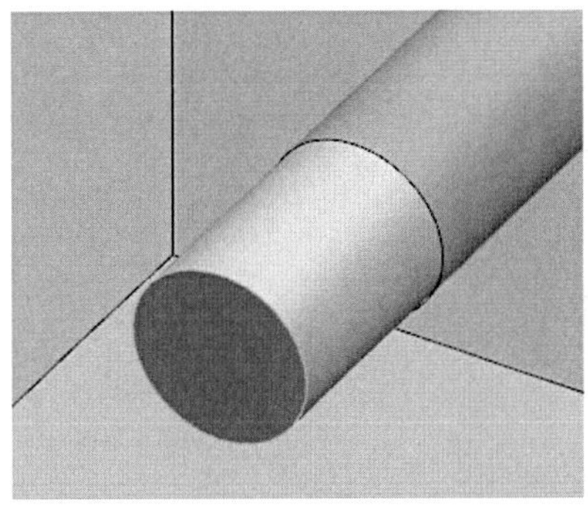

31 Work part를 Block_ Assm으로 변경한다.

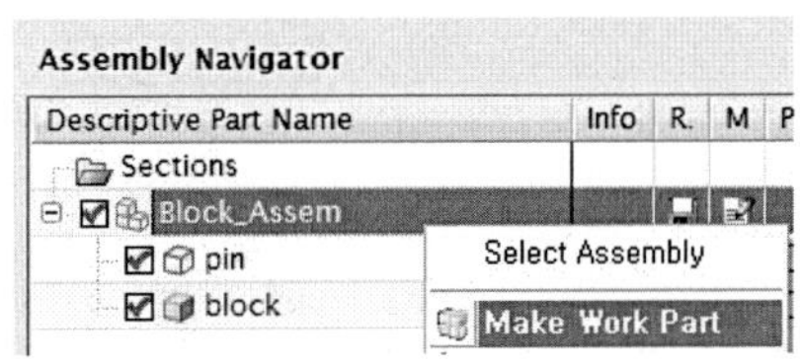

32 19로 되어있는 P_DIA를 40으로 변경한다.

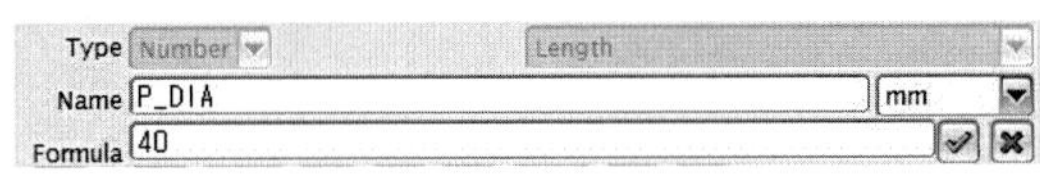

33 Apply 한다.

34 Expression 에 따라서 Hole의 Size와 Pin의 Diameter 가 같이 변함을 알 수 있다.

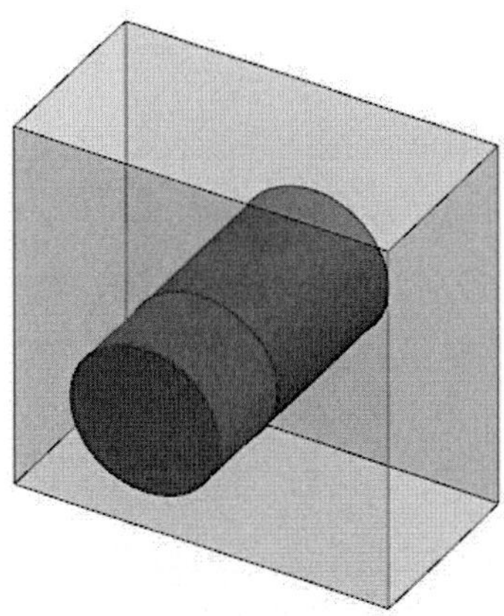

07 Assembly Arrangements Component Arrays

Create Component Array

XY 방향의 선형으로 Array하거나 원형으로 Component를 Array생성

Activity

01 Array_ Instance_ Feature File을 Open한다.

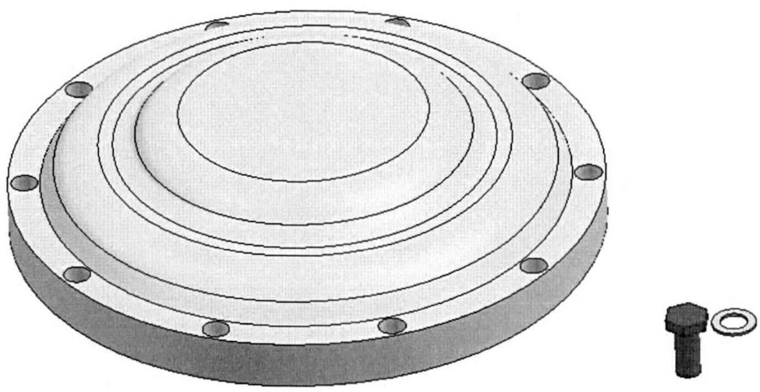

02 Assemblies Application을 시작한다.

03 Washer와 Pattern_ plate 간에 구속을 주기 위해 Constrains을 실행한다.

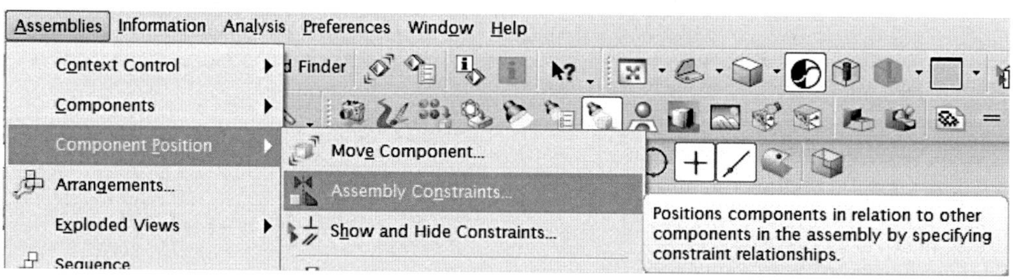

04 Assembly Constrains에서 Touch/Align에 Axis를 선택한 다음 Washer의 축을 선택한다.

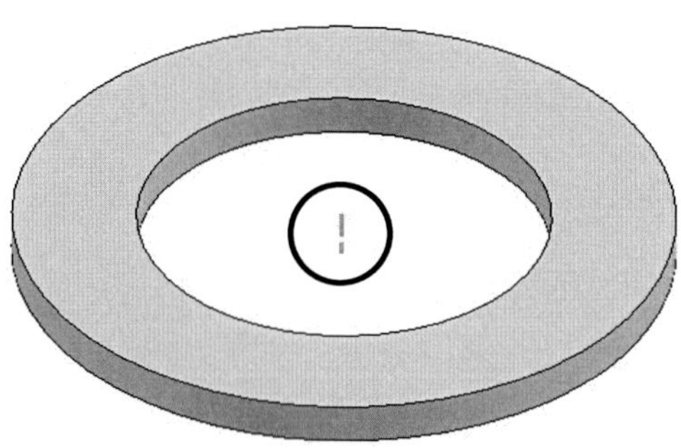

05 Pattern_ plate의 축을 선택하여 아래와 같이 구속을 준다.

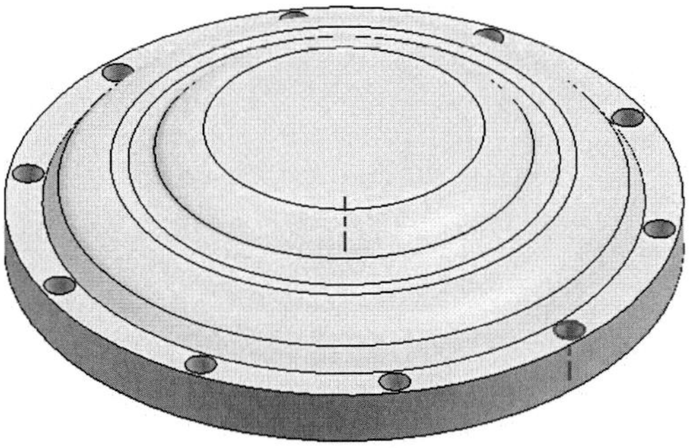

⇨

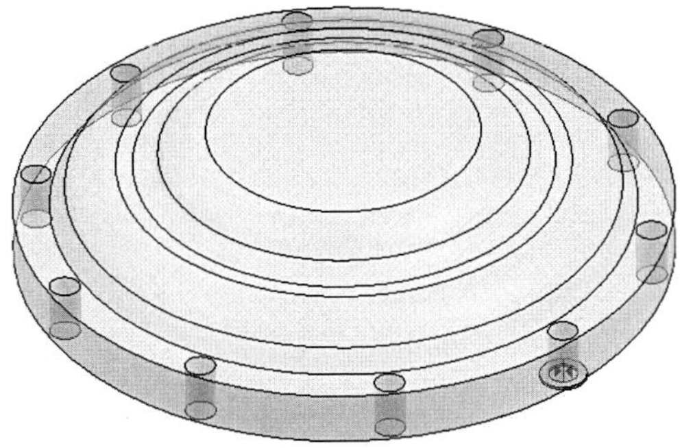

06 Assembly Constrains에서 Touch/Align에 Touch를 선택 Washer의 밑면을 선택한다.

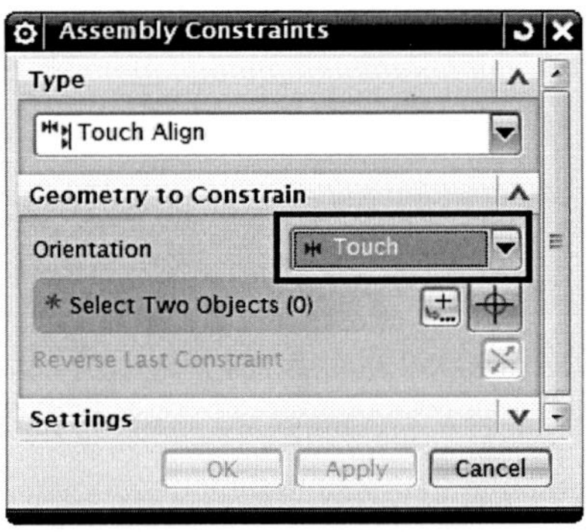

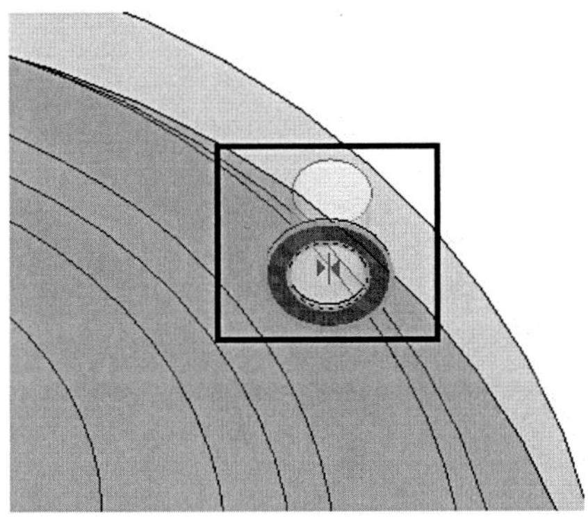

07 Valve yoke의 윗면을 선택하여 다음과 같은 구속조건을 준다.

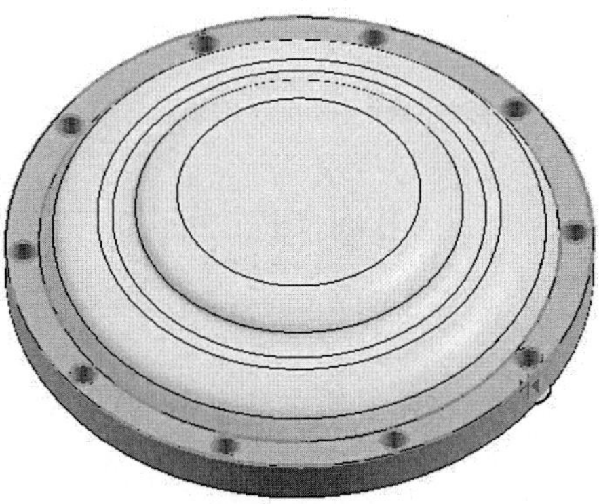

⇨

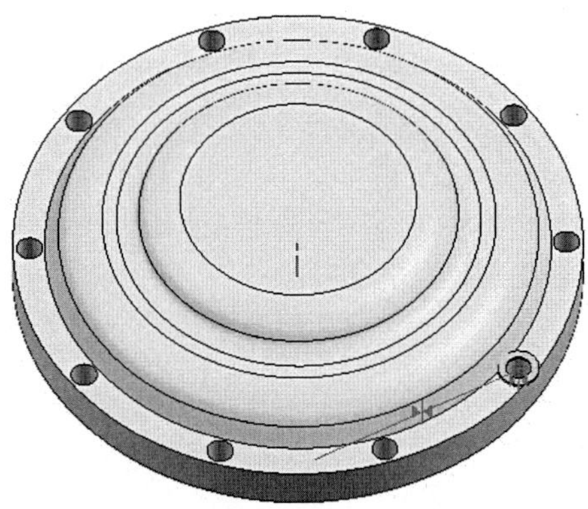

08 Assemblies → Components → Create Components Array 창을 선택한다.

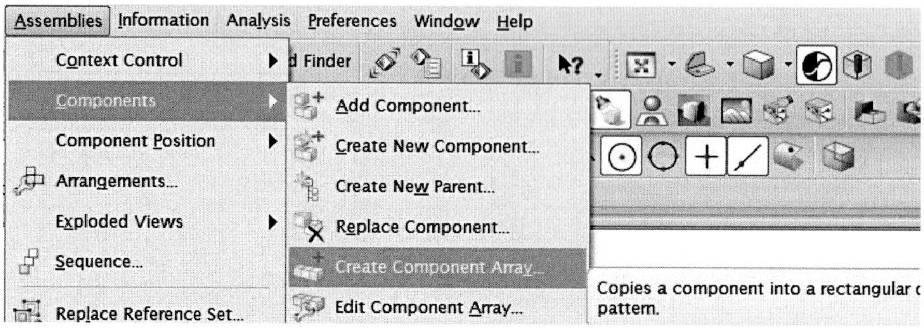

09 Create Component Array에서 Washer를 선택한 다음 OK 한다.

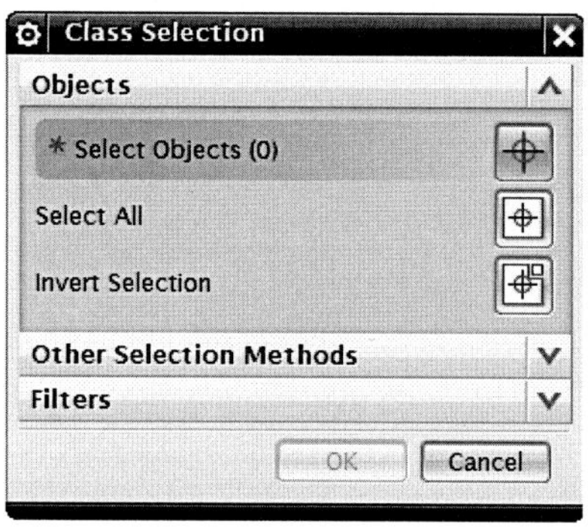

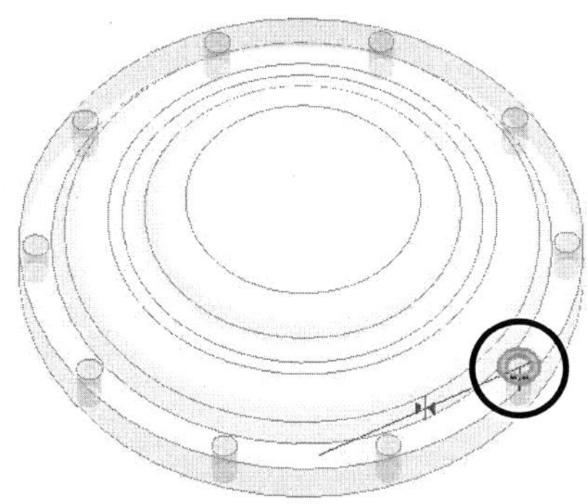

10 아래와 같은 창이 뜨면 이름(Rename 가능)을 확인한 다음 OK한다.

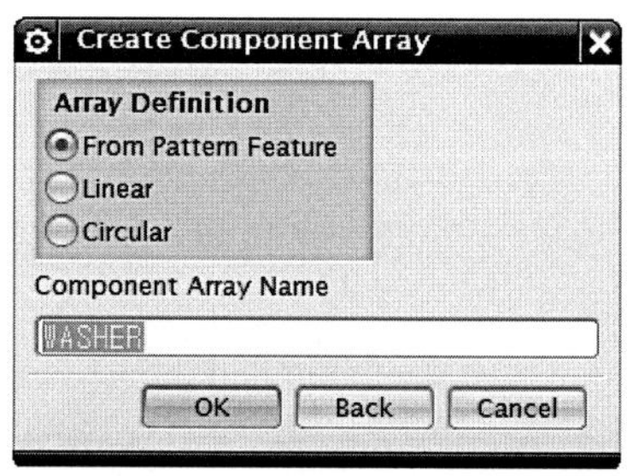

11 Instance Feature 명령으로 생성된 Hole의 위치에 Washer가 생성됨을 알 수 있다.

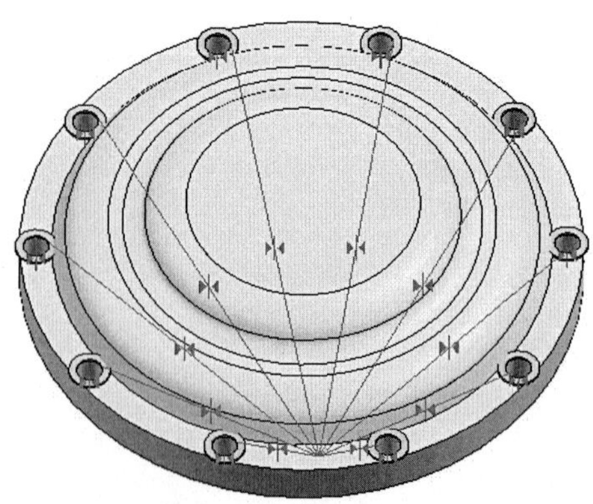

12 Hex_ Bolt를 선택 Washer와 같은 구속 조건을 아래와 같이 Valve_ yoke와 축을 일치시킨다.

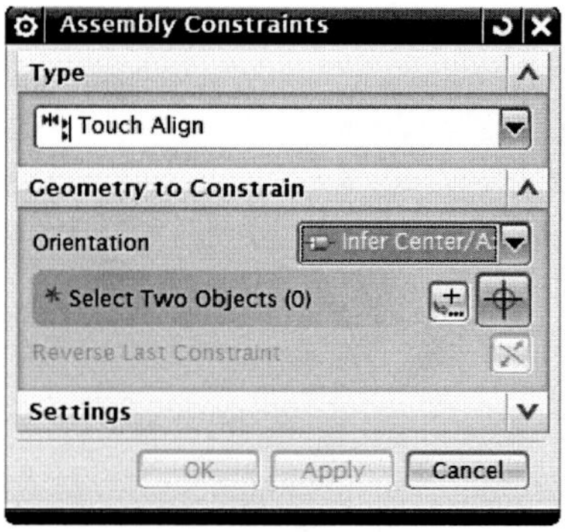

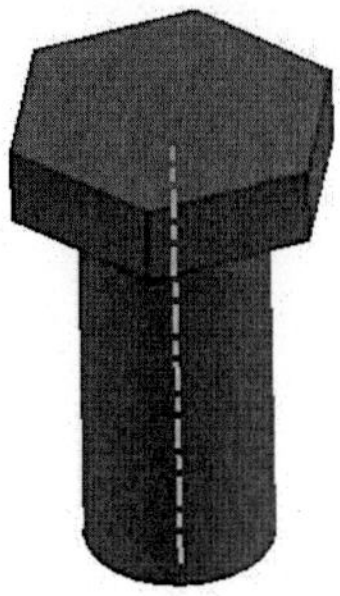

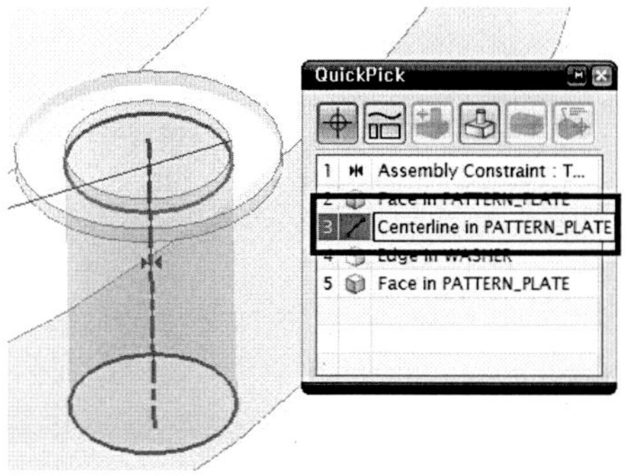

축은 반드시 Washer가 아니라
Pattern_plate와 일치시켜야 함

13 Assembly Constrains 에서 Touch/Align에 Touch를 선택 Bolt의 밑면을 선택 한다.

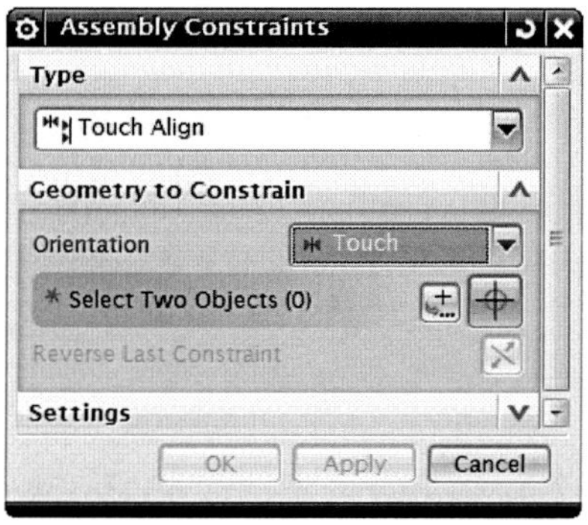

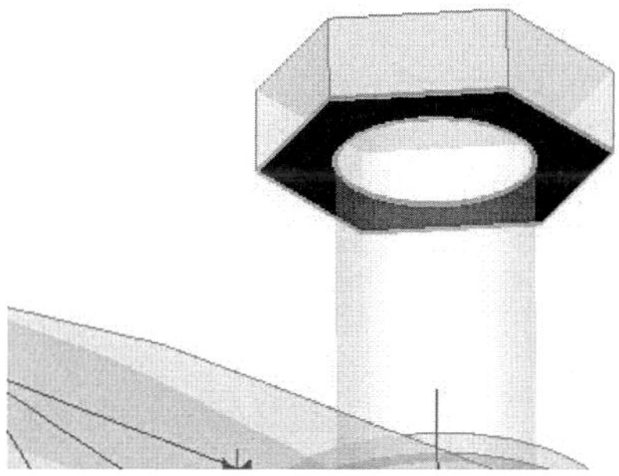

14 Washer의 윗면을 선택 하여 다음과 같은 구속 조건을 부여 한다.

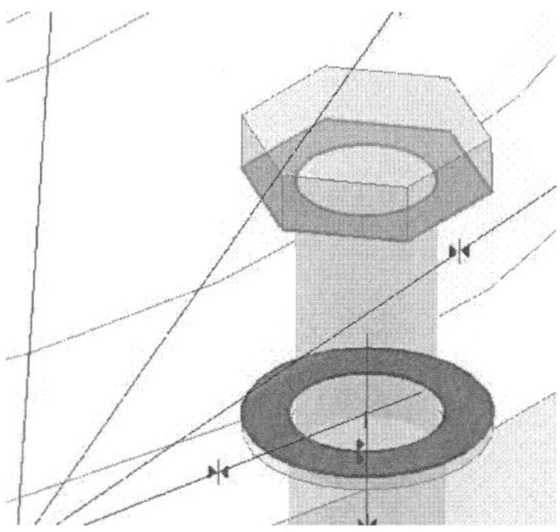

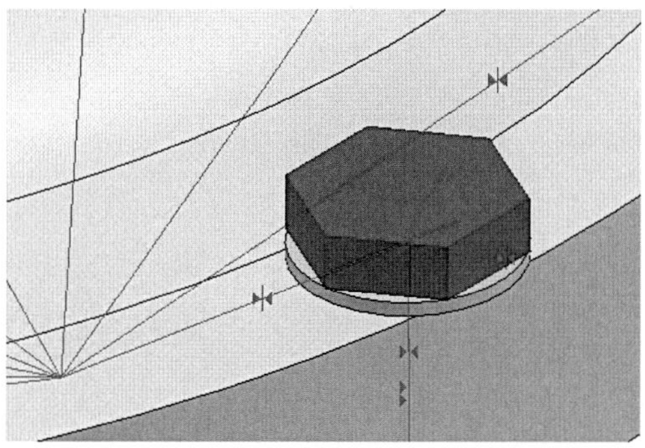

15 Assembly Navigator의 Constraints 창에서 MB3를 선택 Display 창을 OFF 상태로 전환한다.

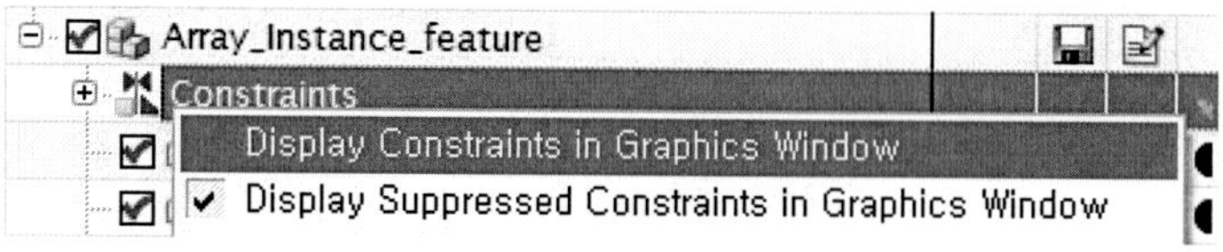

16 Create Component Array에서 Bolt를 선택한 다음 OK 한다.

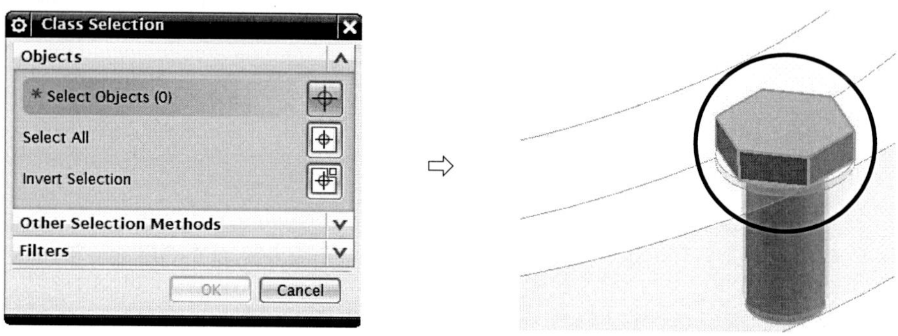

17 Instance Feature 명령으로 생성된 Hole의 위치에 bolt가 생성됨을 알 수 있다.

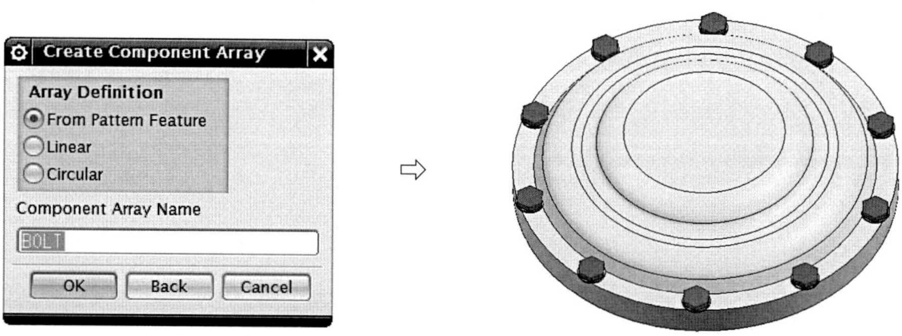

18 Pattern_ plate를 Make Display part 상태로 만든다.

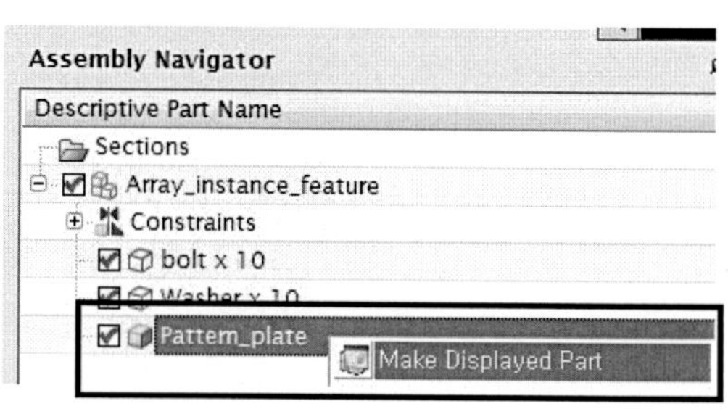

19 Part Navigator를 선택한 다음 Instance의 Hole 중에 임시로 하나를 선택하여 Edit 한다.

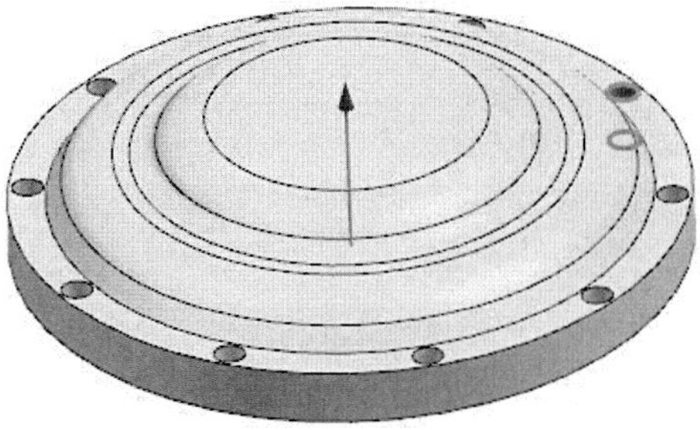

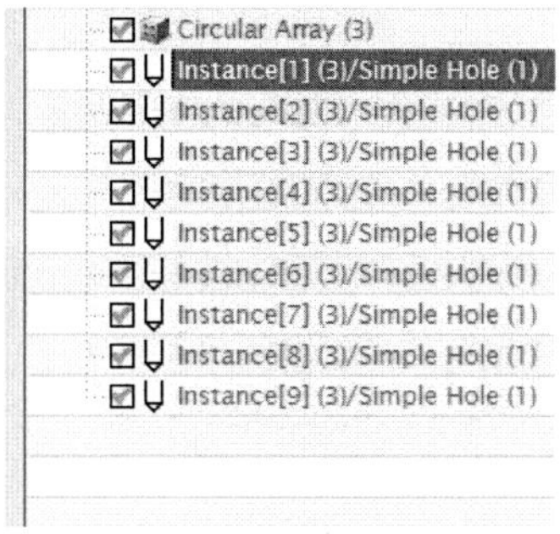

20 Instance Array Dialog 창이 뜨면 Instance Array Dialog를 선택하여 Hole 개수를 기존 10개에서 → 6 개로 수정한다.

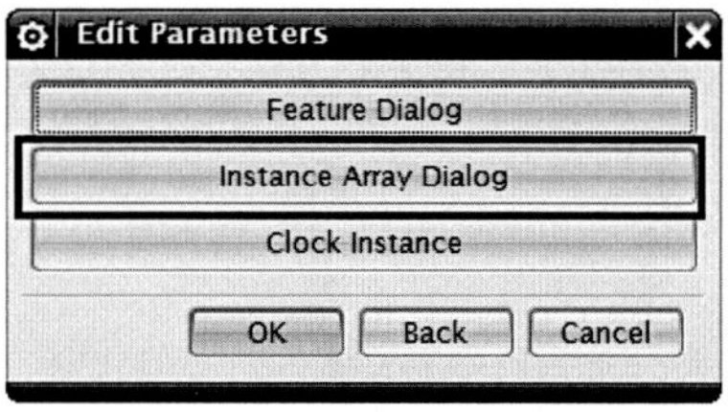

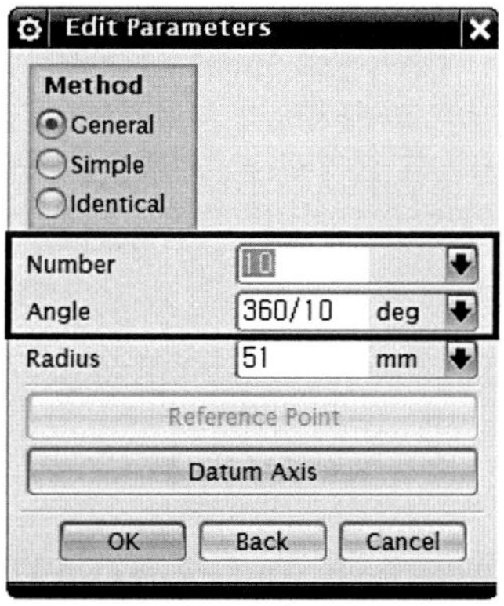

⇨

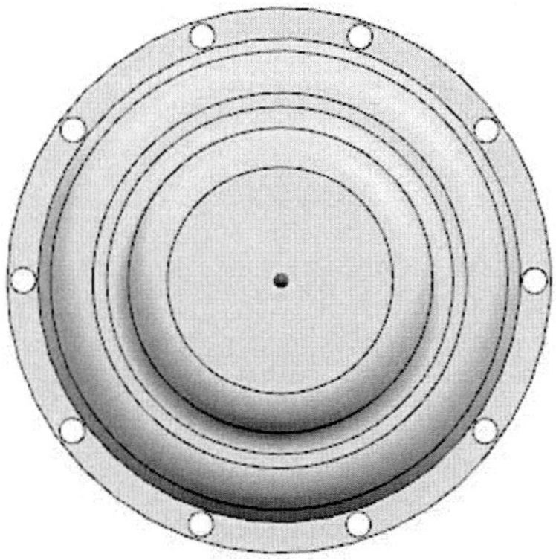

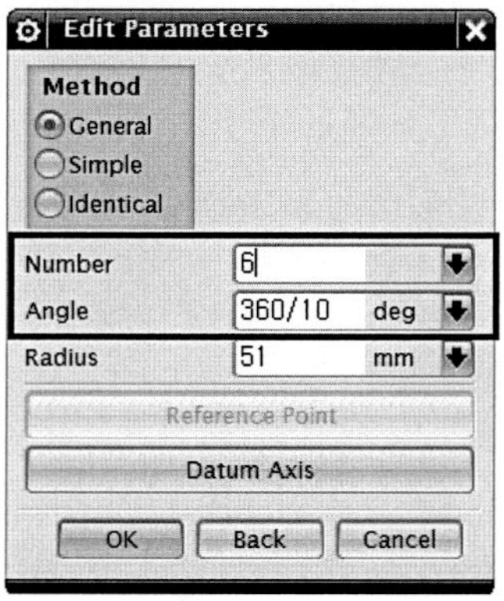

⇨

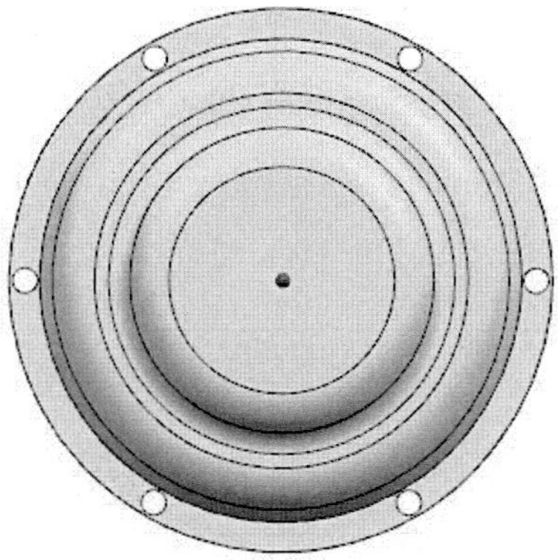

21 OK 한다.

22 Assembly Navigator 창에서 Pattern_ plate의 Display Parent인 Array_ Instance_ feature로 전환한다.

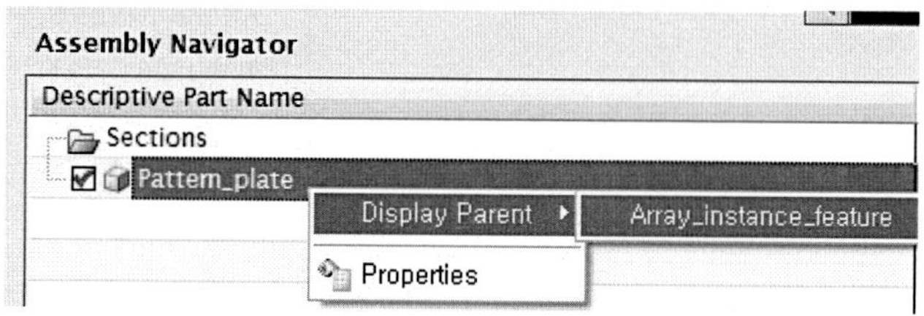

23 Pattern_ plate의 Hole의 개수에 따라 Washer와 bolt의 개수가 바뀜을 알 수 있다.

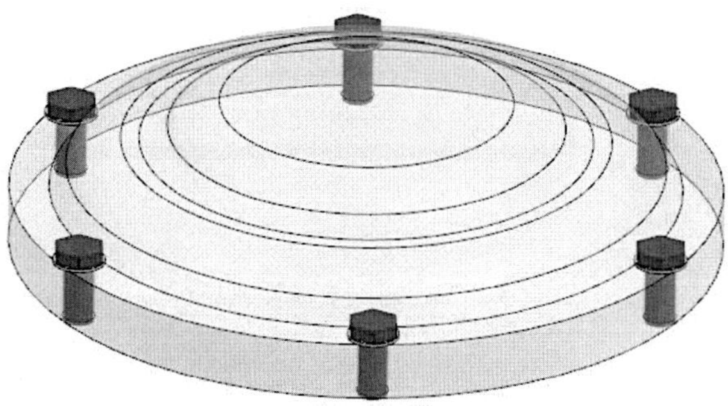

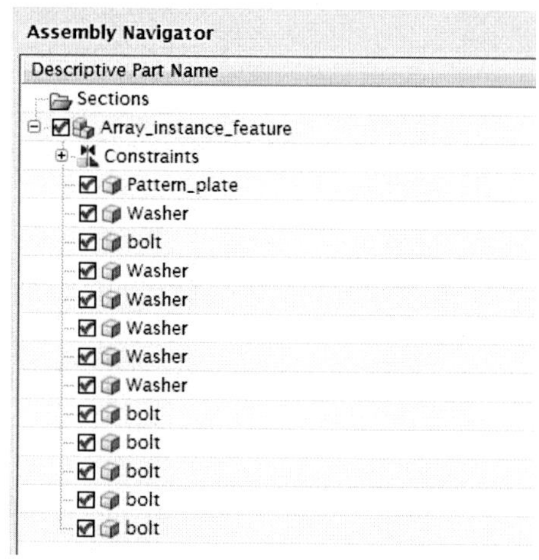

24 Close_ All_ Parts 한다.

08 Check Clearances

▌Analysis → Components → Check Clearances

- Check Clearances : Assembly Data 안에서 비교적 쉽고 간단하게 Components들 간의 간섭 또는 간격을 체크하는 것을 말한다.
- 실행 순서

Assemblies → Components → Check Clearances를 선택하고 간섭을 확인하고자 하는 부품을 Select Objects로 선택하고 OK 하면 아래와 같이 Interference Check 창이 나타나며 현재 부품들간의 간섭상태를 보여준다.

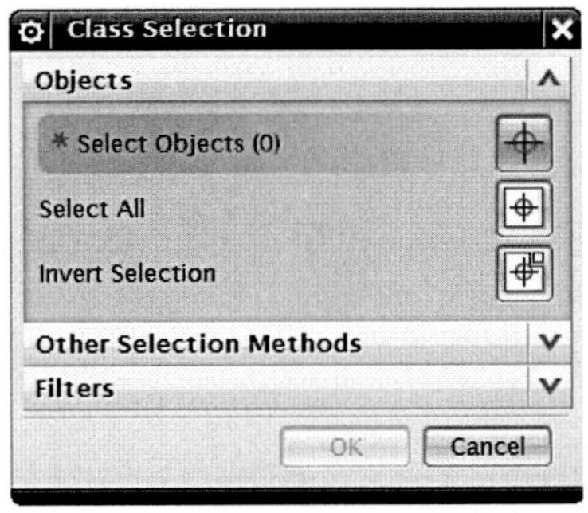

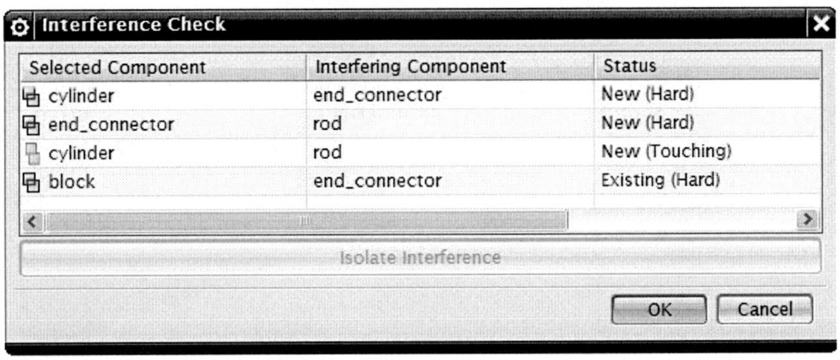

사용자가 확인하고자 하는 간섭상태를 창에서 더블 클릭하여 선택하면 선택한 간섭상태에 해당하는 Part 들만 Display 됨을 알 수 있다.

Interference Check 창의 내용 중 Status를 확인하면 현재의 간섭상태가 어떠한지에 대하여 알 수 있다.

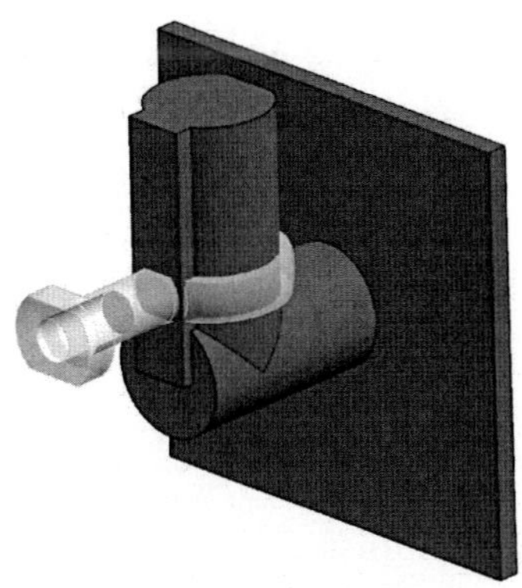

- Soft/Hard/Touching의 의미는 다음과 같다.

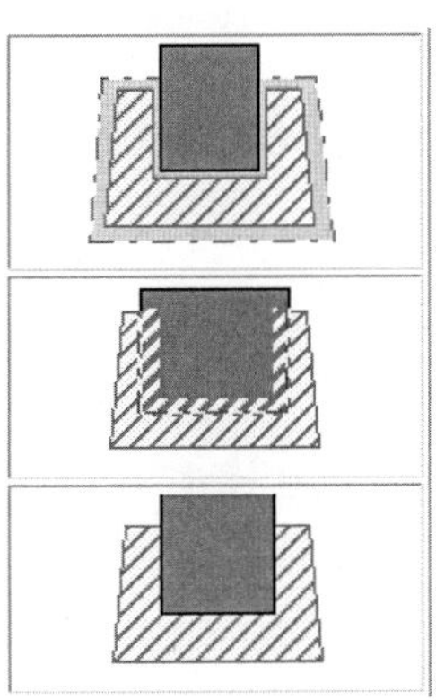

Soft : Object 사이의 최소거리가 정의한 간격 영역보다 작거나 같음을 의미한다.

Hard : Object들 간에 간섭이 일어남을 알 수 있다.

Touching : 간섭하지는 않으나 두 상대 물이 접촉되어 있음을 알 수 있다.

Activity

Checking Clearances in an Assembly

01 Assembly 폴더에서 Assy_Stamp 파일을 Open 한다.

File → Open → Assy_Stamp 선택

Load Options: From Folder, Load Components : All Components로 아래와 같이 설정한다.

⇨

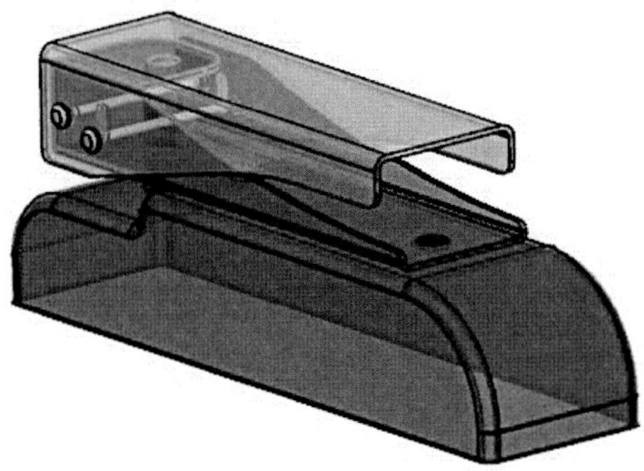

02 Modeling Application을 시작한 후 Assembly Navigator를 선택하고 Assembly Navigator Toolbar를 Display 한 상태를 유지 한 다음, Application을 Assembly로 적용한다.

Analysis → Assembly _Clearance → Clearance_ set → New... 를 선택한다.

Clearance Set Name은 사용자가 임의설정 가능함

- Clearance Set Type
  Component : component만 선택할 수 있음
  Body : 개개의 Body를 선택할 수 있음
- List to Check : 하나의 List or 두 개의 List를 볼 수 있는 상태
- Select Unit Subassemblies : Check List에서 제외시키거나 포함 시킬 Object를 선택 할 수 있다.(Sub Assembly를 단일 개체로 취급 할 수 있음)
- Default Clearance Zone : Soft 간섭을 측정할 기본측정 값을 선택 할 수 있다.
- Analysis Mode
  Facet Based : Facet body로 해석 수행
  Use Solids Where Available : 기존 Solid 및 Facet Body 로 해석 수행
  Use solids : Full load된 상태에서 해석 수행

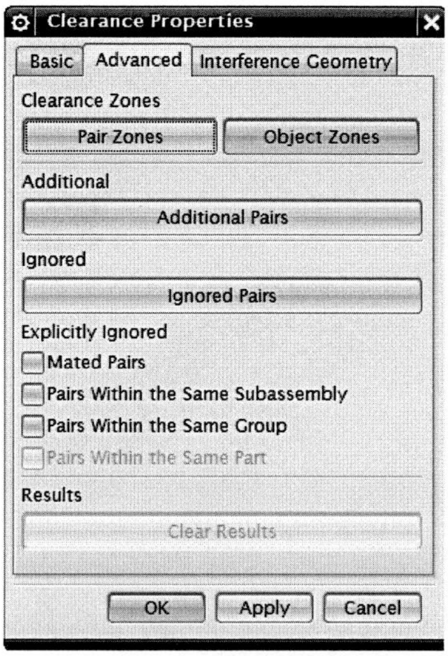

- Clearance Zones : Pair 영역 또는 Object 영역을 선택해서 간섭을 측정할 기본 측정 값을 정할 수 있음

- Additional : 추가할 Pairs를 선택 할 수 있다.

- Ignored
  무시되는 Pairs를 선택함
  구속 되어진 Pairs
  동일한 하위 어셈블리 내의 Pairs
  동일한 그룹내의 Pairs
  동일한 part내의 Pairs

- Results : 모든 결과를 지울 수 있다.

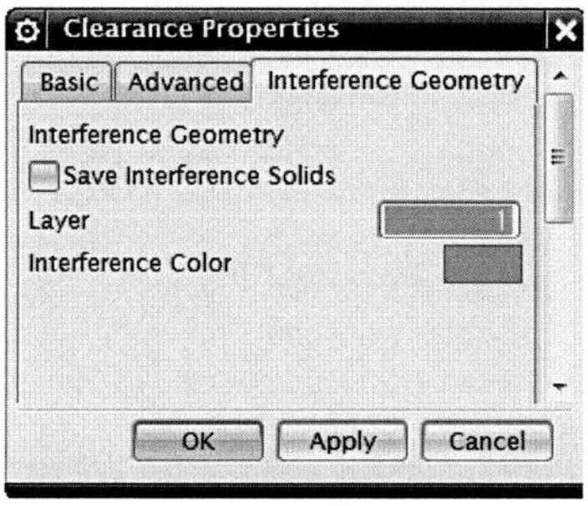

Interference Geometry

- Saver Interference Solids : 생성된 간섭 solid를 모두 저장한다. 간섭된 Geometry의 색상과 Layer를 지정할 수 있다.

Clearance의 Object Zones와 Interference Geometry Option을 아래와 같이 선택 한 다음 OK 한다.

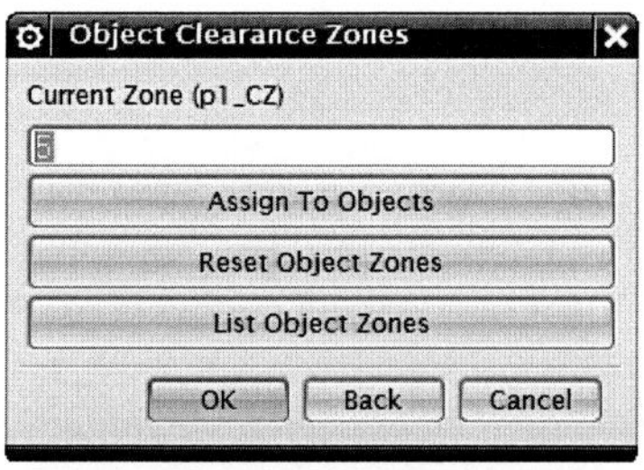

Assign To Object 옵션을 선택하고 Class Selection 창에서 Select Object를 선택, Assy _ Stamp를 전부 선택 한 다음 OK 한다.

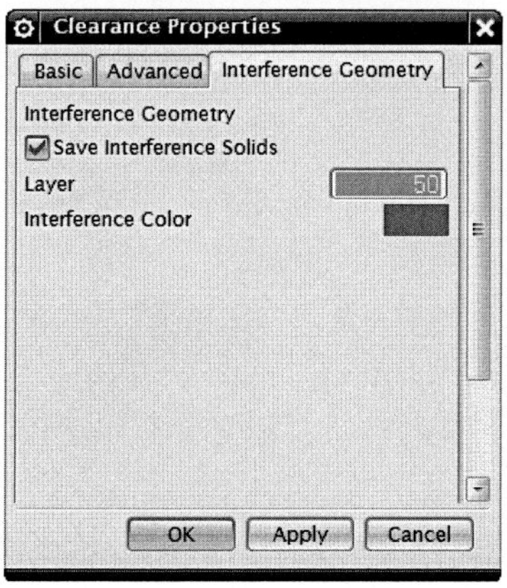

03 Assy_stamp의 Component 간의 간격을 Check 한다. Assembly Clearance Analysis창에서 아래와 같이 Perform Analysis를 선택한다.

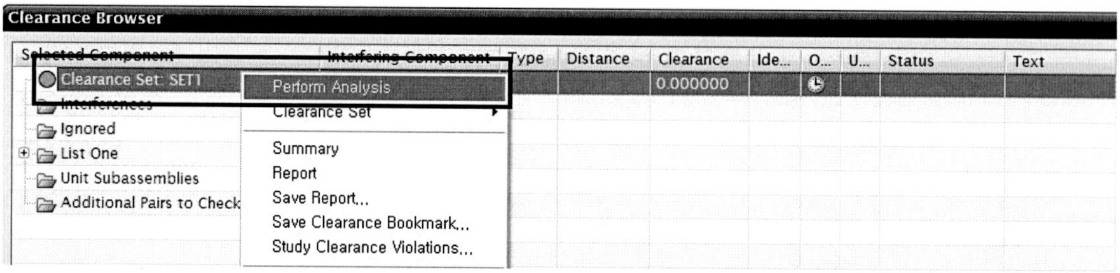

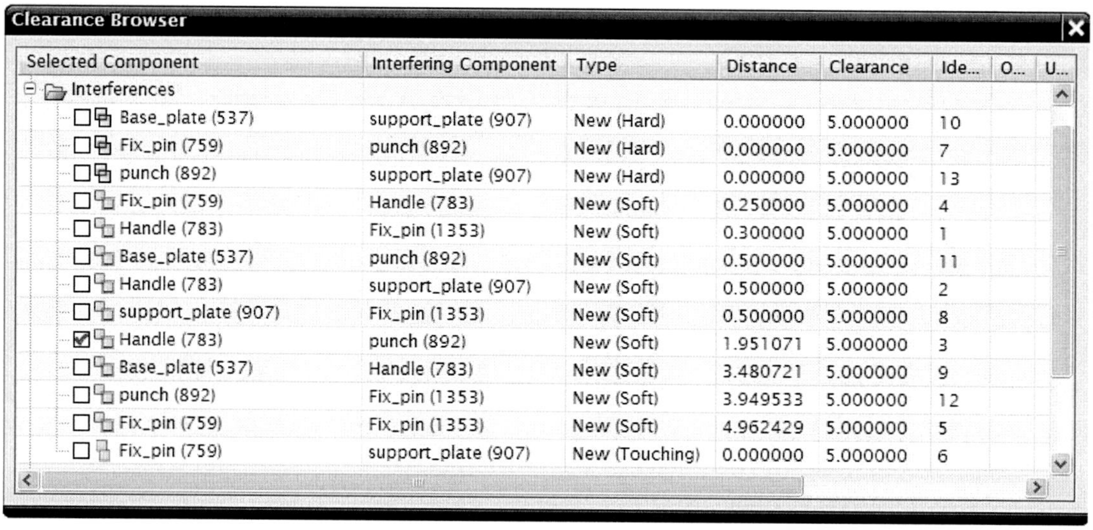

04 Handle : Punch 의 사각 Box를 Check 한다.

Handle : Punch 의 간격이 5mm보다 작은 간격이 아래와 같이 표시된다.

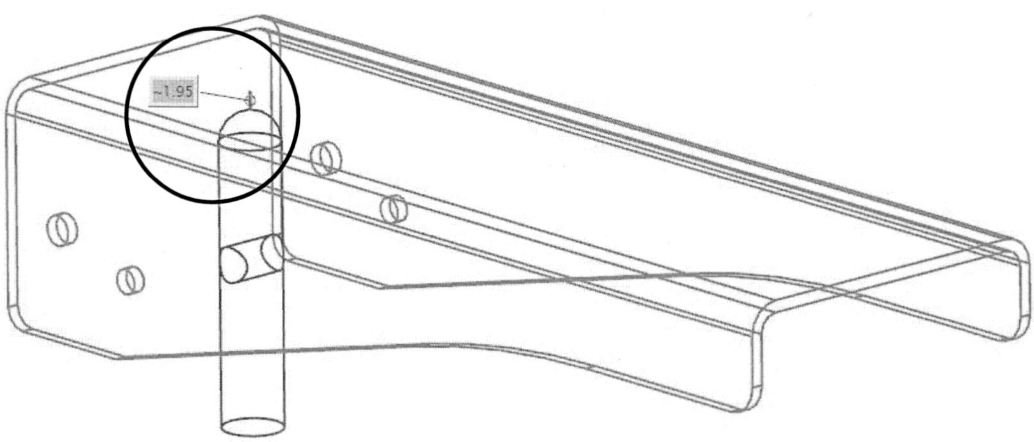

05 Box가 Check된 상태에서 아래와 같이 Clearance Set을 선택 MB3 Button을 선택해 Study Clearance Violations을 선택한다.

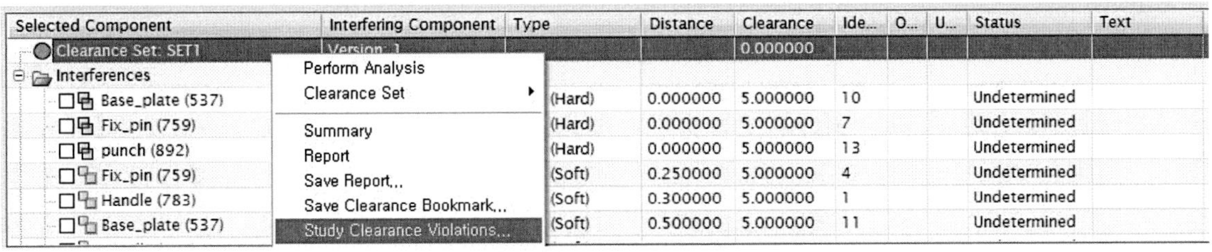

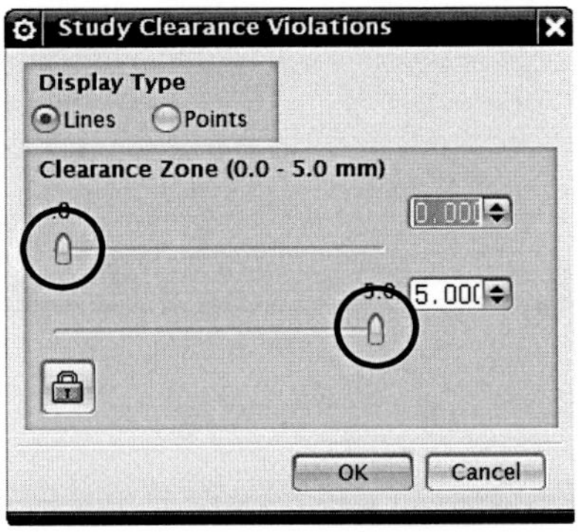

06 Clearance 값을 조정하면 간격을 조절한 만큼 LIine 이 표시된다.

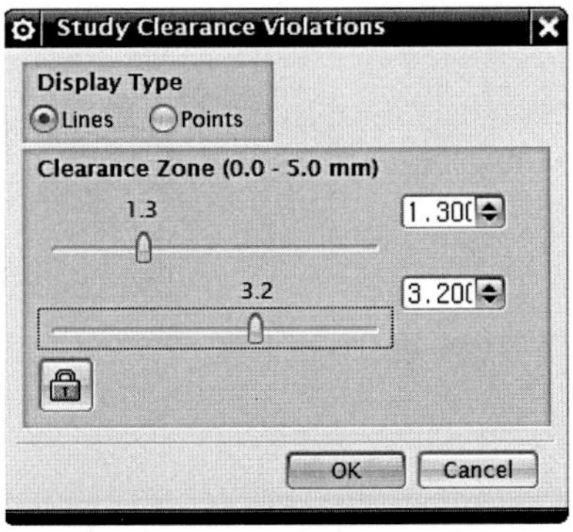

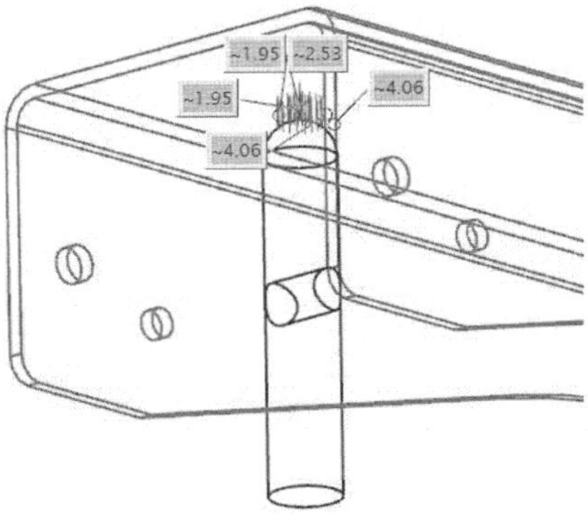

07 OK하고 선택 창을 닫는다.

08 Assy_Stamp의 Component간의 간섭을 Check 한다. 아래와 같이 Type에 Hard로 표시된 부분이 간섭이 있는 부분이고 사각박스를 Check하면 아래와 같이 된다.

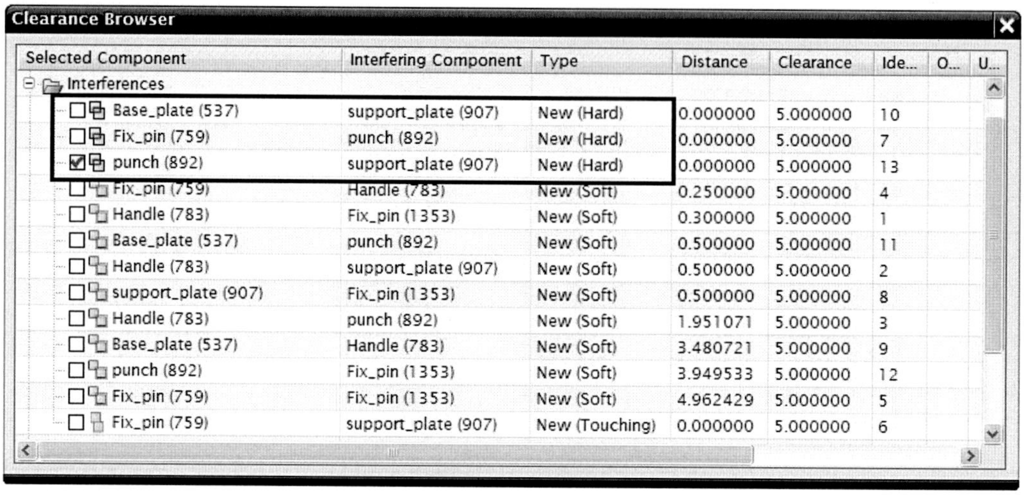

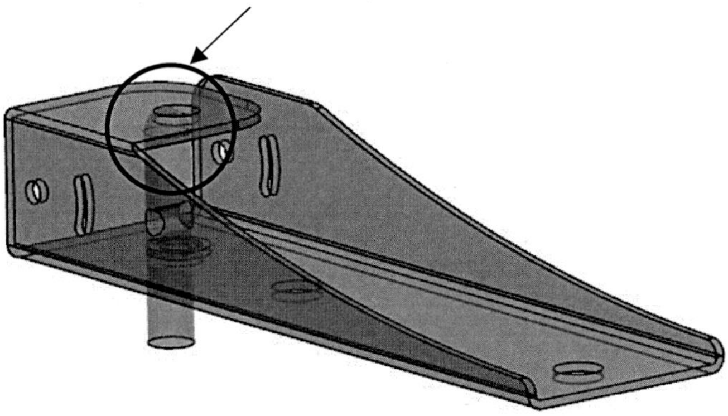

08 Check를 해제하고 Part Navigator의 History에 아래와 같이 간섭된 양이 생성된다.

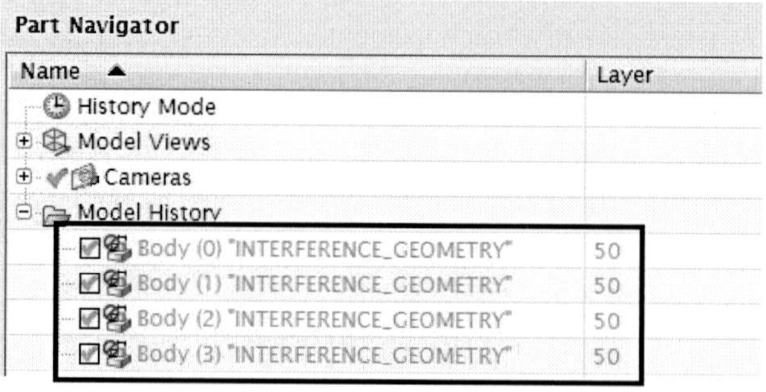

09 아래와 같이 Layer_ Setting을 선택하여 현재 50번 Layer를 Selectable 상태로 Check 한 다음 Close한다. (Format → Layer Setting)

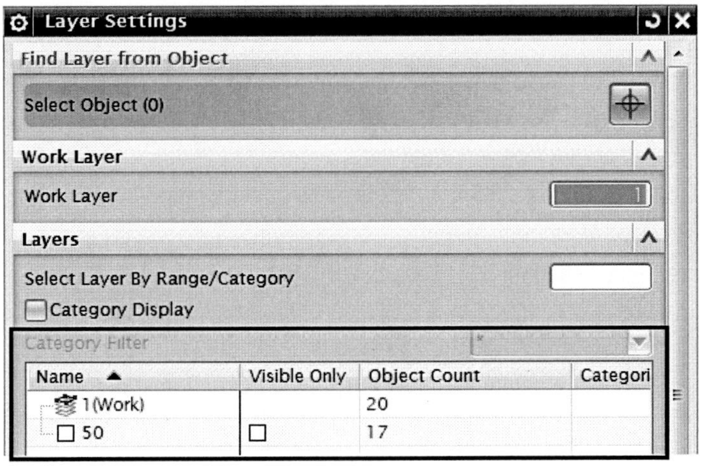

10 Edit → Object Display를 선택하여 아래와 같이 Layer Filter Option을 선택하여 50번 Layer만 선택한다.

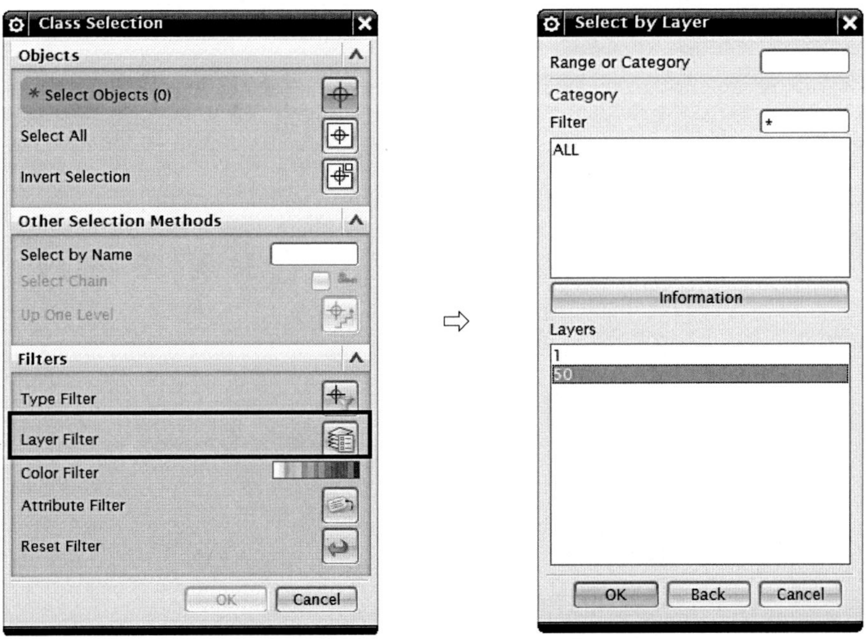

11 아래와 같이 Select All 로 한 다음, OK 한 다음 Object Display에서, Partially Shaded를 Check한 다음, OK 한다.

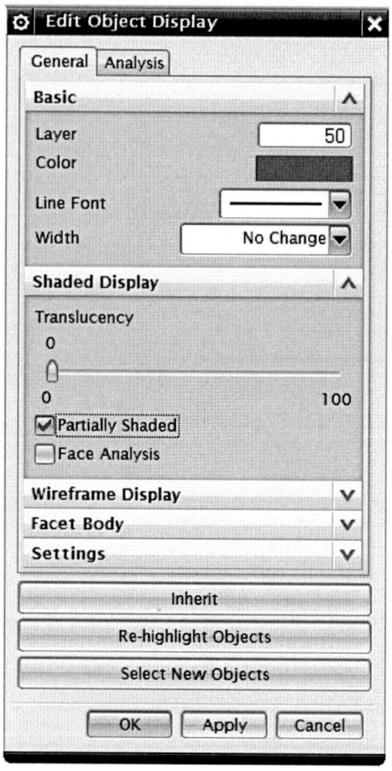

⇨

12 작업 화면의 빈 곳에서, MB3 Button을 Click하여 아래와 같이 Opion을 선택한다.

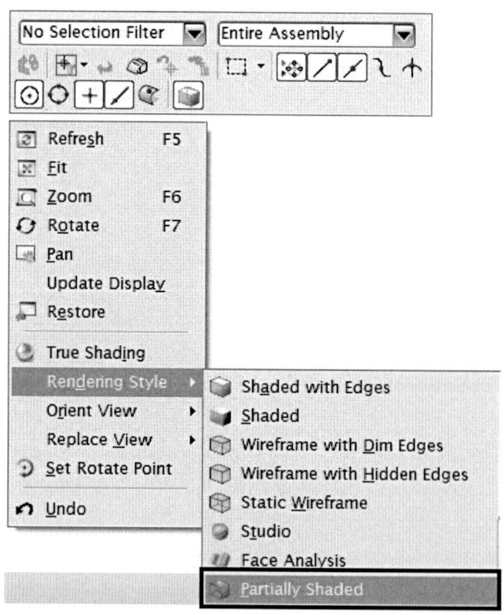

13 아래와 같이 간섭되는 부분이 Solid body로 보임을 알 수 있다.

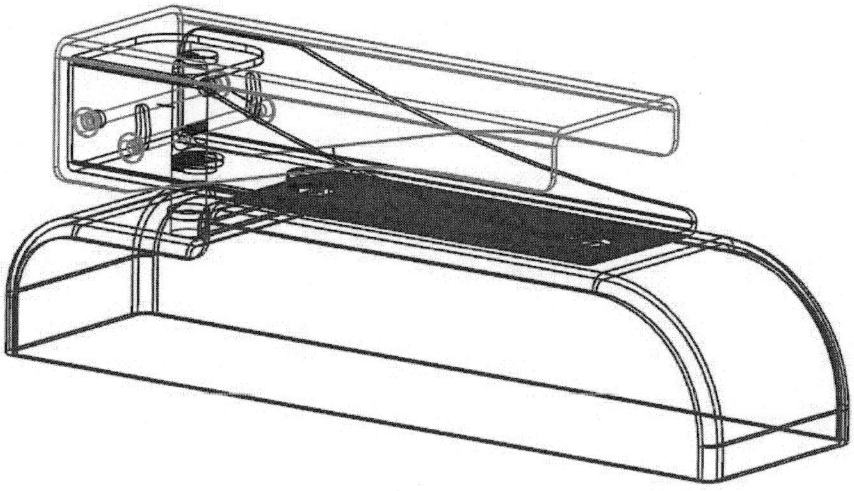

Modeling을 좀 더 빠르고 직관적으로 디자인하기 위한 방법을 습득한다.

NX8.5

13

Synchronous Modeling

01 Insert → Synchronous Modeling

현재 작업 상태의 Model을 수정하고, 변경되는 Model에 대해 빠른 수정으로 Design하며, 고유의 Geometry 조건을 유지하는 디자인 변경 방법이며, History Mode와 History Free Mode 두 개의 Mode를 이용해 작업 가능하다.

Synchronous Model은 생성된 위치와 방법(Model의 원점, Associative, Feature History)을 고려하지 않고 적용가능 하며, 구속조건과 구속조건 추정을 동시에 해결하며, History 기반의 CAD Program의 명령 의존성을 해결하는 방법이다.

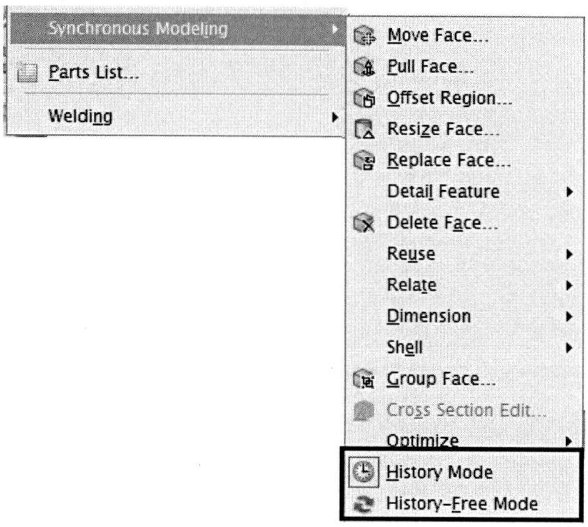

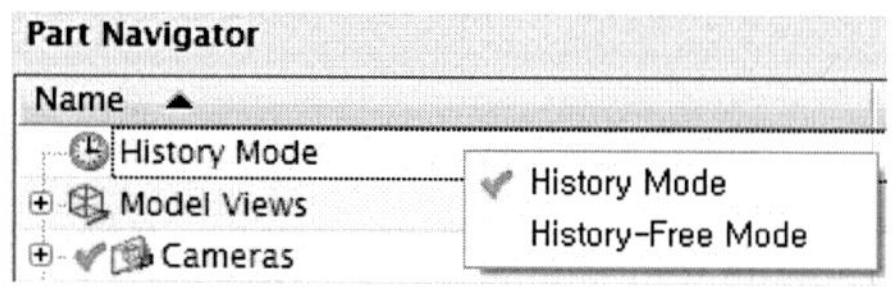

History Mode를 선택,
MB3 Button으로 Mode 선택 가능

- History Free Mode 전환시 History Mode로 다시 전환해도 삭제된 Parameter는 복구되지 않음
- History Free Mode는 Feature Playback이 없음

02 Move Face

Insert → Synchronous Modeling → Move Face

Face를 선택하여 형상을 원하는 위치로 이동 or 회전하는 기능이다.

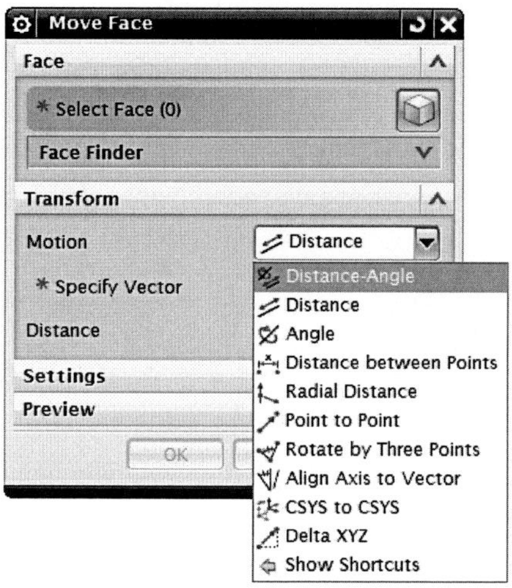

- Distance−Angle : 선형, 각도를 이용해 면을 이동
- Distance : Vector를 이용 ,방향과 거리를 정의하여 이동
- Angle : Point와 Vector를 이용, 축과 각도를 정의하여 이동
- Distance between Point : Measure를 이용 치수를 측정, 측정값을 변경하여 Model을 수정할 수 있다.(Origin point : 기준점, Measure point : 변경모델기준점)
- Radial Distance : Vector와 반경을 이용해 거리 값을 측정하여 이동
- Point to Point : Point에서 Point로 두 점을 정의하여 이동
- Rotate by Three Point : Vector와 3개의 Point를 이용하여 회전시킴
- Align Axis to Vector : 두 개의 축을 정의하여 기준축 방향으로 정렬한다.
- CSYS to CSYS : 정의된 두 좌표계를 이용하여 정렬함
- Delta XYZ : Delta 값을 가지고 X, Y, Z 방향으로 이동

Activity

Synchronous Example.prt File을 Open 한다.

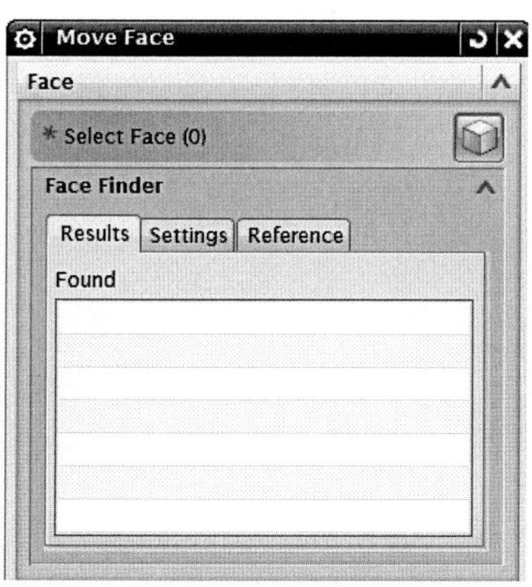

⇨

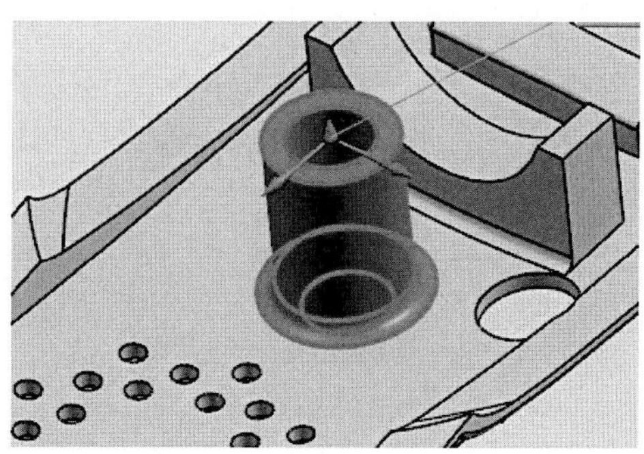

Select Face를 선택, Move하고자 하는 Modeling의 면을 선택한다.

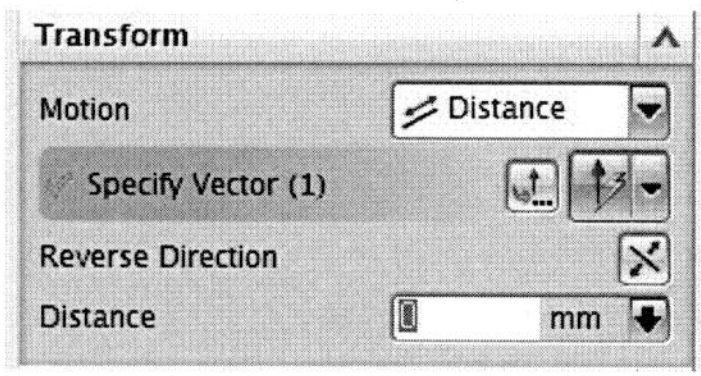

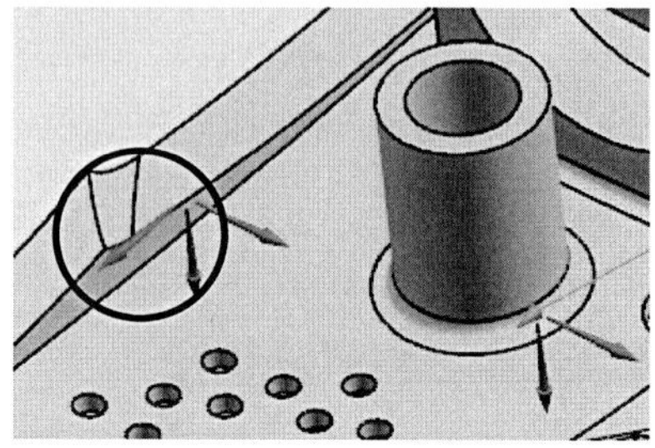

이동하고자 하는 Vector를 위와 같이 선택한다.

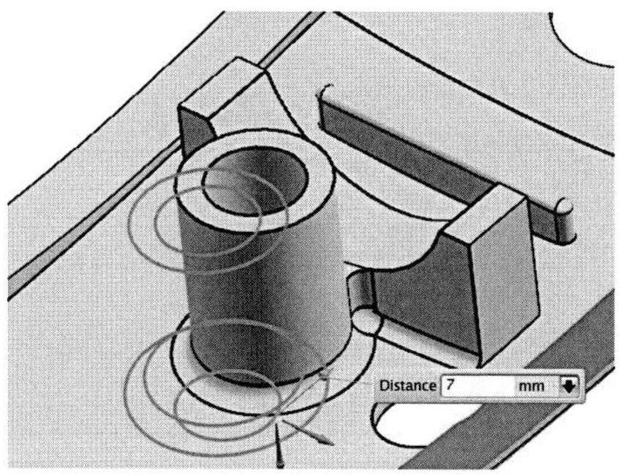

위와 같이 Blend가 접하는 구간은 유연하게 적용되며, 원하는 위치 이동으로 수정할 수 있다.

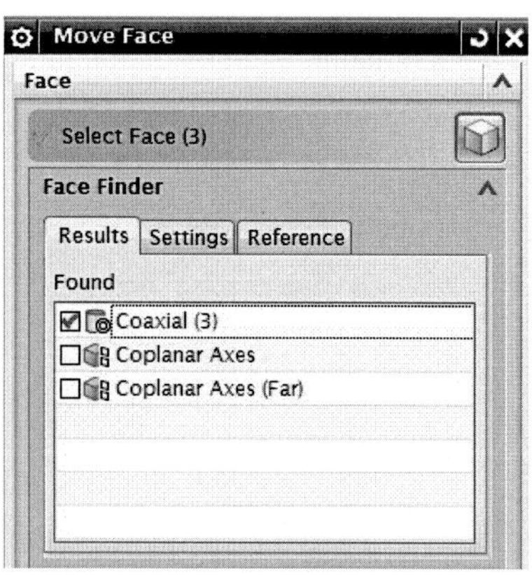

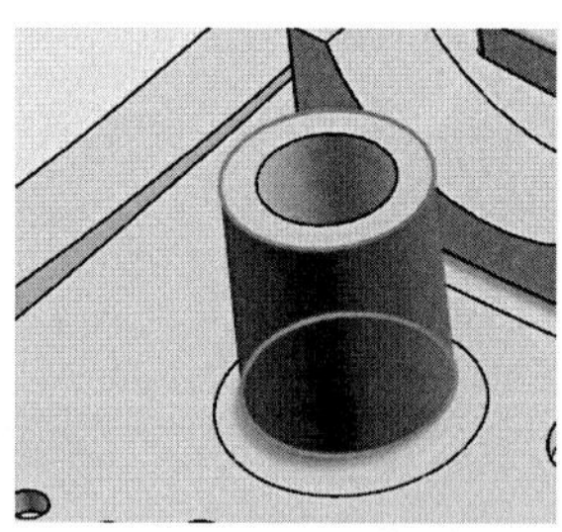

Motion에서 Angle로 선택한 후, 위와 같이 각도를 수정할 면을 선택한다.

위와 같이 각도를 줄 바깥 면을 선택한 다음, Face Finder에서 Coaxial을 선택하면 안쪽면이 동시에 선택되는 것을 확인할 수 있다.(Face Finder : 용이하게 선택을 가능하게 해주는 옵션이다.)

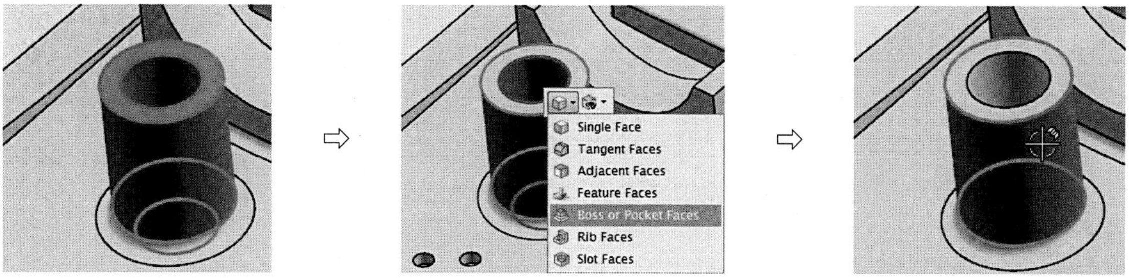

위와 같이 원통면을 선택하고 Face Selection option의 아이콘을 선택하여 Boss or Pocket Face를 선택하면 원통 전체가 선택되는 또 다른 방식을 사용할 수 있다.

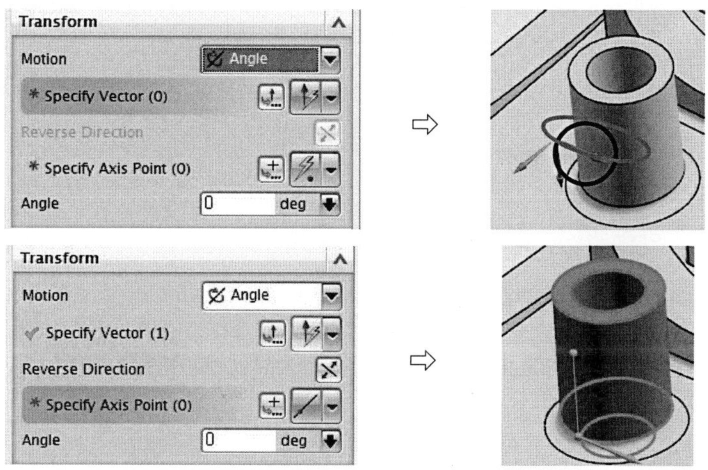

위와 같이 축과 Axis Point를 선택하여 Angle 값으로 수정할 수 있다.

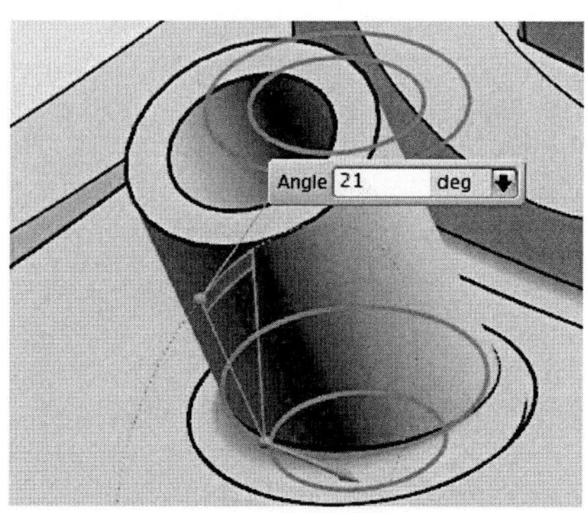

위와 같이 Angle 값으로 수정됨을 알 수 있다(Distance−Angle로는 두 가지 값을 동시에 줄 수 있다.).

03 Pull Face

Insert → Synchronous Modeling → Pull Face

연관된 면과 상관없이 수직으로 늘이거나 줄여주는 기능이다.

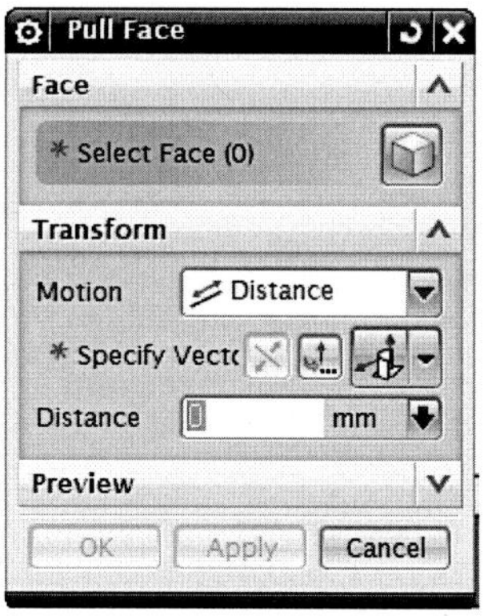

⇨

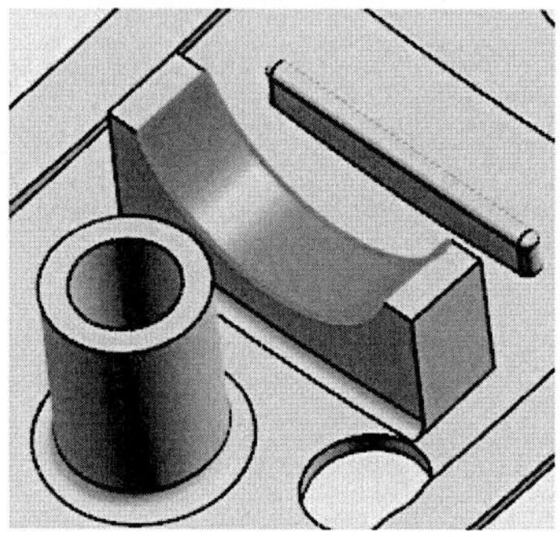

늘이거나 줄이고자 하는 면을 선택한다.

⇨

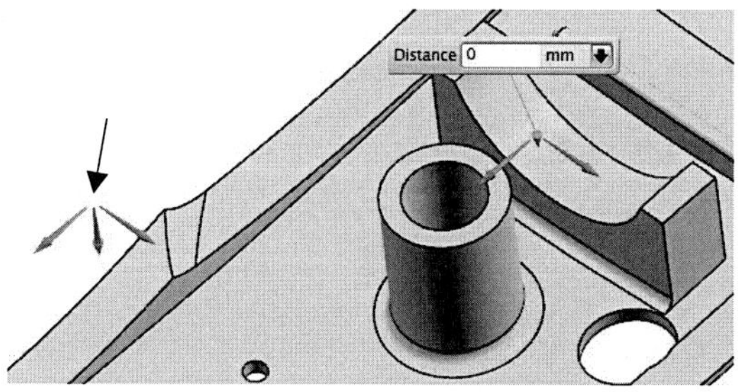

늘이거나 줄이고자 하는 방향의 축을 선택한다.

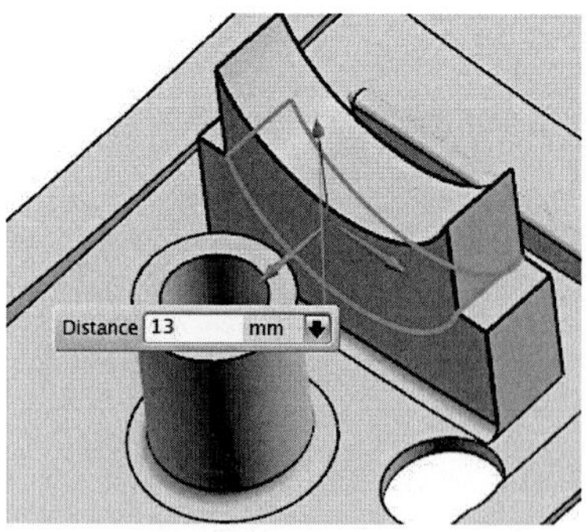

원하는 Vector 방향으로 거리 값을 입력하면 위와 같이 늘이거나 줄일 수 있다.

• Move Face와 Pull Face의 비교

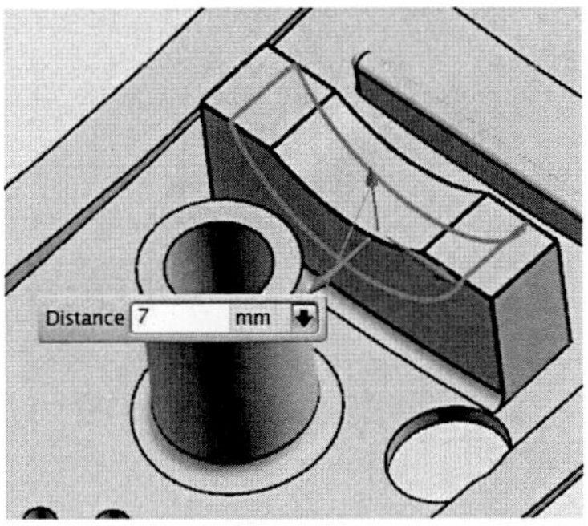

▲ Move Face

⇨

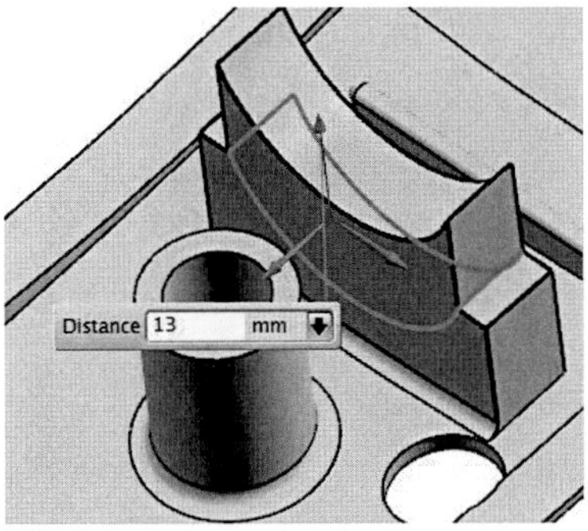

▲ Pull Face

Move Face는 면의 속성에 따라 늘어나지만, Pull Face는 면의 속성과 상관없이 늘어난다.

04 Offset Region

▌Insert → Synchronous Modeling → Offset Face

영역을 선택하여 Blend를 포함 Offset하는 기능이며, Blend를 포함하지 않을 경우 Offset된 면과 기존면의 Blend 값을 보존한다.

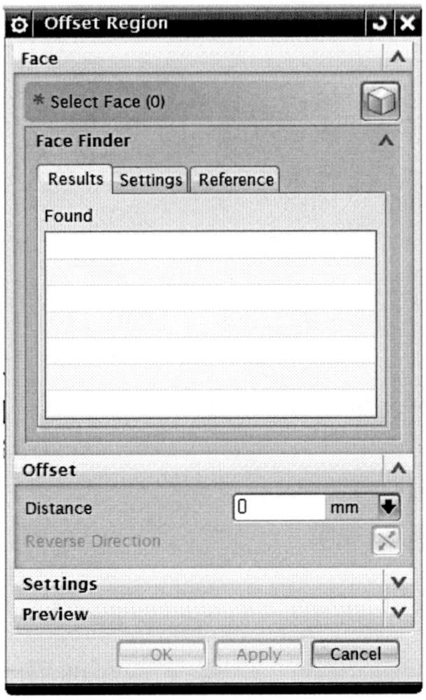

Offset할 면을 선택한다.

선택한 면과 관련된 조건을 가진 면을 선택할 때 사용할 수 있으며, 일괄선택이 가능하다.

Offset되는 거리 값을 입력한다.

Activity

Synchronous Example1.prt File을 Open 한다.

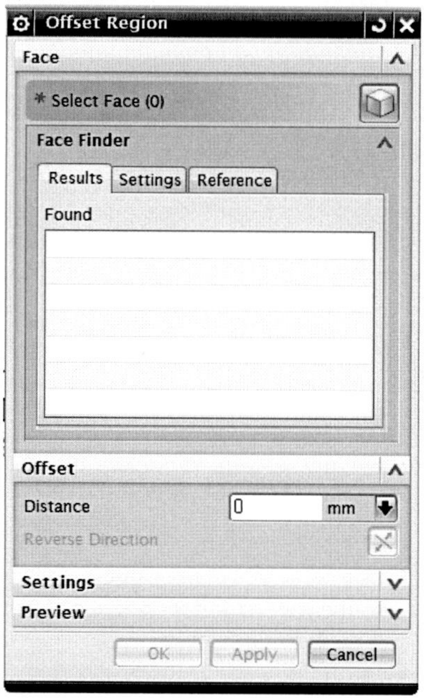

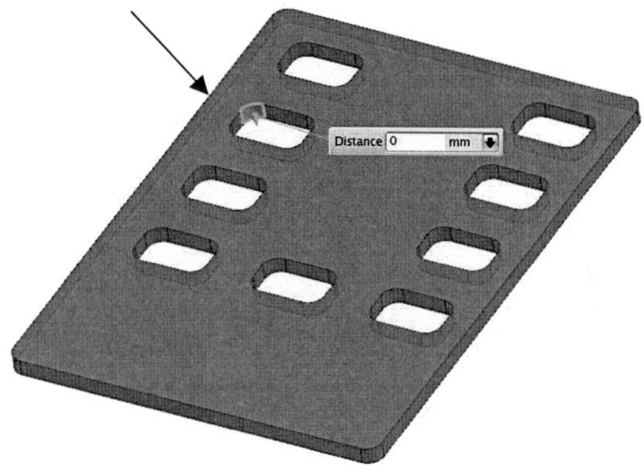

Offset할 면을 위와 같이 선택한다.

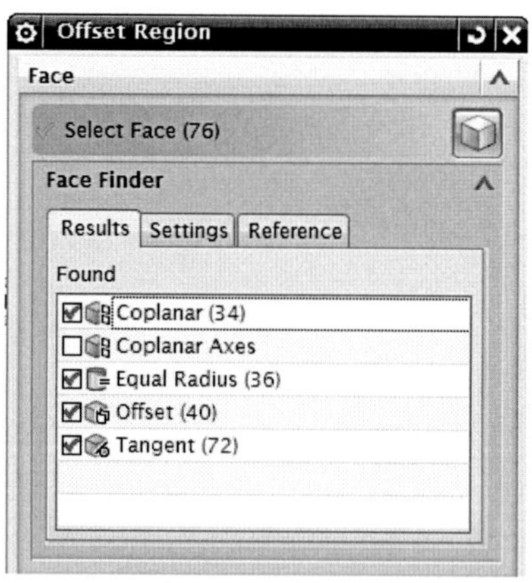

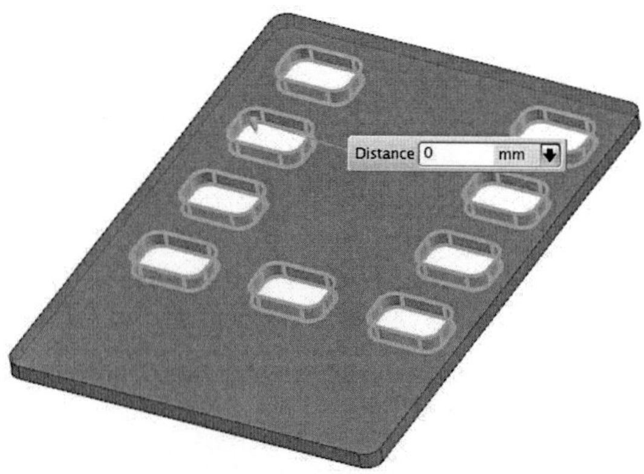

Face Finder를 이용하여 비슷한 속성의 개체를 선택할 수 있다.

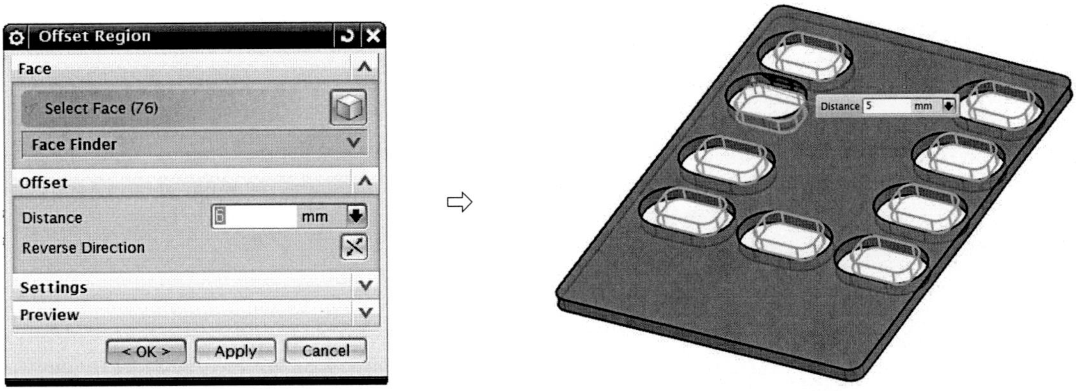

Offset값을 입력하면 전체가 Offset 되며, 형상이 바뀐 것을 확인할 수 있다.

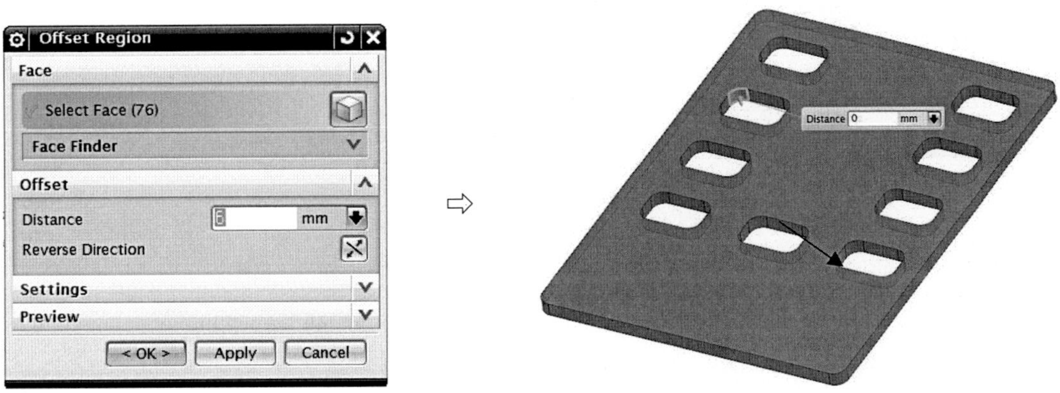

위와 같이 Blend(Single Face) 만을 선택하고, Offset 값을 입력한다.

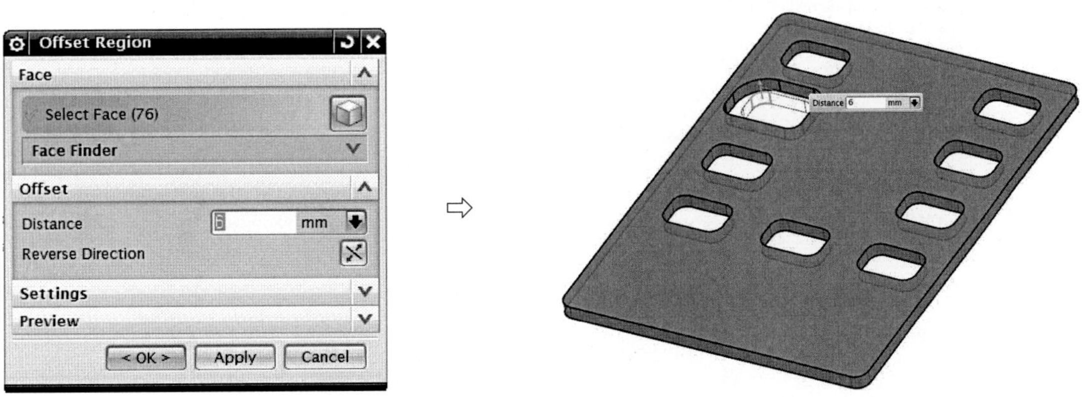

Bend면과 접한 영역이 Offset 되어 짐을 확인할 수 있다.

05 Replace face

Insert → Synchronous Modeling → Replace Face

면을 단순화하거나 복잡한 곡면과 교체하는 목적으로 면의 Geometry를 변경할 때 사용할 수 있다.

교체될 면을 선택한다.(변경 될 면)

교체할 새로운 면을 선택한다.
(교체할 새로운 면은 하나 이상 선택가능)
※ 단 동일한 바디와 모서리가 연결되어야 함

교체된 면에서 최대 교체된 면까지 Offset을 지정 할 수 있다.

Activity

Synchronous Example.prt File을 Open 한다.
Layers에서 3번 Layer를 Check한다.

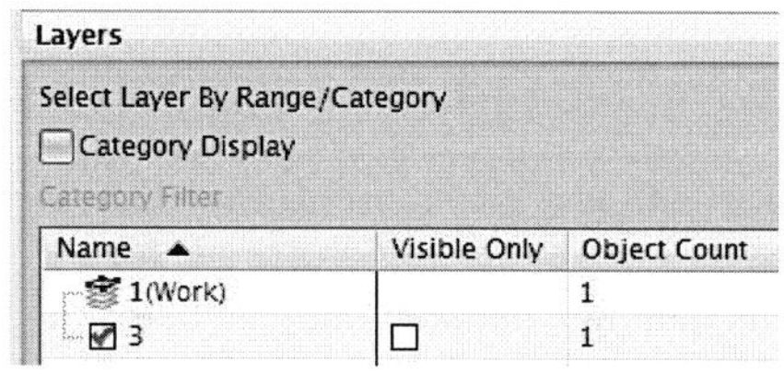

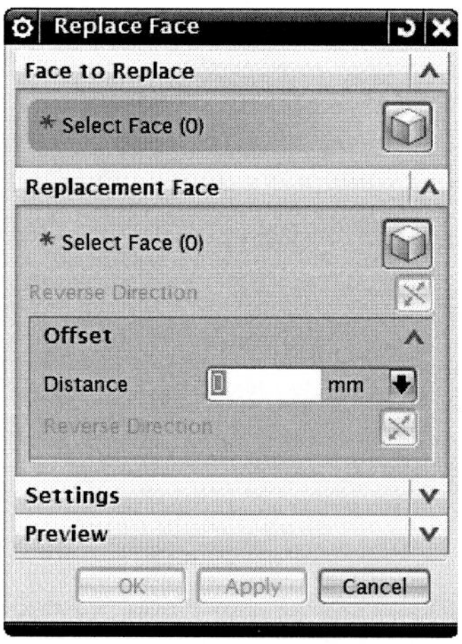

⇨

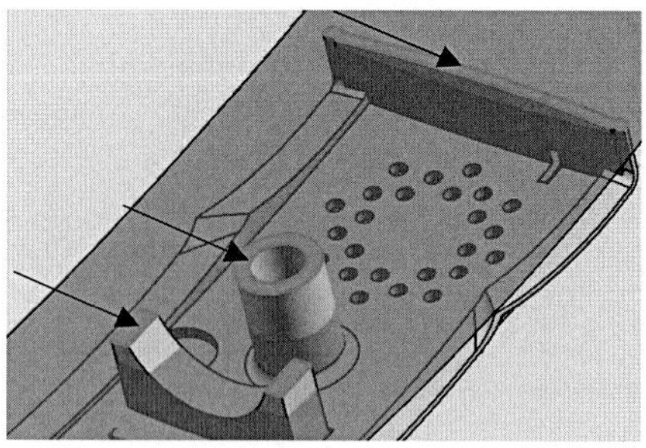

교체될 면들을 위와 같이 선택한다.

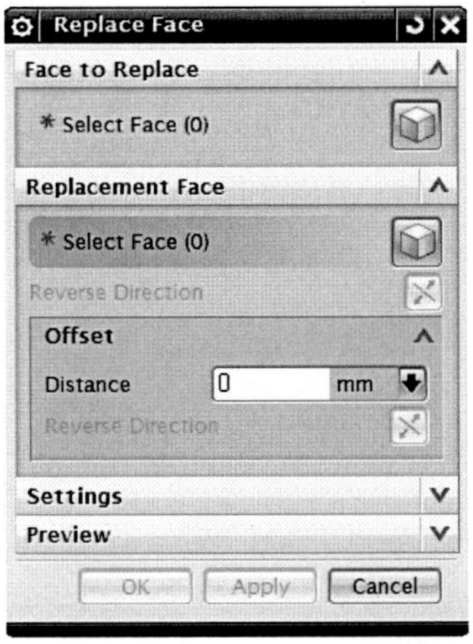

⇨

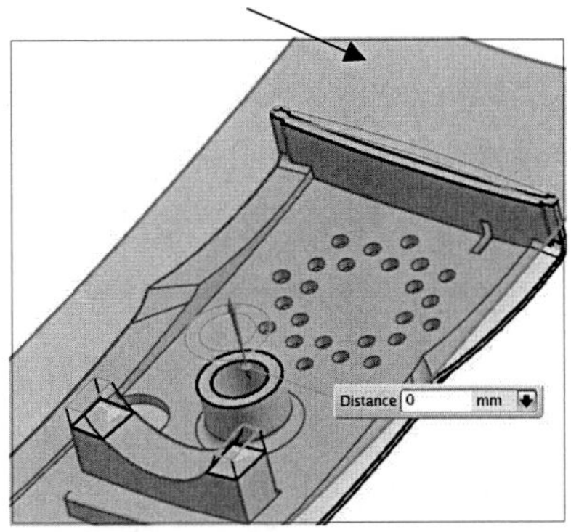

위와 같이 교체할 새로운 면을 선택하면 교체가 되는 것을 볼 수 있다.

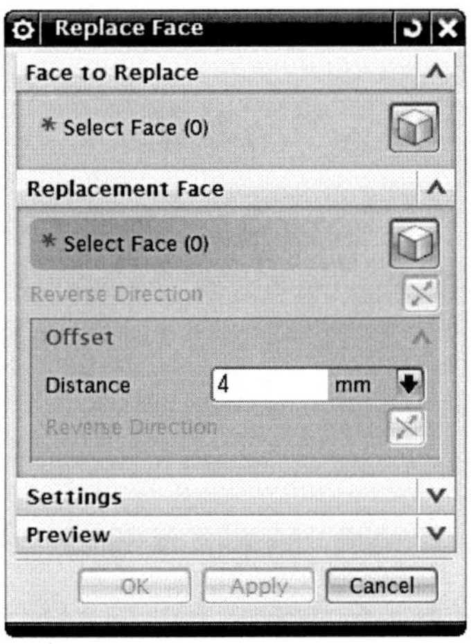

⇨

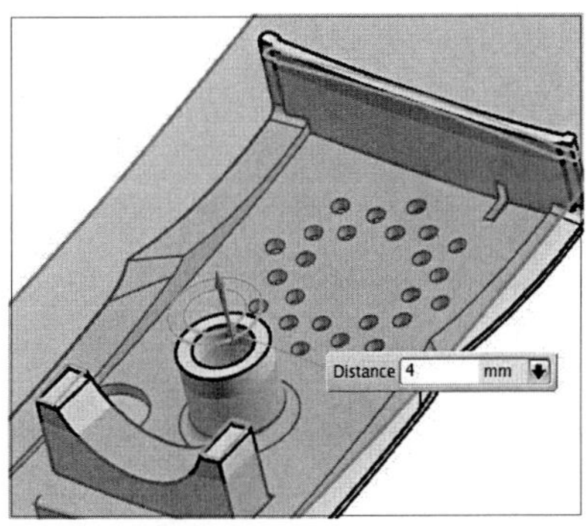

Offset값을 입력하면 위와 같이 교체된 면의 속성을 가지고 Offset됨을 수 있다.

06 Delete Face

▌Insert → Synchronous Modeling → Delete Face

Hole이나 면을 삭제할 때 사용하는 명령으로 Solid/Sheet body에서 가능하다.

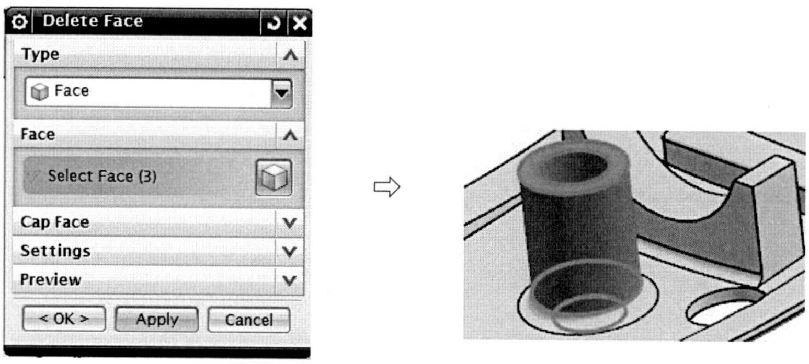

삭제될 면을 위와 같이 Option별로 선택한 다음 Apply한다.

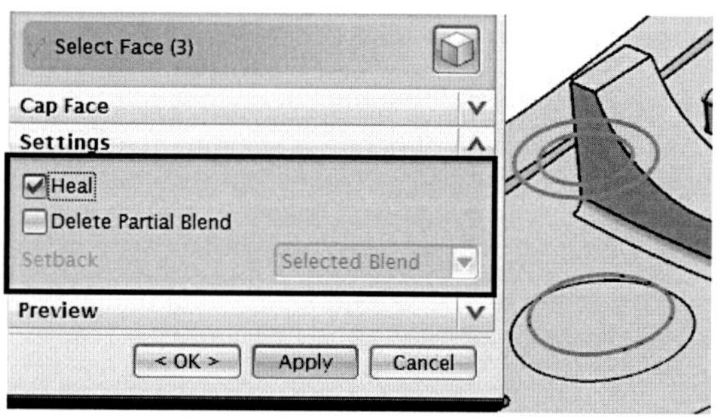

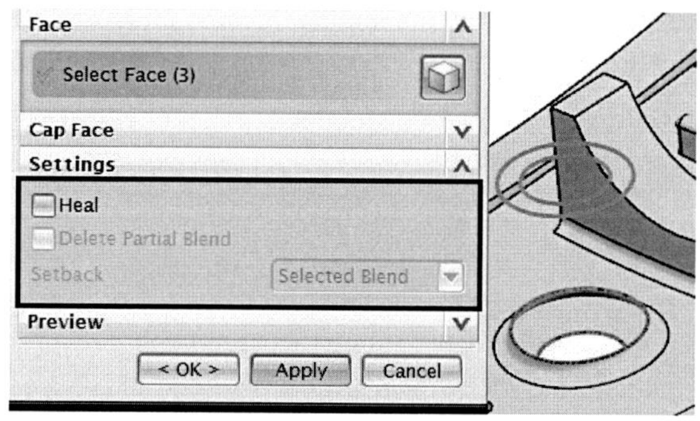

위와 같이 면이 삭제된 것을 확인할 수 있다.

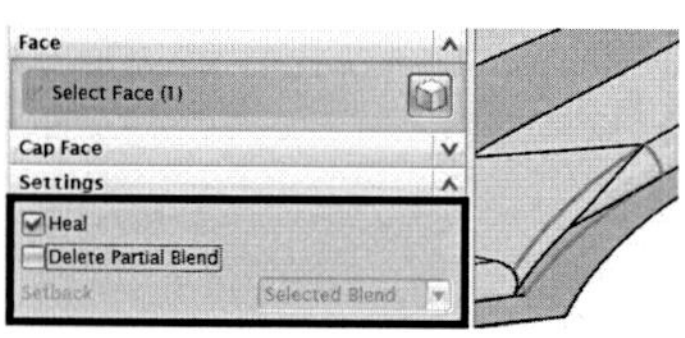

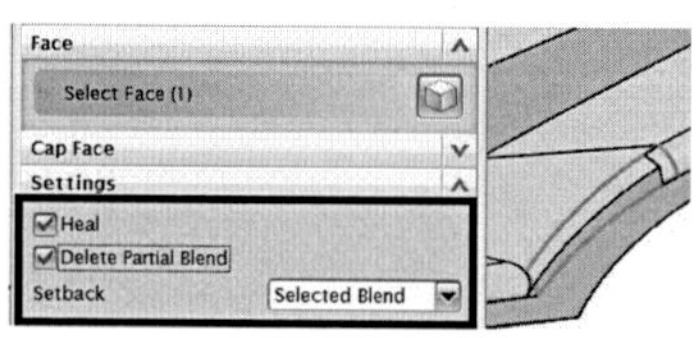

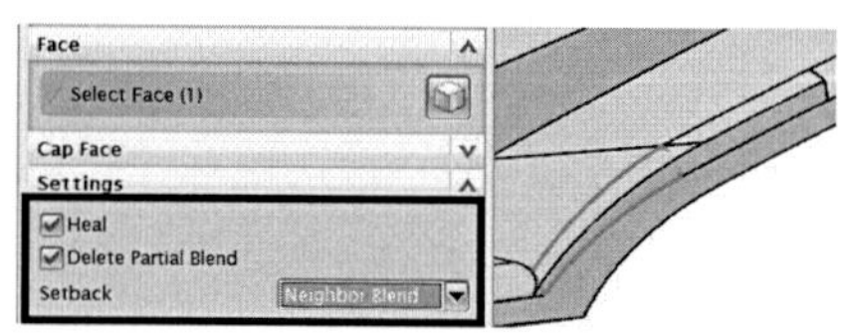

위와 같이 Settings 기능을 이용 Option을 선택하여 원하는 Blend를 삭제할 수 있다.

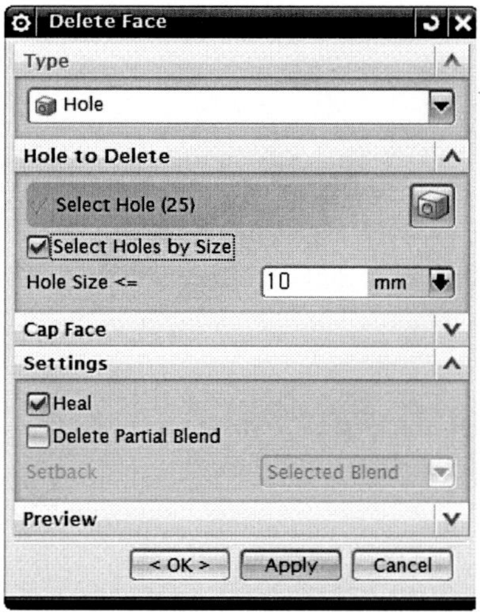

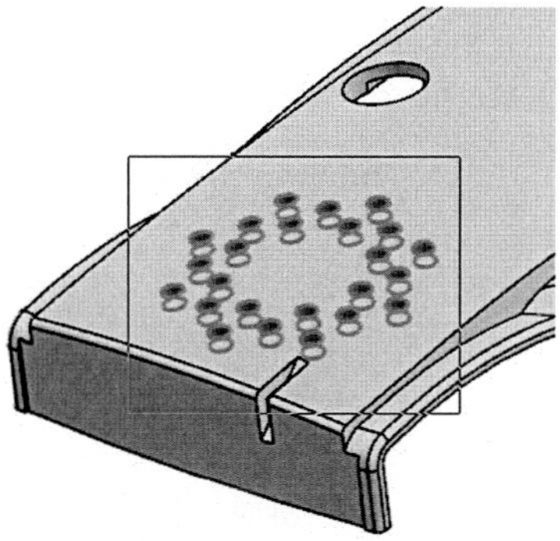

위와 같이 Hole을 선택하여, 지우고 싶은 Hole Size를 정의하여 Drag해서 선택한다.

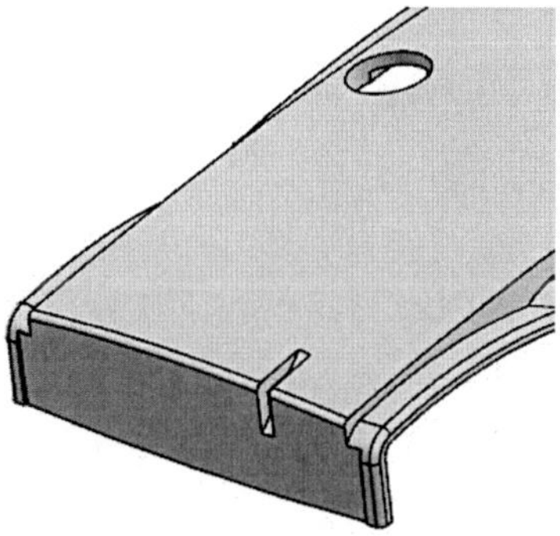

위와 같이 한번에 Hole이 삭제됨을 확인할 수 있다.

Selection에서 Region Faces를 이용, 면을 삭제하는 방법을 유용하게 쓸 수 있다.

Slection창을 Region Faces로 바꾸고 위와 같이 Seed face일 때 삭제될 면의 영역을 아래와 같이 선택한다.

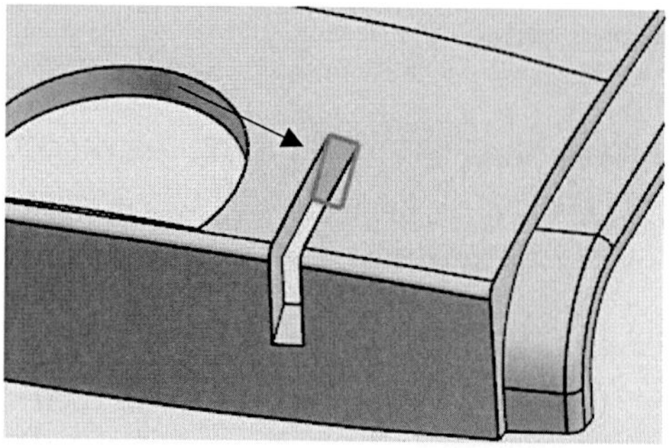

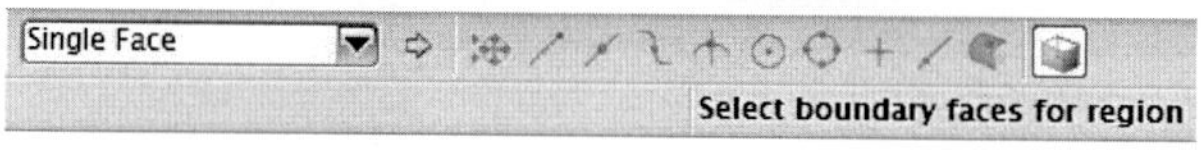

Seed Face로 면을 선택하면 위와 같이 자동으로 Boundary faces로 바뀌며, 삭제될 면의 경계 영역을 아래와 같이 정의한다.

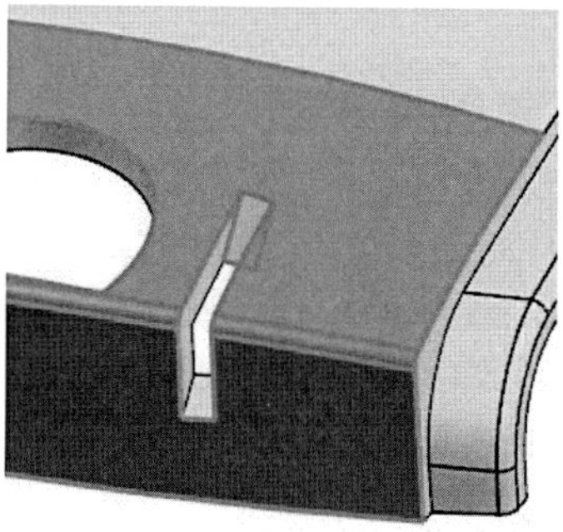

▲ 외관면

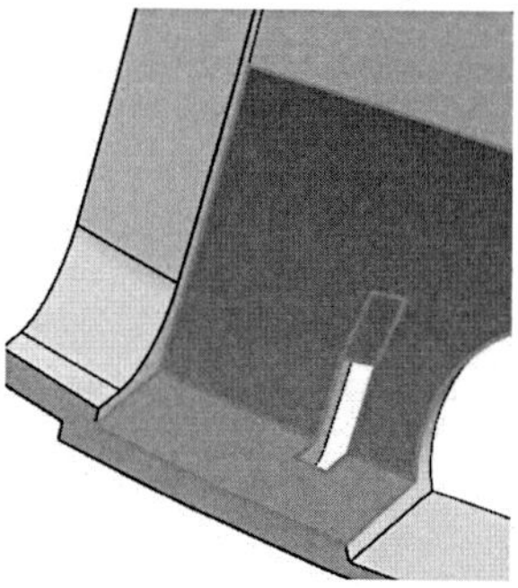

▲ 안쪽면

경계면을 선택한 다음 Mouse Button 가운데(MB2)를 누르면 지워질 영역이 아래와 같이 선택되어짐을 알 수 있다.

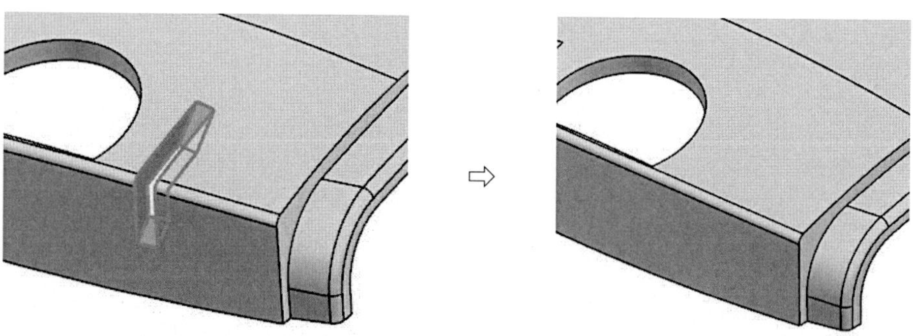

위와 같이 선택되어진 영역이 Apply를 선택하면 삭제되어 짐을 알 수 있다.

07 Resize Blend와 Resize Face

▌Insert →Synchronous Modeling →Resize Blend/Resize Face

특정 형상 History와 관계없이 Blend와 Face의 Radius 및 Diameter의 값을 조정하여 크기 조정 명령을 사용할 수 있다.

⇨

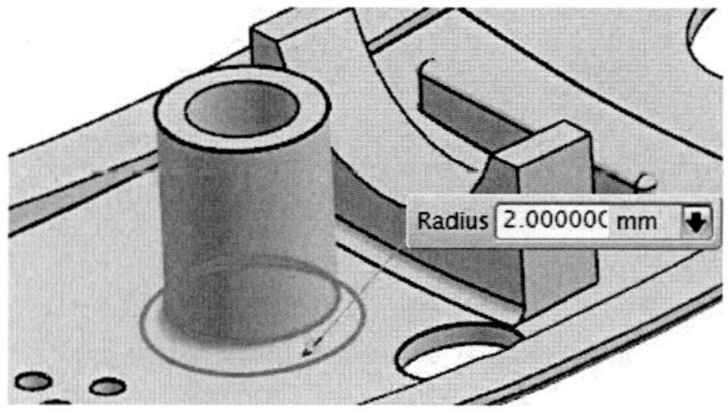

Blend을 위와 같이 선택하여 원하는 값으로 수정이 가능하다.

⇨

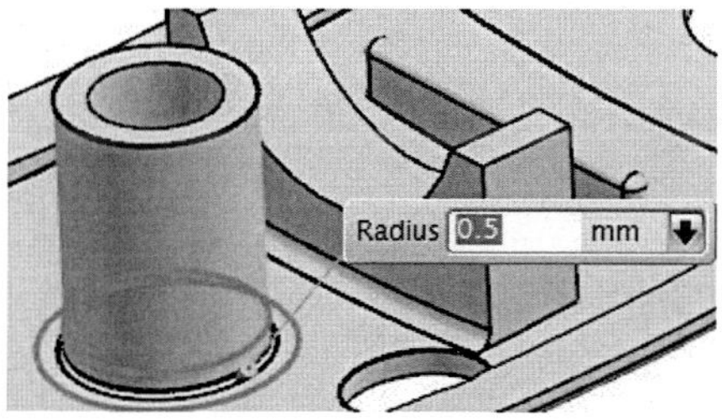

0.5 값을 입력하여 위와 같이 Blend값이 수정되어짐을 알 수 있다.

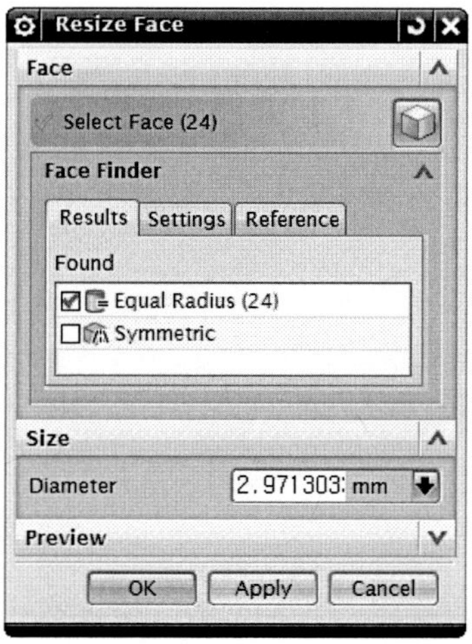

⇨

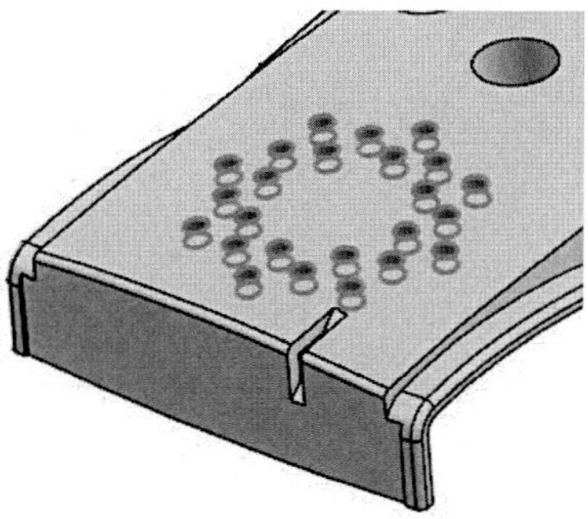

위와 같이 Resize Face(Face Finder를 이용)를 선택하여 편리하게 Face를 선택한다.

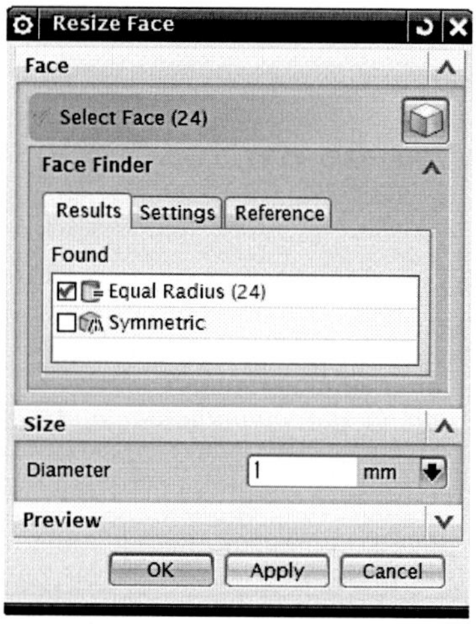

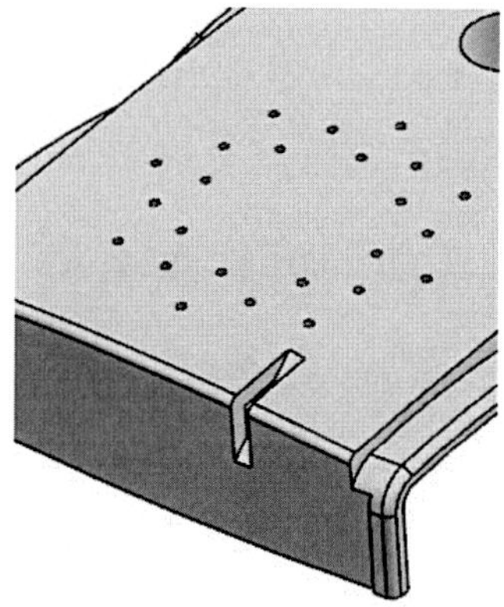

위와 같이 Face의 Diameter가 변경되어 짐을 확인할 수 있다.

08 Reuse

▌Insert → Synchronous Modeling → Reuse

선택한 면을 Move Face의 Transform의 기능처럼 Copy, Cut을 해주며 Paste를 이용, Sheet를 Paste 할 때 Solid로 변환할 수 있다.

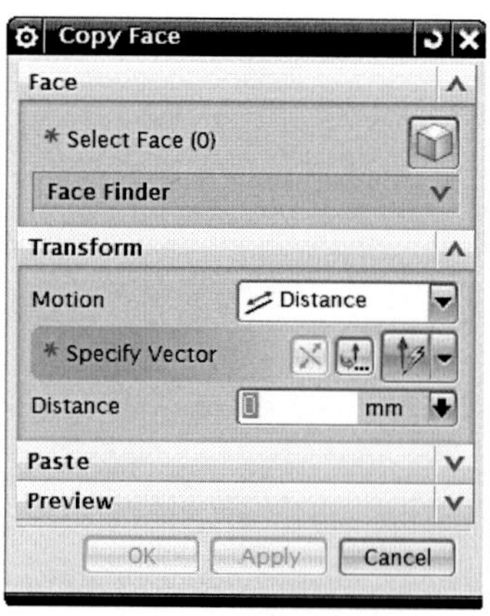

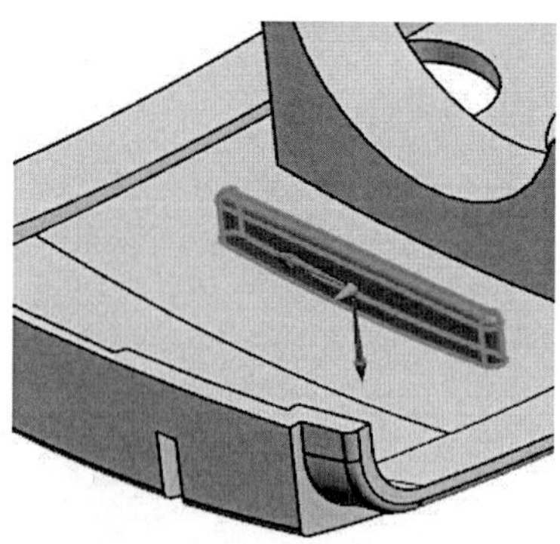

copy할 면을 선택하여 방향성을 지정하여 이동시킬 수 있다.

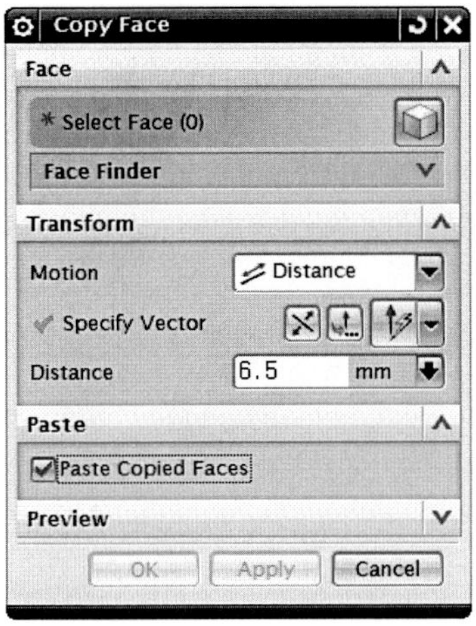

⇨

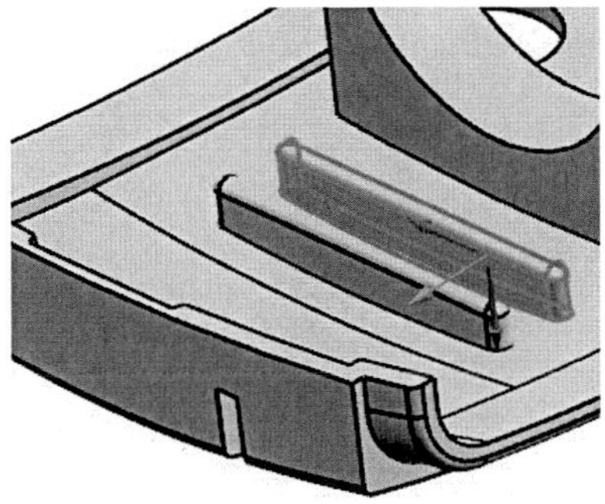

Specify Vector를 이용하여 원하는 거리만큼 이동시킬 수 있으며, Paste Copied Faces 를 Check하여 Solid화 시킬 수 있다.

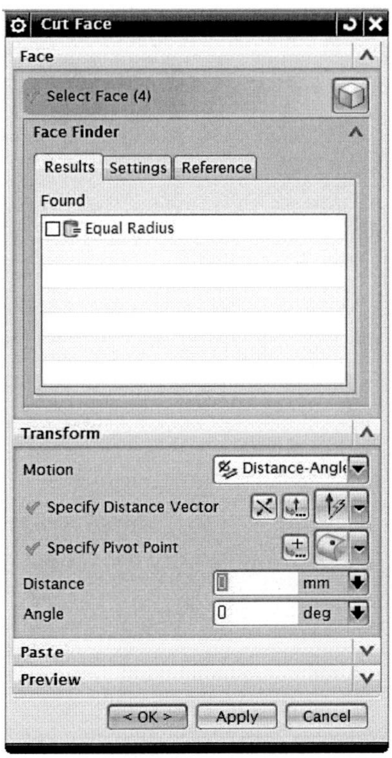

⇨

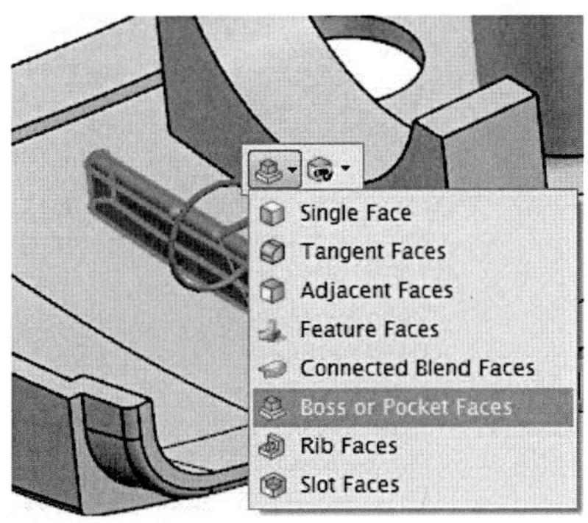

Cut Face를 선택하여 거리와 각도값을 이용하여 잘라내기 하여 면을 생성할 수 있다.

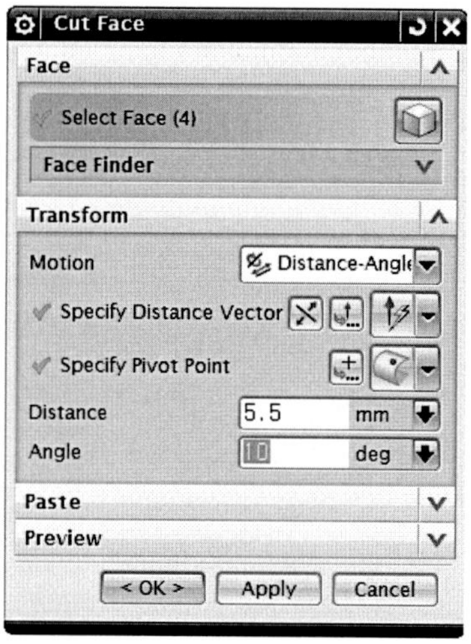

⇨

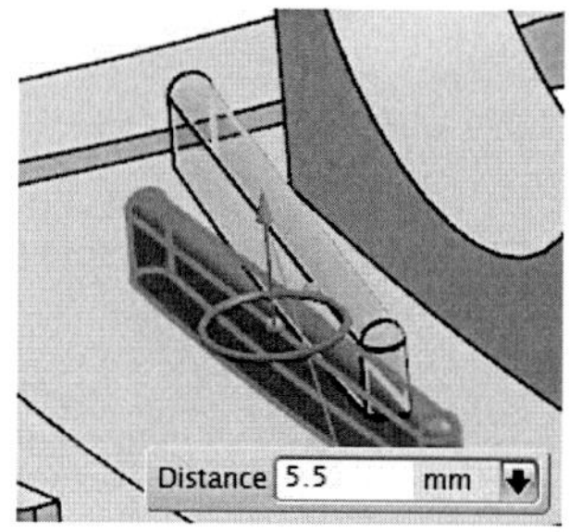

거리 값과 각도 값을 위와 같이 주어 원하는 위치와 각도로 이동시킨다.

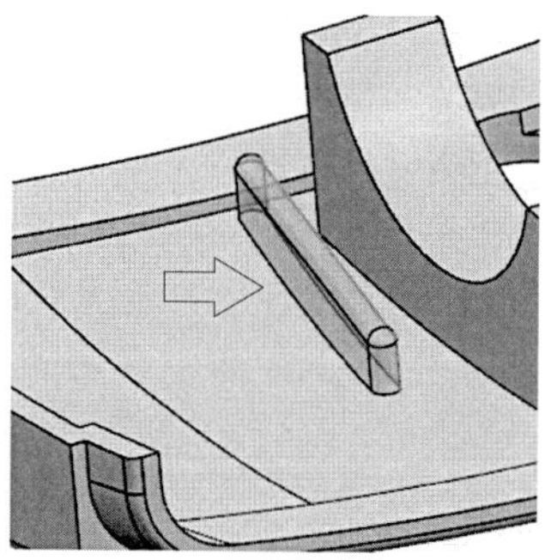

위와 같이 잘라 내기한 면이 생성되어짐을 알 수 있다.

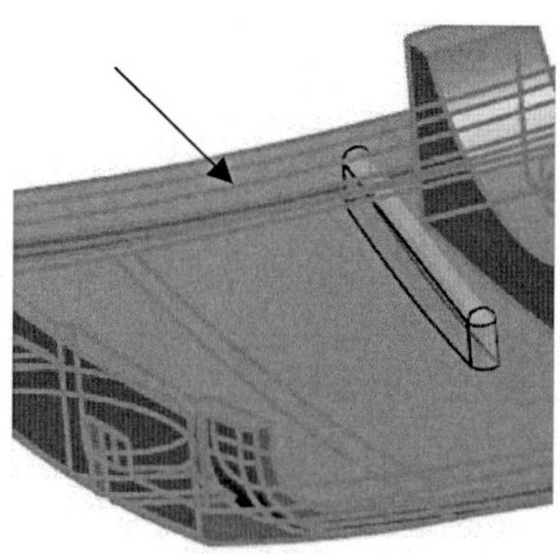

위와 같이 잘라내어진 면을 Paste Face를 이용하여 먼저 위와 같이 Target body를 선택한다.

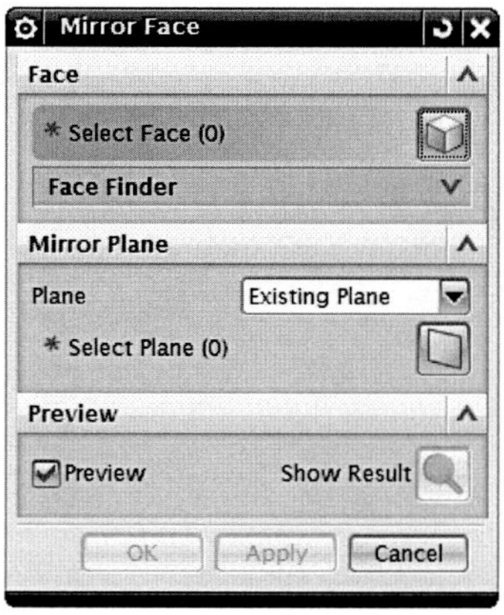

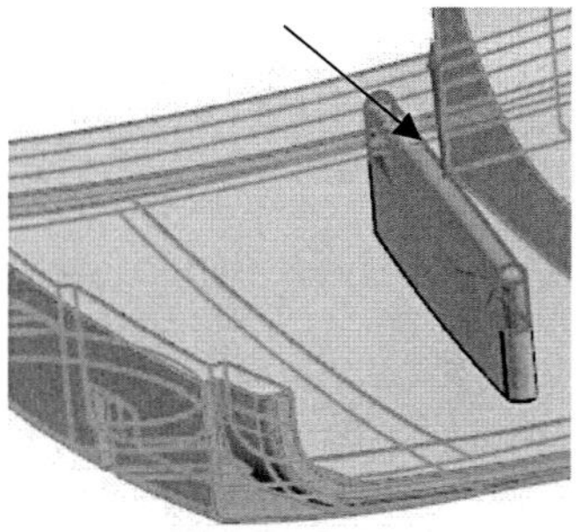

Tool body를 잘라내어진 면을 선택하면 자동으로 면이 연장되어 Solid됨을 확인할 수 있다.

Activity

Synchronous Example.prt File을 Open 한다.

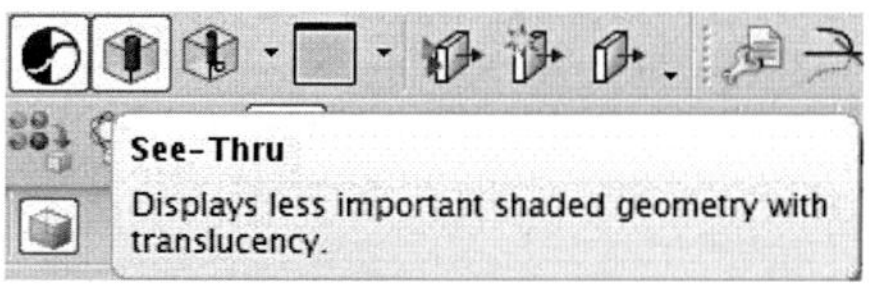

See-Thru를 이용 좀 더 자세한 선택을 한다.

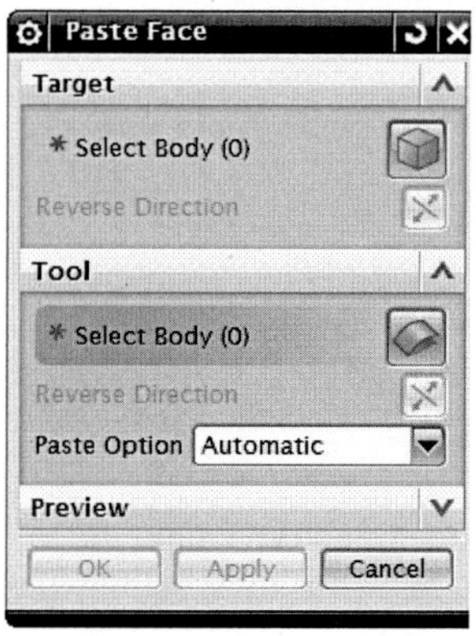

⇨

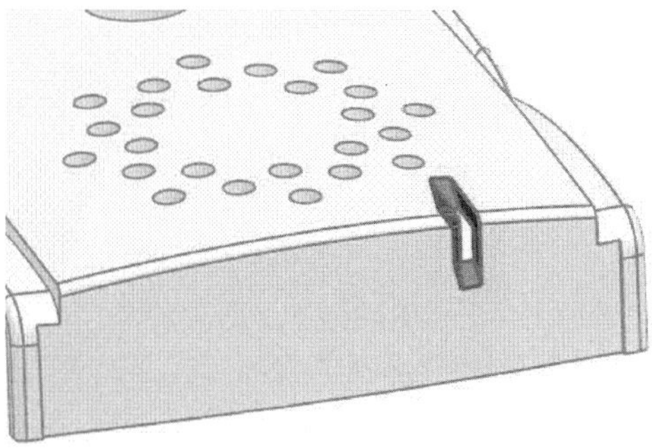

위와 같이 Mirror Face의 Mirror하고자 하는 면을 선택한다.

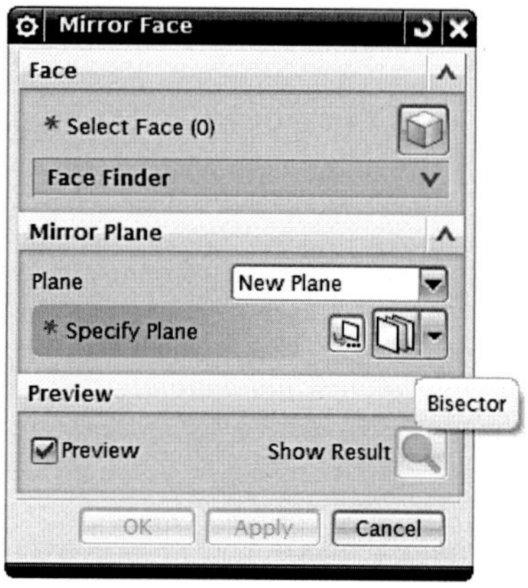

⇨

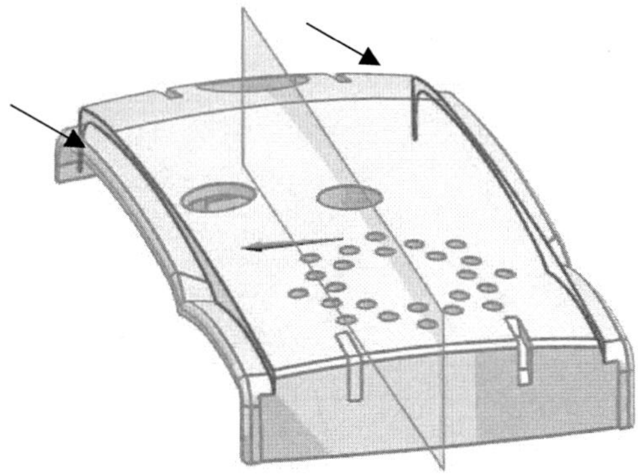

Mirror할 면이 없으므로 New Plane을 선택하여 위와 같이 양쪽에 참조할 평면 둘을 선택한다.

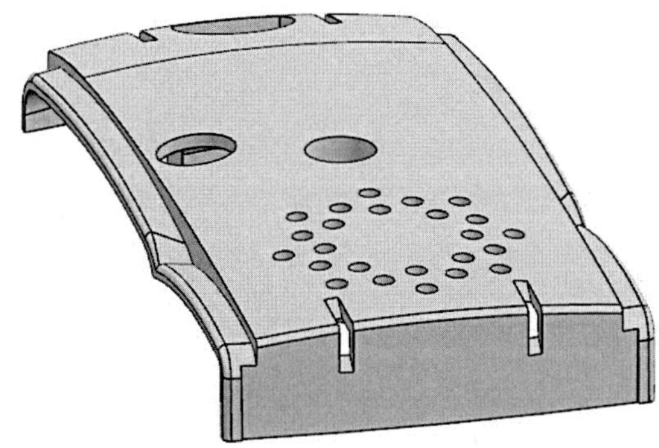

위와 같이 Mirror면이 생성되어 짐을 확인할 수 있다.

09 Dimension

Insert → Synchronous Modeling → Dimension

Face와 Face Edge와 Edge, Point와 Point 등에 치수(각도, 거리)를 측정하여, 측정값으로 편집과 수정을 할 수 있는 기능이다.

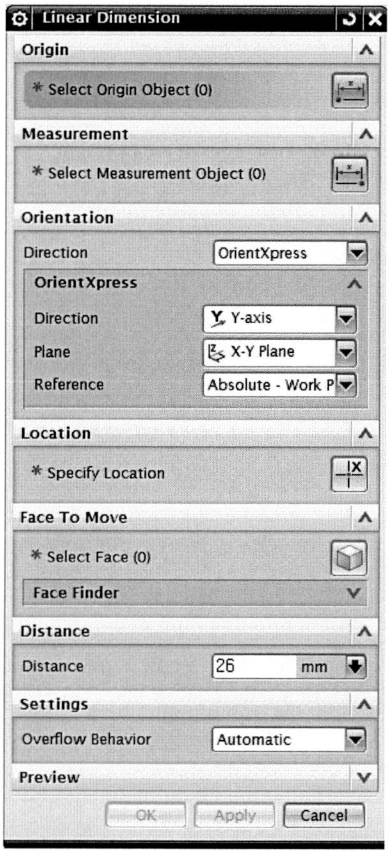

치수를 측정할 원점 or Datum을 지정할 수 있다.

치수를 측정하는데 사용할 측정점을 선택한다.

치수의 축과 평면을 지정할 수 있다.
치수의 주축을 지정한다.
치수의 주 평면을 지정한다.
Orient Xpress에 사용될 참조좌표계를 지정 할 수 있다.

선택한 Object를 기준으로 치수의 위치를 지정함

이동할 면들을 선택할 수 있다.

거리 값을 지정할 수 있다.

Activity

Synchronous Example.prt File을 Open 한다.

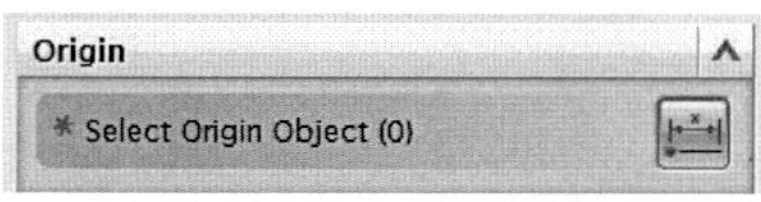

⇨

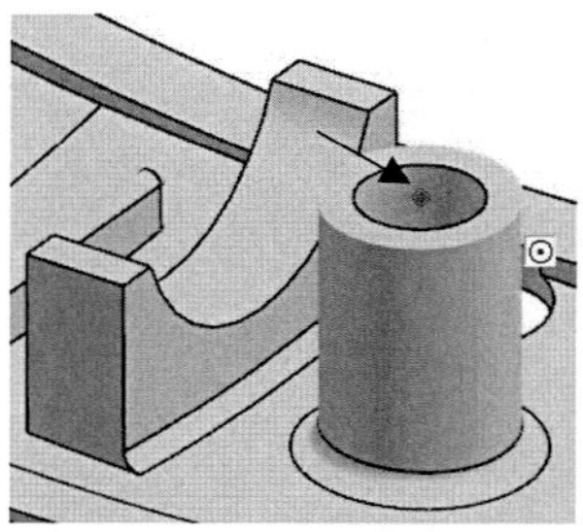

고정될 기준점을 위와 같이 선택한다.

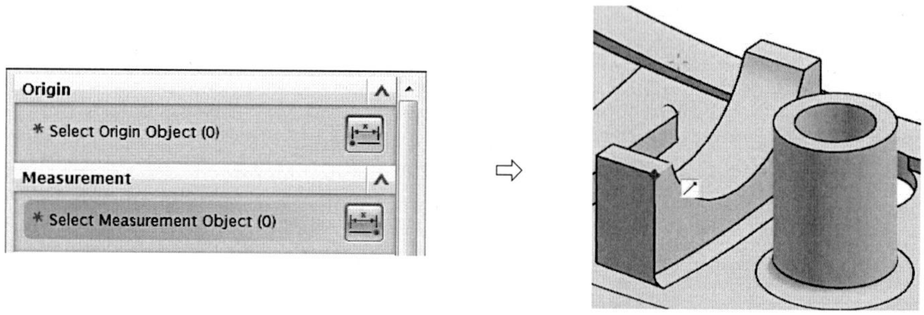

변경될 부분의 기준점을 위와 같이 선택한다.

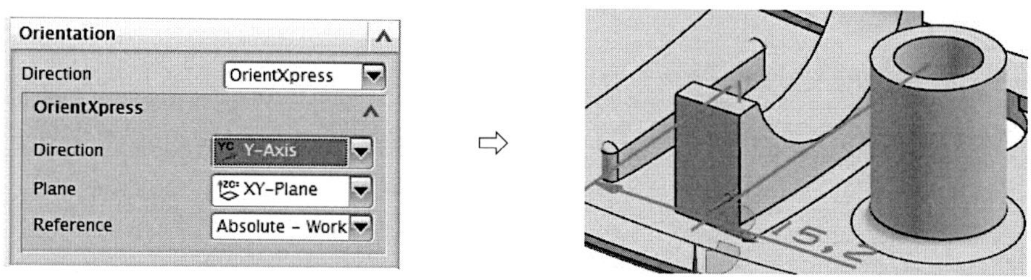

Y축일 때 치수선의 방향을 위와 같이 줄 수 있다.

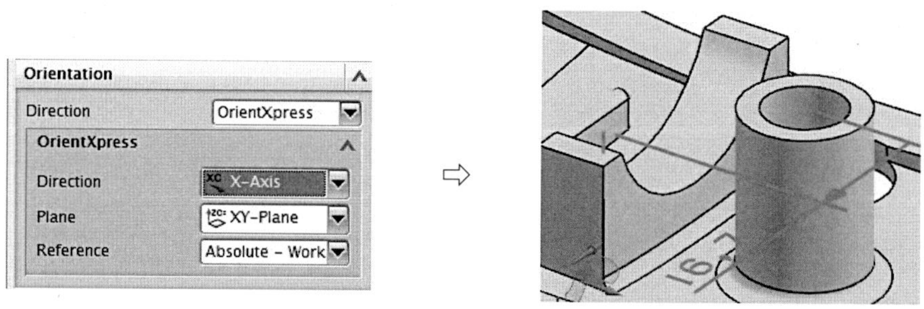

X축일 때 치수선의 방향을 위와 같이 줄 수 있다.

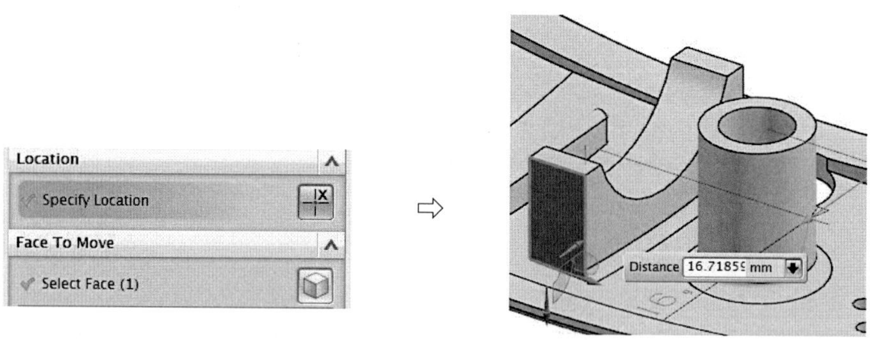

위에서 지정된 치수의 기준 방향을 재정의 할 수 있다.

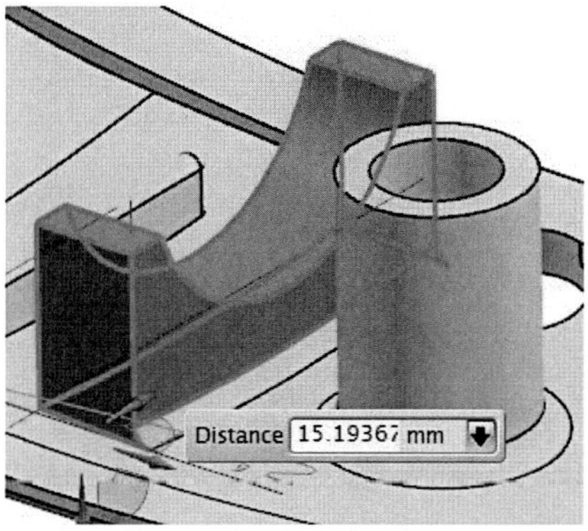

변경될 면을 위와 같이 선택한 다음 치수를 조정해 변경할 수 있다.

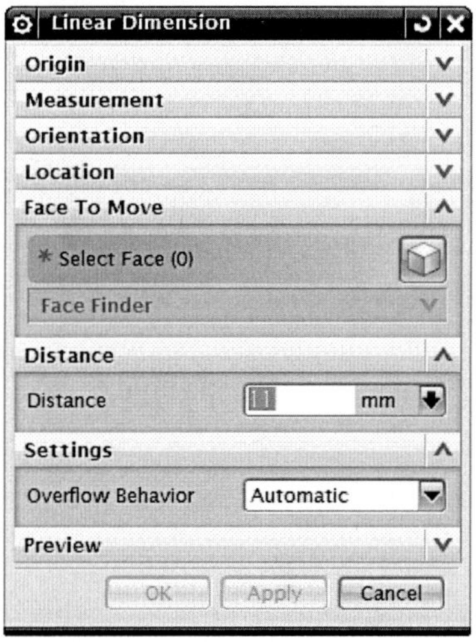

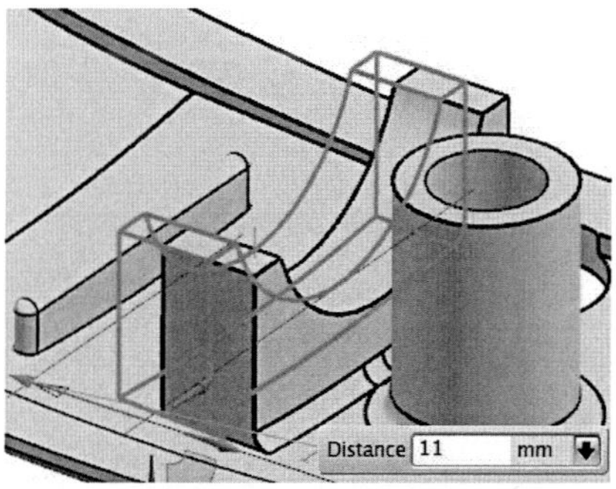

위와 같이 치수에 의해 변경된 면을 확인할 수 있다.

Angular Dimension

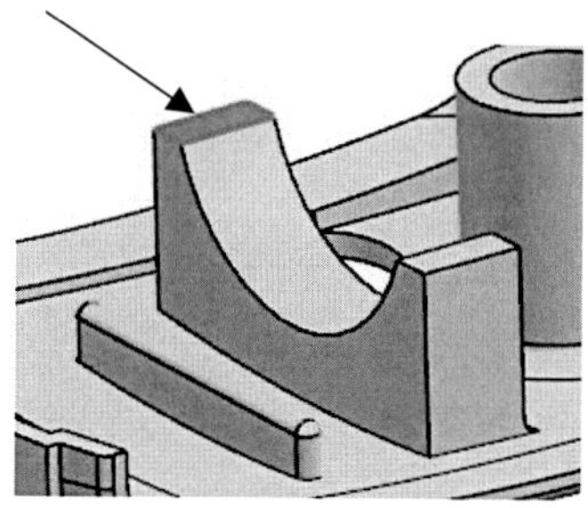

각도를 측정할 기준면을 선택한다.

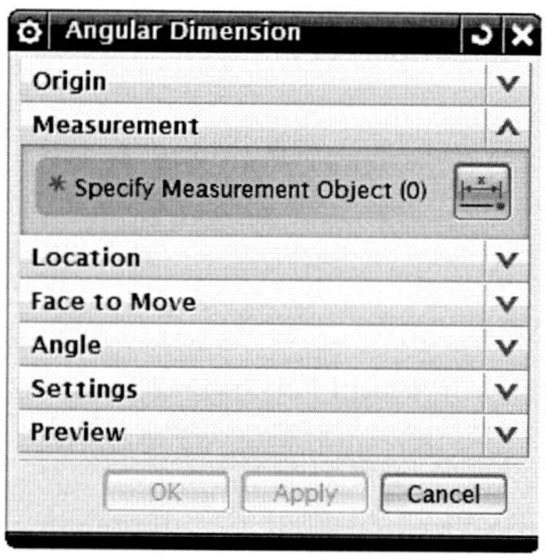

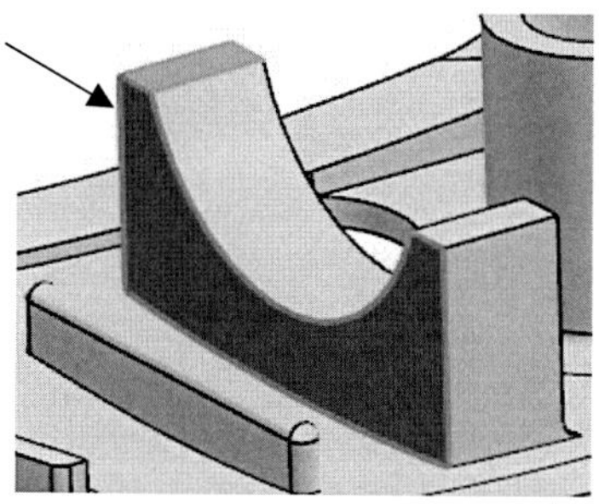

각도를 주어 변경할 변경될 면을 선택한다.

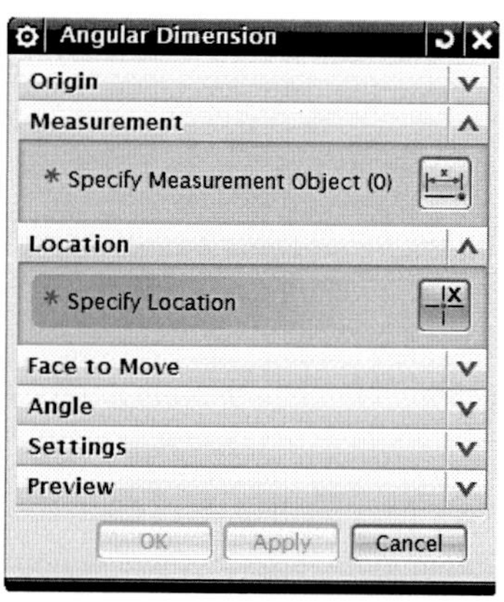

위와 같이 Location을 선택한 후 각도 측정값이 위치할 자리를 정한다.

⇨

위와 같이 각도 치수를 넣어 변경될 면에 구배를 줄 수 있다.

Radial Dimension

원통형의 Boss or Hole의 치수를 변경할 수 있는 기능이다.

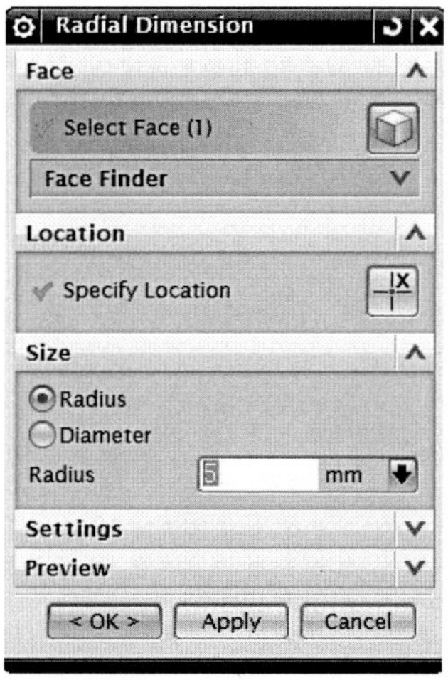

⇨

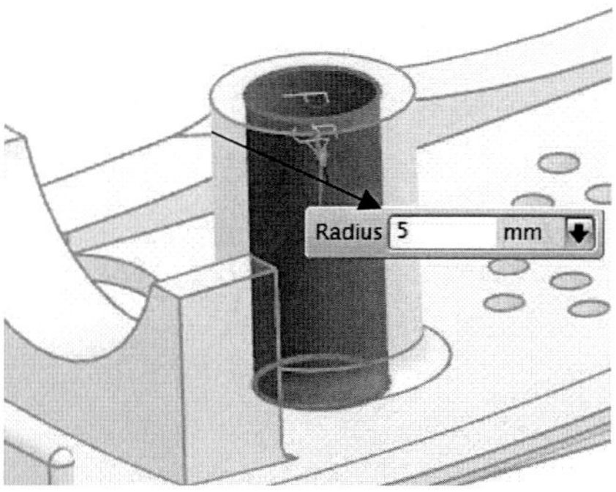

위와 같이 변경할 부분의 면을 선택하면 Diameter or Radius의 치수를 수정할 수 있다.

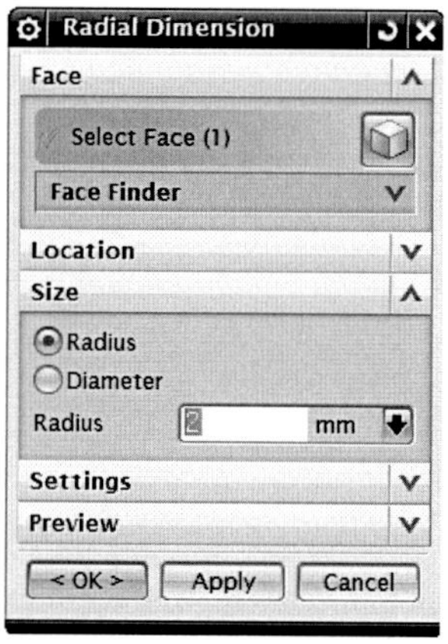

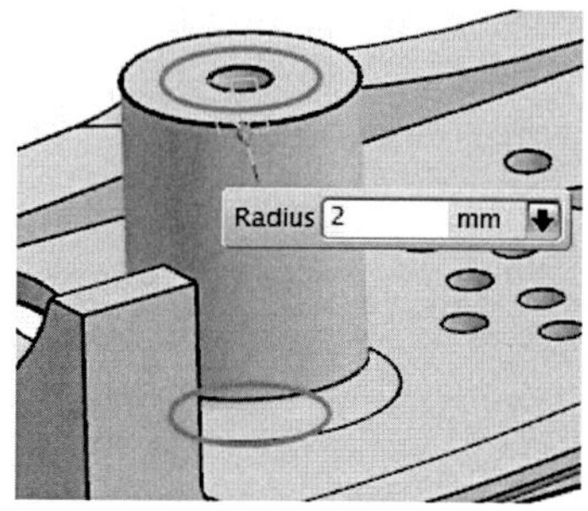

위와 같이 반지름의 치수에 의해 변경됨을 확인할 수 있다.

10 Relate

▌Insert → Synchronous Modeling → Relate

구속조건을 이용하여 면에 구속을 주어 쉽게 편집이 가능한 명령어이다.

▌Activity

Synchronous Example2.prt File을 Open 한다.

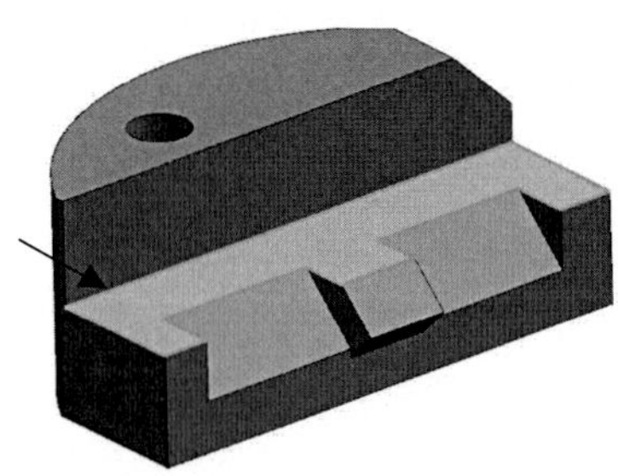

위와 같이 변경될 면을 먼저 선택한다.

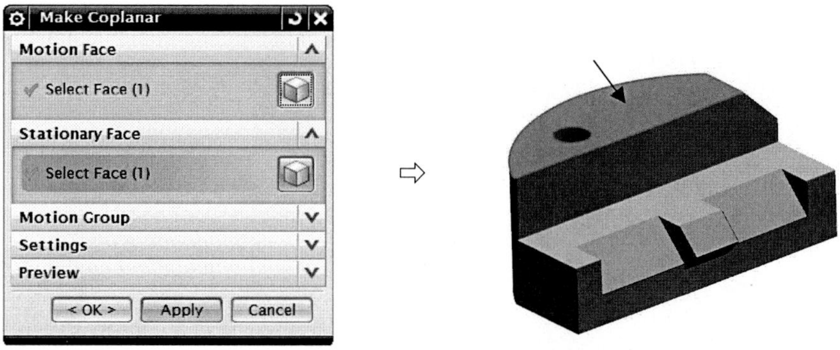

위와 같이 기준이 될 면을 선택한다.

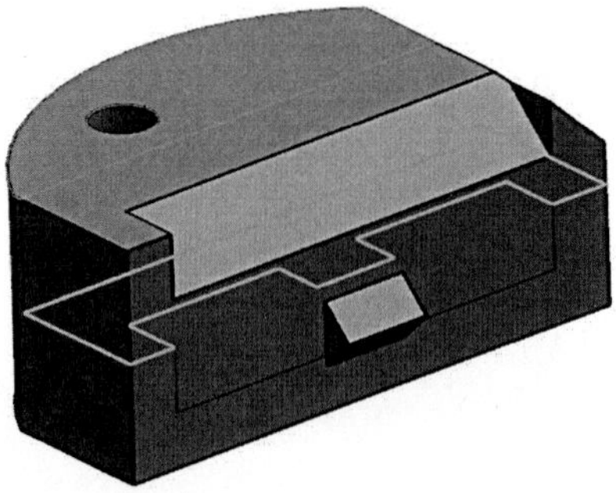

기준 Planar면과 일치상태가 됨을 확인할 수 있다.

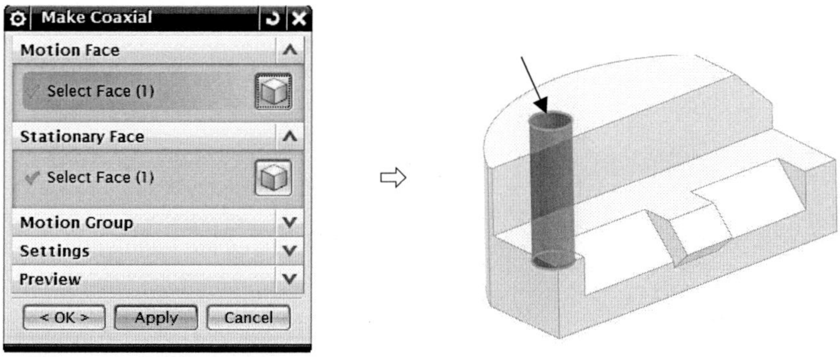

위와 같이 동심원을 줄 변경될 Hole면을 선택한다.

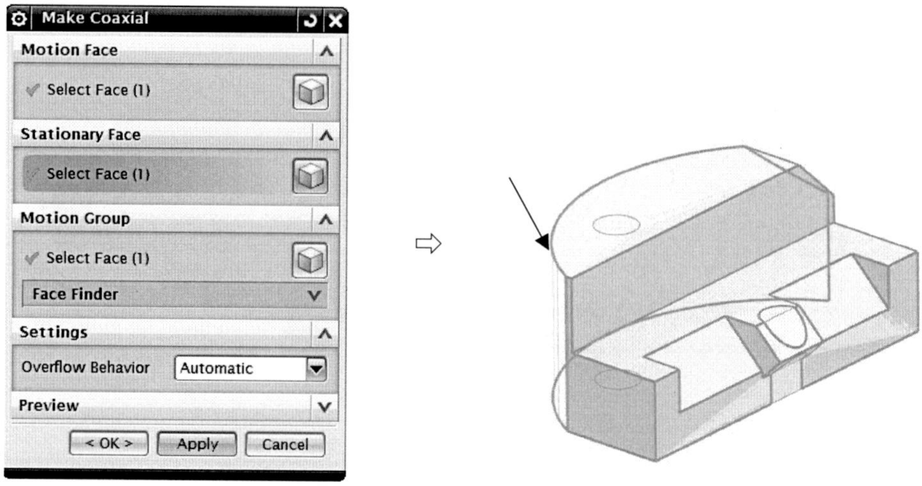

위와 같이 동심원의 기준이 될 면을 선택한다.

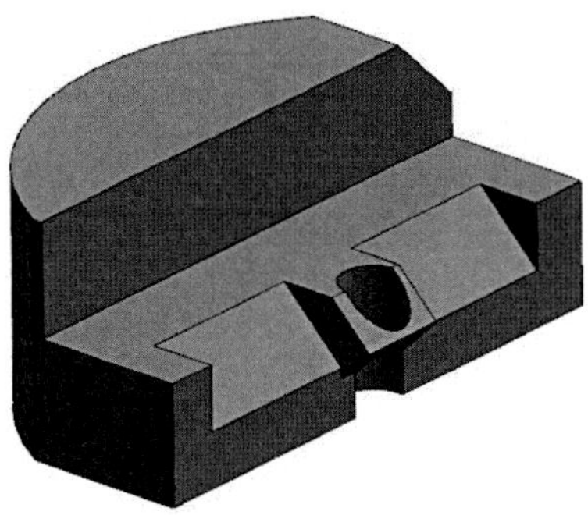

위와 같이 기준면에 중심이 일치됨을 확인할 수 있다.

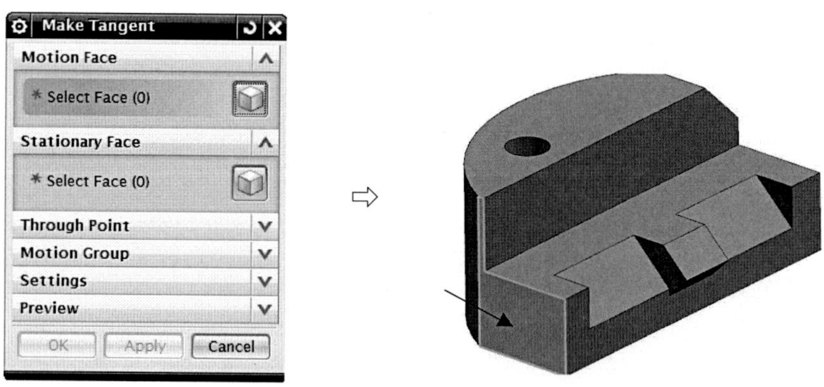

Tangent를 줄 변경될 면을 위와 같이 선택한다.

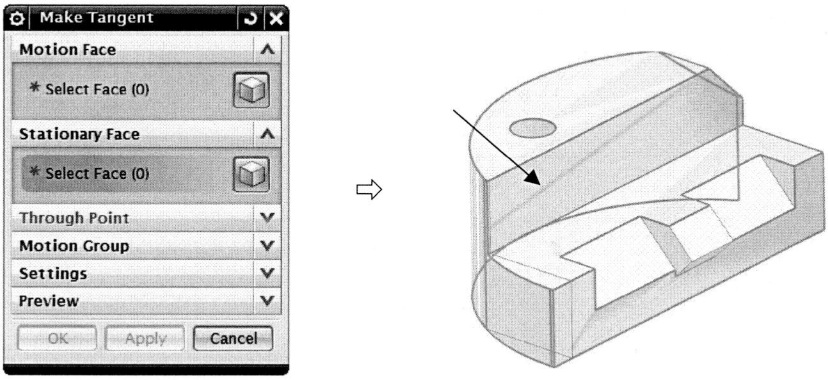

Tangent를 기준면을 위와 같이 선택한다.

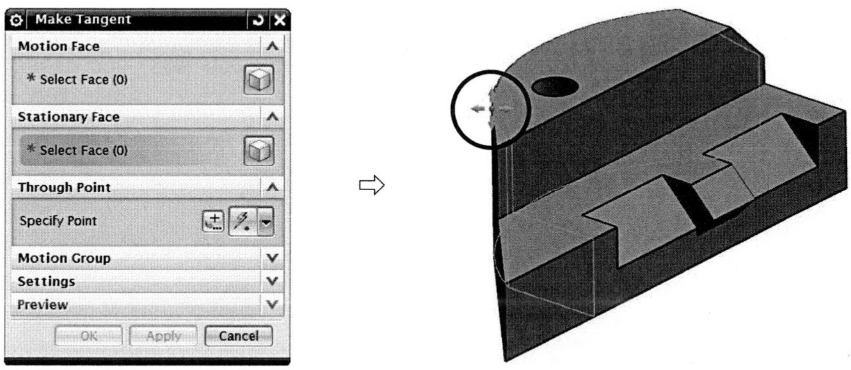

기준점을 위와 같이 정해 Tangent되는 위치 점을 정의할 수 있다.

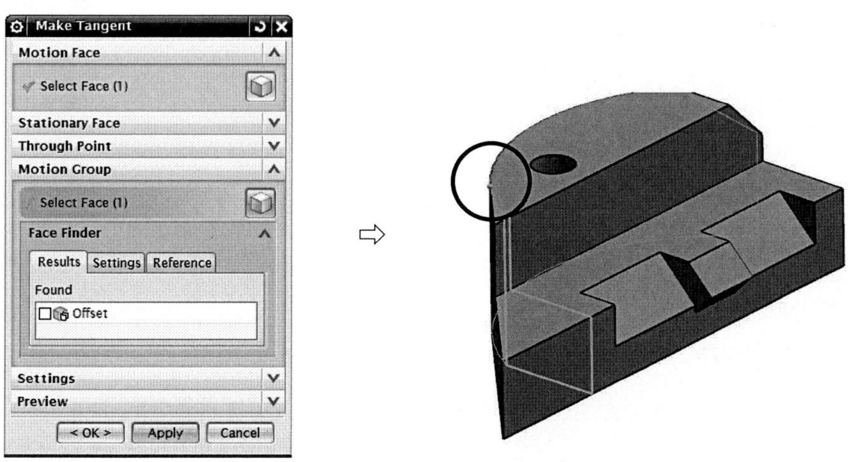

위와 같이 Offset을 Check 안 했을 때의 변경된 면이 위와 같음을 알 수 있다.

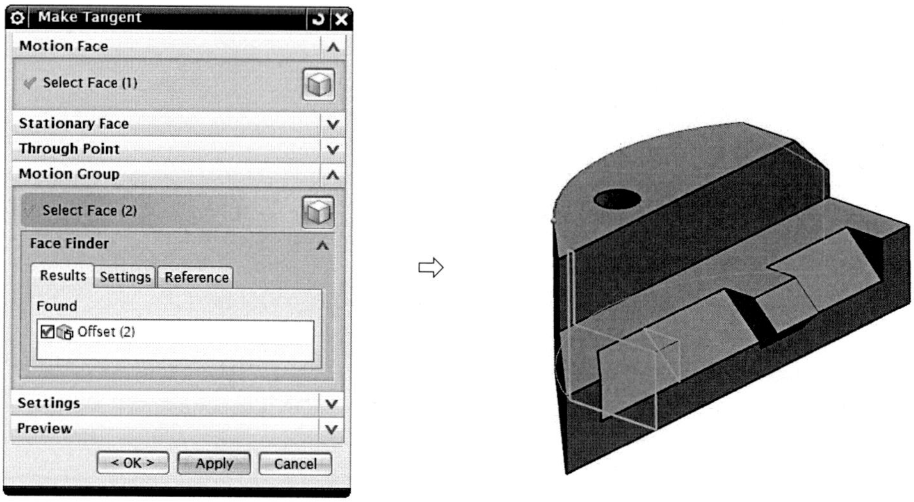

Check 했을 때의 차이점을 위와 같음을 볼 수 있다.

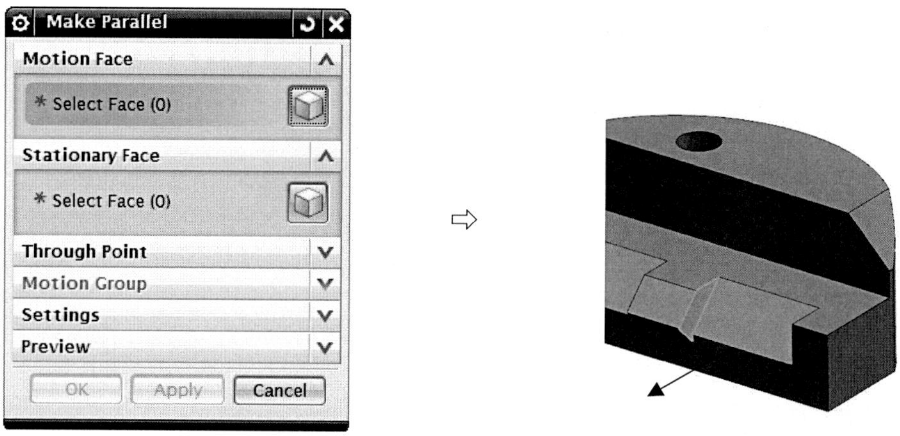

평행을 줄때 변경할 면을 위와 같이 선택한다.

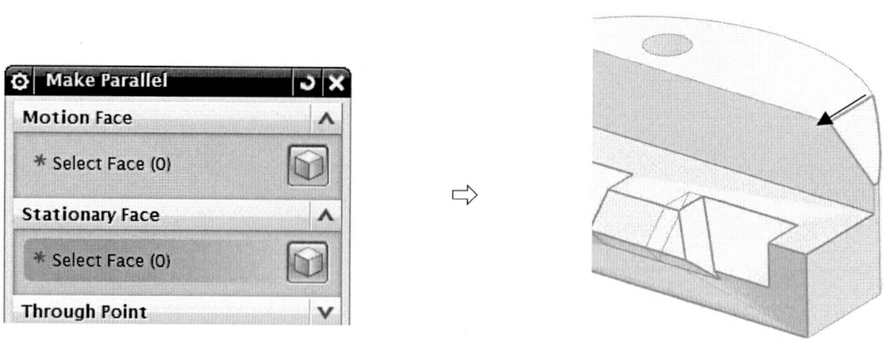

평행을 줄때 기준이 될 면을 위와 같이 선택한다.

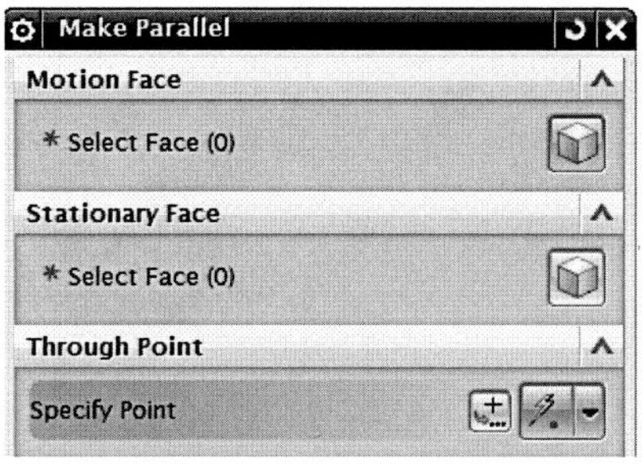

⇨

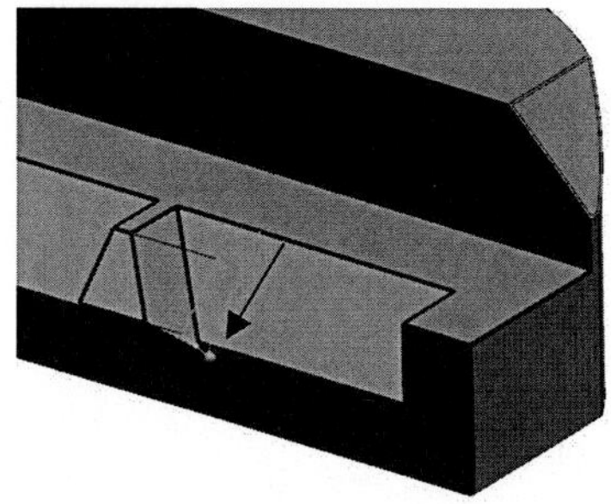

변경될 기준점을 선택하면 위와 같이 변경됨을 알 수 있다.

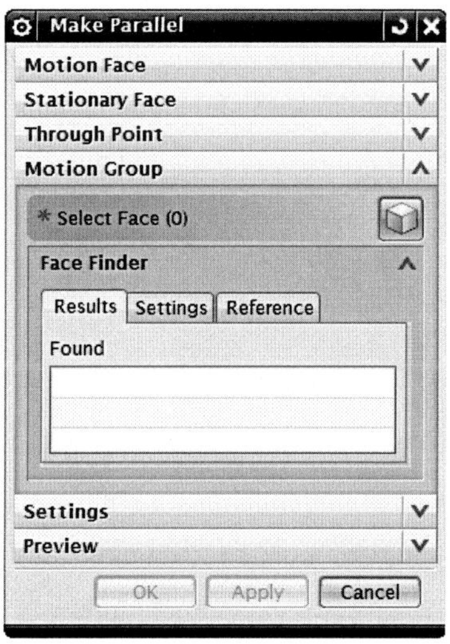

⇨

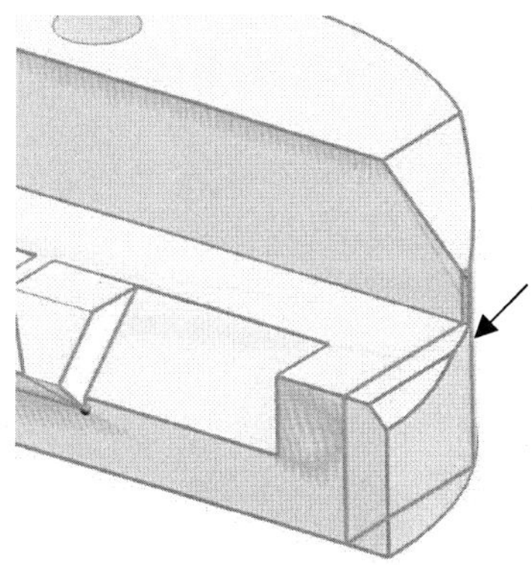

위와 같이 Motion Group을 선택해 위와 같이 면을 하나 더 선택한다.

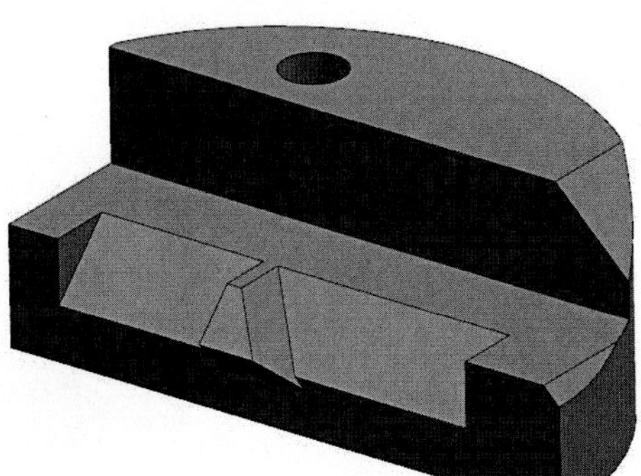

위와 같이 면이 변경되어 평행됨을 확인할 수 있다.

Activity

Synchronous Example3.prt File을 Open 한다.

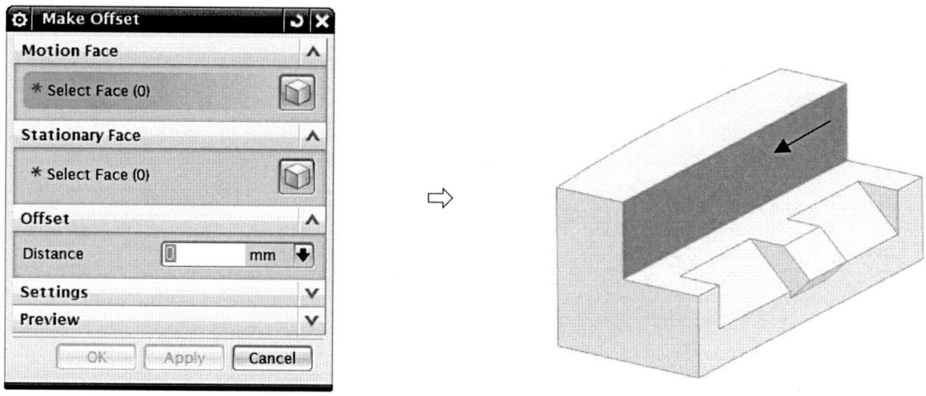

위와 같이 Offset을 주어 변화될 면을 선택한다.

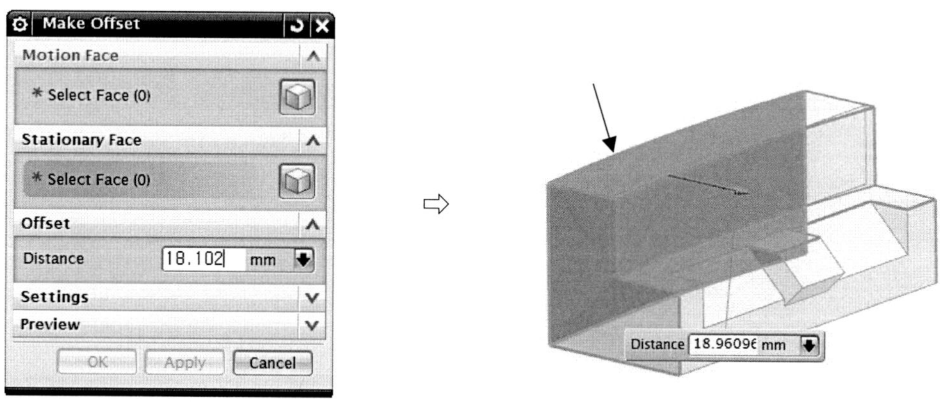

위와 같이 Offset의 기준이 될 면을 선택한다.

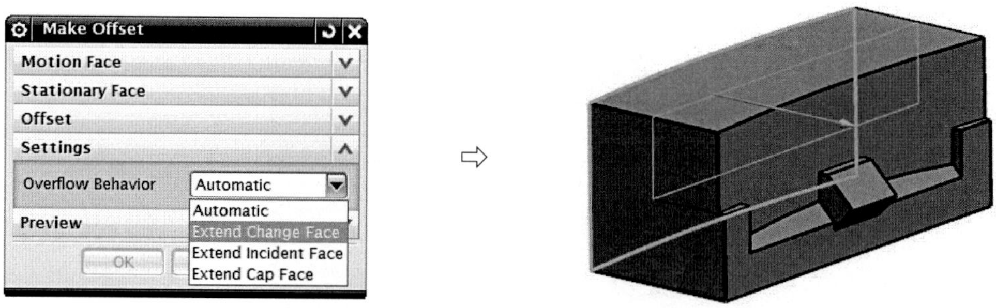

[Overflow Behavior : Extend Change Face]는 면이 만나는 다른 면으로 또는 지나서 이동됨을 알 수 있다.

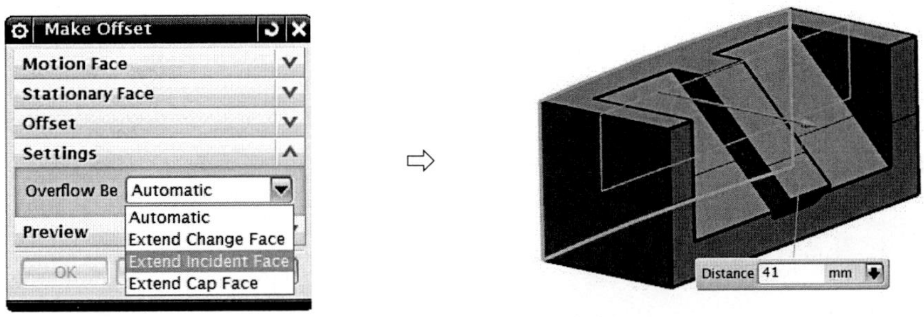

[Overflow Behavior : Extend Incident Face]는 연장하면 연장하는 고정 면에 도달할 때 까지 연장

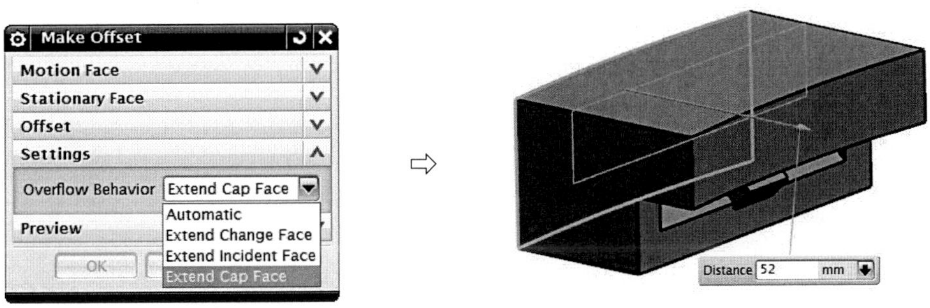

[Overflow Behavior: Extend Incident Face]는 연장하면 다른 면에 도달해도 선택한 면만 연장이 됨을 알 수 있다.

11 Shell body, Shell Face, Change Shell

아래와 같이 Part Navigator에서 History Free Mode를 선택한 후 쓸 수 있는 Option이다.

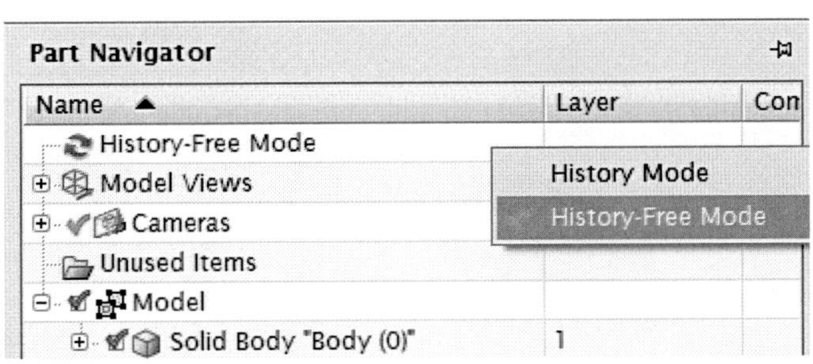

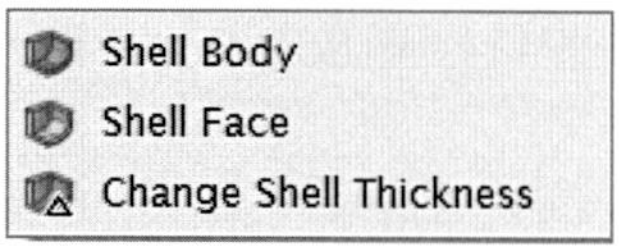

Model의 일정한 두께를 넣어주는 기능
선택한 면에 일정 두께를 주며, 각자 두께 가능
Shell 두께 값을 변화 시켜줌

▌example4.prt file Open

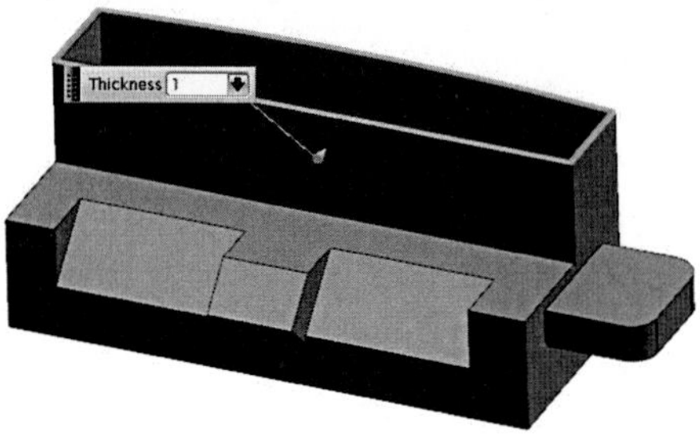

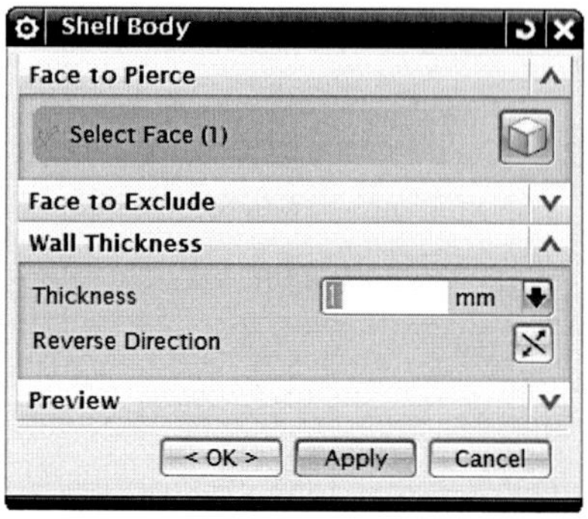

위와 같이 Shell을 줄 면을 선택하여 줄 수 있다.

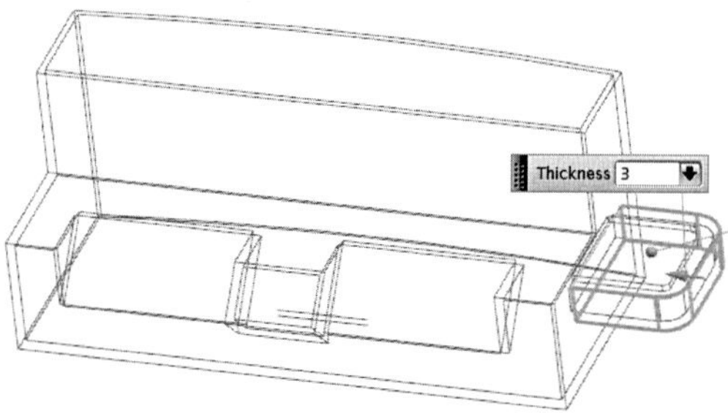

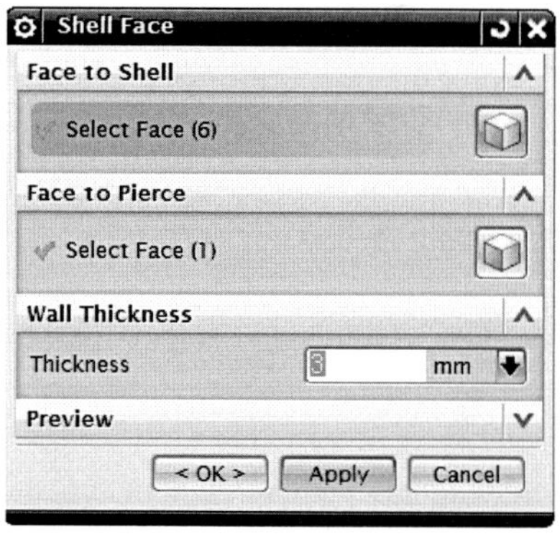

위와 같이 하이라이트 된 면을 선택하여 두께를 줄 값을 입력한다.

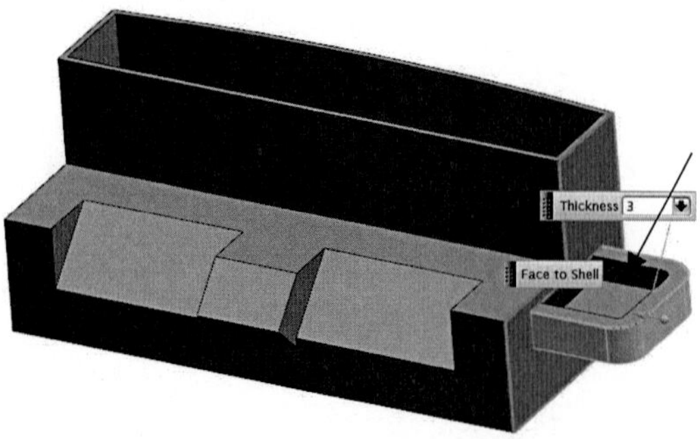

위와 같이 Pierce를 줄 면을 선택하여 두께 값을 다르게 설정하여 줄 수 있다.

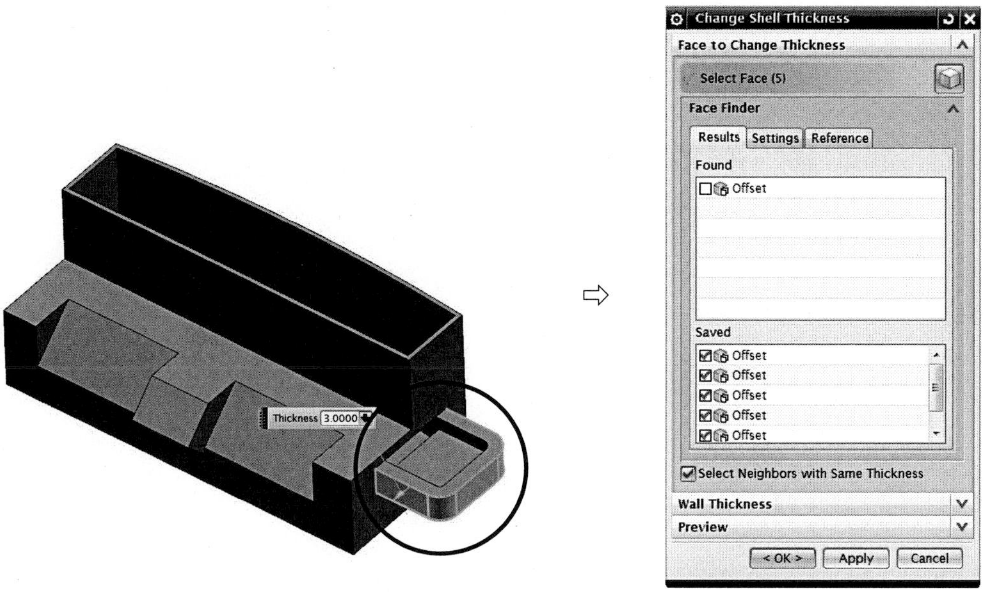

위와 같이 두께를 재조정하여 줄 면을 선택한다.

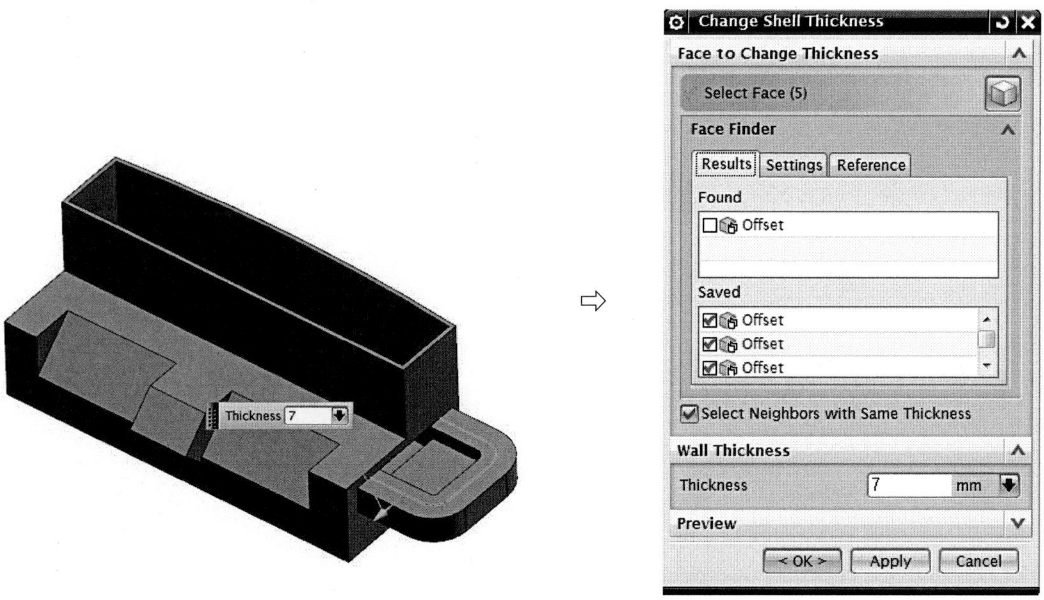

위와 같이 두께값을 조정하여 원하는 부위의 두께를 조정 할 수 있다.

이 단원에서는 2D를 생성할 수 있는 Drafting의 기본 기능을 설명한다.

NX8.5

14

Drafting

01 Open Part 생성

아래와 같이 Open하고자 하는 Part의 경로를 확인한 후 Open한다.

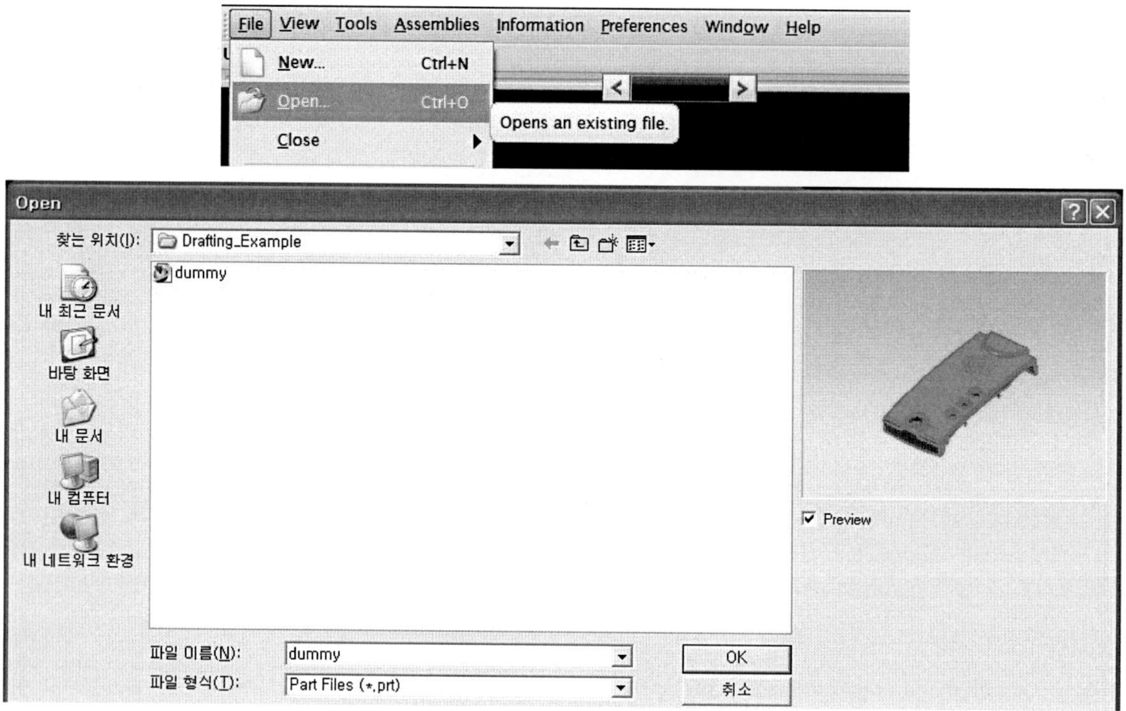

Drafting Application 을 실행 한다.

Start → Drafting(단축키 가능)

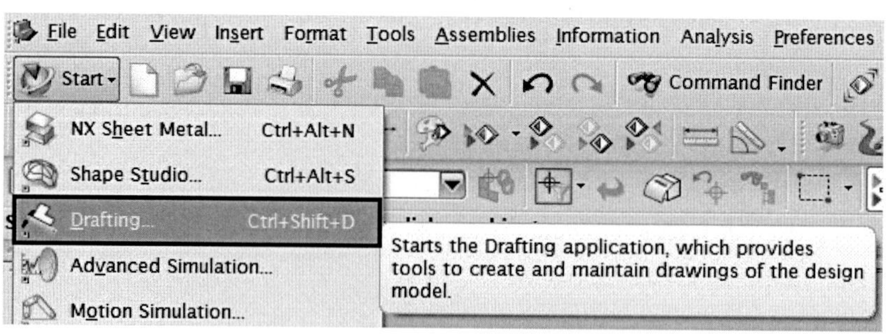

아래와 같이 환경 설정을 한 다음 OK 한다.

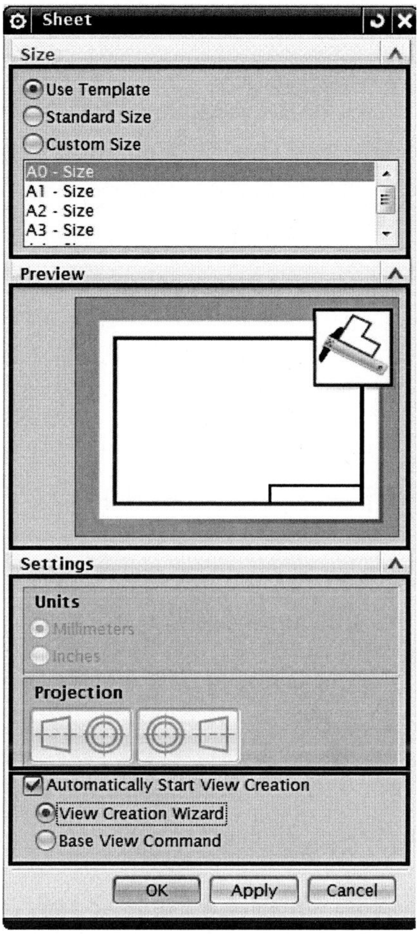

- Use Template : 미리 도면속성을 정의한 후 불러 오는 기능
- Standard Size : 표준 크기
- Custom Size : 사용자가 도면 크기를 정의
- Scale : View의 Scale을 다양하게 설정

- Sheet in Drawing : 기존에 만든 Sheet List or 작업이름
- Drawing Sheet Name : 새로운 Sheet 이름을 정의함

- Units : 치수의 단위를 결정함
- Projection

  1각법 : 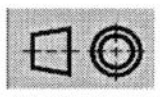 주로 건축 분야에서 사용

  3각법 : 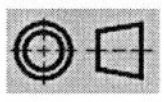 주로 기계 분야에서 사용

- Automatically Start View Creation : Sheet 생성 후 자동으로 Base View와 Drawing View 명령을 실행시켜주는 기능

단, Import된 모델 View는 투영법에 영향을 안받음

OK한 다음 View를 배치하기 전에 Base View창이 나타나면 Close를 한 다음 Drawing Node의 구성을 먼저 진행하고 View 배치에 대해 구성을 해보도록 하자.

02 Drawing Node 구성

Resource Bar의 Part Navigator를 Click 한다.

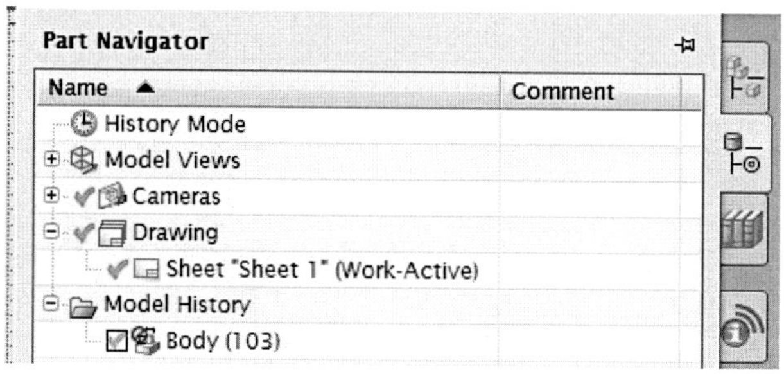

도면 노드(Drawing) 위에 아래와 같이 MB3 Button을 눌러서 팝업 메뉴를 나타낸다.

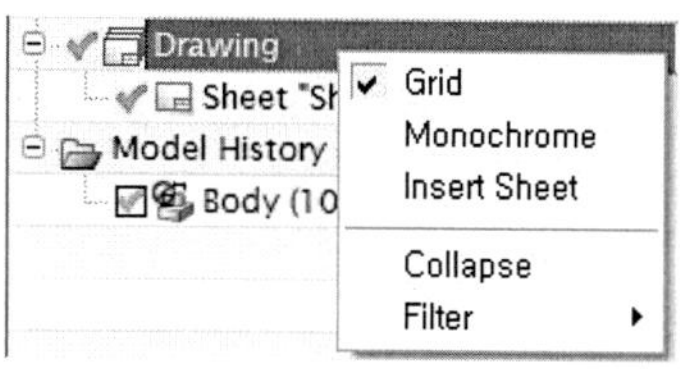

- Grid : Check On/Off로 Grid 제어
- Monochrome : 바탕의 Back Ground 단색 제어
- Insert Sheet : 새 시트를 만듦(개수 제한 없음)
- Collapse : Sheet의 펼쳐진 Node를 접음. Expand로 바뀌면 펼쳐짐
- Filter : Drawing Node를 Navigator에서 제거가능

시트 노드(Sheet Node)는 아래와 같이 도면 노드(Drawing Node) 아래에 위치한다.
Insert Sheet로 여러 가지 Format의 시트를 만들 수 있다.

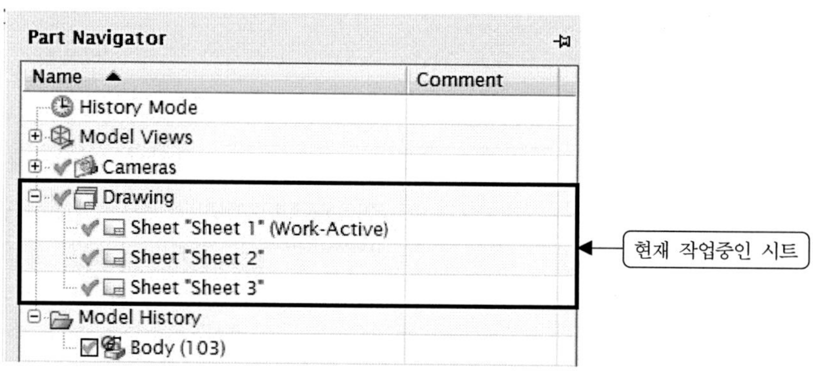

Drawing Node의 환경을 다음과 같이 설정한 다음, Sheet node를 선택하고 MB3을 누른다.

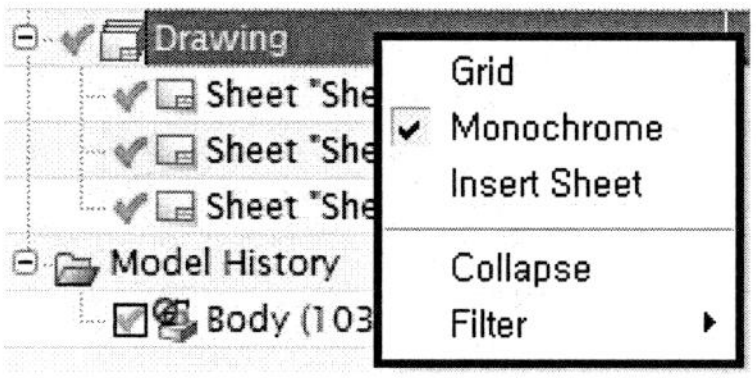

⇨

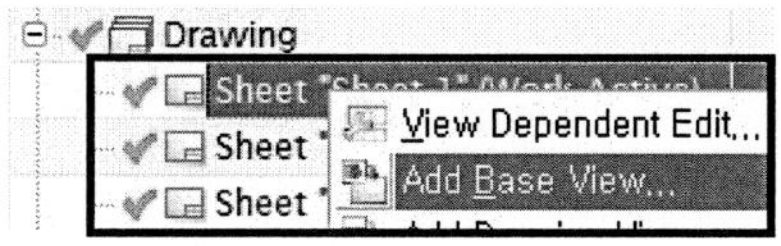

Insert → View → Base View

현재 작업중인 도면에 원하는 View를 추가 하면서, 도면 작업이 시작된다.
모델 데이터와 연계되어 수정이 쉬우며, 간단한 View들 생성 가능함

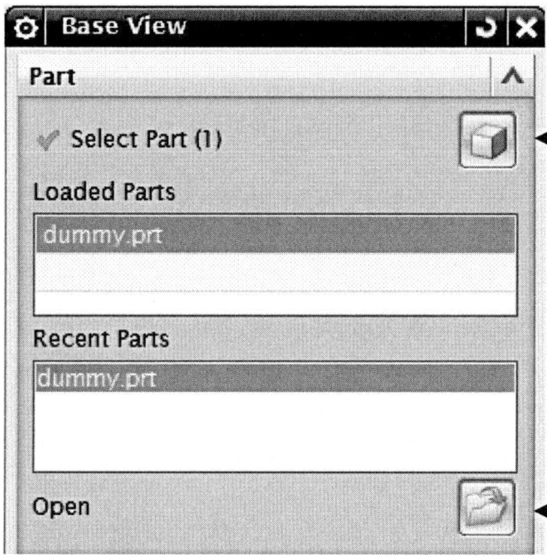

현재 Load된 parts에서 원하는 Part를 선택해 각각의 view로 쓸 수 있음

다른 Part or Component를 Open하여 View에 포함 시킬 수 있음

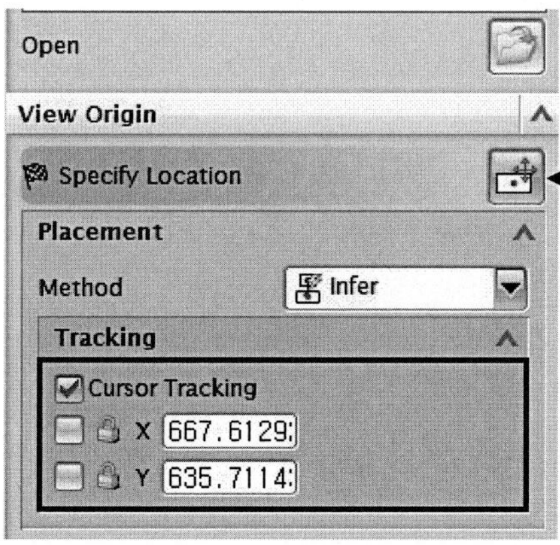

View의 위치를 도면의 원하는 위치에 배치할 수 있음

X축 방향을 제어 Y축으로만 이동가능

Y축 방향을 제어 X축으로만 이동가능

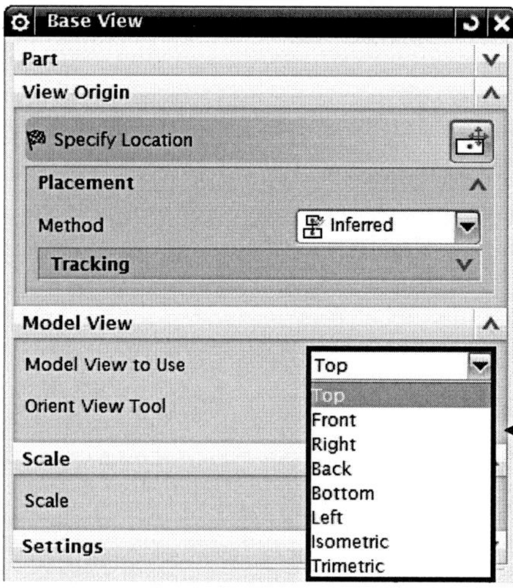

도면에 나타낼 Type별로 설정함

기준으로 불러들일 View를 선택가능

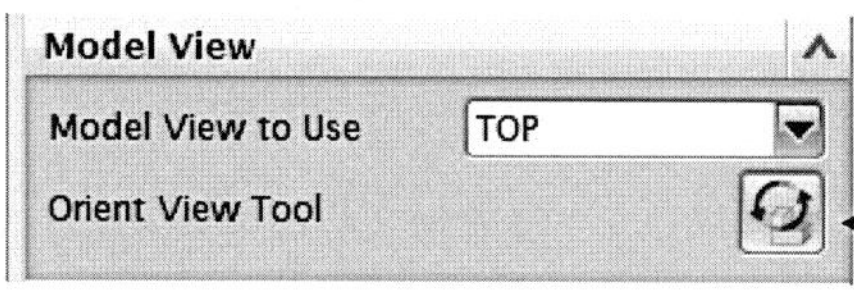

View의 방향을 지정 할 수 있음

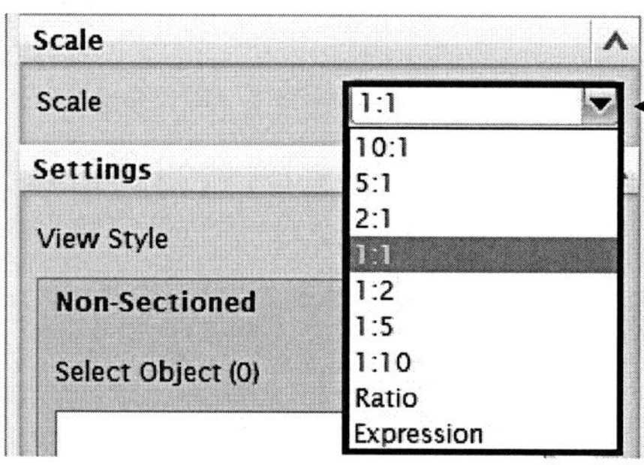

도면 Base View에 특정 배율을 지정 할 수 있음

기본 View 배율은 도면 View Scale

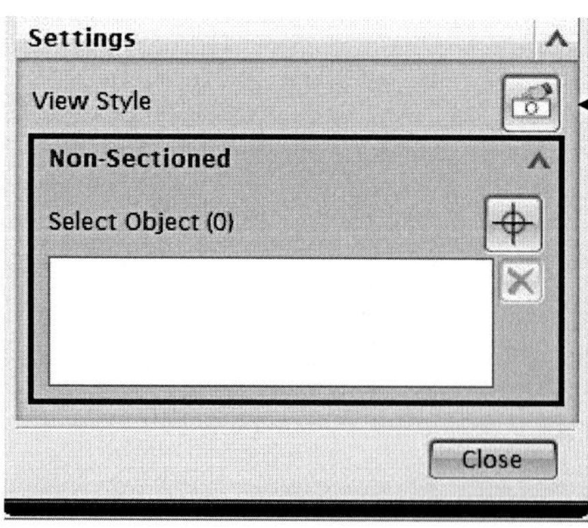

View Style을 미리 정 할 수 있다.
(자세한 내용은 다음 목록에서 다룸)

Solid를 편집하여 Section화 할 때 선택한 Object 단면을 비 단면화 시킬 수 있다.
(Assembly에서는 Component)

아래와 같은 환경설정의 Base View를 도면 왼쪽 상단에 위치를 잡고 MB1 Button으로 정의한다.

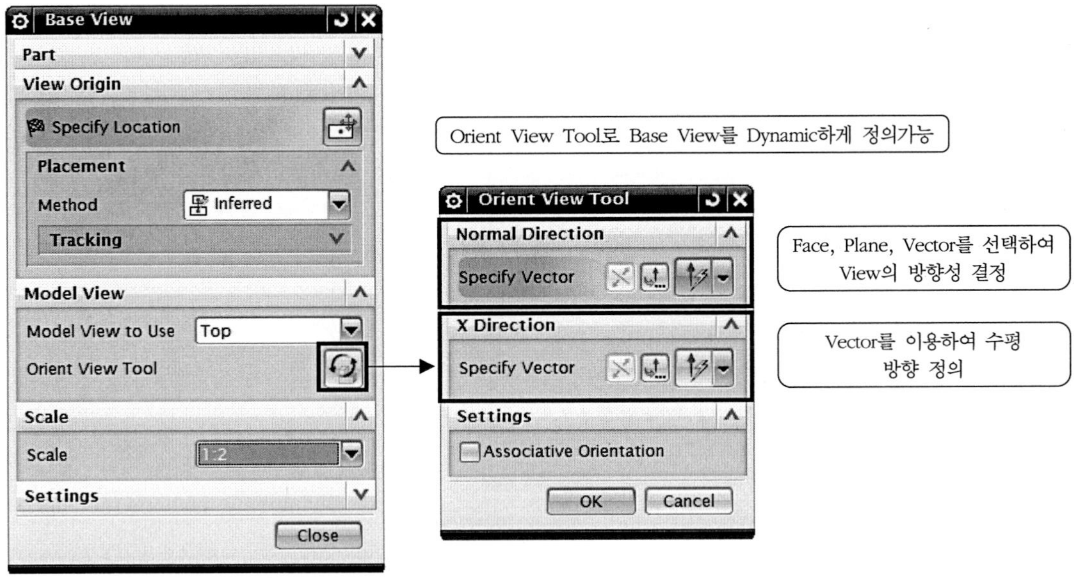

Base View를 정의하면 자동으로 Align 된 각 방향의 Project View를 나타낼 수 있다.

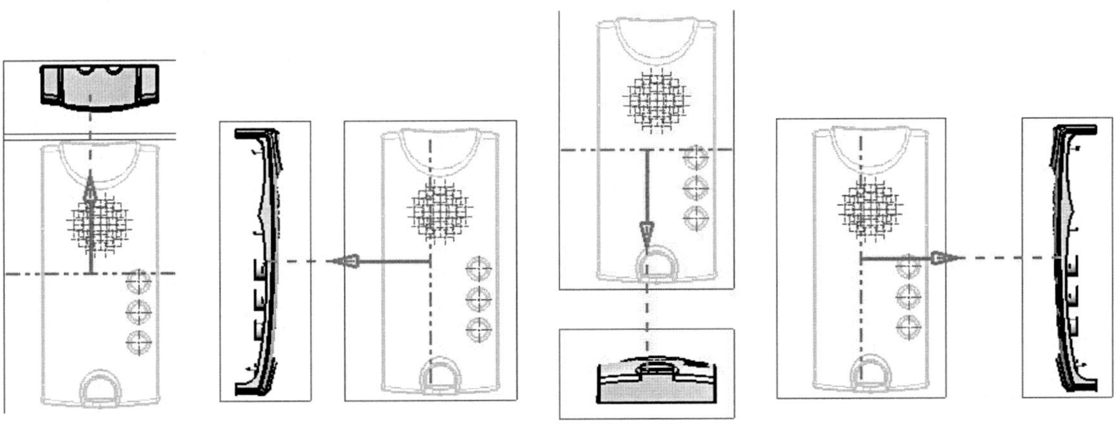

Close 한 다음 아래와 같이 View boundary를 선택 MB3 Button을 눌러 Project View를 선택한다.

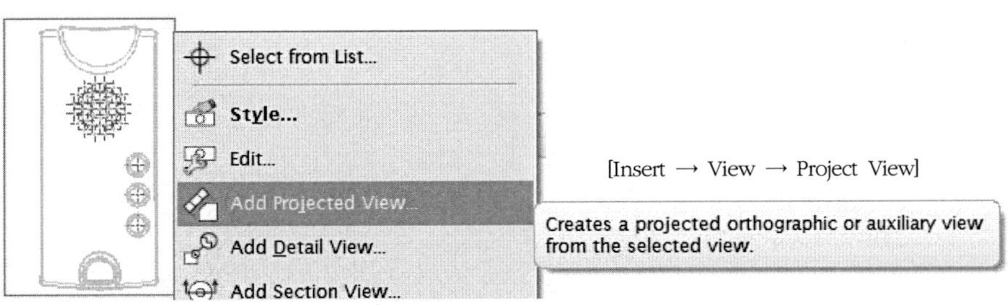

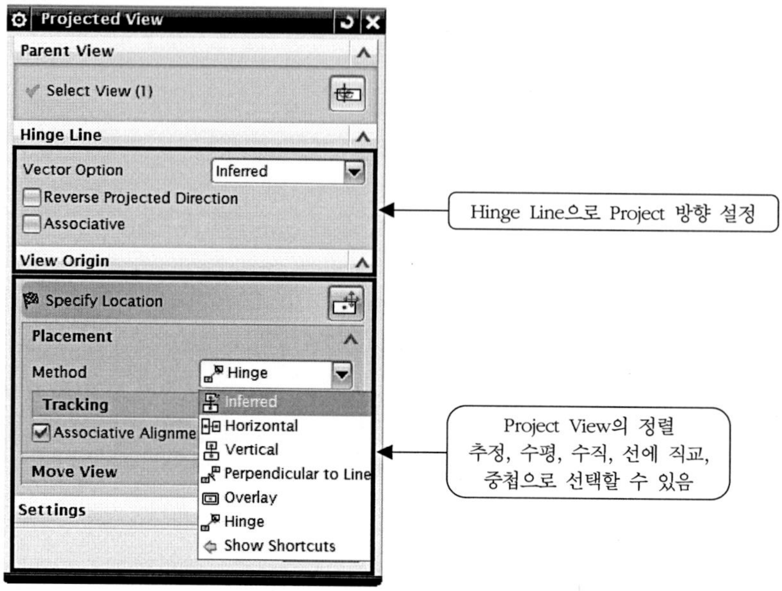

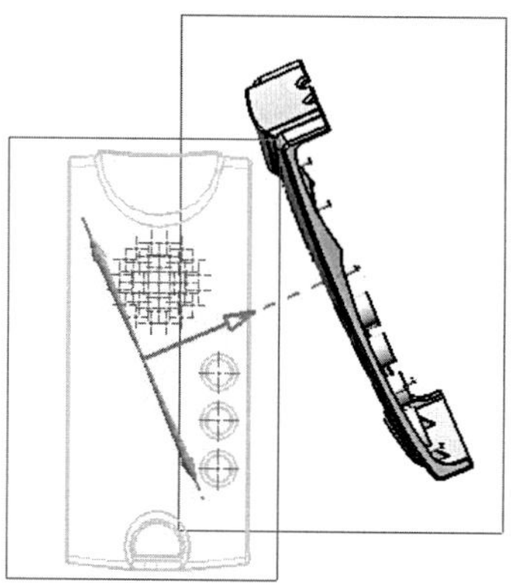
▲ Perpendicular to Line

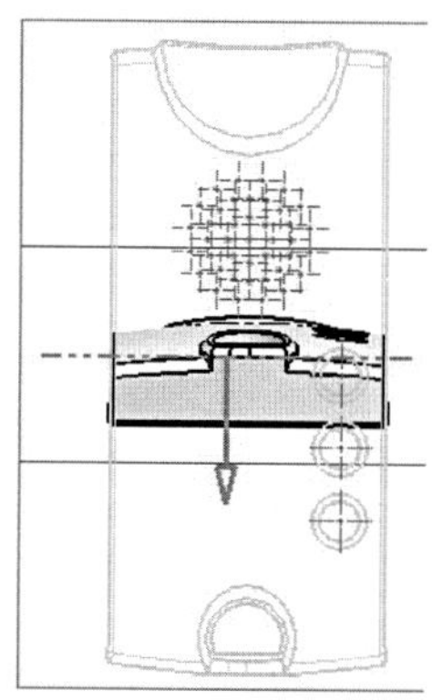
▲ Overlay

Project View를 다음과 같이 Back, Right로 배치한다.

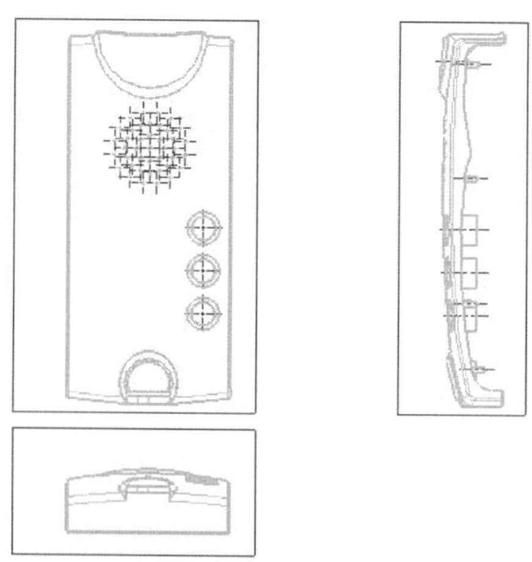

View Node에서 MB3 Button으로 Style View를 선택해 Style 설정을 한다.(Edit → Style)

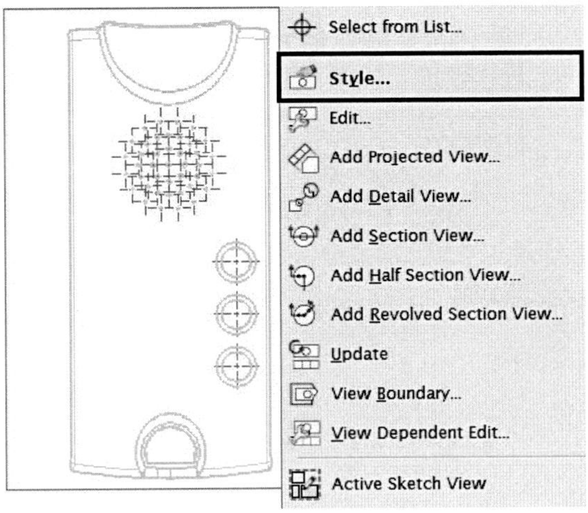

- Style : View 수정을 위하여 View Style 사용
- Edit : View를 편집 할 수 있다.
- Add Projected View : 선택된 View의 Cursor 위치에 따라 생성
- Add Derall View : 선택된 영역에 대한 원형 or 사각형 Detail View를 생성
- Add Section View : 선택된 View로부터 Section View 생성
- Add Half Section View : 선택된 View로부터 Half section view 생성
- Add Revoled Section View : 선택된 View로부터 회전 View 생성
- Update : View를 수정 후에 Update 한다.
- View Boundary : Define View Boundary를 재정의 한다.
- View Dependent Edit : View의 선들을 임의로 삭제하거나 변환가능
- Active Sketch View : Sketch의 기능을 View 안에서 쓸 수 있음

03 View Style 편집 및 구성

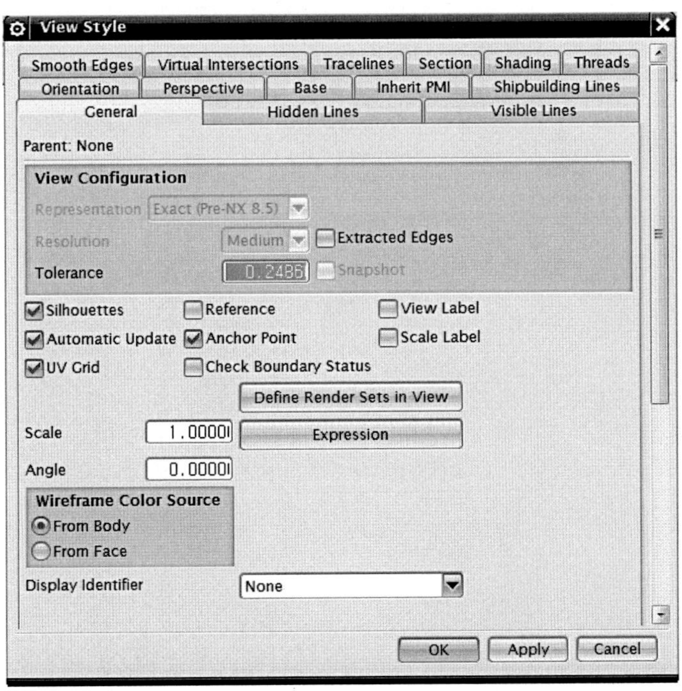

- Silhouette : 윤곽선을 보이거나 숨긴다.
- Reference : View를 참조 view로 만듦(참조 view는 아무 형상도 없음)
- Automatic Update : 모델이 변경되면 자동으로 업데이트 적용
- Tolerance : 윤곽선과 은선의 Display 공차를 설정

Preference → View로도 선택할 수 있고, 은선, 단면 뷰, 배경 선, 윤곽, 모서리 다듬기 등의 표시 여부를 제어 할 수 있다.(아래 참조)

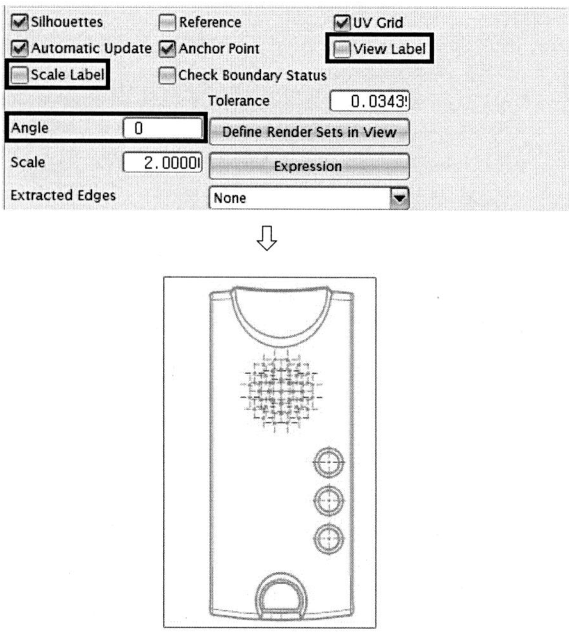

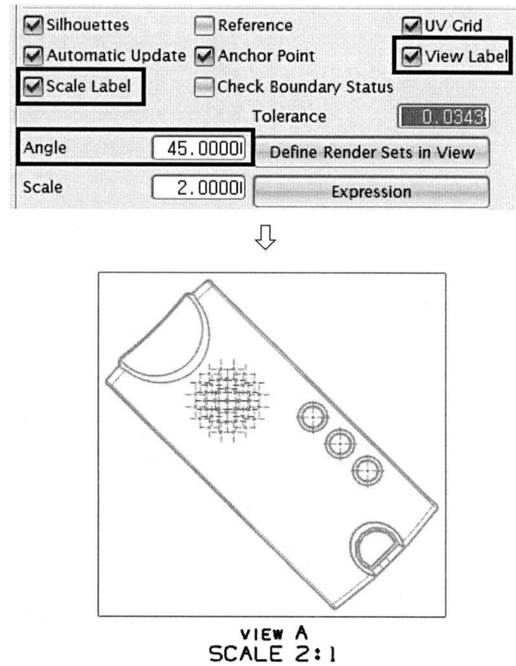

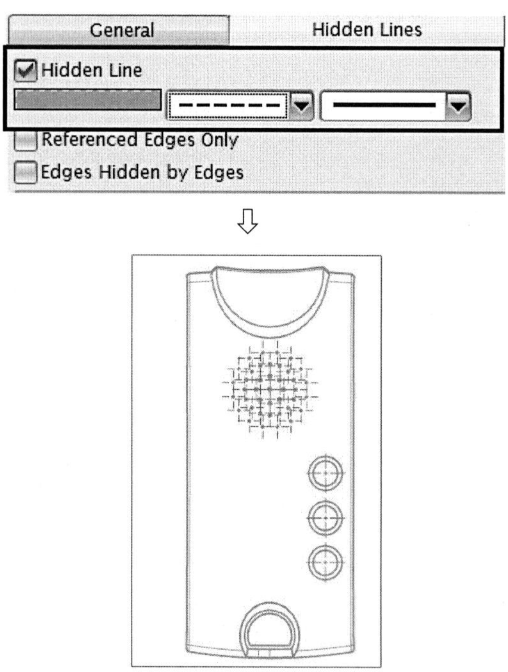

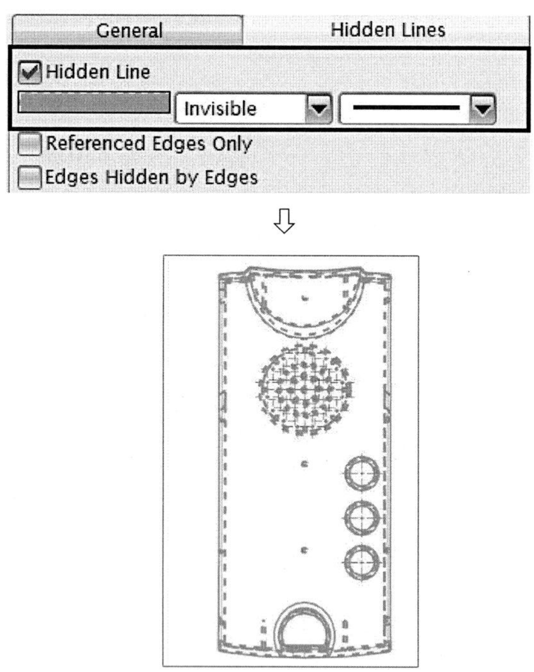

Hidden Line의 Option 선택에 의한 표시 비교

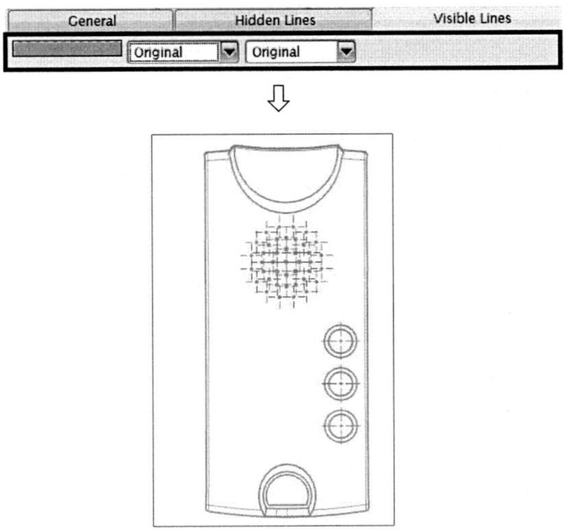

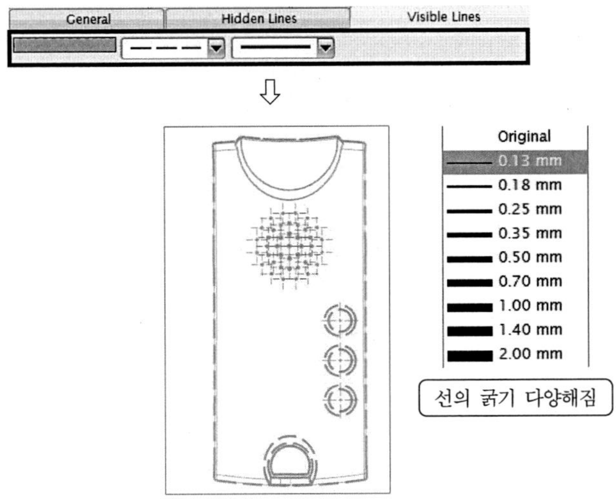

Visible Line의 Option 선택에 의한 표시 비교

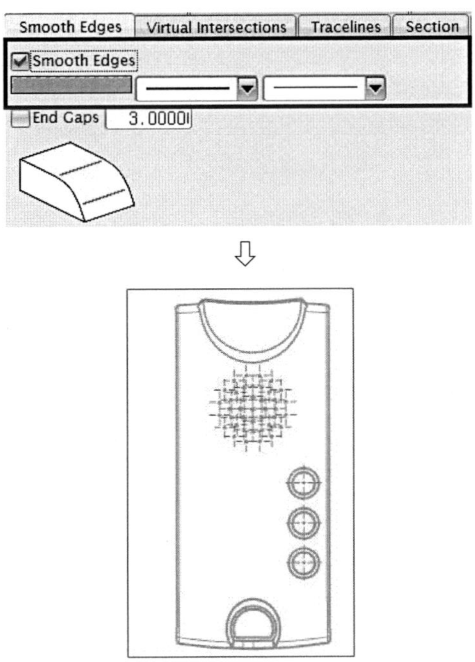

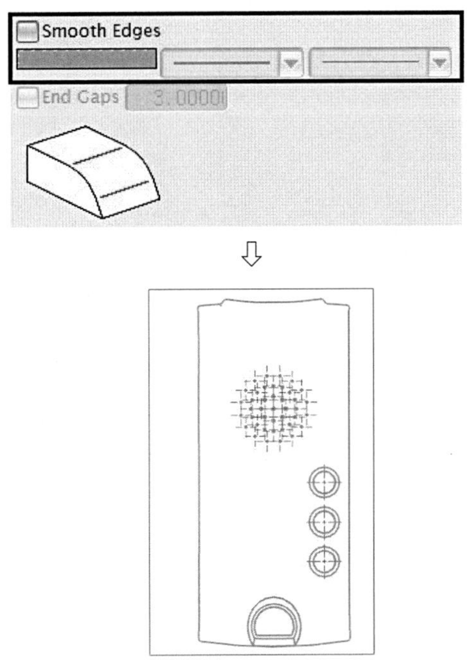

▌Smooth Edges의 Option 선택에 의한 표시 비교

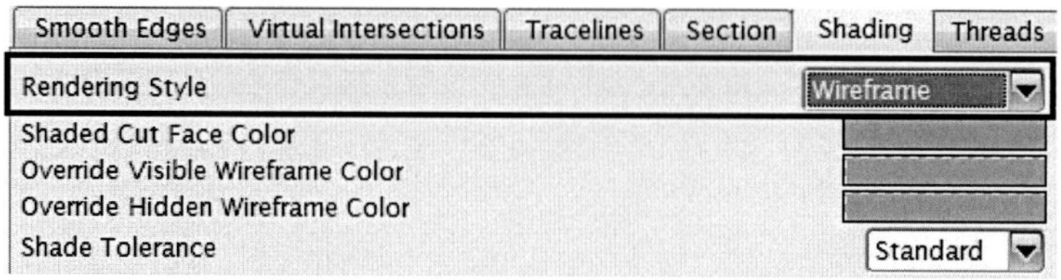

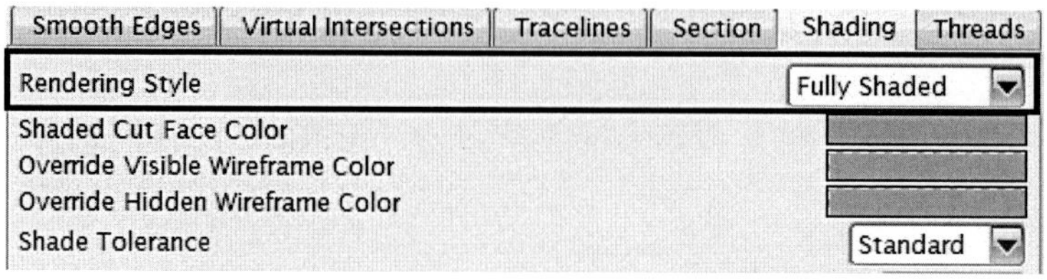

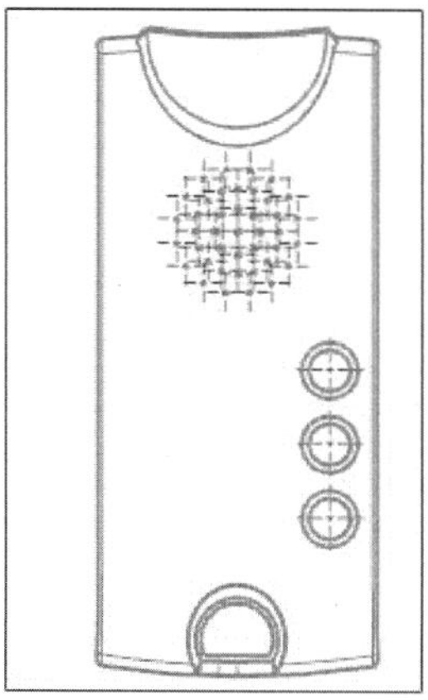

▲ wire frame

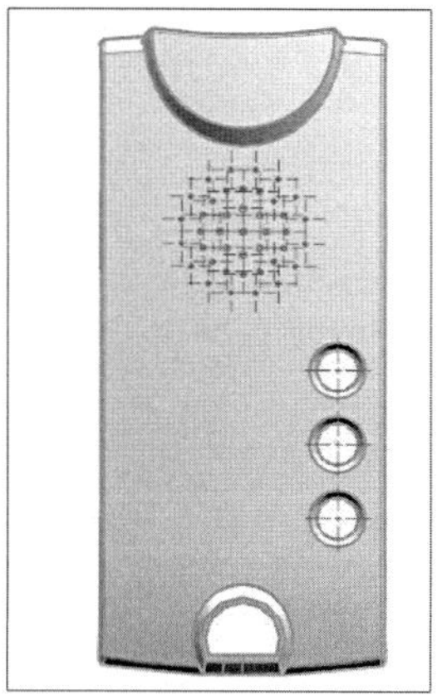

▲ Fully Shaded

View Style은 개별 View를 배치하기 전에 이에 대한 변수를 설정하고 View를 편집하는 방법에 대해 학습해 보았다.

04 Project View

Example3.prt File을 Open

Base View를 이용하여 투영뷰를 아래와 같이 생성할 수 있다.

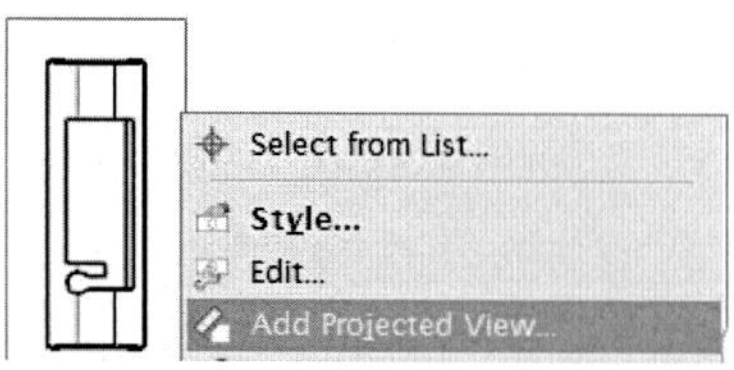

⇨ Base View의 Border 창을 선택, MB3 Button을 이용해 팝업창을 띄움 Add Projected View를 선택함

Project View를 수평, 수직하게 만든 View를 Orthographic(직교뷰), 그 외에 View는 Auxiliary View(보조뷰)라 명칭한다.

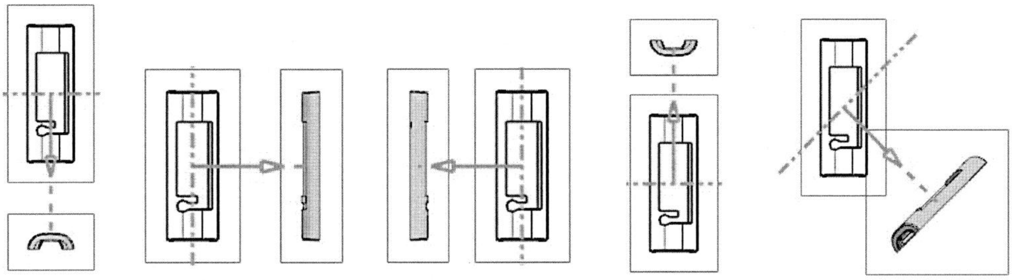

Example4.prt file을 Open하여 Application에서 Drafting으로 변환함

보고자 하는 View를 MB3 Button을 이용하여 Pop-up창을 띄움

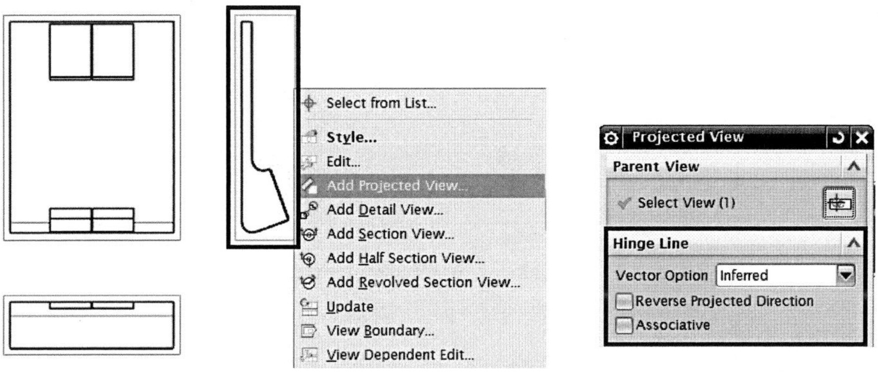

Hinge Line에서 Defined로 아래와 같이 기울어진 면을 선택. View의 방향을 조정가능

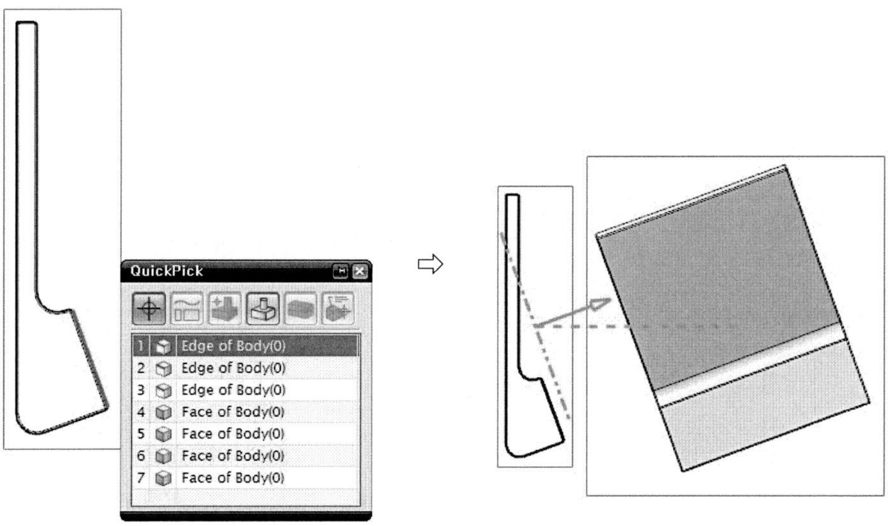

위와 같이 원하는 방향성을 지정하여 투영뷰를 볼 수 있다.

05 Section View

선택한 Part의 단면뷰를 볼 수 있는 뷰

Example6.prt File을 Open하여 Drafting Mode로 전환한다.(아래와 같은 도면 참조)

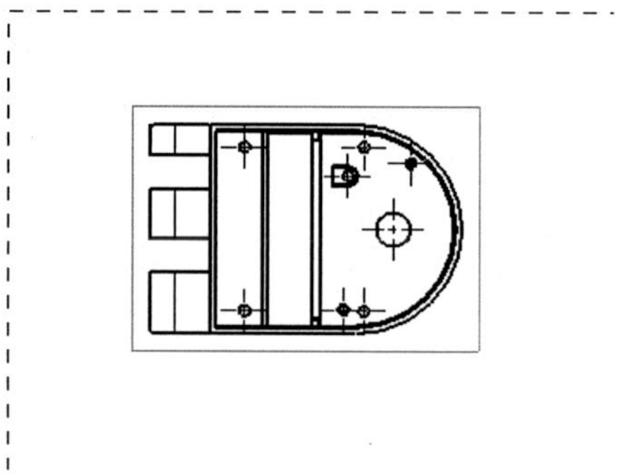

단면뷰를 보고 싶은 View창을 선택 MB3 Button을 클릭한다.

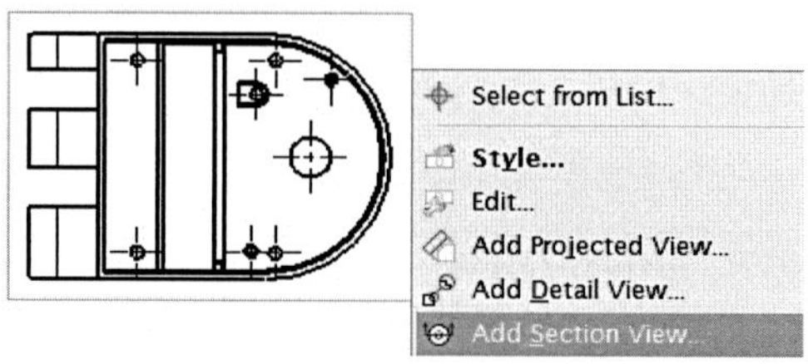

아래와 같이 단면도를 볼 부분을 참조하여  원하는 위치를 선택 단면도를 생성한다.

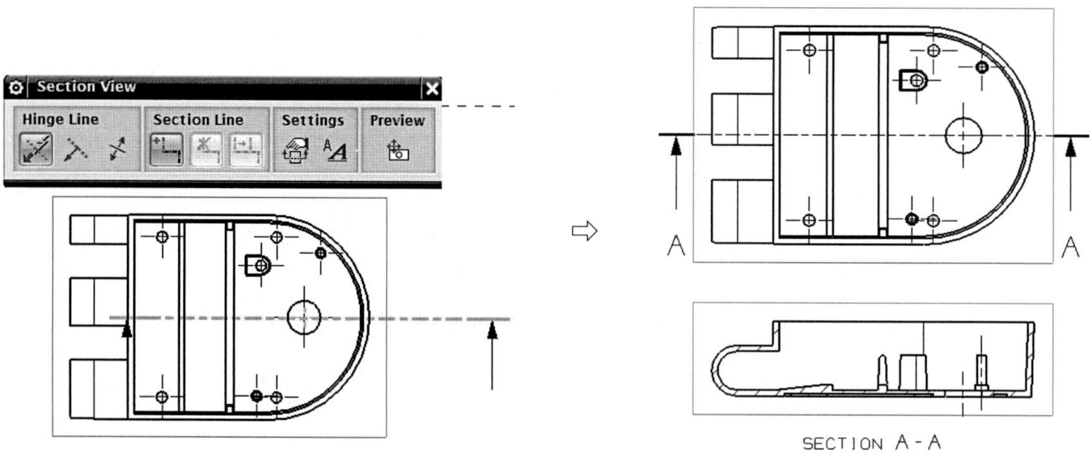

단면도 부분의 환경설정은 View Style을 이용하여 아래와 같이 설정 할 수 있다.

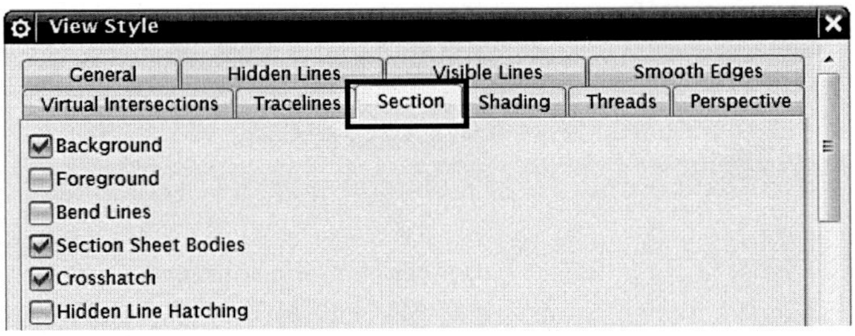

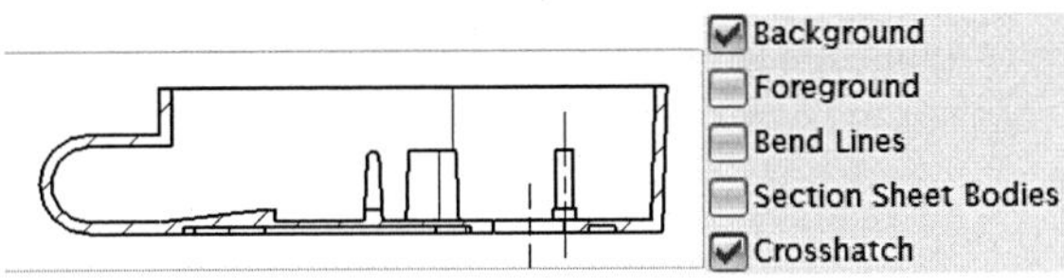

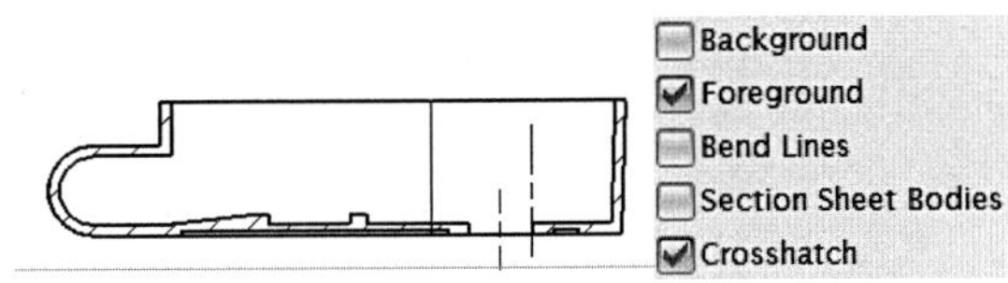

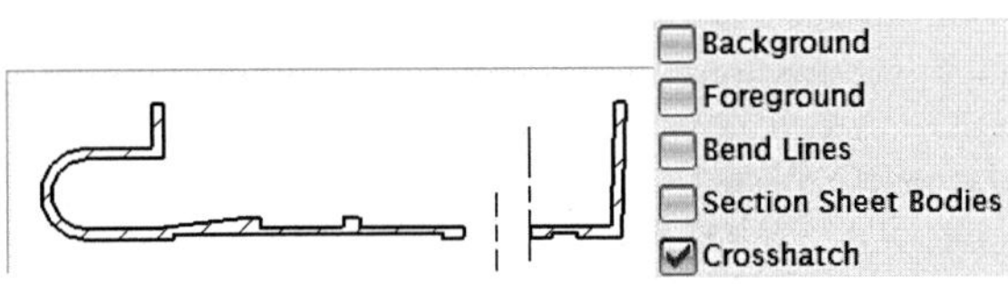

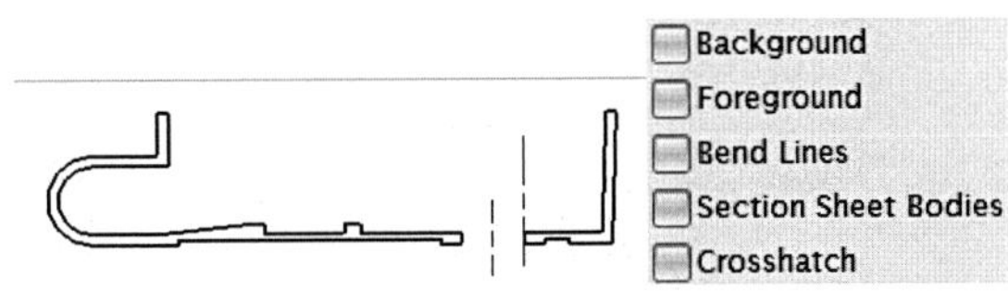

06 Detail View

원형 or 사각형의 경계로 세부상세 View를 생성 할 수 있음(아래 참조)

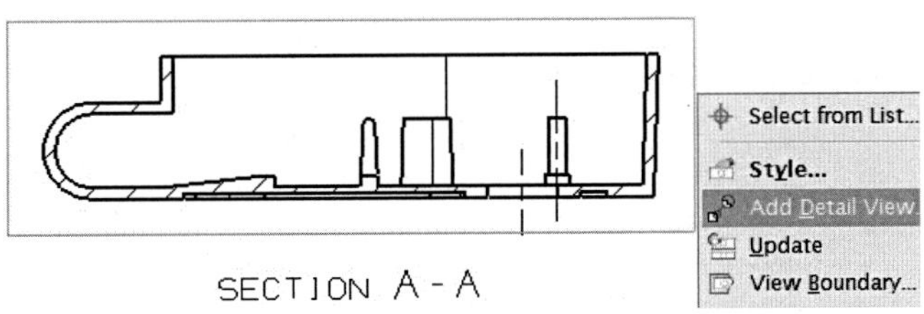

세부 상세뷰를 나타낼 View를 선택하여 MB3 Button을 눌러 상세뷰를 선택하면 아래와 같이 view창이 뜸

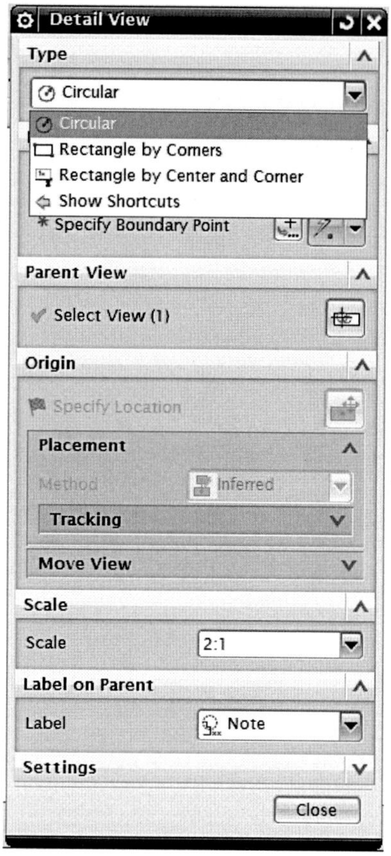

Circular
원형경계가 있는 상세 뷰를 생성

Rectangle by Corners
두 대각선의 코너 점을 선택직사각형 상세 뷰 경계를 생성

Rectangle by Center and Corner
중심점과 코너 점 하나를 선택하여 직사각형
상세 뷰 경계를 생성
상세 뷰를 표현할 뷰를 선택한다.
상세 뷰에 대한 위치를 지정한다.
부모 뷰의 배율을 기준으로 정의할 수 있다.
레이블 배치하는 옵션

None	– 경계가 없슴
Circle	– 원형경계이며, 레이블 없음.
Note	– 레이블이 있는 경계, 지시선 없음
Label	– 레이블이 있는 경계, 지시선 있음
Embedded	– 화살표와의 간격에 레이블 경계
Boundary	– 실제 뷰경계 표시, 레이블이 없음

와 같은 옵션을 참고로 하여 원하는 세부상세도를 도면에 표시할 수 있다.(아래 참조)

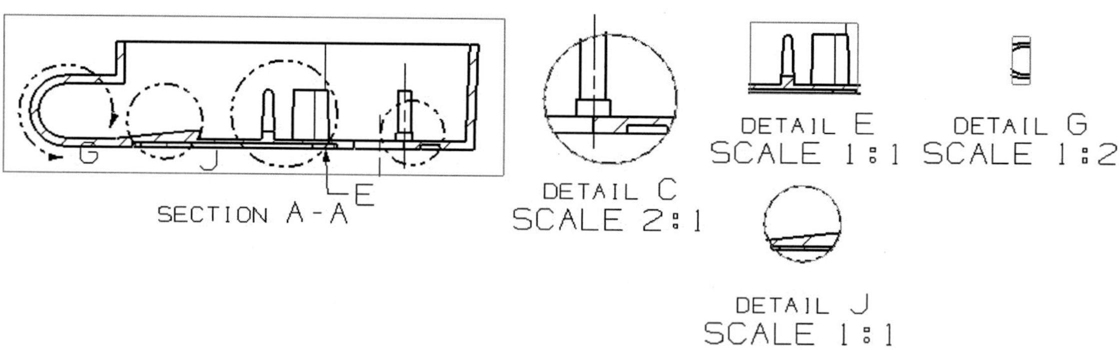

07 Half Section View

파트의 절반은 단면화된 뷰로 생성하고, 나머지 절반은 단면화 되지 않는 뷰 생성
Example7.rt File을 Open하여 Drafting Mode로 전환한다.(아래와 같은 도면 참조)

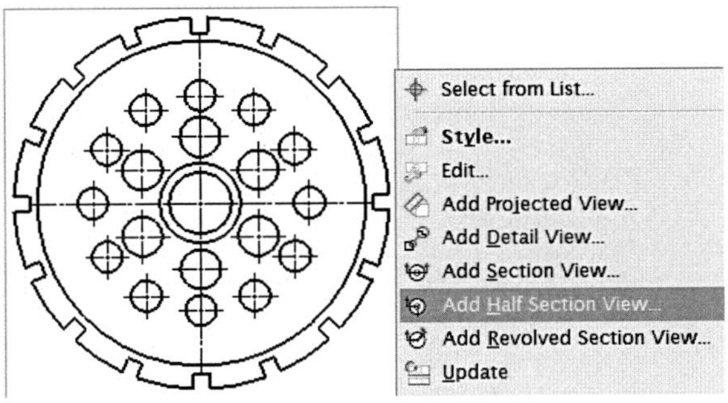

View의 경계선을 선택 후 MB3 Button을 눌러 반 단면 View를 선택한다.

을 이용하여 중심점으로 정의할 위치 점을 선택한다.(절단위치를 지정하는 점이다.)

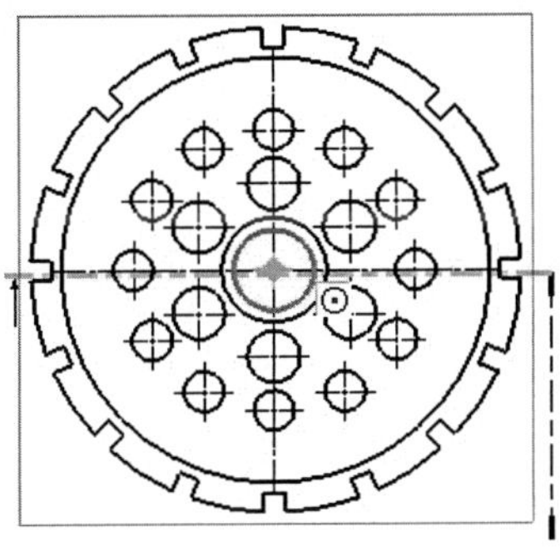

⇨

굽힘 위치를 정의할 두 번째 점 선택

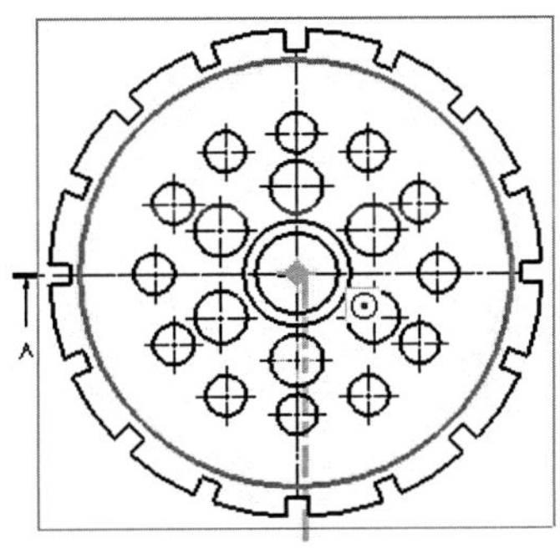

굽힘 위치가 정해지면 단면 뷰를 상, 하, 좌, 우 원하는 방향지정 가능하다.

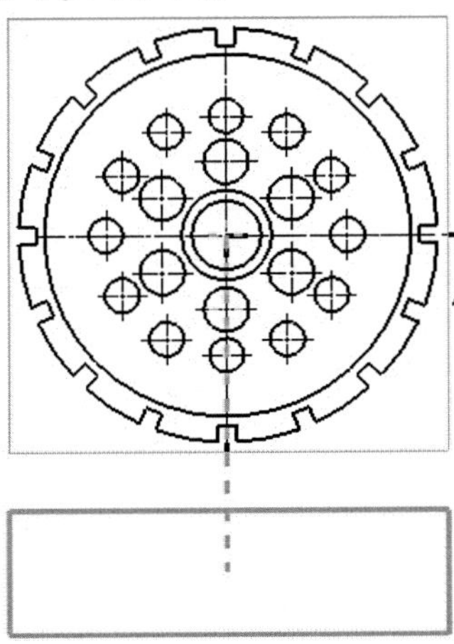

⇨

아래와 같이 반 단면 뷰가 생성된다.

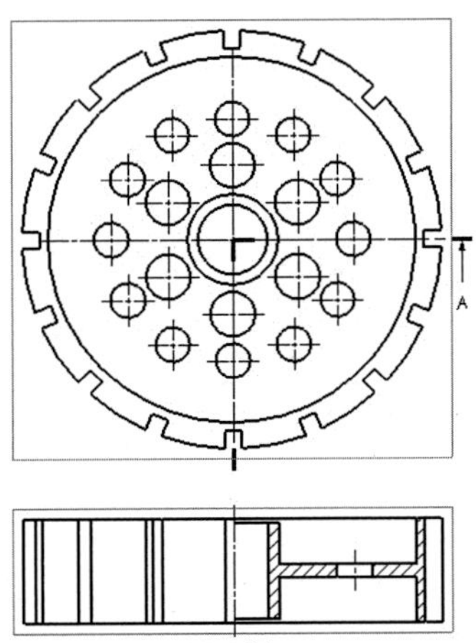

08 Revolved Section View

원통형 or 원뿔형 파트의 공통 축을 기준으로 회전된 단면뷰를 생성(모든 절단 평면은 공통의 평면으로 회전)

Example8.prt File을 Open하여 Drafting Mode로 전환한다.(아래와 같은 도면 참조)

회전 단면 뷰를 생성할 도면의 경계선을 선택,
MB3 Button을 눌러 회전 뷰를 선택

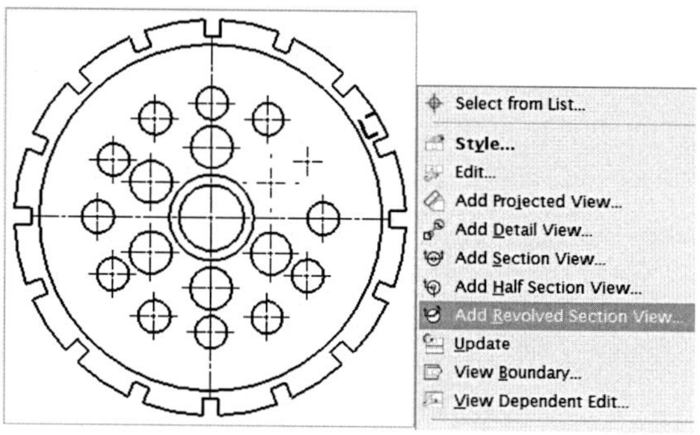

⇨

을 이용하여 회전축의 중심점을 정의한다.

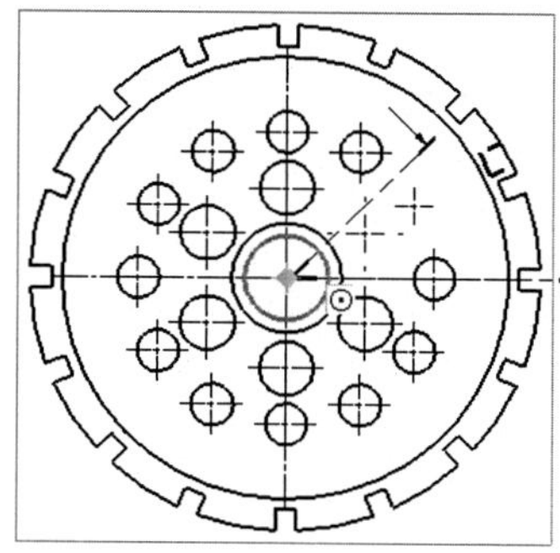

첫 번째 분할 면으로 쓸 Segment를 지정한다.

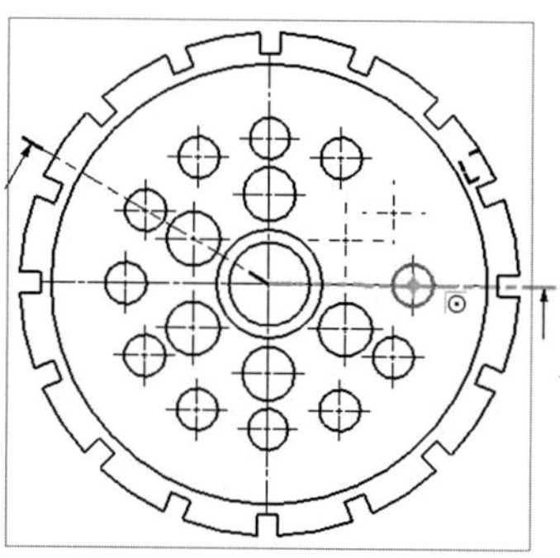

두 번째 분할 면으로 쓸 Segment를 지정한다.

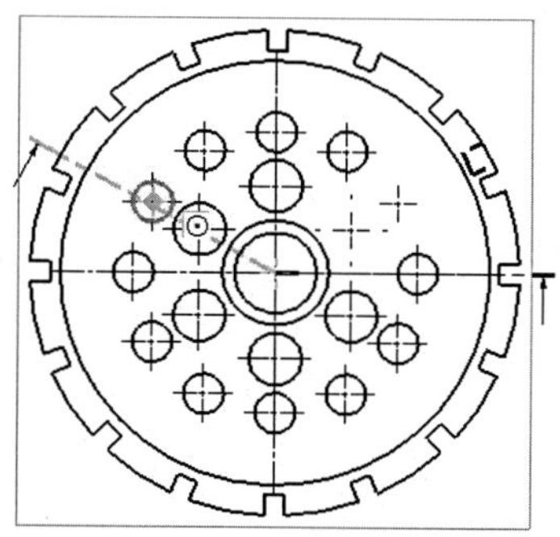

MB3 Button을 선택 추가 단면뷰를 생성한다.

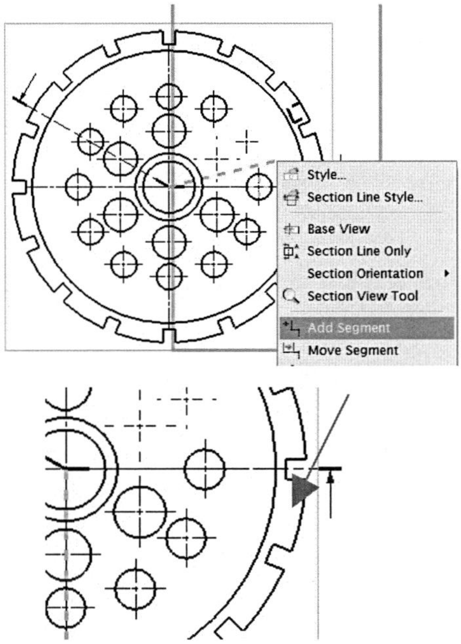

추가할 Segment를 선택 원하는 위치를 지정

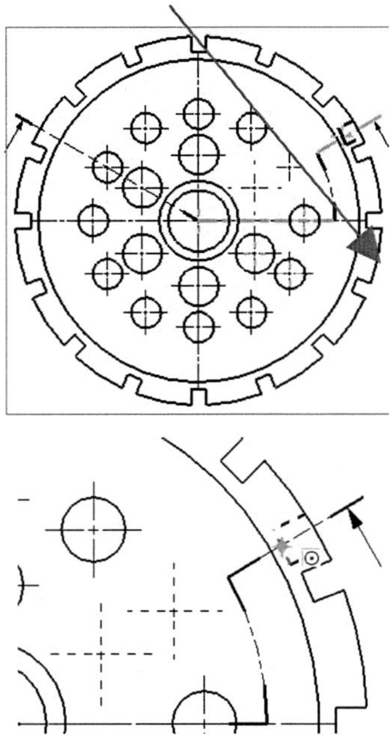

Segment를 추가하였으면 MB2 Button으로 적용한다.

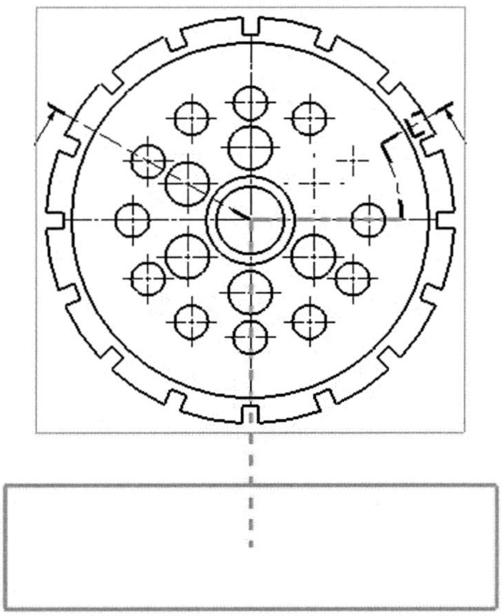

아래와 같이 회전단면도를 정의할 수 있다.

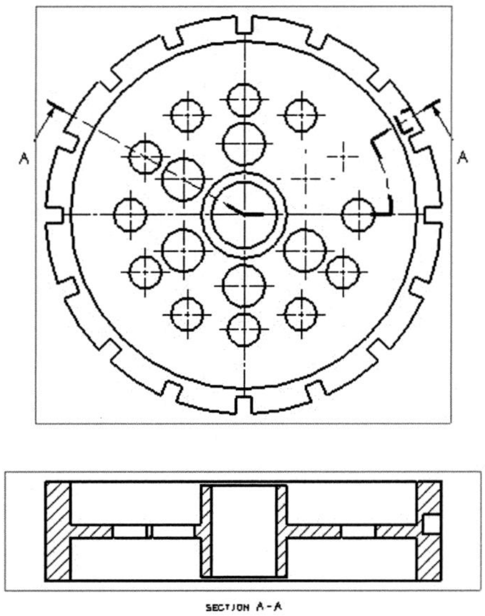

09 View Break

분할 명령을 사용하여 축소된 View를 생성, 수정 및 삭제할 수 있음

Example9.prt File을 Open하여 Drafting Mode로 전환한다.(아래와 같은 도면 참조)

Insert → View → View Break를 선택한다. Master view에서 나눌 뷰를 선택한다.

을 이용하여 분할 명령을 사용할 View를 선택하여 아래와 같이 원하는 절단면 형태를 선택한다.

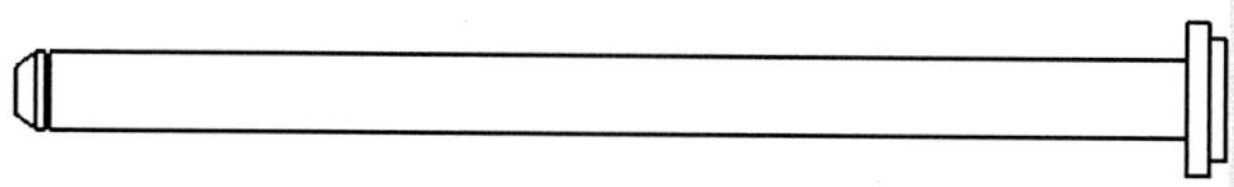

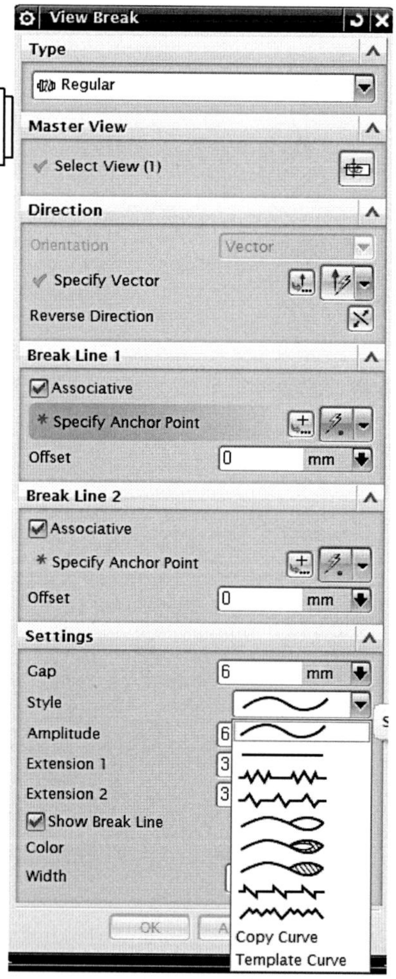

Point on Face를 선택한 후, 분할 곡선을 시작할 모서리 부분을 선택한다.

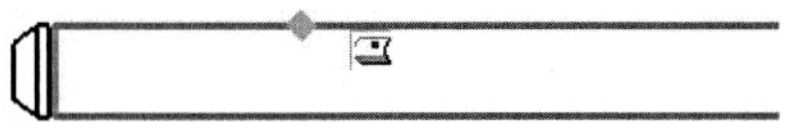

아래와 같이 원하는 Style을 선택한 후 길이 조절이 가능하다.

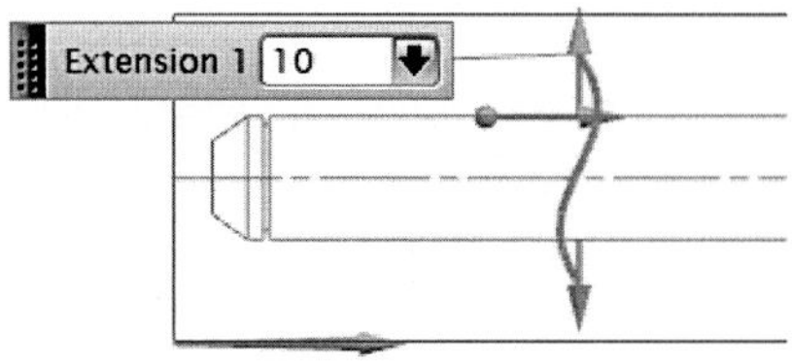

Break line2를 선택한 후 아래와 같이 같은 과정으로 추가한다.

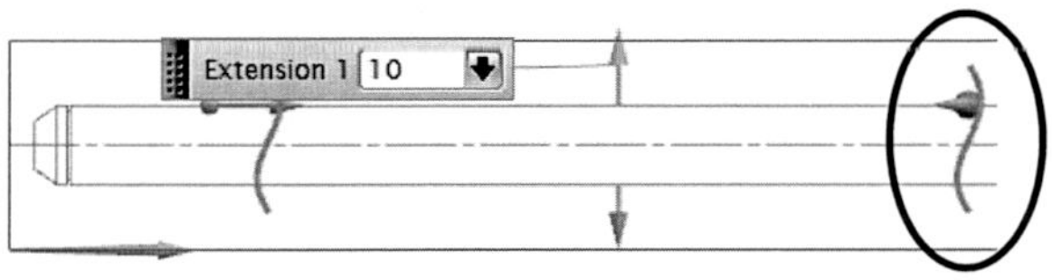

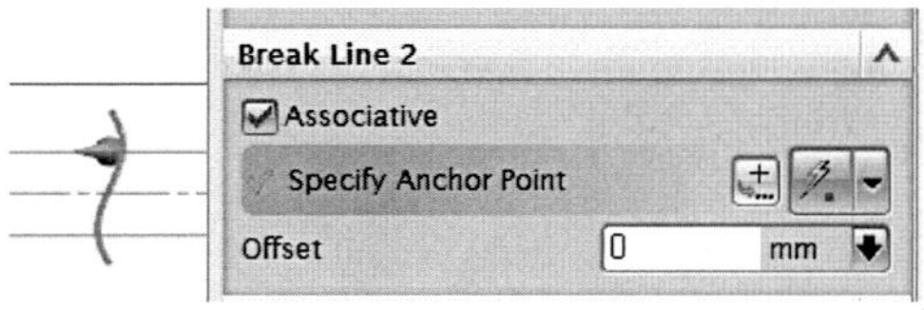

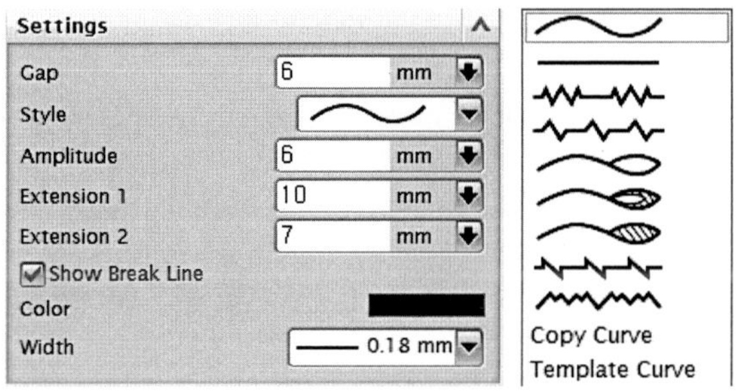

원하는 스타일을 선택해서 길이와 높이조절을 용이하게 하여 아래와 같이 나타낼 수 있다.

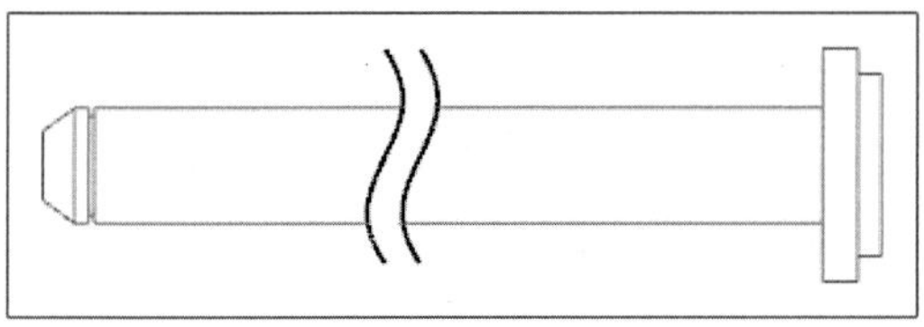

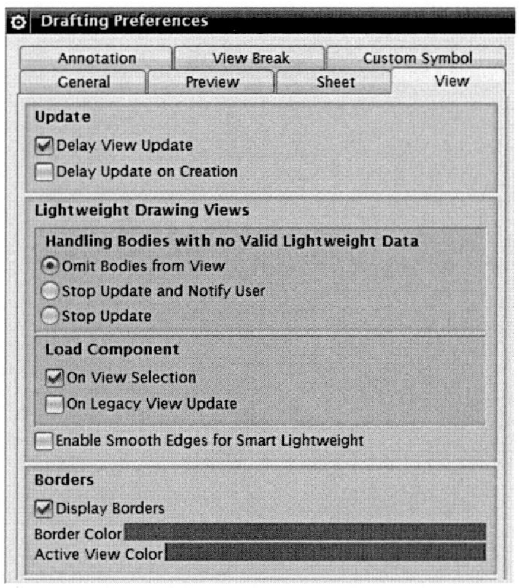

Border는 Option 창에서 조절 함(Preference → Drafting)

10 Break-Out Section

분할 단면 뷰를 사용하여 파트의 외부 영역을 제거, 일부를 절단하여 내부를 볼 수 있는 View 생성
Dummy_1.prt File을 Open하여 Drafting Mode로 전환한다.(아래와 같은 도면 참조)
Insert → View → Break-Out Section을 선택

명령어 선택 후 분할 단면을 할 View를 선택한다.

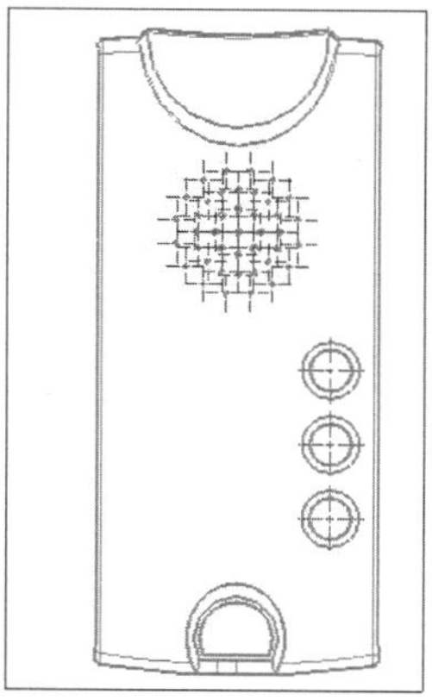

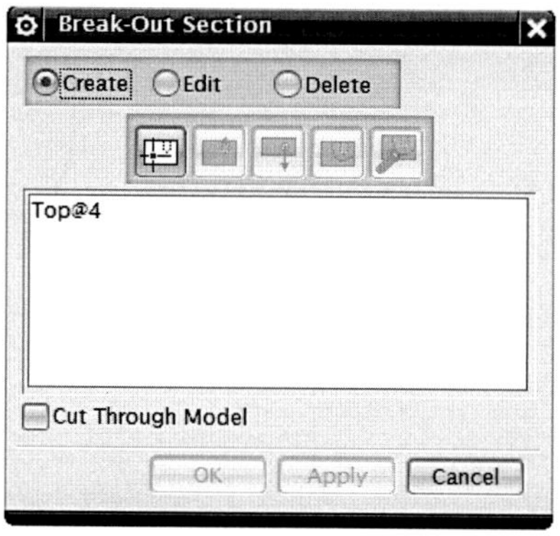

Select View : 분할단면을 표시할 View를 선택
Indicate Base Point : 분할 곡선이 돌출방향으로 분할할 지점을 선택
Indicate Extrusion Vector : View 평면에 수직인 돌출방향을 지정하는 Vector
Select Curves : 분할 단면의 경계선을 정의함

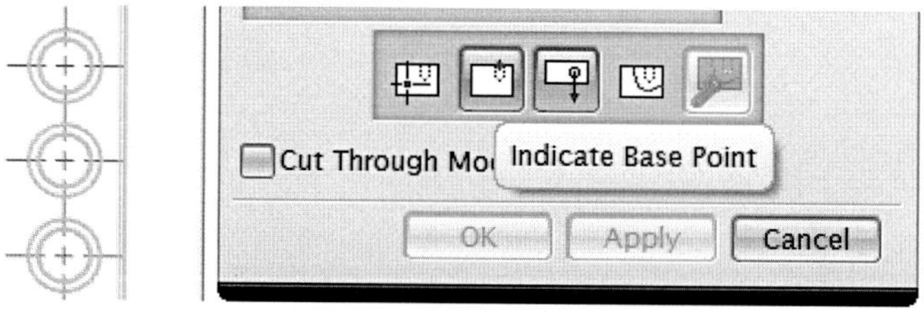

위와 같이 아이콘을 선택한 후 분할할 지점을 선택한다.

분할할 지점을 선택

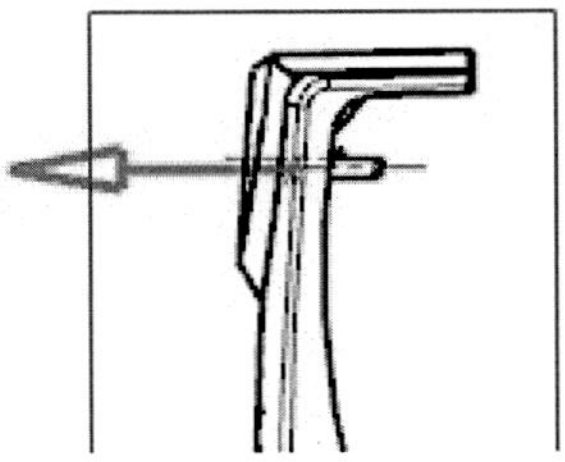

Vector를 아래와 같이 선택한다.

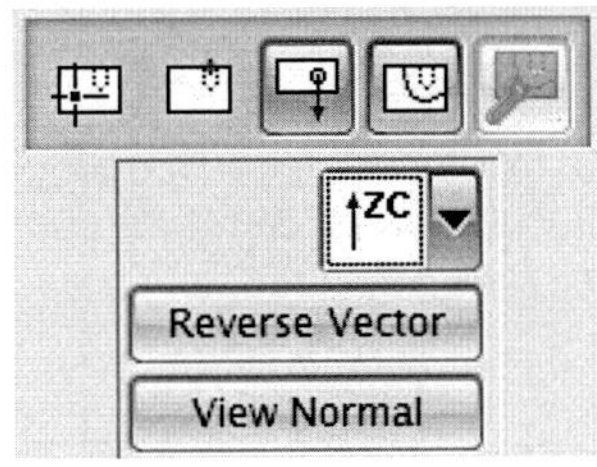

분할 단면의 경계선을 정의할 Curve를 Top_View에 아래와 같이 원을 작도한다.

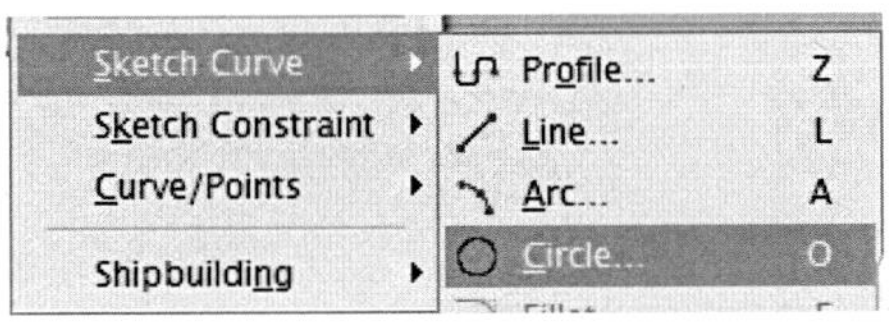

▲ Top View를 선택 .Sketch Mode로 바꾼다.

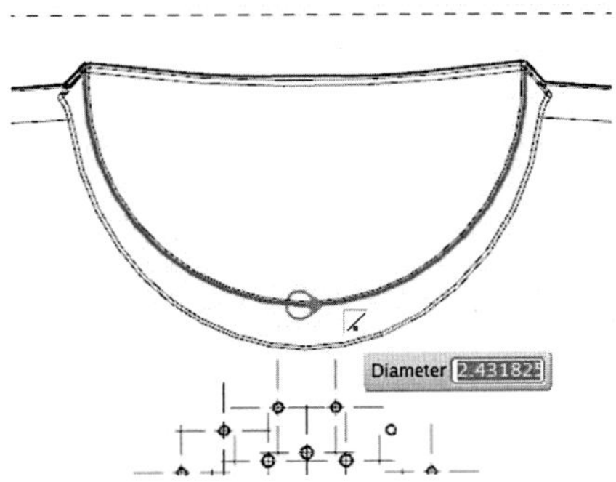

▲ Snap Point를 이용 Point On Curve로 선택

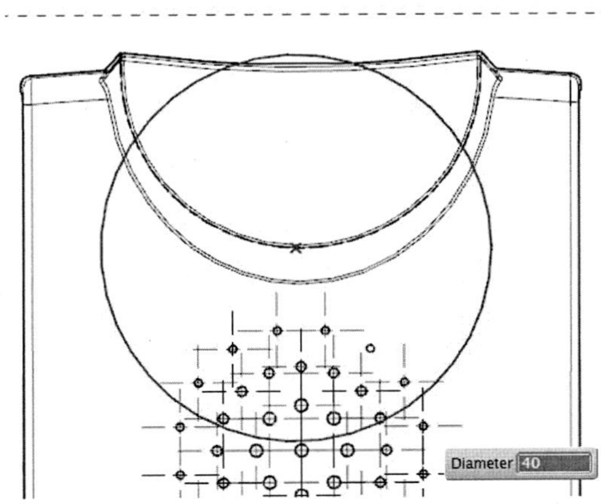

▲ 지름 40인 원을 작도한다.

명령어를 다시 반복하여 아래와 같이 방향과 분할 단면 경계선을 정의한다.

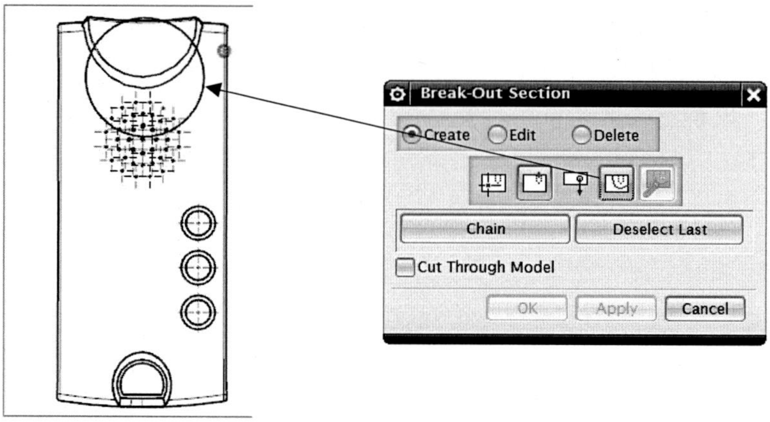

Apply를 누르면 Break—Out Section이 아래와 같이 형성된다.

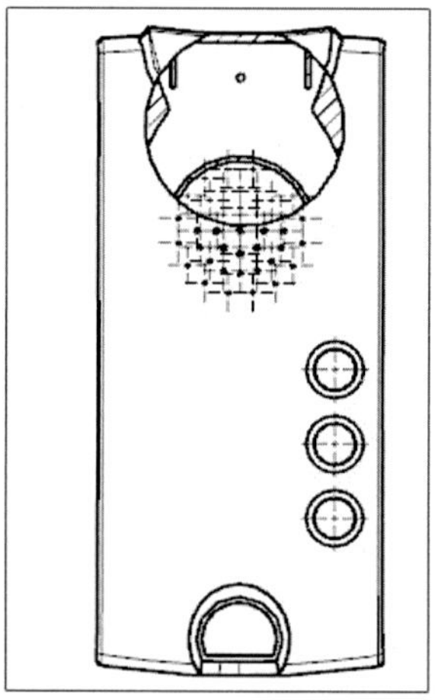

11 치수 생성 및 수정

▌Insert → Dimension

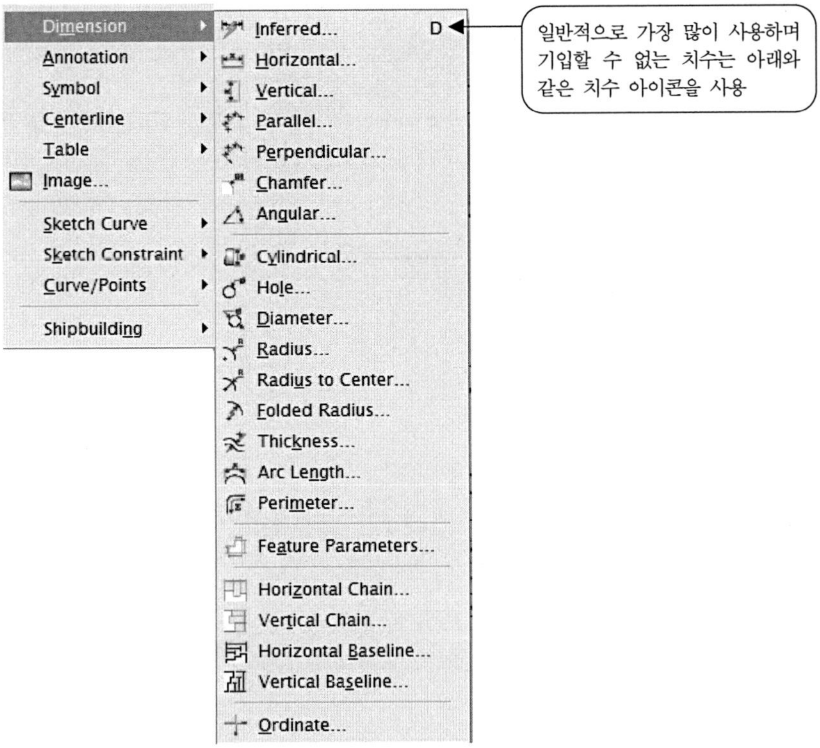

▌Dummy_1.prt File을 Open

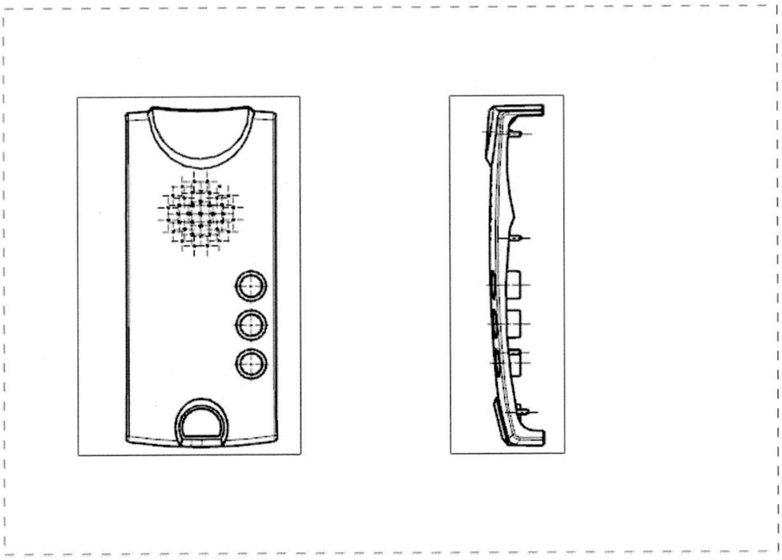

Preference → Annotation을 선택하여 환경 설정을 할 수 있다.

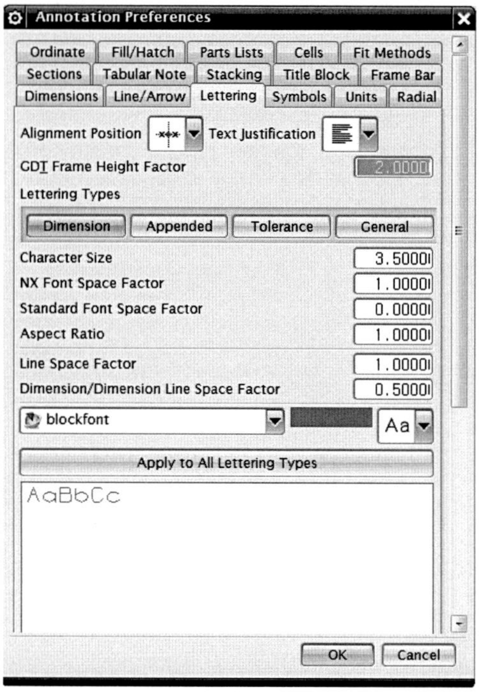

- Dimensions : 치수위치, 방향, 소수점 정의
- Line/Arrow : 치수선 치수보조선 모양과 크기 정의
- Lettering : 글자 간격, 크기, 글꼴을 정의
- Units : 소수점 모양, 각도의 표시방법 정의
- Radial : 반지름 과 지름의 치수모양 정의
- Fill/hatch : 단면의 재질 표시
- Inherit : 기존에 설정한 환경 변수에 환경을 맞춤

Inffered Demension을 이용하여 치수를 아래와 같이 자유롭게 기입 가능하다.(소수점 자리수와 공차 값도 조절 가능함)

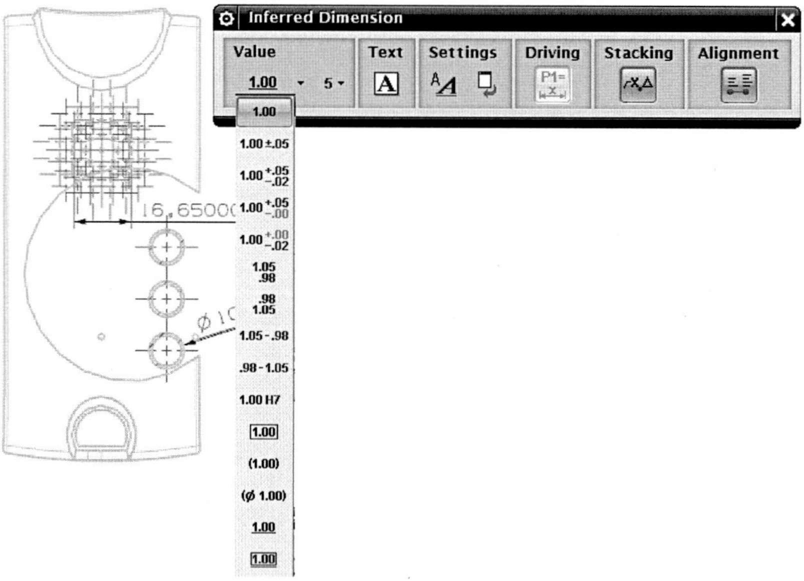

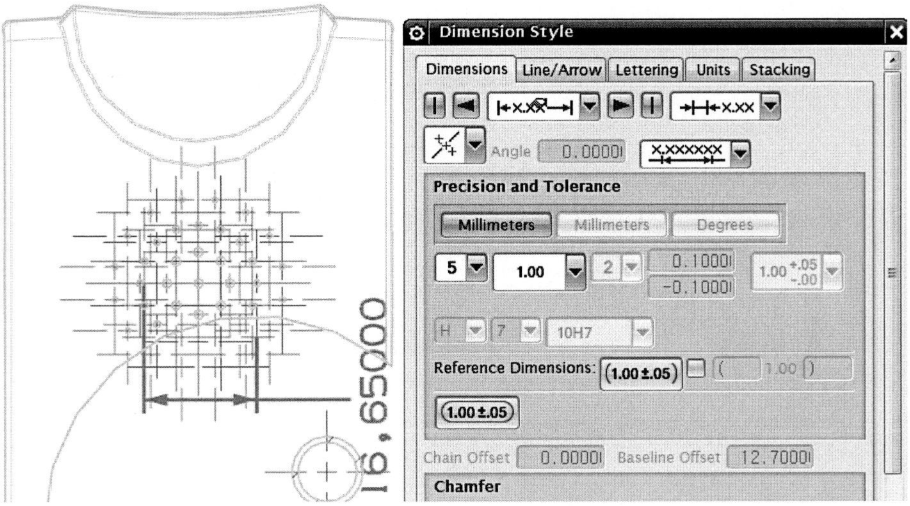

▲ Dimension Style을 이용한 치수 기입

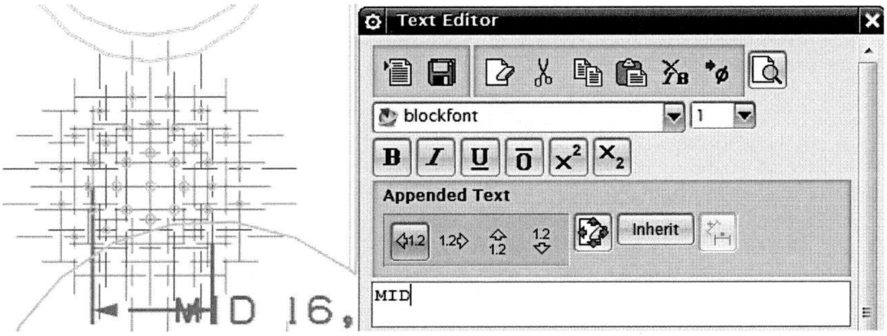

▲ Text Editor를 이용 기호나 문장을 치수 앞, 뒤, 위, 아래에 기입 할 수 있다.

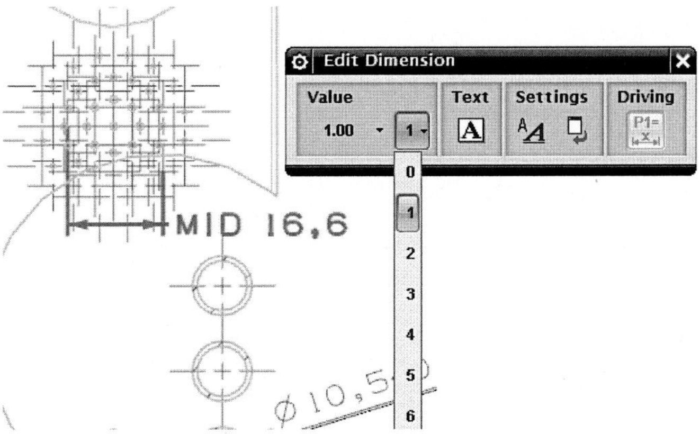

▲ Edit Dimension을 이용 하여 소수점 자리 수 조정 가능

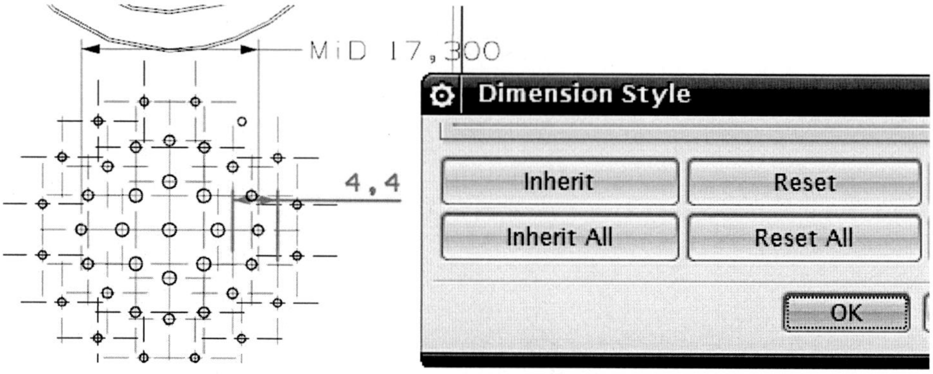

▲ Dimension Style의 Inherit All을 이용하여 셋팅 된 치수를 선택 하면 같은 속성을 가짐

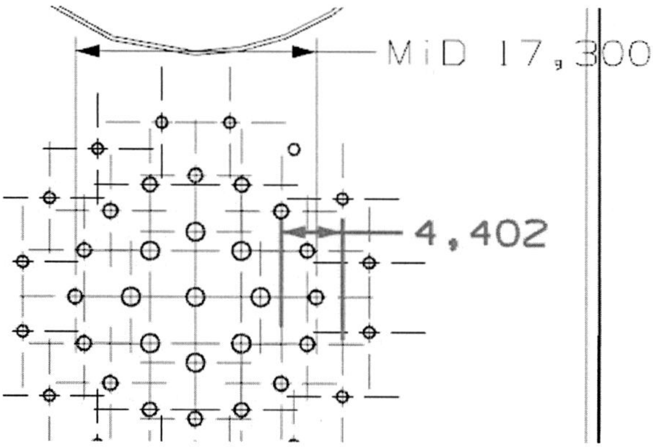

Apply를 누르면 위와 같이 Dimension 환경이 같아짐을 알 수 있다.

NX8.5

부록

연습문제

연 • 습 • 문 • 제

01 좌표계 변환과 기본형상(Primitives) 기능을 통해 아래 형상을 생성하시오.(Block과 Hole 기능만 사용)

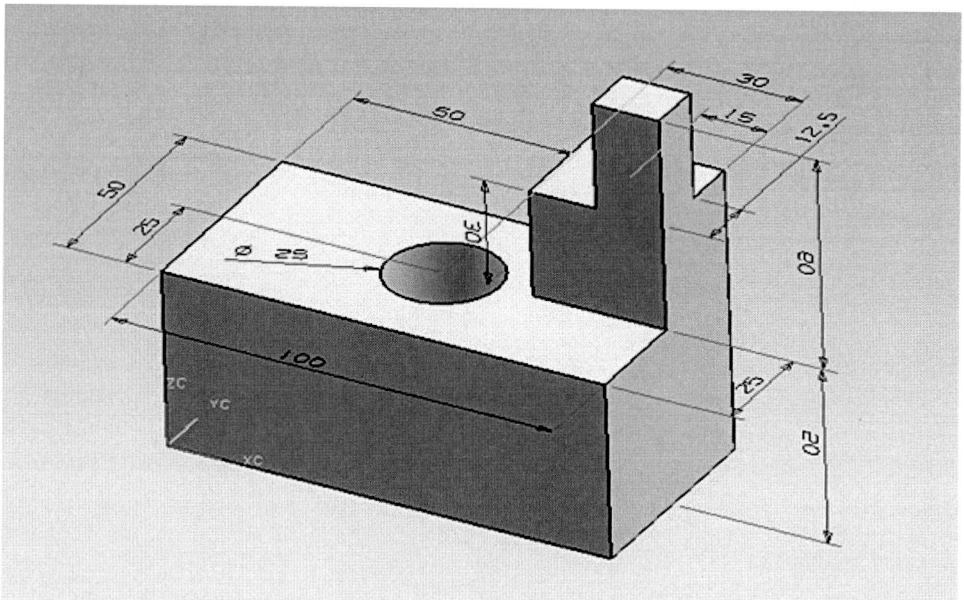

연 • 습 • 문 • 제

02 완전 구속 조건으로 다음 도면을 스케치하고, e=80, e=120로 치수가 변경된 형상도 생성하시오.

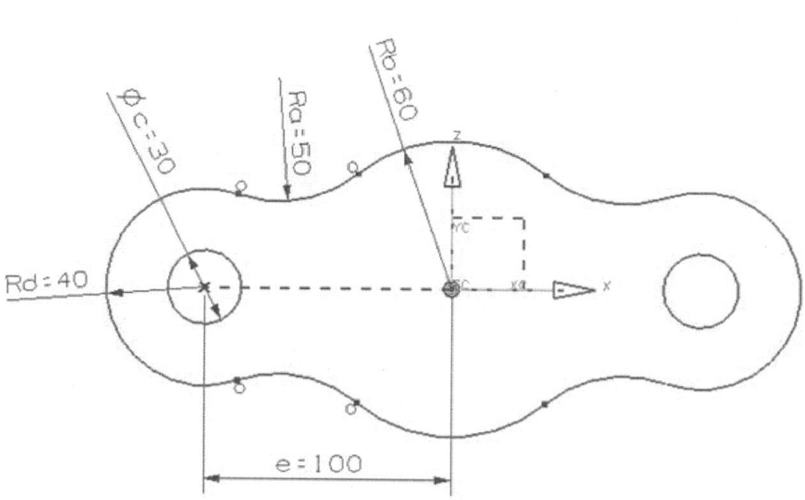

연•습•문•제

03 완전 구속 조건으로 다음 도면을 스케치 하시오.

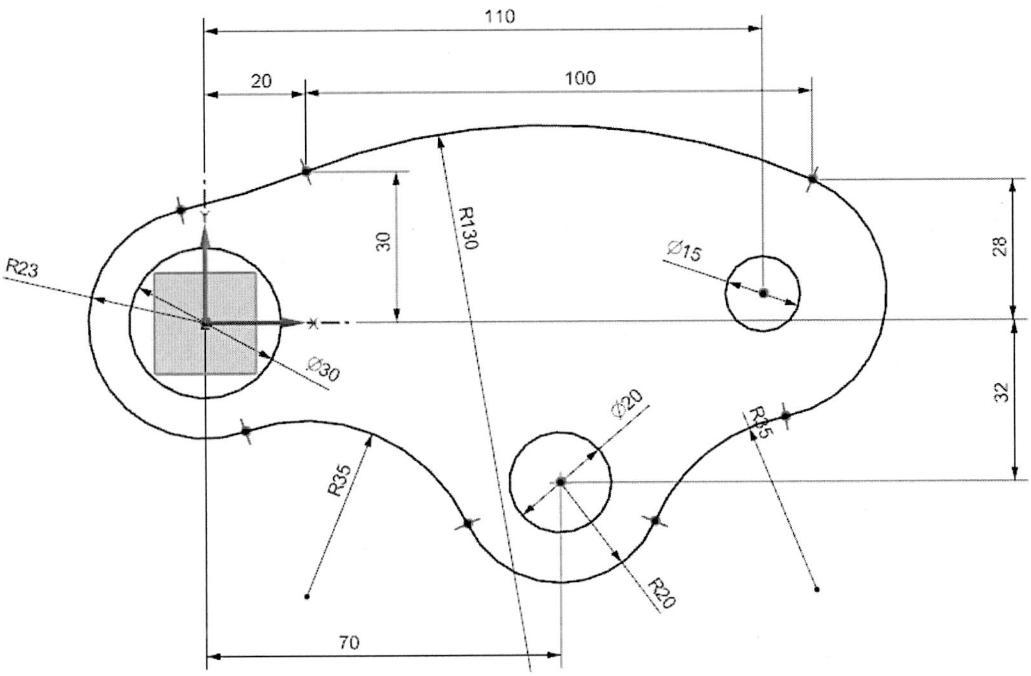

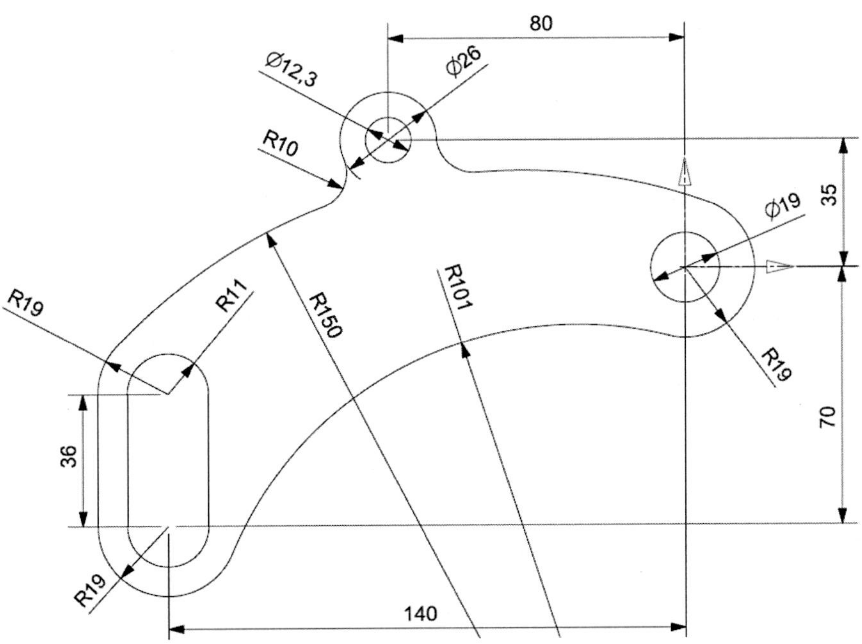

연•습•문•제

04 다음 돌출 형상에 대해 모델링 하시오.(돌출길이 : 65)

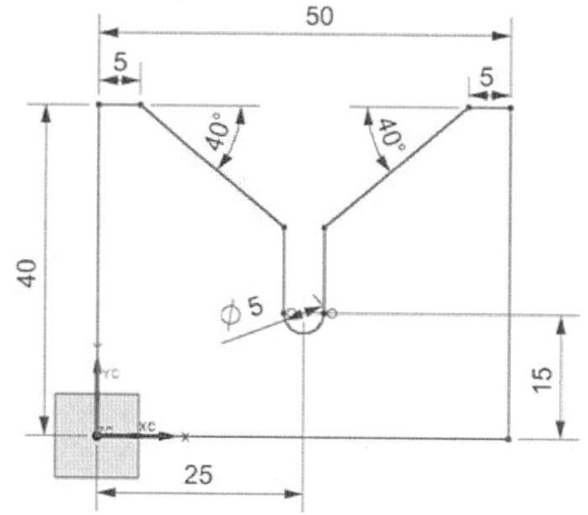

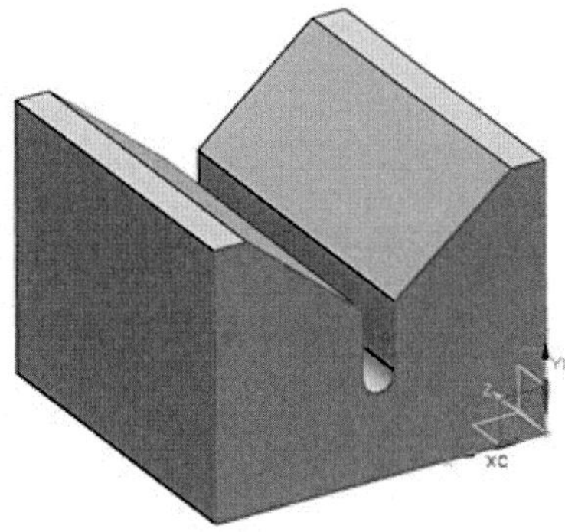

연•습•문•제

05 아래 도면을 이해하여 3차원 솔리드 모델을 생성하시오

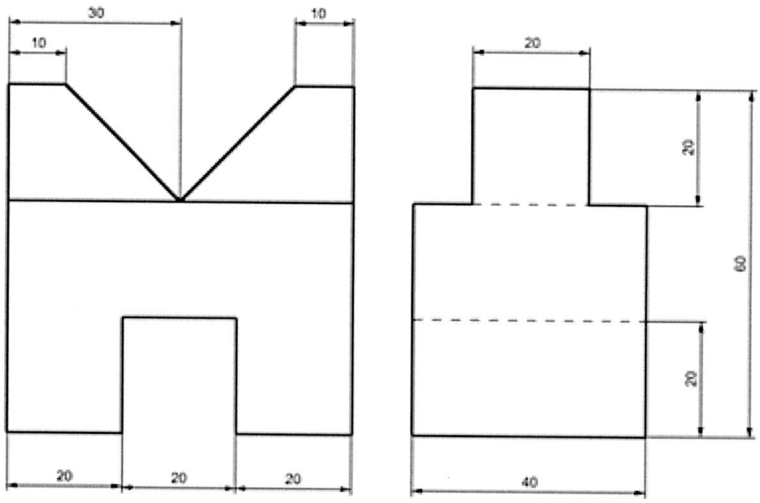

연 • 습 • 문 • 제

06 다음 도면에 대해 완전 구속기반으로 모델링 하시오.

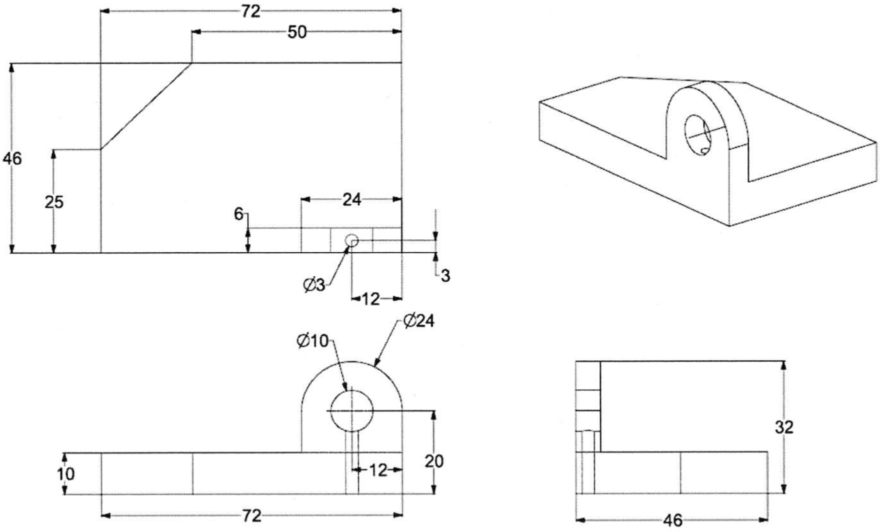

연 • 습 • 문 • 제

07 다음 도면에 대해 완전 구속 기반 모델링 하시오.

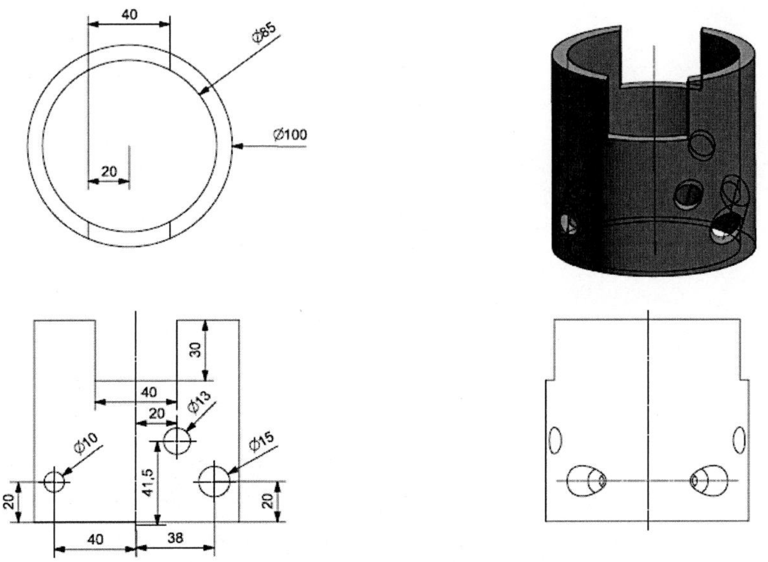

연•습•문•제

08 다음 도면에 대해 완전 구속 기반 모델링 하시오.

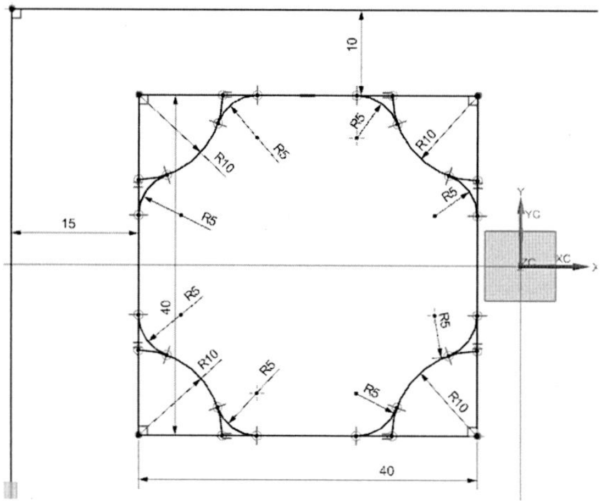

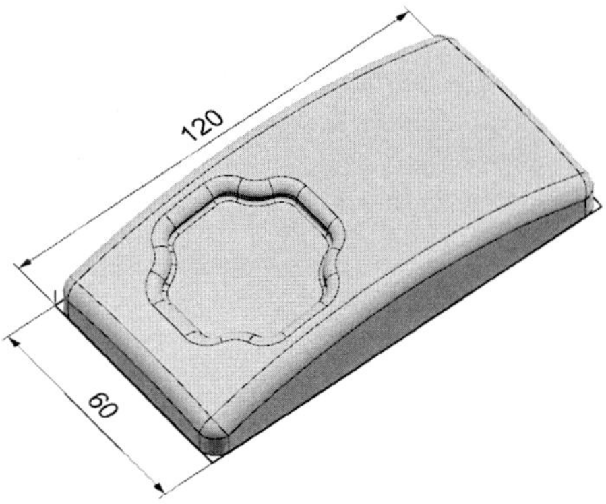

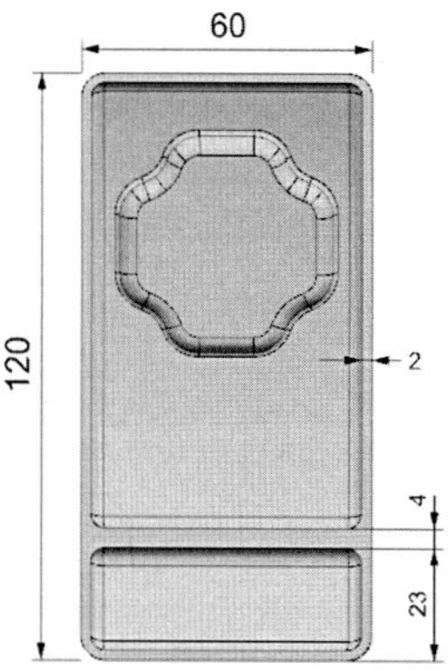

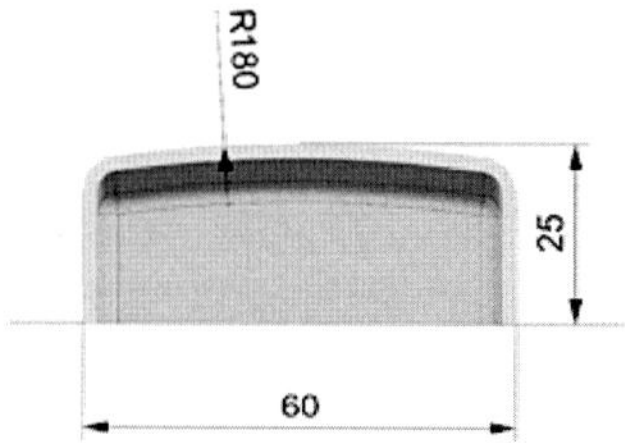

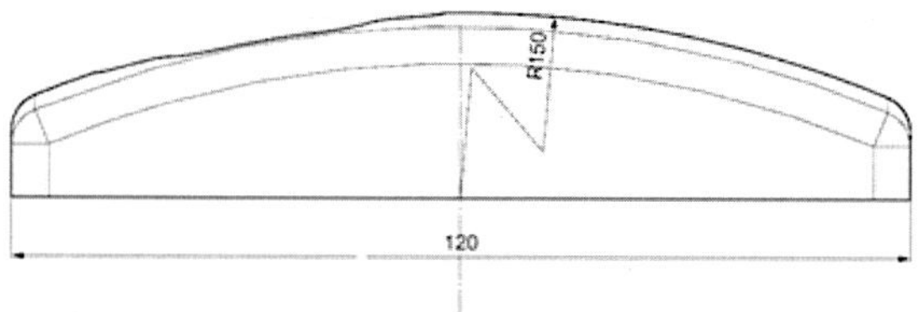

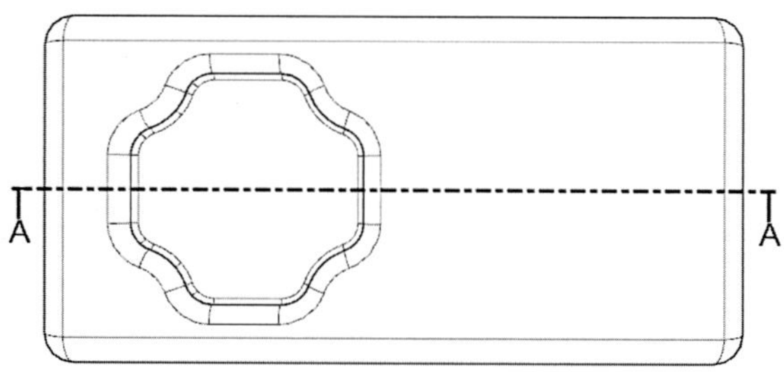

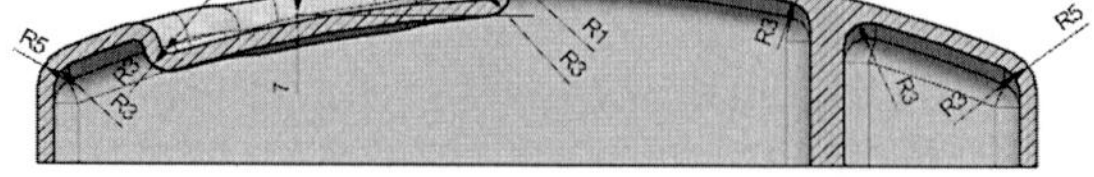

SECTION A-A

연 • 습 • 문 • 제

09 다음 회전 형상 도면에 대해 완전 구속 기반 모델링 하시오.

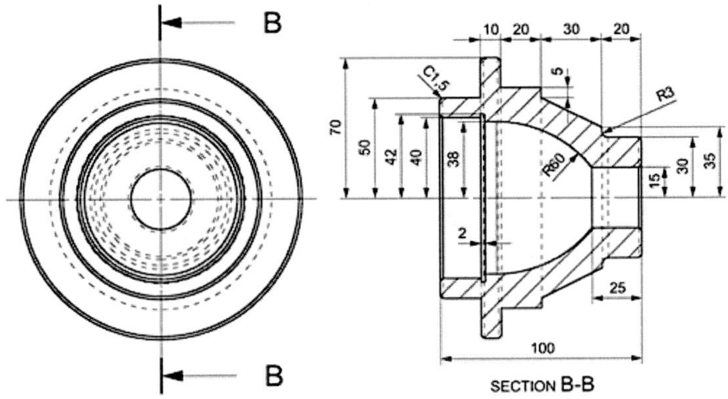

연 • 습 • 문 • 제

10 다음 회전 패턴 형상에 대해 모델링 하시오.

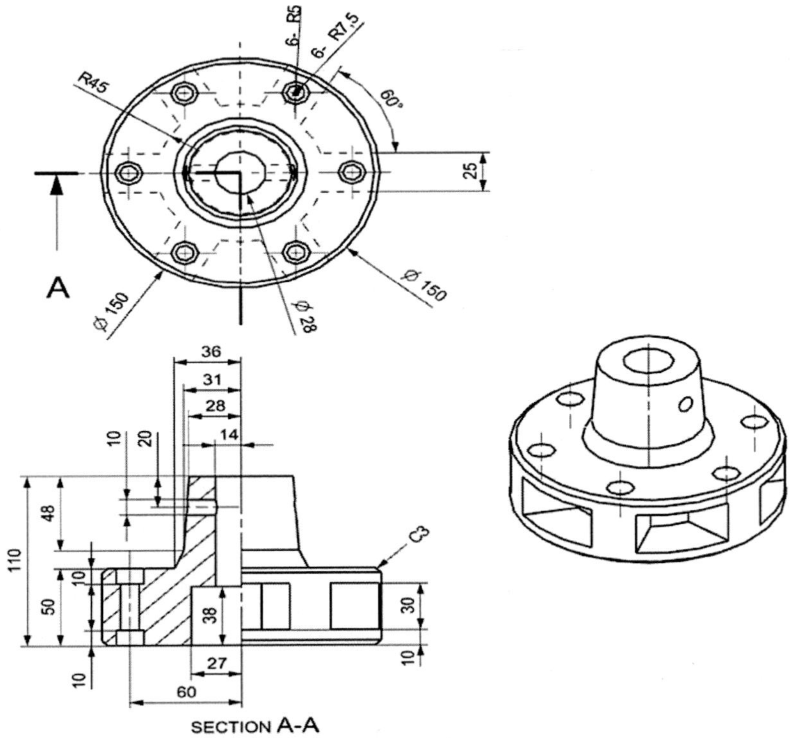

연•습•문•제

11 다음 도면에 대해 완전 구속기반으로 패턴 기능을 이용하여 모델링을 하시오.

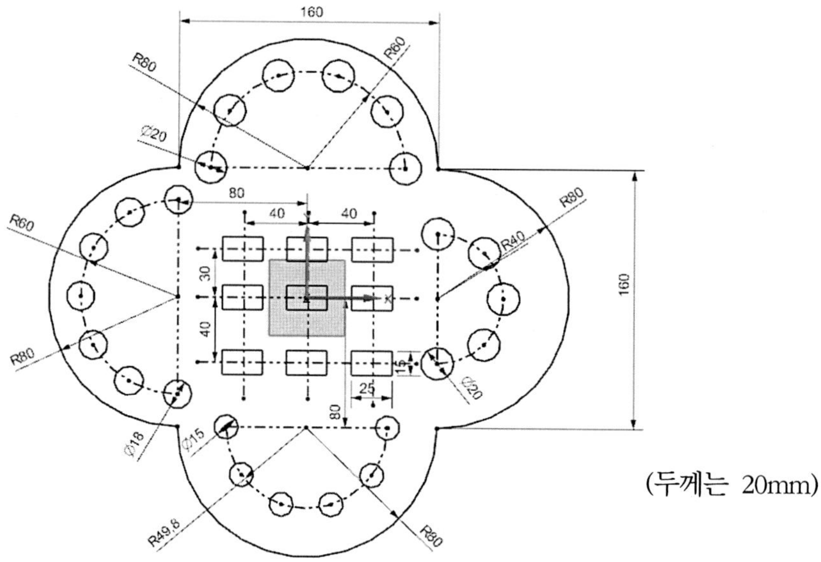

(두께는 20mm)

연•습•문•제

12 다음 도면에 대해 패턴 기능을 이용하여 모델링을 하시오.

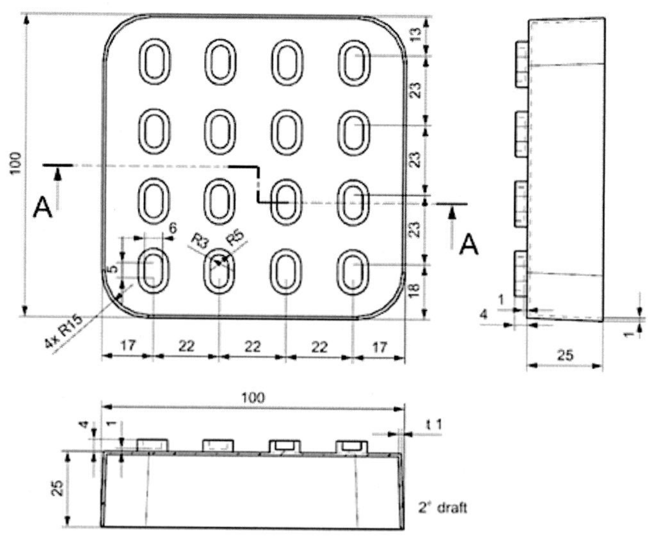

SECTION A-A

연 • 습 • 문 • 제

13 폼 피쳐(Form feature) 기능을 활용해서 다음 형상을 모델링 하시오.

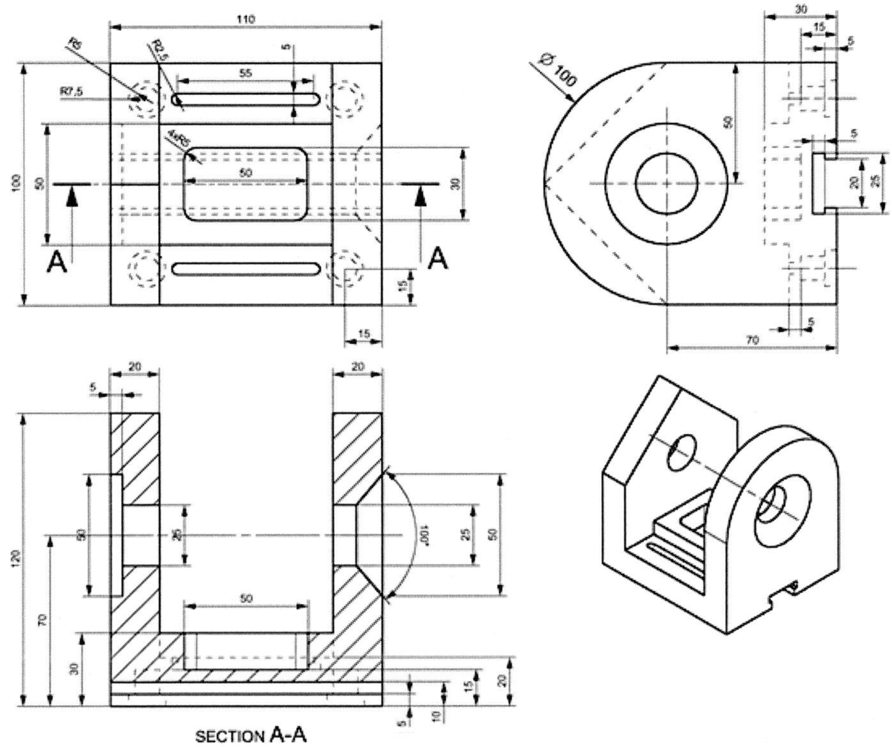

연 • 습 • 문 • 제

14 다음 곡면 형상에 대해 구속기반으로 모델링 하시오.

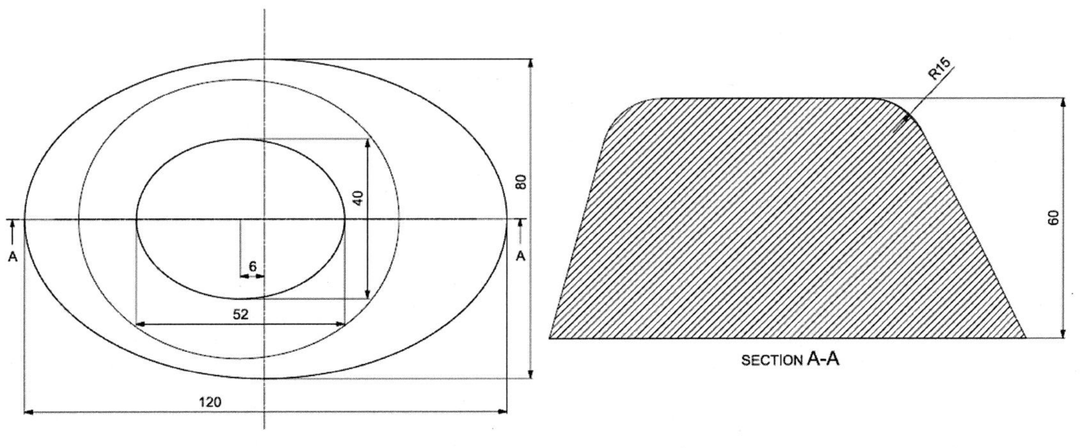

연 • 습 • 문 • 제

15 다음 도면을 보고 곡면 형상 모델링을 완성하시오.

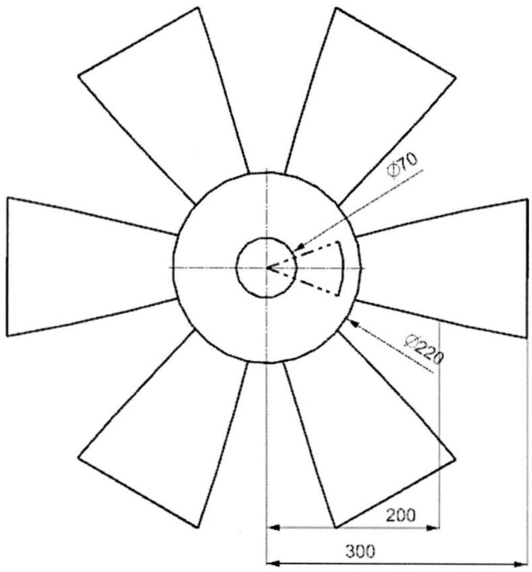

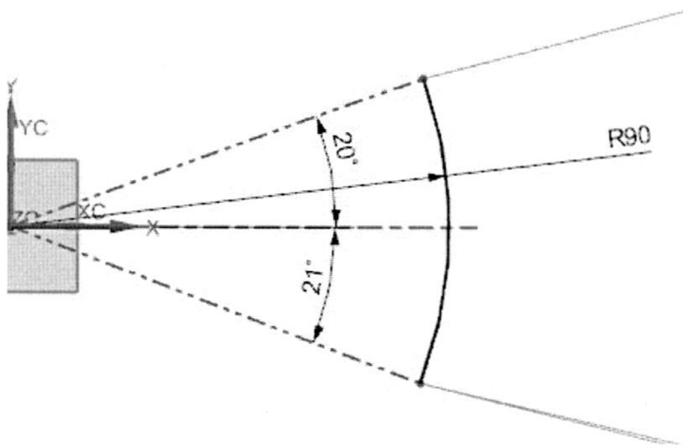

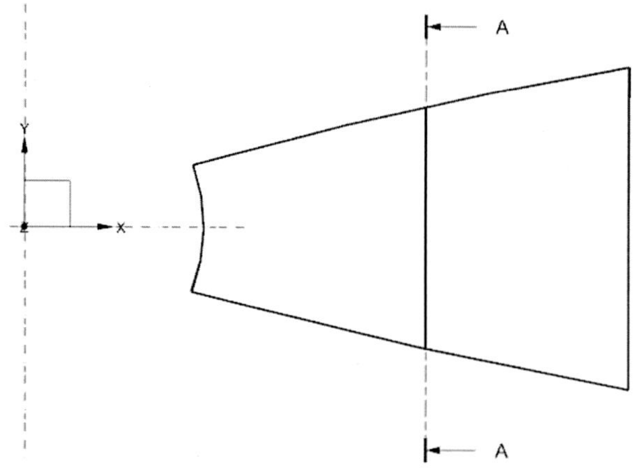

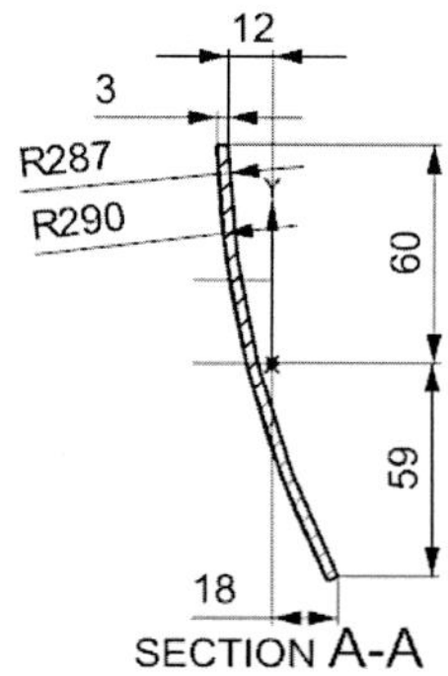

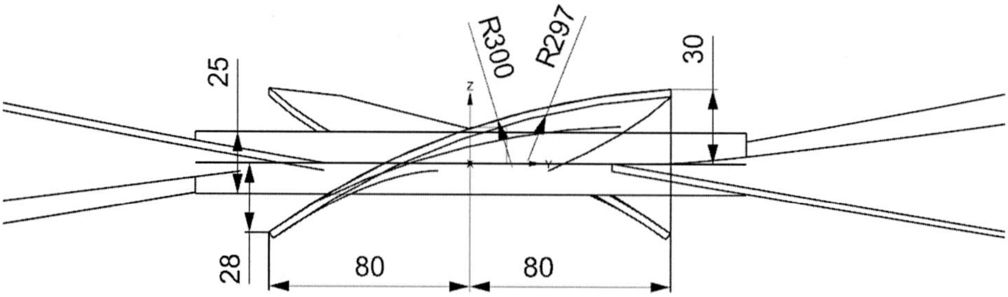

연 • 습 • 문 • 제

16 다음과 같이 주어진 구성으로 어셈블리를 수행하고 분해도(Explode view)를 생성하시오.

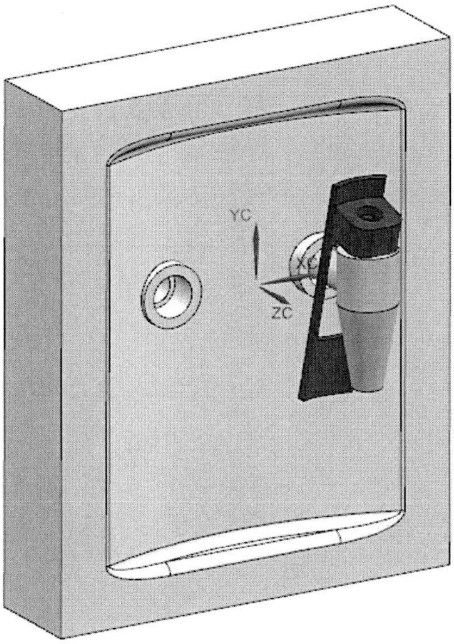

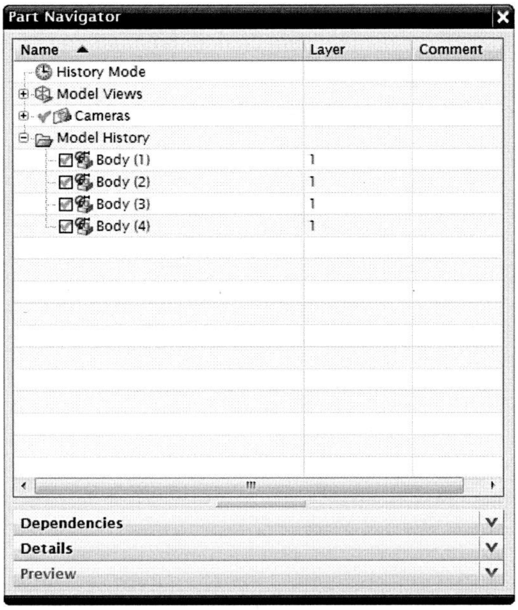

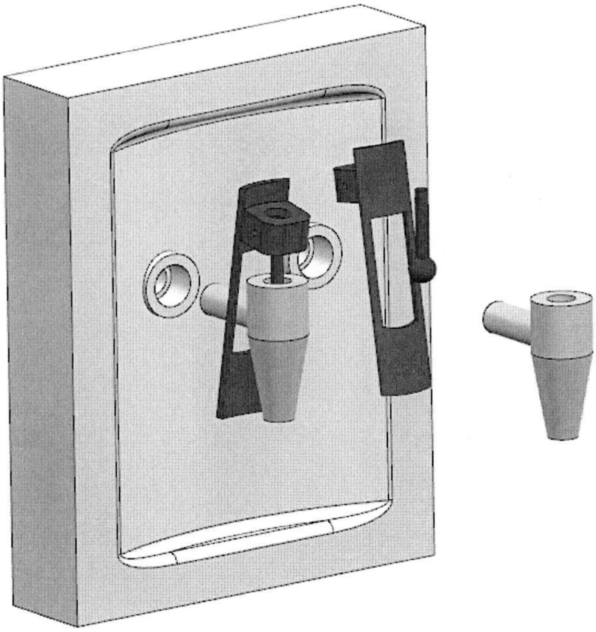

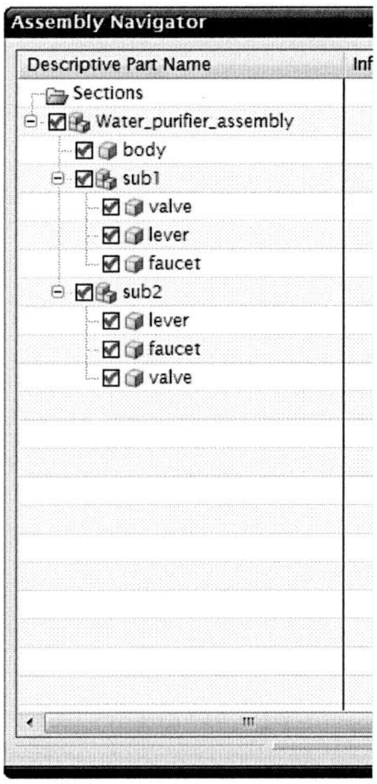

본 교재에서 사용된 예제 파일은 아래 네이버 카페에서 다운로드 받으실 수 있습니다. 많은 이용 부탁드립니다.

네이버 카페 주소 : cafe.naver.com/cadnx

저자와의
협의에 의해
인지 생략

초중급자를 위한

NX8.5 모델링 실무

2판 4쇄 2020년 8월 31일

저 자 우혁제 / 박진기
발행인 송광헌
발행처 복두출판사
주 소 서울특별시 영등포구 경인로 82길 3-4
센터플러스 807호
(우) 07371
전 화 02-2164-2580
FAX 02-2164-2584
등 록 1993. 11. 22. 제 10-902 호

정가 : 27,000원
ISBN : 979-11-86333-22-8 93550

한국과학기술출판협회 회원사